U0120257

袁行霈 主編
趙爲民 程郁綴 副主編

歷代名篇賞析集成

明清卷〔上〕

高等教育出版社

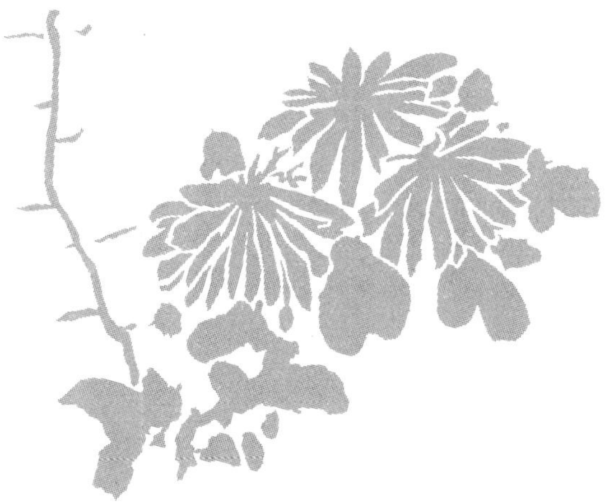

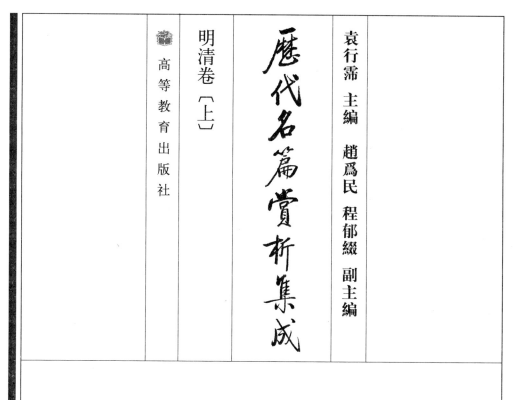

篇目表

明清卷〔上〕

送東陽馬生序

宋　濂

余幼時卽嗜學，家貧，無從致書以觀，每假借於藏書之家，手自筆錄，計日以還。天大寒，硯冰堅，手指不可屈伸，弗之怠。錄畢，走送之，不敢稍逾約。以是人多以書假余，余因得遍觀羣書。

既加冠，益慕聖賢之道，又患無碩師、名人以游。嘗趨百里外，從鄉之先達執經叩問。先達德隆望尊，門人弟子填其室，未嘗稍降辭色。余立侍左右，援疑質理，俯身傾耳以請；或遇其叱咄，色愈恭，禮愈至，不敢出一言以覆；俟其忻悅，則又請焉。故余雖愚，卒獲有所聞。

當余之從師也，負篋曳屣，行深山巨谷中。窮冬烈風，大雪深數尺，足膚皸裂而不知。至舍，四肢僵勁不能動，媵人持湯沃灌，以衾擁覆，久而乃和。寓逆旅主人，日再食，無鮮肥滋味之享。同舍生皆被綺繡，戴朱纓寶飾之帽，腰白玉之環，左佩刀，右備容臭，煜然若神人。余則緼袍敝衣處其間，略無慕豔意；以中有足樂者，不知口體之奉不若人也。

宋濂

送東陽馬生序

蓋余之勤且艱若此。今雖耄老，未有所成，猶幸預君子之列，而承天子之寵光，綴公卿之後，日侍坐備顧問，四海亦謬稱其氏名；況才之過於余者乎？

今諸生學於太學，縣官日有廩稍之供，父母歲有裘葛之遺，無凍餒之患矣；坐大廈之下而誦詩書，無奔走之勞矣；有司業、博士爲之師，未有問而不告、求而不得者也；凡所宜有之書，皆集於此，不必若余之手錄，假諸人而後見也。其業有不精、德有不成者，非天質之卑，則心不若余之專耳，豈他人之過哉！

東陽馬生君則，在太學已二年，流輩甚稱其賢。余朝京師，生以鄉人子謁余，譔長書以爲贄，辭甚暢達；與之論辯，言和而色夷。自謂少時用心於學甚勞，是可謂善學者矣。其將歸見其親也，余故道爲學之難以告之。謂余勉鄉人以學者，余之志也；詆我誇際遇之盛而驕鄉人者，豈知余者哉！

宋濂（一三一〇——一三八一）是明初著名的散文家。他幫助明太祖朱元璋平定天下，被讚譽爲「開國文臣之首」，官至翰林學士、承旨知制誥，參與制作裁定朝廷禮文大政，在當時的政治地位和文學地位都很高。《送東陽馬生序》是他的一篇傳世名作，是寫給他的同鄉後輩太學生馬君則的。序是古代的一種文體形式，分書序和贈序兩類。本文是一篇贈序。這種贈序是專爲送別親友而作，表現一種惜別、祝願或勸誡、勉勵的意思。馬君則是浙江東陽縣人，宋濂是浙江浦江縣人，在當時同屬金華府，所以兩人算是同鄉。宋濂當時正值從家鄉到京城應天（南京）朝見皇帝朱元璋，馬君則當時是一個太學生，在京師國子監學習，要回家探親，宋濂作爲一個學問淵博、文名很高的長輩，臨別時寫了這篇文章來送給他。

這篇贈序的中心意思是勉勵馬生要勤苦學習。在文章裏，作者以他年輕時的親身實踐和體驗告訴馬生：學習必須勤奮刻苦，專心致志，不辭辛勞，才能取得優異的成績。由於時代條件不同，我們今天的學習目的和學習方法跟宋濂當時已有很大的差異，但是他的認識和經驗，對我們仍然有着一定的啓發和教育意義。作者那種不怕艱苦、勤奮好學、安於貧賤、不慕富貴的精神，以及對後學熱情關懷、諄諄教導的態度，也是值得我們學習的。

這篇文章內容充實，不發空言，同時寫得親切感人，理勝詞暢，在寫作上也很有特色。

全文的中心思想是勉勵後學不畏艱苦、勤奮好學。這個意思貫穿首尾，從不同的角度和側面進行反覆的表現和申說，條理井然、層層深入地揭示出來，顯得十分鮮明突出。

全文分爲三個層次。第一個層次包括第一、二、三、四四個自然段，是寫自己青少年時代虛心好學、刻苦讀書的情景和學有所成的結果。寫法是從自身的一面着筆，而推及於贈序的對象，着重表現學習的「勤且艱」以及由此帶來的苦和樂。總的是表現自己好學不倦、勤奮讀書的精神，又分爲四段來寫，一段一層意思，一層比一層深入。第一段，從「余幼時卽嗜學」，到「余因得遍觀羣書」，是從讀書的角度寫，主要寫借書之難，強調學習條件的艱苦。借書、抄書，嚴冬天氣，手指凍僵了也不敢稍有懈怠。第二段，從「既加冠」到「卒獲有所聞」，是從從師的角度寫，主要寫求師之不易，強調虛心好學的重要。找不到碩師名人，就跑到百里之外去拜求同鄉的先達作老師，虛心聆教，恭謹小心。第三段，從「當余之從師也」到「不知口體之奉不若人也」，是從生活條件的角度寫，主要寫行旅衣食之艱，強調要安於貧賤，不慕富貴。頂風冒雪，穿過深山巨谷去尋師求學，回到旅店時腳被凍裂，四肢凍僵不能動了。素食麤衣，卻一點也不去羨慕同住一起的那些穿戴華貴的貴族公子。這一段，在前面兩段的基礎上，思想境界有了大的提高，不僅寫出不怕艱苦，而且寫出苦中有樂，樂而忘苦：讀書使人在精神上得到極大的滿足，以致完全忘掉了吃穿條件的艱苦。

接下去，第四段的開頭說：「蓋余之勤且艱若此。」一句話就把前面三段文章總束住了：「勤」字概括第一、二兩段的內容，「艱」字概括第三段的內容，既嚴密又緊湊。整個第四段，是對第一大層次的總結，也是對前面三段意思的補充和強調。祇用了極簡括的幾句話，以謙虛的方式和語氣，說明由於自己的刻苦用功，終於學有所成，得到了社會的承認和天子的寵幸，譽滿天下。最後一句說：「況才之過於余者乎？」筆勢一折，又照應上文，進一步強調「勤且艱」的意思。就是說，自己能取得這樣的成就，並不是因爲天資好，有才氣，而是因爲刻苦好學，勤奮不倦。這一个反詰問句，旣暗暗扣住「勤且艱」的意思，加強和補足上文；同時又開啓並關聯下文，卽太學生們「其業有不精，德有不成者，非天質之卑，則心不若余之專耳」的結論。這樣，思想鮮明突出，前後貫通，結構上顯得十分嚴密緊湊。

第二個層次是文章的第五段。主要寫現在的太學生學習條件非常優越，能不能取得優異的成績，關鍵在於學習專不專心。這一段在意思的表達和全文的結構上，起到一種承上啓下的作用。上面第一層次，寫自己學習條件艱苦也能取得優異的成績，這一層次寫太學生們學習條件優越也可能學無所成。一正一反，在對比映襯中，從不同角度強調了勤奮刻苦學習的重要性。這是在意思上承上的一面。然而這篇文章寫自己並不是目的，更沒有誇耀自己的意思，寫自己乃是爲了用具體的榜樣和切身的體驗來教育勉勵馬生。因此，作者在充分地寫出所要強調的學習態度和精神以後，還必須由自身而寫到贈序的對象馬生。作者行文委婉含蓄，很注意方式和效果，因爲馬生是個太學生，所以在說到馬生以前，這一段先從警戒的角度講一般太學生的情況，作爲過渡，使文意自然舒緩而不顯得直硬，便於對方接受。這是在意思上啓下的一面。

第三個層次是全文的最後一段，明確地寫到了馬生，點明「道爲學之難」以勉勵同鄉後學的題意，收束全文。因爲文章的中心意思已在前面各段中申說得十分充足了，所以這裏是順理成章，水到渠成，不用花費太多的筆墨，衹是簡單地交代馬生跟自己的關係和著文的緣由，全文便乾淨利落地結束了。雖然對馬生多從正面鼓勵，說的都是肯定讚美的話，但含蘊在其中的深摯殷切的勸誡之意，馬生讀了是一定能深切地感受到的。

文章寫得具體生動，平易近人，旣沒有居高臨下教訓人的口吻，也沒有抽象說教的意味，使人讀後感到親切，富於啓發意義。這跟作者的文風有關，而文風又是作者的思想修養和人品的表現。

一個學問淵博、地位名望很高的人寫文章教育晚輩，最容易犯的毛病就是居高臨下，板着臉孔教訓人。可是宋濂卻將自己置於跟對方平等的地位，熱情地跟他談心，這就使人感到親切，消除了可能由敬畏而產生的距離。由此決定，在表達方式上，作者不是講你應該如何如何，而是着重講我曾經如何如何，現身說法，通過實踐寫出自己的切身感受。有細節，有形象，有人物活動，具體鮮明，生動感人。通篇將事實的敍述、形象的描寫和精闢的說理結合起來，使文章既有說服力，又富於感染力。例如第一段寫讀書之難，向別人借書，爲了按期歸還，就不辭辛勞地閱讀抄錄，作者通過一個典型的細節來加以概括：「天大寒，硯冰堅，手指不可屈伸，弗之怠。」第二段寫求師之難，強調虛心好學的重要，則描繪出一個具體的生活畫面：「余立侍左右，援疑質理，俯身傾耳以請；或遇其叱咄，色愈恭，禮愈至，不敢出一言以覆；俟其忻悅，則又請焉。」這裏有人物的動作、姿態、神情，還有小心翼翼的心理活動，這就給讀者留下了鮮明深刻的印象。有這樣生動的描寫作基礎，道理自不難講明。因此，這兩段的末尾，就都衹用了一句極簡單扼要的話來作結：「以是人多以書假余，余因得遍觀羣書。」「故余雖愚，卒獲有所聞。」前者解決了家貧「無從致書以觀」的矛盾，後者解決了「又患無碩師名人以游」的矛盾。這樣有血有肉地講述自己的親身經歷和體會，讀者自然會感到平易親切，從而受到感染教育。

作者在表達上處處注意委婉含蓄，避免直露生硬。全文的命意在勸勉後學努力學習，但這個意思始終沒有直接明白說出來，而是着重從自己曾經怎樣學習一面來着筆，最後才從推獎、勉勵的積極的方面說到對方。按贈序的一般寫法，被贈的對象應該是一篇之主，作者自己則屬於賓；但本文的寫法卻是倒賓爲主，先賓後主，這個總的構思和布局就是非常委婉含蓄的。第五段講的是當時一般的太學生，似乎與馬生沒有關係，但因爲馬生本人是個太學生，所以實際上也是隱括馬生在內的。這樣寫就顯得婉曲含蓄而易於被對方接受了。

對比手法的成功運用，也是使得這篇文章文氣貫注，結構緊湊，中心思想鮮明突出的重要原因。文章的寫法是由己及人，先賓後主，但作者處處注意主賓之間的內在聯繫，寫賓時處處針對主，而寫主時又處處照應到賓。第五段寫太學生們學習條件的優越，就不是一般泛泛地寫，而是注意到與上文照應，前後形成鮮明的對比：「無凍餒之患」，與上文「口體之奉不若人」形成對比；「無奔走之勞」，與上文「負篋曳屣，行深山巨谷中」等等艱苦情狀形成對比；「有司業、博士爲之師」，與上文求師之難形成對比；「凡所宜有之書，皆集於此」，與上文借書手錄之難形成對比。經過這樣前後的鮮明對比，問題就十分自然地歸結到學習態度上，然後順理成章，得出結論：能否學成，關鍵不在學習條件的好壞，亦不在天資的慧愚，而在學習的專心和不專心。有理有情，理在情中，很有說服力。

總上所說，宋濂這篇《送東陽馬生序》，不僅在思想上能給我們以啓發，而且寫得精練流暢，生動感人，觀點鮮明突出，結構嚴謹細密，在寫作藝術上也有可借鑒之處。

（周先慎）

古戍

劉　基

古戍連山火，新城殷地笳。九州猶虎豹，四海未桑麻。天迥雲垂草，江空雪覆沙。野梅燒不盡，時見兩三花。

劉基（一三一一——一三七五），字伯溫，浙江省青田縣人，元朝末年進士，曾任江西高安縣丞、浙江儒學副提舉等職。他爲官廉直清正，不避豪強，終因受當權者排斥而歸隱。但他並非是一位不關心時局的高士，而是一位具有雄才大略、待機而動的政治家。他以姜太公自喻，把自己的隱居比作「璇室羣酣夜，璜溪獨釣時」，亦卽在元末政治昏暗腐朽的時代，他在以「獨釣」之姿等待知遇的明主。終於，在至正二十年（一三六〇）後，他協助朱元璋推翻了元政權，建立起明王朝，成爲開國功臣之一。他的詩，常以政治家的眼光，反映當時的社會動亂和人民的疾苦。其風格以古樸雄放見長，對糾正當時的浮靡文風起了一定作用。沈德潛說「元季詩，都尚辭華，文成（劉基謚號）獨標高格」（《明詩別裁》），說的就是這個意思。

古戍

《古戍》爲劉基五律名篇之一，它以簡括樸素的語言，反映了元末的社會現狀，表現了詩人在戰火廢墟上重整河山換新貌的壯志豪情。

「古戍連山火，新城殷地笳。」「古戍」，古老的戍樓。「新城」，指明軍新獲得的城池。「殷」，宏大的聲音，這裏引伸爲「震動」。兩句意謂：古老的戍樓接連着燒山的野火，新得的城池傳來震地的胡笳。這兩句起對頗工，很準確地反映了元末全亡、明將獲勝的歷史氛圍。我們知道，古代的烽火臺和戍樓都是用於戰爭的；烽火頻傳難免引起山火；從「古戍連山火」的畫面裏，可見失城的元軍並不甘心敗北，還時有反撲和挑戰之舉；而「新城」能聽到震地的胡笳，就更說明了敵勢的猖獗。這兩句，上句從視覺起筆，以「古戍」「山火」發人聯想，下句以聽覺入化，用「殷地笳」啓人遐思，從而把讀者引入當時戰局中去。作品衹寫元軍猖獗之勢，而不寫明軍應戰之態，這就更顯示了作者成竹在胸、指揮若定的風度；由於點出「新城」，讀者也絕不會產生「明軍怯陣」之誤解。特別是與頷聯相聯繫，使我們彷彿看到了「淝水之戰」中的謝安，衹不過是謝安在與人對弈中顯示其鎭定之姿，而劉基則在此已注目着人生、注目着社會。

「九州猶虎豹，四海未桑麻。」虎豹豺狼，都是吃人的野獸，這裏指元軍、山賊、海盜等。據史載，元末，社會動蕩，除了以朱元璋爲首的明軍與元軍對壘，尙有大量以搶掠爲業的山大王和海盜爲害。正如詩人在《夏夜臺州城中作》所述：「江上火雲蒸熱風，欲雨不雨天瞢瞢，良田半作龜兆坼，秔稻日夕成蒿蓬。農夫有田不得種，白日慘淡衡茅空，去年海賊殺元帥，黎民星散劫火紅。耕牛剝皮作戰具，鋤犂化作刀劍鋒。」眞是一片遍地荒涼、民血塗草、白骨縱橫的悽慘景象。頷聯所寫，正是這樣的歷史現實。但「九州猶虎豹」，着一「猶」字，就頗具「重事輕寫」之妙。它使人覺得，虎豹雖多，卻是不在話下之事，滅「虎豹」衹是時間問題；「四海未桑麻」，「未」與「猶」同工，寫「未有」正意味着詩人胸懷中的「應有」，含蓄地表達了詩人放眼未來的心懷。

頸聯承此而轉，轉入了「指點江山」，詩人胸中規劃着未來：「天迴雲垂草，江空雪覆沙。」詩人的眼光，沒有停留在「山火」上，也沒有停留在「虎豹」上，他遙望遠方，不見士商行旅，衹見蓬蒿與天邊之雲相

劉基

古戍

連，那野草就像掛在雲端；他俯視大江，大江空空，不見商旅航船，漁者捕撈，衹見大雪覆蓋着空蕩蕩的江岸沙渚。作者寫這種「應無」的淒涼之景，正是告訴讀者，在詩人心中隱含着「應有」之景——桑麻滿地、商旅往還、陸路行車、江河航船。正是詩人有如此心懷，所以尾聯寫出：「野梅燒不盡，時見兩三花。」頸尾兩聯合觀，寫的是冬盡春來之景。但這景色頗富象徵意義，它雖然蛻變自白居易的「野火燒不盡，春風吹又生」，卻是一種全新的詩境。白詩衹是借送別賦草而歌頌頑強的人生，而這裏詩人卻是借特有的春色來抒發治國安邦之志了。是的，盡管山火烈烈，元軍的反撲也如山火那樣氣焰囂張，但嚴冬過後就是春天，長夜過去就是白晝，敵人的囂張正意味着滅亡前的回光返照，野梅是「燒不盡」的，「兩三花」意味着即將「萬紫千紅」，詩人將以春神之力，重整山河，安邦定國！我們隱然若見：詩人的胸中，也正燃燒着王佐之才的烈火。

此詩不用典故，不尚辭華，抒情的方式若隱若現，從而增強了作品含蘊不盡的情趣。一切藝術性較強的文藝作品，其內涵總是讓人「思而得之」，本詩從頭至尾，都具有這一特點，這是顯而易見的。但作爲欣賞者，僅僅知道這一點是不够的，還應懂得作品是怎樣形成這一特色的。要言之，第一，作品運用了「實處虛筆，虛處實寫」，典型的是首聯。詩人本來重在寫「我」，但落筆處卻處處寫「敵」，這樣就反襯出了明軍的陣營；暗示出「我」方強軍神算，不僅有「我自巋然不動」之姿，更有「我動敵毀」之妙。第二，運用了「重事輕寫、後事先提」之法，典型的是頷聯。這樣就顯示了作者成竹在胸、放眼未來的氣度和風格。第三，寫「應無」之景，抒變革現狀之志。典型的是頸聯。第四，以「一葉知秋，一花報春」的手法，即景揭示題旨，是以景結情。並用「燒不盡」回應了詩開頭中的「山火」，這樣不但含蓄，而且也顯得章法嚴謹。

（傅經順）

水龍吟

劉　基

感懷

雞鳴風雨瀟瀟。側身天地無劉表。啼鵑迸淚，落花飄恨，斷魂飛繞。月暗雲霄，星沉煙水，角聲清裊。問登樓王粲，鏡中白髮，今宵又，添多少。　極目鄉關何處，渺青山，髻螺低小。幾回好夢，隨風歸去，被渠遮了。寶瑟絃僵，玉笙簧冷，冥鴻天杪。但侵階莎草，滿庭綠樹，不知昏曉。

劉基爲人性剛嫉惡，與物多忤，爲官廉直。後受元統治集團排擠，棄官回鄉，從事著述。朱元璋起義，邀之出山，協助朱元璋平定天下，建立明朝，爲「開國功臣」。被封爲「誠意伯」，後告老還鄉，受左丞相胡惟庸的構陷，憂憤而死，時年六十五歲。著有《誠意伯文集》二十卷。

劉基是元末明初的著名的詩人和散文家，也是一個頗有才華的詞人。他早期的作品，以「哀時憤世」爲主，或寫對時事的憂慮；或寫對政令繁苛的不滿；或寫對重斂傷民的反感，多能揭露元末的社會黑暗，都具有一定的現實意義。入明的後期，因政治上敵對派的構陷，則多寫個人嘆老傷懷的內容，成就不及前期的作品。他的詩以樸茂雄放見稱，尤長於古體詩。沈德潛在《明詩別裁》中說劉基詩在元末追求「辭華」的風氣中「獨標一格」。汪端的《明三十家詩選》說，祇有金末元好問，元末劉基的詩歌繼杜甫之後具有「沉鬱」的特點。

水龍吟

劉基的散文，洗練明暢，風格遒勁，富於邏輯性和形象性，尤其擅長運用寓言形式。劉基的詞與他的詩一樣，抒情眞切，寫景逼眞，在悲涼中含喜意，在蕭瑟中見生機。在他的《誠意伯文集》中有詩餘二百三十三首。

這首《水龍吟》詞，就很能代表他詞的風格。據詞的內容判斷，可能是劉基前期看到「元政亂，投劾去」隱居時寫的，是受元統治集團排擠極不得意之時，想尋求出路不得的情況下寫的。作者親歷了元末明初的動亂，對元末的暴政和黑暗現實非常不滿，常想施展才能「矯元室之弊」，但因遭元統治者排擠，衹好隱居著書，化詩詞文章爲力量，以揭露那些「金玉其外，敗絮其中」的統治者的罪惡和社會時弊。表達他不滿世道，痛恨奸邪的憤世之情和希望積極用世的願望。

詞一開始就點了題，說明他憤世之情和無限的感慨：

鷄鳴風雨瀟瀟。側身天地無劉表。

這兩句詞，涵意極其豐富，它不僅點明了時間是在一個狂風暴雨鷄鳴之夜，指出就是這樣一個時間和惡劣環境氣氛，引起了詩人「側身天地無劉表」的感慨和憤世之情，顯示出全詞的傾向性。而且渲染了環境氣氛，對作者憤世之情起了有力的襯托作用。這裏的「鷄鳴」是天將要明，指時間。「瀟瀟」是風雨的聲音，形容刮風下雨，在詩詞上多用它表時間是秋季。「劉表」是東漢人，王粲曾依之。在這裏是作爲可投奔依靠的典型出現的。從這兩句詞的寫法及意境含義來看，它和《詩經》中亂世思念君子主題的詩，即《鄭風·風雨》所寫「風雨瀟瀟，鷄鳴膠膠；既見君子，云胡不瘳」，很相類似。所以，這首《水龍吟》詞的意思是說，外面是一陣陣狂風暴雨，鷄又是一聲聲叫個不住，這好比國家在風雨飄搖之中，希望自己能有機會出來撥亂反正，救世之弊，可是天地之大，哪裏有人像能依靠的劉表呢？可見憂愁的是在天地之間，沒有像劉表這樣可作爲依靠投奔的人，因而使自己輾轉反側，睡臥不安。這就又引出了下面抒痛苦之情的詞句：

啼鵑迸淚，落花飄恨，斷魂飛繞。

這裏的「啼鵑」，就是指啼血的杜鵑。相傳古代四川遭洪水，古蜀帝杜宇，派宰相開明去治水，他卻「婬（同淫，見《說文》）其相妻」。開明治水歸，杜宇慚愧讓位，死後魂魄化爲杜鵑。因爲惦念情人，常飛到成都郊野樹上，夜夜啼叫，直到出血，故名杜鵑。宋代文天祥《金陵驛》詩裏，早就有「從今別卻江南路，化作啼鵑帶血歸」的動人詩句。這是文天祥兵敗被俘到北方後，用杜鵑啼音「不如歸去」來表現他要化爲啼出血的杜鵑，飛回江南的堅強意志。這裏，劉基則是用以比喻自己理想抱負不能實現的遺恨，形容他憂國傷時的萬分悲苦之情。「落花」句，是「無可奈何花落去」的「落花」，又被風吹起，帶着愁恨，灑滿江天。「斷魂」句，是說離身之魂不停地飛着繞行。其中「斷魂」作名詞，「飛繞」是「斷魂」的動詞。以上三句，把作者憤恨的程度，作了十分感人的形象化的描寫，說自己痛苦得就像啼血的杜鵑一樣，眼裏總是迸發着眼淚；自己的憤恨之情，又像落花被風吹起，到處飄蕩；更像是離身之魂，不停地飛着繞行，沒個依托之所。接着詩人對造成這種處境的黑暗現實環境，又作了描寫和揭露：

月暗雲霄，星沉煙水，角聲清裊。

這三句詞是說，在我這樣痛苦之時，月被九霄之雲掩遮了，天空中暗得很，星光也沉在煙波之中，光也沒有了，暗喻當時社會太黑暗了。而就在這時又聽到了遠處「胡笳互動，牧馬悲」，即蒙古人軍營裏的裊裊不絕的號角聲。在這種悲涼惡劣的環境下，哪裏去尋安身之處呢？哪裏去找出路呢？故接着又引出下面詞句的發問：

問登樓王粲，鏡中白髮，今宵又、添多少。

這幾句發問說，在這種黑暗現實環境下，假設作《登樓賦》的才子王粲對鏡自窺時，鏡中自己的白髮中，又添上多少根呢？就是說他也會愁得很。實際上這是詩人以王粲自況，來說自己憂時憂世的白髮，不知又添多少。

詞的下片寫鄉關之思，即杜鵑啼聲「不如歸去」的思想：

極目鄉關何處，渺青山，髻螺低小。

下片的開首這三句，與崔顥《黃鶴樓》「日暮鄉關何處是？煙波江上使人愁」意境有類似之處。「極目」，是把視線放在極遠之處。「鄉關」指故鄉。這幾句是說，我把視線放到極遠之處，看自己的故鄉在何處，結果不見鄉關。衹望到遠遠的青山，它們像髻螺一樣，既低且小。但它卻給人造成了多少愁恨。爲什麼呢？因爲：

幾回好夢，隨風歸去，被渠遮了。

這裏「幾回」，言次數之多。「好夢」，指回家團聚之夢。「隨風歸去」，就是自己在夢中隨着好風歸去了。「渠」，在這裏是第三人稱代詞，指渺渺的青山，低小的髻螺。這幾句意思說，自己曾多次好夢，隨風歸去，但卻被青山遮住，擋住了去路，終於使好夢未成。因爲事業不得意，産生「不如歸去」的思想，是人之常情。這正如王安石《泊船瓜洲》「春風又綠江南岸，明月何時照我還」所表達的對鍾山懷念的心情。接着寫他好夢不成，想來解愁：

寶瑟絃僵，玉笙簧冷，冥鴻天杪。

這裏「玉笙簧冷」，「簧」，指笙中之簧，卽笙竽中之薄銅片。「笙簧」必「暖」，冷了，聲音就低暗了，就發不出正音。「冥鴻」，喻高飛遠引。「天杪」，就是天渺遠。這幾句說，作者在這種情形下，憂愁得很，用樂以解憂吧？可是寶瑟的絃都僵了，彈不出音調來。想吹笙以解憂，但笙簧已冷，也發不出聲音來。眞是絶望了。人在絶望之時，每每向天呼籲，但天渺遠得很，也達不到啊！呼天不成，那麽，衹有看大地如何了。

但侵階莎草，滿庭綠樹。

這時衹見莎草侵階，庭院長滿了綠樹和我同在。這種境界與王建的詞句「春草昭陽路斷」有類似之處，是少人、無人來往的寂寞的景象。最後一句：「不知昏曉。」是說處此種境地，自己連昏曉都不知道了。這與李後主《浪淘沙》詞中所說不知「天上人間」極爲類似，是完全茫然不知所措的痛苦的形象。（董冰竹）

賣柑者言

劉　基

杭有賣果者，善藏柑，涉寒暑不潰，出之燁然，玉質而金色。置於市，賈十倍，人爭鬻之。予貿得其一，剖之，如有煙撲口鼻，視其中，乾若敗絮。予怪而問之曰：「若所市於人者，將以實籩豆、奉祭祀、供賓客乎？將炫外以惑愚瞽也？甚矣哉，爲欺也」！

賣者笑曰：「吾業是有年矣，吾賴是以食吾軀。吾售之，人取之，未聞有言，而獨不足子所乎？世之爲欺者不寡矣，而獨我也乎？吾子未之思也。今夫佩虎符、坐皋比者，洸洸乎干城之具也，果能授孫、吳之略耶？峨大冠、拖長紳者，昂昂乎廟堂之器也，果能建伊、皋之業耶？盜起而不知禦，民困而不知救，吏奸而不知禁，法斁而不知理，坐糜廩粟而不知恥。觀其坐高堂、騎大馬、醉醇醴而飫肥鮮者，孰不巍巍乎可畏、赫赫乎可象也？又何往而不金玉其外、敗絮其中也哉！今子是之不察，而以察吾柑！」

予默默無以應，退而思其言，類東方生滑稽之流。豈其憤世嫉邪者耶，而託於柑以諷耶！

劉基是明初頗有作爲和膽識的政治家。《明史·劉基傳》說他「所爲文字，氣昌而奇，與宋濂爲一代文宗」。可見，劉基的詩文才學並不亞於其軍機政見。正因其有敏銳的政治洞察力和淵博的史學知識，才獨創了議論高簡、鞭辟入裏的獨特的雜文體式。收編在《誠意伯文集》中的短章《賣柑者言》，就是一篇膾炙人口的散文名作。

嚴格地說，《賣柑者言》是一篇文藝性雜文。全文僅三百字，所論及的，也祇是抨擊當時封建官僚和社會流弊的一得之見；但讀來卻趣味甚濃，發人深思。散文藏鋒寓意的點睛之論——「金玉其外，敗絮其中」，至今仍傳爲警策後人的至理名言。這不能不歸功於作者卓越的藝術匠心和表現技巧了。

沈宗騫在《芥舟學畫編·活法》中說：「法外求法，乃爲用法之神；變中更變，方是求變之道。」也就是說，文藝創作既要重視前人的表現方法，又要不拘於成法，力求有所突破和創新。《賣柑者言》的成功秘訣即在此。劉基吸取了唐宋散文家「說理論事」須「慎其實」，「較精密」，「盡雄辯」（清·劉熙載《藝概·文概》）的藝術傳統，又充分發揮了散文無定體，兼容敘事、抒情的特長，自創了平實和易，意到即就，寓意深遠的雜文體說理散文。可以說，《賣柑者言》的新穎雜文藝術開創了明代散文的新風。這具體表現在以下方面。

以敘帶議，議中鑄論。在古代文論中，闡述政見，論斷是非的散文佳作是不乏其數的。如魏徵《諫太宗十思疏》，韓愈《師說》、《雜說四》等。這些名篇說理透闢，結構嚴謹，有的還以對比、襯照來深化立論，磨礪論辯的談鋒。但在表現技巧上，它們一般是以「一曰止，二曰貞」（韓愈語，引自《藝概》）爲宗旨，說理論事是「老實說出緊要處」（同上），即，「立片言以居要」（陸機《文賦》），然後衆辭有條地進行論證。譬如，《諫太宗十思疏》是以「求木之長者，必固其根本」；「欲流之遠者，必浚其泉源」的警策之言開篇的。《師說》開宗二句「古之學者必有師」，「師者，所以傳道、授業、解惑也」，作爲全文的提綱挈領。《雜說四》以首句「世有伯樂，然後有千里馬」爲立論的。這種構思是不失爲一家之法的。但若照搬、依襲，仍不免有八股之嫌。劉基的《賣柑者言》則是獨闢蹊徑，不落窠臼。開篇以說家常，道新聞爲由頭：杭州街頭的水果小販藏柑「涉寒暑不潰」，「出之燁然，玉質而金色」。這個由頭避免空洞說教，訴諸鮮明、具體的形象和頗有新聞色彩的社會趣事，給讀者以探求作品內涵和作者睿智灼見的藝術趣味；繼之，文章又敘說「視其中，乾若敗絮」，顧客上當受騙，賣柑者強詞奪理的生動情節，循序漸進地去誘發讀者的思考。正當讀者的獵奇心理被煽起，引頸聆聽時，敘事卻嘎然而止，以「世之爲欺者不寡矣，而獨我也乎」的詰問，將讀者推入評判社會現實的漩渦中心，去品味「金玉其外，敗絮其中」的深刻哲理和作品的巧妙寓意。在生動的敘述與深沉的哲理的交織之中，作者自然熔鑄而成的立論，不僅簡潔、深邃，閃耀出哲理的光澤，而且不單一、不膚淺，有情、有理、有味。如果說，這是一篇觸及時弊的戰鬥檄文，是匕首；那麼，它又是一首巧妙的諷刺詩，一朵帶刺的薔薇。作品熔雄辯與含蓄、精警與幽默於一爐，讀後能給人一種深思的力量。

取其一點，觸類旁通。在數百字的短文中，既要以一隅概全貌，又須一語中的，切中時弊，這確是個難題。淸人魏際瑞云：「文主於意而意多亂文。議論主於事而事雜亂議。」（《伯子論文》）這是說，意多、事雜最易鬆散文章的結構，削弱論理的邏輯力量，這乃是說理散文之大忌。然而，劉基不愧是兼得政治家的膽識與文學家才氣的一代文宗。他衹取「金玉其外，敗絮其中」之一隅，由此及彼，來概述社會政治生活的全貌，「托柑以諷」表面繁華、內部潰爛的社會，腐敗、黑暗的官場，外強中乾、色厲內荏的官僚，這不能不說是出奇的高明。當然，散文若僅以柑果與社會作簡單類比，還衹有突驚醒目之力，尚無回味耐嚼之氣，論藝術技巧尚未突破前人固有的成就。運用之妙，存乎一心。劉基歸納柑果外炫內爛的表象在於「欺」字，爾後，取「欺」一意，來洞察、觸及、探究社會盛行「欺」風流弊的內涵，開掘立論的深意。賣柑者唯「欺」方能「食軀」，這足見社會之黑暗。其次，賣柑者「欺」人，從「未聞有言」，騙人有理，受騙理該，遂之成風，社會道德之淪落可見一斑了。其三，「欺者不寡」，欺者非民。文章進而指出，「佩虎符、坐皋比」的將帥，「峨大冠、拖長紳」的文臣，既無「孫吳之略」，又無「伊皐之業」，一不懂政，二不知法，三不近民，遇「盜」而不敢「禦」，見民窮而不得「救」，知枉法不能「理」，居高位，施特權，魚肉人民而不知恥；內在腐朽不堪，然其外表卻是「坐高堂，騎大馬」，氣勢顯赫，風度威嚴，猶如行將潰爛的柑果，「敗絮其中」也。這一筆，由對社會風習的批評轉向對當權者的猛烈抨擊，要言不枝不繁，簡潔犀利，論理鞭辟入裏而又縱橫恣肆。作者不擺出學究家的架勢，打理論腔，作枯燥空乏的說教，而是居行市一隅概社會全貌，取一個痼弊揭社會之眞相，形象深入淺出，論理精警深刻。宋人洪邁《容齋隨筆》說得好，一篇好的論理散文，「雖無甚奇論，然意到卽就」，以「考據精譬，議論高簡」的警策之言，明辨是非，啓人思考。我以爲，劉基的《賣柑者言》正體現了這一藝術特色。

設辭問答，反詰推理。一般來說，論理散文無非有兩種，一是正論，一是反駁。前者，引經據典，依理論證，直述己見。後者，或正反對照，或借題發揮，駁斥謬言，痛砭時弊。兩者推理的立足點不同，但基本上都是直接的邏輯推理。《賣柑者言》突破了固有的程式，獨出心裁地通過設辭反詰造成的懸念，啓發讀者的思考來完成論證推理。具體地說，卽是在設問中質疑，在質疑中論辯。這樣在強烈的情感色彩中（如譏諷，鄙夷，蔑視，指責），增強了文章論辯的邏輯力量，充分顯現出雜文體「嘻笑怒罵皆成文章」的特點。在作品中，顧客「怪而問之」的設問，使散文由敘述轉入質疑，賣柑者又以「未聞有言，而獨不足子所乎？世之爲欺者不寡矣，而獨我也乎」的連續反詰，展開了別開生面的論辯。緊接着，散文抨擊官場黑暗、權貴腐朽的一連四重排比，是反詰的延伸，也是犀利的答辯。作者借古喻今，以古之聖賢與今之衆人對照，有議論、有事實、有分析地，一層深一層地進行抨擊。作者用筆雖平實，然而設辭問答和反詰推理，致使論理明暢而不流於淺露，簡潔、精煉卻又無雕琢之痕，在設問、質疑中，一步步引導讀者去思考、判斷是非曲直。散文在一輪設問、質疑、論辯之後，又設置了一輪反詰，將論證的鋒芒伸向立論內涵的深處。「子是之不察，而以察吾柑！」這裏，作者的論辯以引而不發的責問，轉攻爲守，透過對社會時弊的分析，進入對元朝末年社會政治生活的猛烈抨擊，從而顯現了文章推理論證的波瀾和深度。還應指出，反詰推理不僅使散文的議論簡潔、犀利，而且，在設辭問答的論證中，準確地表達了作者豐富的思想感情。如果說「賣柑者笑曰」，是以飽含譏諷的嘲笑來引發憤世之言，那麼，緊接着的連珠炮式的排比，則充滿了作者對權貴們的鄙夷、蔑視和忿懣不平。假如「何往而不金玉其外，敗絮其中也哉」的微詞，是其內心積憤的眞實流露；而「今子是之不察，而以察吾柑」的憤慨則對現實報以大聲呵責了。這種虛實相間，議論與抒情糅於一體的論證，使作品既以邏輯力量訴諸讀者的理智，又以藝術的力量訴諸讀者的感情，從而促使讀者的整個精神領域都能感染、接受作者的思想睿智和愛憎之情。而此，《賣柑者言》的論辯鋒芒呈現得更爲深沉，更爲犀利。

勾勒形象，深化立意。自唐宋以來，大凡議論散文幾乎有了一個不成文的格式，即立論、演繹、推理、歸納這一完整的邏輯形式。這當然是無可非議的。然而，作爲以敘事、抒情、形象爲主要特徵的散文格式來說，未免有些欠缺了。《賣柑者言》雖是一篇道地的議論散文，但它卻着力於對藝術形象的勾勒和雕刻。散文的議論在附麗於形象的基礎上，得到鋪展和深化。而這些又是通過富有個性化的人物對話來體現的。《賣柑者言》通篇（除開頭、結尾外）就是兩節人物對話。例如，買者一連串的指責：這種外炫內爛的柑果，豈能「奉祭祀、供賓客乎？」莫不是「以惑愚瞽也」？「甚矣哉，爲欺也！」這二問一罵的誇大其辭、咄咄逼人的對話，簡直沒有容人插嘴的餘地。寥寥幾言，把一個受騙顧客抓住騙者把柄後的那種興師問罪的洶洶氣勢突現出來。賣柑者的答辯，更是妙趣橫生。「賣柑者笑曰」，一個「笑」字，文字陡轉，出乎意料，繼而在胸有成竹的爭辯中，步步進逼，句句入理，「遂以制論敵於死地」。這節對話既生動地勾畫了小商販的狡黠個性，而且又借賣柑者的笑態，對社會進行了無情的嘲諷；再則，在這段巧妙的答辯中，畫龍點睛地寫出了百姓並不是聾子、瞎子，對社會時弊是明察秋毫的。這與顧客「以惑愚瞽也」的責問前後呼應，在反其道而行之中，深化了全文的立意。這又是一石三鳥的妙筆了。文章應用對話形式，勾勒出兩個生動的藝術形象，這給讀者分析、觀察當時社會現狀提供了一幅逼眞的速寫，同時，也爲文章據事論理製造了一個必要的藝術氣氛。作者藝術匠心的精妙，眞令人驚嘆不已。

《賣柑者言》以它的藝術魅力和深邃獨到、閃耀着哲理光芒的思想內容感染讀者，這不僅爲後人認識封建社會提供了資料，而且也爲今天的散文創作提供了寶貴經驗。

（吳士余）

明皇秉燭夜遊圖

高　啓

花蕚樓頭日初墮，紫衣催上宮門鎖。大家今夕燕西園，高爇銀盤百枝火。海棠欲睡不得成，紅妝照見殊分明。滿庭紫焰作春霧，不知有月空中行。新譜霓裳試初按，內使頻呼燒燭換。知更宮女報銅籤，歌舞休催夜方半。共言醉飲終此宵，明日且免羣臣朝。祇憂風露漸欲冷，妃子衣薄愁成嬌。琵琶羯鼓相追續，白日君心歡不足。此時何暇化光明，去照逃亡小家屋。姑蘇臺上長夜歌，江都宮裏飛螢多。一般行樂未知極，烽火忽至將如何？可憐蜀道歸來客，南內淒涼頭盡白。孤燈不照返魂人，梧桐夜雨秋蕭瑟。

這是高啓爲同名畫卷所作的題畫詩。詩歌取材於廣泛流傳、爲人熟知的唐明皇與楊貴妃的故事，又受到畫面形象的限制，要出新無疑難度較大。

自中唐白居易的《長恨歌》一出，因其薈萃傳說、感情複雜、文辭優美，對以後同類題材的詩歌便發生了強烈的影響。後代詩人取材、立意，往往到《長恨歌》中捕捉形象，汲取靈感。應當承認，同一故事在生活時代大致相同的作家筆下，從主題到表述，翻新總是有極限的。而《長恨歌》就其表現李、楊故事而言，可以說已成爲一座蘊藏豐富、難以逾越的高峯，在後代詩人的同類創作中，幾乎都留下了它的影子。正視這一事實，並不等於劃出一個禁區，宣布白居易以後詩人的勞動全無意義。因爲盡管是高峯，盡管投影大，總還有餘地可供拓展，可以深掘。在此前提下，我們便不會因爲《明皇秉燭夜遊圖》詩的基本構思與語言材料大多來自《長恨歌》而低估了它的價值。

誠然，與《長恨歌》相對照，我們可以輕易地指出二詩的傳承關係，高詩前半段主要從《長恨歌》「承歡侍宴無閒暇，春從春遊夜專夜」二句生發出來，以夜遊爲描述中心，極力鋪寫唐明皇沉緬酒色，不理朝政的糜爛生活。其中如「新譜霓裳試初按」與白詩中關於《霓裳羽衣曲》的描寫，「共言醉飲終此宵，明日且免羣臣朝」與「春宵苦短日高起，從此君王不早朝」，「妃子衣薄愁成嬌」與「金屋妝成嬌侍夜」，「琵琶羯鼓相追續，白日君心歡不足」與「緩歌慢舞凝絲竹，盡日君王看不足」，前者顯然是從後者變化而出。後半段自「姑蘇臺上長夜歌」始，其中引證前朝史事，已超出了《長恨歌》的敍述範圍，但也從中借用了「漁陽鼙鼓動地來，驚破《霓裳羽衣曲》」的句意；又刻意狀寫安史亂後唐明皇自蜀歸京後的淒涼之感，則完全脫胎於《長恨歌》敍明皇歸來的一段文字，白詩「孤燈挑盡未成眠」、「魂魄不曾來入夢」、「秋雨梧桐葉落時」明顯爲高詩所本。

使這種影響必然發生的原因，還在於二人的文學氣質相似：白居易乃「深於詩，多於情者」（陳鴻《長恨歌傳》），高啓作詩也以「才情之美」（王世貞《藝苑卮言》卷五）爲人稱道。二人又都採用了長篇歌行的形式，格調更易接近。

雖然如此，《明皇秉燭夜遊圖》畢竟是一首具有獨立存在價值的詩篇。它取法於《長恨歌》而不囿於《長恨歌》，是因爲高啓恰當地運用了題畫詩的特長，利用了原有故事與畫面的限製，發揮了自己的藝術才能與創造力。

題畫詩必須依據圖畫內容而作，使詩語切合繪事。這對詩人的創作構思無疑有一定的制約作用，但它又爲靜止場面的描述提供了具體可感的形象與空間，使詩人在限定的範圍內，可以盡力馳騁自己的才思。因而高啓在爲畫卷《明皇秉燭夜遊圖》題詩時，根據畫面提供的人物、場景，在借鑒《長恨歌》時，也必然有所取捨與補充。他截取《長恨歌》的片斷材料，重新組織熔鑄，對白居易語焉未詳的唐明皇遊宴之樂，作了淋漓盡致的鋪張描繪，使我們借助他的詩歌，可以在想象中復現此畫：時爲深夜，興慶宮西側的花萼樓前卻燈燭輝煌，煙霧彌空。地位卑微的宮女、供驅使的內使和身穿紫衣、聲勢煊赫的宦官達貴環侍左右，各種絲竹樂器一時齊集。原來這是唐玄宗攜楊貴妃宴飲西園，尋歡作樂。但見楊玉環長袖寬衣，翩然起舞於中庭，正在表演傳說由玄宗製曲的「霓裳羽衣舞」。夜風吹過，裙裾斜飄，更顯出衣質的輕柔與精美。唐玄宗持杯在手，一邊飲酒，一邊目不轉睛地注視着楊貴妃。

這幅出現在我們腦海中的圖畫不僅是畫家所完成的作品，它還包括了詩人的創造。繪畫本是無聲的藝術，詩人卻根據畫中人物的神情、動作，譯解出許多種聲響傳達給我們。於是，我們從這幅配音的圖像中不僅聽到了飄渺動聽的《霓裳羽衣曲》，而且聽到了各色人等的說話聲：內使傳呼「換蠟燭」，宮女秉報「時至夜半三更」，唐明皇與楊貴妃相與開言：「今夜且盡興開懷痛飲，明日傳令百官免早朝。」這些紛雜的聲響製造出的熱烈氣氛，對畫面起了烘托的作用，加強了繪畫效果，把唐明皇的夜遊之樂有聲有色地表現出來了。這些聲音，還反映出畫面人物各自不同的身分、行動與相對位置，揭示出單個人物之間的關係。圍繞着唐明皇與楊

明皇秉燭夜遊圖

貴妃，畫中人形成爲一有呼有應、互相關聯的和諧羣體。

更深一層，詩人還從外貌探察到人物的內心。儘管畫面上衹能摹寫出人物的外部容貌、衣着與動作，但高明的畫家總能從這些表面層次的描摹中準確地透視出人物的精神氣質與心理活動。同樣，高明的題畫詩人也應能從畫中人物的神態裏，推想出畫家賦予人物的深層意識。唐明皇是整幅畫的中心人物，畫家對他的處理必然精心周到。詩人據畫作詩，也力圖從他的所作所爲，發露出他的所思所想。唐明皇身爲天子，卻不以天下爲重，百姓的饑寒、朝中的政事一概置之不理，心心念念衹在與楊玉環追歡逐樂上。爲了突出這一點，詩人從畫中唐明皇專注地盯視楊玉環的目光以及楊玉環被夜風吹動着的輕薄的舞衣上，由表及裏地傳寫出唐明皇此時的心理活動：他在心滿意足、縱情歡樂之中，惟一的憂慮就是夜間風寒露冷，楊玉環衣裳單薄，抵禦不住，嬌媚之姿恐難以持久。總之，他對楊玉環的關切，出發點還是爲了一己的享樂，並非單純忘我的愛。詩人對畫中人物心態的闡釋，應該說是符合畫家原意，並有助於揭示繪畫主題的，因爲《明皇秉燭夜遊圖》的選材，即已表明畫家的諷刺意味。

題畫詩儘管須顧及畫面，體會畫家用心，但詩歌與繪畫畢竟是兩種不同的藝術形式，它們各有所長。例如我們根據高啓的詩作，可以大體上復現《明皇秉燭夜遊圖》這張畫，但我們人人腦中的畫不同，與畫家的原作也不一定相符，就是因爲詩中並沒有詳細交代畫上共有幾人，每人在畫面中的具體位置，以及衣服的顏色、人物的高矮胖瘦等等。即使是詩人用力最多的唐明皇，其形象也是模糊的。這是由於兩種藝術形式的不同造成的局限。繪畫以顏色、線條爲材料，詩歌則以語言文字爲材料；一作直觀的表現，一作間接的想象；直觀的形象是固定不變的，想象的形象是因人而異的；具象有限，而想象無窮。何況，詩歌的長處在抒情，並不以詳盡的記述爲己任。這樣，題畫詩人在給定的範圍內，仍有很大的迴旋餘地，可以由此及彼，越出畫面外，仍在題意中。相對於作爲空間藝術的繪畫而言，詩歌的優越性在於表述流動的時間。一般說來，一幅畫面所展示的時間是靜止凝固的，而題畫詩人在時間的轉換上卻保留很大的自由。他們既可以截取一瞬間的場面，也可以思接千古。高啓正是充分地運用了他的自由，在詩中恰當地引進了時間意識，因而使整幅畫活動起來，顯示出深刻的歷史寓意。

按照詩人的提示，我們知道畫面所表現的時間是「夜方半」。本來正在進行的活動場面，在達到高潮的這一刻被固定下來，留給人們永久觀賞。對畫家而言，描畫出半夜三更的遊樂，便可以概見唐明皇的荒唐，因爲繪畫本是要傳寫出在某一時刻最具典型意義的形象、場景。詩人則不然，他覺得只是盡力渲染這一刻的情景還不能令人滿足，還不能形象地刻畫出唐明皇的荒淫無度。他要解脫畫家使用的「定身法」，讓人物在流動的時間中復活起來。於是，他以畫面時間爲中線，把時間向兩頭拉開，從「日初墮」寫起，在「夜方半」逗留，然後推向「白日」。令人想到，「白日」後又繼之以黑夜，循環往復，而「君心」始終是「歡不足」。《古詩十九首》中有句云：「晝短苦夜長，何不秉燭遊？爲樂當及時，何能待來茲？」唐明皇不愧是深諳此理，奉諸施行，不捨晝夜地狂歡縱飲。從詩篇周而復始的時間描述中，我們正可以看到詩人內心深切的憂憤。

雖然詩人記述的時間已超出畫面所示，但在終止時間上，他還是嚴格把握的。詩中的這條時間線明顯呈單向開放延長，它指向唐以前，截止於玄宗在世。高啓緊緊扣住唐明皇夜間行樂這一規定場景與時間，聯想到前朝亡國之君的夜遊正與之相倣：遠在春秋時期，有吳王夫差在今蘇州建姑蘇臺，臺上立春宵宮，他與西施每日在此作「長夜之飲」，最後被越王勾踐一舉滅國。近在前朝，有隋煬帝窮奢極慾，在今揚州的江都宮中大量捕捉螢火蟲，夜間放出，以代替燈燭，光亮遍及宮苑，終於在羣雄交攻中身死國亡。前代君主無休止的享樂，都是以國破身亡爲代價，歷史的教訓足以發人深省了。詩人把眼前的《明皇秉燭夜遊圖》置於深廣的歷史背景中，引領我們縱覽古今，就使這幅描繪歷史陳蹟的畫面，對於後人仍然有着昭示現實的意義。

爲了證明重複出現的歷史現象乃是由同樣的因造出同樣的果，詩人在列舉前朝史實後，又注目當前，回到畫面：「一般行樂未知極」，後面正潛藏着一樣的危險。詩人從眼前縱情歌舞的極盛場面，已窺見此後的極衰景象。安史叛軍打破潼關後，唐玄宗倉皇西逃。行至馬嵬坡，禁軍嘩變，玄宗衹得依允縊死楊玉環。長安收復後，唐明皇自蜀歸京，已作了沒有實權的太上皇，再居興慶宮，心情自然大不相同，衹覺得滿目淒涼。此時的景況與秉燭夜遊的畫面一一作着對比：仍然是深夜，仍然是「南內」，卻衹有一盞孤燈作伴。形單影隻的唐明皇，滿耳聽到的祇是夜雨不停地滴打梧桐葉以及一陣陣蕭瑟的秋風聲。由詩人勾畫的這幅場景補充了畫家的創作，挑明了隱於畫外的題旨。詩人把兩幅時間相隔幾年的畫面剪接在一起所形成的巨大反差，造成了強烈的刺激性，它明明白白地展示出：夜以繼日地尋歡作樂，無不是以天下亂亡結束的。

貫穿始終的時間意識使這首詩具有了歷史的深度，而原有的故事框架，也爲詩人的構思提供了便利。高啓不僅可以從情節完整的《長恨歌》中取材，他還可以利用其他的傳說資料。如詩中「海棠欲睡不得成，紅妝照見殊分明」兩句，便是根據蘇軾的《海棠》詩中「祇恐夜深花睡去，故燒高燭照紅妝」及有關故事而寫。明皇在興慶宮中的沉香亭召見楊玉環，其時，楊玉環醉酒未醒，被攙扶而來，釵横鬢亂，不能下拜。明皇見狀笑曰：「是豈妃子醉耶？海棠睡未足耳。」詩人用此典故，楊玉環的嬌慵之態便盡現紙上。唐明皇極迷戀於楊玉環的姿容風情，才有了以後的悲劇結局。故事的情節發展人們早已耳熟能詳，這本來不利於高啓的創作，但恰恰又幫了他的忙。詩人不須說得很多，祇要刻畫出極樂與極哀兩個場面，人們就會在其中塡補進許多細節，詩人的思路也因接近讀者而很容易被接受。

看得出來，高啓寫作此詩，對唐明皇是抱着一種嚴厲批判的態度。在關於秉燭夜遊盛況的大段詳細的鋪述後面，詩人冷峻地插入這樣兩句詩：「此時何暇化光明，去照逃亡小家屋。」詩句固然是用典，取聶夷中《詠田家》詩「我願君王心，化作光明燭。不照綺羅筵，祇照逃亡屋」的句意反轉來說，但也充分表露了詩人的諷刺與責難。高啓對於唐明皇、楊貴妃故事的看法，與白居易顯然不同。《長恨歌》在譴責二人荒淫誤國時，又夾雜進對二人愛情的深厚同情。這種觀點曾經影響了後世許多詩人。而高啓關注的祇是國家與人民的命運，所以他並不在李、楊愛情上大作文章，而是以沉痛的心情，總結歷史的教訓，以垂誡來世。如果從歷史的角度評價唐明皇，我們無疑會贊同高啓的批評態度。

（夏曉虹）

登金陵雨花臺望大江

高啓

大江來從萬山中，山勢盡與江流東。鍾山如龍獨西上，欲破巨浪乘長風。江山相雄不相讓，形勝爭誇天下壯。秦皇空此瘞黃金，佳氣葱葱至今王。我懷鬱塞何由開，酒酣走上城南臺。坐覺蒼茫萬古意，遠自荒煙落日之中來。石頭城下濤聲怒，武騎千羣誰敢渡？黃旗入洛竟何祥？鐵鎖橫江未爲固。前三國，後六朝，草生宮闕何蕭蕭！英雄乘時務割據，幾度戰血流寒潮。我今幸逢聖人起南國，禍亂初平事休息。從今四海永爲家，不用長江限南北。

明洪武二年，自元末便隱居青丘的高啓，受朱元璋徵召，欣然赴金陵修《元史》。在金陵，他登上雨花臺，望着滾滾東去的長江，感慨萬千，寫下了這首膾炙人口的詩篇。

人在不同的情境中對大自然中的山山水水會有不同的感受。在詩人筆下，這山山水水往往更成爲了人的化身，成爲人的思想感情、精神意趣的直接承擔者。有時雖是寫景，卻分明可以看到詩人的風貌，反映出詩人的內心世界。「我見青山多嫵媚，料青山見我應如是。」山與人，在這裏表現得多麼親切、融洽。高啓經歷過元末的長期戰亂，一旦祖國統一，社會安定，他的精神極爲振奮，情緒極爲高亢。於是，長江、鍾山在他的眼裏便有了特殊的形態：「大江來從萬山中，山勢盡與江流東。鍾山如龍獨西上，欲破巨浪乘長風。」大江滔滔，千山萬嶺都被它浩大的氣勢征服了，都順着它的流向低下了頭，惟獨位於金陵的鍾山卻異峯突起，不同凡響，它的山勢由東而西向上升，恰似一條乘風破浪的巨龍要衝破這滔滔的江水，顯示自己的力量，自己的偉大。這開篇四句，大筆淋漓，氣勢磅礴，一氣呵成。一邊寫長江，一邊寫鍾山，兩相襯托，彼此渲染，祇此四句已盡可想見金陵城地勢之險、氣勢之大了。特别是那個「盡」字，「獨」字，極富表現力，把長江的雄姿與鍾山的不凡，一筆就點了出來，使人可以聯想到對於如此偉大的長江，如果祇有「盡與江流東」的山勢，該是多麽遜色，多麽不襯，惟有與衆不同、逆流而上的鍾山，才可與長江相提並論，才可與之交相輝映。這正是詩人筆力的雄健之處。

當然，詩人此時此刻登上雨花臺望長江，並非是爲了寫景而寫景，在如此雄渾、豪放的境界中，更有着詩人自己獨特的感受、獨特的思索：「江山相雄不相讓，形勝爭誇天下壯。秦皇空此瘞黄金，佳氣葱葱至今王。」《太平御覽》卷一百七十引《金陵圖》載：「秦並天下，望氣者言江東有天子氣。」《丹陽記》載：「秦始皇埋金玉雜寶以壓天子氣，故曰金陵。」這裏詩人用秦始皇想用鎮壓之法以破金陵天子之氣的典故，説金陵有如此雄偉的江山，普天之下惟此爲形勝之地，而秦始皇在鍾山埋黄金之舉祇能是徒勞的；虎踞龍蟠的金陵城，天子之氣至今猶然十分昌盛。這幾句是泛寫，也是伏筆。從表面上看，「江山相雄不相讓」仍是籠統地寫長江鍾山的雄偉，「佳氣葱葱至今王」也不過是對這塊天險之地的進一步渲染，但讀過全篇之後，再回過頭來仔細體味這幾句，就會感到這並非是泛泛之文。詩人之所以要把這金陵城寫得如此雄壯、如此堅固，寫它始終是一塊有天子之氣的風水寶地，其實是爲下面的懷古作伏筆的。

接下去，詩歌的基調忽然爲之一變，在雄渾、豪邁的背景中，展開了樂曲的眞正主題——悲慨蒼涼的懷古之情，這主旋律迅速迴蕩在整部詩篇之中：「我懷鬱塞何由開，酒酣走上城南臺。」原來，詩人登雨花臺觀大江，並非出於閑情逸致，而是滿懷鬱悶沉重之心，在舉杯消愁愁更愁之後，才登上城臺的。「坐覺蒼茫萬古意，遠自荒煙落日之中來。」詩人面對「江山相雄不相讓」的形勝之景，由「荒煙落日」觸發了心中積鬱至深的萬古蒼茫之感，觸發了對歷史、對現實的深刻沉思。「荒煙落日」本是具體的、活生生的景象，但當它作爲興衰變化的象徵時，往往使人聯想到衰敗、毁滅、孤獨、寂寞，充滿了社會、歷史、人生的悲劇色彩。詩人正是從這裏，拉開了金陵千古歷史畫卷的帷幕，思索着人類歷史上曾在這裏演出的一幕幕慘痛的悲劇。這種悲慨蒼涼之情爲詩人之所以感到「鬱塞」作了最好的註腳，說明這「鬱塞」決非什麽個人的得失恩怨。這幾句依然寫得大氣貫注，豪邁奔放，但其中回蕩着的卻是鬱勃蒼涼之音，讀起來令人感到沉鬱頓挫，音調鏗鏘，表現了詩人對歷史的深沉思索。

詩人的悲慨蒼涼之情來自對金陵歷史的回顧，自然金陵城下曾匯聚過的金戈鐵馬便成爲這悲慨的中心內容。於是，詩人的筆觸轉而描繪歷史上一幕幕可悲、可嘆的悲劇：「石頭城下濤聲怒，武騎千羣誰敢渡。黃旗入洛竟何祥？鐵鎖橫江未爲固。前三國，後六朝，草生宮闕何蕭蕭！英雄乘時務割據，幾度戰血流寒潮。」石頭城憑藉着長江天險，是一座難以攻克的城池。「石頭」兩句，一筆就道出了石頭城地理位置的險要，城池的堅固。然而詩人這裏如同寫金陵城「江山相雄不相讓」一樣，並非眞的在讚頌石頭城的雄姿，而是爲下文作有力的鋪墊和反襯：「黃旗入洛竟何祥？鐵鎖橫江未爲固。」詩人選擇金陵歷史上的兩次事件，以極其凝煉、深沉的筆觸，說明長江天塹雖固，而佔據者往往仍不免覆滅的命運。黃旗入洛，鐵鎖橫江，都用三國吳主孫皓事。《三國志•吳志•孫皓傳》註引《江表傳》載，三國吳主孫皓聽信「黃旗紫蓋見於東南，終有天下者，荆揚之君乎」以及「吳天子當上」的謠傳，率其家室、後宮數千人到洛陽，「以順天命」，結果路上遇到大雪，兵士「寒凍殆死」，揚言「若遇敵便當倒戈耳」，孫皓祇得轉回。孫皓以爲青蓋入洛是吳滅晉的徵兆，結果最後美夢未成，命運卻使孫皓投降了晉，作爲俘虜舉家西遷入洛。所以詩中說是「竟何祥」。鐵鎖橫江，晉太康元年，王浚率水軍攻吳，吳在長江險要之處用鐵鎖攔江封鎖，並且在江中暗置鐵錐以阻滯船行，結果吳還是被王浚攻破，孫皓投降，吳亡。詩人先說：「武騎千羣誰敢渡」，一筆蕩出，筆力如此奔放、勁健，最後卻落在「鐵鎖橫江未爲固」上，又一筆挽回。這一放一收，顯示了詩人筆力的不同凡響。運用這種筆法，目的在於造成鮮明、強烈的對比，以寄寓詩人對封建割據的深切悲慨和尖銳諷刺。接着，詩人的視野又從金陵歷史的某一瞬間，投向整個一部金陵歷史的畫卷。歷史上，東吳、東晉、宋、齊、梁、陳都曾在金陵建立過自己的小王朝，都曾不可一世，然而後來怎樣呢？「草生宮闕何蕭蕭！」昔日豪華輝煌的宮殿如今已被荒草埋沒，舉目一片凄涼，一片蕭條。由此，詩人情不自禁引發出自己無限的悲慨，幾乎是一字一頓，一句一嘆地說出：「英雄乘時務割據，幾度戰血流寒潮。」金陵的帝王之氣，招致多少英雄來此割據，然而，最後卻莫不一一覆滅，衹空惹多少壯士戰血付東流，這是何等可悲的歷史，又是何等令人遺憾的悲劇！面對這血寫成的重重悲劇，詩人既爲懷古而感慨，同時更爲當今之世，戰亂平息、祖國統一，再「不用長江限南北」而欣喜若狂。因此，詩人的筆鋒一旦從歷史的血的教訓中跳出，一旦躍入現實世界，那高亢、振奮之情便溢於言表：「我今幸逢聖人起南國，禍亂初平事休息，從今四海永爲家，不用長江限南北。」多麽眞切，多麽激動！寥寥數語，一位愛國詩人對祖國統一的赤誠之心便躍然紙上。這也正是這首詩的靈魂。

《四庫全書總目提要》評高啓的詩說：「其於詩擬漢魏似漢魏，擬六朝似六朝，擬唐似唐，擬宋似宋。凡古人之所長，無不兼之，振元末纖穠縟麗之習，而返之於古，啓實爲有力。……特其摹倣古調之中，自有精神意象存乎其中。」這不失爲公允之見。高啓的這首歌行體詩篇，就很有唐人歌行那種氣勢磅礴的風格特點。全詩大氣貫注，豪邁奔放而又充滿鬱勃蒼勁之聲。詩中每四句一轉韻，一轉一層境界，愈轉愈深，使全詩跌宕起伏，音調鏗鏘，兼有雄壯豪放及沉鬱頓挫之美。

（徐　匋）

涼州曲

高　啓

關外垂楊早換秋，行人落日旆悠悠。隴山高處愁西望，衹有黃河入漢流。

高啓

涼州曲

高啓是明代著名詩人。他的詩被後人譽爲有明「一代之冠」（清金檀《青丘詩集序》）。他祇活了三十九歲，寫詩卻近千首。他的詩風近似李白，尤長樂府歌行。明人謝徽說他「或花間月下，引觴獨酌，酒酣氣豪，放歌作楚調，已而吟思俊發，湧若源泉，捷如風雨，頃刻數百言，落筆弗能休……其才氣俊逸如春華秋隼孤騫，昆侖八駿追風躡電而馳也」（《青丘詩集序》）。

高啓這首《涼州曲》就是他的古題樂府詩之一。此詩在《青丘詩集》中原爲《涼州詞二首》其二，沈德潛《明詩別裁》選此詩時易題名爲《涼州曲》。高啓一生未到過邊塞，這首《涼州曲》是根據樂府舊題而寫的擬樂府詩。宋人郭茂倩《樂府詩集》中說：「《涼州宮調曲》，開元中西涼府都督郭知運進。」唐人王翰、王之渙等所作的《涼州詞》皆爲絕句體的邊塞詩。高啓此詩也是如此。這首古體樂府是針對明初西北邊陲的戰事而作的。據《明史·徐達傳》中所云，洪武二年（一三六九）徐達率領大軍追擊元軍擴廓的殘部，「引兵西渡河，……遂渡隴，克秦州，下伏羌、寧遠，入鞏昌，遣右副將軍馮勝逼臨洮，（李）思濟果不戰而降，分兵克蘭州，襲豫王，盡收其部落輜重，還出蕭關、下平涼」。打了一個大勝仗，將元軍逐出蕭關（今寧夏固原縣）以西。但河套以西的廣大地區還仍未收復，依然還在元軍的統治之下。這個消息傳到南京，時高啓已被徵召入京修《元史》，這首《涼州曲》大約就寫於此時。

「關外垂楊早換秋」，「關」在這裏是指蕭關。蕭關離隴山（今陝西隴縣西北）較近。出了蕭關就是塞外了。「早換秋」三字寫出了塞外的氣候特點。岑參詩云：「北風卷地白草折，胡天八月卽飛雪」，卽說明塞外的天氣要比內地冷得早。「早換秋」這個感受，是從垂楊的變化得知的。在古典詩詞中，楊柳的變化狀態，是四季更換的氣候表：「不知細葉誰裁出」的是春柳，「依然煙籠十里堤」的是夏柳，「欲挽長條已不堪」的是秋柳，那麼，這首詩中在「塞外」「早換秋」的垂楊自然是秋柳了。首句點明了時間：塞外的深秋。第二句「行人落日旆悠悠」。「行人」是指征人，卽遠征邊塞與元軍作戰的將士。「落日旆悠悠」，是從《詩經·小雅·車攻》「蕭蕭馬鳴，悠悠旆旌」句化出，暗用杜詩《後出塞》「落日照大旗，馬鳴風蕭蕭」的詩意。這一句寫出了在進擊元軍途中出征將士部伍的肅整浩蕩和不可阻擋的雄壯軍威。同時，在殘陽如血，西風凄烈的氛圍中，令人產生一種悲壯蒼涼之感。不禁令人想起歐陽修的《秋聲賦》中所描寫的「鏦鏦錚錚，金鐵皆鳴，又如赴敵之兵，銜枚疾走，不聞號令，但聞人馬之行聲」的情景來。這一句是描寫明朝大軍在西風落日下行軍的情景。

「隴山高處愁西望，衹有黃河入漢流。」隴山古稱隴坂。《清一統志》云：「其坂九回，欲上者七日乃至，俗歌云：『隴頭流水，鳴聲嗚咽。遥望秦川，肝腸斷絶。』」在古典詩詞中，隴山是征人登高望鄉思歸的地方。如在高啓的《隴頭水》詩中就寫道：「隴坂崎嶇九回折，聲隨到處長嗚咽。欲照愁顔畏水渾，前軍曾洗金創血。回頭千里是長安，征人淚枯流不乾。」然而在這首詩中，征人登上「隴山高處」卻不是東望「長安」，而是「愁西望」，他們望見了什麼呢？「衹有黃河入漢流」。他們看到的衹有一道黃河捲着塞外的泥沙，茫茫蒼蒼向「漢」地流去。值得注意的是詩中這個「漢」字，卻大有深意。這個「漢」字其實就是一個「明」字，指的是大明帝國。就是說，我們才衹是收復了黃河和河套以東的地方歸大明所有，而河套以西塞外的廣大地區，仍然淪落敵手。詩的末句一翻古詩中征人登隴思鄉的舊套，把征人所「愁」的內容翻出了一個新的高度。他們主要愁的是塞外大好河山還未完全收復，統一中國的戰鬥任務仍未完成，因此鬥志還不容有絲毫鬆懈。結尾的調子不是哀傷的而是高昂的。當然此句也不是毫無征人思鄉的感情在內。如果我們再仔細品味，就會覺得「衹有黃河入漢流」句中還隱含有黃河水尚能蜿蜒東去流經征人的家鄉，而征人還得遠離內地的家鄉向着黃河流水相反的方向越過隴山繼續西征，其思鄉之情在心中隱隱作痛。所以詩中的「愁」字還應包含思鄉之愁，但詩的基本調子是收復國土繼續戰鬥的昂揚情調。

這首詩的特點就是古人說的「狀難寫之景如在目前，含不盡之意見於言外」。如這首詩的末句的深刻含義全在言語之外，靠讀者去尋思發掘。沈德潛說這首詩寫得「高渾」。從整首詩的意境來看，塞外征旅，軍旗悠揚，落日隴頭，大河奔流的景象是十分雄渾的，格調是高昂的。「高渾」二字，的是確論。似此詩末句啓而不發，含蓄不盡，悠悠餘韻，盡在言外，十分耐人尋味，可謂是一首情景兼勝、韻味深長的好詩。（葛景春）

沁園春

高啓

雁

木落時來，花發時歸，年又一年。記南樓望信，夕陽簾外；西窗驚夢，夜雨燈前。寫月書斜，戰霜陣整，橫破瀟湘萬里天。風吹斷，見兩三低去，似落箏絃。相呼共宿寒煙，想只在、蘆花淺水邊。恨嗚嗚戍角，忽催飛起；悠悠漁火，長照愁眠。隴塞間關，江湖冷落，莫戀遺糧猶在田。須高舉，教弋人空慕，雲海茫然。

這首詞的題目標明詠雁，從字面上看，也似乎句句沒有離開雁，但全篇意在言外，是一首感慨身世之作。

前三句用賦體鋪陳寫法，說雁秋天木落時南來，春天花開時北歸，一年又一年都是這樣。一起頗平淡，正如孫楚《雁賦》說的：「迎素秋而南游，背青春而北息。」雁是候鳥，每年春分後飛往北方，秋分後飛回南方，南北游息，是大家都知道的。但「年又一年」，卻於敍事中含有人的感情。「年年歲歲花相似，歲歲年年人不同」（劉希夷），是用花開花落來慨嘆年華易逝。而此處則是用雁的時時來歸來傷時感世。這樣順理成章地引出下面四句對往事的回憶。

沁園春

雖在許久以前卻是一生難忘的事了：獨坐南樓，隔簾外望，夕陽無語，一片闃寂。這時唯聞雁聲嘹嚦，也許會傳來盼望着的書信吧。古人有鴻雁傳書的說法，在詩詞裏極常見。不過看來是失望了，因此不覺依着西窗而入夢；夢醒後，室內一燈如豆，外面落起淅瀝的秋雨了。「記」字領起以下四句，用的是借物抒情寫法。南樓對西窗，似是泛指。不過我們知道，南樓有時也專指黃鵠山上那個又名安遠樓的南樓——這是自古以來多少名人雅士歌酒流連過的地方：「清景南樓夜，風流憶武昌」，李白一生對它不曾忘懷：「此會天教重見，今古一南樓」，范成大於桂林還夢遊此樓；而劉過「二十年重過南樓」，感慨更深沉了。「西窗」兩句，正如李商隱「何當共剪西窗燭，卻話巴山夜雨時」（《夜雨寄北》），更是「客愁旅況，傳神語外」。所以這裏的「南樓」、「西窗」並非泛指，而是寓有詩人的風流文彩，羈旅愁懷的。寫來明白如話，但其「用古之妙」眞正達到了「使事如不使」，「以不露痕跡爲高」（《寒廳詩話》）。由今憶昔，面對「木落時來」的雁，「年又一年」的感慨，怎能不倍加深切！

接着再寫今天所見之雁。上闋後六句意分兩層，即每三句各一層意。雁飛有序，或成「人」字形，或成「一」字形。說「斜」指其前小後大逐漸鋪展作「人」字；說「整」指其横排成行作「一」字。「寫月」兩句八個字，喻雁飛行有序，用羊祜《雁賦》的話說是：「鳴則相和，行則接武。前不絕貫，後不越序。齊力不期而並至，同趣不要而自聚。」正因有此嚴密組織紀律，而它們又各各自愛自守，所以「横破瀟湘萬里天」，遠飛高揚，臨月戰霜，翺翔於萬里長空之上！「瀟湘」，並非實指瀟水和湘江流域的湖南一帶。其與錢起《歸雁》「瀟湘何事等閒回，水碧沙明兩岸苔」、杜牧《早雁》「莫厭瀟湘少人處，水多菰米岸莓苔」的含意不同，它並沒有瀟湘一帶風景秀美，食物豐富，是美好的棲息之地的意思。此詞情趣迥異，是表明以此堂堂之陣，齊心協力，豈止瀟湘，它們是無遠而不可至的。「横破」句氣勢軒昂，大有「長空萬里，直下看山河」（辛棄疾《太常引》）之概。

上三句猛揚，下三句驟跌：「風吹斷，見兩三低去，似落箏絃。」眞是從高山一下墜入深谷，方才還是整整齊齊的可以「横破瀟湘萬里天」的雁陣，敵不住淩空而來的罡風，被吹得三三兩兩，「似落箏絃」了！

箏，撥絃樂器。音箱爲木製長方形，面上張絃，每絃一柱，按五聲音階定絃。箏多奏哀傷淒淸之曲，桓伊「撫箏而歌《怨詩》」，「聲節慷慨，俯仰可觀，安（指謝安）泣下沾衿」（見《晉書•桓伊傳》）。張先《菩薩蠻》：「哀箏一弄湘江曲，聲聲寫盡湘波綠。纖指十三絃，細將幽恨傳。」「箏絃」，雖形容「兩三低去」的雁如絃柱斜列，但更指箏聲多怨，隱寓着詩人對風的深深憎惡，對雁的深深同情，寫情之「隱」，手法是很高明的。

下闋具體而細微地寫「兩三低去，似落箏絃」的雁。「相呼共宿寒煙」，是「風吹斷」之後所處的現實。「寒煙」，一片淒冷蕭索，但如今它們是「相呼」「共宿」，表現出雁在逆境中，仍你憐我惜，相濡以沫。接着再鋪寫失羣之雁的周遭環境：「想祇在，蘆花淺水邊。」雁棲宿於近水的田野葦叢間，這是誰都知道的，似不必多說，但從一個「想」字，便「此中有人」——含有着詩人的影子了。這個「想」雖更多含有關懷的意思，卻也有「揣想」——表示出詩人忐忑不安，更見其關懷之深重。

本來暫時得到棲身之所的雁，可以安靜下來了吧。可是「恨嗚嗚戍角，忽催飛起」，不知什麼地方，突然傳來戍角嗚嗚悲吟的聲音，這一來它們又不得不因被「催」而又「飛起」了。這裏用了一個「恨」字，誰恨？恨誰？從前後文義看，是指雁，指戍角；但仍暗含有人的感情。如果對雁毫無關懷之情，這「恨」也就無從有了。「悠悠漁火，長照愁眠」，用張繼詩意：「江楓漁火對愁眠。」不同的是，「楓橋夜泊」的詩人的「愁」，韻味悠悠，饒有詩情畫意；而照在驚風聞角，才宿又起，剛進入「愁眠」時刻的雁兒身上的「悠悠漁火」，便不祇給人以幽冷淒寂之感，而且暗示它們祇有在「愁眠」中，才可得到片刻寧靜，所以寧願其「長照」了。

接着，筆意遠揚開去，離開眼前的寒煙衰草，淺水蘆花，嗚嗚戍角，悠悠漁火，展現出一片遼漠壯闊的空間：「隴塞」「江湖」雖天遙地遠，也是可到之處，但或道路艱險（「間關」），或一派冷落。因此卽使彼處水草豐美，有物可食，也非久留之鄉呵！這裏拋開杜甫詩「君看隨揚雁，各有稻粱謀」（《同諸公登慈恩寺塔》）原含的寓意而反用之。它仍是緊承上面寒煙、蘆花……等等，表明或近或遠，或此或彼，並無一處可以供雁安居。自「風吹斷」以下，把「兩三低去」之雁的不幸遭際，層層寫來，筆墨酣暢，淋漓盡致。這雁比起崔塗筆下那隻「暮雨相呼失，寒塘獨下遲。渚雲低暗度，關月冷相隨」的「孤雁」來，命運並不好多少。

最後，峯迴路轉，詩人終於徑直兜出自己的胸懷：「須高舉，教弋人空慕，雲海茫然。」「弋人空慕」（一作「纂」），見揚子《法言・問明》：「鴻飛冥冥，弋人何纂焉？」弋人，射鳥的人；纂，取。謂射鳥者無所施其技。《後漢書・逸民傳序》李賢註引宋衷曰：「鴻高飛冥冥薄天，雖有弋人，何施巧而取也？喻賢者隱處不離（罹）暴亂之害也。」有的註本於此詞末三句云：「喻己身應像大雁高飛，免受弋人射殺。」詩意至此，才「瞭然在目」了。

但是從全篇看，「以雁喻己」，並非衹此三句，它是由隱而顯逐漸趨於明朗的。「詠物之作，在借物以寓性情。凡身世之感，君國之憂，隱然蘊於其內，斯寄託遙深，非沾沾焉詠一物矣。」（沈祥龍《論詞隨筆》）高啓雖於明太祖洪武二年（一三六九）被召聘到南京修纂《元史》，開始不無施展才能、沖天萬里的抱負；但他深知朱元璋猜忌多疑，刻薄寡恩，與自己「有劍任銹澀，有書任縱橫。不肯折腰爲五斗米，不肯掉舌下七十城」（《青丘子歌》）的孤介狷傲性格不合。此詞正表現出他這種憂讒畏譏，深怕惹禍的心情。但他雖於洪武三年借故請辭還鄉，授徒自給，卻終因爲蘇州知府魏觀寫《上梁文》案，於洪武七年，被朱元璋腰斬於南京，年僅三十九歲。此詞「借物（雁）以寓性情」，「寄託遙深」，是感慨身世之作。

從詞的發展來看，明詞恰如兩峯（宋代與清代）之間的峽谷，「體段雖存，鮮能當行」（明人錢允治《國朝詩餘・序》）。詞作不多，名篇更少。高啓雖有詞集《扣舷集》，但遠爲他「衆長咸備」（汪端《明三十家詩選》）的詩才所掩。不過這首《沁園春》尚稱得上「温雅芊麗，咀宮含商」（朱彝尊《詞綜・發凡》評楊基、高啓、劉基三人語）的吧。

（艾治平）

岳陽樓

楊基

春色醉巴陵，欄干落洞庭。水吞三楚白，山接九疑青。空濶魚龍氣，嬋娟帝子靈。
何人夜吹笛，風急雨冥冥。

自有唐開元年間岳陽樓落成，它便吸引着無數文人騷客到此一覽巴陵勝景。宋滕子京重修岳陽樓，范仲淹作著名的《岳陽樓記》，岳陽樓更加名聲蜚然。誰不欲登上岳陽樓一覽「銜遠山，吞長江，浩浩湯湯，橫無際涯，朝暉夕陰，氣象萬千」之大觀？誰不欲在此賦詩題詠，抒情言志，在大自然中尋找美的世界？於是，以「岳陽樓」爲題或寫岳陽樓的詩文數不勝數。楊基的《岳陽樓》詩便是這千百首詩中的一首。

楊基，字孟載，號眉庵。原籍四川，長於吳縣（今江蘇蘇州）。主要生活於明初。朱元璋洪武六年（一三七三年）曾奉使湖廣。後被召還，在朝中任兵部員外郎。又遷山西按察使。不久，便遭讒貶謫服工役，卒於工所。有《眉庵集》。楊基的這首《岳陽樓》作於他出使湖廣時。

詩人一踏上往岳陽樓之路，還未登上岳陽樓，便已經被大自然的美妙景色陶醉了，所以詩開篇第一句就是：「春色醉巴陵」。詩人寫巴陵沉醉在春色裏，實際上，這是詩人自己醉了，他醉在了大自然裏。詩人用這種移情於物的筆法，含蓄地表現了詩人自己抑制不住的內心喜悅。這一句的潛臺詞很多。或許，在詩人腦海中范仲淹的千古名句已經浮現出來了吧。詩人爲這勝景而醉，爲這春色而醉，爲有幸入巴陵而醉，更爲能醉心山水而醉。總之，這「醉」字雖祇此一點，便使整篇詩都洋溢着「喜洋洋」之氣，奠定了詩歌的基調。

登上岳陽樓，詩人首先想到的，當然是洞庭湖。於是，他急切地向臨湖的一面走去，去尋找最先觸動自己的景象。憑着這對洞庭湖的第一感覺、第一印象，詩人寫下了「欄干落洞庭」五個字。詩人憑欄俯視，覺得岳陽樓彷彿就在湖心，而自己彷彿也置身於湖中一樣。這一句似乎是純粹寫景，不帶任何感情色彩，可它卻透露了人與自然互相契合的意趣。

久居巴陵的人，才能充分感受到范仲淹《岳陽樓記》中所描寫的登上岳陽樓時所見的洞庭湖春、秋、陰、晴的不同變化；對於一個第一次登上岳陽樓的人，映在他眼簾中的，不是那不同時節的不同景色，而是第一個闖入自己視線的景況：「水吞三楚白，山接九疑青。」多麽闊大，又多麽浩瀚！三楚，據說自今蘇北沛縣以西至河南南部、湖北北部爲西楚，自蘇北徐州以東、南至揚州、蘇南一帶爲東楚，大江之南自江西南昌至湖南長沙等地爲南楚。九疑，即九嶷山，在今湖南寧遠縣境。相傳帝舜南巡，死葬於九嶷山。這裏說浩浩蕩蕩的大水吞沒了三楚之地，遠遠望去，三楚不過是白茫茫的一片，就像被洞庭湖吞入口中一樣；湖中的點點小山若隱若現，一直伸向那遼遠的遠方，把洞庭湖與九嶷山連在了一起。這裏的「吞」字，重在渲染洞庭湖水的浩大、磅礴的氣勢；「接」字，則寫出洞庭湖的深遠幽緲，橫無際涯。這兩句，是作者登上岳陽樓對洞庭湖的最初的印象。就是這麽淡淡的兩筆，便勾勒出了洞庭湖的總的面貌。它雖算不上什麽驚心動魄的句子，也稱不上一字千金，但高度的概括力卻顯示了詩人胸襟的開闊，運筆的有力。

登上岳陽樓，首先感受到的是它的磅礴氣勢，接着，詩人的注意力便被湖面吸引住了：嗬，浩浩蕩蕩的湖面，多像富于變幻的大舞臺，刹那間氣象萬千：「空濶魚龍氣，嬋娟帝子靈。」魚龍氣，《漢書·西域傳贊》註說：「魚龍者，爲舍利之獸，先戲於庭極，畢乃入殿前激水，化成比目魚，跳躍漱水，作霧障日，畢化成黃龍八丈，出水敖戲於庭，炫耀日光。《西京賦》云：『海鱗變而成龍，』即爲此色也。」原來，詩人深深爲洞庭湖瞬息間的千變萬化所折服，他看到空濶的水面上，竟像變戲法一樣奧妙無窮，瞬息之間萬象俱備，令人應接不暇，所以詩人首先聯想到了古代的戲術，但又覺得光說戲術還不足以形容其美好，因爲在詩人看來，洞庭湖的每一個變化都是那樣引人入勝，他衹好再設一個最普通而又最能表現自己感受的比喻：「嬋娟帝子靈。」帝子，指湘江女神湘夫人。詩人眼中，這一切氣象就猶如帝子在洞庭湖上翩翩起舞的姿態一樣，竟是那樣的美好。這兩句着重寫出了洞庭湖不光有浩瀚無涯的雄壯之美，更有光怪陸離、絢爛多姿的變幻之美。

洞庭湖這樣氣象萬千，這樣美麗動人，詩人被這景象陶醉了，他久久地佇立在樓上，久久地凝視着，他忘卻了時間，忘卻了萬物，不知暮之將至。忽然，不知什麼地方傳來了笛聲：「何人夜吹笛？風急雨冥冥。」是夜幕喚來了笛聲，還是笛聲喚來了夜幕？這笛聲把詩人從神思的境界中拉了回來。哦，原來天已入夜，不知何時已起了大風，下起雨來。那「長煙一空，皓月千里，浮光躍金，靜影沉璧，漁歌互答」的明月之夜是無幸看到了，然而，「陰風怒號，濁浪排空；日星隱曜，山岳潛形」的景象，不也一樣使人難以忘懷麽？而且，這一切籠罩在夜的帷幕之中，衹見驚濤忽起忽落，聽得笛聲忽至忽去，這不也是登上岳陽樓見到的一個勝景麽？「何人夜吹笛」，這一個問句，非常耐人尋味。它委婉地點出詩人對大自然的陶醉已達到心醉神迷的地步。如果說前四句都是詩人從正面對洞庭湖景色的刻畫，這兩句，詩人的筆鋒卻從洞庭湖轉到寫自己對美景的陶醉，但其效果，仍然是從側面烘托出洞庭湖的美麗。

這首詩不長，可詩人卻以極爲凝練的筆觸寫出了岳陽樓，寫出了洞庭湖，寫出大自然對人類的鍾愛，也寫出人類對大自然的嚮往。雖然是從大處落墨，用粗線條勾勒洞庭湖的景象，但在那粗獷的線條之下，我們不一樣可以看到岳陽樓，一樣能够想見洞庭湖「空濶魚龍氣，嬋娟帝子靈」的勝景麽？

（王景琳）

石灰吟

于謙

千錘萬鑿出深山，烈火焚燒若等閑。粉身碎骨渾不怕，要留清白在人間。

于謙（一三九八——一四五七），字廷益，號節庵，錢塘（今浙江省杭州市）人。明朝著名的政治家、軍事家、愛國將領。他也是一位現實主義的詩人。他的詩以憂國憂民爲主要內容，詠物抒懷，極富有教育意義。在明初歌功頌德、粉飾太平的「臺閣體」的文風盛行之時，這是很可貴的。

《石灰吟》是一首讚美石灰的詠物詩。它通過對石灰製作過程的擬人化的描繪，表達了作者不怕艱險勇於犧牲的大無畏精神和爲人要清白正直的崇高志向。

「千錘萬鑿出深山，烈火焚燒若等閑。」鑿，用鑿子挖掘。等閑，平常。這兩句是説，人們千錘萬鑿把我從深山裏開採出來，再任憑烈火焚燒，在我看來也十分平常。這裏和全篇都是用了擬人手法，形象地寫出了開採石頭和燒製生石灰的過程。經過「千錘萬鑿」，已够艱苦了，再「出深山」，更加不容易，還要被「烈火焚燒」，就非常艱難困苦了。所有這一切磨難，對石灰來説都視「若等閑」，根本算不得什麼。由此可見石灰的頑強堅貞。這裏也用了借喻的手法，借物喻人，詠物言志。表面上是寫石灰，實際上是寫人，寫自己，表達作者要以石灰爲榜樣，能經得起任何嚴酷的考驗，經得起「千錘萬鑿」的敲擊，經得起「出深山」的險阻，經得起「烈火焚燒」的鍛煉，不怕千難萬苦，做一個無比堅強的人。

「粉身碎骨渾不怕，要留清白在人間。」渾，全。這兩句是說，即使粉身碎骨我也全然不怕，定要將清白的本色長留人間。石頭經過千錘百煉粉身碎骨才能變成石灰，但爲了把清白本色留在人間，也就全然不懼了。詩人又借石灰之口，表示自己爲了立志做一個清清白白的人，不怕任何打擊摧殘，即使粉身碎骨也在所不辭。詩人志向的崇高，意志的堅強，因之得到了充分的有力的表現。「淸白」二字，一說是「青白」的諧音，語意雙關，既表示石灰的顔色和作用，也表示人的淸白之志。

詩人的一生，按其所處的歷史時代說來，的確也是淸白正直的一生。該詩作於詩人十七歲時（一說十二歲）時，青少年時期，詩人就胸懷大志，樹立了崇高的做人的準則，並時時以它自勵，用光輝的行動實踐了自己的誓言。這更增加了本詩的說服力和感染力。《石灰吟》這首詩，以它高尚的思想和鏗鏘有力的語言激勵了無數的後來人。

（馮國華）

遊岳麓寺

李東陽

危峯高瞰楚江干，路在羊腸第幾盤？萬樹松杉雙逕合，四山風雨一僧寒。
平沙淺草連天遠，落日孤城隔水看。薊北湘南俱入眼，鷓鴣聲裏獨憑欄。

岳麓山，是南岳衡山的餘脈，拔起在湘江西岸，與長沙城隔水相對。它雖然不像有的名山那樣聲名赫

遊岳麓寺

奕，但山勢巍峨，林木青翠，山頂有年代久遠的「禹王碑」，山中有「白鶴泉」、「愛晚亭」等佳境，歷史之勝與自然之美的交融與裝點，也使它別具風采，因此，歷代的詩人屢有題詠，名山佳構，相映生輝。

位於山上的岳麓寺，修建於南北朝之時，建構宏偉，視界開闊。杜甫晚年流落湖南，曾寫有《岳麓山道林二寺行》的七言排律，清人王嗣奭在《杜臆》中讚美爲「全篇一氣抒寫，如珠走盤」。杜詩中有「寺門高開洞庭野，殿腳插入赤沙湖」之對句，經後人書寫，至今仍高懸寺門兩側，迎候前來觀賞的遊人。在歷代詩人的題詠中，明代李東陽的《遊岳麓寺》繼承了杜甫的流風餘韻，是其中相當出色的一首。

李東陽（一四四七——一五一六），字賓之，號西涯，茶陵（今湖南省茶陵縣）人。他樂於獎掖後進，推挽才秀，是明代中葉「茶陵詩派」的領袖人物，有詩文稿《懷麓堂集》傳世。他的詩，在明代文學史上有較重要的地位。從劉基、高啓等人以後，明代自永樂至成化的八十多年，楊士奇、楊榮、楊溥（號爲「三楊」），創立內容空虛、陳陳相因的所謂平正典雅的「臺閣體」。李東陽不滿於此，他崇尚杜甫，講求法度和音調，以他的作品一掃臺閣體的頹風，而開李夢陽、何景明的復古主義的先聲，從這首《遊岳麓寺》，也可見他詩風之一斑。

世界上的萬事萬物，都存在於一定的時間與空間之中，任何樣式的文學藝術作品，都不能離開對時間與空間的藝術把握，否則就是不可想象的。中國的古典詩歌，歷來十分講究時間感和空間感，講究時空的藝術設計。《遊岳麓寺》是一首自然景物抒情詩，詩畫相通，李東陽自然注意詩的「位置經營」，致力於詩的空間結構。

我們可以先從空間的「遠近」這一角度欣賞這首詩的結構。繪畫中的「遠近法」又稱透視法，它是繪畫藝術中描繪客觀事物特別是自然景物的一種藝術法則，它的要點是視線與視點。視點就是作者由站立的位置朝向的地平線上的一點；視線就是地平線。李東陽這首詩寫遊岳麓寺時之所見，寺在半山之中，從詩的結句「鷓鴣聲裏獨憑欄」來看，寺院憑欄，是詩人觀察眼前景色的「定點」，全詩兼備近視遠觀，逐步由近及遠，再由遠及近，境界開張而頗具層次。「危峯高瞰楚江干」，首聯開筆就標舉「危峯」，不僅醒目地點明了題目「遊岳麓寺」，而且也暗示了詩人觀察的定點，詩中所描繪的種種景象，都是這種居高臨下的「高瞰」和想象的結果。在首句中，「危峯」是近景，其中的「楚江」則是較遠之景，「楚江」卽湘江，距離岳麓山六華里，因此，第一句就是遠近合寫，起得頗有氣勢。在發端振起全篇之後，詩人所寫的「路在羊腸第幾盤」、「萬樹松杉雙徑合」、「四山風雨一僧寒」，都是寫眼前的近景，而後面的兩聯四句則近景與遠景交織，極盡錯綜變化之能事：「平沙淺草連天遠」，寫淺草平沙遥與天接，這是極盡目力所見到的遠景，「落日孤城隔水看」，夕陽斜照中的長沙城隔水相對，這雖然仍是寫遠景，但距離較上句所寫者爲近，可謂遠中之近。「薊北湘南俱入眼」，「薊北」爲古地名，在今天河北省薊縣一帶，以後泛指河北省北部，這裏更是泛指北方；「湘南」，乃湘水之南，泛指今湖南省南部，這裏更是泛指南方，站在岳麓山上實際上是看不到「薊北」與「湘南」的，這可以說是詩人想象中的也是訴之於讀者想象中的遠景了。「鷓鴣聲裏獨憑欄」，結句一筆從極遠勒回到眼前，照應開篇的「高瞰」，首尾環合，構成全篇的和諧美與完整美。鷓鴣的鳴聲彷彿「行不得也哥哥」，古人多以此爲傷別的象徵，詩人形單影隻地憑欄在鷓鴣聲裏，他在抒寫風物之時，是否還有什麼寄寓呢？他沒有明說，讀者也祇能去憑想象得之了。——總之，全詩先近觀再遠觀而再近觀，構成了遠近交織而有層次、有變化的空間結構，這是詩中的遠近法常見的構圖方式。

詩的空間結構，不僅要注意遠近的交織而且要注意大（景）小（景）的配合。在詩歌作品中，要以如椽之筆勾畫出大的境界（大景），也要有精細的筆墨點染出小的境界（小景），相反者相成，意筆與工筆，粗獷與細膩，概括與精巧配合起來，有助於生活與情思的表現，也有助於藝術美的強化。因爲一味大景，容易流於麤疏廓大，大而無當，一味小景，容易流於封閉瑣屑，格局狹窄；祇有大小相形，巨細映襯，才能獲得多樣而不單調的美學效果。李東陽這首詩就是如此。「危峯高瞰楚江干」是大景，「路在羊腸第幾盤」是小景，這是同一聯中上下句的大小分寫；在頷聯中，「萬樹松杉」是大景，「雙徑合」是小景，「四山風雨」是大景，「一僧寒」是小景，這是一聯中每一句上下之間的大小分寫；頸聯的出句是大景，對句是小景，尾聯也同樣是大景與小景的對擧。清人劉熙載在《藝概》中指出「景有大小」，他認爲「詩中言景，既患大小相混，又患大小相隔」，要做到「廣大者要不廓，精微者要不僻」，他說的正是空間結構中大小相形或反形的藝術辯證法，是對詩歌作品美的造型的藝術總結。

李東陽的《遊岳麓寺》，是一幅遠近交結，大小相形的景色優美的圖畫，你何時到這一圖畫的藍本中一遊呢？

（李元洛）

中山狼傳

馬中錫

趙簡子大獵於中山，虞人道前，鷹犬羅後。捷禽鷙獸，應弦而倒者不可勝數。有狼當道，人立而啼。簡子唾手登車，援烏號之弓，挾肅慎之矢，一發飲羽，狼失聲而逋。簡子怒，驅車逐之。驚塵蔽天，足音鳴雷，十步之外，不辨人馬。

時，墨者東郭先生將北適中山以干仕，策蹇驢，囊圖書，夙行失道，望塵驚悸。狼奄至，引首顧曰：「先生豈有志於濟物哉？昔毛寶放龜而得渡，隋侯救蛇而獲珠，蛇龜固弗靈於狼也。今日之事，何不使我得早處囊中以苟延殘喘乎？異時倘得脫穎而出，先生之恩，生死而肉骨也。敢不努力以效龜蛇之誠！」

先生曰：「嘻！私汝狼以犯世卿，忤權貴，禍且不測，敢望報乎？然墨之道，『兼愛』爲本，吾終當有以活汝，脫有禍，固所不辭也。」乃出圖書，空囊橐，徐徐焉實狼其中，前虞跋胡，後恐疐尾，三納之而未克。徘徊容與，追者益近。狼請曰：「事急矣，先生果將揖遜救焚溺，而鳴鑾避寇盜耶？惟先生速圖！」乃跼蹐四足，引繩而束縛之，下首至尾，曲脊掩胡，蝟縮蠖屈，蛇盤龜息，以聽命先生。先生如其指，內狼於囊，遂括囊口，肩舉驢上，引避道左，以待趙人之過。

已而簡子至，求狼弗得，盛怒，拔劍斬轅端示先生，罵曰：「敢諱狼方向者，有如此轅！」先生伏質就地，匍匐以進，跽而言曰：「鄙人不慧，將有志於世，奔走遐方，自迷正途，又安能發狼蹤以指示夫子之鷹犬也？然嘗聞之，『大道以多歧亡羊』。夫羊，一童子可制之，如是其馴也，尚以多歧而亡；狼非羊比，而中山之歧可以亡羊者何限？乃區區循大道以求之，不幾於守株緣木乎？況田獵，虞人之所事也，君請問諸皮冠。行道之人何罪哉？且鄙人雖愚，獨不知夫狼乎？性貪而狠，黨豺爲虐，君能除之，固當窺左足以效微勞，又肯諱之而不言哉？」簡子默然，回車就道，先生亦驅驢兼程而進。

良久，羽旄之影漸沒，車馬之音不聞。狼度簡子之去遠，而作聲囊中曰：「先生可留意矣。出我囊，解我縛，拔矢我臂，我將逝矣。」先生舉手出狼，狼咆哮謂先生曰：「適爲虞人逐，其來甚速，幸先生生我。我餒甚，餒不得食，亦終必亡而已。與其饑死道路，爲羣獸食，毋寧斃於虞人，以俎豆於貴家。先生既墨者，摩頂放踵，思一利天下，又何吝一軀啖我而全微命乎？」遂鼓吻奮爪，以向先生。

先生倉卒以手搏之，且搏且卻，引蔽驢後，便旋而走。狼終不得有加於先生，先生亦竭力拒。彼此俱倦，隔驢喘息。先生曰：「狼負我！狼負我！」狼曰：「吾非固欲負汝，天生汝輩，固需吾輩食也。」相持既久，日晷漸移。先生竊念：「天色向晚，狼復羣至，吾死矣夫！」因紿狼曰：「民俗，事疑必詢三老。第行矣，求三老而問之，苟謂我當食卽食，不可卽已。」狼大喜，卽與偕行。

踰時，道無人行，狼饞甚，望老木僵立路側，謂先生曰：「可問是老。」先生曰：「草木無知，叩焉何益？」狼曰：「第問之，彼當有言矣。」先生不得已，揖老木，具述始末，問曰：「若然，狼當食我耶！」木中轟轟有聲，謂先生曰：「我杏也，往年老圃種我時，費一核耳，踰年華，再踰年實，三年拱把，十年合抱，至於今二十年矣。老圃食我，老圃之妻子食我。外至賓客，下至奴僕，皆食我，又復鬻實於市，以規利於我。其有功於老圃甚巨。今老矣，不得斂華就實，賈老圃怒。伐我條枚，芟我枝葉，且將售我工師之肆取直焉。噫！樗朽之材，桑榆之景，求免於斧鉞之誅而不可得。汝何德於狼，乃覬免乎？是固當食汝。」言下，狼復鼓吻奮爪，以向先生。先生曰：「狼爽盟矣。矢詢三老，今值一杏，何遽見迫耶？」復與偕行。

狼愈急，望見老牸，曝日敗垣中，謂先生曰：「可問是老。」先生曰：「曏者草木無知，謬言害事。今牛，禽獸耳，更何問爲？」狼曰：「第問之，不問將咥汝。」先生不得已，揖老牸，再述始末以聞。牛皺眉瞪目，舐鼻張口，向先生曰：「老杏之言不謬矣。老牸繭栗少年時，筋力頗健，老農賣一刀以易我，使我貳羣牛，事南畝。既壯，羣牛日以老憊，凡事我都任之。彼將馳驅，我伏田車，擇便途以急奔趨；彼將躬耕，我脫輻衡，走郊坰以辟榛荊。老農視我，猶左右手。衣食仰我而給，婚姻仰我而畢，賦稅仰我而輸，倉庾仰我而實。我亦自諒，可得帷席之蔽如馬狗也。往年家儲無擔石，今麥收多十斛矣；往年窮居無顧藉，今掉臂行村社矣；往年塵卮罌，涸唇吻，盛酒瓦盆半生未接，今醞黍稷，據尊罍，驕妻妾矣；往年衣短褐，侶木石，手不知揖，心不知學，今持兔園冊，戴笠子，腰韋帶，衣寬博矣。一絲一粟，皆我力也。顧欺我老弱，逐我郊野；酸風射眸，寒日弔影；瘦骨如山，老淚如雨；涎垂而不可收，足攣而不可舉；皮毛俱亡，瘡痍未瘥。老農之妻妬且悍，朝夕進說曰：『牛之一身無廢物也：肉可脯，皮可鞟，骨角可切磋爲器。』指大兒曰：『汝受業庖丁之門有年矣，胡不礪刃於硎以待？』跡是觀之，是將不利於我，我不知死所矣！夫我有功，彼無情，乃若是，行將蒙禍；汝何德於狼，覬幸免乎？」言下，狼又鼓吻奮爪以向先生，先生曰：「毋欲速！」

遙望老子杖藜而來，鬚眉皓然，衣冠閑雅，蓋有道者也。先生且喜且愕，舍狼而前，拜跪啼泣，致辭曰：「乞丈人一言而生！」丈人問故，先生曰：「是狼爲虞人所窘，求救於我，我實生之。今反欲咥我，力求不免，我又當死之。欲少延於片時，誓定是於三老。初逢老杏，強我問之，草木無知，幾殺我；次逢老牸，強我問之，禽獸無知，又幾殺我；今逢丈人，豈天之未喪斯文也！敢乞一言而生。」因頓首杖下，俯伏聽命。丈人聞之，欷歔再三，以杖叩狼曰：「汝誤矣！夫人有恩而背之，不祥莫大焉！儒謂受人恩而不忍背者，其爲子必孝。又謂虎狼知父子。今汝背恩如是，則並父子亦無矣。」乃厲聲曰：「狼速去，不然，將杖殺汝！」

狼曰：「丈人知其一，未知其二。請訴之，願丈人垂聽。初，先生救我時，束縛我足，閉我囊中，壓以詩書，我鞠躬不敢息。又蔓詞以說簡子，其意蓋將死我於囊而獨竊其利也。是安可不咥？」丈人顧先生曰：「果如是，是羿亦有罪焉。」先生不平，具狀其囊狼憐惜之意。狼亦巧辯不已以求勝。丈人曰：「是皆不足以執信也。試再囊之，吾觀其狀果困苦否。」狼欣然從之，信足先生。先生復縛置囊中，肩舉驢上，而狼未之知也。丈人附耳謂先生曰：「有匕首否？」先生曰：「有。」於是出匕。丈人目先生使引匕刺狼。先生曰：「不害狼乎？」丈人笑曰：「禽獸負恩如是，而猶不忍殺，子固仁者，然愚亦甚矣！從井以救人，解衣以活友，於彼計則得，其如就死地何？先生其此類乎！仁陷於愚，固君子之所不與也。」言已大笑，先生亦笑。遂舉手助先生操刃，共殪狼，棄道上而去。

《中山狼傳》是一篇富於寓言意味的文言短篇小說。作者馬中錫（一四四六——一五一二），字天祿，號東田，明故城（今河北省河間縣附近）人。成化十一年（一四七五）進士。曾任兵部侍郎、左都御史等官職，由於主張「招撫」農民起義軍而被指爲「縱賊」，獲罪死於獄中。成化、正德年間，皇帝荒淫昏憒，宦官與權臣勾心鬥角，奸佞之徒鑽營其間，政治十分腐敗。馬中錫性格剛直、不畏權貴，曾因觸怒專權的宦官劉瑾而下獄，劉瑾被誅後復被起用。坎坷的仕途使他有可能認識封建政治的黑暗和封建官吏的敗壞。《中山狼傳》就飽含着作者對世道人心的痛苦體驗，寄寓着沉鬱的悲憤之情。

這篇小說描述一隻古代中山國（國都在今河北省定縣）的狼，被獵人射傷，並被獵人緊緊追逐，在走投無路的時候遇見主張兼愛的東郭先生，這位善良而迂闊的老先生將中山狼藏在自己的書袋裏，使狼逃脫了厄運。中山狼跳出書袋，不但不履行報恩的許諾，反而張牙舞爪撲了上去，要把東郭先生吃掉充饑。東郭先生提出找三位局外人評理，如果三個評判者都說他應該被吃，那麼他就死而無怨。第一找到老杏，第二找到老牸，這兩位被人家榨乾了血汗而得不到善終的不幸者卻都認爲東郭先生也不應該得到善終，應該被狼吃掉。東郭先生在近於絕望時碰到杖藜老人，杖藜老人佯裝不信狼和東郭先生的辯論，要狼再鑽進書袋中表演，狼進書袋後，杖藜老人幫助東郭先生刺死了這隻忘恩的野獸。

「忘恩的獸」是民間故事的一種類型，不祗是在中國流傳，在外國也有。但《中山狼傳》卻賦予這個古老而單純的故事以深厚豐富的時代社會的內涵。

中山狼是小說的主角，雖是狼的軀殼，而心卻是人的。作者不滿足於把它寫成類型化的「忘恩負義」的形象，盡力挖掘他意識深處的人性的惡。當它危難求人之際，那態度何等謙恭，那語言何等懇切：「異時倘得脫穎而出，先生之恩，生死而肉骨也，敢不努力以效龜蛇之誠？」一旦危險過去，它便立卽變臉。作品深刻之處在於揭露了它的靈魂，它的人生哲學。它的恩將讎報居然自有它的道理：「適爲虞人逐，其來甚速，幸先生生我。我餒甚，餒不得食，亦終必亡而已。與其饑死道路，爲羣獸食，毋寧斃於虞人，以俎豆於貴家。先生既墨者，摩頂放踵，思一利天下，又何吝一軀啖我而全微命乎？……吾非固欲負汝，天生汝輩，固需吾輩食也。」在它心目中，天下的人都是生來給它吃的，天下的人都應該捨棄自身給它吃。古今中外，一切極端利己主義者的靈魂大概都是如此。

東郭先生是小說的另一主角。他不分善惡一概施愛，固然是愚蠢，但這愚蠢並不能掩蓋他性格中善良、正直的主要方面。他救狼是在一個特定的情勢下，作者着意渲染了行獵的趙簡子的權貴氣派和咄咄逼人的威勢，所以，在東郭先生意念裏，自己是站在弱者一邊。中山狼向他許諾將來報恩時，他說：「嘻！私汝狼，以犯世卿，忤權貴，禍且不測，敢望報乎？然墨之道『兼愛』爲本，吾終當有以活汝，脫有禍，固所不辭也。」他認爲救活一個萍路相逢的弱者，就是犯世卿、忤權貴而得禍也在所不辭。如果除掉他不看對象亂發慈悲這糊塗的一層，那麽他的正直無私的品格就相當可貴了。作者對他的態度，基調是批評，但批評中隱含着讚賞。故事情節的發展使他經受了鍛煉，狼跳出書袋來要吃他，他試圖求助於輿論（老杏、老牸）主持公道，而輿論卻是出乎意外的麻木冷酷，幸虧杖藜老人的解救他才得以活命。最後，他刺狼時還有點猶豫，可是終於還是刺了，杖藜老人大笑，他也笑了。東郭先生棄狼尸於道上而去，此時的東郭先生已經從愚蠢中解放出來，他對於世道人心，一定有徹悟之感。

老杏和老牸在小說中不是可有可無的角色，他們是《中山狼傳》藝術世界的不可缺少的部分。他們都是不幸者，一生受盡了主人的壓榨，貢獻出了自己的一切，但主人卻不記他們的恩義，在他們血汗榨乾以後，還將把他們衰老的軀體拿去換錢。可悲的是，苦難並沒有使他們的心更加善良和更加富於同情，反而使他們心中燃燒着對一切人的讎恨和妒嫉。東郭先生請求他們主持公道，他們卻用自己的不幸來論證東郭先生也不應該擺脫不幸。這是多麽自私、麻木、卑污的靈魂！這樣的靈魂存於社會，中山狼當然會得志猖狂。作者的構思，把忘恩負義的形象化爲狼形，把被人忘恩負義而又對人家的被忘恩負義毫無同情之心的形象化爲草木禽獸之形，不是沒有寓意的。作者滿懷憤怒之情揭露中山狼的自私兇殘，同時對老杏老牸的自私麻木也進行了有力的抨擊。

杖藜老人是一位長者智者，他實際上是作者的代言人，他對東郭先生說：「禽獸負恩如是，而猶不忍殺，子固仁者，然愚亦甚矣！從井以救人，解衣以活友，於彼計則得，其如就死地何？先生其此類乎？仁陷於愚，固君子之所不與也。」對惡人不可施仁慈，這番話概括了作品的基本思想。

這篇作品像寓言，又不是寓言。寓言的主題比較單純，結構比較簡單，一個故事寓意一個道理，敍述中衹是強調與道理有聯繫的人物情節，人物是單面的，故事是片斷的。《中山狼傳》的人物也不複雜，但這不複雜的人物卻構成了一個相當複雜的世界，有權貴趙簡子，有姦惡的中山狼，有善良而愚蠢的東郭先生，有芸芸衆生的代表老杏老牸，還有智者杖藜老人；這些人物的性格也不完全是扁平的概念化的，除了過場人物趙簡子和智者杖藜老人外，其他人物的性格都相當生動，都有一定的深度。《中山狼傳》的故事也較簡單，但由於矛盾中展示的人際關係有深厚的社會內容，這虛構的藝術世界很容易使人聯想到自己的經驗世界。所以這篇作品一問世，人們就沒有衹當它是寓言，而認爲它是現實生活的實錄，懷疑中山狼暗指的是當時的李夢陽。在政治鬥爭中，李夢陽處於絕境爲康海所救，後康海落難，李夢陽卻坐視不救。這種說法不符合歷史事實，對於作品也完全是一種附會，但這個現象卻說明《中山狼傳》有強烈的現實感，它的問世在當時引起了很大的轟動。肯定有不少人覺得自己在生活中也遇到過中山狼，覺得自己也吃過類似東郭先生的苦頭。當時在官場上栽過大跟頭的康海、王九思就深以爲自己做過東郭先生。康海《讀〈中山狼傳〉》詩云：「平生愛物未籌量，那知當時救此狼。笑我救狼狼噬我，物情人意各無妨。」他把這篇小說改編爲四折的雜劇搬上舞臺。王九思則把小說改編成一折雜劇《中山狼》。

《中山狼傳》的意蘊是豐富的，感情是深沉的。「中山狼」已經成爲忘恩負義的惡人的「共名」。曹雪芹就把《紅樓夢》裏的迎春的丈夫孫紹祖比做「中山狼」：「子系中山狼，得志便猖狂。」不過，中山狼這類惡人的形象在古典文學中並不是罕見的，罕見的是老杏老牸的形象。我以爲老杏老牸的形象表現了中華民族古老的國民性中惡劣的一面：自己痛苦，卻希望天下人比自己更痛苦；自己要毀滅，卻希望全世界都毀滅。這樣卑劣的靈魂絶不是個別的存在，在《中山狼傳》中，東郭先生找了三位評判者，他們就佔了兩位。作者不惜用了四分之一的篇幅來描繪他們的靈魂，說明作者寄寓是深遠的。杜甫寫《茅屋爲秋風所破歌》，他由自己茅屋之破而想到天下的寒士，這是一種溫暖的人道主義感情。馬中錫寫老杏老牸由自己不幸而不準天下人有幸的寓意，也是一種人道主義，而且是一種深含憂鬱的冷静和清醒的人道主義。

（石昌渝）

滄浪池上

文徵明

楊柳陰陰十畝塘，昔人曾此詠滄浪。春風依舊吹芳杜，陳跡無多半夕陽。

積雨經時荒渚斷，跳魚一聚晚風涼。渺然詩思江湖近，更欲相攜上野航。

蘇州園林，風物清嘉，美盡東南，名滿天下，素有「江南園林甲天下，蘇州園林冠江南」的美譽。而在現存的一百八十多處蘇州園林中，又以滄浪亭最古老也最爲詩人所稱道。

據史志記載，滄浪亭初爲五代吳越廣陵王錢元璙花園（一說爲吳越中吳軍節度使孫承祐別墅）。北宋慶歷中，詩人蘇舜欽（子美）以細故遭讒除名，退居吳中，後以四萬錢購得此園，並在園北小山上面水築亭，取「滄浪之水清兮，可以濯我纓」之意，命名爲滄浪亭，後遂以滄浪亭爲園名。滄浪池，卽園中水塘，與園外溪水相通，一泓清水，環繞園中，波光倒影，相映成趣。蘇子美在這裏度過了他最後的三年（一〇四五——一〇四八）歲月，曾寫過五首詩詞和一篇散文詠讚滄浪亭。他在《滄浪亭記》中說園中「澄川翠幹，光影會合於軒户之間，尤與風月爲相宜。予時榜小舟，幅巾以往，至則灑然忘其歸，觴而浩歌，踞而仰嘯，野老不至，魚鳥共樂」，生動地描述了滄浪亭的清幽景色和詩人澹泊的心境。古來「山以賢稱，境緣人勝」，滄浪亭自從成爲蘇子美遊居之地以後，聲名大增，遊人不絶，題詠甚多。葉夢得、張孝祥、吳文英、文徵明、歸有光、王國維等文人墨客均有詠讚之作。蘇子美的摯友歐陽修也曾爲它作詩誌念。詩中有云：「荒灣野水氣象古，高林翠阜相回環」，「清風明月本無價，可惜衹賣四萬錢」，一時傳聞甚廣，滄浪亭的聲譽也因之倍增。

文徵明這首詩，是暮春三月遊滄浪亭時所作。作者落筆先總寫一句，概括出滄浪池水面大小和池周樹景。十畝方圓的滄浪池邊，楊柳陰陰，春色正濃。這池塘景色，論水面不過十畝，論樹景也似平常。但是，仔細想來，它自有不尋常處。這不僅因它有「荒灣野水」、「高林翠阜」，雖「居然城市間」而又「不類乎城中」，更重要的是因它曾有過一段值得懷念的歷史，它的清景佳處留存着詩人蘇子美的遺風餘韻。故而接着以「昔人」二字提起一句，說明作者前來滄浪亭遊覽，主要不在於愛它的山水清華，而是因爲「昔人曾此詠滄浪」。這裏的「昔人」，所指稱的無疑是蘇子美，可是作者卻不說出姓名，衹是暗點一筆，這就顯得含蓄一些。後面的「曾此詠滄浪」，指蘇子美買地築亭之後所寫的《滄浪靜吟》、《水調歌頭・滄浪亭》等詩詞作品。想到蘇子美這些吟詠之作，玩味其中，更加深了作者遊園的詩情文思。回想起來，由宋而元，由元而明，到作者前來遊覽的時候，已經五百年了。在這漫長的歲月裏，滄浪亭歷盡人間滄桑，幾經歷史風雨，而「慷慨而有大志」，「名重天下」的蘇子美所留下的詩篇卻以獨有的舉世無雙的「靜中情味」回蕩在作者心中。如今，他親臨其境，追思古人，自然會想見蘇子美的風采，品味其詠滄浪的情趣。所以這句「昔人曾此詠滄浪」即景懷古的詩句，把眼前所見景物和心中對古人的懷念很自然地融貫起來。這種由現實回溯往古的寫法，打破了時間的隔閡，溝通了作者和蘇子美之間的感情，有思接千載，神馳往古之妙。而且這一句又具有統攝作用，以下六句都是從對「昔人」的遙想中生發出來的。

詩的三四兩句，寫作者撫今追昔，遙寄感慨。他見景物依舊，人事已非，不禁感慨繫之。和煦的春風雖然和從前一樣吹拂着園中的花木，送來陣陣清香，而「昔人」所留下的遺跡卻已經沒有多少了，不免心中黯然。自從蘇子美死後，滄浪亭數易其主，曾先後闢爲章惇、韓世忠別墅，元代又改爲佛寺，到作者來遊時，蘇子美所建的亭子已久圮不存（後嘉靖間釋文瑛復建，歸有光作《滄浪亭記》），剩下的殘跡在夕陽半映中顯得衰敗不堪，不復見原來的清幽秀美了。這自然使作者觸景傷情，不勝滄桑之感，因而懷着無限嘆惜的心情寫下了：「春風依舊吹芳杜，陳跡無多半夕陽。」

詩的五六兩句：「積雨經時荒渚斷，跳魚一聚晚風涼」，承續上句，寫日暮黃昏中的池中景物。春雨經時，水滿池塘，本來相連成片的洲渚被分割成幾個荒涼的小島。這時節，遊人稀少，園中空寂，衹有那池中的遊魚在傍晚的涼風中時而相聚一躍。面對着這廢池荒渚，作者悠然而思，想起蘇子美在這裏「時榜小舟」，「觴而浩歌，踞而仰嘯」，「魚鳥共樂」，「灑然忘歸」的情景，心中蕩起感情的波瀾，於是興味深長地寫出最後兩句：「渺然詩思江湖近，更欲相攜上野航。」這兩句是全詩的收結，也是作者遊滄浪亭吟詩抒懷的旨趣所在。所謂「渺然詩思」，乃詩思悠然深長之意，暗示作者與蘇子美詩情遙接，心靈相通，情意綿遠。而「江湖近」三字，則是說蘇子美當年泛舟而遊的山水勝境就在眼前，寓含着他對蘇子美隱逸生活嚮往企羨之情。正是在這種感情的驅使之下，作者把蘇子美引爲千古知己，故而又以「更欲」二字表達與蘇子美攜手野航、同舟泛遊滄浪池的殷切願望，從而把遊園的意趣、追慕「昔人」志節風韻的情懷表達得恰到好處。這首詩寫景懷古，與一般詠懷古跡不同，它着重於感情上的溝通，心理上的表述，或今或古，亦情亦景，有虛有實，詩思渺然，文辭清逸，很能反映出作者清新秀麗、構思纖巧的藝術風格。

（臧維熙）

中呂·朝天子

王　磐

詠喇叭

喇叭，鎖哪，曲兒小，腔兒大；官船來往亂如麻，全仗你擡聲價。軍聽了軍愁，民聽了民怕，那裏去辨甚麽真共假？眼見的吹翻了這家，吹傷了那家，祇吹的水盡鵝飛罷！

這是一首諷刺宦官專政的散曲。作者王磐，字鴻漸，號西樓，高郵（今江蘇高郵附近）人，明朝著名散曲家，生活在十五世紀至十六世紀間，有《王西樓先生樂府》傳世，約存小令六十餘首，套數九套。王磐是一位「有儁才，好讀書」，「灑落不凡」，「縱情山水詩畫間」（《萬歷揚州府志》）的人物，一生厭倦功名，恬退自適。據蔣一葵《堯山堂外紀》所載：「正德間閹寺當權，往來河下無虛日，每到輒吹號頭，齊丁夫，民不堪命，西樓乃作《詠喇叭》以嘲之。」則可見王磐非僅是潔身自好者，而且是敢於捋虎鬚的正直之士了。

明朝的宦官擅權可謂由來已久。明成祖朱棣爲了強化君主專制政治，曾將一定的權力授予宦官，使之成爲皇帝的得力助手，其中司禮監宦官權力最大，可以「出使、專徵、監軍、分鎮、刺官民隱事」等（《明史·宦官傳》序）。但是，直到明英宗正統（一四三六——一四四九）以前，皇帝還多上朝聽政，對大事多親議親決，宦官還受到嚴厲的管束。英宗正統初年，內閣大學士楊榮、楊溥和楊士奇號稱「三楊」，執政內閣，宦官尙不能爲所欲爲，但不久後，「三楊」被排斥，宦官開始左右局勢，英宗朝的王振，憲宗朝的汪直都先後擅權，權勢傾朝，到武宗正德年間，宦官劉瑾更是氣焰熏天。當時，北京城內外都說朝中有兩個皇帝，一個坐皇帝，一個立皇帝，一個朱皇帝，一個劉皇帝。大臣寫奏章要寫雙份，一份送皇帝，一份送劉瑾府內，內閣大學士焦芳竟然在劉府辦事。劉瑾不僅在政治、經濟、刑法、科舉諸方面拓展權勢，而且建立了龐大的特務統治機構，他除自掌司禮監外，又命其黨羽掌握東、西廠，又另立內行廠，擴充錦衣衛。文武臣僚對劉瑾敬之如父，劉家中的黄金二十四萬多錠，白銀五百多萬錠，多爲朝臣所奉。「一人得道，鷄犬升天」，宦官的勢力幾達無以復加的地步。

大凡奴才成爲「主子」之後，是尤其愛強調自己身價的，他們欽差大臣滿天飛，「往來河下無虚日」，「每到輒吹號頭，齊丁夫」，因而，這首《朝天子》以喇叭、鎖吶起興，這兩種樂器並不能用以演奏複雜的樂曲，但調門很高，「曲兒小，腔兒大」二語極準確、形象地道出了這一特點。然而，又非僅止於此，它還可以使人生發出這樣的聯想：宦官本是宮中供使喚的奴才，地位十分低下，如今仗着皇帝的寵幸而大擺威風，亦無異於「曲兒小，腔兒大」。他們乘着官船，來來往往，紛亂如麻，在得意洋洋之時，就全仗喇叭、鎖吶來擡高自己的身價了。據史載，劉瑾曾令各地鎮守太監「接受民詞」，並「檢核各邊屯田，倍增其税」（《明史・劉瑾傳》），太監們大權在握，因此無論軍、民，凡聽見喇叭、鎖吶聲，都要爲之發愁、害怕了，哪兒還顧得上分辨是眞官還是假官？是眞的奉命督察、巡視，還是借機敲詐、勒索？宦官們不僅是皇帝私産的管理人，借管理皇莊之便，「凡民間撑駕舟車、牧放牛馬、采捕魚蝦之利，靡不刮取。而鄰近地土則輾轉移築封堆，包打界至，見畝徵銀」（《皇明經世文編》卷二〇二，夏言《查勘極皇莊疏》），剝削禍及皇莊周圍農民，而且宦官本人也同皇帝、勳戚一樣，大量佔有土地，如劉瑾的黨羽谷大用就佔田達萬頃之多。所以，喇叭和鎖吶聲所到之處，這家被吹翻，那家被吹傷，不吹到水盡鵝飛，是不會善罷甘休的。

散曲不似詞之以婉曲、斂約見長，而是以直露、透闢、盡情極致稱勝，這首作品也不例外，對宦官的諷刺是尖刻辛辣，發露無餘的。但是，它又是直中有曲，明中有隱的，這就體現爲這樣的藝術特點：起興、設喻，融爲一體，借物說人，以小指大。「索物以託情，謂之『比』，觸物以起情，謂之『興』」（胡寅《致李叔易書》引李仲蒙語），這首散曲以喇叭、鎖吶聲起興，既是無心湊合、信手拈來的觸物而起，但又暗藏比喻之義，索物以託情。曲中以喇叭、鎖吶的這兩種樂器暗喻奴才充主子的太監，通過這樣的借物說人，以小指大，表現得既巧妙，又新警，不失爲本色當行之作。此外，這首散曲還緊扣着「詠喇叭」的主題，以幽默的語言，作深刻辛辣的諷刺。曲中將喇叭、鎖吶貫之全篇，步步緊逼，道出主題，非僅是結尾數句的三個「吹」，顯得既形象又深刻，而且「眞共假」一語，含義尤豐，可令人生發廣泛的想象，從太監的身分不僅可以想到眞官或假官，還可以想到眞男子、假男子之意。因而，這首散曲對宦官擅權的諷刺眞是辛辣而深刻的。作者在弘治、正德年間被推爲「詞人之冠」，實非偶然。

（鄧喬彬）

石將軍戰場歌

李夢陽

清風店南逢父老，告我己巳年間事。店北猶存古戰場，遺鏃尚帶勤王字。憶昔蒙塵實慘怛，反覆勢如風雨至。紫荊關頭晝吹角，殺氣軍聲滿幽朔。胡兒飲馬彰義門，烽火夜照燕山雲。內有于尚書，外有石將軍。石家官軍若雷電，天清野曠來酣戰。朝廷既失紫荊關，吾民豈保清風店。牵爺負子無處逃，哭聲震天風怒號。兒女牀頭伏鼓角，野人屋上看旌旗。將軍此時挺戈出，殺敵不異草與蒿。追北歸來血洗刀，白日不動蒼天高。萬里煙塵一劍掃，父子英雄古來少。單于痛哭倒馬關，羯奴半死飛狐道。處處歡聲噪鼓旗，家家牛酒犒王師。應追漢室嫖姚將，還憶唐家郭子儀。沉吟此事六十春，此地經過淚滿巾。黃雲落日古骨白，沙礫慘淡愁行人。行人來折戰場柳，下馬坐望居庸口。卻憶千官迎駕初，千乘萬騎下皇都。乾坤得見中興主，殺伐重開載造圖。姓名應勒雲臺上，如此戰功天下無。嗚呼戰功今已無，安得再生此輩西備胡！

李夢陽是明朝中葉「前七子」的領袖。他爲人剛毅，風節凝持，雖然論詩不免有偏頗之處，創作亦有模擬痕跡，但總起來看還是「詠物贈答往還，罔不繫心廟堂，悲吟時局，變風變雅繚繞其憂傷哀憫之思」（見桑調元《空同詩鈔•序》），《石將軍戰場歌》便是一首出色的古體七言敘事詩。正統十四年（一四四九）「土木堡之變」，明英宗被瓦剌軍俘獲，兵部尙書于謙擁立景帝，守衛北京，石亨隨從于謙浴血沙場，擊退瓦剌，建有殊功。這首詩通過回憶，於隱忍的批評中頌揚了六十年前石亨的戰功，希望今天能够再現這樣悍勇絕倫、衛國保邊的猛將，從而寄託了作者的愛國情思。

全詩可分四層。

開篇四句爲第一層，在親臨故戰場之際，撫今追昔，自然而然地引起對往日英雄的欽佩與緬懷。清風店在今河北省定縣北三十里處，己巳年（即正統十四年）石亨曾率兵於此大敗瓦剌軍。當年戰場遺跡猶存，帶有愛國標誌「勤王」二字的遺鏃（箭頭）尙在；當地父老仍舊念念不忘「己巳年間事」。這些人與物的側面點染，有力地旁襯出了石將軍的戰功卓著，深入人心。下面便順理成章地轉入了具體追憶。

「憶昔蒙塵實慘怛」至「家家牛酒犒王師」爲第二層，通過父老對往日戰場風雲的回憶，參差錯落、波瀾壯闊地記敍石將軍的赫赫戰功。當時英宗蒙塵，一片悽厲，江山社稷，風雨飄搖；紫荊關（在今河北省易縣西紫荊嶺上）頭戍角聲聲，幽州朔方（泛指今河北、山西、北京二省一市的北部地區）殺氣騰騰；瓦剌兵鋒直指京師北京城。「胡兒飲馬彰義門（今北京城西南方的廣安門）」，形象地勾抹出敵軍的猖獗、傲慢，反襯出明王朝的危在旦夕。「內有于尚書，外有石將軍」，看似平淡無奇的十字，卻蘊藉着千鈞之力，正是他們挺身而出，才力挽狂瀾，化險爲夷。隨卽便緊緊扣住全詩主旨，集中鋪敍石將軍的輝煌戰績。「石家官軍若雷電，天清野曠來酣戰」，洗練地總括出石家軍的雷霆萬鈞之勢，英勇善戰之態。當時無辜百姓慘遭荼毒，淒傷惶恐，無處逃身。在戰鼓戍角聲裏，小孩嚇得伏牀戰慄，農夫急得登屋四顧，望見旌旗，手足無措。但「將軍此時挺戈出，殺敵不異草與蒿。追北歸來血洗刀，白日不動蒼天高」，石將軍的英勇形象躍然紙上。不久前還不可一世的敵軍此時被震懾得如同草蒿，盡被芟夷。將軍勝利歸來時寶刀像血洗一樣，直令白日、蒼天也驚佩得一動不動，向他致意。在寫實的基礎上充分調動對比、襯托、比喻、誇張等手法突出驍將的勇武。這一層的最後四句寫敵我雙方的不同結局：單于（代指瓦剌部首領也先）慘敗，在倒馬關（位於今河北省唐縣西北）失聲痛哭，羯奴（代指敗退的瓦剌兵）逃至兩崖壁立的飛狐道（位於今河北省淶源縣北），大半死掉；明軍大勝，歡聲雷動，百姓們也高興得家家户户前來犒師。這一層長而不冗，得力於它節奏鮮明，疏密相間，波瀾起伏。先寫明朝的兩伏兩起，「憶昔蒙塵實慘怛」至「烽火夜照燕山雲」爲朝廷的伏，「牽爺負子無處逃」至「野人屋上看旌旄」爲百姓的伏；「內有于尚書」至「天清野曠來酣戰」爲于謙、石亨的起，「將軍此時挺戈出」至「父子英雄古來少」爲石將軍的起。後寫瓦剌軍的伏，明朝軍民的起。這三起三伏使得記敍交插錯落，跌宕有致，從而取得引人入勝的藝術效果。

第三層由「應追漢室嫖姚將」至「如此戰功天下無」，以抒情的筆觸論述石亨的功勳。前兩句寓意深邃，對石亨褒中有貶，深淺有度。論功，他可比西漢抗擊匈奴的嫖姚校尉霍去病和唐代平定「安史之亂」的郭子儀；論過，他讒害忠良，驕奢跋扈，難以與前代良將相提並論。石亨於景泰八年（一四五七）與曹吉祥、徐有貞等迎英宗復辟，誣殺于謙，封爲忠國公。後益專横，欲謀反，於天順四年（一四六〇）被逮捕，死獄中。其從子（侄）石彪在守衛北京時也有戰功，封定遠侯，但因與其一起謀反而問斬。「應追」、「還憶」兩處措詞愼重，明示石亨當年應當追隨霍去病「匈奴未滅，無以家爲」的品德，更應常憶郭子儀不居功自傲，得以善終的晚節。然而，事實卻非如此，所以接下來感喟道：「沉吟此事六十春，此地經過淚滿巾。」但清風店的父老百姓還是時常念及石亨的，在這功過一時難以準確評定之時，衹能面對慘淡荒涼的故戰場，沉吟、徘徊：「黄雲落日古骨白……下馬坐望居庸口。」字裏行間蘊含着無限情思。無論怎麽講，在抗擊瓦剌入侵的戰役中，石亨畢竟是立有大功的，令乾坤得以中興，憑武功再圖強盛，所以姓名應當像東漢中興功臣鄧禹等二十八人一樣刻在雲臺廣德殿上，以令後人永誌不忘。這一層抒情議論宛轉反覆，抑揚頓挫，一唱三嘆，引導讀者泛起綿綿遐思。

結尾兩句爲第四層，畫龍點睛地指出詩作的目的所在，希望能够再湧現出石亨這樣勇猛的將軍保衛疆土，防備西北方少數民族的騷擾。這是憂國憂民，時刻關注邊防大計的作者發自內心的強烈呼唤。作者所處的時代雖爲明朝中葉所謂「昌明鼎盛」時期，但西北邊防並不穩固，幾乎年年有邊警。在他寫這首詩前較吃緊的邊患就有：弘治十三年（一五〇〇），韃靼小王子諸部寇大同，入居河套；十四年，都指揮王泰御小王子於鹽池戰死；十七年，火篩入大同，指揮鄭瑀力戰死；十八年十月，正德帝剛繼位，小王子又犯甘肅。面對這嚴峻的現實，作者深情追憶六十年前的石將軍，顯然是迫切期望湧現出石亨似的猛將保邊禦侮，以使國泰民安。這樣的良苦用心自然要贏得時人以至後人的稱道。

李夢陽主張「詩必盛唐」，但並非盲目復古，而是取法乎上，「吟之章而情之自鳴者也」（見《空同集·鳴春集序》）。很明顯，這首《石將軍戰場歌》頗具盛唐詩風貌，雄健渾厚，流麗婉轉，但又不囿於盛唐。他尊唐，主要是學唐詩的風骨神韻，並不僅求外貌形態的逼似，因而他的詩便有新意，帶時代特色，像這樣眞實、具體、生動地記敍本朝一位武將的戰功，進而抒寫情懷，發表議論的詩歌，在唐詩裏恐怕也是不多見的，絕不像錢謙益信口攻擊的那樣，「牽率模擬剽賊於聲句字之間，如嬰兒學語……毫不能吐其心之所有」（見《列朝詩集》丙集）。

（高尚賢）

梅山先生墓志銘

李夢陽

嘉靖元年九月十五日，梅山先生卒於汴邸。李子聞之，繞楹彷徨行，曰：「前予造梅山，猶見之，謂病愈且起。今死邪？」昨之暮，其族子演倉皇來，泣言買棺事，予猶疑之。乃今死邪？於是，趣駕往弔焉，門有懸紙，穗帷在堂，演也擗踊號於棺側。李子返也，食弗甘、寢弗安也。數日焉，時自念曰：「梅山！梅山！」

梅山姓鮑氏，名弼，字以忠，歙縣人也。年二十餘，與其兄鮑雄氏商於汴，李子識焉。商二十年餘矣，無何，數年不來。李子問演：「鮑七奚不來也？」演曰：「父母兄三喪。」曰：「喪舉矣，奚不來也？」曰：「七叔父四十四歲始有子，而侄也一耳，以是大繫乎身家。」已，又問：「鮑七何爲？」演曰：「理生，飭行，訓幼，睦族，玩編，修藝，課田，省植，八者焉已」。其久也，內孚而外化之。是故鄉人質平、剖疑、決謀、丐益者，必之焉。故傚良則芳、標美規懿者，必曰「鮑梅山、鮑梅山」云。

正德十六年秋，梅山子來。李子見其體腴厚，喜。握其手曰：「梅山肥邪！」梅山笑曰：「吾能醫。」曰：「更奚能？」曰：「能形家者流。」曰：「更奚能？」曰：「能詩。」李子乃大詫喜，拳其背曰：「汝吳下阿蒙邪！別數年而能詩、能醫、能形家者流。」

梅山先生墓志銘

李子有貴客，邀梅山。客故豪酒，梅山亦豪酒，深觴細杯，窮日落月。梅山醉，每據牀放歌，厥聲悠揚而激烈。已，大笑觴客；客亦大笑，和歌醉歡。李子則又拳其背曰：「久別汝，汝能酒又善歌邪！」客初輕梅山，於是則大器重之，相結內。明日，造梅山邸，款焉。汴人有貴客，欲其歡，於是多邀梅山；梅山遂坐豪酒，病損脾。

今年夏，患瘧，李子往候之。梅山起牀坐，曰：「弼瘧幸愈，第痰多耳。」然業處分諸件，令演辦酒食，俟其起觴客，別而還歙也。先是，梅山作《憶子》詩曰：「吾兒屈指一載別，他鄉回首長相思。在抱兩周知數日，攜行三歲隨歌詩。筵前與誰論賓主，膝上爲我開鬚眉。情偏憶汝老更苦，中夜難禁回夢時。」李子因說曰：「君病，無苦念家。」梅山曰：「諾，諾。」不數日而君蓋棺矣。嗟，梅山！梅山！

梅山又嘗作《燈花》詩：「秋燈何太喜，一焰發三葩。擬報明朝信，應先此夜花。重重輝絳玉，朵朵豔丹霞。愛爾真忘寐，聞蛩忽憶家。」李子曰：「君詩佳頓如此！」梅山曰：「吾往與孫太白觴於吳門江上，酣歌弄月，冥心頓會。孫時有綿疾，吾醫之，立愈。」諺曰：「盧醫不自醫。」誠自醫之，黃、岐、鵲、佗至今存可也。嗟，梅山！梅山！

梅山，叔牙後也。其居歙也，號棠樾鮑氏。趙宋時，有遇賊而父子爭死者，於是所居里號「慈孝里」云。梅山父，鮑珍也。珍父文芳，文芳父思齊。珍號清逸，高尚人也，娶王氏，生二子，次者梅山。梅山娶江氏，生一男子、二女子。男曰若渭，今六歲矣。梅山生成化甲午某月日，距今嘉靖壬午，得年四十九。而某櫬還也，演實匍匐苦心以之還，厥情猶子也。以某年月日葬某山之兆。

銘曰：崎嶔巃嵸，人謂非險。淵洄湏洞，猶謂之淺。坦彼周行，彼復而迷。桃李何言，下自成蹊。嗟，鮑子，胡不汝悲！胡不汝思！

梅山先生墓志銘

墓志銘是古代應用文中重要的一體。我們翻看古人的別集，常常見到不少這一體的文章。它的史料價值，早已人所共知；至於它在文學上的地位，卻很少有人注意。其實，墓志銘中儘管很有一些文過飾非的諛墓之作，但也不乏富於藝術光彩的優秀篇章。李夢陽的《梅山先生墓志銘》，便是其中很值得稱道的一篇。

全文共分八段：第一段寫梅山去世與自己聽到死訊以後的反應；中間五段寫梅山的一生，介紹他的行狀，着重描畫他的精神風貌；最後兩段寫梅山的家世與生卒年，以銘文作結。

第一段先是簡潔明了交代了梅山先生去世的時間、地點。「汴邸」，指開封的住所。接着寫自己聽到死訊以後的反應。「繞楹彷徨行」，是說繞着廳堂前部的柱子來回走動。腳下的彷徨，正是心中彷徨的表現。試看他的思想活動：「前予造梅山，猶見之，謂病愈且起，今死邪？」原來，前不久，李夢陽還到過梅山家裏，見過面，以爲就要病好起牀，不料竟忽然去世。這使他震驚，令他茫然，不覺自言自語地「繞楹彷徨行」起來。這是初聞噩耗時的反應，時間是在「昨之暮」之前。到了「昨之暮」，梅山的本家侄子鮑演慌慌張張前來報喪，哭着說到買棺材收殮的事，這就進一步證實了梅山去世的消息，而李夢陽將信將疑、不願承認朋友去世的心理仍然執拗地無法擺脫。用字上，「予猶疑之」，在動詞「疑」前着一狀語「猶」字，表示自己的懷疑始終未能消除。聽了鮑演報喪後發出的「乃今死邪」的疑答，與初聞死訊後的疑問「今死邪」相呼應，以「乃」字作了強調，意思是鮑演既已說到了買棺材的事，難道梅山眞的已經死了麽?作者正是懷着這種不願面對不幸事實的心理坐車前去弔喪的。梅山家大門上飄着白紙，廳堂裏靈柩前掛起的帷幔，鮑演呢，正捶胸頓足在棺材旁痛哭流涕，所見所聞無不在證實一個嚴酷的事實——自己的好朋友確實已經去世了。文中的「穗帷」，即穗帳，用稀疏細布製成的靈幔；「擗踊」，捶胸頓足的意思。弔喪回家以後，李夢陽便神情恍惚，吃飯無味，睡覺不香，連着好幾天，常常不自覺地呼喊着朋友的名字：「梅山、梅山。」這一段的行文，嚴謹整飭，有條不紊；對自我的心態刻畫，眞實、細膩、深入。從內心深處自然流出的「梅山、梅山」，如同見到老朋友漸去漸遠而追呼不及，雖然低沉，卻極爲執著無比深沉。「梅山、梅山」的聲聲呼喚，構成了全篇傷悼的基調，在結構上並有喚起下文、綰合全篇的重要作用。梅山的去世，使作者如此傷心，那麽，梅山究竟是怎樣一個人呢？文章就自然轉入了對梅山一生的交代。

從第二段到第六段寫梅山的一生，但並不平鋪直敍作流水帳式的記述。

第二段在簡單介紹了梅山「姓鮑氏，名弼，字以忠，歙縣人」以後，從「年二十餘」寫起，寫他「與其兄鮑雄氏商於汴，李子識焉」，交代了他外地商人的身分以及自己的關係，順便帶出了他哥哥的名字。然後，以「商二十年餘矣」一句，將二十年時間一筆略過，着重寫了梅山回到故鄉以後的情況。作者記下了與鮑演之間的一段對話。問話中的「鮑七」與答話中的「七叔父」，都是指梅山；「七」是梅山在本家兄弟中的排行。問答共有三次。先問梅山爲什麽一走數年再不來開封，得到的回答是因爲他的父親、母親、哥哥先後去世。又問喪事辦過了，爲什麽還不回來。回答說，梅山四十四歲上才有兒子，而侄兒也衹有一個。管好這兩個寶貝蛋，關係到傳宗接代和家業振興。停了一會，又問梅山在家鄉做什麽。對此，鮑演作了相當詳細的回答。他告訴李夢陽，梅山在家鄉做着八個方面的事：「理生」——調養身體，「飭行」——加強自身的品德修養，「訓幼」——教育小輩，「睦族」——搞好家族內部的團結，「玩編」——吟賞作品，「修藝」——學習技藝，「課田」——經管田產，「省植」——留心園藝。他還說，梅山在家鄉住久了，在家庭內外威信很高，關係融洽。原文「內孚外化」的「孚」是說爲人信服，「化」是說受到感化。因而當地的鄉親，無論是評判是非（「質平」）、剖析疑難（「剖疑」）、幫出主意（「決謀」）或是做生意賺錢（「丐益」），都要找他商量。所以他在鄉親的心目中有很高的地位：「傚良則芳、標美規懿者，必曰『鮑梅山、鮑梅山』云。」「傚」、「則」都是學習倣傚的意思，「良」、「芳」指美好的德行，「標」、「規」是說看作標準、典範，「懿」與「美」都指具有美德的人。這兩句的大意是：凡是提到傚法的好榜樣與說到品德高尚的人物的，無不異口同聲說到鮑梅山如何如何。這一段的敍述，在材料的取捨上頗見匠心。梅山在二十多歲之前的情況隻字未提，在開封經商二十年間的情況也不作具體介紹，漫長的四十多年的時間跨度，衹用寥寥數語便交代了過去。而寫他在家鄉的情況，則不惜筆墨，他所做的「理生、飭行」等八個方面與鄉人有求於他的「質平、剖疑」等四個方面，都一一列出，連鄉人讚揚他時知己地直呼他的姓名「鮑梅山、鮑梅山」，也不憚其煩地予以照錄。一簡一繁前後映襯，在概括介紹梅山全人的基礎上，突出了梅山在鄉人心目中的崇高地位。這樣，透過詳略得宜的記敍，呈現在我們眼前的，就不再是一張乾巴巴的商人的履歷表，而已是一位可親可敬，樂於助人的忠厚長者的形象了。「鮑梅山、鮑梅山」的親切呼喚，不正是鄉親們爲這位忠厚長者豎起的一塊不朽的口碑麽？這一呼喚與上一段結尾處的「梅山、梅山」相呼應，作者在傷逝的背景上回憶友人生前值得引爲驕傲之點，這無淚之悼是要遠遠勝過痛哭號啕的。

第三段寫梅山從歙縣回到開封時，作者和他再次見面的情況。這是兩位老朋友的闊别重逢，親昵歡快之情是不難想見的。「李子見其體腴厚，喜」，見到老朋友的身體變胖變厚實了，不由得樂了。「握其手曰：『梅山肥邪！』」見了面，沒有客套，不需要也容不得客套，衹一握手，衹看似多餘的「梅山肥邪」四個字一句話，足以抵上萬語千言。當此之際，想來彼此心頭上都已漾起了一股友情的暖流了吧？有趣的是，梅山聽了，「顧左右而言他」，笑吟吟地迸出一句：「吾能醫。」這一句來得突然，看似不可理喻，而這正是梅山向自己的老朋友獻上的一份最爲珍貴的禮物——有什麽會比自己的長進更令老朋友高興呢？梅山還說自己學會了相面看風水那一套，卽所謂「形家者流」，還學會了寫詩。李夢陽聽了以後的反應是：「乃大詑喜，拳其背曰：『汝吳下阿蒙邪！别數年而能詩、能醫、能形家者流！』」一是從內心到表情上的變化——「大詑喜」，感到極爲驚異、高興；二是有所動作，由握手而改爲高興地掄起拳頭在梅山背上打了一下；三是稱讚了梅山，說他簡直成了三國時吳國的呂蒙。據《三國志・吳志・呂蒙傳》裴松之註引《江表傳》，呂蒙年輕時不愛讀書，後來聽了孫權的勸告，努力學習，進步很快。魯肅稱讚他：「吾謂大弟但有武略耳，至於今者，學識英博，非復吳下阿蒙。」梅山回鄉幾年間，居然學會了好多本事，令人耳目爲之一新，李夢陽便聯想起了當年的呂蒙，盛讚梅山令人刮目相看的可喜的進步。這一段衹寫了重逢時的一刻，但繪形繪色，不厭其詳，使傳聞中的鄉人心目中的梅山形象進一步變得豐滿起來：他不衹品德高尙，而且多才多藝；不衹才智出衆，而且富於感情。

接下去的一段，通過記敍一次酒會，寫出梅山「能酒又善歌」的豪放性格。一次，李夢陽家裏來了一位貴客，便請梅山作陪，一起喝酒。貴客一向酒量很大，梅山也很能喝。兩人用深而小的酒杯（原文「深觴細杯」中的「觴」，也指酒杯；「深」與「細」互文見義）對酌，太陽落山了還在喝，月亮西沉了依然在喝。但梅山並不沉緬於醉鄉，以醉鄉求得精神上的解脫，而是借酒助興，領略生活的樂趣。因而文中又寫到他醉後，「每據牀（常常靠着牀）放歌，厥聲（他的歌聲）悠揚而激烈。已（唱完以後），大笑觴客（勸客人喝酒）；客亦大笑，和歌醉歡」。對於這位老朋友的「能酒又善歌」，李夢陽是很欣賞的，所以「又拳其背」，再在他背上加上一拳。那位貴客對梅山的態度，也從開始時的輕視，一變而爲「大器重之」，同梅山交上了朋友，還在下一天主動到梅山家拜訪懇談。原文「相結內」，指交朋友，「內」是「納」的古字；「款」，指款語，融洽地敍談。這一段寫梅山喝酒唱歌，看似閑筆，實際上對刻畫梅山的豪放性格十分重要。貴客對梅山的態度的轉變，從側面含而不露地對這種性格作出了客觀的肯定性的評價。在這一段中，作者也不諱言過量飲酒給梅山帶來的害處。開封人家裏來了貴客，爲了讓客人高興，梅山常常被請去當陪客。由於喝酒過多，終至於傷着了脾臟。這樣，這一段在完成梅山形象刻畫的同時，也點出了他致病的原因——酗酒。

以上三段，是記述梅山一生的主要筆墨，用一條時間的縱綫貫穿起來，分別採取了鄉人、李夢陽自己、貴客三個不同的觀照角度，將梅山的人品、才能、性格逐一寫出，字裏行間流溢着對梅山讚美的深情。三四兩段的描寫最爲精彩，既如可觸摸地寫出了梅山的動人形象，又寄寓了作者因痛失良朋而悼往念舊的深情。

五六兩段是記敍梅山一生的另一層次。第五段寫他因過量飲酒以致一病不起，第六段記他的交遊，連帶說到他的死事，寫法上跌宕變化，不拘一格。

第五段寫到梅山病倒是在夏天，直接的病因是瘧疾。到秋天去世前的幾天，李夢陽曾去探望，梅山還能從牀上坐起來說話，自以爲病快痊愈，衹是痰多罷了。他還在牀上處理了一些事務，讓侄子鮑演籌辦等他病好以後向朋友餞別用的酒席。梅山本人未曾料到、李夢陽又何曾料到這一次見面竟然會是永訣呢？李夢陽想起梅山作過的一首《憶子》詩，便勸他放寬心，少想家。梅山還「諾、諾」地答應着。幾天以後卻突然傳來了梅山的死訊。這一段回映篇首「前予造梅山，猶見之，謂病愈且起，今死邪」幾句，但放開筆墨，寫得詳細具體。篇首是通過敘事以抒寫自己驚疑而又傷痛的感情，這一段則是帶着傷悼的深情去追記朋友去世的經過，前後映照，卻並不重複。

第六段記梅山的交遊，從他的一首《燈花詩》引出。詩的前六句寫一個燈上有三個燈花，認爲這可能是下一天將有好消息的兆頭，燈花的花瓣像一片片閃光的紅玉，每一朵都比紅霞還豔麗。結尾兩句抒情，說自己貪賞燈花不知疲倦，忘了睡覺，夜深時分聽到了蟋蟀（即原文中的「蛩」）的鳴叫聲，忽然變得想家了。梅山的《憶子》詩極爲淺俗，這一首相比之下要文氣一些。兩首詩寫的都是眞情實感，但在藝術上都不見有什麽高明。李夢陽大概是愛屋及烏吧，曾誇獎梅山：「君詩佳頓如此！」對朋友詩藝的精進似乎感到有些不可理解。梅山便講了一個與孫太白交往的故事。孫太白是當時著名的詩人，名一元，字太初，號太白山人，有《太白山人漫稿》傳世。他的情況，詳見李夢陽的《太白山人傳》（見黃省曾刻本《空同先生集》卷五十七）與劉麟的《太白山人墓志銘》（見四庫全書本《清惠集》卷八）。梅山告訴李夢陽，自己曾經和孫太白一起在吳門（吳縣城的別稱，即今江蘇省的蘇州市）江上飲酒，一面賞月，一面吟詩作歌，忽然之間心有所感，領會到了寫詩的訣竅。還說到孫太白患有慢性病，自己給他看病，很快就治好了。李夢陽回憶梅山生前的這段談話，不禁感慨繫之。文中說：「諺曰：『盧醫不自醫。』誠自醫之，黃、岐、鵲、佗至今存可也。」「盧醫」，原指戰國時的名醫扁鵲，因扁鵲家在盧國而得名。這裏泛指名醫。「黃、岐、鵲、佗」，分別指古代醫術高明的黃帝、岐伯、扁鵲、華佗。李夢陽引用「盧醫不自醫」的古諺，歎息梅山儘管醫術高明也難免一死。這一段從一首詩說起，在不知不覺之中，揭出了梅山與孫太白的一段交遊史（這正是人物行狀的一個重要方面），稱讚了他詩好、醫術高，從而從對面寫出了「世間尤物難留連」（白居易《眞娘墓》詩）的無比的惋惜與深沉的感傷。

以上兩段都以「嗟，梅山、梅山」作結束，與第一段末的「梅山、梅山」遙相呼應。如果說第一段末喊出的「梅山、梅山」主要還是作者潛意識的自然流露的話，那麽，在這兩段末以嗟歎引出的「梅山、梅山」，則已是在回顧了梅山一生以後的自覺的呼喊，感情上的傷痛更爲明晰，也更深廣、更厚重了。

銘文前的最後一段交待梅山家世等情況，是寫作墓志銘的例行文字。文中指出，歙縣鮑氏是春秋時齊國大臣鮑叔牙的後代棠樾鮑氏一支。梅山家所在的地方叫「慈孝里」，這一里名是爲紀念歷史上父子爭死，取父慈子孝的意思。接着介紹了曾祖父以下的傳人與父母一代以及梅山小家庭的情況和梅山本人的生卒年月。這些，文中都有清楚的記述，不再一一復述。末了還說到鮑演像親骨肉一樣，不辭辛苦，將他叔父梅山的靈柩（所謂「櫬」）送回故鄉歙縣。李夢陽寫作這篇墓志銘時，靈柩還未下葬，所以文中將葬期與葬所空出，僅僅列出「以某年月日葬某山之兆」。「兆」，指墓地的界域。

全文的最後一部分是銘文，共十句，用四字句的韻文寫成。第一句的「崎」、「嶔」、「崺」、「巇」，說的都是山勢。「崎」、「嶔」，是說崎嶇曲折；「嶔」、「巇」，是說險峻。第三句的「淵」、「洄」、「澒洞」，都是就水而言。「淵」，深潭；「洄」，迴旋的流水；「澒洞」的原意是彌漫無際，這裏指茫茫大水。第五句中的「周行」，即大路。七八句「桃李何言，下自成蹊」是古代的諺語，「何」原作「不」，司馬遷在《史記•李將軍列傳》中用來稱讚李廣，比喻有實自然有名。整個銘文的意思是：高山突兀崢嶸，人們並不說險；深淵、急流、大水，還認爲它淺。大路堂堂，他卻迷了方向。桃樹李樹並不自我標榜，花兒豔果兒甜名聲自然傳揚。啊，鮑子，怎能不爲你悲哀！怎能不常常把你記在心上！銘文慨歎梅山過早離開了生活的長路，讚揚他具有美好的品德才能。前人說銘文的寫作要求是「博約而溫潤」（陸機《文賦》），即意思要博大，文字要簡練，風格上力避劍拔弩張，而應溫和潤澤。應該說，李夢陽的這篇銘文寫得是得體的。

總起來看，《梅山先生墓志銘》寫出了梅山先生的神情風貌，傳達了作者傷悼亡友的深沉哀痛，寫得相當成功。與一般墓志銘相比，此文有兩個值得注意的特點。首先，這篇墓志銘較多地採用了第一人稱的寫法，有着濃重的抒情色彩。李夢陽與梅山年齡相仿（李年長一歲），有二十多年的交情，性格上很合得來，又有喜歡寫詩的共同興趣，梅山突然去世，李夢陽感情上的震動是可以想見的。在撰寫墓志銘時，他無法掩飾自己傷痛的感情，不能也不願作冷靜的客觀敘述，因而在採用第三人稱寫作時，往往又以第一人稱的當事人的身分出現。除了結尾部分，前六段中都有「我」（文中作「李子」）在，這就不僅增強了文章的親切感，而且也爲抒情寫懷創造了方便的條件。第一段中寫「我」的驚疑不定、神不守舍，二三段中寫「我」的一「喜」再「喜」，「拳其背」、「又拳其背」，都是富於感情色彩的絶妙好辭。而從感情深處提煉出來的「梅山、梅山」的呼聲，一而再、再而三地出現，如空谷傳響，哀婉不絶，也大大豐富了作品的抒情色調。其次，這篇銘文的特點還表現在採用再現式的寫法。作者對經歷、事件的過程性敍述筆墨從簡，也不作架空的抒情議論，而力求在場面上展開，生動地再現當事人的音容笑貌與思想感情。第三段兩位老友重逢時的場面，第四段寫家宴過程中梅山與貴客又喝又唱的情景，寫得何等熱烈、眞切，簡直已到了呼之欲出的地步。再現式的成功，與注意對人物的行爲與動作的描寫有關。試想，如果第一段中不寫「繞楹彷徨行」與往弔時的所見所聞，第三、四段中不寫握手、拳背、「據牀放歌」、「大笑觴客」等等，這篇墓志銘豈不要大爲遜色麽？再現式的成功，也與對話體的採用及必要的心理刻畫有一定關係。第二段中李夢陽與鮑演的三問三答，第三段李夢陽與梅山重逢時的對答，無不情景如畫，富於實感。心理刻畫集中見於第一段，第五段中作者在想到《憶子》詩以後對梅山進行了勸説，也與心理描寫有關。心理描寫是更深一層次的再現，對於深化人物形象與強調人物關係，對於增強作品的可信性與眞實感，都起到了不可忽視的積極作用。

末了，筆者還想贅言幾句。明代前後「七子」的文章，被不少人貶低爲不見眞性情的模擬之作。李夢陽作爲「前七子」的領袖人物，受到的責難更多。這是有欠公道的。在包括李夢陽在內的前後「七子」的筆下，固然有若干倣古的贋品，但也不乏抒寫眞情實感的優秀篇章。李夢陽的這篇《梅山先生墓志銘》，不正是一個很好的證明麽？在吟哦欣賞這篇墓志銘之餘，對於那種一味抹煞前後七子的文學成就的偏激之論與耳食之言，我以爲，我們是不妨大膽地提出一點質疑的。

（陳志明）

鰣魚

何景明

五月鰣魚已至燕，荔枝盧橘未能先。賜鮮遍及中璫第，薦熟誰開寢廟筵。

白日風塵馳驛騎，炎天冰雪護江船。銀鱗細骨堪憐汝，玉筯金盤敢望傳？

這是明代詩人何景明揭露黑暗現實的詩篇。何景明是明代倡導文學復古運動的「前七子」之一。他生活在弘治、正德年間，這個時期的統治階級已經十分反動和腐朽，特別是明武宗執政的正德年間，國家大權掌握在大宦官劉瑾等人手裏，身爲國家最高統治者的武宗皇帝，不是在宮內奢侈淫樂，便是四出巡游，所至劫掠財物，搶奪婦女，以至「市肆蕭然，白晝閉户」。而劉瑾等人，對內是「日進鷹犬、歌舞、角觝之戲，導帝微行」，「誘帝游宴」，對外則「權擅天下，威福任情」，「屢起大獄，寃號遍道路」。當時凡入京受敕之巡撫，必得向劉瑾進貢，得罪劉瑾，片語即可使之入獄，討好劉瑾，戰敗反而高升。地方官爭相向宦官進貢，竟有因無物可進而自殺者。對此，爲官正直的何景明曾表示極大的不滿。《鰣魚》一詩正是這種不滿情緒的流露。

「五月鰣魚已至燕，荔枝盧橘未能先。」「鰣魚」，是一種非常名貴的食魚，生活在海洋中，春夏之交溯江而上，在我國南方一些江河中產卵，初入江時體內脂肪肥厚，肉味最爲鮮美。「五月」，正是春夏之交的時節，鰣魚還剛剛出現在南方的河流中，而此時此刻，在幾千里之外的皇都，珍貴的鰣魚已經擺到了宦官們的宴會桌上，可見地方官吏趨奉速度之快。「荔枝」與「盧橘」，都是遠方的土產，歷來是地方官吏進貢的珍品。想當年，楊貴妃「嗜荔枝，必欲生致之，乃置騎傳送，走數千里，味未變，已至京師」，進貢的速度與人力的耗費可謂驚人矣；看今日，鰣魚的進貢搶在荔枝與盧橘之前，率先送進了宮門，其速度之快，人力物力消耗之大，也是今非昔比的。

「賜鮮遍及中璫第，薦熟誰開寢廟筵。」這兩句是全詩的中心，詩人那怨恨的情緒，集中在這兩句詩上。「鮮」，時鮮，應時的美味，這裏指鰣魚；「中璫」，指宦官。「璫」，本來是指漢代武官的冠飾，漢代侍從皇帝、掌管文書、傳達詔令的中常侍加黃金璫，附蟬爲文，貂尾爲飾。後來，中常侍改由宦官擔任，「璫」就成爲宦官的代稱。因宦官執事宮中，所以也稱作「中人」、「中官」或「中璫」。「薦熟」，按照舊的禮制，要以新熟的五穀或時鮮食物祭祀宗廟。《禮記•檀弓上》曰：「有薦新，如朔奠。」「寢廟」，即宗廟。鄭玄註《禮記•月令》曰：「凡廟，前曰廟，後曰寢。」解釋清上述名詞，詩人這兩句詩的用意是顯而易見的：時鮮美味不遠千里運到京都，理應祭祀祖先，以保佑朝廷的長久；可是現在，這些名貴的鰣魚卻賞賜給了大大小小的宦官，送到了他們的府第之中，朝廷的宗廟又用什麼來祭祀呢？詩人十五歲舉於鄉，十九歲中進士，希望能以自己的滿腹經綸協助治理國家，鞏固明王朝的統治。詩人最看不起的就是那些不學無術，衹靠着阿諛奉承往上爬的宦官，認爲他們是禍害國家的罪魁。大宦官劉瑾剛剛篡權的時候，詩人就曾「上書吏部尚書許進勸其秉政毋撓，語極激烈」，並由此而被罷官。現在眼見皇帝不理國事，不祭祖廟，寵信宦官，任其胡作非爲，自己的才能無用武之地，怎麼能不怨恨，怎麼能不心焦呢？

「白日風塵馳驛騎，炎天冰雪護江船。」這兩句詩客觀描述了地方官吏爲了滿足帝王與宦官嘗新的需求而不惜勞民傷財。「驛騎」，本指乘馬傳送公文的人。自楊貴妃置騎傳送荔枝後，在詩文中「驛騎」也指那些乘馬傳送時鮮果物的人。爲了及時、迅速地把剛剛捕撈上來的鰣魚運送進京，地方官吏動用了大批的人力物力，水陸並進。在陸運中，那些驛卒騎着馬晝夜不停地一站接一站疾馳狂奔；在水運中，用大量的冰塊來保持鰣魚的新鮮。地方官吏爲了邀奉帝王和宦官，眞是想盡了一切辦法和手段。

「銀鱗細骨堪憐汝，玉筯金盤敢望傳？」「筯」，筷子。「玉筯金盤」句，是從杜甫《野人送朱櫻》一

鰣魚

詩中化來的。杜甫爲避安史之亂逃到四川，住在成都城外一間茅草屋裏，鄉親爲他送來了櫻桃，使他想起了昔日皇帝的賞賜：「憶昨賜霑門下省，退朝擎出大明宫。金盤玉筯無消息，此日嘗新任轉蓬。」在這裏，「金盤玉筯」即指皇帝的賞賜。何景明詩的最後兩句，感傷中飽含着不滿情緒：那招人喜愛的銀鱗細骨的鰣魚，被賞賜給大大小小的宦官，而像我這樣的正直文人，卻根本得不到如此的厚遇，這世道眞是太不公平了！這兩句詩減損了全詩的諷刺價值，反映了詩人的階級局限性。如果説，前面的詩句，還能够從客觀上暴露封建統治階級爲飽個人口福而不惜勞民傷財的話，那麽最後兩句，卻歸結到皇帝賜錯對象，似乎是在乞求恩賜。當然，詩人這裏用意並不在於一品時鮮，衹是借賜鰣魚一事表達對皇帝寵信宦官，而自己卻得不到重用的一種不滿情緒。但是，比起那些揭露封建統治階級勞民傷財的罪惡，同情受苦受難的勞動人民的詩人，在思想上畢竟略遜一籌。

縱觀全詩，我們可以看出：這首詩從詩人主觀上是表達自己對朝廷寵信宦官的不滿，客觀上又暴露了封建統治階級之間争相趨奉、勞民傷財的黑暗現實，因此總的説來還是有一定積極意義的。

另外，從詩歌創作看，何景明雖與李夢陽等共同提倡「文必秦漢，詩必盛唐」，模擬古人進行文學創作，但他畢竟不像當時某些人那樣，把古代作品當作範本，從篇章結構到句法、詞滙都進行模擬，把作品變成毫無靈魂的假古董。他認爲模擬古人「法同則語不必同」，因此，他的詩歌有一定的生命力，不堆砌典故和詞藻，能够寫進自己的思想感情，清新可讀。從《鰣魚》詩中我們可以看到這一點。

（劉德聯）

得獻吉江西書

何景明

近得潯陽江上書，遥思李白更愁予。天邊魑魅窺人過，日暮黿鼉傍客居。
鼓柁襄江應未得，買田陽羨定何如？他年淮水能相訪，桐柏山中共結廬。

這是一首回贈摯友，吟詠交遊的七言律詩。全篇情意眞率、詞語秀朗、韻長旨遠，可謂作者俊逸淸麗風格的代表作之一。

獻吉是李夢陽，他爲人剛直，不畏強暴，曾因先後彈劾外戚張鶴齡及權閹劉瑾，三次入獄，幾致死。正德五年（一五一〇）劉瑾事敗被誅，方得復職，遷江西提學副使。赴任後又因不事諂媚，忤惡上司，鬱鬱不得志，於時寄書何景明，傾訴腹中積鬱。何景明非但在文學主張方面與李夢陽一致，共同倡言「文必秦漢，詩必盛唐」，而且在爲人處世方面也與李夢陽有相同之處，《明史·何景明傳》稱他「志操耿介，尚節義，鄙榮利，與夢陽並有國士風」。正因如此，這首詩就能够發自肺腑，出於心聲，具有綿遠的意境，深沉的感染力。

首聯質樸婉約，徑直入題，由最近得到獻吉自潯陽江（即長江流經江西九江境內的一段）寫來的書信，自然而深蘊地表達出遥思契友，百感交集的無限愁緒。這裏將李夢陽比做李白，表面看來，似乎過譽，其實甚爲得體。李夢陽與李白在詩論及創作上頗有相似之處。理論上，李夢陽不滿「臺閣體」籠罩文壇的局面，打出「復古」旗號，力求變革；李白也疾呼過：「梁陳以來，豔薄斯極，將復古道，非我而誰」。（見孟棨

得獻吉江西書

《本事詩》引）創作上，二人分別爲各自所處時代極負盛名的大詩人。李夢陽與李白在思想、經歷上也有相似之處。他們都關心朝政，蔑視權貴。爲此李夢陽經歷坎坷；李白中年遭讒，離開長安，晚年因參加永王幕府而入潯陽獄。在當時當地，作者將李夢陽喻爲李白是再恰當不過的了。這樣，通過近撫現實，遥思李白，前後類比，又怎能不牽腸掛肚呢？「更愁予」，由衷地流露出對志同道合者的無限憂慮與深切關懷。

頷聯緊承上句，指出「更愁」的原因。「天邊」、「日暮」從字面上看是寫地點——遠離都城的江西，時間——日薄西山的傍晚，實質則是感喟李夢陽處境的險惡。《左傳·文公十八年》註云：「魑魅，山林異氣所生，爲人害者。」詩中的魑魅當然是隱喻妄圖傷害李夢陽的姦佞了。「窺人過」，則形象地勾描出隱於暗處的魑魅蠢蠢欲動的醜態。尤見功力的是，作者巧妙圓熟地融鑄了杜甫《天末懷李白》詩裏的名句：「涼風起天末，君子意如何？」「文章憎命達，魑魅喜人過。」聯繫李白與杜甫、李夢陽與何景明在各自所處時代詩壇上的地位來領會，就愈覺蘊藉醇厚，更加耐人尋味。「黿鼉」是大鱉和鰐魚。據《漢書·宋均傳》載，宋均任九江太守時，郡中多猛虎，設檻阱捕捉，被虎傷者反而更多。宋均遂言：虎豹在山，黿鼉在水，各有所託，今爲民患者，在官貪吏暴，應除掉檻阱，削減賦税。而後果然傳言猛虎相與東游渡江。據此可知，詩中的「黿鼉」明指兩種動物，暗喻貪官污吏。「傍客居」，沉凝深切地關注着處境可怖的獻吉的命運，含而不露地揭示了讒臣當道的腐敗朝政。

頸聯正視現實，尋求出路。上句明示由於「魑魅」、「黿鼉」作怪，在江西、湖北（襄江爲流經湖北的漢水的別稱）一帶掌舵前進，實現抱負，是不可能的，下句便徵詢對方是否辭退官職，隱居陽羨（今江蘇省宜興縣南），躬耕終老。這種思想固然源自孟子的「窮則獨善其身，達則兼濟天下」，此時卻更直接來於獻吉的詩作。獻吉在七律《東莊藩司諸公見過》中説：「桑麻事業陶公徑，鳥雀人情翟氏門。懶散廢書瓜可種，夜來時雨足吾園。」句句用典，感慨世態炎涼，不願同流合污，含蓄地寄寓着隱居田園，潔身自好之意。何景明用獻吉之意願徵詢獻吉之歸向，就益覺自然，倍感親切。順便提一筆，何景明論詩崇奉盛唐，貶抑宋元，他認爲：「近詩以盛唐爲尙，宋人似蒼老而實疏鹵，元人似秀峻而實淺俗。」（《與李空同論詩書》）然「買田陽

得獻吉江西書

羨」卻直接取自蘇軾的作品，蘇軾詩有「惠泉山下土如濡，陽羨溪頭米勝珠」句，詞有「買田陽羨吾將老，從來祇爲溪山好」句，足見其議論祇是議論，而所學卻是「轉益多師是汝師」（見杜甫《戲爲六絶句》）的，對宋詩並非完全排斥。

尾聯承續上聯，道出全詩主旨，情眞意切地邀請李獻吉到自己家鄉——河南信陽附近的淮水發源地桐柏山結廬共居，言外之意當然是探討經邦治世之策，切磋吟詩作文之道，那又將是何等愜意。結句舒朗，使讀者與詩人一同步入雲開霧散、明達酣暢的意境，愈覺餘韻裊裊。

王世貞《藝苑卮言》云：「五七言律至仲默（何景明）而暢。」這首七律寫情達意由遠隔千里到歡聚一處，煉詞用語由隱晦曲折入秀逸瀟灑，深情厚意融匯於字裏行間，一氣呵成，確實暢達動人，不愧爲明詩中吟誦友誼的名篇。然而，李、何的友誼後來竟出現了裂痕，原因何在呢？薛蕙《漫興》詩云：「俊逸終憐何大復（景明），粗毫不解李空同（夢陽）。」雖申何抑李，卻也概括了各自的風格特色。正因風格相異，而導致分歧，由夢陽發難，引起兩人幾次言辭甚激的書信往來，進行探討與争論。即使如此，何對李仍極尊重，在病危時還特別希望「墓文必出李手」（見王世貞《藝苑卮言》）。不料他們的論争竟然成爲後來反對他們的人用以攻擊他們的材料，以至成爲後人對他們的作品進行客觀深入研究的某些障礙，實在令人遺憾。

（高尚賢）

賦得《千山紅樹圖》送楊茂之

楊慎

蕭郎雅工金碧畫，愛畫碧雞與金馬。畫作《千山紅樹圖》，行色秋光兩瀟灑。搖落深知宋玉悲，登山臨水送將歸。丹林初曉清霜重，紫谷斜陽赤燒微。故人辭我故鄉去，滇樹遥遥接巴樹。桑落他山共醉時，楓香客路消魂處。白首遐荒老未還，流波落木慘離顏。錦城紅濕那能見，千里隨君夢裏攀。

楊慎（一四八八——一五五九），字用修，別號升庵。明武宗正德六年殿試第一，授翰林院修撰，時年二十四。嘉靖三年因「議大禮」，觸怒了明世宗朱厚熜，兩被廷杖，斃而復蘇，旋謫戍雲南永昌衛（今雲南保山縣），從此僻處邊疆三十五年。至嘉靖三十八年卒於戍所，年七十二。《明史》有傳。

這首詩始載於楊慎的《南中續集》，詩題原作《題〈千山紅樹圖〉送楊茂之還成都》，後來編輯的《升庵文集》改詩題爲《賦得〈千山紅樹圖〉贈楊茂之》，大概是因爲詩的格調，模擬初唐，所以採用了當時製題的習用形式；同時也可能因爲它的主題不在題畫，而在於借題畫以送別的緣故。《明詩綜》和《明詩別裁集》俱從《文集》。這是楊慎謫居雲南時晚期的作品。

蕭郎，指蕭旭，字于東，四川內江人，畫家，曾經到雲南，見過楊慎和他的朋友李元陽，二人都有送他還蜀的詩。看來這是一副着色的圖，畫的是雲南山水。唐代左武衛大將軍李思訓開北宗一派，所畫設色濃重，

賦得《千山紅樹圖》送楊茂之

金碧輝煌，號爲金碧山水。楊慎用「金碧畫」來稱蕭旭的畫，一入手就緊扣住他繪畫的特色。接着説他「愛畫碧鷄與金馬」。「碧鷄金馬」，不但與「金碧畫」在字面色彩上相映成趣，而且據漢代傳説，益州有金馬、碧鷄之寶（見《漢書・郊祀志》）。唐時，南詔蒙氏建國，始稱昆明滇池東、西兩山，東爲金馬，西號碧鷄。（見樊綽《蠻書》）所以，這裏一提到「金馬、碧鷄」，自然也就點明了所畫的是雲南山水。

「畫作《千山紅樹圖》，行色秋光兩瀟灑。」然後才轉入畫圖本身。在蕭旭所作的畫上，雖然着重以千山紅樹點染秋色，山崖水涯必然也會有人物行旅掩映其間。宋代范寬著名的《秋山行旅圖》，就是如此。「瀟灑」這裏是蕭條淒清的意思。杜甫《經玉華宮》：「萬籟眞笙竽，秋色正瀟灑」，所用「瀟灑」二字，卽此句所本。「秋光」，「行旅」，同是蕭條淒清之色。這就不僅介紹了這幅圖的由來，連它的主題和意境都呈現在讀者的眼前了。

「搖落深知宋玉悲，登山臨水送將歸。」這兩句都是借用古人的成句。上句爲杜甫《詠懷古跡》第二首的起句。下句出自宋玉《九辯》：「悲哉秋之爲氣也！蕭瑟兮，草木搖落而變衰；憭慄兮，若在遠行，登山臨水兮送將歸。」杜詩其實也是從《九辯》而來。這兩句借用得十分巧妙，上句承「秋光」從而喚起了悲秋之情；下句承「行色」，由此引出了送行之意。唐人「悲莫悲兮生別離，登山臨水送將歸。武昌無限新栽柳，不見楊花撲面飛」（武昌妓《續韋蟾句》），便曾這樣巧妙地借用過宋玉的辭句，早已膾炙人口。楊慎也許多少從她那裏受到了一些啓發。「丹林初曉清霜重，紫谷斜陽赤燒微。」這是正面繪描畫中所見。一片寒林，滿山斜照，紅光紫氣，絢爛紛披，是霜葉，是霞彩，是山嵐，是野燒，祇覺炫人眼目，都不可分了。這兩句是畫中之景，同時也是下文想象的行者途中之景，它對仗工穩，也是從前人的詩句熔鑄而成：上句出自謝靈運《晚出西射堂》「曉霜楓葉丹」之句，下句從崔鶠《春日》「落日不可畫，丹林紫谷開」化出，卻能「襲故彌新」，不着痕跡。

「故人辭我故鄉去，滇樹遙遙接巴樹。」這才落到送楊茂之這一方面來。故人相別，已是生愁，而他此去，乃是還歸故鄉，那就更使人增添愁思了。「滇樹」，就在別筵之前，「巴樹」則是千里之外。「遙憐故鄉水，萬

賦得《千山紅樹圖》送楊茂之

里送行舟。」李白要憑一江春水把自己送下荆門，楊慎卻想借千山紅樹把自己帶回巴山，留戀故鄉的感情都是多麽的深厚啊！這句詩既説明了朋友的去程，也把行色秋光，離情别緒，與《千山紅樹圖》聯繫在一起了。

「桑落他山共醉時，楓香客路消魂處。」「桑落」，酒名，北魏山西蒲坂人劉白墮所釀，有名於時，又稱白墮酒。見《水經•河水註》。他山，對故鄉而言，上句是説，自己與楊茂之此時敍别，面對滇山紅樹，共醉離筵；「楓香」，即楓樹。楓樹有脂而香，故名楓香（見《爾雅註》）。下句説，此别以後，自滇至蜀，行程迢迢千里，度盡雲山萬重，楓林紅葉，必當處處可見，坐令客子黯然魂消。這又是從「滇樹遥遥接巴樹」引申而來。同時也把所有的離情别緒，一齊概括在「千山紅樹」之中。至此，借題畫以送别的主題，已經發揮得淋漓盡致了。

「白首遐荒老未還，流波落木慘離顔。」這是由朋友離别而引動了自己的身世之感。自從他被謫以來，羈繫遐荒，已經度過了三十年以上的窮愁歲月。昔日風華正茂，今已飄然白首。由於他深受世宗的嫉恨，朝廷一有大事，每問「楊慎云何」，對於他在戍所的言行，總是監視最嚴，遇赦不赦。（見《明史•楊慎傳》）因此，他自嘆此身雖老，猶是歸還無期。「流波落木」，用《九歌•湘夫人》「裊裊兮秋風，洞庭波兮木葉下」語。此指秋景，亦是别時，並有感嘆年光流逝的意思。「慘離顔」，慘然現「離别可憐之色」，蓋此時此境，情實有所不堪了。

「錦城紅濕那能見，千里隨君夢裏攀。」最後，他進一步表白了自己的思鄉之情。杜詩：「曉看紅濕處，花重錦官城。」（《春夜喜雨》）錦城春光，這是最能牽繫遠客他鄉的遊子的夢魂的。既然歸還無期，那就衹有希望在夢中度越千里關山，與之同攀共賞了。然而夢境又是多麽的渺茫！眞是此恨綿綿，無窮無盡。「錦城紅濕」，《明詩綜》改作「錦城紅樹」，《明詩别裁集》從之，這是從一般文筆的起結照應着眼而改的，作者原意，未必如此。《南中續集》、《升庵文集》俱作「錦城紅濕」。語有所本，且「紅樹」處處山頭可見，而成都平原獨少，不必念念於千里相隨，夢裏同攀也。

楊慎這首詩，構思巧妙，布置嚴密，由畫以及人，由人以及己；由滇中、客路以至故鄉，由惜别之情、

賦得《千山紅樹圖》送楊茂之

身世之感，以至思鄉之夢，把題畫和送別兩個方面結合得天衣無縫，而又突出了送別的主題。筆勢則層層推進，宛轉闔合，使感情一步一步走向了高潮。這是因爲他以曠世才人，祇爲少年時參加了一次自以爲完全正義的政治鬥爭，横被遠謫，一去不返，切身的折磨，內心的苦痛，不需用力刻畫，稍一觸發，卽能達到沉鬱悽愴之境，他在雲南後期的好些作品，都是如此。沈德潛說：「才人遠竄，千古恨事，讀數詩，令人百端交集。」（《明詩別裁集》）「數詩」，除這首以外，還有所選的《宿金沙江》、《三岔驛》、《錦津舟中别劉善充》諸篇。他說出了這些詩給予讀者的共同感受。

楊慎的詩，宗尚六朝初唐，早年所作，時傷綺豔，或因模擬太似，爲人詬病。這首詩，採用了初唐的體格，四句一轉韻，平仄相間，篇中又雜以「丹林初曉清霜重，紫谷斜陽赤燒微」和「桑落他山共醉時，楓香客路消魂處」等對偶之句，使人讀起來覺得它音節鏗鏘流美，色彩明麗多姿，風調辭華，掩有初唐之勝。而同時又能掃去浮豔，稱心而言，眞正做到了「辭清調美，意新理愜」（《河嶽英靈集》），頗近於李頎、王維。所以，連反對他的明七子巨擘王世貞，也不得不承認：「楊修撰《南中》稿，穠麗婉至。」（《藝苑卮言》）對他這個時期的作品，作了很高的評價。

（王仲鏞）

醉太平

陳　鐸

挑擔

麻繩是知己，扁擔是相識，一年三百六十回，不曾閒一日。　擔頭上討了些兒利，酒房中買了一場醉。肩頭上去了幾層皮，常少柴沒米。

這首《醉太平·挑擔》是描寫挑夫生活的明代散曲小令。作者陳鐸，字大聲，號秋碧，家居金陵。他熟悉音律，擅長製曲，有《梨雲寄傲》、《月香亭稿》、《公餘漫興》、《可雪齋稿》、《秋碧軒稿》、《滑稽餘韻》等散曲集，被教坊子弟稱爲「樂王」。陳鐸的散曲大部分是描寫男女戀情和表現自己閒適、放逸生活的作品，唯有《滑稽餘韻》中的一百三十六首小令描寫了明代社會各行各業的人物，反映了社會中下層生活、特別是城市生活的特點。從元初的關漢卿到明末的施紹莘，男歡女愛與神仙隱逸一直是散曲的兩個主要題材，這使得新興的散曲在思想成就上無法與繁盛時期的詩詞相比。明代散曲在總體成就上遠不如金元散曲，但明中葉後，散曲在現實生活的刺激下，開始發掘新的題材，大量反映現實問題，爲散曲發展注入了新因素。朱載堉的《醒世詞》諷詠了澆薄的世態人情，對惡性孳衍的金錢力量進行了詛咒。薛論道的《林石逸興》以豪放的風格描繪了邊塞軍旅的景象。王磐的《西樓樂府》側重對社會惡勢力的揭露批判。馮惟敏的《海浮山堂詞稿》則敏鋭地抓住了社會的主要矛盾，把農民的疾苦作爲散曲反映的對象。在這一大批作家作品中，陳鐸的《滑稽餘韻》最具有時代氣息，作者通過對和尚、道士、媒人、里長、趕腳、推車、漁户、獵户等三教九流的描寫，爲我們提供了一幅明代社會生活的畫圖，特别是對冠帽鋪、茶食鋪、機匠、毯匠等城市生活的特點進行描寫，在散曲發展史上可謂吉光片羽。這首《醉太平・挑擔》中的挑夫，不是被官府抓差的農民，而是一位以挑擔爲職業的城市居民，作者通過對他挑擔生活的描繪，反映了市井勞動人民的疾苦，使這首小令在題材上具有「發前人所未發者」（湯有光《精訂陳大聲樂府全集序》）的嶄新意義。

明代弘治、正德年間，《鎖南枝》、《山坡羊》等民歌時曲頗爲流行，對正統文壇産生了巨大的影響，被文人稱爲「我明一絶」（陳宏緒《寒夜錄》引）。《醉太平・挑擔》正是一首通篇用俚語寫成的「時調化」小令。同其他優秀的散曲相比，《醉太平・挑擔》沒有出色的構思，幽默的情趣，在語言風格上也與陳鐸其他作品的流麗清圓、豐藻綿密不同，表現出俚俗、質樸的本色特徵，顯得平淡無奇。明代民歌具有豐富多彩的藝術表現手法，如《鎖南枝》（傻俊角）兩個泥人摔碎再捏合，哥身上有妹，妹身上有哥的奇妙構思；《駐雲飛》（富貴榮華）「紅粉牡丹花，緑葉青枝又被嚴霜打」的象徵；《燕口奪泥》「鵪鶉嗉裏尋豌豆，鷺鷥腿下劈精肉，蚊子腹裏刳脂油」的生動比喻和超絶的諷刺藝術，這些都沒有成爲《醉太平・挑擔》借鑒的對象。《醉太平・挑擔》學習了民歌率性直陳的藝術風格，白描的表現手法，俚俗卻生動傳神的語言技巧，形成自己寓奇於淡、淡中見奇的藝術風貌。

《醉太平・挑擔》沒有起句運用比興，而是採取率性直陳的手法，從挑夫的勞動工具「麻繩」與「扁擔」寫起，這是很合理、很自然的聯想。「麻繩是知己，扁擔是相識，一年三百六十回，不曾閒一日。」「知己」與「相識」互文見義，強調挑夫同麻繩、扁擔在生活中的親密關係，並通過一年三百六十回的奔波勞碌，表現了挑擔生活的辛苦。曲的上片純用敘述性的詞句構成，在概括性的敘述中流露出作者對挑夫的同情態度。下片轉入具體場景的描述：「擔頭上討了些兒利，酒房中買了一場醉，肩頭上去了幾層皮。」這裏的描述因加入了描寫的成分，已與上片的純粹敘述不同。這種描述不是情緒化的摹寫，不是外在的心理刻畫，也不是具有細膩線條的工筆手法，而是通過擔頭討利、酒房買醉、肩頭去皮三個意象組合而成的粗線條白描。通過白描，不僅

醉太平

深化了對挑擔生活苦樂歡戚的具象認識，而且写出了挑夫在肩頭脱皮之苦中討利、在討利後買醉的全部心情。最後一句「常少柴沒米」，在意思與語氣上都同下片的前三句構成一種轉換，這種轉換帶來了強烈的對比、反襯效果，挑夫拚命工作，仍然食不裹腹、灶無餘溫，其悲慘生活被淋漓盡致地刻畫出來。至此，我們才恍然明白，爲什麽挑夫不把辛勞一天後掙來的血汗錢積攢下來，而寧願去酒房中買一場大醉。擔頭上的微利既不能換來起碼的溫飽，酒房中的沉醉就成爲挑夫唯一的生活樂趣；衹有在醉後，他才可以暫時忘掉飢寒和勞累，逃避肉體與心靈上的雙重煎熬。作者具有獨特的藝術表現能力，善於從生活本身和人物心靈中發微抉隱，運用不露聲色的白描放大富有典型意義的細節，體貼人情，描寫物態，達到言淡而情深的藝術效果。

在散曲發展史上，用俚語創作的作品爲數不少，喬吉的《憶情》、《爲友人作》，馬致遠的《借馬》、睢景臣的《高祖還鄉》都是膾炙人口的佳篇。《高祖還鄉》選取了一個特定的視角，使皇帝衣錦還鄉的行動變成一場滑稽的鬧劇，《借馬》則通過借馬的事件對吝嗇鬼展開層次分明、細緻入微的心理刻畫，都代表了散曲藝術中摹情狀物的最高水平。相比之下，陳鐸的《醉太平•挑擔》在藝術手法上顯得更加單純，在這首小令中，率性直陳代替了複雜的藝術構思，俚語代替了華美的詞句，白描成爲唯一的表現手法，對挑夫生活的描繪具有傳神的藝術功力。劉熙載在《藝概•詩概》中説到：「杜詩祇有無二字足以評之。有者，但見性情氣骨也；無者，不見語言文字也。」《醉太平•挑擔》正是朝着這一藝術境界而努力追求的。

（馬曉光）

榆河曉發

謝榛

朝暉開衆山，遥見居庸關。雲出三邊外，風生萬馬間。
征塵何日静，古戍幾人閑？忽憶棄繻者，空慚旅鬢斑。

這首五言律詩的作者謝榛（一四九五——一五七五）是明代「後七子」之一，他詩宗盛唐，倡導學習李白、杜甫等名家詩歌的神氣與聲調，鼓吹所謂「提魂攝魄之法」（《四溟詩話》卷二），在詩歌理論與近體律詩的創作實踐上，都堪稱是後七子中的翹楚。謝榛字茂秦，號四溟山人，臨清（今屬山東）人，布衣終身。他的詩歌在當時很有影響，雖然曾受到李攀龍等人的排擠，而「榛游道日廣，秦、晉諸王爭延致，大河南北皆稱謝榛先生」（《明史》本傳）。這首詩當作於他晚年往來於諸王之間的旅途之中。

榆河在京師以北，今名溫榆河，是一條自西北至東南流向的河流。榆河的北端聳立着居庸關，顧祖禹《讀史方輿紀要》説：「居庸關在順天府昌平州西北二十四里，延慶州東南五十里。關門南北相距四十里，兩山夾峙，下有巨澗，懸崖峭壁，稱爲絶險。」它歷來爲兵家必爭之地，是京師北方的鎖鑰。詩人於拂曉時出發，沿榆河北上出關，沿途觸景生情，因情寫景，爲我們留下了這首氣勢雄壯、筆墨飛舞的詩篇。全詩寫景抒懷水乳交融，句錘字煉，氣逸調高，較好地體現了作者「景乃詩之媒，情乃詩之胚」（《四溟詩話》卷三）的論詩主張，從短短四十字的吟誦中，我們仍能體味到盛唐一些邊塞詩作的遺響。

謝榛

榆河曉發

「朝暉開衆山」，起句卽下筆千鈞，不同凡響，突兀中氣勢磅礴，格調高邁。朝暉是早晨初現的陽光，與詩題中「曉發」二字關合，着一「開」字，予陽光以力度，氣象宏偉壯觀。剛剛露頭的朝陽突然驅散了拂曉的迷霧，輝映出遠山連綿起伏的輪廓，自然界刹那間的變化被作者巧妙地捕捉到，寫入詩中，自然渾脱，不露斧鑿之跡。「開」是詩人對大自然瞬息間變化的主觀感受，對旅途中的單調無味起到了某種調節作用。在陽光的照耀下，「遥見居庸關」的欣慰沖淡了作者行役匆匆的疲勞與焦急，居庸關在詩中成了作者旅途行程的標記，猶如人們在長期的等待中突然見到自己心中期望的事物一樣，其喜悦之情不言而喻。杜甫《秋興》八首之三首聯：「千家山郭静朝暉，日日江樓坐翠微。」同是寫朝日初升的景象，杜詩二句彷彿是一幅早有成竹在胸的風景寫生，着意於對遼闊空間的刻畫；謝詩二句恰似一幅用筆凝煉流暢的速寫，馳情於對時間進程的感受。二詩相較，可以説是春蘭秋菊，各臻其妙。

頷聯「雲出三邊外，風生萬馬間」二句，是寫景，也是言事，言簡意賅，一語雙關。雲和風是人們司空見慣的自然景象，在古代詩人筆下出現的頻率較高，如唐人許渾《咸陽城東樓》詩的頷聯：「溪雲初起日沉閣，山雨欲來風滿樓。」詩中雲和風同日和雨相關合，極有情致。在物質文明程度較低的古代社會中，人和大自然的關係遠較現在密切，風和雲的變化對人們的生活影響巨大，因而也受到詩人的垂青。本詩對雲和風的描寫，明是寫景，其中也隱含有旅人對天氣變化的關注。「雲出三邊外」是寫極遠之景，雜有想象的成分，擴大了所見景物的縱深感；「風生萬馬間」是卽眼前寫景，充實了上句所提供的遼遠的空間。詩人是用遠近結合、虚實相生的手法，在想象與寫實的交匯中完成了對景物的描繪，落墨不多，詩的視野卻相當寬廣，居庸關一帶河山的空闊被表現得淋漓盡致。然而本詩頷聯的主題卻不盡在此，其中含蓄託諷之意也溢於言表，擴充了二句的內涵。有明一代與蒙古的關係始終是緊張的，但雙方又有着貿易往來，馬市就是明朝以金茶帛鹽等與蒙古部落交換馬匹的互市。正統十四年（一四四九），太監王振於互市中裁其馬價，蒙古瓦剌部首領也就以此爲借口分兵進犯明朝，虜走了明英宗，釀成土木之變。一百年以後，蒙古韃靼部首領俺答於嘉靖二十九年（一五五〇）又進逼北京，在京師附近焚掠八日而去，史稱庚戌之變。嘉靖三十年，明朝又於宣府、大同開設馬市，然而「俺答旋入寇抄，大同市則寇宣府，宣府市則寇大同，幣未出境，警報隨至」（《明史•食貨志》）。明朝與蒙古的關係就一直處於這種動蕩不安的形勢之中，「雲出三邊外，風生萬馬間」就是這種形勢的寫照。三邊，古指幽、並、涼三州，都在當時的邊疆地區，所以後世一般泛指邊疆，如唐人顧況《從軍行》就有「仗劍出門去，三邊正艱厄」的疾呼。明代因「元人北歸，屢謀興復」，所以對北方邊防尤爲重視，有「九邊」之設：「初設遼東、宣府、大同、延綏四鎮，繼設寧夏、甘肅、蘇州三鎮，而太原總兵治偏頭，三邊制府駐固原，亦稱二鎮，是爲九邊。」（《明史•兵志》）謝榛詩中的三邊顯係泛指明代北方的邊境。雲和風兩種自然景象與三邊、萬馬結合起來，就有了特殊的含義。在古詩中，風雲二字聯用，有時作爲某種形勢的象徵，如庾信《入彭城館》詩「年代殊氓俗，風雲更盛衰」，就是以風雲象徵時勢的變遷。本詩中風雲二字分用，也是偏重於引申義，象徵着戰爭風雲迫在眉睫的緊張氣氛。萬馬在詩中也有雙重含義，但主要是指駐紮於居庸關一帶的明軍放牧的戰馬。詩人另一首《居庸關》詩，有「控海幽燕地，彎弓豪俠兒。秋山牧馬處，朔野用兵時」的描寫，可作本詩「風生萬馬間」一句的註腳。萬馬的另一層含義是詩人由此聯想到的馬市。馬市是明軍戰馬的重要來源，又常常是導致明朝與蒙古部落發生衝突的原因，「風生」用於此處，概括含蓄地抒發了詩人對戰爭的憂慮之情。沈德潛評此句說：「『風生萬馬間』，紙上有聲，若衍成二語，氣味便薄。」（《明詩別裁集》卷八）也是稱頌此句的精警、雋永，可謂的評。

頸聯「古戍」二句緊承上聯，是對無休止的邊亂發出的詛咒。明朝長期與蒙古部落的戰爭，給雙方的廣大人民都造成了巨大痛苦，詩人用兩句問語作聯，表現了對和平安定生活的憧憬與期望。居庸關在歷史上是著名的要塞，《呂氏春秋》與《淮南子》都有「天下九塞，居庸其一也」的記載。詩中把居庸關稱爲古戍，是結合現實，從歷史的角度出發提出了一個引人深思的問題，由於詩人本身的地位與歷史的局限，這是一個無法回答的問題。對自身位置的思索，嘆老嗟卑的心情便會油然而生，透露於詩人的筆底。

尾聯二句是詩人對自身思索的反映。「棄繻者」運用了漢代終軍出關的故事，據《漢書》卷六十四本傳載：

初，軍從濟南當詣博士，步入關，關吏予軍繻（是用帛製成的出關的憑信），軍問：「以此何爲？」吏曰：「爲復傳，還當以合符。」軍曰：「大丈夫西游，終不復傳還。」棄繻而去。軍爲謁者，使行郡國，建節東出關，關吏識之，曰：「此使者乃前棄繻生也。」

終軍少有大志，十八歲卽上書漢武帝，受到賞識，作了謁者給事中。以後他又出使南越，曾有「願受長纓，必羈南越王而致之闕下」的豪言壯語。詩人把終軍事用於詩中，很貼切。二人都欲出關，情景相同；終軍年未弱冠，卻做了官報效國家，詩人自己頭生二毛，卻仍然布衣，報國無門。地位的不同，年齡的懸殊自然會引起詩人的無限惆悵，他想如終軍一樣爲國家建功立業，卻早已力不從心，壯志難酬。「空慚旅鬢斑」與宋代詞人辛棄疾《破陣子》一詞中「了卻君王天下事，贏得生前身後名，可憐白髮生」的感慨是相同的。

總觀全詩，看似不經意中漫然揮就，其實寄託良深，耐人尋味。首聯寫實，開門見山，點出了時間、地點；頷聯寫景中別寓深意，意味深長；頸聯抒懷，無限感慨，透露出對國事的憂慮；尾聯歸結到自身，抒發年老力衰，老大無成的悲哀之情。作者論詩，曾有「詩以兩聯爲主，起結輔之，渾然一氣」（《四溟詩話》卷二）的說法，這首詩的頷、頸二聯卽是全詩的主腦，與首尾二聯相映生輝，讀來一氣呵成，自然成章。

這首詩的起承轉合與謀篇布局與杜甫《晚行口號》一詩極爲相似，從中可以體察到作者有意借鑒杜詩的痕跡：

三川不可到，歸路晚山稠。落雁浮寒水，饑烏集戍樓。市朝今日異，喪亂幾時休？
遠愧梁江總，還家尚黑頭。

將二詩作一簡單比較，就可體會到謝榛學習唐詩的態度。他不像明代一些詩人那樣，一味摹倣唐詩的字句，效顰學步，吟出一些令人生厭的假古董，而是在熟讀、歌詠、玩味李、杜等人詩篇的基礎上，奪其神氣，求其聲調，取其精華並有所發展。這首《榆河曉發》就是詩人苦心孤詣，善於學習的結果，錢謙益把謝榛置於後七子的首位，是很有見地的。在如何繼承和學習古代文化遺產上，從這首詩，我們不也可以得到某種啓發嗎？

（趙伯陶）

項脊軒志

歸有光

項脊軒，舊南閣子也。室僅方丈，可容一人居。百年老屋，塵泥滲漉，雨澤下注，每移案，顧視無可置者。又北向，不能得日，日過午已昏。余稍爲修葺，使不上漏；前闢四窗，垣牆周庭，以當南日，日影反照，室始洞然。又雜植蘭桂竹木於庭，舊時欄楯，亦遂增勝。積書滿架，偃仰嘯歌，冥然兀坐，萬籟有聲。而庭階寂寂，小鳥時來啄食，人至不去。三五之夜，明月半牆，桂影斑駁，風移影動，珊珊可愛。

然余居於此，多可喜，亦多可悲。先是，庭中通南北爲一，迨諸父異爨，內外多置小門牆，往往而是。東犬西吠，客踰庖而宴，雞棲於廳。庭中始爲籬，已爲牆，凡再變矣。

家有老嫗，嘗居於此。嫗，先大母婢也，乳二世，先妣撫之甚厚。室西連於中閨，先妣嘗一至。嫗每謂余曰：「某所，而母立於茲。」嫗又曰：「汝姊在吾懷，呱呱而泣；娘以指叩門扉曰：『兒寒乎？欲食乎？』吾從板外相爲應答。」語未畢，余泣，嫗亦泣。余自束髮，讀書軒中。一日，大母過余曰：「吾兒，久不見若影，何竟日默默在此，大類女郎也？」比去，以手闔門，自語曰：「吾家讀書久不效，兒之成，則可待乎！」頃之，持一象笏至，曰：「此吾祖太常公宣德間執此以朝，他日汝當用之。」瞻顧遺跡，如在昨日，令人長號不自禁。

軒東，故嘗爲廚；人往，從軒前過。余扃牖而居，久之，能以足音辨人。軒凡四遭火，得不焚，殆有神護者。

項脊生曰：「蜀清守丹穴，利甲天下，其後秦皇帝築女懷清臺。劉玄德與曹操爭天下，諸葛孔明起隴中。方二人之昧昧於一隅也，世何足以知之？余區區處敗屋中，方揚眉瞬目，謂有奇景。人知之者，其謂與埳井之蛙何異？」

余既爲此志，後五年，吾妻來歸。時至軒中，從余問古事，或憑几學書。吾妻歸寧，述諸小妹語曰：「聞姊家有閣子，且何謂閣子也？」其後六年，吾妻死，室壞不修。其後二年，余久臥病無聊，乃使人復葺南閣子，其制稍異於前。然自後余多在外，不常居。

庭有枇杷樹，吾妻死之年所手植也，今已亭亭如蓋矣。

歸有光（一五〇六——一五七一），字熙甫，號震川，昆山（今江蘇省昆山縣）人。明代著名的散文家。他三十多歲時考中舉人，其後功名很不順利，於是退居嘉定（今屬上海市）安亭江上，讀書論道，講學著文二十餘年，六十歲才考中進士。人稱震川先生。他生活於明代前後七子之間，李夢陽、何景明倡導於前，李攀龍、王世貞響應於後，鼓吹復古，標舉「文必秦漢，詩必盛唐」。文壇上擬古主義成風，規摹古人，毫無生氣。歸有光繼王愼中、唐順之之後，與茅坤等人相率反對，振起於時風衆勢之中。他們崇尚唐宋古文，提出變秦漢爲歐（歐陽修）曾（曾鞏），力矯時弊。文學史上稱他們爲「唐宋派」。

歸有光是「唐宋派」中最有影響的作家。他在當時的社會地位和文學地位都不高，卻敢於起來批判風靡一時的復古主義，指斥主盟文壇的王世貞等人爲「庸妄巨子」，一針見血地揭露所謂「文必秦漢，詩必盛唐」不過是「以琢句爲工」，「剽竊齊梁之餘」。這種眼光和勇氣，在當時實在是難能可貴的。歸有光重視創作實踐，在「唐宋派」古文家中，他的創作成就也是最高的。他的一部分抒寫懷抱的記敍散文，最富於文學意味，善於通過日常的家庭瑣事，描寫對生活的親切感受，抒發內心的眞摯感情，表現出一種與當時復古派迥不相同的平易自然、清新淡遠的藝術風格。《項脊軒志》是他這類散文中最爲人傳誦的代表作。

這是一篇記敍性的抒情散文。「項脊軒」是作者青少年時代讀書的書齋。這是一間十分狹小，僅「可容一人居」的「百年老屋」。作者爲什麽對一間普普通通的屋子如此一往情深，專門寫一篇文章來記述它呢？這當然不是無緣無故的。原來，這間小屋牽繫着一些人和事，是作者時時追懷、不能忘卻的；小屋幾經變遷，反映了一個封建大家庭的衰敗和離析。小小的「項脊軒」，可以説是作者家庭變異和身世遭遇的見證，那裏記錄着他的希望和夢想，也留下了他的喜悦和悲哀。

這篇散文在結構上很有特色。結構屬於一篇作品的表現形式，但它往往反映着作家藝術構思的軌跡。而藝術構思，則是受作家的生活經歷和對生活的感受認識所制約的。好的文章總是作者眞情實感的抒發，而絶不是裝腔做勢的無病呻吟，它所寫的必然是作者對生活的眞切的感受和體驗。《項脊軒志》全文籠罩着一種濃重的悲情愁緒，這是從與「項脊軒」相關聯的作者的生活遭遇中産生出來的，這是一種深沉的身世之感和思親之情。猶如一首樂章的主旋律，這種貫穿首尾的悲情愁緒，決定了這篇散文藝術構思的方向，也決定了作品的結構形式。題目是《項脊軒志》，實際目的卻並不在寫軒。處處寫軒，卻處處意不在軒而在人。作者的感慨和情思都是因人事而生的，他懷念的是人，尤其是他所摯愛和懷念的先大母、先母和亡妻。然而妙在寫人卻不是從人落筆，而是借軒寫人，借軒抒情。項脊軒成爲綰合全篇思想感情的一個紐結，他是作者抒發內心感受的一個觸發點，這使得作品不僅結構嚴謹，而且顯得情致幽深，別具含蘊。

全篇分正文和後記兩大部分，凡七段。前五段爲正文，寫於作者十八歲時。後二段爲後記，補敘了正文寫成以後十餘年間事，作時當在作者三十一歲以後。時間相隔這樣久，但通篇思想感情卻是一脈相承，一氣貫注，讀來毫無阻滯格澀之感。

首段緊扣題目，落筆即寫項脊軒。「項脊軒，舊南閤子也」點出它的來歷。接下去寫它的特點：「塵泥滲漉，雨澤下注」，是寫其破舊；「每移案，顧視無可置者」，是寫其狹小；「又北向，不能得日，日過午已昏」，是寫其陰暗。寥寥數筆，是介紹項脊軒，卻已滲透了作者的主觀情感，渲染出一種衰敗、陰冷的淒清氣氛。這氣氛直籠罩全篇，爲下文的抒寫提供一個極其特色而又具有典型意義的空間背景。可是作者用筆婉而不簡率，接下去並沒有馬上去抒寫他傷感的愁懷，而是從「悲」的反面——「喜」來着筆。閤子「稍爲修葺」，彌補了破舊漏雨的缺陷；闢窗築牆，彌補了昏暗陰冷的缺陷；「雜植蘭桂竹木」，彌補了零落殘敗的缺陷。略加整理，面貌稍新，作者便在這既不寬闊也不完美的世界裏自我欣賞、自我陶醉起來：陶醉於「積書滿架，偃仰嘯歌」的讀書生活；陶醉於「小鳥時來啄食，人至不去」的寂寂的庭階；陶醉於「桂影斑駁，風移影動」的清幽的月景。主人公的精神世界，與「方丈之室」的項脊軒，恰好都是一個狹小的天地。主觀世界與客觀世界的互相融合，造成一種藝術的氣氛與意境，將作者那自得其樂的喜悅，表現得非常真實而又自然。但是作者的着意處卻並不在此，寫喜是爲了映帶下文，更好地寫悲。

第二、三兩段才是文章的主體。首句一轉，承上啓下：「然余居於此，多可喜，亦多可悲。」「多可喜」收束上文，「亦多可悲」統攝下文三事：叔伯父的分家，一個大家庭變得零落衰敗、分崩離析，此其可悲者一；老乳母的深情回憶和指點，勾引起對先母的追念，此其可悲者二；「瞻顧遺跡」，先大母對自己的愛撫、教誨和期望，猶歷歷在目，此其可悲者三。三件事都是寫悲，情感的表達卻很有層次。「庭中始爲籬，已爲牆，凡再變矣。」衹是從客觀的記述中寄寓深長的感嘆。「語未畢，余泣，嫗亦泣。」情動於中，卻還衹是有淚無聲，含蓄而有節制。「令人長號不自禁」，則如洶湧的潮水，直瀉而出，完全失掉了控制。由內向轉爲外露，由沉穩漸趨於強烈，感情的發展，脈絡分明。

第四段是補敍，是一段小小的插曲。但不是閑筆。它以一種富於生活實感的瑣事作點染，極親切地寫出了一種生活體驗，與首段呼應，進一步表現出項脊軒內外的寂靜清幽以及對人和對屋的深厚感情。

第五段是正文的結尾。以議論收束全文，是古代記敍文中一種常見的寫法。一般用以抒發感慨，申說文意，或提示主題。這一段議論，提高到人生哲學的高度，是對上文的一個總結，寄慨很深，表現了作者比較複雜的思想感情。他舉出歷史上兩個名滿天下的人物，一個蜀清，一個諸葛亮，說他們兩個人未出名時也衹是「昧昧於一隅」，並不爲世人所知。言外之意是，他們後來之所以顯赫於世，蜀清是因爲「利甲天下」，很有錢；諸葛亮是因爲生逢其時，幸遇明主。可是自己卻並不具備這樣的條件，似乎也並不羨慕這樣的條件。他是以自得其樂和自我陶醉的態度來對抗和排解他的不幸：身處敗屋而「揚眉瞬目」，發現並欣賞不爲世人所知、也不爲世人所理解的「奇景」。自嘲裏夾雜着自傲，自喜中又透露出怨憤不平。

第六、七兩段是後記。重點是從項脊軒的變遷中抒寫對亡妻的懷念。這一段不論從時間的推移（以「後五年」、「其後六年」、「其後二年」概述，行文簡潔）、人物關係的變化（由先母、先大母寫到亡妻）和感情的發展（愈益親近深摯）來看，都是正文部分的自然延續和補充，感情的抒發在前文的基礎上變得更充沛、更深厚、更豐富了。因此，後記不僅不是蛇足，而且一經寫出，便成爲與正文渾然不可分割的有機整體。這種情形，在古今散文作品中都是很少見的。

縱觀全文，以項脊軒起，以項脊軒結，其間不斷點示，用一間舊屋作線索，將人物、事件聯繫在一起，粗看，作者似乎是信筆而書，無拘無索，漫無章法，實則經過精心的提煉和嚴密的構思。內有身世之感和思親之情貫串，外有項脊軒的變遷綰合，雖然全文所寫都是日常生活小事，追念的人又分屬三代，但是讀來卻沒有一點散放瑣碎的感覺，反而顯得非常凝煉和集中。清人梅曾亮評此篇云：「借一閣以寄三世之遺跡。」正因此，這篇散文做到了人們常說的「形散而神不散」。

抒情的文章也離不開具體形象的描繪，光靠直接抒發感慨和空泛的議論並不能感染讀者。這篇文章在這一點上也很有特色。作者善於通過富於特徵的典型細節，極簡煉地刻畫人物的思想性格，展現人物關係，抒發作者的思想感情。他具體生動地描繪出一種紛擾雜亂的景象和氣氛，來表現封建家庭的離析和敗落：「內外多置小門牆，往往而是。東犬西吠，客踰庖而宴，鷄棲於廳」。不言感慨而感慨即寓於其中。他僅以一個動作，一句問話，便寫出慈母對兒女的關懷、愛撫：「娘以指扣門扉曰：『兒寒乎？欲食乎？』」寫先大母也是：「『吾兒，久不見若影，何竟日默默在此，大類女郎也？』比去，以手闔門……」親切的語氣，精細的動作，老祖母的神態、性格以及對孫輩那種又是責備、又是疼愛、又是喜悦的複雜心理，都被栩栩如生地刻畫出來了。寫亡妻，衹說：「時至軒中，從余問古事，或憑几學書。」平平淡淡兩件事，卻是情見乎辭，極生動地表現了夫妻間的親密關係和深厚感情。典型細節的運用和人物對話的描寫，無一不是收到了以少勝多、以簡馭繁的藝術效果。這裏同樣表現了作者對生活感受的眞切和表現生活時精心提煉的功夫。

尊崇和宗法歸有光的桐城派古文家姚鼐，在他編選的《古文辭類纂》中選錄了這篇文章，但對上述表現手法頗有微詞。他在「吾兒，久不見若影」數句上批道：「小說家。」所謂「小說家」，是指在小說創作中常見的通過細節和對話表現人物的手法。這表現了正統派古文家的偏見。他們認爲小說是旁門左道，登不得大雅之堂。但是姚鼐的批語恰好說明：歸有光能在散文中吸取小說手法，是很有眼光的。這正是他的長處。實際上，這也是對從《左傳》、《史記》以來傳統敍事散文的一種繼承和發展。不過，作者這樣寫，並不是因爲傳統散文中有這樣的成法，而是因爲內容的表達有這樣的需要。有趣的是，姚鼐的前輩、桐城派的開山祖方苞，在他爲數不多的幾篇傳世名作如《左忠毅公逸事》等文中，正好由這運用細節和對話刻畫人物，染上了爲姚鼐所輕薄的這種所謂「小說家」氣而獲得成功。這衹能證明他們標榜的那套「義法」，在表現生活的時候常常無濟於事；也證明了形象地反映生活的文學作品（包括文學性散文在內），衹有從生活出發，從作者對生活的切身感受出發，突破種種寫作程式之類的僵死教條，才能寫得有血有肉，顯出生動清新的氣息。

最後談談這篇散文的抒情特色。抒情的作品，無論散文或詩歌，就其抒情的特色來講，可以大別爲兩類。一類是強烈、奔放、直露的，一類是平靜、含蓄、深沉的。這篇散文在情感的表達上，有發展、起伏、流蕩，但從總體來看是屬於後者。全篇以敍事爲主，穿插寫景和議論，寫得質樸自然，毫無矯飾。不大張聲勢，不故作驚人之筆，甚至也不採用色彩強烈的詞藻來作恣意的渲染，而衹是運用明淨、流暢的語言，平靜而不露聲色地敍寫往事，字裏行間，卻處處滲透着作者的思想感情。言近旨遠，辭淡義深，寓豐厚於單純，於平淡中見濃郁，是這篇散文耐讀而得到人們喜愛的一個重要原因。如前面借象笏事寫對先大母的感念，後面以「吾妻死，室壞不修」寫妻子亡故後生活的無聊賴和內心的憂傷，都是含蘊較深，簡淡而又極富情致的。而最爲人所讚賞的是全文的結尾：「庭有枇杷樹，吾妻死之年所手植也，今已亭亭如蓋矣。」睹物傷懷，物是人非，沒有一個字言及思念，而思念之情表現得極爲誠摯動人。明人王錫爵曾評歸有光說：「所爲抒寫懷抱之文，溫潤典麗，如清廟之瑟，一唱三嘆。無意於感人，而歡愉慘惻之思，溢於言語之外。」含而不露，以情動人，不去刻意追求強烈的效果，卻取得了很好的效果，這確是歸有光散文的一個顯著特色。

歸有光的記敍散文，多寫家庭生活瑣事，生活面比較狹窄，缺乏現實內容。卽以本篇而論，抒發的衹是一個沒落的封建知識分子的喜和悲，主要是悲：悲家庭失和，家族衰敗，仕途失意，母逝妻亡——總之，悲封建時代一個不得志的知識分子身世命運的不幸，全篇充滿了一種低沉的感傷情調。他的眼光僅局限於一室一家而未及於天下大事；他所夢想和追求的，不過是讀書、中舉、富貴，以實現先大母的期望；他時而自我欣賞，自我陶醉，時而又陷入不可自拔的悲哀。應該說，這樣的胸懷、理想和情趣，卽使在封建士大夫中也是並不高明的。但是儘管如此，在明中葉那個理學統治人們頭腦，社會上作僞成風，文壇上以雕琢爲工、以剽竊爲能事的時代，像這樣平易自然、質樸清新、感情真摯、毫不裝腔作勢的文章，無異是給當時的文壇吹來一股新鮮空氣，透露出一線生機。這就有它不可否認的歷史進步意義。同時，它在藝術表現上的某些經驗，仍可作爲我們今天創作時的借鑒。

（周先慎）

信陵君救趙論

唐順之

論者以竊符爲信陵君之罪，余以爲此未足以罪信陵也。夫强秦之暴亟矣，今悉兵以臨趙，趙必亡。趙，魏之障也。趙亡，則魏且爲之後。趙、魏，又楚、燕、齊諸國之障也。趙、魏亡，則楚、燕、齊諸國爲之後。天下之勢，未有岌岌於此者也。故救趙者，亦以救魏；救一國者，亦以救六國也。竊魏之符以紓魏之患，借一國之師以分六國之災，夫奚不可者？

然則信陵果無罪乎？曰：又不然也。余所誅者，信陵君之心也。信陵，一公子耳。魏固有王也，趙不請救於王，而諄諄焉請救於信陵，是趙知有信陵，不知有王也。平原君以婚姻激信陵，而信陵亦自以婚姻之故，欲急救趙，是信陵知有婚姻，不知有王也。其竊符也，非爲魏也，非爲六國也，爲趙焉耳。非爲趙也，爲一平原君耳。使禍不在趙，而在他國，則雖撤魏之障，撤六國之障，信陵亦必不救。使趙無平原，或平原而非信陵之姻戚，雖趙亡，信陵亦必不救。則是趙王與社稷之輕重，不能當一平原公子，而魏之兵甲所恃以固其社稷者，祇以供信陵君一姻戚之用。幸而戰勝，可也。不幸戰不勝，爲虜於秦，是傾魏國數百年社稷以殉姻戚。吾不知信陵何以謝魏王也。

夫竊符之計，蓋出於侯生，而如姬成之也。侯生教公子以竊符，如姬爲公子竊符於王之卧內，是二人亦知有信陵，不知有王也。余以爲信陵之自爲計，曷若以唇齒之勢，激諫於王。不聽，則以其欲死秦師者，而死于魏王之前，王必悟矣。侯生爲信陵計，曷若見魏王而説之救趙，不聽，則以其欲死信君陵者，而死於魏王之前，王亦必悟矣。如姬有意於報信陵，曷若乘王之隙，而日夜勸之救。不聽，則以其欲爲公子死者，而死於魏王之前，王亦必悟矣。如此，則信陵君不負魏，亦不負趙。二人不負王，亦不負信陵君。何爲計不出此？信陵知有婚姻之趙，不知有王。內則幸姬，外則鄰國，賤則夷門野人，又皆知有公子，不知有王。則是魏僅有一孤王耳。

嗚呼！自世之衰，人皆習於背公死黨之行，而忘守節奉公之道。有重相而無威君，有私仇而無義憤。如秦人知有穰侯，不知有秦王。虞卿知有布衣之交，不知有趙王。蓋君若贅旒久矣。由此言之，信陵之罪，固不專繫乎符之竊不竊也。其爲魏也，爲六國也，縱竊符猶可。其爲趙也，爲一親戚也，縱求符於王，而公然得之，亦罪也。雖然魏王亦不得爲無罪也。兵符藏於卧內，信陵君亦安得竊之。信陵不忌魏王，而徑請之如姬，其素窺魏王之疏也。如姬不忌魏王，而敢於竊符，其素恃魏王之寵也。木朽而蛀生之矣。古者人君持權於上，而內外莫敢不肅，則信陵安得樹私交於趙？趙安得私請救於信陵？如姬安得銜信陵之恩？信陵安得賣恩於如姬？履霜之漸，豈一朝一夕也哉！由此言之，不特衆人不知有王，王亦自爲贅旒也。

故信陵君可以爲人臣植黨之戒，魏王可以爲人君失權之戒。《春秋》書葬原仲、翬帥師。嗟夫！聖人之爲慮深矣！

明朝散文家唐順之（一五〇七——一五六〇），字應德，一字義修，江蘇武進人。他出身於官僚家庭，

信陵君救趙論

自幼好學，知識淵博，二十三歲時（嘉靖八年）會試第一，官翰林院編修。後罷官入陽羡山讀書十餘年，嘉靖三十三年（一五五四）復召用，率兵巡視淮、揚，曾率領沿海軍民，勇敢地抗擊倭寇的騷擾，以功升右金都御史，代鳳陽巡撫。因抱病巡海，死於船中。

唐順之曾研治天文、地理、音樂、數學，人稱「荊川先生」，又與王愼中、陳束、李開先、趙時春等合譽爲「嘉靖八才子」。當時的文壇以李夢陽、何景明等爲首的「秦漢派」盛行，主張「文必秦漢」，滯古不化，一時間，此唱彼和，推波助瀾，形成了一股聲勢浩大的文學復古運動。唐順之對復古派的文風深惡痛絶，批評尖鋭。嘉靖初，他和王愼中、茅坤、歸有光等人起來激烈抨擊「前後七子」的擬古主張，並明確提出自己的文學見解，提倡學習唐宋散文，反對模擬剽竊、無疾呻吟的創作作風，因而被稱爲「唐宋派」。兩派雖同是師古，但秦漢派祇是學習古代的詞匯句法，取貌遺神；而唐宋派則學習古文的寫作方法，學得較爲靈活，同時秦漢年代久遠，字詞艱深，不如唐宋文一般説來較爲平易。後者在文字上委婉暢順，最終戰勝了秦漢派。

唐順之的散文主要學習歐陽修、曾鞏二家，成就較高，對清代桐城派有很大的影響。他認爲寫文章「祇是直寫胸臆，如諺語所謂開口見喉嚨者，使後人讀之，如眞見其面目，瑕瑜俱不容掩，此謂本色。」認爲這才是「上乘文字」（《與洪九州書》）。唐順之的文學主張，在當時是具有進步意義的，他的古文確也是做到了直抒胸臆，信手拈來，間用口語，自然生動的。《信陵君救趙論》就是這樣一篇實踐了他的創作主張的代表作。

信陵君竊符救趙的歷史故事，早已爲大家所熟悉，見於《史記•魏公子列傳》。信陵君名無忌，魏國人。與齊國孟嘗君、趙國平原君、楚國春申君並稱爲戰國時代的四公子，同以養士三千著名。公元前二五九年秦國派兵圍趙國都城邯鄲，趙國平原君是信陵君的姐夫，求救於信陵君。魏國賢者任夷門監的侯生獻計，勸信陵君求魏王寵幸的如姬盜取兵符，如姬曾受恩於信陵君，遂允而竊之。因而信陵君得以持符統兵解救了趙國。這個富有戲劇性的事件，被司馬遷描繪得情文並茂，信陵君等形象也被刻畫得栩栩如生，很受讀者喜愛。千百年來，人們一般對信陵君的行爲是表示讚賞的，唐順之卻要做翻案文章，對信陵君的功過是非提出了自己的獨到

信陵君救趙論

見解。他既肯定信陵君救趙存魏所起的客觀作用，又指責他目無君主，擅自盜竊兵符，救趙的動機不是爲了六國或趙、魏的利益，而是爲了個人的姻戚，最後又對魏王之失去君主權柄表示責難，表明了自己反對人臣結黨營私，要求加強君主權力的政治主張。唐順之的評論儘管有失之偏頗之處，但他層層深入的寫作技巧卻是值得我們加以借鑒的。

《信陵君救趙論》是一篇駁論文。

文章一開頭駁斥了以竊符來怪罪信陵君的說法——

論者以竊符爲信陵君之罪，余以爲此未足以罪信陵也。夫強秦之暴亟矣，今悉兵以臨趙，趙必亡，趙，魏之障也，趙亡，則魏且爲之後；趙、魏，又楚、燕、齊諸國之障也，趙、魏亡，則楚、燕、齊諸國爲之後。天下之勢，未有岌岌於此者也。故救趙者亦以救魏，救一國者亦以救六國也。竊魏之符以紓魏之患，借一國之師以分六國之災，夫奚不可者？

作者意欲抨擊信陵君竊符救趙的行爲，卻先論六國之大勢，明信陵君救趙之功。在寫作手法上宕開一步，是欲擒故縱、欲抑先揚手段。

底下猛然一轉，又指出信陵君仍然是有罪的——

然則信陵果無罪乎？曰：又不然也。余所誅者，信陵君之心也。信陵，一公子耳。魏固有王也，趙不請救於王，而諄諄焉請救於信陵，是趙知有信陵，不知有王也。平原君以婚姻激信陵，而信陵亦自以姻婚之故，欲急救趙，是信陵知有婚姻，不知有王也。其竊符也，非爲魏也，非爲六國也，爲趙焉耳；非爲趙也，爲一平原君耳。使禍不在趙，而在他國，則雖撤魏之障，撤六國之障，信陵亦必不救；使趙無平原，或平原而非信陵之姻戚，雖趙亡，信陵亦必不救。則是趙王與社稷之輕重，不能當一平原公子；而魏之兵甲所恃以固其社稷者，祇以供信陵君一姻戚之用。幸而戰勝，可也；不幸戰不勝，爲虜於秦，是傾魏國數百年社稷以殉姻戚：吾不知信陵何以謝魏王也。

此一段條分縷析，層層駁入，或正或反，議論尖深，詳細論證信陵君的罪過。最後一句又設一難詰信陵，令人張口結舌，不敢置喙。「則是趙王與社稷之輕重，不能當一平原公子；而魏之兵甲所恃以固其社稷者，祇以供信陵君一姻戚之用。」分析細緻入微，可謂一語中的。

既不能對趙魏的生死存亡袖手旁觀，又不能架空魏王、偷竊兵符，那麼信陵君該怎麼辦呢？依作者之見是——

> 夫竊符之計，蓋出於侯生，而如姬成之也。侯生教公子以竊符，如姬爲公子竊符於王之臥內，是二人亦知有信陵，不知有王也。余以爲信陵之自爲計，曷若以脣齒之勢，激諫於王，不聽，則以其欲死秦師者，而死於魏王之前，王必悟矣。侯生爲信陵計，曷若見魏王而說之救趙，不聽，則以其欲死信陵君者，而死於魏王之前，王亦必悟矣。如姬有意於報信陵，曷若乘王之隙，而日夜勸之救，不聽，則以其欲爲公子死者，而死於魏王之前，王亦必悟矣。如此，則信陵君不負魏，亦不負趙；二人不負王，亦不負信陵君；何爲計不出此？信陵知有婚姻之趙，不知有王。內則幸姬，外則鄰國，賤則夷門野人，又皆知有公子，不知有王。則是魏僅有一孤王耳。

宋明理學盛行時，造成手持大道理來品評人物的學風，他們往往脫離其歷史環境和條件，唱不近人情的高調，本文也不例外。作者以封建倫理觀念來指責和要求古人，未免迂腐可笑，眞是意氣用事的書生之見。

據《史記•魏公子列傳》的記載，當時趙被秦圍攻，魏雖派軍隊救趙，但魏將晉鄙害怕秦國之勢，駐軍壁鄴「實持兩端以觀望」，趙危在旦夕。平原君遺書公子，請救於魏，使讓公子曰：「勝（平原君名）所以自附爲婚姻者，以公子之高義，爲能急人之困也。且公子縱輕勝，棄之降秦，獨不憐公子姊邪？」於是信陵君「數請魏王，及賓客辯士說王萬端。魏王畏秦，終不聽公子」。接下來才有信陵君用侯生計，請如姬竊兵符於王之臥室，信陵君得兵符，奪晉鄙軍，救邯鄲，解趙之圍之事。作者卻有意避開了這一事實，來責備人，從而使以下的論點都落了空，作者上面的泛泛大論也就失去了歷史依據。這不能不說是本文的一大缺陷。

但是作者批評信陵君的目的是借以諷諭明王朝宦官專政，大權旁落的政治局面，而不僅僅在於就事論事——

> 嗚呼！自世之衰，人皆習於背公死黨之行，而忘守節奉公之道，有重相而無威君，有私仇而無義憤。如秦人知有穰侯，不知有秦王；虞卿知有布衣之交，不知有趙王。蓋君若贅旒久矣。由此言之，信陵之罪，固不專繫乎符之竊不竊也，其爲魏也，爲六國也，縱竊符猶可；其爲趙也，爲一親戚也，縱求符於王而公然得之，亦罪也。雖然，魏王亦不得爲無罪也。兵符藏於臥內，信陵亦安得竊之？信陵不忌魏王，而徑請之如姬，其素窺魏王之疏也。如姬不忌魏王，而敢於竊符，其素恃魏王之寵也。木朽而蛀生之矣。古者人君持權於上，而內外莫敢不肅。則信陵安得樹私交於趙？趙安得私請救於信陵？如姬安得銜信陵之恩，信陵安得賣恩於如姬？履霜之漸，豈一朝一夕也哉！由此言之，不特衆人不知有王，王亦自爲贅旒也。

這一段作者借古喻今，嘆息人臣植黨、君主失權。「嗚呼！自世之衰，人皆習於背公死黨之行，而忘守節奉公之道，有重相而無威君，有私仇而無義憤。」是其論點，也是全文的主旨。微言大義，溢於言表。唐順之生活的明中葉，朝政大權往往落於太監之手，朝廷內部互相傾軋，混亂不堪，他們結黨營私，誤國害民，作者此論實是有感而發的。

作者分析層層深入：「其爲魏也，爲六國也，縱竊符猶可；其爲趙也，爲一親戚也，縱求符於王而公然得之，亦罪也。雖然，魏王亦不得爲無罪也。」《古文觀止》（吳楚材、吳調侯）評論道：「上因罪信陵，而並罪侯生如姬。此處又以罪魏王作波瀾，瀠洄映帶，議論不窮。」頗中肯綮。「君若贅旒」、「木朽蛀生」插喻巧妙，文字生動。「履霜之漸，豈一朝一夕也哉。」語出《易經》：「履霜堅冰玉。」「其所由來者漸矣，非一朝一夕之故也。」「冰凍三尺，非一日之寒」就是這個道理，所以魏王爲此難道就不負一點責任了嗎？作者連對君王也不無微詞，可見其筆法之辣，分析之全面。

最後三句，是爲全文之結論：

故信陵君可以爲人臣植黨之戒，魏王可以爲人君失權之戒。《春秋》書「葬原仲」、「翬帥師」。嗟夫！聖人之爲慮深矣。

作者以公子季友事來戒人臣的結黨營私，以公子翬事來戒人君之失權。說明孔子（相傳《春秋》一書爲孔子所作）是反對這種事情的，從而證明自己的論點合乎「聖人」之道。聯繫作者對於文章內容，始終要求以儒家「六藝」爲指歸這一點來看，文中此論實是不足爲怪的。唐順之自評其所作時也云：「其於文也，大率所謂宋頭巾（指道學家）氣習。」由此可觀其文章風格之一斑。

本文波瀾起伏，跌宕有致，轉折自如，分析細微；批駁、說理層層展開，又步步深入；內容豐富生動，文句嚴刻鋒利；語言樸實，不加雕飾，充分體現了「唐宋派」散文平易流暢的特色。

引一段《古文觀止》上的評論作爲本文的結語吧：

誅信陵之心，暴信陵之罪，一層深一層，一節深一節，愈駁愈醒，愈轉愈刻。詞嚴義正，直使千載揚詡之案，一筆抹殺。

在立意和謀篇布局方面，此文是當之無愧的。

（萬雲駿）

滿庭芳

馮惟敏

書蟲

蠹魚雖小，咬文嚼字，有甚才學。綿纏紙裹書中耗，佔定窩巢。俺看他一生怕了，你鑽他何日開交。聽吾道：輕身兒快跑，撿着你命難饒！

這是一首散曲小令。作者是明代著名散曲家馮惟敏。馮惟敏（一五一一——一五八〇），字汝行，號海浮，山東臨朐人。明世宗嘉靖十六年中舉，以後累舉進士不第。歷任淶水知縣、鎮江府學教授、保定府通判等職。隆慶六年（一五七二），棄官歸隱，終老於故鄉海浮山下。

馮惟敏雖然做得幾任地方官，但都不過是些小官、窮官。在淶水當知縣時，「縣民富者爲將軍，爲校尉，爲力士，爲執金吾，爲中貴人，兼並地無算而逋租賦。惟敏摘其最負者懲之，貧民以爲德，而豪右謗四

滿庭芳

起矣」。（《大泌山房集•馮氏家傳》）他「一心待鋤奸剔蠹惜民膏，誰承望忘身許國非時調，奉公守法成虛套」。他「鞭箠赤子情難乃，奔競朱門眼倦開，甘心兒不染炎涼態」。以他淶水知縣這樣一個芝麻官，不知奉迎上司，討上司喜歡，不願刻剝小民以取媚豪右，其結果也就可想而知。他很快就被免職，改授鎮江府學教授，去度他的苜蓿生涯。上面給他的評語是：「疏簡不堪臨民，文雅猶足訓士。」既訓斥他「疏簡不堪臨民」，又肯定他的「文雅猶足訓士」，做個窮教官還是够格的。馮惟敏在曲中就此寫道：「欽承明詔，縣郎官新改郡文學。前程萬里，仕路千條。常言道今日不知明日事，俺怎肯這山望見那山高？」「沒天兒惹了一場，平地裏閃了一交。淡呵呵被時人笑，堪笑這割鷄者用牛刀。」從這些表面上無所謂、不在乎的口吻中，我們不難窺見作者內心深處強烈的憤激和不平。「浮生但得閑身在，一萬兩黃金難買」，馮惟敏在十年之久的仕宦生活中，看清了官場的腐敗，終於決心「急流勇退」、「跳出樊籠」，拂衣歸田了。

馮惟敏現存的散曲集《海浮山堂詞稿》四卷，收有套數五十套，小令四百餘首。在這些作品中，常常表現出一種憤世嫉俗的感情。這首《滿庭芳•書蟲》就是一個例子。

滿庭芳是曲牌名，「書蟲」是這首小令的題目。詞和曲在音樂中頗多相通之處，如《滿庭芳》、《點絳唇》、《憶王孫》等調名，都是詞、曲共用的。宋人稱詞爲「曲」，明人稱曲爲「詞」，馮惟敏的散曲集就取名《海浮山堂詞稿》。在這裏，《滿庭芳》系指北曲中呂宮的一種小令，體製與同名詞牌的前半闋相似。

這首小令取題「書蟲」，可見其屬於詠物一流。在古代的詩、賦、詞、曲中，這類作品不少，但經得起吟誦的佳品卻不多。詠物之辭，難在神似，而不在形似，不在描摹之工。既要借題發揮，善用比喻，又要恰到好處，所謂不即不離。馮惟敏的這首小令就是如此。他處處扣緊書蟲（卽蠹魚）的生活習性，以蟲喻人，將窮書生辛勤讀書而不得志的一腔牢騷抒寫得淋漓盡致。

作品一開始，就以奚落的口吻，寫蠹魚的形體之小，嘲笑它終日「咬文嚼字」，卻沒有什麼才學。「蠹」就是蛀蟲，常常和「敗壞」、「蛀蝕」、「損害」等貶義詞聯繫在一起。所以，害民的吏役被叫作蠹役、衙蠹。蠹魚卽蛀蟲，常蛀蝕書籍和衣服。體形渺小，有銀白色的細鱗，形狀似魚，由此得名。白居易有詩

滿庭芳

云：「今日開篋看，蠹魚損文字。」（《傷唐衢》之二）蠹魚，蠹書蟲，書蟲，後來也常被人用來比喻埋頭苦讀的人，含有食古不化、不合時宜的意思。韓愈就在《雜詩》中说：「豈殊蠹書蟲，生死文字間。」「蠹魚」三句，第一句是發端，第三句是發揮，中間「咬文嚼字」一句是關鍵，一語雙關，極寫書生之迂腐。尋章摘句、皓首窮經，大好的青春枯萎於青燈之下。咬文嚼字、食而不化，他的才學又在哪裏？緊接着的「綿纏」兩句，進一步寫蠹蟲扎根古籍、自以爲得了什麽安身之處的可笑。這兩句字面上的意思是說，蠹魚終日蜷縮在「綿纏紙裹」的故紙堆裏消磨光陰，還在那裏自得其樂。作者在這裏顯然是在借蠹魚嘲笑那些從古籍中尋求樂趣的窮書生。作者對蠹魚的迂腐作了一番渲染、奚落之後，又接着從旁觀者的立場站出來提出告誡：我讀了一輩子古書，都已經讀怕了。你現在不接受我的教訓，還要往裏鑽，何時才能了結呢！「開交」卽了結、停止的意思。你還是聽我一句話，趁着你鑽得還不深，輕輕快快的，趕緊逃走吧，否則讓主人看到了，把你捻住，衹怕你難免一死！

從全篇來看，從「蠹魚雖小」到「佔定窩巢」，都是嘲笑的口吻，着力寫的是蠹魚的迂腐可笑，作者沒有從蠹魚蛀蝕書籍之可惡這一方面去着眼，因爲他另有用意。從「俺看他」到結末，作者改爲同情、勸誡的態度，才顯出了他的眞意。「俺看他一生怕了」一句，雖是欲言又止、語焉不詳，但是，窮書生埋頭古籍而又不得施展平生抱負的憤慨之情已經溢于言表。領悟了這種弦外之音，我們再看小令的前半部，卽可看到那些「有甚才學」，「佔定窩巢」之類的話，雖然帶有一點自嘲的味道，但其中更多的是一種憤世嫉俗的反語。聯繫馮惟敏坎坷的遭遇，我們不難理解這一點。

這首小令在語言上充分發揮了散曲語言不避俚俗、潑辣生動、超脫疏放的特長。「有甚才學」、「何日開交」、「輕身兒快跑」等，都是大衆化的日常用語，詩人將它們從生活中提煉出來，得到了淡而不俗，生活氣息十分濃鬱的藝術效果。明代散曲深受當時民間歌謠的影響，語言趨於通俗潑辣，馮惟敏的散曲就是一例。王驥德的《曲律》中說：「務使唱去人人都曉，不須解說，是眞爲個中搔著痒處語也。」馮惟敏的這首小令就是一首「搔著痒處」、「唱去人人都曉，不須解說」的絕妙好詞。

（張國風）

青霞先生文集序

茅坤

青霞沈君，由錦衣經歷上書詆宰執，宰執深疾之。方力構其罪，賴天子仁聖，特薄其譴，徙之塞上。

當是時，君之直諫之名滿天下。已而君累然攜妻子，出家塞上。會北敵數內犯，而帥府以下，束手閉壘，以恣敵之出沒，不及飛一鏃以相抗。甚且及敵之退，則割中土之戰沒者與野行者之馘以爲功。而父之哭其子，妻之哭其夫，兄之哭其弟者，往往而是，無所控吁。君既上憤疆埸之日弛，而又下痛諸將士日菅刈我人民以蒙國家也。數嗚咽欷歔，而以其所憂鬱發之於詩歌文章，以洩其懷，卽集中所載諸什是也。

君故以直諫爲重於時，而其所著爲詩歌文章，又多所譏刺，稍稍傳播，上下震恐，始出死力相煽構，而君之禍作矣。

君既沒，而一時闔寄所相與讒君者，尋且坐罪罷去。又未幾，故宰執之仇君者亦報罷。而君之門人給諫俞君，於是裒輯其生平所著若干卷，刻而傳之，而其子以敬，來請予序之首簡。

茅子受讀而題之曰：若君者，非古之志士之遺乎哉？孔子刪詩，自《小弁》之怨親、《巷伯》之刺讒以下，其忠臣、寡婦、幽人、懟士之什，并列之爲風，疏之爲雅，不可勝數，豈皆古之中聲也哉？然孔子不遽遺之者，特憫其人，矜其志，猶曰：發乎情，止乎禮義；言之者無罪，聞之者足以爲戒焉耳。予嘗按次春秋以來，屈原之騷疑於怨，伍胥之諫疑於脅，賈誼之疏疑於激，叔夜之詩疑於憤，劉蕡之對疑於亢，然推孔子刪詩之旨而裒次之，當亦未必無録之者？

君既沒，而海內之薦紳大夫，至今言及君，無不酸鼻而流涕。嗚呼！集中所載鳴劍、籌邊諸什，試令後之人讀之，其足以寒賊臣之膽、而躍塞垣戰士之馬、而作之愾也，固矣！他日國家採風者之使出而覽觀焉，其能遺之也乎？予謹識之。至於文詞之工不工，及當古作者之旨與否，非所以論君之大者也，予故不著。

讀名人名文，會得到較多的啓發；讀名人寫著名人物的名文，啓發尤多。文中兩個光源同時發射着光輝，使眞理昭彰，荒唐無隱，璀燦美麗者益見光燦，猙獰醜惡者更顯可憎可怖。讀者心靈世界中，高山流水，也因之而一一展現。志存高遠者將因之加快前進的腳步。茅坤《青霞先生文集序》就屬於這樣一類文字。

茅坤（一五一二——一六〇一），字順甫，號鹿門，浙江歸安（今吳興）人。明嘉靖十七年（一五三八）進士。歷任青陽、丹徒知縣、禮部主事、廣西兵備僉事、大名兵備副使等職。他與唐順之、王愼中等人，推揚韓愈、柳宗元等唐宋八家古文，人稱「唐宋派」。他所編選的《唐宋八大家文鈔》，風行海內，「鄉里小生無不知茅鹿門者」（《明史》卷二百八十七《茅坤傳》）。

青霞先生，名沈鍊，字纯甫，號青霞，會稽（今浙江紹興）人，也於嘉靖十七年中進士。曾任溧陽知縣，錦衣衛經歷。讀過《古今小說》中《沈小霞相會出師表》的人，大約都記得，那篇激動人心的小說寫的就是沈鍊（青霞）和他的長子沈襄（小霞）與大奸臣嚴嵩、嚴世蕃父子拚死鬥爭的故事。本文所述「宰執」，即嚴嵩。

沈鍊爲人剛直，嫉惡如仇。他對嚴嵩父子一類人，十分憎惡。和朋友飲酒，談到嚴嵩，慷慨駡詈，流涕交頤。嘉靖三十年（一五五一），上疏奏嚴嵩父子十大罪狀，請戮之以謝天下。昏庸至極的嘉靖皇帝爲之大怒，以「誣詆大臣」罪名，將沈鍊謫田塞外。被謫之後，沈鍊繼續和嚴嵩鬥爭。他經常和當地的人在一起痛駡嚴嵩，還縛草爲人，象徵李林甫、秦檜、嚴嵩，大家一起用箭射這三個大奸賊。事情傳到京師，嚴嵩父子大爲痛恨，視沈爲瘍，必欲除之。嘉靖三十六年（一五五七），嚴世蕃買通侍郎楊順、御史路楷，誣諂沈鍊參加白蓮教謀叛，將沈鍊處死。接着又杖殺沈鍊的兩個兒子。沈襄也幾乎被殺於獄中。後來，嚴嵩勢敗，沈鍊的冤獄才得以平反。這是一次很有名的鬥爭，當時廣爲流傳。《明書》、《明史》、《明史紀事本末》、《明十六種小傳》、《情史》、《古今情海》、《智囊補》等書，都寫到它。後人不僅編爲小說，還編爲戲劇。

給這樣一位家喻戶曉的人物寫文集序，寫什麽？怎麽寫？這是我們讀這篇序文時最值得注目的一點。茅坤和沈鍊同年中進士，對沈鍊了解很深。《青霞先生文集序》角度很新穎。文章通篇從大處着眼，略人所盡知，詳人所不詳，不作泛泛議論，因此成爲一篇具有獨特風格的名文。

全文可分爲三段：由「青霞沈君」至「而君之禍作矣」，爲第一段，評價沈鍊其人其詩。評介重點，不在詩文，而在其人。評介其人，重點又不在沈鍊的個人經歷和悲慘結局，而在於他剛直不阿，抗顔直諫的崇高品質。寫沈鍊剛直，重點又不在出塞前，而突出寫他「出家塞上」，目睹邊防狀況，「既上憤疆場之日弛，而又下痛諸將士日菅刈我人民以蒙國家也」，寫他因爲邊疆（疆場）防務一天天廢弛感到憂憤，守邊將士一天天屠殺（菅刈）我們自己的人民以冒功請賞，蒙騙國家，因而「發之於詩歌文章，以洩其懷」。這樣寫，便突出強調了沈鍊和國家、人民的血肉關係，非常成功地揭示了沈鍊崇高的精神境界，再現了他的光輝，使我們通過這一個人看到了一個時代。

沈鍊的一生，可寫之事很多。《明書》、《明史》等書所載沈鍊事跡，每一段都可以寫成精彩的文章，產生動人的效果。茅坤對許多事略而不述，突出寫沈鍊目睹邊將曠職冒功，毒害生民，在敵人來犯時，「帥府以下，束手閉壘，以恣敵之出沒，不及飛一鏃以相抗」，連一根箭也不敢放；及至敵人退後，「則割中土之戰沒者與野行者之馘」，戳我方陣亡戰士之屍，殺死野外行人，冒領功賞，掩蓋敗績。邊疆人民，父哭其子，妻哭其夫，兄哭其弟，卻沒有地方去控告呼籲。沈鍊因之屢次嗚咽欷歔，發爲詩文，揭露眞相，舒洩悲憤，爲民請命，使「上下震恐」。茅坤將筆墨集中於此，使我們看得沈鍊與嚴嵩等人的鬥爭，始終關係到國家安危，人民命運。同時又借以寫出了茅坤自己對當時國事的忡忡憂懷。這篇《青霞先生文集序》，實際上是一篇震駭人心的政論，但又始終不脫離青霞其人。這樣寫文章，便高人一頭。

自古以來，關於奸臣如何殘害忠良的作品，數量很多。這類詩、文、傳記、小說、戲曲、民間故事，往往過多地着眼於忠臣一家的不幸遭遇，奸臣個人的卑劣品質，忠奸之間的個人關係或家族關係，帶上太多的個人色彩和家庭色彩。雖然其中也關連着國家命運，或以國家命運爲背景，但使人更多想到的卻是個人、家庭、皇帝、皇帝個人的昏庸與聖明。這類作品，作者的本意大都在抨擊奸惡，頌揚忠貞，但實際上卻往往掩沒了歷史人物的思想光輝，沖淡了重大事件的歷史意義。中國文學史上，充斥着大量這類平庸之作。雖然它們曾經贏得不少觀衆、讀者的同情之淚，喚起了人們對於奸邪醜惡的恨恨之聲，但卻大都衹是一些較低層次上的愛憎悲歡，多緣個人而發。這類作品的作者，對於生活和歷史的認識，大都處於較低的層次。人們閱讀這類作品，即使數量很多，也衹能在大體相同的較低水平上原地踏步，並不能眞正加深對於生活和歷史的了解。茅坤這篇文章，脫離了這些俗套。作者有魄力，有眼光，對歷史事實做了精妙的剪裁，繁華落盡，見其眞淳，使沈鍊的崇高精神光彩熠熠。這一點，很值得我們學習和玩味。

「君既沒」至「來請予序之首簡」，是過渡段，寫作序緣起。「茅子受讀而題之曰」以下，至全文結束，是第三段。這段約佔全文一半。茅坤從美學角度對青霞詩文進行論述的同時，也闡述了自己對詩歌之美的獨到見解。中國古代，一向提倡中庸之道，中和之美。認爲「詩者，中聲之所止也」，有所謂「溫柔敦厚，詩之教也」的深固傳統。這曾經給中國詩歌帶來含融圓融之美，有它不可忽視的積極意義，不可一概否定。但是，這種傳統的詩教，也在很大程度上束縛了中國人的思想，阻礙了美學理論和詩歌創作的健康發展，使我們的文學缺少足夠的力度，缺乏充暢的氣勢。就連最豪邁的詩人、作家，也常帶着一些精神上的壓抑。它嚴重地抑制了詩人的個性，對於文學藝術廣泛、眞實、深刻、透辟地反映社會生活和作者的內心生活極其不利。明代的前後七子，就一個一個地失足於此。後七子的首領人物王世貞評沈鍊詩云：「青霞詩甚奇麗，而不能盡削其牢騷憤激之氣，故往往多楚聲。」（《明詩綜》卷四十一）便突出表現了傳統美學觀念對於一代人的束縛。茅坤反對這種見解。他用古詩中「《小弁》之怨親，《巷伯》之刺讒」，以及「忠臣寡婦幽人懟士之什」，說明古人之詩並非全是「中聲」。他在詩歌傳統的美與刺、頌與怨中，突出怨與刺，認爲「屈原之騷疑於怨，伍胥之諫疑於脅，賈誼之疏疑於激，叔夜之詩疑於憤，劉蕡之對疑於亢」，這怨、脅、激、憤、亢，都應該大力肯定。在當時，這是一種創見。《小弁》、《巷伯》，都是《詩經•小雅》中的詩篇。《小弁》寫一貴族，被其父棄逐後極其憂怨；《巷伯》的作者被人讒害，滿腔怨憤無可發洩，作詩以代詛咒，望能將害人者「投畀豺虎」、「投畀有北」。如果以溫柔敦厚做爲批評標準，這些詩歌的感情，便都顯得過分激烈，不合「中聲」。屈原的《離騷》會被認爲過多的憂怨，伍子胥的忠諫會被認爲是對於吳王的威脅，西漢賈誼的奏疏會被認爲過於激切，三國時嵇康（叔夜）的詩歌會被認爲過於憤慨，唐代劉蕡極言宦官禍國的策對會被認爲過於亢烈。這類批評責備（「疑」）顯然是沒有道理的。茅坤這些言論，既是針對傳統的美學觀念而發，又是針對時事而發。明代中期，政治十分腐敗。奸相、國賊、宦官、外戚相繼弄權。階級鬥爭和統治階級內部鬥爭，達到空前激烈的程度。國家命運，岌岌乎殆哉！和沈鍊同時，出現了海瑞、楊繼盛等一批錚錚硬骨，他們挺身而出，抗擊奸凶，力挽狂瀾，激起了上下各階層的鬥爭熱情。沈鍊的詩文，正是這種時代精神的反映，「足以寒賊臣之膽，而躍塞垣戰士之馬」，可以鼓舞士氣，使大家同仇敵愾。在這樣的時代，還要求人們「盡削其牢騷憤激之氣」，怎麽行呢？茅坤這些論述，既是爲青霞詩文辯護，又是對前後七子美學觀點的反駁，同時也是對傳統美學觀念的大膽挑戰。

明末抗清英雄陳子龍評沈鍊詩：「青霞快男子，詩亦俊爽。」（《明詩綜》）茅坤「雅好談兵」，被時人「嘆爲奇才」（《明史》卷二百八十七《茅坤傳》）。他們的精神世界本有相通之處。因此，這篇《青霞先生文集序》才能寫得「浩落蒼凉，讀之凛凛有生氣」（吳楚材、吳調侯《古文觀止》評語）。至於本文開闔抑揚，起伏照應，在文章結構和語言運用等方面的精妙之處，讀者不難領悟。限於篇幅，就不多談它了。不妨借用茅坤本文結尾的一句話：「至於文詞之工不工」，「非所以論君之大者也，予故不著。」（張　中）

於郡城送明卿之江西（其二）

李攀龍

青楓颯颯雨凄凄，秋色遙看入楚迷。誰向孤舟憐逐客，白雲相送大江西。

我國古代的送別詩，可以説俯拾皆是，而要躋身於膾炙人口的名篇之列，就必須聲情並茂，獨具特色。這首高華開闊、情意深厚的七言絶句便不愧爲贈別詩中的上乘之作。

明卿是吳國倫，明「後七子」之一，爲人仗義執言，好客輕財。兵部武選司楊繼盛因上疏彈劾奸相嚴嵩十罪，爲嵩構陷，於嘉靖三十四年（一五五五）被斬。官職爲兵科給事中的吳國倫爲此極爲憤懣，倡衆賻送，忤惡嚴嵩，被謫江西按察司知事。「後七子」領袖李攀龍也耿直重義，不慕榮利，於時正告歸家鄉郡城濟南。當吳國倫謫赴江西途經濟南時，李攀龍爲他送行，吟誦七絶四首，這是其中的第二首。

「青楓颯颯雨凄凄，秋色遙看入楚迷。」運用蒼勁質樸的白描手法，以景託情。深沉含蓄地表達出離人臨別時紛亂的心緒。陣陣寒風、綿綿細雨將瑟瑟青楓吹打得颯颯作響。詩人筆下這肅殺的秋聲秋色使全句聲

於郡城送明卿之江西（其二）

調、情致臻於諧調統一，自然而委婉地映襯出卽將離別的好友低徊徘惻、依依難捨的感情。「入楚迷」又將那悠悠愁思形象化地向縱深推進一層。「楚」指江西，在當時看來距濟南當然是遙遠的地方。「迷」字尤恰當妥貼。從字面看，它點染出淒淒秋雨中景色的迷茫，內涵卻給人以途程迷濛、吉凶難卜之虞。這就既傾注了作者對好友前程的牽掛，又表達了作者對朝廷命運的關注，給讀者以深入體味、多方面聯想的寬闊餘地。

「誰向孤舟憐逐客，白雲相送大江西。」歷史上被貶逐的人，所經路途往往令人望而卻步，自己也往往陷於孤寂狀態。明卿所乘的西行的船隻，漂泊在這異地他鄉，更難免變成「孤舟」。誰同情他，又有誰前來送別呢？白雲！這眞是神來之筆，讀至此不能不令人擊節讚賞。作者的綿綿之情，引導着讀者翩翩而思：這飄浮於青天之中的白雲，不正象徵着明卿心地澄淨得如同白雲一般，因而白雲才相送他直至大江西嗎？這白雲不又象徵着作者那顆誠摯純潔的心將緊緊伴隨明卿遠赴大江西嗎？片片白雲衹能出現於煙銷霧斂的晴空之中，這又象徵了什麼？不言而喻，讀者自會領悟。結句這點睛之筆，衝破了蒼穹中的陰霾，閃現出無限希望，於柔情中蘊含着剛強，充分展示了作者的藝術才華。

古來贈別詩借景託情，並能情景交融、相得益彰者，確實不少。後人再寫，如果不能突破前人樊籬，便會使人覺得不新鮮了。李白的《金陵酒肆留別》中的「請君試問東流水，別意與之誰短長」，盧綸的《送李端》中的「故關衰草遍，離別正堪悲」，以地面流水花草之景寄託離別之緒，都是感人的佳句。而李攀龍這首詩中的「白雲相送大江西」卻躍入空中，格調既高，情致益覺婉轉。當然古來以空中之景寓離別之情的也有不少名篇，但多以明月相喻。李白的《白雲歌送劉十六歸山》是以白雲爲喻的，詩中有「白雲處處長隨君，長隨君，君入楚山裏，雲亦隨君渡湘水」句，李攀龍這首詩正是師其意而不師其形，作爲一首絕句，神情韻味更加淳厚，更加凝煉。「前七子」之一的李夢陽有一首送別詩《夏口夜泊別友人》，用李白《送孟浩然之廣陵》意，熟事翻新，後兩句是「孤舟夜泊東游客，恨殺長江不向西」，也是不師其形，和李攀龍這首詩有異曲同工之妙。而這首詩又不事雕琢地將古人贈別詩中的纏綿低徊、慷慨豪健的兩種風格天衣無縫地結合起來，正如他自己所言：「擬議以成變化」（見王世貞《藝苑卮言》），因而能產生較強的藝術魅力，使人耳目都異。

李攀龍的古樂府及五言古詩臨摹古人過甚，招致非議，無可回護，但他的七言近體高華矜貴，絕句尤有神無跡，值得玩味。顧炎武在《濟南》詩中稱頌道：「絕代詩題傳子美，近朝文士數於鱗。」把李攀龍與杜甫相提並論。這既非信手寫來，又非標榜之詞。對李攀龍的作品我們需要做具體分析，不能像錢謙益那樣把他全盤否定。

（袁行雲）

挽王中丞（其四）

李攀龍

幕府高臨碣石開，薊門丹旐重徘徊。沙場入夜多風雨，人見親提鐵騎來。

李攀龍（一五一四——一五七〇）字於鱗，號滄溟，歷城（今山東濟南市郊）人，《明史》有傳。攀龍與王世貞同爲後七子（嘉隆七子）領袖，主張「文必秦漢、詩必盛唐」。影響當時文風詩風。王世貞對李攀龍極爲推重，而後世攻之者幾乎將其批得體無完膚。沈德潛的評論比較客觀，他在《明詩別裁集》中說：

「分而觀之，古樂府及五言古體臨摹太過，痕跡宛然。七言律及七言絕句，高華矜貴，脫棄凡庸。去短取長，不存意見，歷下之眞面目出矣。七言律已臻高格，未極變態。七言絕句有神無跡，語近情深，故應跨越餘子。」

挽王中丞（其四）

李攀龍各體中以七絶成就最高，而《挽王中丞》八詩，在七絶中又最傑出，因爲這幾首挽詩不同於一般哀挽，措辭尤難。王中丞是用古代稱呼。王忬字民應，太倉人，是王世貞的父親，《明史》亦有傳。以右副都御史代楊博爲薊遼總督，進右都御史，相當於唐代的御史中丞。唐代的張巡稱「張中丞」，李的詩題用「中丞」二字，一方面當然是好古的習氣，喜歡用漢唐甚至周秦的官名來稱呼同時相當的官職；但另一方面暗中使人想起唐代的「張中丞」的壯烈事跡，以相比附。王忬在嘉靖時期赤心報國，關心軍備。嘉靖三十八年（一五五九）二月，俺答頭兒辛愛數部屯會州（今河北平泉縣南），挾朶顔爲向導，將引兵西入寇，卻聲言向東。王忬上當，遽引兵而東。敵人乘間由潘家口入、渡灤河而西，大掠遵化等地，京師大震。御史劾王忬，刑部論罪該戍邊。嚴嵩挾私仇，改論斬，這年五月王忬被殺。王忬的死，實際是由嚴嵩的陷害，但表面上是皇帝下的命令。這首挽詩既要強調王忬的忠勇和冤死，又不能直指兇手，所以很難着筆。作者在第二首結尾説：「屬鏤不是君王意，莫作胥江（集作「山」，依《明詩别裁集》）萬里濤。」反用伍子胥的典故，既表現王忬的忠勇而冤死，又從開脱皇帝的責任來暗斥嚴嵩。既爲王忬吐氣，筆挾風霜，而又委婉含蓄，言者無罪，深得詩人筆法。第四首尤爲精彩。

「幕府高臨碣石開」，第一句寫王忬生前爲薊遼總督時的氣勢，碣石指薊遼總督所在地。這句是「高臨碣石開幕府」，因平仄關係而變動，同時這樣一變，就把「幕府」二字突出起來，表現王忬爲國宣勞的忠勇。「薊門丹旐重徘徊」，第二句寫死後靈柩歸來。「薊門」，今天津市薊縣。「丹旐」指喪柩前面的銘旌。這句話寫死後猶不忍離開戰場。「重徘徊」三字極耐玩味，丹旐在薊門徘徊不前，寫其忠勇之氣，因爲一般人死後都急於魂歸故土，丹旐就是歸魂的象徵。王忬的丹旐不急於返江南卻在「薊門重徘徊」而不忍去。這兩句一寫生前，一寫死後，大起大落，總突出王忬的忠勇，爲三四兩句作鋪墊。「沙場入夜多風雨，人見親提鐵騎來。」這兩句可稱得上神來之筆。虛事實寫，這裏明明是虛構，但作者用「風雨」「人見」就把虛事寫實而又不悖於當時人的認識。古人多以風雨之夜爲鬼魂出沒的背景，如杜甫《兵車行》結語：「君不見，青海頭，古來白骨無人收。新鬼煩冤舊鬼哭，天陰雨濕聲啾啾。」杜甫寫的是悲哀，李攀龍這兩句卻活靈活現地寫出王忬死後不忘殺敵報國的忠勇悲壯的氣概，使讀者也好像置身沙場親見軍容。「人見」二字尤應玩味。着此二字，虛事寫實，而不落誇張揑造的痕跡，這是一；王忬死後，還有人看見他在風雨之夜親領鐵騎馳驅沙場，那末生前的忠烈，不言自喻，這是二；第三，既有人說親見如此，可見王忬的忠烈形象永遠活在人民心中，才會有此傳聞，事情雖是虛的，精神卻是實的。這兩句虛事實寫，以虛襯實，因爲有第二句「薊門丹旐重徘徊」的鋪襯，所以入情入理，使人見王忬死後凜凜如生。《九歌·國殤》結尾說：「身既死兮神以靈，子魂魄兮爲鬼雄。」李攀龍正是抓住這個特點來哀挽王忬，也確實能給讀者留下這個印象。聲情壯烈，筆有風霜，這首詩不愧是七絕名篇。（周本淳）

龜山凱歌（其二）

徐渭

短劍隨鎗暮合圍，寒風吹血着人飛。朝來道上看歸騎，一片紅冰冷鐵衣。

龜山位於今浙江蕭山縣東北五十里處，舊有寨柵，設兵戍守。明嘉靖三十四年（一五五五）冬，明軍在此英勇抗禦大肆騷擾東南沿海的倭寇，打了一場漂亮的殲滅仗。徐渭當時正入浙閩總督胡宗憲幕府，於奏凱之際欣然命筆，題寫五首七絕，這是其中的第二首。同時他還寫有《龜山大捷》記其事，茲略摘一二，以供賞析詩歌之參考：「龜山之賊自溫州登岸，蔓延於會稽。戰士皆踴躍請效死，遇賊死戰，無不一當十，賊遂大敗，

龕山凱歌（其二）

循海而走，登歷山坡堡內。我兵攻堡破之，悉斬首以獻。」

第一句寫戰鬥前的周密部署，迅速包圍。「短劍隨鎗」，從武器的裝配上表明平時訓練有素，準備充分；戰時同仇敵愾，信心十足。「暮」點出時間，這正是襲取敵寇的最佳時辰。「合圍」，突出了明軍的指揮得當，行動果斷。寥寥七字，個個擲地有聲，寫出了戰鬥前的高漲士氣與緊張氣氛，形成雄沉凱歌的悲壯前奏曲。

第二句截取了驚心動魄的特寫鏡頭，展示出戰鬥的激烈。時值隆冬，即使在浙江沿海也是寒意凜然，砭人肌骨。這「寒風」正助軍威，直殺得倭寇鮮血四濺，迎風飛向戰士的身軀。這七個字又以極強的概括力，摹畫出血戰方酣的疆場，頌揚了戰士們「踴躍請效死」，「無不一當十」的勇武報國精神。

如此激烈的戰鬥結果如何呢？當然是大獲全勝。但這種「凱歌」卻不大好「唱」。凱旋是振奮人心的，應當高歌讚頌，大書特書，怎樣寫才能贏得讀者，獲取最佳效果呢？尤其是絕句要用極簡練的筆墨概括出來就更加不易。詩人在這裏裁剪了一幅最醒目、最震撼人心的圖景，譜寫出後兩句，充分顯示了他运用素材、駕馭語言的高超技能。「朝來」與第一句的「暮合圍」遙相呼應，表明鏖戰整整持續了一夜；清晨將士們騎着戰馬勝利返歸時，首先撲入人們眼簾的是「一片紅冰冷鐵衣」。「紅冰」爲鮮血凝結成的冰，這血當然是敵人的血，並且是一片片地凍凝在鐵甲上，足見敵兵的傷亡慘重，更足以映襯出將士們的驍勇善戰。這一畫面正是「凱歌」的精髓，看似信手拈來，實則匠心獨運，正體現出詩人的觀察細緻，準確地把握住事物特徵的深厚造詣。

與徐渭同入胡宗憲幕府的沈明臣於來年也卽席賦有《凱歌》十首，其中一首爲：「銜枚夜度五千兵，密領軍符號令明。狹巷短兵相接處，殺人如草不聞聲。」胡宗憲當卽捋鬚讚賞：「何物沈生，雄快乃爾！」命刻石置山上。徐、沈的這兩首七絕堪稱姊妹篇，雄快蒼勁，酣暢淋漓，都突出了部署、行軍、惡戰的圖景，謳歌了愛國將士所向披靡的雄姿；然而布局謀篇以及詞語運用上又不盡相同，在抗倭詩篇中可謂取得了異曲同工之妙。

（高尚賢）

報劉一丈書

宗臣

數千里外，得長者時賜一書，以慰長想，卽亦甚幸矣；何至更辱饋遺，則不才益將何以報焉！書中情意甚殷，卽長者之不忘老父，知老父之念長者深也。

至以「上下相孚，才德稱位」語不才，則不才有深感焉。夫才德不稱，固自知之矣；至於不孚之病，則尤不才爲甚。

且今世之所謂孚者何哉？日夕策馬，候權者之門。門者故不入，則甘言媚詞作婦人狀，袖金以私之。卽門者持刺入，而主者又不卽出見，立廐中僕馬之間，惡氣襲衣裾，卽饑寒毒熱不可忍，不去也。抵暮，則前所受贈金者出，報客曰：「相公倦，謝客矣。客請明日來。」卽明日，又不敢不來。夜披衣坐，聞鷄鳴，卽起盥櫛，走馬抵門。門者怒曰：「爲誰？」則曰：「昨日之客來！」則又怒曰：「何客之勤也？豈有相公此時出見客乎？」客心恥之，强忍而與言曰：「亡奈何矣！姑容我入！」門者又得所贈金，則起而入之。又立向所立廐中。幸主者出，南面召見，則驚走匍匐階下。主者曰：「進！」則再拜，故遲不起，起則上所上壽金。主者故不受，則固請；主者故固不受，則又固請。然後命吏納之。則又再拜，故又遲不起，起則五六揖，始出。

出，揖門者曰：「官人幸顧我，他日來，幸亡阻我也！」門者答揖。大喜奔出。馬上遇所交識，即揚鞭語曰：「適自相公家來，相公厚我！厚我！」且虛言狀。即所交識，亦心畏相公厚之矣。相公又稍稍語人曰：「某也賢！某也賢！」聞者亦心計交贊之。此世所謂「上下相孚」也，長者謂僕能之乎？前所謂權門者，自歲時伏臘，一刺之外，即經年不往也。間道經其門，則亦掩耳閉目，躍馬疾走過之，若有所追逐者。斯則僕之褊哉，以此常不見悅於長吏，僕則愈益不顧也。每大言曰：「人生有命，吾惟守分爾矣！」長者聞此，得無厭其爲迂乎？

鄉園多故，不能不動客子之愁。至於長者之抱才而困，則又令我愴然有感。天之與先生者甚厚，亡論長者不欲輕棄之，即天意亦不欲長者之輕棄之也，幸寧心哉！

宗臣，字子相，揚州興化人，明代嘉靖進士。他爲人剛直不阿，不肯趨炎附勢，尤其反對奸相嚴嵩專權，結果被貶到福建作參政（參議官）。後來因抵抗倭寇有功，擢升提學副使，不久病死於任所，時年僅三十六歲。《報劉一丈書》就是作者爲人處世的具體寫照。

對個人品德的抒寫，有多種形式，或者說有各種不同的角度。例如，宋玉在《對楚王問》中，一是以名曲作喻，用「其曲彌高，其和彌寡」來爲自己不被俗人了解辯解；另一是以鳳凰與鯤魚自比，說明自己志趣的高雅、宏偉。這是運用他物作比喻，表現出自己的高尚品德。宋朝周敦頤的《愛蓮說》，運用的是託物言志的手法，以讚頌蓮的「出淤泥而不染」和「可遠觀而不可褻玩」的品性，來表達自己「胸懷磊落」，清廉自持的情操。宗臣這篇《報劉一丈書》則以揭露官場那種奔走權貴門下，以求升遷的醜行，說明自己不能同流合污，烘託自己品德的高潔。這些作品，主題同是講品德情操，但表現方法不同，因此，讀後感到韻味各異，既有新意，又有深意。這是我們學習寫作時應當借鑒的。

《報劉一丈書》是宗臣給其父輩好友的覆信。報，即回答，如司馬遷的《報任少卿書》。劉一丈大概是宗臣的世叔或世伯。因爲是長者，所以用「丈」這種尊稱。

作者用書信體的形式來表示自己的看法，抒發自己的感慨，顯得自然、眞切、樸實。

文章的第一段，雖然是書信上的客氣話，但是交代了宗臣同劉一丈之間的關係密切，這才有傾吐心腹的基礎。

第二段，文意陡然一轉，以摘引劉一丈來信中的兩句話領起全文，使文章立卽轉入正題。

「上下相孚，才德稱位」卽是說，要使上下左右的人都滿意你，信任你；品德與學問要與職位相稱。這些話是劉一丈對宗臣的規勸，是語重心長的。淸人吳楚材、吳調侯認爲「相愛情深，方有此語」。按理，宗臣的回信可以用唯唯諾諾，表示感謝長者的關懷就算完事。但宗臣運筆高妙，就在於不按俗套來寫，而借用這兩句話，從反面做出一篇文章。「夫才德不稱，固自知之矣；至於不孚之病，則尤不才爲甚。」這樣突起兩句，來承接上面引語，確是妙筆。它既表現宗臣倔強的性格，又使文章迅速揚起。他沒有接受劉一丈的勸告，必然要說出一番道理，這就爲下文的開展打下伏筆。同時，所謂「才德不稱」和「不孚之病」，並非宗臣的自謙，這是運用反語的筆法，以引起下文的申述。

第三四段是文章的中心。作者用「且今世之所謂孚者何哉」，作爲過渡，承上啓下，並用提問來引起讀者的注意。接着，文章用漫畫的筆法，描摹出官場各種人物的醜惡關係，特別刻畫那些鑽營者的醜態。這一段，沒有議論，沒有概念堆砌，而是以娓娓的敍述，形象的描繪，幽默的諷刺，吸引讀者。

「日夕策馬候權者之門」，這是諸多現象的概括，揭露當時普遍存在的一種社會現象。所以沒有主語，沒有具體指張三或李四。表明這種現象，是當時一類人物的共同表現。接着，作者用強烈的對比手法，生動地刻畫出三種人物的身分、心理及其性格特點，揭露出他們之間互相勾結，互相利用的卑劣行徑。

門丁，在封建社會是下等人。但權貴的門丁則不然，他們狗仗人勢，也是炙手可熱的，客人來，門者敢於刁難，故意不讓進入；客人來早了，他敢於怒問：「爲誰？」也敢於怒斥「何客之勤也」。客人要好言好語，還要給賄賂，他才肯給通報。家奴的驕横，映襯着主子的跋扈；而在這驕横的家奴面前低聲下氣，又烘托

「客」的卑污。這便達到雙重的藝術效果。同時，「門者故不入」一句，也表現了門丁的心理活動，因爲他見識多了，知道這號人登門，一定有求於主人，所以用故意不讓入，作爲一種索賄的手段。可見，作者的刻畫非常深刻。

寫客，更是淋漓盡致。這些身爲「士大夫」的人，平日裏標榜清高，然而，爲了個人的仕途，爲了追求升官發財，什麼都可以忍受。「甘言媚詞作婦人狀，袖金以私之」便活畫出那卑躬屈膝的嘴臉。「甘言媚詞作婦人狀」是表現「客」細聲細氣，討好獻媚的情狀，以及怕觸怒門人的心理狀態。「袖金以私之」是錢藏於袖中偷偷塞到門丁手中的描述。「客」雖獲準進入，但主並不卽出現，於是祇好等待。作者這樣描寫他立廐中僕馬間所受的折磨：「惡氣襲衣裾，卽饑寒毒熱不可忍，不去也。」這裏，寫其心越誠，耐性越大，就更表現出這類人的可悲、可鄙、可笑！直到傍晚，門丁宣布主人謝客，祇好明日再來。作者又刻畫「客」歸家之後的情形：「夜披衣坐，聞鷄鳴卽起。」不敢睡，起個大早，怕的是來晚了又排不上號。當「客」「走馬抵門」之後，下面有一段對比鮮明的對話：

門者怒曰：「爲誰？」則曰：「昨日之客來！」則又怒曰：「何客之勤也？豈有相公此時出見客乎？」客心恥之，強忍而與言曰：「亡奈何矣！姑容我入！」門者又得所贈金，則起而入之。

一個盛氣凌人，怒喝怒斥，一個逆來順受，委曲求全，怕把事情鬧僵。兩者所處地位不同，神氣各異。特別是門丁怒責之後，「客」也感到難受，感到受辱，但終於「強忍而與言」。這一筆是寫得活靈活現的。如果「客」毫無羞恥之心，則不合人物的身分；但他知恥而強忍，更表現其官迷心竅，寧願忍氣吞聲，受辱、受氣，而毫無骨氣。

本來，在封建社會，門丁與士，地位是懸殊的，而在這裏，兩者的地位好像倒置了，宗臣正是抓住這一典型情節，加以集中渲染，反映出權貴者的不可一世。

等到主人召見，更是受寵若驚。作者用「驚走匍匐階下」，表現「客」的慌亂與狂喜。「驚」，是久等之後得到召見那種心情的流露；「走」等於現代漢語的「跑」，是「驚」的具體行動。「驚走」「匍匐」，活現出那卑污的心靈。接着是「再拜」、「又再拜」，在每次跪拜中，作者都用了「故遲不起」來表現「客」那種獻媚討好的醜態。直到辭出，也沒有忘記再去與門人拉關係，向門丁作揖，請求他日「勿阻我也」。這些描寫，表現出「客」的世故圓滑，讓人覺得這類人物既可憐又可恨。而他們這種上下討好，正是說明所謂「上下相孚」的含義。

「大喜奔出」，一個「奔」字，寫盡了人物的神態。奔出之後，神氣便大變，遇熟人，已不再「甘言媚詞作婦人狀」，也不是「驚走匍匐階下」，而是在馬上「揚鞭語曰」，人們似乎從作者這一描述中，見其眉飛色舞，得意忘形的神態了。所以，《古文觀止》說此類人是「乞哀昏暮，驕人白日」。

至於寫權貴者，作者也是寫得很得體的。這一節的描述也很生動傳神：「主者故不受，則固請；主者故固不受，則又固請，然後命吏納之。」這是半推半就、裝腔作勢的。作者寫「故不受」，「故固不受」，一個「故」字，便展示了人物的虛僞性，而另一方是「固請」，「又固請」表示對主人這種假推讓了如指掌，所以給了一個順水推舟的機會。因爲是一再「固請」，所以「命吏納之」就自然而然了。寥寥數筆，便勾勒出一幕活劇來。作者能夠做到筆簡而意深，全靠他對當時官場虛僞關係的深刻了解。

那麽，主人得了「壽金」之後，有什麽反響呢？這裏必須有所交代，文章才有着落。宗臣以綜述的方式，簡潔地補上一筆：「相公又稍稍語人曰：『某也賢！某也賢！』聞者亦心計交贊之。」作者無須評論，讀者自然會領略到「某也賢」的含意。因爲上文已將這類人的嘴臉暴露無遺，因此，「權者」贊其「賢」，當然是金錢起了作用。走後門、拍馬屁、行賄賂，三者的綜合，才得到「某也賢」的稱贊。至於那些應聲蟲「交贊之」，衹是依主人的眼色行事，在醜劇中增添點鬧劇色彩。這裏，相公的語人，用「稍稍」來修飾，暗示是私下打的招呼。而「聞者」的「交贊」，則加「心計」二字，即心領神會。這些詞，都用得準確，並且有幽默感，其諷刺意味便越濃。

這一段最後兩句，既與本段開頭呼應，又點出一篇主旨。前面提出：「且今世之所謂孚者何哉？」然後擺了一系列事實，已足夠說明問題。於是，此處收結一筆：「此世所謂『上下相孚』也。」便作了明確的回答。「此」，指的是上面揭露的現象。既然這種現象是現時人們所說的「上下相孚」，那我是無論如何做不到的。但是，作者並沒有這樣直白說出，而反問一句：「長者謂僕能之乎？」就顯得非常有力。祇要是正直的人，誰會說，一個人可以低三下四去拉關係，來達到「上下相孚」、向上爬的目的？同時，這一反問，也表達出作者的骨氣來，說明自己「不孚之病」，正是不願同流合污的表現。這就是所謂「下筆不言其事而其事自見」。

第五段，作者簡略寫了自己的處世爲人，以作正面抒寫。說明自己與權貴除在歲時伏臘送一張名片外，是終年不相往來的。因爲這樣，不能討上司的喜歡，作者相信「人生有命，吾惟守分尔矣！」

這一段着墨不多，但由於上文對反面寫得詳細，而且寫出作者對這些醜惡現象的嫉惡如仇，對比鮮明，因此，此處雖然寫得簡略，而作者的骨氣，那種「不爲五斗米折腰事權貴」的品質，卻躍然紙上。

最後一段除了說出自己思鄉之情外，主要交代了劉一丈的爲人。作者没有正面抒寫，但從「抱才而困」等感慨，說明劉與時人不同，而與宗臣卻是同調，都是不會逢迎拍馬，博取權貴者的歡心。因此，同樣是懷才不遇。這樣寫，是蘊含着深意，給人無窮的回味。可見，本文的開頭與結尾，同正文緊密聯繫，並非閑筆。

總之，宗臣這篇《報劉一丈書》有幾個特點：

一、運用反襯筆法，對比兩種做人準則。雖然，文章對自己着墨不多，而主要是寫官場醜態，但作者對那些奔走權門者的幽默諷刺，正面抨擊，表現出他的鄙視、輕蔑和義憤，從而烘刻出自己的高潔和骨氣。兩相比較，的確是「清濁異質」。這就是本文的主旨所在。

二、以事實說理，富有感染力量。作者提出「今世之所謂孚者何哉」這一問題之後，接着並不是用概念來回答，而是擺出當時官場的現實。這些事實，在當時人們心中一定會引起共鳴。當作者指出「此世所謂上下相孚也」，人們的感受是具體的、形象的。因此，當他提出：「長者謂僕能之乎」的反問時，人們對作者的態度自然是贊同的。這就是文章的說服力，或者說邏輯力量。

三、善於根據不同人物，選用不同語言來表現。下面三段話可以作一對比：

「馬上遇所交識，卽揚鞭語曰：『適自相公家來，相公厚我！厚我！』」

「相公又稍稍語人曰：『某也賢！某也賢！』」

「門者怒曰：『爲誰？』則曰『昨日之客來！』則又怒曰：『何客之勤也？……』」

這裏，同樣是短語，同樣是疊用，但所表現的語氣，人物身分、性格均不同。「相公厚我！厚我！」表現出「客」狂喜中帶有幾分吹噓。在這句話後面，作者又概述一句：「且虛言狀。」這便是小說中常用的「如此，如此」，讀者可以想象到其所虛言者，卽「相公厚我」的具體虛構。而「某也賢」則是上對下的稱贊，之後的提升任用，就不待言了。至於「爲誰」「何客之勤也」，則是門丁仗勢欺人，粗暴無禮的表現。這裏摻雜着埋怨（來得太早）、輕視（知道是來走門子的）、刁難（明明是昨天約來的，又責何客之勤也）等複雜感情，目的則是趁機敲詐。所以，當他「又得所贈金」之後，自然是「起而入之」。

應該說，這篇文章是清新的，它思想深刻，文字生動，針對性強，是現實主義的作品。（張慕勳）

登太白樓

王世貞

昔聞李供奉，長嘯獨登樓。此地一垂顧，高名百代留。白雲海色曙，明月天門秋。欲覓重來者，潺湲濟水流。

王世貞（一五二六——一五九〇），字元美，號鳳洲，又號弇州山人，太倉（今屬江蘇省）人。和李攀龍同爲「後七子」的領袖。父親王忬曾官都御史，後爲嚴嵩害死。王世貞在李攀龍死後，主持文壇二十年，主張「文必秦漢，詩必盛唐」，晚年稍有變通，從原來堅決反對唐宋派而改爲贊成歸有光。有《弇州山人四部稿》、《弇山堂別集》等著作。他早年的《藝苑卮言》和弟弟世懋的《藝圃擷餘》在當時的文藝批評中很有影響。

《登太白樓》是王世貞三十幾歲時官山東副使時作的。李白由於賀知章推薦，天寶初爲翰林供奉，因爲高力士、楊貴妃兩人的讒言，天寶三載（七四四）「賜金放還」。他就在山東、河南、河北一帶漫遊，一度隱居任城（今山東濟寧市），當時一個姓賀的縣令曾經在濟寧州的南城樓上請李白飲酒（後人附會爲賀知章，不可信）。這座城樓被人稱爲「太白酒樓」，從唐代起就不斷有人作詩文。太白酒樓當時在國內著名的是洛陽和濟寧這兩處。李白晚年死在安徽當塗采石磯，後人於采石建太白祠，也稱太白樓，和王世貞這首詩不相干。濟寧的太白酒樓，前人詩文較多，再寫這個題目就有很大的難度。拿五律說，元朝的趙孟頫《太白酒樓》：

登太白樓

城迴當平野，樓高屬暮陰。謫仙何俊逸，此地昔登臨。慷慨空懷古，徘徊獨賞心。嶧山明眼望，百里見遙岑。

明初的劉基《李白酒樓》：

小徑紆行客，危樓舍酒星。河分澆水碧，天倚嶧山青。昭代空文藻，斯人憶斷萍。登臨無賀老，誰與共忘形？

拿王世貞的《登太白樓》和上兩詩比較，氣勢和筆力都使人有後來居上的感覺。詩題原是自己登太白樓，他卻從樓之得名落筆，寫太白登樓。「昔聞李供奉，長嘯獨登樓。」「昔聞」二字領起全文，寫李白當年之豪氣，不用「李太白」而用「李供奉」，表示李白得意和失意，以見官場榮辱不足計較。儘管李白被賜金放還，但他卻到處漫遊，引起後人的紀念，至於那些進讒言的權貴早已與草木同腐了。寫李白當年登樓的氣概，着「長嘯」二字使人如聞其聲，如見其人。一個「獨」字也見深刻用心。表明李白把縣令不放在眼裏，王世貞也認爲不值一提。蘇東坡稱李白「眼高四海空無人」（《李太白眞》），這個獨字有力地表現出這一特點。「此地一垂顧，高名百代留。」這兩句點明樓之出名的緣由。「垂顧」有點居高臨下的味道，和「獨登樓」緊相連接。「一垂顧」和「百代留」，時間對比是如此強烈，也襯托出李白的影響何等深遠。在律詩中常常通過時空強烈的對比來襯托人物的情緒。如李白《送友人》：「此地一爲別，孤篷萬里征」，就是從空間對比表現對朋友遠別的依戀之情。王世貞這一聯的句法乃受李白的影響，表現了此處太白樓名傳遐邇，經久不磨的根本原因。

以上四句寫了太白樓名之由來，是寫李白當年的登樓氣概和深遠影響。山川因李白而生色，與其說是寫樓，不如說是寫李白其人。頷聯從時間對比寫，頸聯從空間開闊寫。「白雲海色曙」寫東眺平視，「明月天門秋」寫北向仰觀。「曙」就一日寫，「秋」就季節寫。這兩句實際是寫登樓所見，用誇張的筆法寫出樓之高

登太白樓

峻，用「白雲」「明月」暗示自己流連而不忍去的情景。濟寧在山東西南部，離海很遠，但作者卻從白雲曙光聯想到東海之色，天門在泰山，憑眼力是不可能望到的，但在秋天的明月之中彷彿可以仰觀到天門。有人把「天門」釋爲「天空」，我覺得失之浮泛。「海色」和「天門」都是作者的寬闊襟懷的聯想，不能用常理來推測。衹有這樣的誇張才能顯出「頷聯」流水對的力量。這一聯是把李白當日登樓和自己今日登樓捏合到一起，也就是暗中從李白寫到自己。這一聯是拗句，「仄平仄仄仄，平仄平平平。」這在一般律詩裏少見，但李白卻常常喜歡這樣用，舉李白《同族侄評事黯游昌禪寺山池》爲例：

運公愛康樂，爲我開禪關。蕭然松石下，何異清涼山？花將色不染，水與心俱閑。一生度小劫，觀空天地閑。

雙句末連用三個平聲，這一首詩就有三處。在李白的百首五律中，這樣的拗句有十六處，可見這是李白歡喜用的音節，王世貞在這裏也有意識這樣用。「欲覓重來者，潺湲濟水流。」這一結蒼茫不盡。（「覓」，《弇州山人稿》作「竟」，《明詩別裁集》作「覓」，義較顯豁，從之。）事實上李白登飲之後，何代無人重來？但在作者筆下卻空無一人，言外之意，衹有自己此時登樓可以直接太白。「潺湲濟水流」暗中點出濟寧，和頷聯「此地」相呼應。而更妙在不談有沒有「重來者」，僅寫濟水潺湲不斷。這就是梅聖俞所提倡的「含不盡之意見於言外」，使人有無限莽蒼之感。律詩中二聯固然不易，而起結尤難。拿中二聯講，頷聯用流水對，一氣貫注，頸聯用拗句對，壁立千仞。兩聯一寫時間，一寫空間，既是精心結撰之作。而一起有力地領起全篇，直寫李白當年的傲岸氣概；一結：第七句「欲覓重來者」和首聯緊相呼應，以見自己的懷抱，而「潺湲濟水流」卻結於景中，濟水潺湲不息，「逝者如斯夫，不舍晝夜」，有「重來者」乎？無「重來者」乎？留給讀者想象，而隱然有自負意。此詩特色在明寫太白，暗寫自己，與太白精神相接。沈德潛評此詩說：「天空海闊，有此眼界筆力，才許作登太白樓詩。」（《明詩別裁集》卷八）可以說是中肯之論。這首詩氣勢像李白，章節等也像李白，海闊天空，氣豪調古，是王世

貞的得意之作。但形跡未能化去，這是前後七子詩歌的共同弱點，此詩的白璧微瑕也在這裏。（周本淳）

欽䲹行

王世貞

飛來五色鳥，自名爲鳳凰，千秋不一見，見者國祚昌。飲以鐘鼓坐明堂，明堂饒梧竹，三日不鳴意何長。晨不見鳳凰，鳳凰乃在東門之陰啄腐鼠，啾啾唧唧不得哺。夕不見鳳凰，鳳凰乃在西門之陰媚蒼鷹：「願爾肉攫分遺腥。梧桐長苦寒，竹實長苦饑。」衆鳥驚相顧，不知鳳凰是欽䲹！

欽䲹是古代神話裏的人物，《山海經•西山經》記載：欽䲹與鍾山之子鼓（亦神名），「殺葆江於昆侖之陽，帝乃戮之鍾山之東，曰瑤崖。欽䲹化爲大鶚（卽魚鷹），其狀如雕而黑文白首，赤喙而虎爪，其音如晨鵠（卽天鵝），見則有大兵」。作者託物寄諷，寫欽䲹冒充鳳凰，是譏刺當時宰相嚴嵩。「飛來五色鳥，自名爲鳳凰。」《欽䲹行》以這兩句詩爲開端。明明不是鳳凰，因何以鳳凰自名？這本身就是絕妙的諷刺。那麽，它究竟是一種什麽鳥呢？讀者帶着這一問號讀完全詩，問號自然冰釋。原來這五色鳥是冒牌的，它不是吉祥的鳳凰，而是不祥之鳥——由欽䲹變的魚鷹。

「千秋不一見，見者國祚昌。」這裏可以有兩種解釋。一種是鳳凰爲吉祥之鳥，相傳見則天下太平。

「祚」者福也。「祚昌」即國家繁榮昌盛，人民安定幸福。另一種是沈德潛在《明詩別裁集》中對該詩的註釋：「鈐山（即嚴嵩）讀書時，天下以姚（崇）宋（璟）目之，故有『千秋不一見，見者國祚昌』之語。」意思是說，嚴嵩年輕時很有抱負，他想人們今後會像崇敬唐代宰相姚崇、宋璟那樣崇敬他。顯然，這裏是反語正說，帶有明顯的嘲諷意味。

自「飧以鐘鼓坐明堂」至「竹實長苦饑」這一段進一步諷刺欽鵶的醜行。相傳鳳凰非梧桐不棲，非竹實不食。《莊子•秋水》指出：「夫鵷雛（鳳的一種）發於南海而飛於北海，非梧桐不止，非練實不食，非醴泉不飲。」欽鵶以鳳凰自名，但是它有梧桐不棲，有竹實不食，卻喜歡端坐在天子宣明政教的明堂之上，飧以鐘鼓。再說，它三天也不吭一聲，這是首先令人犯疑的地方。其實，它又哪裏叫得出鳳凰的聲音呢？「其音如晨鵠」，它叫的聲音與清晨天鵝叫的聲音沒有兩樣。爲了不露馬腳，它祇好屏聲息氣。不叫可以，但是不食不行。於是，它祇好偷偷摸摸躲起來去咀嚼那些賢者所棄俗者所珍的賤物。當這些腐鼠之類的賤物仍填不飽肚皮時怎麽辦？它祇好扮成一副可憐相去乞求蒼鷹的恩賜了。「願爾肉攫分遺腥。梧桐長苦寒，竹實長苦饑。」這三句是欽鵶乞求蒼鷹的話。古人說：「敍事須有風韻，不可擔板。」意思是說，敍事要引人入勝，不可作直頭布袋。在這以前，詩以敍述爲主。從這裏開始出現鳳凰與蒼鷹的對話。雖未詳寫，讀者可以思而得之。這樣就顯得活潑生動，富於變化。詩的末尾兩句「衆鳥驚相顧，不知鳳凰是欽鵶」，說破個中奧秘，是一種辛辣的諷刺。

這首詩的語言也是頗具特色的。「多句之中必有一句爲主，多字之中必有一字爲主。煉字句者，尤須致意於此。」（劉熙載《藝概•經義概》）我們不妨認爲「鳳凰乃在西門之陰媚蒼鷹」是這首詩的主句，而「媚」字是這句詩的主字。好一個「媚」字，它活脫脫地刻畫出「鳳凰」（實爲「欽鵶」）的嘴臉。另外，這首詩的句式長短參差，以五言爲主，運用口語，無矯揉之態，頗有漢樂府之遺風。

最有興味的是詩的結尾。鳳凰三日不鳴，梧桐不棲，竹實不食，唯獨對腐鼠遺腥垂涎三尺，這使衆鳥（當然也包括廣大讀者）頻添疑雲。「衆鳥驚相顧，不知鳳凰是欽鵶！」原來它是遍體遮着鳳凰羽毛的「大鶚」。正所謂「至不求深而自深，信手拈來，令人神味俱厚」（況周頤《蕙風詞話》）。作者功力，由此可窺一斑。

（葛乃福）

童心說

李贄

龍洞山農敘《西廂》末語云：「知者勿謂我尚有童心可也。」夫童心者，真心也。若以童心爲不可，是以真心爲不可也。夫童心者，絕假純真，最初一念之本心也。若失卻童心，便失卻真心；失卻真心，便失卻真人。人而非真，全不復有初矣。

童子者，人之初也；童心者，心之初也。夫心之初曷可失也！然童心胡然而遽失也？蓋方其始也，有聞見從耳目而入，而以爲主於其內而童心失。其長也，有道理從聞見而入，而以爲主於其內而童心失。其久也，道理聞見日以益多，則所知所覺日以益廣，於是焉又知美名之可好也，而務欲以揚之而童心失；知不美之名之可醜也，而務欲以掩之而童心失。夫道理聞見，皆自多讀書識義理而來也。古之聖人，曷嘗不讀書哉！然縱不讀書，童心固自在也，縱多讀書，亦以護此童心而使之勿失焉耳，非若學者反以多讀書識義理而反障之也。夫學者既以多讀書識義理障其童心矣，聖人又何用多著書立言以障學人爲耶？童心既障，於是發而爲言語，則言語不由衷；見而爲政事，則政事無根柢；著而爲文辭，則文辭不能達。非內含以章美也，非篤實生輝光也，欲求一句有德之言，卒不可得。所以者何？以童心既障，而以從外入者聞見道理爲之心也。

夫既以聞見道理爲心矣，則所言者皆聞見道理之言，非童心自出之言也。言雖工，於我何與，豈非以假人言假言，而事假事文假文乎？蓋其人既假，則無所不假矣。由是而以假言與假人言，則假人喜；以假事與假人道，則假人喜；以假文與假人談，則假人喜。無所不假，則無所不喜。滿場是假，矮人何辯也？然則雖有天下之至文，其湮滅於假人而不盡見於後世者，又豈少哉！何也？天下之至文，未有不出於童心焉者也。苟童心常存，則道理不行，聞見不立，無時不文，無人不文，無一樣創製體格文字而非文者。詩何必古選，文何必先秦。降而爲六朝，變而爲近體，又變而爲傳奇，變而爲院本，爲雜劇，爲西廂曲，爲水滸傳，爲今之舉子業，大賢言聖人之道皆古今至文，不可得而時勢先後論也。故吾因是而有感於童心者之自文也，更說甚麼六經，更說甚麼語、孟乎？

夫六經、語、孟，非其史官過爲褒崇之詞，則其臣子極爲贊美之語。又不然，則其迂闊門徒、懵懂弟子，記憶師說，有頭無尾，得後遺前，隨其所見，筆之於書。後學不察，便謂出自聖人之口也，決定目之爲經矣，孰知其大半非聖人之言乎？縱出自聖人，要亦有爲而發，不過因病發藥，隨時處方，以救此一等懵懂弟子、迂闊門徒云耳。藥醫假病，方難定執，是豈可遽以爲萬世之至論乎？然則六經、語、孟，乃道學之口實，假人之淵藪也，斷斷乎其不可以語於童心之言明矣。嗚呼！吾又安得真正大聖人童心未曾失者而與之一言文哉！

《童心說》，是我國古代文論中富於開創精神和時代特色的名篇。作者李贄爲明代後期反封建、反儒家正統的傑出思想家和文學批評家。李贄的文學理論批評，在我國文學理論批評史上，具有開啓一代新思想和開創一代文學新風的重大進步意義。

在這裏，首先要指出，作爲反封建、反儒家正統的傑出思想家李贄，在哲學、歷史、社會思想領域，其最大特點是對儒家正統的深刻批判和對當時的假道學的尖鋭揭露與激烈抨擊。這一特點，也鮮明地貫穿在他的文學思想和理論批評中，尤其是突出地表現在他的主要理論批評著作《童心說》中。

「童心」說，既是李贄文學理論的思想核心，也是他的文學批評觀點的理論基石。他在《童心說》中所提出的「童心」，這一重大理論命題，主要是從以下幾個方面富有層次地加以闡述和發揮的：一、何謂「童心」；二、「童心」遽然而失的社會根源及其與假道學的關係；三、「童心」對於人、對於文學及其發展的重要性與重大意義。

李贄認爲，所謂「童心」，就是「眞心」，也就是童子的「最初一念之本心」，或爲通常所說的「赤子之心」。

李贄特別強調，「童心」具有「絕假純眞」的特質。他認爲，人，祇要一旦失卻它，就會成爲所謂「假人」；而人一「假」，則其言語、行事、文辭，就會無一不假，無所不假。

那麽，「童心」何以會遽然而失呢？

李贄認爲，「童心」的失卻，是從「道理聞見」入主內心而起；更由於「聞見」日多，所知「道理」日廣，於是好惡、榮辱觀念驅使人刻意追求美名，而竭力掩蓋醜名，這樣，「童心」自會遽然而失。而究其源，「道理聞見」都是從「多讀書識義理」而來，因此，「童心」是由於受「經籍」、「義理」的障蔽而失的。但「多讀書識義理」，本來是爲了護持「童心」，爲何反而失之呢？這是由於近世「學者」，所讀之儒家經籍，所識之「性命義理」一套理學教條，都是假的，都是虛僞的。

在李贄看來，被封建道統和當時的假道學奉爲「萬世之至論」的儒家經籍，即「六經」、《論語》、《孟子》，不過是他們欺世盜名的理論根據和一切假人假事的總發源地而已。

總之，「童心」是與弄得滿世界皆假的假道學以及儒家經典尖銳對立、水火不相容的。而護持「童心」，使之常存，對人、對文學創作及其發展，則是極爲重要的。這是因爲所謂「天下之至文」，即不同時代、不同體格形式的文學傑作，無一不是產生自「童心」。

以上是李贄在《童心說》中闡述的基本觀點和內容要點。下面對此稍作剖析。

在這裏，首先要明確，李贄提出的所謂「童心」，其實質是有關人性的理論命題。對於人性，李贄是崇尙所謂「天性」與「純眞」的。他痛恨程朱理學教條對人性的戕殺和個性的束縛，主張個性解放。他本人就聲言「平生不愛屬人管」。其爲人「強力任性，不強其意之所不欲」（袁中道《李溫陵傳》）；其一生言行實踐，可謂「率性而爲」（《道古錄》卷一）的典型。從前面概括的他在《童心說》中所闡述的關於人性的觀點，並聯繫其他有關論述來看，其主張實質乃是一種自然人性論，其中明顯地吸取和繼承了老莊的「自然人性」理論的思想內核。在這方面，老子不僅提出過諸如「嬰兒」、「赤子」（莊子還使用過「童子」等詞）的概念，而且認爲人性的理想境界，應該是「嬰兒」、「赤子」的那種自然狀態，提倡一種「復歸於嬰兒」（《老子》第二十八章）的自然人性。其實質是要求人的內心世界應該像童心那樣的天眞無邪，單純潔淨，永遠保持「赤子之心」。顯然，這正是《童心說》中闡述的所謂「童心」的基本觀點，李贄將其以「童心」說的命題提出而加以具有新的現實針對性的闡述與發揮。李贄處於資本主義萌芽的時代，在哲學上反對程朱理學教條，要求思想自由個性解放鬥爭蓬勃發展的社會環境，當他把老莊的自然人性觀引進自己的文學理論中時，是賦予了新的內容和時代精神的。這就使得李贄在《童心說》中，不僅沒有而且也不可能導致在人性觀上衹是要求一種簡單的「返樸歸眞」，更不可能導致老莊的那種「絕聖棄智」的歷史倒退觀念（老莊的「絕聖棄智」，也是有其現實針對性的，具有抗議和批判當時貴族統治階級代表的宗法社會的禮樂仁義一套觀念的虛僞性和功利主義的積極意義），而是突出了對於程朱理學的「性命義理」一套虛僞教條、「近世學者」即當時的假道學以及儒家正統的抨擊與批判，主要是針對假道學滿天下的現實及其對於人性的戕殺而發，意在要求思想自由與個性解放。人所共知，在李贄反映哲學、社會、歷史觀的大量著作中，充滿了對於封建道統、當時的假道學的激烈抨擊與深刻批判，以及對儒家正統的大膽懷疑與否定精神（許多以書信、雜述、讀書隨筆等形式出現的理論文章，可以說是一道道討伐假道學、揭發其陽爲名教陰爲富貴欺世盜名虛僞本質的戰鬥檄文）。這種精神也鮮明地貫穿在他的文論和小說、戲曲評點（這裏則往往是借題發揮，寓莊於諧，揶揄挖苦，奇文妙語，出人想象）中。這對《童心說》這篇文論來說，不僅鮮明地表現在其思想內容方面，而且也反映在寫作意圖、結構形式以及文章風格等方面。它從「童心」這一有關人性的理論命題入手，從主要針對假道學滿天下的現實出發，其攻擊的矛頭和批判的鋒芒所向，對準了當時的假道學和儒家正統。與此相適應，反映在結構上，《童心說》從揭露假道學與「童心」的尖銳對立開始，繼之以激烈抨擊假道學把滿世界弄得無一不假、無所不假的現實，從而提出並特別強調，假道學滿天下的嚴重後果之一是湮滅了出自「童心」的「天下之至文」。最後，攻擊矛頭直指假道學的祖根，以「非孔」、「疑經」的膽魄，剝掉了千百年來一直蒙在被儒家正統奉爲「萬世之至論」的「六經」、《論語》、《孟子》表面的聖潔光圈，否定其作爲偶像被崇拜和迷信的神聖地位，並將其歸結爲「道學之口實，假人之淵藪」。總之，這充分地表現出，《童心說》中，像一條紅線一樣貫穿着對當時的假道學和儒家正統的激烈抨擊精神，閃耀着深刻批判的思想鋒芒的鮮明特點。因此，作爲一篇文論的《童心說》，固然具有闡發文學理論思想方面的獨立意義和價值，然而，它無疑也相對具有從人性觀上反對假道學的哲學思想鬥爭方面的重要意義。

《童心說》，對我們來說，其最主要的意義，雖然還是在文學方面，但是，問題的關鍵在於，作者通過「童心」這一有關人性的命題所闡述的自然人性觀，乃是這篇文論的哲學思想基礎。我們看到，作者在對這一命題的闡述過程中，不僅把護持「童心」同反對假道學對人性的戕害，始終緊密地聯繫在一起，而且從人性觀上，把「童心」，卽一種純眞的自然人性同道學家的矯情僞性尖銳地對立起來；而這一人性觀上的根本對立，就導致了文學領域的不同審美標準和藝術追求傾向的對立，如眞與假、自然與雕飾的對立。這是由於，在李贄看來，文學領域的不同審美標準的對立，不僅也是由人性所決定的；而且所謂「天下之至文」，卽古今一切的文學傑作本身，就是一種純眞的自然人性的產物，或者說，都是產生自「童心」。總之，在《童心說》中，從

「童心」與假道學在人性上的尖銳對立到文學領域的不同的藝術審美標準的對立，是一以貫之的。或者說，前一種對立是後一種對立的哲學思想基礎；而後一種對立則是前一種對立在文學思想和藝術審美追求上的一種反映。因此，花費一點筆墨首先討論一下，在《童心說》中作爲李贄文學理論的哲學思想基礎的自然人性觀及其與假道學的尖銳對立，就顯得十分必要和十分重要了。

那麽，李贄所謂的「童心」——在前面我們曾把它解釋爲出之自然的純眞的天性——其具體內容和含義是什麽呢？對此，我們想舉個例子來加以說明。李贄在評點《水滸傳》中，鮮明地表現出特別鍾愛李逵這一英雄人物的傾向，親昵地稱之爲「我家阿逵」（容與堂刻百回本第五十二回回末總評）；而其所以如此，主要是由於李逵具有一種所謂「眞性」（同上）或「天性」（第四十二回回末總評稱李逵爲「天性孝子」），也就是一種天眞單純的內心世界、一片「赤子之心」。在這一點上，李贄不僅認爲李逵具有所謂「眞性」，是個「眞人」（第五十四回眉批），而且最發人深思的是，他斷言世間「衹有假李逵（按指李鬼），再無李逵假」（第四十三回回末總評）。此言可謂意味深長，李贄主要讚賞的，是李逵的那種不具一切心計和他念的「任天而行，率性而動」（第六十七回眉批）的自然眞性。李贄對李逵這一文學典型的鍾愛和讚美，最鮮明地、充分地反映了他崇尚自然人性的觀點和追求個性解放的思想傾向。

當李贄把崇尚自然人性的觀點帶進文學理論思想領域時，在藝術審美標準的追求上，相應地也表現出「貴眞」和「以自然之爲美」（《焚書•讀律膚說》）的鮮明傾向。從文學的內容角度說，既然他認爲「天下之至文」都出自「童心」，也就是「眞心」，那麽，一個人，衹有「童心」常存，即保有出之自然的純眞天性，才能寫出眞正的傑作來。而從另一個方面，從文學批評的標準來說，自然他認爲衹有表現了人的純眞天性，即眞性情的作品，才是「天下之至文」，才是「眞文學」。而文學的「眞」主要是文學作品內容所表現的眞性情，在李贄看來，是作家從胸中自然流溢（甚至是「勢不可遏」）而出，絕非「牽合矯強」而致的。這也就是他在《讀律膚說》中所提倡的「發於情性，由乎自然」的主張。既然情性出之於自然，那麽，貴眞與崇尚自然就是密不可分的。而對所謂「自然」，他又強調「自然而然」，並「非有意爲自然遂以爲自然」的道理。反之，「若有意爲自然」，那就與「矯強」無異，也就是「假」了。這也就是李贄所強調的「天下之至文」絕非是矯情僞性的假道學，卽所謂「假人」之流所能爲之，而衹能淹滅之的道理。

崇尚自然，以自然爲美，這本來是我國古代文學理論及其發展中的一個可貴的傳統，而從創作來說，「自然」，也是古代許多作家，特別是一些傑出大家在藝術創造上所共同努力追求的最高理想境界，像大詩人陶潛、李白就是這方面突出的範例。反映在文學批評標準上，也以「自然」爲勝。可以說，崇尚自然的文學觀，貫穿着我国文學理論批評的歷史。如王國維評元曲的最大好處爲：「一言以蔽之，曰：自然而已矣！」（《宋元戲曲史・元劇之文章》）並由此引申出「古今之大文學，無不以自然勝」的結論。當然，《童心說》在較大程度上，僅是作爲李贄的文學理論的一個綱領和哲學思想基礎，而在這方面缺乏具體、直接的闡述。不過，我們如果聯繫他在其他文論中的有關論述，就不難清楚地了解他在《童心說》中，從人性觀的疾假惡僞出發，在文學理論思想上表現出的貴眞和崇尚自然的傾向了。如他在《雜說》中所以高度肯定《西廂》、《拜月》的理由，就在於它們之爲「化工」也。所謂「化工」，是指其在藝術創造上所達到的一種自然天成、了無痕跡可尋的理想境地。而與此作爲鮮明對比，李贄對於被他稱爲「畫工」的《琵琶記》由於「窮巧極工」所造成的人爲痕跡，以及所謂「似眞非眞」的藝術境地，則多所貶抑。他特別強調，凡是「至文」都出於「無意爲文」而得之於自然。在李贄看來，一篇具體作品的產生是如此；一個時代的優秀文學，其中包括其體格形式的出現，也是如此。因此，他在《童心說》中針對前後七子崇尚漢唐的復古主義文學主張，卽文學退化論而發的「詩何必古選，文何必先秦……」的那段話，就含有這樣的思想：卽如唐之近體詩和傳奇小說、金元之院本、雜劇、明之《水滸傳》等之作爲「古今之至文」，都是「由乎自然」，卽所謂自然而然地出現的。當然，在這裏，其論點的最終歸結仍是主要在於肯定「童心」是一切時代、一切文體的文學傑作得以產生的根本前提條件。換言之，衹要「童心」常存，不管是古代，還是今天，都能產生好作品。所以，前後七子的崇古非今觀點是不合乎道理的。事實上，漢唐以後的每個時代和每種文體都有「至文」產生。應該指出，在這裏，由於強調各個時代的文學傑作連同其文體，都是「由乎自然」、順應自然而產生的，這樣，在高度肯定了以《西廂記》、《水滸傳》爲代表的戲曲、小說等通俗文學的價值的同時，也就連帶肯定了所謂「今之舉子業」的八股文之爲所謂「至文」。這反映了李贄文學理論觀點中的某些矛盾和思想局限。顯然，以所謂「代聖人立言」爲己任的八股文，從根本上來說，是不可能產生好作品的。

綜上觀之，《童心說》作爲一篇文論，所闡發的基本思想，主要是從抨擊假道學對人性的戕殺出發，突出強調了文學是「童心」，卽人的眞性情的產物；衹有「童心」常存，才能創造出「天下之至文」，衹要「童心」常存，就能創造出「天下之至文」的觀點。這樣，就批駁了前後七子的文學退化論，同時，肯定了戲曲、小說中傑出作品，作爲「天下之至文」的價值，從而大大提高了通俗文學的地位。無疑，這在當時具有很大的進步意義。再從《童心說》中，從人性理論到文學觀，始終貫穿着「貴眞」與崇尚自然的思想來看，這反映了當時進步哲學思潮中要求思想自由和個性解放的強烈傾向，具有鮮明的時代精神。在文學理論思想中，李贄突出強調人的性情，卽精神、情感對於創作的重要意義與決定作用，而與封建傳統的「文以載道」、「文以明道」的理論相對立，這在當時具有強烈的反封建、反儒家正統的積極意義。李贄的進步文學思想，對明末清初的文學理論批評及其發展，特別是對公安派的進步文學理論，產生了直接的影響。當然，所謂「童心」的理論，就其思想實質來說，有其唯心主義的一面，這裏就不多贅言了。

最後，還想談一個具體問題，以作爲本文的結束。李贄在《童心說》的最後一句話裏，呼喚所謂的「眞正大聖人」，欲與之一言文。人們會問，此處之「眞正大聖人」也者，其爲誰哉？其具體含義爲何？記得李贄在評點《水滸傳》時，曾贊李逵爲「大聖人」（第五十二回夾批）、「眞聖人」（第四十三回夾批），可爲《童心說》中所謂的「眞正大聖人」之一註脚也。對李逵加的這一稱號，我們如果用李贄在小說評點中經常使用的兩個詞來說，則是眞可謂「趣」哉、「妙」也。「妙」就妙在，這對儒家正統和當時的假道學來說，是一種寓莊於諧的公然挑戰，或許更被認爲簡直是對神聖的偶像和聖道的極大褻瀆吧！僅此一點，也就可以看出

《童心說》作者李贄「異端」思想之激烈以及此篇文論的批判鋒芒之所向了。

（徐仲元）

水仙子

薛論道

賣狗懸羊

從來濁婦慣撇清，又愛吃魚又道腥，說來心口全不應。貌衣冠，行市井，且祇圖屋潤身榮。張布被誠何意，飯脫粟豈本情？盡都是釣譽沽名。

古典詩歌中的諷刺性作品，雖然從《詩經》到唐詩宋詞歷代都有，但限於溫柔敦厚的詩教以及詩莊詞媚的體性，所佔比重不大。至元散曲興起，解放詞體，諷刺藝術得到了極大的發展。直至明代散曲，仍湧現許多優秀的諷刺作品。薛論道的這首《水仙子•賣狗懸羊》，是其中的代表作。

這首散曲諷刺的是僞君子。題名賣狗懸羊，即俗語所說：「挂羊頭，賣狗肉。」題目本身就是諷刺語，集中概括了曲文。全曲按其意蘊可爲兩層。前六句爲一層，刺光說好話衹幹壞事的僞君子。後三句翻進一層，刺看起來有道德而實際上大缺德的僞君子。

「從來濁婦慣撇清」，「濁婦」即淫婦，「撇清」謂假正經，都是當時口語。這句等於俗語所說：「又要當婊子，又要立貞節牌坊」，嘲諷可謂辛辣。句中綴以「從來」、「慣」二語，既說明僞君子歷來都有，也強調假裝正人君子是其拿手好戲。下句便加以形容：「又愛吃魚又道腥」。這句猶如俗話說：「一肚子男盜女娼，滿口的仁義道德」或「壞事做絕，好話說盡」。不過，用吃魚道腥爲比喻，使人感到好笑，嘲諷便冷雋。上邊連用兩種生活現象寓諷，下句就一語道破：「說來心口全不應。」僞君子是誰？「貌衣冠，行市井，且衹圖屋潤身榮。」原來是僞善的士大夫。他們衣冠如儀，道貌岸然，可幹的卻是市井無賴般的行徑，圖的就是富貴名利，實在是衣冠禽獸罷了。「屋潤」，這裏指成爲暴發戶。不過，這種僞君子其實容易被人識破。還有一種僞君子則頗能迷惑人。下邊三句刺之。「張布被誠何意，飯脫粟豈本情？」此二句對偶，互文見義。「張」，卽陳設。「飯」，名詞作動詞用（舊時念上聲fǎn，音反），卽吃。「脫粟」是僅去皮殼而未細碾的粗米。「布被」相對羅衾而言，「脫粟」相對精米而言，都代表生活的節儉樸素。作者對這種人詰問得很深刻：他們陳設布被子究竟是何意？言外之意是：不過是故意張揚其儉樸罷了。他們吃粗米飯難道是眞情？言外之意是：不過是借以沽名釣譽罷了。所以結句一針見血：「盡都是釣譽沽名。」言盡意盡，淋漓痛快，無所隱諱，這正是散曲一體的當行本色。生活中，確實有這樣的僞君子，他們一方面爲了欺世盜名而生活儉樸、樂善好施，另方面爲了名利地位卻不惜出賣靈魂、出賣別人、坑害好人。比起一般光說好話衹幹壞事的僞君子，這種似乎有道德其實大缺德的僞君子，難以被人識破。作者爲了揭穿這類僞君子，在「張布被」三句中，使用了一個含义深遠的典故。典出《史記・平津侯列傳》。漢武帝時，公孫弘位居三公，奉祿甚多，卻設布被、食脫粟，當時就有人認爲這是沽名釣譽，指出：「此詐也。」可是武帝不疑。弘生活儉樸，拿出俸祿來供給別人，又博得一般士人的讚美。但此人外寬內深，與人不和，常假裝相好，而暗中加以陷害，曾致人於死命。司馬遷曾在《史記・儒林列傳》中徹底揭露了這個大僞君子。武帝初年，轅固生、公孫弘以儒家學者資格同時被徵用作官，當時統治者好黃老之學，弘側目示固，示意迎合，轅固生說：「公孫子，務正學以言，無曲學以阿世（不要歪曲自己信仰的學說來迎合世俗）！」秦末，儒家學者爲了推翻暴政，曾冒着生命危險參加了陳涉大起義。漢初，爲了忠實於自己的學說，儒家學者又對好黃老之學的統治者採取了不妥協的態度（轅固生曾因此幾乎被殺），體現了儒家知其不可爲而爲之的傳統精神。而曲學阿世的公孫弘，則是作爲儒家敗類的醜惡形象被釘在歷史的恥辱柱上的。薛論道使用《史記》這一典故爲利刃來戳穿明代的僞君子，使這首刺世疾邪的散曲具有了很深的歷史文化意蘊。閻若璩在《潛邱札記》卷一中寫道：「廉（節儉）易而恥（知恥）難。如公孫弘布被脫粟，不可謂不廉，而曲學阿世，何無恥也！馮道（五代人）刻苦儉約，不可謂不廉，而更事四姓十君，何無恥之甚也！蓋廉乃立身之一節，而恥實根心之大德，故廉可矯（作僞），而恥不容僞。」這段分析很深刻，可以幫助理解「張布被」三句的意蘊。這首散曲貴在能把公孫弘一類大僞君子的醜惡本質揭露無遺。文學作品中深入到這一層次的似乎並不多。

這首散曲是諷刺之作。「諷刺的生命是眞實。」（魯迅《什麼是諷刺》）作者薛論道生活在明神宗萬曆年間。《明史·神宗本紀》說：當時「網紀廢弛，君臣否隔，於是小人好權趨利者馳騖追逐，與名節之士爲仇讎」。並指出：「故論者謂明之亡，實亡於神宗。」後來顧炎武力倡「行己有恥」，也正是因爲痛心自萬曆以後道德淪喪、士風掃地的緣故。所以，此曲實是以諷刺藝術的折光，眞實地反映了當時的現實。

在藝術上這首散曲也很有造詣。從諷刺藝術的角度看，運用了行之有效的對比諷刺手法，把僞君子們自相矛盾的表裏言行放在一起，突出其虛僞、不合理，使其原形畢露，讓讀者感到可笑、可鄙，進而引起讀者的嚴肅思考。作者的諷刺藝術是相當高明的。從散曲體性的角度看，它寓莊於諧，熱諷冷嘲，嘻笑怒罵，淋漓盡致，充分發揮了散曲自由橫放的特色。從藝術手法的角度看，調動了口語、成語、比喻、用典等多種藝術手段，使文情十分活潑，諷刺極其犀利。尤其是運用了《史記》中的重要典故，使曲文意蘊貫通古今，包孕深遠，值得一提。使用典故常體現出作品思想藝術性所達到的層次。像此曲之用典，可謂取得深沉，用得貼切，屬於用典中的高級層次。要之，此曲完全可以稱爲明散曲之珍品。

（鄧小軍）

山坡羊

山坡羊

朱載堉

富不可交

勸世人，休結交有錢富漢。結交他，把你下眼來看。口裏挪肚裏僭，與他送上禮物，衹當沒見。手拉手往下席安，拱了拱手，再不打個照面。富漢吃肉，他說：「天生福量。」窮漢吃肉，他說：「從來沒見。」似這般冷淡人心，守本分，切不可與他高攀。羞慚，滿席飛鍾，轉不到俺跟前。羞慚，你總有銀錢，俺不希罕！

這首《山坡羊·富不可交》運用民間曲調的形式，以生動活潑的民間口語描繪了有錢富漢的驕橫自大與勢利冷酷的性格特徵，樸實中散發着民間泥土的芳香。全曲彷彿由一位飽經滄桑的老者向世人訴說着自己豐富的閱歷，雖是勸世之作，卻無說教氣息，讀後饒有風趣。作者朱載堉（一五三六——一六一〇？）字伯勤，號句曲山人，出身宗室貴族，對於統治階級爾虞我詐，貪得無厭的嘴臉，自幼耳濡目染，留有深刻的印象。他的父親鄭王朱厚烷因皇族內訌，被囚於鳳陽，他深痛父親非罪見繫，於禁所外築一土室，獨處十九年，潛心研究樂律、曆算。家門的不幸，給他提供了接觸人民的機會，使他比較了解下情。社會中人情冷暖、世態炎涼，他也有切身的感受。加之他又精通音樂，所以能夠寫出許多較有人民性的散曲作品。朱載堉的主要成就在樂律方面，他寫過一部《樂律全書》，通過精密的計算確立了十二平均律的理論，比西方早約半個世紀。《醒世詞》是他的散曲集，曾以抄本形式在河南、山西一帶廣泛流傳，深受人民的喜愛。但這樣一部曲集卻向無刻本，直至清道光元年（一八二一），河南的一位讀書人賀汝田才搜集考校，選擇了七十三首散曲，將《醒世詞》刊刻成書，卻仍極少流傳，世甚罕見。在《醒世詞》中，朱載堉寫有多首《山坡羊》的曲詞，如《交情可嘆》、《錢是好漢》、《休望人》、《做好夢》、《說大話》等等，這些曲子或警世勸人，一往情深；或摹寫世態，活靈活現；或冷嘲熱諷，鞭辟入裏；或因寄所託，幽默滑稽。集名「醒世」，用意也正在此。《富不可交》是其中的一支曲子，屬於警世勸人的一類。

「勸世人，休結交有錢富漢」，唱出全曲的基調，是點題之筆，有棒喝之功。作者生活於嘉靖、萬曆年間，這一時期，手工業與商業的空前繁榮，促使新的商業城市不斷興起，城市中形成了一個很大的市民階層。這一市民階層主要包括手工業者和中小商人，他們中的一些人雖無很大權勢，卻廣有錢財，曲中的有錢富漢，主要就是指這些人。社會上一些貧苦的人看中他們手中的金錢，千方百計地與他們結交，也無非是希望得到這些富漢的關照，分得他們吃剩的一杯殘羹。在封建社會中，有錢能使鬼推磨。早在晉朝，文人魯褒就寫過一篇《錢神論》，對於錢的效用有入木三分的刻畫，認爲錢「無位而尊，無勢而熱」，「有錢可使鬼，而況於人乎」，鞭韃了醜惡的社會現象。明中後期，商品經濟大爲發展，社會意識衝破了過去「重農抑商」的儒家傳統思想的樊籬，明代的文武大小官僚，甚至連皇帝也爭先恐後地經商做買賣，無形中提高了商人的社會地位（吳晗《明史簡述》對這種社會現象曾有過精闢的論述）。正如朱載堉的另一支《山坡羊•休望人》中所言：「如今人敬的是有錢，棄的是窮漢。人有了錢，鄧通說話也新鮮。聽言：但有銀錢，白丁做官。」面對這種銅臭熏天的社會現實，作者的頭腦始終是清醒的，他極端痛恨社會中的拜金主義，總結概括出了富不可交的一個原因：「結交他，把你下眼來看。」這句曲詞先從抽象的概念說起，爲下面幾段形象鮮明的文字開道。

「口裏挪肚裏偺，與他送上禮物」，先寫巴結者的作爲。「偺」，在這裏是「攢」字之訛，「口挪肚

山坡羊

攢」意即節衣縮食、從牙縫裏摳錢。與作者同時代的曲家薛論道有一支《古山坡羊·錢虜》的曲子，其中有「牙積口攢」的形容，也是這個意思。「祇當沒見」，寫被巴結者的行爲。窮漢竭盡全力所湊集的見面禮，在富漢眼中是不屑一顧的，一方面表示富漢對此早已司空見慣，習以爲常，另一方面則表現了富漢對巴結者的輕視。他既沒有斷然回絶，也沒有虛情客套一番，作者僅用四字就把富漢鼻孔朝天的驕横態度描繪得栩栩如生，躍然紙上。作者在《山坡羊·交情可嘆》一曲中也有過類似的刻畫：「聽着！衣殘帽破，正眼不瞧。聽着！與他作揖，他便說：『不勞！不勞！』佯常去了。」善於捕捉日常生活中一些細微的行動，用極簡練的文字加以典型化、概括化，是朱載堉散曲的一大特色。

「手拉手往下席安，拱了拱手，再不打個照面」，這是對富漢醜惡嘴臉的進一步揭露。在封建社會中，金錢一向是地位的保證，在市民階層中，金錢更成爲把人劃分爲三六九等的依據。「朝扣富兒門，暮隨肥馬塵。殘杯與冷炙，到處潛悲辛。」（杜甫《奉贈韋左丞丈二十二韻》）早在唐人杜甫詩中，就已刻畫了無錢無勢者的辛酸。這支曲子雖沒有對窮漢局促尷尬的窘態加以形容，然而通過富漢的三個舉動，讀者仍能有所意會。在這裏，想象超過了任何文字的表現。

「富漢吃肉，他說：『天生福量。』窮漢吃肉，他說：『從來沒見！』」幾句是作者對富漢行徑的心理剖析。相同的一件小事，由於當事者地位的不同，富漢的評價竟有天壤之別！在《嘆人敬富》一曲中，作者就有「一般都是人情理，主人偏存兩樣心」的感慨。這一段心理剖析用尋常所見生活事例寫出，有以小見大的功效，從而總結出「似這般冷淡人心，守本分，切不可與他高攀」的經驗教訓。所謂「冷淡人心」也無非是孔方兄在背後作祟。莎士比亞曾在《雅典的泰門》一劇中有對金錢的忿怒詛咒，爲人們所熟知；與莎士比亞生活年代相差無多的朱載堉也有一支痛罵錢財的散曲《黃鶯兒·罵錢》，可謂異曲同工。他借孔子之口這樣寫道：「孔聖人怒氣衝。罵錢財狗畜生！朝廷王法被你弄，綱常倫理被你壞，殺人仗你不償命……」甚至咬牙切齒地要將錢財「刀剁、斧砍、油煎、籠蒸」。錢如此可惡，有錢人也個個爲富不仁，他們人心似鐵，六親不認，與他們高攀，也就毫無益處！這就是作者的邏輯。應當指出的是，由於歷史的局限，作者衹看到了錢在社會中醜惡的一面，不能，也不可能剖析其中的階級內容，顯然有其偏頗的地方。

曲寫至此，作者意猶未盡，「羞慚，滿席飛鍾，轉不到俺跟前」一句又拉回到酒席中的一個場面。這句中的「羞慚」是形容窮漢在富漢酒席上的局促不安之情，作者對這種現象似乎深有所感，在另一支曲《嘆貧敬富》中，作者也有類似的吟歌：「恐君不信前席看，酒來先敬有錢人。」以金錢、官階作爲衡量人的價值的標準是封建社會中的普遍現象，貧窮者在酒席上受冷落是社會性質所決定的。「羞慚，你總有銀錢，俺不希罕！」這句中的「羞慚」是對富漢的蔑視。「總有」即「縱有」。以「俺不希罕」結束全曲，具有很強的號召力。人窮志不短，作者着意於此，而以決然的口吻道出，斬釘截鐵，餘味悠長。富漢的驕横固然令人憎惡，貧者「求人一文，跟前擦後」的舉止也不令人同情。俗話說：「三十年河東，三十年河西」，「好景不常」是作者曲中的潛臺詞，「時下且休誇，十年富貴，再看在誰家」（《黄鶯兒•求人難》），可作爲「俺不希罕」的註腳。

明朝中後期，社會腐朽墮落，貧富懸殊，朱載堉一生潔身自好，其人品是可貴的。這首《山坡羊》描摹世態純熟恣肆而不失油滑，剖析人情幽默詼諧卻不顯村俗，在看似遊戲的筆墨中孕含有哲理與嚴肅的內容，的確有一定的認識價值。王國維說：「詩人視一切外物，皆遊戲之材料也。然其遊戲，則以熱心爲之，故詼諧與嚴重二性質，亦不可缺一也。」（《人間詞話•刪稿》）用作對這支曲的評價，極爲相稱。

（趙伯陶）

顯靈宮集諸公，以城市山林爲韻（其二）

袁宏道

野花遮眼酒沾涕，塞耳愁聽新朝事。邸報束作一筐灰，朝衣典與栽花市。新詩日日千餘言，詩中無一憂民字。旁人道我真聵聵，口不能答指山翠。自從老杜得詩名，憂君愛國成兒戲。言既無庸默不可，阮家那得不沉醉？眼底濃濃一杯春，慟於洛陽年少淚！

晚明文人袁宏道一向是被看成醉心「性情」說的公安派大師。既然是強調抒發性靈，既然是追求生活趣味甚至是醉心風情聲色，既然是喜歡遊山玩水和任情縱性，這樣一來，在大家心目中，他就好像成爲一個耽於自我怡悅而純然高蹈的人了。

果然如此嗎？其實不然。袁宏道誠然是一個狂狷而疏放的人物，從他的熱烈追求個性解脫和自然眞趣說來，他是有着高蹈氣味的。他喜愛說一些玩世不恭的話，也善於發現文章中輕靈灑脫、不落凡俗的意趣。既不像杜甫那樣懷着沉鬱眞摯的心情去訴說「窮年憂黎元」，也不像陸游那樣用慷慨跌宕的筆墨去抒寫他晚年所深感的河山變色的沉痛：「淚眼河山夕照紅」（《感事》）；他衹是一面忘我地欣賞着山川風物，但另一面卻又在心靈深處縈回着蒼生疾苦。雖說他從來不曾樹起過文章要「爲時」、「爲事」而作的大旗，然而平心而論，他決非純然「象牙之塔」中的人物。他的銳利的筆鋒觸及過一切可悲、可鄙、可笑的世態，也時時觸及時政。寫於萬曆二十七年（一五九九）的《顯靈宮集諸公，以城市山林爲韻》這一組詩，可以說是相當典型的了。

顯靈宮集諸公，以城市山林爲韻（其二）

這組詩共四首，爲七言古體。內容是描敘詩人二十七歲那年他和文友在北京宮城西首顯靈宮這一個名勝詩酒聚會的情景，爲袁宏道早期之作。儘管有嘲諷之筆，但由於意在自諷，風格比較端嚴，絕無後來的浮滑之感。第一首展示了顯靈宮的概貌和它在北京城中的地理位置，並突出了那裏的重點風物——奈子花和古柏。這裏選的是第二首。它深沉地抒發了朝政日非所引起的詩人隱痛，寓悲憤於沉淪，因沉淪而自責，應該說是組詩中思想性最強的一首。第三首繼續發揮感慨，諷刺明王朝橫徵暴斂，並傾訴了這樣一種心情：處於那樣烏煙瘴氣的「人間」，眞是恨不得棄官歸隱，但事實上又不可能，結果衹能以「虛空」排遣。這首詩着重用「比興」方式，透過景物描繪來抒發憤世心情，較之前一首以「賦」爲主，比較徑直，有所不同。最後一首是全詩總結，點出顯靈宮的優美，不愧爲「消暑」勝地，而藝術形式也和前三首迥然有別。作者採用了民歌形式，重迭反襯，二者兼施，自然流暢。說明袁宏道確實是善於汲取民間文學的營養，而又能融爲他自己的獨特風格。

這組詩的主要優點是深刻而生動地表現了詩人內心深處的一種不可捉摸的情緒，既蘊藏着對眼底雲煙的愉悅感，也蘊藏着對民間疾苦的沉痛感。特別是在第二首中，這兩種情感互爲矛盾，互爲重迭，互爲消長，最爲顯著。從頭到尾，表現了作爲袁宏道審美特點的一種「動觀」，正和他在文論中極力提倡的所謂文章的「眞變態」（《敍呙氏家繩集》）。袁宏道性格好動，不耐寂寞，所以他對文學的主張，是要如「風值水而漪生」一樣地動；對自我感情的反觀，往往表現爲層層起伏。你看，開頭兩句，分明是「酒沾涕」，分明是「愁聽新朝事」，可是又爲何要「愁」、爲何要「涕」呢？祇要回顧一下當時的歷史就知道了。拚命搜刮民脂民膏的萬曆皇帝，一次又一次地派出了大批無惡不作的太監，分竄到四處八方，斂取財貨，不斷引起市民暴動。單是袁宏道寫這首詩的一年，山東臨清就出現了規模約三四千人的聚衆「逐堂」暴動。武昌人民還打了徵稅苛虐的太監特使。眞可以說是暴政橫行，民怨沸騰。但下面筆鋒一轉，鬱勃之情卻化而爲冷嘲熱諷之語。作爲朝廷公報的「神聖」文件，竟然成爲垃圾；供上朝用的禮服，也竟因爲皇帝長期不臨朝問事而棄之無用，並且已經被詩人典押給花店了。「浪跡眞無賴，狂心今若何！」（《郊外小集》）這恰是詩人寄鬱勃於佯狂的寫照。既然鬱勃，就理應把這些「憂君愛國」的心事寫入詩篇，可結果並沒有。「新詩日日千餘言」，卻偏偏「詩中無一憂

顯靈宮集諸公，以城市山林爲韻（其二）

民字」。人家問他爲什麼，詩中是這樣別開生面地回答的：「口不能答指山翠。」「口不能答」不等於「心不能答」。心裏了然，不能答之於口，這當然是萬分沉痛的事；而在袁宏道筆下，竟然把這種沉痛、嘲諷與強爲恬淡的情調融和起來，其悲慨自然就更加深一層了。

「自從老杜得詩名，憂君愛國成兒戲。」這是詩境的路轉峯回，實際上也就是對他創作中沒有寫下「憂君愛國」的變相解答。他表明並非甘於沉默，但問題是卽使提出抨擊、諍諫，也於事無補，結果衹能是取法晉人阮籍的猖狂，放浪形骸，長日酣飲。特別引人注意的是，詩人在寫到「沉醉」的同時，心靈深處，浮現起兩種互爲重疊的意象，蕩漾着兩種互爲溝通而各有不同素質的感情：一種是想起阮籍而漾起了濃濃酒香，一種是因憂君愛國而聯想到晉人索靖。索靖素有卓見遠識。當時他看出天下將亂，曾指點洛陽宮門上的銅駝，嘆口氣説：今後和你再見時大概是你埋沒在荒榛亂草中了。意思是國家旣難以保全，作爲宮闕和政權象徵的銅駝也就難以保存了。如果説濃冽的一杯春酒還多少有一些情趣的話，那麽，「銅駝荆棘」的典故，則純然是作爲歷史積澱的悲痛意象了。這裏的春酒濃濃，被詩人作爲反襯，以歡寫悲，就更爲烘托出洛陽少年的悲慟，實際也就是袁宏道的哀慟。這不僅是一般的「慟」，而是詩人一心要寄情山水以抒發鬱勃，但終於難以忘懷現實的鬱悶。春酒濃濃，而況又是有心「沉醉」，但結果卻適得其反：引來了銅駝荆棘之悲。「慟於」，這表示「進層」關係二字的深切內涵，就不難想象了。

憂君愛國之所以付與淡寫《黄庭》，是出於佯狂，出於和現實迸絶，也出於強顔地「沉醉」自遣。但歸根到底，卻又並非「沉醉」，而是沉浸在索靖式的深深悲慟之中。「眼底濃濃一杯春」分明是詩人創造的一個比現實優美的、與現實保持着一段「距離」的理想境界。它離開了「朝衣」，離開了「邸報」，相反地，與醉鄉、花市相連。然而，理想畢竟成爲虛幻。整個一首詩就是表現了這種理想之美的「距離」的亦伸亦縮的多變性，最後以美的幻滅而告終。詩人雖然在眼底雲煙中獲得一時怡悦，但民間涕淚卻和春酒淋漓成一片。

由於袁宏道縱情過度，所以較多嘻笑怒罵；由於任情有偏，不免流於浮誇和偏激。他不可能像他大哥宗道那樣，對人生、對造化靜觀諦視，也不可能像他弟弟中道那樣，用感慨蒼涼的筆意鋪寫浩瀚的意境。貫穿袁宏道一生始終的是「機鋒側出」（錢謙益《歷朝詩集小傳》丁集中）。當他寫到「距離美」幻滅時，「新朝事」帶來的憤慨就不斷烙印上他的縱恣性格和狂放氣概，並外化而爲嘻笑怒罵和噴薄而出的語言。於是在他筆下，「至尊」之物化爲卑賤；「聵聵」的自嘲暗含着朝廷的「聵聵」；「憂君愛國」也竟然成爲「兒戲」；「眼底濃濃」的現實的味覺，引出了歷史慘痛的圖景。一句話，詩人寫顯靈宮之樂之虛，突出了「新朝事」之憂之實，變得快，變得奇。兩者穿插起來，或分或合，顯出了距離美的或隱或現，正如詩人在《敍小修詩》一文中所説：「情與境會，頃刻千言，如水東注，令人奪魄。」這首短詩當然談不上「千言」，但就詩人審美感受的複雜性而言，確乎涵茹着內心的千言萬語，這恐怕也是「口不能答」的另一原因吧。

讀了這首詩，對全面了解袁宏道是大有益處的。過去有些人對他産生過不少誤解，甚至各取所需，把袁宏道歪曲成爲一個俚俗詼諧而又善於插科打諢的無聊文人，這眞是極大的冤枉。誠然，他的性情中不是沒有幽默，他的筆也不是沒有偶或油滑之處，不過從其人其文的總體説來，他是有面向黑暗的勇氣和在一定程度上抨擊暴力的精神的。在公安派中，相對地説，他是一個比較能睜開眼睛看現實的驍將，缺點祇是當他寓目於民間疾苦時，往往把視線轉移到山川風物之中，企圖用眼底雲烟去陶醉自己，但其實最後也並沒有眞的能忘懷現實，拋卻苦悶。祇要看一下他寫過這詩後五年，卽三十七歲生日時所作的《甲辰初度》一詩，對他的胸中塊壘便可以了然了。「勸我爲官知未穩，便令遺世亦難從。」想遺世而實際是有所未甘，但有時也不免有幾分遺世。

「眼底雲煙」是他的畢生愛好，但對當時確乎使詩人觸目驚心的民間涕淚説來，卻也是一種苦痛的無可奈何的寄託。這首詩末句的一個「慟」字，畫龍點睛地爲作品奠定了基調。

（吴調公）

櫂歌行

袁宏道

妾家白蘋洲，隨風作鄉土。弄篙如弄鍼，不曾黏一縷。四月魚苗風，隨君到巴東。十月洗河水，送君發揚子。揚子波勢惡，無風浪亦作。江深得魚難，鸕鷀充餻臛。生子若鳧雛，穿江復入湖。長時剪荷葉，與兒作衣襦。

這首《櫂歌行》是《袁宏道集•瓶花齋集》一組擬樂府詩中的一首，原組詩共十七首，基本上係模擬漢代樂府詩的作品。關於這組詩的寫作緣起，詩人寫有一篇小序：「樂府之不相襲也，自魏、晉已然。今之作者，無異拾唾，使李、杜、元、白見之，不知何等呵笑也。舟中無事，漫擬數篇，詞雖不工，庶不失作者之意。具眼者辨之。」可見詩人運用樂府詩體寫作，無論形式與內容，均有其寓意與寄託，絕非隨意信筆而爲。

詩寫於明萬曆二十六年戊戌（一五九八）。這一年袁宏道三十一歲，正值吳縣縣令官解職後第二年初春居家，得兄袁宗道書信，邀進京任職，便啓程赴京，暮春抵達，繼授京兆教官。從吳縣縣令官解職到進京後與兄、弟及諸友人結「蒲桃社」期間，正是袁宏道對時局不滿與關注、思想苦悶與矛盾時期，《瓶花齋集》集中反映了這一段時期的思想感情。《櫂歌行》作爲赴京途中產生的一首詩，表現了詩人對社會與民生疾苦的關切。有趣的是，詩寫於舟行途中，而詩題《櫂歌行》恰與之相契：櫂，劃水行船（也指劃船工具或船）；櫂歌，船工行船時所唱之歌。

這是一首通篇以第一人稱「妾」自敘的具有抒情味的敘事小詩。全詩文字質樸無華、平淡無奇，是典型的樂府詩的模擬形式。我們讀此詩，眼前宛若展現一幅水墨畫，明代漁民漂泊江湖、打魚謀生的艱難情景於此可窺一斑。

詩以主人公「妾」的自敘開頭，首先給讀者以一種親切、自然之感。「妾家白蘋洲，隨風作鄉土」首二句開門見山，緊扣詩題：白蘋洲——這是江河中的一個沙洲，居住於此，本非佳處，乃漁民職業所致，卻還要不斷變更——漂泊浪跡、隨風而往、隨風而宿，四處爲家，處處是家，這就與《櫂歌行》無疑相切了；或許，詩人所乘之舟的主人，是既載客又打魚的漁民船工，所唱之歌乃自身生活的眞實寫照。妙在「隨風作鄉土」句，生動地顯示了漁民生活的特點，也暗寓了隨之而來的艱困之狀：漁民爲了打魚，不得不穿江走湖，其「鄉土」自然祇能「隨風」而行，或東或西，今南明北，漁民生活的困境由此可見，這是其一；其二，詩句又爲下文詳述困苦之狀作了提示，接踵而至的一幕幕生活寫照：「四月魚苗風，隨君到巴東」、「十月洗河水，送君發揚子」、「穿江復入湖」，豈非都因此而生？可以說，「隨風作鄉土」以顯示本質生活特徵的形式籠蓋了整首詩的內容，起到了綱舉目張的效果，於此我們也足見詩人匠心之獨運。

三、四句比喻形象而又貼切：既是漁民，必須弄篙，此本常理，而詩人妙在以弄鍼（針，鍼古通）作比喻，說「弄篙如弄鍼，不曾黏一縷」，弄篙而至如穿針引線一般嫻熟，可不黏一縷，足見弄篙技巧之高。作爲一般的比喻，話說到此已足够，然而問題的實質恐不止此。作爲一個女子，能弄篙如弄鍼，應該說實屬不易，言外之意，生活的艱難與打魚的實踐，已使她這個婦道人家儼然成了一位弄篙的行家裏手了；用弄針線比喻弄篙，十分恰切，完全符合「妾」的人物身分；然而更主要的，這個比喻還透露了一點：正因爲常弄篙，運用篙的水平達到了弄鍼（針）的水平，弄針就不可能也不現實了，爲什麼？一無時間，二無條件（衣料），長期行船、浪跡水上，何來針線活做？詩尾一句更作了形象註腳：「長時剪荷葉，與兒作衣襦」。漁民生活之艱困於此又見。

緊接着四句，展示了漁民漂泊生活的形象眞景，是一幅幅具體的畫面。前面說「隨風作鄉土」，「風」

指什麼風？這裏作了圖解：「魚苗風」，也卽魚訊之風，還有季節風。「四月」「十月」，是虛實結合的月令。實者，每年此時，必要「到巴東」（湖北、四川縣境）、「發揚子」（長江），非如此不能捕到魚；虛者，這「四月」與「十月」並非一年如此，而是年年歲歲均如此。由此，讀者自可明曉，詩人寫「隨風作鄉土」句具體內在涵義的實處了。注意「隨君」、「送君」兩詞，詩是以「妾」身分寫的，因而詩人始終不忘扣住主人公形象，兩個動詞「隨」與「送」，點明了「妾」在家庭關係中的身分、與丈夫的依附關係，也深刻表現了她與丈夫患難與共、休戚相關的眞摯感情。

詩人寫到「送君發揚子」，意猶未盡，繼之是「揚子波勢惡，無風浪亦作」，這兩句可以說是承上啓下：妾送君發揚子，臨別時當叮嚀再三，因爲生活的磨難告訴她，揚子不好對付，「無風浪亦作」，夫妻感情驅使她本能地要向丈夫囑咐關照；而揚子的「波勢惡」，又導致了打魚難，故而「江深得魚難」自然成了順理成章之事，詩人的巧運匠心可謂盡矣。這還不够，詩旨的本意要展現漁民生活之疾苦，由「得魚難」，也就引出了漁民無以充饑的結果，於是乎，衹能殺捕魚工具——鸕鷀來充當糕和肉羹了，可悲復又可嘆！日後生活怎麼辦？不言自喻。

更令人不忍卒讀的是末四句，這是催人淚下的一筆，它照應了前所述「弄篙如弄鍼」也照應了篇首「隨風作鄉土」：正由於一家子生活是「隨風作鄉土」，才會導致剛出世的孩子如同鳧雛——小鳥一般穿江入湖，漂泊水上；正由於弄針線的母親棄針線而弄篙，無條件弄針線，孩子便衹好長時期地以荷葉蔽體御寒了。多麼悽慘，多麼可憐！詩人縝密的針腳將一幅漁民水上生活的畫卷完整而又令人感嘆地展示畢現，人物形象及其豐富複雜的感情透過畫面得以充分地表露。

樂府詩的特點在於平易樸實，易讀易曉，而又深刻反映現實生活。此首《櫂歌行》可謂達到了樂府詩形神兼備的效果，詩人自身的感情也無疑於「妾」的自敍中有所寄寓。對照郭茂倩《樂府詩集》收錄的十二首《櫂歌行》，不能不承認，袁宏道此作無論形式與內容均遠高於它們。《樂府詩集》中梁簡文帝一首開頭也是「妾」自稱，首句「妾家住湘川」句式用語與袁詩頗爲相似，然其題材內容、格調情趣等與袁詩不可同日而語。袁宏道主張「擬古而不泥古」、「非從自己胸臆流出，不肯下筆」，明人曾可前《瓶花齋集序》謂：「其於詩復自出機杼」，《櫂歌行》乃是典型體現之一。

（徐志嘯）

滿井遊記

袁宏道

燕地寒，花朝節後，餘寒猶厲。凍風時作，作則飛砂走礫。局促一室之內，欲出不得，每冒風馳行，未百步輒返。

廿二日，天稍和，偕數友出東直，至滿井，高柳夾堤，土膏微潤，一望空闊，若脱籠之鵠。於時冰皮始解，波色乍明，鱗浪層層，清澈見底，晶晶然如鏡之新開，而冷光之乍出於匣也。山巒爲晴雪所洗，娟然如拭，鮮妍明媚，如倩女之靧面而髻鬟之始掠也。柳條將舒未舒，柔梢披風，麥田淺鬣寸許。游人雖未盛，泉而茗者、罍而歌者、紅裝而蹇者，亦時時有。風力雖尚勁，然徒步則汗出浹背。凡曝沙之鳥、呷浪之魚，悠然自得，毛羽鱗鬣之間，皆有喜氣。始知郊田之外，未始無春，而城居者未之知也。

夫能不以游墮事，而瀟然於山石草木之間者，惟此官也。而此地適與余近，余之游將自此始，惡能無紀？己亥之二月也。

滿井遊記

袁宏道是明代公安派代表人物。針對前後七子「文必秦漢，詩必盛唐」，字摹句擬，製造贋鼎僞觚的風氣，他大聲疾呼：創作要充分發揮自己個性，不要從人腳跟，要「獨抒性靈，不拘格套，非從自己胸臆流出，不肯下筆」（《敍小修詩》）。他把死學古人的做法斥之爲「糞裏嚼渣」、「順口接屁」、「一個八寸三分帽子人人戴得」（《與張幼宇書》）。他強調文學要「眞」，要有眞知灼見、眞情實感，要從「假人假言」，也就是從「文以載道」的封建文學觀中解放出來。這種尊重個性、要求解放，反對傳統的文學主張，使他的創作充滿着由儒、道、禪混合的自由放縱思想。袁宏道一生創作了大量山水遊記，在他筆下，秀色可餐的吳越山水，堤柳萬株的柳浪湖泊，風清氣爽的眞州，春色宜人的京兆，皆着筆不多而宛然如畫。這些山水遊記信筆直抒，不擇筆墨。寫景獨具慧眼，物我交融，怡情悅性。語言清新流利，俊美瀟灑，如行雲流水般舒徐自如。《滿井遊記》可算其代表作之一。

燕地寒，花朝節後，餘寒猶厲。凍風時作，作則飛砂走礫，局促一室之內，欲出不得。每冒風馳行，未百步輒返。

名爲「遊記」，下筆不寫遊，而寫不得遊，宕開一筆，背面傅粉。以「出不得」，引起人們對出遊的關注。

廿二日，天稍和，偕數友出東直，至滿井。

筆鋒一轉，進入遊記實寫。交待了時間：廿二日，地點：滿井。滿井系北京東北郊的地名，據《帝京景物略》記載：「該地有一古井……井高於地，泉高於井，四時不落。」

簡潔而準確地點明遊記的時間地點後，作者便由遠及近，由面及點，層次分明地記遊：

> 高柳夾堤，土膏微潤，一望空闊。如脫籠之鵠。

這是滿井鳥瞰。衹用十二個字，就凝煉、灑脫、富於感情色彩地把春景勾勒出來。即景生情，初睹春光的作者感到自己像籠子中飛出來的天鵝。寥寥數語，完成了面的描繪，即移步換形，以細膩而充滿詩情的筆調，東鱗西爪地點染滿井的秀麗風光：

> 於時，冰皮始解，波色乍明，鱗浪層層，清澈見底，晶晶然如鏡之新開，而冷光乍出於匣也。山巒爲晴雪所洗，娟然如拭，鮮妍明媚，如倩女之靧面而髻鬟之始掠也。柳條將舒未舒，柔梢披風，春田淺鬣寸許。

始寫水，繼寫山，後寫田野。三組優美的特寫鏡頭，勾魂攝魄地凸現了早春二月獨有的特點。作者一方面通過對自然景色的眞切觀察，抓住了最能體現早春生機盎然特點的景物：河面浮冰剛剛溶化；山巒積雪剛剛消融；柳條鵝黃初染，春苗冬眠初醒。另一方面，借助於遣詞用字的高度技巧，突出這些景物的個性，加重早春色彩。「冰皮始解」，一個「始」字，使時間性更加鮮明；柳條將舒未舒也是早春的特點，不會是暮春的景物。這些特徵性景物組成一幅層冰解凍，波光粼粼，山川氤氳，田野生機勃勃的圖畫，給人以高度諧和的美的享受。作者意猶未盡，更給這些景物一些生動、貼切的比喻，使之可感、可觸、可信：一池春水清亮得如同新開之鏡、出匣寶劍；座座青山秀麗得好像晨妝少女。正寫側寫並用，辭彩藻飾飾染，「如剝蕉心，愈剝愈出」，明媚秀麗的滿井如在目前。

唐朝張彥遠《論畫體》說：「夫畫物特忌形貌彩章，歷歷具足，甚謹甚細而外露巧密。所以不患不了，而患於了；既知其了，亦何必了。」袁宏道的《滿井遊記》便符合這種藝術辯證法。他不是把滿井春景纖毫畢露地一一羅列，而是攫取最具典型性的事物，「以少總多，情貌無遺」（劉勰語）。祇用山、水、田野三個點，與「一望空闊」的面結合，便盡形盡致地寫活了初春的滿井。

良辰美景，令作者如「脫籠之鵠」。

隨後，作者寫出了移情入景的神來之筆：

> 凡曝沙之鳥，呷浪之魚，悠然自得。毛羽鱗鬣之間，皆有喜氣。

眞是珠排字字圓！袁宏道的山水遊記善於把人的感情與景物水乳交融，此文則採用了心境物化的手段，把無形的情思化爲有形的景物，這就是黑格爾講的：「人把他的環境人化了」，「人把他的心靈的定性納入自然物裏」（《美學》）。淸代江堤《彥沖畫柳燕》詩說的：「柳葉西出葉向東，此非畫柳實畫風。風本無質不上紙，巧借柳枝相形容。」（《服敔堂詩錄》）以有形狀無形，曲徑通幽。《滿井遊記》中「毛羽鱗鬣」的「喜氣」，曲折、巧妙而韻味十足地表達了作者對春景的欣慕喜悅之情。這也是一種誇飾手法。王充《論衡•感虛》說：「瓠藝鼓瑟，淵魚出聽；師曠鼓琴，六馬仰秣。」以生物的反映極寫音樂的魅力；「曝沙之鳥，呷浪之魚」的喜氣，更顯出春光的和煦。有「木猶如此，人何以堪」的意味。

古代散文家常有意無意地在文章中塑造自己的形象，散文如折光鏡，映出作者，映出時代。袁宏道淸新俊逸的山水遊記恰如他任性而發、狂放不羈的爲人。他把做官看作是「猢猻入籠中」，「世人莫道烏紗好，君獨垂頭思豐草」（《述內》）。《滿井遊記》是他晚年之作，寫於萬曆二十七年（一五九九），其時，他在禮部作官，雖然官務淸閑，不像當吳中縣令時「苦瘦苦忙」、「進退狼狽」，但汚濁的官場仍使他嘗盡百暖百寒、乍陰乍陽的人間惡趣。春在溪頭芥菜花，當他遇見嫩柳迎風、魚翔淺底的青山綠水時，他彷彿恍然大悟：人間不是沒有春光，人生不是沒有樂趣！在遊記的最後，他便直抒感興：

始知田郊之外，未始無春，而城居者未之知也。

夫能不以游墮事，而瀟然於山石草木之間者，惟此官也。而此地適與余近，余之游將自此始，惡能無紀？己亥之二月也。

袁宏道之弟袁中道說中郎的文章「出自靈竅，吐於慧舌，寫於銛穎，蕭蕭泠泠皆足以蕩滌塵情，消除熱惱」，甚至說袁中郎晚年之作「無一篇不警策」。這或許愛屋及烏，有過譽之嫌。但《滿井遊記》的確當得起「健若沒石之羽，秀若出水之花」的讚語，是一篇令人百讀不厭的山水小品。

（馬瑞芳）

遊高梁橋記

袁宏道

高梁橋在西直門外，京師最勝地也。兩水夾堤，垂楊十餘里，流急而清，魚之沉水底者，鱗鬣皆現。精藍棋置，丹樓珠塔，窈窕綠樹中。而西山之在几席者，朝夕設色以娛游人。當春盛時，士女雲集，縉紳士大夫，非甚不暇，未有不一至其地者也。

三月一日，偕王生章甫、僧寂子出游。時柳梢新翠，山色微嵐，水與堤平，絲管夾岸。趺坐古根上，茗飲以爲酒，浪紋樹影以爲侑，魚鳥之飛沉，人物之往來，以爲戲具。堤上游人，見三人枯坐樹下若癡禪者，皆相視以爲笑。而余等亦竊謂彼筵中人喧囂怒詬，山情水意了不相屬，與樂何有也。少頃，遇同年黃昭質拜客出，呼而下，與之語，步至極樂寺觀梅花而返。

晚明一代的詩文，是以復古爲風尚的。自明初開始，由於文學的繼承和政治局面等原因，復古的傾向就很嚴重，中間出現「三楊」倡導的「臺閣體」，它的內容和風格都很平庸，於是一些有志之士便進一步公開提倡復古以矯靡弱的文風，自弘治、成化年間直到萬曆初年，文壇一直是復古風氣佔統治地位。復古主張之提出是有其針對性的，對於被八股取士及「臺閣體」文風所造成的讀書人知識範圍狹窄、文風庸衰來說，有一定的積極意義。但這種復古祇是以模倣古人爲尚，缺少革新，無論在理論上或創作上都表現得比較機械簡單，且側重形式，所以這種復古並沒有使傳統樣式的詩文走上發展的道路，而是走進日趨僵僕的死胡同，帶來了文學危機。

萬曆初，文壇上出現了反復古的新文學運動，倡導者是公安派袁氏三兄弟。他們對當前的模擬復古的文風極爲不滿，又受到一些前輩的影響，如李贄這個敢於批判傳統，向道學挑戰的思想家，如徐渭、湯顯祖這些在創作上能够破執縛，不爲復古風所困的作家，都是這次反復古運動的先驅。袁宏道說：「慨模擬之流毒，悲時論之險狹，思一易其弦轍。」他們對於復古派提倡下的「強爲大聲壯語，千篇一律」的詩風，「庸談陳詁，千篇一律」的文風，以及「句比字擬，務爲牽合」的擬古惡習，深惡痛絕。袁氏兄弟著論、創作皆強調文學應隨時世而變化，主張寫發自性靈的眞文字，一時響應者很多。錢謙益評論說：「中郎之論出，王李雲霧一掃，天下之文人才士始知疏瀹心靈，搜剔慧性，以蕩滌塗澤之病，其功偉矣。」（《列朝詩集小傳》）他們寫出的小品文是他們理論的實踐。這種小品無論內容、取境、篇幅、手法、甚至句式辭語，都一反古來大塊文章特別是明代復古派文章的陳腐舊套，給人一種清新眞實的感覺，文章雋永，情韻生動。它雖然不過同幽花小草之新奇悅目，不過如山間溪水之淙淙悅耳，並無奇雄山水之壯闊宏偉，也無江濤海浪的大聲鏜鎝，卻是在陳腐得使人窒息的文壇上的一股清芬，顯示着生機。魯迅先生在《小品文的危機》中說「明末的小品雖然比較的頹放，卻並非全是吟風弄月，其中有不平，有諷刺，有攻擊，有破壞」（《南腔北調集》）。概括地指出晚明小品文的內容特點，說明它還是有它的積極意義的。

下面我們以袁宏道的《游高梁橋記》爲例，來欣賞一下晚明小品。

這篇小文在二百四十多字內，寫出了北京西直門外高梁橋的景色與此遊的興趣，作者的情趣與物境融合在一起，十分動人。前一段中，山、水、堤、樹、廟宇、遊人，無一不寫到，位置、色彩、氣氛、動態，隨筆而出現，景物清晰，色調鮮明；後一段着重在寫作者的感受。這一段除去那些描畫景致之筆，在寫自己的遊興、姿態時，用寥寥數語就寫得神情如見，栩栩生動。文中還用明比暗襯來寫出自己的清高之趣，表現了高於世俗的自得之情；不僅情景交融，創造出意境，而且還有一種韻外之致。

同一景境，由於欣賞者懷抱、情感、趣味之不同，所引以爲樂者也不同。北京城中耳目塵囂，所以春遊至郊外，是厭於城居者尋求散心怡神的共同的行動。但是，怎麽個遊法，則有情趣雅俗高下之分。袁宏道在本篇文中，記別人來遊是「士女雲集」，設「筵」張席[一]，「絲管夾岸」，「喧囂怒詬」；記自己，則是「趺坐古根上，茗飲」觀賞。不僅「浪紋樹影」可以「爲侑」佐興，而且將「魚鳥之飛沉，人物之往來」當作「戲具」，供曠目怡神，沉醉於自然中。他以爲，領會山情水意才是春遊的意義，何必擁擠在人羣中去步水量山！祇需擇地而坐，以超然物外的姿態觀覽便可。在別人看來「如癡禪者」，正是入了得意忘言之境。很明顯，本文作者是以情趣高於其他遊人而自豪的。他的取境是爲了表現他的這種襟懷、趣味的，他所記的自己和朋友在這「精藍棋置，丹樓珠塔，窈窕綠樹」、遊人喧囂的環境中，用迥異乎常人的「凝禪」情狀出現，是有鮮明的對比效果的。在這背景上，僅用幾筆點染，在映襯之中，他們的形象就凸起了。他們的趺坐古根的神態，又恰是與這郊遊的「野意」相合，情境是完整而統一的。在這對照下，那種把歌吹飲宴搬到山光水影中來的做法，確實是與「山情水意，了不相屬」，俗氣逼人。

[一] 參見作者《暮春同黃無淨、曹季和、黃昭質、家伯修游高梁橋》詩。中有句如「閹貴馬嘶風，挾彈睫前過」、「隨蔭即張席」、「高車載美酒」等。他所蔑視的塵俗遊人，是閹貴富豪，他的不阿附權豪豔羨富貴的態度可從中看出。

這篇遊記不僅在總的抒寫上具形象氣韻，而且下語簡潔準確，摹寫生動，如：「兩水夾堤，垂楊十餘里，流急而清，魚之沉水底者鱗鬣皆現」，「西山之在几席者，朝夕設色以娛游人」的生動描寫，「非甚不暇，未有不一至其地者也」的簡而準確的說明；又如寫遊人見到他們枯坐「皆相視以爲笑」一句，既寫出了遊人的情態，更寫出了二者間精神境界的距離，因爲他把這種不了解之情態寫得眞切生動（而且又那樣簡潔），所以他的自得之情自然流出，增添了那種冷雋的意味。

在這種小文中，不僅描寫抒情生動，而且記敍交代清楚。更由於沒有什麼框子、套語，篇幅可長可短，句式單偶不拘，似乎目之所見，心之所想，隨筆抒寫，有自然流水之妙。袁宏道是小品文大家，他把「獨抒性靈，不拘格套」的理論付諸創作實踐，寫出很多優美而有獨到風格的作品。

當然，晚明小品雖是反復古的新文學運動的產物，它也還是有著對傳統的繼承的。我們這裏不作全面的論述，僅指出六朝的小賦及書簡（如《與宋元思書》），就可以看出二者無論內容或藝術上的借鑒與相承的關係。

晚明小品，首先是寫士大夫、讀書人的情懷的小品，它強調趣味、清新，自我抒發的多，干預社會的少，缺少社會性及戰鬥性。有的文章雖也能從中見到作者對社會對國事的不滿和憂慮，但大多是間接的反映。其次，由於他們強調性靈，又避免落套，所以在藝術形式上也力求做到新奇與空靈，做得好的自然是文、境俱佳，但做得不好的就難免出現文字怪、俚，情境恍惚，內容閃爍不易把握，而且思想浮淺等種種毛病。這些弊病在袁宏道以後的一些作家手中是出現了，所謂「以信筆塗抹爲文字」（王夫之語），「爲芸夫蕘豎面目」（朱彝尊語），「矜其小慧，破律而壞度」（《四庫全書總目提要》）之評，雖是苛刻，要之確有流弊，不僅清人對之作這種批評，卽在袁小修（中道，宏道弟）於宏道死後十多年時所作的辯解與修訂的理論中也可看出。（李愛冬）

虎丘記

袁宏道

虎丘去城可七八里。其山無高巖邃壑，獨以近城故，簫鼓樓船，無日無之。凡月之夜、花之晨、雪之夕，游人往來，紛錯如織，而中秋爲尤勝。

每至是日，傾城闔戶，連臂而至。衣冠士女，下迨蔀屋，莫不靚妝麗服，重茵累席，置酒交衢間。從千人石上至山門，櫛比如鱗，檀板丘積，樽罍雲瀉，遠而望之，如雁落平沙，霞鋪江上，雷輥電霍，無得而狀。

布席之初，唱者千百，聲若聚蚊，不可辨識，分曹部署，競以歌喉相鬥，雅俗既陳，妍媸自別。未幾而搖首頓足者，得數十人而已。已而明月浮空，石光如練，一切瓦釜，寂然停聲，屬而和者，才三四輩。一簫，一寸管，一人緩板而歌，竹肉相發，清聲亮徹，聽者魂銷。比至深夜，月影横斜，荇藻凌亂，則簫板亦不復用；一夫登場，四座屏息，音若細髮，響徹雲際，每度一字，幾盡一刻，飛鳥爲之徘徊，壯士聽而下淚矣。

劍泉深不可測，飛巖如削。千頃雲得天池諸山作案，巒壑競秀，最可觴客。但過午則日光射人，不堪久坐耳。文昌閣亦佳，晚樹尤可觀。面北爲平遠堂舊址，空曠無際，僅虞山一點在望。堂廢已久，余與江進之謀所以復之，欲祠韋蘇州、白樂天諸公於其中；而病尋作。余既乞歸，恐進之之興亦闌矣。山川興廢，信有時哉！

吏吳兩載，登虎丘者六。最後與江進之、方子公同登，遲月生公石上。歌者聞令來，皆避匿去。余因謂進之曰：「甚矣，烏紗之橫、皂隸之俗哉！他日去官，有不聽曲此石上者，如月！」今余幸得解官稱吳客矣。虎丘之月，不知尚識余言否耶？

明代中葉以後，隨著經濟中心的南移，資本主義萌芽首先在江南地區發生，散文的審美對象也愈來愈以這個地區爲中心，晚明山水小品中這類散文就多有出現。袁宏道的這篇《虎丘記》是其中的代表作品。

首句交代虎丘名勝的方位「去城可七八里」，誠然爲一般記遊散文所需交代的文字，但爲下文埋設了意脈。儘管「其山無高巖邃壑」，卻因其「近城」而吸引了絡繹不絕的遊人。這樣，作者就確定了他的審美重心，不在林泉巖壑，而在遊人旅客，以及他們縱遊虎丘的情景圖畫。「簫鼓樓船，無日無之」，以「無……無……」的雙重否定的句式，強調了日日如此、月月如此的頻率和密度。「凡月之夜，花之晨，雪之夕，遊人往來，紛錯如織」，在上文的意緒上遞進了一層，突出了「月」、「花」、「雪」這三個時節對於遊人的誘惑力量。作者所用「無日無之」、「紛錯如織」還是概括性較強的語言，所給予讀者的是總體印象，而具體的細緻描述則在後面進行，留下審美空間。「而中秋爲尤勝」，文意以「而」字形成轉折，以「尤」字造成迭進。描述畫面經過幾次的遞進，中心便確定下來了。

需要指出的是，《虎丘記》不是某一次遊覽的當時實錄，這從後文「登虎丘者六」的次數可以看出。也不是某一個中秋日的情景記實，從時間觀念上看，顯係事後追述；從空間觀念上看，是六登虎丘的映象的綜合描述。而綜合映象中的特定意象則是虎丘中秋。這種記遊散文的時空觀念是饒有新意的。「每至是日」，就透現了這種非以某一中秋，而是概括幾個中秋特徵的審美意象。一旦進入具體的情景描述，作者就顯得墨色潤暢；筆態飛舞在虎丘山前山後，構成一幅全景俯瞰圖。從「傾城闔戶，連臂而至」開始，拉開了這幅全景圖的描述畫面。「衣冠士女，下迨蔀屋，莫不靚妝麗服，重茵累席，置酒交衢間。」這裏的「衣冠士女，下迨蔀屋」把「傾城闔戶」具體化了，作者特別點出「蔀屋」，把下層市民也包括進去。在盛大的郊遊行列中已有廣大的市民參加，這反映了明代的特點，張岱的《西湖七月半》就有類似的情景描繪。和古典意味的山水遊記不同，和以單純的自然景象作描述對象不同，這裏更多地表現了市民層的郊遊生活，或者說，作者是把「衣冠士女」和「蔀屋」的市井細民作爲同一的對象來描述。作者不是從自然山水本身獲取詩情（他明確地認爲「其山無高巖邃壑」），而是在「蔀屋」市民參加的遊覽熱潮中覓得了新鮮的審美感受。這種審美感受反映了明代時代審美理想和意緒的特徵。「莫不靚妝麗服」的打扮裝飾，「重茵累席」的席地而坐，「置酒交衢間」的旅遊方式，都有濃重的世俗情味，較少古典色彩。作者在縱意描述之後，猛然拉成一個大鏡頭：「從千人石上至山門，櫛比如鱗，檀板丘積，樽罍雲瀉，遠而望之，如雁落平沙，霞鋪江上，雷輥電霍，無得而狀。」作者以遠眺作爲審美視點，在縱橫交織的鋪衍勾畫中鋪之以誇張，間之以比附，形成一氣如注的滔滔文勢。「從千人石上至山門」，是空間範圍的概括，形成畫面的横向開闊感，吻合著遠望的審美視覺特徵。「從……至……」的提頓，一連出現「櫛比如鱗，檀板丘積，樽罍雲瀉」三句比喻中兼具誇飾的描繪。像梳齒一樣靠攏的遊人，是對其密度的形容。「檀板」暗勾下文「唱者千百」，「樽罍」隱聯上文「置酒交衢」，内脈密合。如丘積、如雲瀉的比喻誇張，既是繪其郊遊的特定情景，更是形容遊客如雲的盛況，服務於本段的審美重心。連用四個四字結構句，其目的是在蟬聯而下的文句中形成文勢的氣沛暢達。行文至此，於「遠而望之」四字，回攏到主體的視點上來，文氣稍有提頓，遂發爲奇穎的比喻句：「如雁落平沙，霞鋪江上，雷輥電霍。」「雁」句言其盛，「霞」句言其色，「雷」句言其聲，聲色交錯，染色於畫卷，傾聲於畫外，連珠式的四字結構句型，同樣有文勢的波蕩，有主體讚美之意。比喻句的聯綴，既形成氣勢的噴注，又使描述對象的瑰麗色彩及其喧闐聲勢具體化了。比喻是求取形象的確定内涵，而旋即跳成「無得而狀」作爲本段的收煞，意緒得以翻變，是比喻的具體到抽象的概括，旨在說明這一切情景都是無法用比喻而得其盛狀的。唯其用「無得而狀」的模糊語，才更顯示這幅雲蒸霞蔚般的郊遊圖的美不勝收。

在全景圖的空闊而舒卷的縱意渲染和鳥瞰拍攝之後，作者進入具體細緻的藝術描繪。而這一藝術描繪在審美選擇上的别開生面是扣住一個「唱」字，筆墨由疏放趨向深細。「唱」的聽覺形象最能顯示有市民層參加的虎丘中秋郊遊的特徵，也最能體現作者的審美趣味。因而，本文審美重心的確定導源於主體的審美欣賞意識的定向功能，使中秋時節的虎丘情景描述在審美選擇上顯得別具一格，另奏風調。而這一大段描述又獨特地借助於「布席之初」到「未幾」、「已而」、「比至」的表示時間觀念的詞語的微變，帶動出意象的輕轉，使一幅幅情狀圖畫冉冉撲來。而這一切，以「露」的筆墨出之，牽引了「藏」着的主體審美趣味的變化，其用筆如此，堪稱精妙。中郎描述的這一聲態情景是流動、變化的，即由繁鬧到幽靜。「聲若聚蚊，不可辨識」，「歌喉相鬥，雅俗既陳」，嘈雜的聲浪，莫之能辨，是中秋虎丘熱烈情景的生動、具體的寫照，但不是作者審美的最終目標，他所欣賞的是「一簫，一寸管，一人緩板而歌，竹肉相發，清聲亮徹」，是「一夫登場，四座屏息，音若細髮，響徹雲際」，可見，作者審美上所追求的是清幽而又明亮的聲態。而這一聲態又是產生於「明月浮空，石光如練」、「月影橫斜，荇藻凌亂」的幽靜而又雅麗的環境之中。聲、色、境以明麗的格調和交融的整一形式出現，才是作者審美意趣的眞正寄託者。他從這裏獲得了審美感受，確定了他獨特的審美個性，他爲之神馳和擊節的不是鐘鼓齊鳴的交響樂，而是輕悠亮徹的小夜曲。藝術作爲主體對於客體的審美觀照，作者的審美趣味在選擇過程中顯示出獨特的主導作用，由此又產生出作者獨特的審美評價：「聽者魂銷」「飛鳥爲之徘徊，壯士聽而下淚」。這一大段作爲全文描述重心，不是在橫長的空間感上取勝，而是在時間的不斷推移上使意、境導向深入，並以鮮明的層次加以顯示。値得細加玩索的是，這一大段聲態描述的時間、人數、主體審美趣味是密切融合而又同步推進的。布席之初——唱者千百；未幾——數十人；已而——三四輩；比至——一夫。從不可辨識，到音若細髮，卻響徹雲際。境界每一移位，則主體審美情思便深入一層，如螺絲鑽木，又如開溝掘井，直至審美的核心地帶，發露最主要的審美情趣爲止，即「飛鳥爲之徘徊，壯士聽而下淚」。這裏時域的按步換形，帶來審美趣味的穿堂入室。

聲態描述至此已是情盡意滿，作者才突然抽出筆來，寫到虎丘的自然山水景象：「劍泉深不可測，飛巖如削」，這一飛來之筆似與上文意脈不相關涉，大有突兀而起之勢。而這一點恰恰體現了袁氏「公安派」的審美主張。「獨抒性靈，不拘格套」（袁宏道：《敍小修詩》），「信口而出，信口而談」（袁宏道《與張幼于》），興之所至，不拘成法，顯得灑脫自如，擒縱自便。到這一段，全文才寫到游虎丘的主體「我」，這和傳統的山水遊記筆法大相徑庭。而主體登臨時的特點又不是逕渲紙面，而是隱藏在直接形象之中，引導人們去體味間接形象的存在。「千頃雲得天池諸山作案」，天池山簡直像是千頃雲山的几桌一樣，這是在形象與形象間的對比中加以突出，反襯出千頃雲的高，也顯示出主體審美視點的高。「面北爲平遠堂舊址，空曠無際，僅虞山一點在望」，這又顯示出主體的視線之遠。這一段直接描述虎丘劍泉一帶的自然景象的文字，作者彷彿隨意拈出，稍加輕塗，沒有腴言蕪詞，一切顯得質直潔爽，而一切又無不蘊含着主體的審美感受，成爲袁宏道審美主張「獨抒性靈，不拘格套」、「情與景會，頃刻千言」（《敍小修詩》）的實踐。例如，見千頃雲之峻高，巒壑競秀，生發出的「最可觴」的情趣；「過午則日光射人」所產生的是「不堪久坐」的感受；至於欲祠韋蘇州、白樂天，卻因事過境遷而未成，最終還是「興闌」所致。主體的審美感受在所有物象的描述中成爲歸結和出發點，這正體現了袁宏道山水遊記的基本特色。

最後一段，就更具有感受性了。「吏吳兩載，登虎丘者六。」袁宏道於萬曆二十三年（一五九五）至萬曆二十五年（一五九七）任吳縣縣令達兩年時間，登臨虎丘有六次之多。可見，他對虎丘山水的留連的感受之深，由此也透露了他寫《虎丘記》是綜合概括再加審美選擇的構思特色。最後一次是「與江進之、方子公同登，遲月生公石上」，這一次所見月是怎樣的嬌妍，因與主體感受的發露關係不大，就略而不寫。作者從「歌者聞令來，皆避匿去」的情景中，感喟繫之，「甚矣，烏紗之橫、皂隸之俗哉」，顯露了對官祿的鄙夷。這一點，跟他《與丘長孺書》所表達的對苟且蠅營的官場生活的鄙薄之情，同歸一源。對官場生涯的目擊，「歌者聞令來，皆避匿去」的隔膜，深化着袁宏道的內心苦悶。這種隔膜使得他無法領略「聽曲此石上」的迷人情趣。這是袁宏道審美個性和所處地位產生出來的尖銳矛盾，這一矛盾在當時的特定內涵體現爲感性和理性的衝突。而這一矛盾所引起的內心刺激，生發出解決矛盾的根本辦法是「去官」，正因爲如此，他才有「他日「有不聽曲此石上者，如月」的決絕誓詞，才有「解官稱吳客」的慶幸，才有「虎丘之月，不知尙識余言否耶」的對月發問。六登虎丘，最後一次的刺激成爲袁宏道呈請解官的重要契機。明乎此，我們才會明瞭這位以發抒主體感受爲特徵的「性靈說」的倡導者的審美個性的執著，也才會明瞭他辭官後審美個性得到無所拘制的發展，寫下《晚遊六橋待月記》的原因所在了。

總之，《虎丘記》以作者的感受作爲內脈，這裏有審美感受和環境的審美場的矛盾，這種矛盾本身就具有感受性質。通篇寫山水少，寫遊況多，均發軔於作者的審美感受；文勢時有騰挪，意象或作變化，一路寫來，均有作者感受的隱隱跳躍。感受深者，則用墨如注；感受淺者，則微微點染。不拘於自然山水散文通常受客體對象規範的傳統筆法，顯示出審美感受作爲觀照萬物的「性靈」特徵。作者對世俗情趣的郊遊濃墨潑灑，主體感受的往返流轉，筆觸章法的任情而爲，審美客體、審美主體、審美傳達這三者都帶有明代山水遊記文典型的時代審美特徵。

（吳功正）

敍小修詩

袁宏道

弟小修詩，散逸者多矣，存者僅此耳。余懼其復逸也，故刻之。弟少也慧，十歲餘卽著《黄山》、《雪》二賦，幾五千餘言，雖不大佳，然刻畫飣餖，傅以相如、太沖之法，視今之文士矜重以垂不朽者，無以異也。然弟自厭薄之，棄去。顧獨喜讀老子、莊周、列御寇諸家言，皆自作註疏，多言外趣，旁及西方之書，教外之語，備極研究。既長，膽量愈廓，識見愈朗，的然以豪傑自命，而欲與一世之豪傑爲友。其視妻子之相聚，如鹿豕之與羣而不相屬也；其視鄉里小兒，如牛馬之尾行而不可與一日居也。泛舟西陵，走馬塞上，窮覽燕、趙、齊、魯、吳、越之地，足跡所至，幾半天下，而詩文亦因之以日進。大都獨抒性靈，不拘格套，非從自己胸臆流出，不肯下筆。有時情與境會，頃刻千言，如水東注，令人奪魄。其間有佳處，亦有疵處。佳處自不必言，即疵處亦多本色獨造語。然予則極喜其疵處；而所謂佳者，尚不能不以粉飾蹈襲爲恨，以爲未能盡脱近代文人氣習故也。

蓋詩文至近代而卑極矣，文則必欲準於秦、漢，詩則必欲準於盛唐，剿襲模擬，影響步趨，見人有一語不相肖者，則共指以爲野狐外道。曾不知文準秦、漢矣，秦、漢人曷嘗字字學《六經》歟？詩準盛唐矣，盛唐人曷嘗字字學漢、魏歟？秦、漢而學《六經》，豈復有秦、漢之文？盛唐而學漢、魏，豈復有盛唐之詩？唯夫代有升降，而法不相沿，各極其變，各窮其趣，所以可貴，原不可以優劣論也。且夫天下之物，孤行則必不可無，必不可無，雖欲廢焉而不能；雷同則可以不有，可以不有，則雖欲存焉而不能。故吾謂今之詩文不傳矣。其萬一傳者，或今閭閻婦人孺子所唱《擘破玉》、《打草竿》之類，猶是無聞無識眞人所作，故多眞聲，不效顰於漢、魏，不學步於盛唐，任性而發，尚能通於人之喜怒哀樂嗜好情慾，是可喜也。

蓋弟既不得志於時，多感慨；又性喜豪華，不安貧窘；愛念光景，不受寂寞。百金到手，頃刻都盡，故嘗貧；而沉緬嬉戲，不知樽節，故嘗病；貧復不任貧，病復不任病，故多愁。愁極則吟，故嘗以貧病無聊之苦，發之於詩，每每若哭若罵，不勝其哀生失路之感。予讀而悲之。大概情至之語，自能感人，是謂眞詩，可傳也。而或者猶以太露病之，曾不知情隨境變，字逐情生，但恐不達，何露之有？且《離騷》一經，忿懟之極，黨人偷樂，衆女謠諑，不揆中情，信讒齌怒，皆明示唾駡，安在所謂怨而不傷者

敍小修詩

乎？窮愁之時，痛哭流涕，顛倒反覆，不暇擇音，怨矣，寧有不傷者？且燥濕異地，剛柔異性，若夫勁質而多懟，峭急而多露，是之謂楚風，又何疑焉！

袁宏道（一五六八——一六一〇）字中郎，號石公，湖北公安縣人。他和其兄袁宗道、其弟袁中道（小修）同爲晚明重要的詩文作家。然三人中袁宏道創作最富，理論上亦最多建樹，實爲翹楚。明代文學受復古思潮的影響最深，弘治、正德間李夢陽、何景明等「前七子」興起，他們以復古相號召，提倡以漢魏盛唐之作爲詩文創作的規範，一時風從景附，天下翕然宗之。嗣後又有李攀龍、王世貞等「後七子」繼起，流傳日久，積弊漸深。前、後七子規摹漢魏盛唐，效顰者又規摹前、後七子，亦步亦趨，於是滔滔者天下皆是優孟衣冠了。正是在這樣的情勢下，以袁宏道爲首的公安派崛起於文壇，他們力矯百十年來復古派因襲模擬，徒爲大言壯語的流弊，於萬曆詩文疲頹之餘，自樹一幟，獨標性靈，以眞爲歸。錢謙益《列朝詩集小傳》稱：「萬曆中年王、李之學盛行，黃茅白葦，彌望皆是，文長、義仍嶄然有異，沉痼滋蔓，未克芟薙。……中郎之論出，王、李之雲霧一掃，天下之文人才士知疏瀹心靈，搜剔慧性，以蕩滌摹擬塗澤之病，其功偉矣！」袁宏道獨標性靈，以眞爲歸的文學思想既是對前、後七子文學復古運動的糾偏，同時也是明代萬曆時期一種反抗傳統禮教的以任情適性爲宗的市民意識在文學上的反映。理學興於宋，是適應封建帝王鞏固其統治的需要而產生的新儒學。在明代前期，理學的桎梏雖甚，然已是強弩之末，是朱元璋藉着帝王之力強制推行的。不久，王陽明倡良知之說，以心學來代替理學，天下耳目爲之一新。陽明以後傳其學者，特別是泰州一派，從王艮至羅近溪、何心隱，以及這一派的別傳李贄，尤爲狂肆。他們蔑棄傳統的規範，不拘泥因襲的成見，非聖薄孔，亦狂亦俠。這是一股與明代中、後期城市經濟繁榮相適應的新的社會思潮、哲學思潮。袁宏道的性靈說在形式上反對前、後七子文學復古主義的桎梏，在思想上則深受心學思潮的影響，特別是李贄的以一己之眞情爲宗的童心說。《敍小修詩》一文鮮明而生動地反映了他的這一文學思想。

《敍小修詩》是袁宏道萬曆二十四年在吳縣爲令時所作，其時袁宏道二十九歲，中道二十七歲。「敍」

爲文之一體，或作「序」，宋、元以來文人們多借詩文集前的序來抒發自己的文學批評觀點。徐師曾的《文體明辨序說》稱：「其爲體有二，一曰議論，一曰敍事。」大致是結合所序對象的創作、生平來抒發議論，有敍有議，形式自由，又不致流於空泛。袁宏道此文卽是在敍述其弟小修的身世、創作經歷及詩文特點的同時發揮其理論主張，夾敍夾議，引申自如，縱橫捭闔，筆力酣暢。他的文學觀點是：「獨抒性靈，不拘格套，非從自己胸臆流出，不肯下筆。」此文的特點亦正如此。

全文分三段。第一段首句稱：「弟小修詩散逸者多矣，存者僅此耳。余懼其復逸也，故刻之。」簡簡單單二十多個字交代了爲其弟袁中道刻詩集的原因，也卽是寫這篇小敍的由來，沒有任何冠冕堂皇的門面語，卻顯得明白、自然。接下便敍述其弟小修的創作活動，約有以下數端：第一少慧，十歲餘卽寫有幾五千餘言的《黃山賦》、《雪賦》。賦盛於漢，兩漢以大賦稱，六朝以小賦稱，按照復古派的觀點，唐以後便無賦了，因此賦是一種高古的文體，尤其是如司馬相如的《子虛賦》、《上林賦》、左思的《三都賦》都是洋洋數千言的大賦，堂皇富麗，更爲復古派所標榜。小修寫的《黃山賦》、《雪賦》有五千多字，可算大賦了。這本是復古派的看家本領，然而小修十餘歲卽能爲之，並能「刻畫飣餖，傳以相如、太沖之法，視今之文士矜重以垂不朽者無以異也。」「刻畫」指刻板步趨地模擬，「飣餖」指典故的堆砌。這句的意思是說：當今的一些知名的文人（暗指王、李及其追隨者），他們所津津樂道的，以爲能垂之不朽的詩文，不過是字句的模擬與典故的堆砌，再加上搬弄一些司馬相如、左思的作文之法罷了。這樣的東西，小修在十歲餘就能寫了，非但能寫，而且「厭薄之，棄去。」可見復古派的文人其造詣與見識連十歲多一點的小孩也比不上。這番話旣稱讚了其弟小修少慧，更是大大貶抑了復古派的文人，機鋒側出，妙趣橫生。第二稱其弟小修「喜讀老子、莊周、列御寇諸家言」，「旁及西方之書」。前者是道家經籍，後者是釋氏教典，偏偏不及科舉制義與宋儒的性理諸書。當時公安派好談禪，中郎三兄弟曾於萬曆十八年至二十一年間三次訪問李贄，深受其狂禪的影響，「夢醒相禪，不離參求，每於稠人廣衆中，如顚如狂，如癡如愚」（袁中道《解脫集序》）。他們以禪抗理，以狂傲世，這便造成他們在生活態度上不與世諧，並薄視妻子與鄉里間的庸人。第三則是好遊歷，「窮覽燕趙齊魯吳越之

敘小修詩

地，足跡所至，幾半天下，而詩文亦因之以日進」。袁宏道在對其弟小修的創作經歷作了以上這幾方面的敘述後，又進一步加以歸納，稱其創作方法是：「獨抒性靈，不拘格套，非從自己胸臆流出，不肯下筆。」其創作特點是：「情與景會，頃刻千言，如水東注，令人奪魄。」「性靈」一詞成了公安派文學創作理論的核心，所謂「性靈」是和復古派所標榜的「格調」相對立的。復古派以秦漢的文章、漢魏的古詩、盛唐的近體爲創作的規範，力圖再現它們的風格、聲調，這是復古派的格調說。在袁宏道看來，這樣的格調其實是一束縛創作的套子，故他稱之爲格套。他提倡性靈，就是力圖要擺脫格套，不以古人的某種創作風格爲追摹對象，而以活潑潑地自由地表達一己的思想感情爲創作宗旨，務求做到「頃刻千言，如水東注，令人奪魄」。另一方面所謂「性靈」又是和傳統詩論中的性情相對立的。傳統詩論也強調詩歌應表達感情，卽性情，但所稱性情必當以儒家溫柔敦厚的詩教爲旨歸，實質上不過是封建禮教的代名詞。袁宏道所標舉的「性靈」則與此「性情」大不一樣，他重的是靈明有神，是「本色獨造語」，他曾說過：「要以出自性靈者爲眞爾，流自性靈者，不期新而新。」（見江盈科《敝篋集序》）出自性靈始能新，力求本色始能獨造；而能做到本色獨造，縱然有缺點，也是値得稱讚的。因此一般人所稱讚的袁中道詩的佳處，他覺得不過平平，反「極喜其疵處」，卽爲小修所獨有，而與通常的觀點相背謬之處。這便是孕藏在他性靈說中的某種異端思想的萌芽。以下二段，他分別就性靈說的這方面的特點加以詮述。

第二段他批判復古派的文必準於秦漢、詩必準於盛唐的觀點，明古今之辨，以爲他的性靈說張本。他論道：秦漢人或盛唐人如果也抱着復古的觀點，秦漢人一味學六經，那便不會有傳世的秦漢之文；盛唐人一味學秦漢，也不會有傳世的盛唐詩歌。故「代有升降，而法不相沿」，這樣一代始有一代文學。這是一個多麼明白而淺顯的道理！袁宏道並不在秦漢、唐宋之間強分優劣，而純以邏輯推理得之，足令崇古卑今論者咋舌。復古派後期的大家胡應麟提出：「體以代變，格以代降。」（《詩藪》）雖承認古今之變，今不可強同於古，但仍然盲目地推尊古作，一味地以古爲高，其結果必然束縛當代文學的發展。而袁宏道則不同，他指出古今的文學「各極其變，各窮其趣，所以可貴，原不可以優劣論也」。這是符合文學發展規律的性靈說的文學發展觀。於是他進一步持此來考察明代的詩文，遂提出真正能代表當時的文學，能極其變而窮其趣者，恰恰是爲封建正統文人所看不起的「閭閻婦人孺子所唱《擘破玉》、《打草竿》之類」，雖然其作者「無聞無識」，然是「真人」，「故多真聲」，「尚能通於人之喜怒哀樂、嗜好情欲，是可喜也」。他以表現人的「喜怒哀樂、嗜好情欲」爲「真」，爲「性靈」，直接與程朱理學的基本教條「存天理、去人欲」相抗，給他的性靈說抹上了鮮明的新興市民階層的思想色彩。在第二段，他從論小修的詩一筆宕開，氣勢酣暢地表述了自己的文學發展觀，至此，筆鋒一轉，結語於真詩之可喜，爲下一段進一步評價小修的詩作了鋪墊。

以率直地表現作者的「喜怒哀樂，嗜好情欲」爲宗的性靈說，必然有悖於傳統詩教「溫柔敦厚」、「怨而不怒，哀而不傷」的創作方法，因此公安三袁的詩每被人譏爲「露」。在第三段中，袁宏道遂對其弟小修的詩文中所顯露的哀苦之音加以辯說。

袁中道雖早有文名，然而科場卻甚爲不利，兩兄早登進士，他卻屢困場屋，這即是文中所說的「不得志於時」。因不得志，遂多感慨。袁宏道又稱他：「性喜奢華，不安貧窘；愛念光景，不受寂寞」。這樣一種生活態度，在正統的儒家看來是不足取的。孔子稱讚顏回：「一簞食，一瓢飲，在陋巷，人不堪其憂，而回也不改其樂。」安貧樂道，成了千百年來士人所必須遵奉的生活信條，即使事實上汲汲於富貴功名，口頭上也總得以節義爲高。袁宏道卻不是這樣，對喜奢華、愛光景，雖不能說加以讚美，卻無絲毫貶斥之意，娓娓談來，視之爲人的正常的欲望。貧而病，病而怨，怨極則吟，一切是那樣的自然，毫無矯揉造作之態。李贄以「好貨好色」爲「真邇言」，認爲「穿衣吃飯，即是人倫物理」；袁宏道要在創作中直率地表現「喜怒哀樂，嗜好情欲」。二者如合一轍。在袁宏道看來，詩文中表達這種感情、慾望，「但恐不達，何露之有！」且以楚辭爲例，屈原憂愁幽思，而作《離騷》，情之所至，怎麽能怨而不傷。他從性靈說的觀點出發，肯定了發自胸臆的愁苦之音，並因爲屈原是楚人，公安又在楚地，有了這一點地域上的因緣，於是在文章最後風趣地說：「若夫勁直而多對，峭急而多露，是之謂楚風，又何疑焉。」文章至此戛然而止。

《敘小修詩》一文集中體現了公安派前期的文學觀點，明確地，也比較全面地闡述了公安派性靈說的主張，因而成爲明代文學批評中的一篇重要論文。其中對復古派的非難、譏嘲，對嗜好情慾的肯定，在當時都可算作是驚世駭俗的言論，這些言論更以犀利明快、風趣的語言出之，其感染力就更大了。（劉明今）

徐文長傳

袁宏道

余一夕坐陶太史樓，隨意抽架上書，得《闕編》詩一帙，惡楮毛書，煙煤敗黑，微有字形，稍就燈間讀之。讀未數首，不覺驚躍，急呼周望，《闕編》何人作者？今耶？古耶？周望曰：「此余鄉徐文長先生書也。」兩人躍起，燈影下，讀復叫，叫復讀。僮僕睡者皆驚起。蓋不佞生三十年，而始知海內有文長先生。噫，是何相識之晚也。因以所聞於越人士者，略爲次第，為徐文長傳。

徐渭，字文長，爲山陰諸生，聲名藉甚。薛公蕙校越時，奇其才，有國士之目。然數奇，屢試輒蹶，中丞胡公宗憲聞之，客諸幕。文長每見，則葛衣烏巾，縱譚天下事。胡公大喜。是時公督數邊兵，威鎮東南。介冑之士，膝語蛇行，不敢舉頭，而文長以部下一諸生傲之。議者方之劉眞長、杜少陵云。會得白鹿，屬文長作表。表上，永陵喜。公以是益奇之，一切疏記，皆出其手。文長自負才略，好奇計，談兵多中。視一世士無可當意者，然竟不偶。

文長既已不得志於有司，遂乃放浪曲蘖，恣情山水。走齊、魯、燕、趙之地，窮覽朔漠。其所見山崩海立，沙起雲行，風鳴樹偃，幽谷大都，人物魚鳥，一切可驚可愕之狀，一一皆達之於詩。其胸中又有勃然不可磨滅之氣，英雄失路、托足無門之悲，故其爲詩，如嗔如笑，如水鳴峽，如種出土，如寡婦之夜哭，羈人之寒起。雖其體格時有卑者，然匠心獨出，有王者氣，非彼巾幗而事人者所敢望也。文有卓識，氣沉而法嚴，不以模擬損才，不以議論傷格，韓、曾之流亞也。文長既雅不與時調合，當時所謂騷壇主盟者，文長皆叱而奴之，故其名不出於越。悲夫！喜作書，筆意奔放如其詩，蒼勁中姿媚躍出，歐陽公所謂「妖韶女老，自有餘態」者也。間以其餘，旁溢爲花鳥，皆超逸有致。

卒以疑殺其繼室，下獄論死。張太史元汴力解，乃得出。晚年憤益深，佯狂益甚。顯者至門，或拒不納，時攜錢至酒肆，呼下隸與飲。或自持斧擊破其頭，血流被面，頭骨皆折，揉之有聲。或以利錐錐其兩耳，深入寸餘，竟不得死。周望言：「晚歲詩文益奇，無刻本，集藏於家。」余同年有官越者，托以抄錄，今未至。余所見者，《徐文長集》、《闕編》二種而已。

然文長竟以不得志於時，抱憤而卒。石公曰：先生數奇不已，遂爲狂疾。狂疾不已，遂爲囹圄。古今文人牢騷困苦，未有若先生者也。雖然，胡公間世豪傑，永陵英主。幕中禮數異等，是胡公知有先生矣。表上，人主悅，是人主知有先生矣。獨身未貴耳。先生詩文崛起，一掃近代蕪穢之習，百世而下，自有定論，胡爲不遇哉？梅客生嘗寄余書曰：「文長吾老友，病奇於人，人奇於詩。」余謂文長無之而不奇者也。無之而不奇，斯無之而不奇也。悲夫！

徐文長傳

徐文長是明嘉靖至萬曆年間著名的文學藝術家，幼有文名，但衹考上一個秀才，以後屢試不就。他好談兵法，積極參與當時東南沿海的抗倭戰爭，曾入浙閩軍務總督胡宗憲幕中，參預機宜，寫過兩篇對倭作戰的方案，自稱：「嘗身匿兵中，環舟賊壘，度地形爲方略。」後胡宗憲被逮下獄，他也受到牽連，憂憤成狂，抑鬱而終。他懷才不遇，在仕途上備受傾躓，在文學上亦不得志。他與後七子李攀龍、王世貞同時，然卻是李、王的反對派。他曾批判復古派倣古人某篇某體是人而「學爲鳥言者」（《葉子肅詩序》）。當時復古派盛行，王、李之作遍天下，他自然受到冷落。徐文長生前雖有文集刊行，但鮮爲人知。在他死後四年，袁宏道始偶然地在陶望齡的家中發現其詩集《闕編》，大驚異，嘆爲平生僅見，於是寫了這篇傳記。

徐文長一生侘傺潦倒，其磊落不平之氣，一一發之於詩文，「憤激無聊，放言高論，不復問古人法度爲何物」（《四庫全書總目提要》）。其詩實爲公安一派的先鞭，尤其是他批判理學之僞，提倡一己之適，蔑棄禮法，佯狂傲世，更與公安三袁的處世精神相通。因此袁宏道的這一篇傳記便不同於一般記述人物的行狀。全文從徐文長的詩文不得行於世寫起，突出他懷才不遇、備受冷落的坎坷一生，同情之心溢於言表，景仰之情流注行間，寄情楮墨，表達了作者自己強烈的傲世疾俗的精神。

第一段點明作者寫本文的緣起，突出無意獲睹徐文長詩文的驚喜心情。徐文長生前曾編有《文長集》十六卷、《闕編》十卷刊行，但傳播不廣，袁宏道在吳縣當了兩年多縣令，吳縣離徐文長家鄉紹興不遠，也不知有徐文長其人。幸得偶然地在陶望齡家發現《闕編》一書，文中敘此書「惡楮毛書，煙煤敗黑，微有字形」。從印刷的粗劣足見其不爲人們重視。因袁宏道原不知徐文長其人，故發現此書時，先亦未加注意，衹不過「稍就燈間讀之」，想略爲翻閱一下。不料「讀未數首，不覺驚躍」，急呼陶望齡同讀，「兩人躍起，燈影下讀復叫，叫復讀，僮僕睡者皆驚起」。於此竭力刻畫兩人發現徐文長詩作時喜極若狂的心境。如此令人拍案叫絕的好詩，以前卻無人問津，這和前述的「惡楮毛書，煙煤敗黑」的惡劣印刷相比映，愈見其不平。因不平，故袁宏道要作此《徐文長傳》，以下概述其生平事跡，均就此不平着筆。

徐文長爲生員時卽已「聲名藉甚」，雖得到薛蕙的稱賞，「然數奇，屢試輒蹶」。明代後期科舉已成爲士子出仕的唯一正途，有多少飽學之士困頓場屋，以致蹭蹬終生。袁宏道之弟小修是其一，徐文長也是其一。此一不平。徐文長又好「縱譚天下事」，「負才略，好奇計，談兵多中，視一世士無可當意者，然竟不偶」。當時官場諛佞成風，「一行作吏，三緘其口」。徐文長恃才傲物，自然不得重用。此二不平。三不平爲其詩文不得見重於世，此爲本文着力刻畫之處。徐文長既不得志於功名，遂放浪山水，縱情詩酒，將胸中一股「勃然不可磨滅之氣，英雄失路、托足無門之悲」，一概發之爲詩。「如嗔、如笑、如水鳴峽，如種出土」是形容其一本胸臆，獨抒性靈，如水之必然奔鳴於峽谷，如種之必然萌芽於沃土，千奇百怪，一皆本之於自然；「如寡婦之夜哭，羈人之寒起」則形容其淒清幽渺、感蕩心靈的藝術境界。這樣一種風格正合於袁宏道在《敍小修詩》一文中所稱：「窮愁之時，痛哭流涕，顛倒反覆，不暇擇音，怨矣，寧有不傷者！」這種風格在正統文人看來，不免體格卑下，然而袁宏道卻對之作出高度評價，稱之「有王者氣」。「王者」與「巾幗而事人者」相對，前者指具有鮮明個性特色的作品，後者則是指喪失個性、一味以模擬爲能的現象，袁宏道以此譏諷復古派的擬古作品。當時復古派猶主盟文壇，因此徐文長的詩文便不與時調合，「故其名不出於越」。此與前所稱「不佞生三十年，而始知海內有文長先生」相照應，指出了徐文長名不稱揚的症結。當時王世貞雖已去世，但公安派與復古派的爭論仍然很劇烈，公安派被詆毀爲不入大雅之堂的野狐外道。因此袁宏道作這篇文章，既是爲徐文長翻案，亦是爲公安派張目，稱徐文長詩文有「王者氣」，亦即是稱公安派詩文有「王者氣」。

三不平消磨了徐文長的一生。徐文長「晚年憤益深，佯狂益甚」。接下一段便集中筆墨描繪徐文長的狂態。他拒絕交結權貴，時常到小酒店中和身分低微的隸卒飲酒，以此表示對封建士大夫的蔑視；甚至持斧擊破其頭，「頭骨皆折，揉之有聲」，又以利錐刺耳，「深入寸許」。形狀之慘，使人膚慄。袁宏道對此細緻地加以刻畫，正是欲以襯托徐文長受迫害之深，「古今文人牢騷困苦，未有若先生者也」。徐文長死後不久，公安派在思想上的先驅李贄也被拘禁起來，最後操刀自割其喉而死。最爲袁宏道所服膺的兩個人，徐渭與李贄，都遭到封建統治的迫害，落得這樣悲慘的下場。這正從一個側面說明公安派與封建統治者的關係是並不那麽合拍的，袁宏道作這篇小傳，既是對徐文長不幸遭遇的哀悼，亦是自傷，因此字裏行間往往帶有強烈的感情色彩。

最後袁宏道既嘆道：「余謂文長無之而不奇者也。無之而不奇，斯無之而不奇也，悲夫！」前一奇是奇特之奇，指徐文長不諧於流俗，處處與世不合，故處處都顯得奇特；後一奇是數奇之奇，因處處顯得奇特，便必然地處處遭受惡運。徐文長坎坷終生，竟至「抱憤而卒」。結尾「悲夫」一聲，傾吐出作者心中無限的憤懣。後人讀此，在追思徐文長的同時，也不禁地要爲本文的作者一掬同情之淚了。

（劉明今）

瘞旅文

王守仁

維正德四年秋月三日，有吏目云自京來者，不知其名氏，攜一子一僕將之任，過龍場，投宿土苗家。予從籬落間望見之，陰雨昏黑，欲就問訊北來事，不果。明早，遣人覘之，已行矣。薄午，有人自蜈蚣坡來云：「一老人死坡下，傍兩人哭之哀。」予曰：「此必吏目死矣，傷哉！」薄暮，復有人來云：「坡下死者二人，傍一人坐哭。」詢其狀，則其子又死矣。明日，復有人來云：「見坡下積屍三焉。」則其僕又死矣。

嗚呼傷哉！念其暴骨無主，將二童子持畚、鍤往瘞之。二童有難色然。予曰：「噫！吾與爾猶彼也。」二童子閔然涕下，請往。就其傍山麓爲三坎，埋之。又以隻鷄、飯三盂，嗟吁涕洟而告之曰：嗚呼傷哉！繄何人？繄何人？吾龍場驛丞餘姚王守仁也。吾與爾皆中土之產，吾不知爾郡邑。爾烏乎來爲茲山之鬼乎？古者重去其鄉，游宦不逾千里。吾以竄逐而來此，宜也，爾亦何辜乎？聞爾官吏目耳，俸不能五斗，爾率妻子躬耕可有也，烏爲乎以五斗而易爾七尺之軀？又不足，而益以爾子與僕乎？嗚呼傷哉！爾誠戀茲五斗而來，則宜欣然就道，烏爲乎吾昨望見爾容蹙然，蓋不勝其憂者？夫衝冒霧露，扳援崖壁，行萬峯之頂，饑渴勞頓，筋骨疲憊，而又瘴癘侵其外，憂鬱攻其中，其能以無死乎？吾固知爾之必死，然不謂若是其速，又不謂爾子爾僕，亦遽然奄忽也。皆爾自取，謂之何哉？吾念爾三骨之無依而來瘞耳，乃使吾有無窮之愴也。嗚呼傷哉！縱不爾瘞，幽崖之狐成羣，陰壑之虺如車輪，亦必能葬爾於腹，不致久暴爾。爾既已無知，然吾何能爲心乎？自吾去父母鄉國而來此，三年矣。歷瘴毒而苟能自全，以吾未嘗一日之戚戚也。今悲傷若此，是吾爲爾者重，而自爲者輕也，吾不宜復爲爾悲矣。吾爲爾歌，爾聽之！

歌曰：連峯際天兮飛鳥不通，游子懷鄉兮莫知西東。莫知西東兮維天則同，異域殊方兮環海之中。達觀隨寓兮奚必予宮，魂兮魂兮無悲以恫。又歌以慰之曰：與爾皆鄉土之離兮，蠻之人言語不相知兮，性命不可期。吾苟死於茲兮，率爾子僕來從予兮，吾與爾遨以嬉兮。驂紫彪而乘文螭兮，登望故鄉而噓唏兮！吾苟獲生歸兮，爾子爾僕尚爾隨兮，無以無侶悲兮！道傍之塚累累兮，多中土之流離兮，相與呼嘯而徘徊兮。餐風飲露，無爾饑兮，朝友麋鹿，暮猿與棲兮。爾安爾居兮，無爲厲於茲墟兮！

《瘞旅文》是一篇祭文。但與其說是祭奠他人，不如說是發抒作者自己的滿腔悲憤，因此，這不是一篇普通的祭文。唯有把握了這一點，才能理解王守仁創作這篇散文時的心態和這篇散文的眞正內涵。

這篇祭文祭的對象很特殊，是「不知其名氏」的一員「吏目」以及他的一個兒子、一個僕人。他們從京城出發到南方去赴任，經過龍場，就相繼死於蜈蚣坡下。時爲龍場驛丞的王守仁「念其暴骨無主」，決定挖坑埋葬他們，並以鷄、飯祭奠，還寫了這篇充滿同情、感情眞摯的祭文。事件的原委敍述得既簡潔，又生動。在短短的篇幅中，王守仁仍很重視細節的刻畫。比如，當王守仁帶着二童子準備去埋葬他們時，二童子卻有「難色」，經過王守仁的勸解，不但「閔然涕下」，而且自願「請往」。情態極爲逼眞。當然，這一事件敍述如此生動，恐怕與王守仁筆挾感情很有關係。

毫無疑義，王守仁同情這三個人的身世是這篇祭文的一個組成部分，但這並不是重點。實際上，這篇祭文的核心是自傷，是自己滿腔悲憤的傾瀉和噴發。這點我們從祭文的本身看得很清楚。當二童子不願埋葬這三人時，王守仁勸解說：我和你們與他們是一樣的啊！一種自傷自憐的感情，昭然若揭。這是一。接着，王守仁在祭告他們時，常常以「我」的情況夾在其中，甚至於以「我」的身世來猜度一切，抒發情懷。這是二。最後，在祭詩中，王守仁已基本撇開了被祭的對象，主要以「我」爲主唱嘆悲歌。這是三。如果我們結合王守仁的身世來考察這篇祭文，就能得到更加有力的佐證。我們知道，正德元年（一五〇六），武宗朱厚照卽位，寵用宦官劉瑾、馬永成、谷大用、張永等八人，稱爲八堂，又號八虎，依靠他們實行特務集權統治，引起了和內閣、六部等官僚集團的矛盾。南京科道官戴銑、薄彥徽等人，連奏上本，要求懲辦劉瑾、馬永成等人，結果，被武宗下令提解到京，廷杖削籍，監禁天牢。王守仁這時上疏相救，也被廷杖四十，謫爲貴州龍場驛丞。龍場地處深山叢中，就當時來說，可說到處都見毒蟲瘴氣。王陽明曾在《與王純甫》信中哀嘆：「貴州三年，百難備嘗。」還在《寄希淵》信中傾吐牢騷：「橫逆之加，無日無有。」到寫這篇祭文時，王守仁也已在這「鬼」地方呆了三四年。他們的遭遇，在某些方面，有許多相似之處，這就是我們爲什麼說這篇祭文實際上是以披露自我感情爲主的抒情散文的原因。

它首先將王守仁那種難解難遣的悲憤的複雜感情淋漓盡致地表現出來。王守仁巧妙地配置各種多變的詰問式的句子，有力地傳達了這種情緒。「緊何人？緊何人？吾龍場驛丞餘姚王守仁也。」這種急切地連續地疑問，反而更清楚表達了王守仁與被祭對象同樣的悲慘遭遇。接着，王守仁以「我」與被祭對象進行對比，「責問」他爲什麼千里迢迢爲這「五斗」俸祿而奔波，實際上是發洩自己無辜被「竄逐」千里之外的憤懣。繼而，王守仁以「詰問」的形式，表現了被祭對象「欣然就道」與容貌「戚然」、「不勝其憂」的矛盾心情，實際是自己矛盾心理的反映。最後，王守仁對被祭對象流露出來的極其憐惜愛護的濃鬱感情，實際上是對自己的險惡處境的自憐自惜。祇要我們認眞體會，不難把握到這一連串詰問式句子背後所貫串的王守仁那跳盪感情的脈搏。

而且，這篇祭文還充分顯示了王守仁遭受閹黨迫害、遠離故土那種悲憤心情的強度。一種悲憤心情達到了極點，往往故作寬慰之辭，這樣反而有更加強烈的感染力量。這種感情心理學上的二律背反，王守仁在這篇祭文中運用得相當成功。本來，王守仁對自己由於受宦官們迫害而遠離「父母鄉國」來到這「幽崖之狐成羣，陰壑之虺如車輪」的「瘴毒」之地，有着說不盡的怨恨，但是，他卻說，來到這裏三年了，「未嘗一日之戚戚也」。這種強作歡顏的言辭，引起人們的感受是更加悲痛，因爲在這漫長的流放生活中，即使悲傷也無人理解啊！難怪王守仁接着說，祇有今天我「悲傷若此」，因爲能對着你這死屍傾訴自己的感情呀！眞是筆力千鈞！表面看來，王守仁作歌安慰被祭的對象，說明我還能與你們這些鬼魂爲伴；實際上，是噴射着極度的悲憤，說明自己無論「死於茲」，還是「獲生歸」，其命運和被祭對象沒有什麼兩樣。由此可見，這篇祭文最值得稱道的地方，就在於它將無形的感情形象化、生動化、實體化，使人們感到是可觸摸的東西。

賞析這篇祭文似乎到這裏便可結束。但是，如果我們結合王守仁的哲學思想再發掘一下，或許還會有點發現。王守仁本是「心學」的倡導者，十分重視內心修養。爲什麼這篇祭文的怨恨之情如此強烈？是不是通過悲傷的發洩，求得某種心理補償和平衡？這是不是更能揭示王守仁的深層心理和意識？恐怕是的。（尹恭弘）

遊黃山後記

徐霞客

初四日。十五里至湯口。五里至湯寺，浴於湯池。扶杖望硃砂庵而登。十里上黄泥崗，向時雲裏諸峯，漸漸透出，亦漸漸落吾杖底。轉入石門，越天都之脅而下，則天都、蓮花二頂，俱秀出天半。路旁一岐東上，乃昔所未至者，遂前趨直上，幾達天都側。復北上，行石罅中，石峯片片夾起，路宛轉石間，塞者鑿之，陡者級之，斷者架木通之，懸者植梯接之。下瞰峭壑陰森，楓松相間，五色紛披，燦若圖繡。因念黄山當生平奇覽，而有奇若此，前未一探，兹游快且愧矣。時夫僕俱阻險行後，余亦停弗上。乃一路奇景，不覺引余獨往。既登峯頭，一菴翼然，爲文殊院，亦余昔年欲登未登者。左天都，右蓮花，背倚玉屏風，兩峯秀色，俱可手攬，四顧奇峯錯列，衆壑縱横，眞黄山絕勝處。非再至，焉知其奇若此？遇游僧澄源至，興甚勇，時已過午，奴輩適至，立菴前指點兩峯，菴僧謂「天都雖近而無路，蓮花可登而路遙，只宜近盼天都，明日登蓮頂。」余不從，決意游天都，挾澄源、奴子，仍下峽路。至天都側，從流石蛇行而上，攀草牽棘，石塊叢起則歷塊，石崖側削則援崖，每至手足無可着處，澄源必先登垂接。每念上既如此，下何以堪？終亦不顧。歷險數次，遂達峯頂。惟一石頂，壁起猶數十丈，澄源尋視其側，得級，挾予以登，萬峯無不下伏，獨蓮花與抗耳。時濃霧半作半

遊黃山後記

止，每一陣至，則對面不見，眺蓮花諸峯，多在霧中，獨上天都，予至其前，則霧徙於後，予越其右，則霧出於左。其松猶有曲挺縱横者，柏雖大幹如臂，無不平貼石上，如苔蘚然。山高風巨，霧氣去來無定，下盼諸峯，時出爲碧嶠，時沒爲銀海。再眺山下，則日光晶晶，别一區宇也。日漸暮，遂前其足，手向後據地，坐而下脱。至險絕處，澄源并肩手相接，度險下至山坳，暝色已合，復從峽度棧以上，止文殊院。

《遊黃山後記》是一篇日記體的記遊散文，它出自千古奇人之千古奇書。

千古奇人者，誰耶？就是明朝著名的旅行家、地理學家和遊記作家徐霞客。此人不以名（宏祖）和字（振之）聞於世，卻以號（霞客）名於世。説也奇怪，他自幼愛讀奇書，喜遊名山大川，由南到北，由東到西，足跡遍及神州大地。他的旅遊，卻不是單純爲了遊山玩水，而是爲了搜奇訪勝，爲了觀察自然，探索自然。他一生鄙視功名利祿，不應科舉事業，而以考察探索大自然的奥秘和讚頌祖國大好山河爲終身樂事，難怪有人説他「不避風雨，不憚虎狼，不計程期，不求伴侣，以性靈遊，以軀命遊，亘古以來，一人而已」（潘耒《遂初堂集·徐霞客遊記序》）。

千古奇書者，何歟？就是由後人搜集、整理、編輯而成的《徐霞客遊記》。《遊記》共十二卷，由《遊名山記》、《西南遊日記》、《遊黔日記》、《遊滇日記》等部分組成。在這部遊記中，他以强烈的愛國熱情，嚴肅的科學態度，生動的文學語言，細緻地描繪出祖國山川的壯麗特色，同時詳細考察了地質、地貌、植物，水源、民俗等，尤其是對我國西南地區的石灰岩地貌的考察，爲後來的「岩洞學」奠定了基礎。這部遊記不僅是我國最早的關於石灰岩地貌的科學文獻，而且在世界上比起歐洲人所作同一性質的考察來，還要領先一百年。

《徐霞客遊記》不但是研究地理學、地質學、動植物學的寶貴資料，具有極大的科學價值，而且造語極工，想象豐富，風格或雄渾、或清麗、或淡雅、或奔放，又具有很高的文學價值。正如清人楊名時所稱讚的那樣：「其所自記遊跡，計日按程，鑿鑿有稽，文詞繁委，要爲道所親歷，不失質實詳密之體；而形容物態，摹繪情景，時復雅麗自賞，足移人情。」（楊氏重訂本《徐霞客遊記・序》）

《遊黃山後記》就是從《遊名山記》中節選的，寫於明神宗萬曆四十六年（一六一八）九月，是年作者三十二歲，屬於出外旅遊的前期。在此兩年前霞客曾遊過黃山一次，這是第二次重遊，所以文中有時前後對比地寫，對初遊時已寫景色不再復敍。

黃山，是我國著名的風景區之一，面積約有一千二百平方公里，山中有名可指的就有三十六大峯，三十六小峯，主峯大蓮花峯，高達一千八百六十米。黃山，本名黟山，「自唐好道家之說，僞撰《周書異記》引黃帝，改稱黃山，嗣後因遂之」（清汪洪度《黃山領要錄》）。黃山雖未列入五嶽，但它集有五嶽的優點而形成自己的獨有特色。素以奇松、怪石、雲海、溫泉四大奇景稱於世。華山「險」而泰山「雄」，常山（恒山）「曠」而衡山「翠」，而黃山的特點則是「奇」。

這篇遊記的顯著特色便是抓住「奇」字，大做文章。通篇文字是以遊覽時間爲經，以所見景物爲緯來謀篇布局的。作者是按照時間的順序，登山的路程來描繪黃山景物的。但在描寫時不是平均使用筆墨，而是抓住「奇景」特點，有詳有略地描寫。首先寫了湯寺、湯池，然後依次寫了朱砂峯、黃泥岡、石門、天都峯山腰，約爲略寫。接着寫了石罅小道和峭壑、紅楓、青松，這些都是詳寫。你看那宛轉曲折的石間小道，有着堵塞的地方，陡峭的地方，斷路的地方，懸空的地方，多麼奇特！再看那深深的溝谷，紅楓青松，五色相間，構成一幅色彩繽紛的畫圖，多麼奇麗！——一寫奇景。然後寫登上玉屏峯，站在文殊院，觀賞四周的山峯，左有天都峯，右爲蓮花峯背靠玉屏峯，映入眼簾的都是錯列的奇峯，縱橫的溝壑，確是黃山絕勝處！作者越看越奇，於是情不自禁地發出議論：「非再至，焉知其奇如此？」——二寫奇景。天已過中午，再遊，時間已不充裕，但這一路奇景，引誘得徐霞客遊興勃勃，毫無倦意，他決心要遊天都峯。不上天都峯，來了一場空！山路險峻，山嶺突兀，何懼之有！衹有不畏險阻，敢於攀登頂峯的人，才能領受黃山奇景的風光。從「挾澄源、奴子，仍下峽路」起到結尾，作者採用了詳寫的手法，精雕細刻地描繪了天都峯上下的各種景物。寫到那攀山、援崖的驚險山路，讀時令人心驚肉跳。——三寫奇景。接着寫濃霧形成的雲海，它們在人們的身旁飄忽不定，或前、或後、或左、或右，別具一格。雲海是黃山的奇景之一，共分五個區域，叫做前海、後海、天海、東海、西海。由於雲霧的濃淡不同，日照光亮的強弱有別，或呈白色，或呈藍色，或呈黃色，或呈紅色，遠看像波濤起伏的海洋。雲霧有時從遊人頭頂掠過，有時從腳下飛去，更可奇的是從側身而來而去，人就行立在雲霧當中。——四寫奇景。繼寫松柏的長態。黃山的松柏長得也很奇特，由於山上多石少土，因而松柏多生長在石縫中，樹枝多是平頂背山而出。松樹長得有彎曲的有挺直的，縱橫交錯；柏樹則不算粗大，枝幹如臂一般，大多平貼在石頭上，好像苔蘚似的。直是無處不松，無松不奇；無處不石，無石不怪。——五寫奇景。再寫鳥瞰時的景物。當你居高臨下，朝下看各個山峯的時候，有時顯露出碧綠的山光，有時被雲霧遮沒住變成了一片銀白色的雲海，而遠望山下，卻是日光晶晶的另一天地，直是天也奇，地也奇。——六寫奇景。妙啊！作者就是如此抓住「奇」字，逐層寫景，盡顯奇觀，把一幅千巖萬壑、松濤雲海的壯麗畫圖展現在讀者面前。

沒有過分的誇張、形容，而是用質樸的語言如實描繪，這就要求遣詞造句必須十分謹嚴、生動、準確。這是《遊黃山後記》的又一個顯著特色。請看，作者寫高山，卻不用「高」字，比如寫上黃泥岡：「向時雲裏諸峯，漸漸透出，亦漸漸落吾杖底。」用山峯漸漸落在了他的拐杖之下形容山高。又如寫天都峯的險峻：「萬峯無不下伏，獨蓮花與抗耳。」以其它山峯向下低伏，獨有蓮花峯與它相抗衡，陪襯地寫出天都峯的高峻。這種以動寫靜，以低襯高的手法，在修辭學上叫做「襯托」。還有，文中寫人寫景時運用了大量動詞，這些動詞都很貼切、生動。例如寫上黃泥岡時，「轉入石門，越天都之脅而下」的「轉入」、「越」、「下」，既表現了行路的方向，又描繪了道路的崎嶇。寫遊人的觀看動作，則分別用了「望」、「下瞰」、「四顧」、「指點」、「下盼」、「尋視」、「眺」等七個詞語。「扶杖望朱砂庵而登」，因目的地還遠，所以用「望」字，表示遠遠看着朱砂庵而前進。「下瞰峭壑陰森」，因爲一面已經登高，一面下臨深谷，所以用「下瞰」一詞，朝下俯視，就顯得山谷更加深險萬仞了。「四顧奇峯錯列，衆壑縱橫」，則用「四顧」，表示環看四周的意思。既登上了天都峯頂，當然觀看景物是向下望（盼）和遠瞧（眺）了，這樣就描寫了極目遠景的態勢。「立庵前，指點兩峯」，並未直接寫看山，卻用「指點」二字，十分別緻，既包括了遠眺近盼，又間接地表現了徐霞客及其同伙遊人指指點點在議論什麼，似乎聲音就在耳旁。「尋視」（尋找觀察）一詞更是逼眞，在即將到達峯頂之際，突然發現有一塊幾十丈高的石頭頂壁豎起，擋住去路，於是和尙澄源「尋視其側」，「尋視」一詞表現了他們焦急而又仔細認眞的心情。寫景物的動詞，又是以靜寫動，如「背倚玉屏峯」，「倚」字說明文殊院的位置，左有天都峯，右有蓮花峯，背而靠着玉屏峯。「時濃霧半作半止……予至其前，則霧徙於後；予越其右，則霧出於左。」「作」、「止」、「徙」、「出」四個動詞而形容雲霧的飄動形態，完全擬人化了。這是又一種修辭手法。

有時文中在記敍中間又夾雜一點議論句式，在記述文中適當夾入少量議論句，可以使文章跌宕生姿，加強思想深度。這是《遊黃山後記》的第三個顯著特色。例如：「因念黃山當生平奇覽，而有奇如此，前未一探，茲游快且愧矣！」「非再至，焉知其奇若此？」和「每念上既如此，下何以堪？終亦不顧。」這三句話，均屬議論。前兩句作者慨嘆，懊悔由於前次遊黃山走馬觀花，未能探奇測幽，所以不知黃山景物奇在哪裏，不是此次再遊，怎知它奇特如此啊！通過作者發表的感想，可看出作者有着一種好學不倦，勇於實踐，勇於探索的精神。第三句則更表現了作者「明知山有虎，偏向山中行」的性格，決心與艱險困難作鬥爭，不達目的，誓不罷休。這種披荊斬棘、一往直前的精神，值得我們繼承學習。

（趙景瑜）

湖心亭看雪

張岱

崇禎五年十二月，余住西湖。大雪三日，湖中人鳥聲俱絕。是日更定矣，余拏一小舟，擁毳衣爐火，獨往湖心亭看雪。霧淞沆碭，天與雲與山與水，上下一白。湖上影子，惟長堤一痕，湖心亭一點，與余舟一芥，舟中人兩三粒而已。

到亭上，有兩人鋪毡對坐，一童子燒酒爐正沸。見余，大喜，曰：「湖中焉得更有此人！」拉余同飲，余强飲三大白而別，問其姓氏，是金陵人客此。及下船，舟子喃喃曰：「莫説相公癡，更有癡似相公者！」

一

張岱字宗子，別號陶庵，浙江山陰（今紹興）人。一五九七年（明萬曆二十五年）生，約在一六七六年（清康熙十五年）左右逝世，年約八十。他出身於封建官僚家庭，年輕時是個過着豪華生活的紈袴子弟。明亡以後，他爲了撰寫明王朝一代的歷史巨著《石匱藏書》，便避居浙江剡溪流域的山村，在布衣蔬食、常至斷炊的艱苦環境中從事著作。其中關於明崇禎帝一代的紀傳，是他於康熙初年寫定的，題爲《石匱書後集》，向來祇靠寫本流傳，從未印行。直到一九五九年，才由中華書局把原書核校斷句，公開出版。

張岱不僅是一位愛國的史學家，也是晚明小品文作家的代表人物之一。他所著的《琅嬛文集》、《陶庵

張岱

湖心亭看雪

夢憶》和《西湖夢尋》等，都有刻本傳世。《陶庵夢憶》是他在明亡以後寫的一部回憶錄，其中有許多精彩的散文小品。作者在《夢憶》的《自序》中說：

陶庵國破家亡，無所歸止，披髮入山，駴駴爲野人（駴同駭，這裏的「駴駴」是驚慌失措的樣子）。故舊見之，如毒藥猛獸……饑餓之餘，好弄筆墨。……因想余生平繁華靡麗，過眼皆空；五十年來，總成一夢。……遙思往事，憶卽書之。……偶拈一則，如遊舊徑，如見故人。城郭人民，翻用自喜，眞所謂癡人前不得說夢矣。……

我們從這裏可以了解作者寫這部回憶錄的背景和動機。書中所描寫的內容，不僅是對過去「繁華靡麗」的豪侈生活的留戀，也滲透著亡國之後做爲一個遺民的辛酸沉痛的思想感情。就這後一點看，《夢憶》中的某些篇章還是具有一定的進步意義的。

二

晚明是小品文最爲盛行的時代。「五四」以後，三十年代初有人曾大力提倡晚明小品，一時頗遭物議。其實小品文淵源很早，甚至可以追溯到先秦時代。《論語》裏的三言兩語，往往斐然成章。如果換個角度來對待它們，不把這些孔門語錄當成儒家經典而作爲帶有文學意味的口語筆述，未嘗不可稱之爲漂亮而有意義的抒情小品。他如戰國時代的《孟子》、《莊子》，稍後一點的《韓非子》和《呂氏春秋》，直到漢代的《韓詩外傳》、《新序》和《說苑》，其中不乏清新雋永之作，似乎都不能排斥於小品傳統之外。六朝以來，無論駢散兩體，屬於小品範疇的文章日益增多。卽使是號稱「正統」或「正宗」的唐宋八大家的散文，也不無抒寫性靈的佳構。特別是北宋蘇軾、黃庭堅兩家的筆記、題跋和尺牘，南宋范成大、陸游的日記，更開晚明小品之先河。祇就小品文本身而論，功過各有千秋，正不宜由於某些人的提倡或吹捧，便輕率地一筆抹殺。

三

說到晚明小品，總要提到公安、竟陵二派。公安派以三袁爲代表，卽袁宗道、袁宏道、袁中道三兄弟，以其原籍在湖北公安而得名；竟陵卽今湖北天門縣，以鍾惺、譚元春爲代表，他們都是竟陵人。談到這些作家的文風，竊以爲三袁不免流於淺陋，鍾、譚則故作艱深，雖開一時風氣，卻各有局限。由三袁、鍾、譚再往前發展以至於清代，有代表性的小品文大體可分爲以下幾類：一是襲鍾、譚餘波而走向詰屈聱牙的羊腸小徑，如劉侗（字同人，湖北麻城人，著有《帝京景物略》）和王思任（字季重，紹興人，著有《王季重十種》等）；二是由公安三袁而至於其極，向圓熟俗媚一路發展，如李漁（字笠鴻，別號笠翁，浙江蘭溪人，著有《閑情偶寄》等）和袁枚（字子才，晚號隨園，浙江錢塘人，著有《小倉山房全集》等）；三是力求灑脫而實不免造作，雖有一定內容卻終不免流於好自我表現，如金聖嘆（名喟，一名人瑞，蘇州人，著有《唱經堂才子匯稿》，評點過《西廂記》、《水滸傳》）和鄭板橋（名燮，揚州人，著有《鄭板橋集》）。在這些小品文著名作家中，我比較喜歡張岱。我以爲，張岱在寫作散文小品方面雖屬竟陵一派，但他得鍾、譚之幽深冷峭而藥之以跌宕豪邁，取三袁之爽朗清新卻揚棄其輕浮淺率；雅俗兼施，文白並用，不廢排比故氣勢充沛，不講義法而自然合於準繩。既見功力，又有性靈。缺點是不免流於粗獷鹵莽，有時也嫌過於矯飾。但從整個晚明文壇來看，張宗子實不愧爲巨擘，他的成就似應列在三袁、鍾、譚之上。當然這衹是我個人的一孔之見，寫出來聊供治晚明小品的同志們參考。

四

《陶庵夢憶》中可讀的文章甚多，《湖心亭看雪》一篇則以短小精悍出色。全篇不計標點，衹有一百六十字，眞是文章高手。從我國古典散文發展歷史來看，記敘文無疑淵源於史傳文學，這一影響甚至及於詩賦。如庾信《哀江南賦》一開頭便從自己的宗族祖先在周朝、漢朝立功得官寫起，杜甫的《北征》以「皇帝二載秋，閏八月初吉，杜子將北征，蒼茫問家室」作爲全詩的發端，都是用了寫史書的手法。本文開端兩句，卽將時間、人物、地點和盤托出，包舉無遺，而看去卻絲毫不着跡象，平淡無奇，用的正是史官筆法。以結構論，文章自然形成兩段，上半摹景，下半抒情，然而讀來並不覺得平板質實，這完全是由於文中的景與情都從敍事中映帶而出，彷彿不是經心着意之筆。何況獅子搏兔，亦用全力，作者並不因題材之單純、事實之簡略便掉以輕心；相反，倒是用了濃縮寫法，把宏觀世界置於微觀視野之中，藏須彌於芥子，蘊宇宙於胸襟，把大場面畫成小條幅，蹙長江大河於尺寸之間，雖屬小品，卻顯示出巨匠手筆。昔袁宏道提倡寫文章要有韻與趣，這個傳統張岱也繼承了下來。我以爲一個作家如欲具備這兩個方面，一須生活底子厚，二須靈感自天成。唐代大詩人兼大畫家王維稱他的好友裴迪是「天機清妙」，本爲「夫子自道」。看似唯心，其實也是符合創作的內在發展規律的。沒有生活和學識，固然成不了作家；但腦子裏如果沒有儲存着幾個文學細胞，縱使下筆千言，我看祇怕也是難以超凡入聖的。

閑言少敍。此文上半寫雪景，重點在於突出一個「看」字（見標題）。「大雪三日」已足爲奇觀；而「人鳥聲俱絕」，反襯出非訴諸目力不可。但白晝看雪，畢竟有不留餘地之嫌；作者寫自己「更定」後出遊，不獨見表「癡」，而且更規定了特定的時間和光線，這就使他所摹寫的景象格外突出。至於「拏小舟」句而加一「一」字於「小舟」之上，看似累贅，而實際卻與下文的「獨往」、「上下一白」等句打成一片，互爲呼應。正如下文「天與雲與山與水」一句，一連用了三個「與」字，似乎過於重複，而其意實是爲了加重自上而下悉爲大雪所覆蓋的特色。如把這一句連下文改爲「天雲山水，上下一白」，雖似凝練，反覺索然寡味，無跌宕生姿之美了。

「霧凇沆碭」一句，用字不免古奧，這正是竟陵派的修辭特點，張岱也承襲了這種餘澤遺風。「霧」者，指從天空下散至地面的雲氣；「凇」者，指自湖面上湧而達於天空的水氣。這兩者其實都是用來比喻大雪的彌漫無邊。「沆碭」，義同晃漾、晃蕩、茫洋、莽蒼、浩瀚，是動態狀語也是靜態狀語。其所以寫得若在動靜之間，仍是極寫雪的精神和氣象，亦卽上文「上下一白」的典雅說法。然後爲了寫雪夜背景的遼遠空闊，作者精選了「痕」、「點」、「芥」、「粒」等詞，因小見大，借微襯顯，全從視覺出發，以烘托鋪天蓋地的雪景。但「湖上影子」以下，並非純屬實寫。「長堤一痕」和「湖心亭一點」，固然是眺望中所見實景；而所乘之舟和舟中之人，卽作者所在之處和他本人。可見「一芥」和「兩三粒」的寫法，原是作者把自己置身於遠處的湖濱，設想己舟蕩漾於湖心的形象。但這一感受又是作者身到湖心亭之後回望湖面和湖濱所推想揣摩而得，可見作者在湖心亭上也確是「看」了雪的。這就有虛有實，而虛不違實；虛實相諧，反增韻趣。這才是張岱善於寫文章最具體的表現。

五

就切題面與否而言，則文章有了第一段，意思已經完足。孰意奇峯突起，轉入敍事，自「到亭上」以下，又展示出一個使人意想不到的境界：亭上已先有兩人「鋪氊對坐」了。這兩個坐亭上相對飲酒的人，正是作者對沆碭雪意深表酷愛的「同志」。無論作者筆下所寫的「見余大喜」、「拉余同飲」和「強飲三大白（勉強飲乾了三大杯）而別」，還是結尾處舟子說的「更有癡似相公者」，看似敍事，實爲抒情。始而出於亭中對飲之人驚異之言，再則出於舟子喃喃自語之口，都是極寫作者內心世界的不同凡俗，也寫出在湖上「人鳥聲俱絕」的冷寂境界中得遇知音而欣然色喜的狂熱。夫看雪景本不足奇，看雪景而行蹤不同凡俗則奇，而不同凡俗地欣賞雪景卻意外地巧遇知音同好則尤奇。這樣，此一短小之文就不僅描繪了客觀的雪景，而且——主要的是這一方面——更刻畫了作者的主觀精神世界；不僅借景以生情，而且用知音同好以助其情。甚至可以說，如果沒有後半的敍事帶抒情的一段描寫，則前半的景物描繪充其量不過是一幅略具特色的風景畫而已。結合了《陶庵夢憶》全書的創作意圖，可見在作者心目中，湖上的雪夜奇觀固然值得回憶，而畫面背後的超脫塵俗的思想境界和巧遇知音的狂喜情懷就更值得懷念。情眞而後景乃能栩栩如生，此正大畫家點染寫意之作與匠人工筆臨摹之作的差距所在。前者無所不包，無所不舉；後者小器易盈，小技易窮。然後知張岱之果不愧爲晚明小品作家中之大手筆也。

（吳小如）

西湖七月半

張　岱

西湖七月半，一無可看，祇可看看七月半之人。看七月半之人，以五類看之。其一，樓船簫鼓，峨冠盛筵，燈火優傒，聲光相亂，名爲看月而實不見月者，看之；其一，亦船亦樓，名娃閨秀，攜及童孌，笑啼雜之，還坐露臺，左右盼望，身在月下而實不看月者，看之；其一，亦船亦聲歌，名妓閑僧，淺斟低唱，弱管輕絲，竹肉相發，亦在月下，亦看月而欲人看其看月者，看之；其一，不舟不車，不衫不幘，酒醉飯飽，呼羣三五，躋入人叢，昭慶、斷橋，嘄呼嘈雜，裝假醉，唱無腔曲，月亦看，看月者亦看，不看月者亦看，而實無一看者，看之；其一，小船輕幌，淨几暖爐，茶鐺旋煮，素瓷靜遞，好友佳人，邀月同坐，或匿影樹下，或逃囂裏湖，看月而人不見其看月之態，亦不作意看者，看之。

杭人游湖，巳出酉歸，避月如仇。是夕好名，逐隊爭出，多犒門軍酒錢，轎夫擎燎，列俟岸上。一入舟，速舟子急放斷橋，趕入勝會。以故二鼓以前人聲鼓吹，如沸如撼，如魘如囈，如聾如啞。大船小船一齊湊岸，一無所見，止見篙擊篙，舟觸舟，肩摩肩，臉看臉而已。少刻興盡，官府席散，皂隸喝道去。轎夫叫船上人，怖以關門，燈龍火把如列星，一一簇擁而去。岸上人亦逐隊趕門，漸稀漸薄，頃刻散盡矣。

吾輩始艤舟近岸。斷橋石磴始涼，席其上，呼客縱飲。此時月如鏡新磨，山復整妝，湖復頮面，向之淺斟低唱者出，匿影樹下者亦出，吾輩往通聲氣，拉與同坐。韻友來，名妓至，杯箸安，竹肉發。月色蒼涼，東方將白，客方散去。吾輩縱舟，酣睡於十里荷花之中，香氣拘人，清夢甚愜。

晚明小品在我國散文史上佔有一席地位。明代正統詩文在前後七子復古主義文學思潮的影響下，充斥着字摹句比的擬古之作，蹈襲前人，毫無生氣。公安、竟陵派的袁宏道等人相率起來反對，提出「獨抒性靈，不拘格套」（袁宏道《敍小修詩》）的文學主張。晚明小品就是這種文學主張在散文創作中的實踐。這些小品文，大都直抒胸臆，信筆寫出，敍事、寫景、抒情，短小精悍，流麗清新。作家執筆時，不是代聖人立言，也不墨守某種寫作程式，不造作，不虛飾，而是以平易流暢的語言，極自然地表現自己的眞情實感。其中的佳作，不乏濃郁的诗情，優美的意境。

張岱是晚明小品的代表作家，《西湖七月半》是他的代表作。這篇文章選自他的散文小品集《陶庵夢憶》卷七。陶庵是張岱的號。這本集子創作於他入清以後，在奇情壯彩中寄寓着身世之感。他原是一個大家子弟，一直過着富貴豪華的生活。明亡以後，他「無所歸止，披髮入山」，「遙思往事，憶即書之」，「偶拈一則，如遊舊徑，如見故人」。（《陶庵夢憶自序》）五十年「繁華靡麗，過眼皆空」，如夢境似的朦朧而又清晰，他追憶、懷想，發而爲文，既表現了對往日繁華生活的懷戀，又時時透露出國破家亡的隱悲。

《西湖七月半》是對昔日杭州人七月半遊西湖的風習和情景的追憶，通過具體生動的描繪，表現了作者清高自傲的思想和風雅不俗的情懷。文章有景有情，情景相生，是記敍文，也是抒情文。文筆簡潔優美，活潑清新，頗富情趣，表現了張岱小品文的藝術特色。

這篇文章構想新奇，不落俗套。「西湖七月半」，概括了文章要寫的地點和時間。西湖爲風景秀美的勝地，七月半是素月生輝的良夕，這該是一個寫月景的好題目。但作者偏能別出奇想，全文力避正面寫看月而重點去寫看人，卻又妙在寫看人並未離開寫看月：是在看月之夜看各色各樣的看月或不看月之人；卻又從寫看人出發，最後還歸結到寫看月上。

「西湖七月半，一無可看，衹可看看七月半之人。」首句即乾淨利落地落到題目上，然而出人意表，起筆就撇開寫看月而引入寫看人。看似大煞風景，實爲文思流宕、開拓奇境之筆。有此一句，下文便放筆去寫西湖七月半的五類遊人，寫出他們不同的身份、地位、情態、格調。作者觀察細緻，寫得具體、準確、生動。對五類人並未進行評論，衹作客觀描述，但作者的愛憎褒貶，態度十分鮮明，從對各類人物情態的生動描繪中，讀者已不難窺見作者本人的思想風貌。第一類是達官貴人，坐着高高的樓船，奏着熱鬧的簫鼓，擺着豐美的筵席，燈火輝煌，倡僕叢雜。這是「名爲看月而實不見月者」。「見」字用得準確，說明這流人不僅無意於看月，甚至連月也未曾見，使人疑其不知有月。第二類是富貴之家的「名娃閨秀」，也是高坐樓船，卻是喧呼嬉笑，左顧右盼。他們與第一類不同，衹是「還（不久，時而）坐露臺」，屬於「身在月下而實不看月者」。後面三類人都看月，但情形又各不相同。第四類是一幫衣冠不整、酒醉飯飽、嘄呼嘈雜的無賴子弟。他們看月，也看人（看月和不看月的人），什麼都看，實又什麼都無心看、不懂得看，所以是「實無一看者」。這類人的身份情調與上兩類大異，而在不懂得欣賞月景上卻又毫無二致。第三、第五兩類是一些情志高潔的風雅之士，作者以「淺斟低唱，弱管輕絲」寫其閑靜（雖有聲歌卻輕柔而不喧鬧），以「茶鐺旋煑，素瓷靜遞」寫其雅潔。這兩類才是眞正看月的，情趣相近，卻又並不完全相同：前者看月而不避人看其看月，後者看月而不喜人看其看月。字裏行間，明顯地流露出作者對他們的讚賞和引爲同調的心情。作者對五類人的態度，含蓄而又鮮明，以其是否有意於看月和懂不懂得看月，別雅俗，定好惡，不僅雋永別致地抒發了自己鄙視庸俗的思想感情，而且爲末段寫看月時「呼客縱飲」、「往通聲氣」預作了布置。

第二段以「一無所見」與首段的「一無可看」相呼應，進一步以鄙視嘲笑的態度寫杭州人七月半遊湖的情景。上段分類描述，此段則總寫熱鬧場面。「避月如仇」四字，將全段描寫重點擺到那些徒好看月之名，一味追趕熱鬧，既無意於看月亦不懂得看月的人們身上。作者寫場面氣氛，抓住特點，用筆精練，極爲生動傳神。他先從聽覺寫：「如沸如撼，如魘如囈，如聾如啞。」僅十二個字就渲染出一種與賞月極不協調的紛亂嘈雜氣氛。接下去從視覺寫：「止見篙擊篙，舟觸舟，肩摩肩，臉看臉而已。」寫夜深人散情景，又以「喝道」、「簇擁」、「逐隊」等作進一步點染。寫七月半杭人遊湖盛況，卻整段不及一月字。作者顯然是有意避月以寫人，即人以寫景，撇開大自然的月景，而着意去描繪一幅形形色色人物活動的風俗畫。

末段方是看月正文。「吾輩始艤舟近岸。」一個「始」字，便將筆墨輕熟自然地轉到寫看月上來。「吾輩」二字，則明顯地表現了一種卑視塵俗的意味。作者在將種種鄙陋人物之種種惡俗情態和熱鬧場面看盡之後，才轉而寫到自身的活動——賞月。這段看月文章，從前兩段看人的文章反逼出來，兩相映襯，便愈能見出看月之妙和賞月人之雅。因此，作者用墨不多，感情的抒發卻顯得酣暢淋漓。由點到面，由人及己，從分類介紹到總寫場面，從寫人進而寫月，前後形成鮮明的比照：人聲鼓吹時是那樣喧鬧，人散月出時是那樣清幽。兩種境界，兩種天地，兩樣情感。全文寫月不過兩句：一句是「月如鏡新磨，山復整妝，湖復頮（洗的意思）面」，從湖光山色寫其皎潔；一句是「月色蒼涼，東方將白，客方散去」，從人的感受寫其清涼。寥寥數語，繪出一幅西湖月景圖，充滿詩情畫意。這樣，雖然全文的重點在寫看人，而其立意卻仍在寫看月，以他人之無意於看月和不懂得看月，來襯托自己以及跟自己同調的一羣領略湖山月色之美的清興，進而抒寫了卑視庸俗之輩的清高雅潔的思想情趣。

作者抒情不淺不露，含蓄雋永，主要採用寓情於景的寫法。通讀全篇，就會感到前兩段似乎無一字言情，實際卻是句句寫景，句句有情。即以末段而論，直接抒寫作者內心感情的也不過兩個字：一是「呼客縱飲」和「吾輩縱舟」的「縱」字，寫出飲酒賞月時的無拘無礙、痛快淋漓；一是「香氣拘人，清夢甚愜」的「愜」字，寫出詩情畫意之中暢快適意、令人心醉的感受。這兩個字在表達感情上能顯得這樣豐厚、飽滿、酣暢，是因爲有前兩段文字反襯，是因爲有生動傳神的描寫支撐。抒情散文靠堆砌色彩強烈的詞藻，往往單薄蒼白，無濟於事。

這篇文章寫得生動活潑，情趣盎然，跟作者巧於用字和安排句式有關。在通常情況下，作文要避忌一個字在同一句或前後句中重複使用。作者卻有意重複使用，不僅不給人單調和累贅之感，相反造成一種特殊的情味，收到了很好的藝術效果。第一段文字不長，卻一連用了二十三個「看」字。首先是寫五類人，每類都以「其一……看之」的句式排出，不僅對五種人分類顯豁，令人一目了然，更重要的是重複用「看之」作結，傳達出一種冷眼旁觀的意味，表現了一種輕嘲微諷的感情色彩。其次，這段文章雖然沒有一個字寫到作者的活動，由於反覆使用「看」字，作者便以一個導遊者兼評論者的身分出現在文章裏，不僅帶領讀者看各色各樣人物的表演，而且還不露聲色地指點我們怎樣欣賞他們的表演。這段文章，妙在無一處有作者，又無一處無作者，而且還處處帶進讀者，這跟重複使用「看」字分不開。第三，有時在一句中相間連用幾個「看」字，如：「亦看月而欲人看其看月者，看之」（用四個）；「月亦看，看月者亦看，不看月者亦看，而實無一看者，看之」（用七個）。準確生動地表現了幾層意思的曲折變化，語句本身傳達出一種輕俏活潑的情味。

五類人，有同有異，同中有異。作者除直接描述外，還巧妙地通過字法來顯示，用筆既省儉，表現又準確。「亦船亦樓」，「亦船亦歌聲」：「亦」字顯示了不同類人之間相同的一面；「不舟不車，不衫不幘」：「不」字顯示了這類人在身分、風貌上的獨異之處。同爲「亦」字，在不同句子的不同位置上，顯示的意義也各不相同：「亦在月下，亦看月」，是跟前一類人比較而言，意思是同在月下，同樣看月；「月亦看，看月者亦看，不看月者亦看」，是就看月者自身而言，意思是他們這也看，那也看。第五類「看月而人不見其看月之態，亦不作意看者」，同爲看月的雅士，但與第三類「淺斟低唱」者又不全相同：「不見其看月之態」是其一，「亦不作意看者」是其二。「不」、「亦」二字，將其間細微的差別準確地顯示了出來。

第三段寫遊人看月的紛擾雜亂情景，用了兩組排比句式。第一組三個短句連用六個「如」字；第二組四個短句用了四個不同的動詞：「擊」、「觸」、「摩」、「看」，同樣是準確精練，以少勝多，收到了很好的效果。

這些都是文章的細微之處，談來不免近於瑣碎。但是傳情達意要曲盡其妙，細緻準確，活潑而富於情趣，也是不可不注意的。而這，正是這篇文章一個顯著的藝術特色。

關於晚明小品，魯迅先生曾作過全面評價，有肯定，也有批評。他說：「明末的小品雖然比較的頹放，卻並非全是吟風弄月，其中有不平，有諷刺，有攻擊，有破壞。」（《南腔北調集•小品文的危機》）對於小品文的作者，他說：「有國時是高人，沒國時還不失爲逸士。逸士也得有資格，首先即在『超然』，『士』所以超庸奴，『逸』所以超責任。」（《且介亭雜文二集•雜談小品文》）對於張岱的小品文，我們正該用這樣的眼光去認識。在文章裏，他對那些衹圖滿足於笙歌之娛、宴遊之樂的達官貴人投以輕蔑的嘲笑，自有其一定的積極意義，但他所沾沾自喜的不過是既「超庸奴」又「超責任」的高人逸士的風雅情懷，在我們今天看來，其格調也是並不太高的。但文章構思精巧，描寫縝密，確實寫得清雋優美，富有詩情畫意，在藝術表現上有其獨特之處，可供我們借鑒。

（周先慎）

五人墓碑記

張　溥

五人者，蓋當蓼洲周公之被逮，激於義而死焉者也。至於今，郡之賢士大夫，請於當道，即除魏閹廢祠之址以葬之，且立石於其墓之門，以旌其所爲。嗚呼，亦盛矣哉！

夫五人之死，去今之墓而葬焉，其爲時止十有一月耳。夫十有一月之中，凡富貴之子，慷慨得志之徒，其疾病而死，死而湮沒不足道者，亦已衆矣。況草野之無聞者歟？獨五人之皦皦，何也？

予猶記周公之被逮，在丁卯三月之望。吾社之行爲士先者，爲之聲義，斂貲財以送其行，哭聲震動天地。緹騎按劍而前，問誰爲哀者？衆不能堪，抶而僕之。是時以大中丞撫吳者，爲魏之私人，周公之逮所由使也。吳之民方痛心焉，於是乘其厲聲以呵，則譟而相逐。中丞匿於溷藩以免。既而以吳民之亂請於朝，按誅五人，曰：顏佩韋、楊念如、馬傑、沈揚、周文元，卽今之傫然在墓者也。

然五人之當刑也，意氣揚揚，呼中丞之名而詈之，談笑以死。斷頭置城上，顏色不少變。有賢士大夫發五十金，買五人之脰而函之，卒與屍合。故今之墓中，全乎爲五人也。

嗟夫！大閹之亂，縉紳而能不易其志者，四海之大，有幾人歟？而五人生於編伍之間，素不聞詩書之訓，激昂大義，蹈死不顧，亦曷故哉？且矯詔紛出，鉤黨之捕遍於天下，卒以吾郡之發憤一擊，不敢復有株治。大閹亦逡巡畏義，非常之謀，難於猝發。待聖人之出而投繯道路，不可謂非五人之力也！

由是觀之，則今之高爵顯位，一旦抵罪，或脫身以逃，不能容於遠近，而又有剪髮杜門，佯狂不知所之者。其辱人賤行，視五人之死，輕重固何如哉？是以蓼洲周公，忠義暴於朝廷，贈諡美顯，榮於身後。而五人亦得以加其土封，列其姓名於大堤之上。凡四方之士，無有不過而拜且泣者，斯固百世之遇也！不然，令五人者保其首領，以老於戶牖之下，則盡其天年，人皆得以隸使之，安能屈豪傑之流，扼腕墓道，發其志士之悲哉？故予與同社諸君子，哀斯墓之徒有其石也，而爲之記，亦以明死生之大，匹夫之有重於社稷也。

賢士大夫者：冏卿因之吳公、太史文起文公、孟長姚公也。

張溥（一六〇二——一六四一）的《五人墓碑記》，從標題上看，應該歸入「墓誌」類；但實際上與傳統的「墓誌」文很不一樣，從思想內容到寫作方法，都表現了可貴的創新精神。封建社會的「墓誌」，一般是爲達官貴人或其親屬寫的。其內容是「直述世系、歲月、名字、爵里」，羅列所謂「德善功烈」和「學行大節」（見吳訥《文章辨體序說》、徐師曾《文體明辨序說》）；實則以「諛墓」爲旨歸，多誇誕不實之詞。既符合事實，又具有一定社會意義的作品，在汗牛充棟的墓誌文中所佔的比例比較小。張溥的這一篇，卻是爲下層人民寫的。「五人」本無流俗之士豔羨的世系、功名、官爵，作者也擺脫舊框框的束縛，突出重點，集中地寫他們轟轟烈烈的反閹黨鬥爭及其歷史意義，從而爲我們留下了明末市民暴動的珍貴文獻。在表現方法上，傳統的「墓誌」文要求「唯敍事實，不加議論」；偶有稍加議論的，就被認爲不是「正體」，而是「變體」（同上）。張溥的這一篇，卻夾敍夾議，甚至以議論爲主，在善與惡的搏鬥、正與反的對比中，對下層人民的正義行爲和崇高品質給予大力的肯定和熱情的讚揚。這實質上是一篇戰鬥的小品文。魯迅曾經指出：「明末的小品雖然比較的頹放，卻並非全是吟風弄月，其中有不平，有諷刺，有攻擊，有破壞。」（《南腔北調集·小品文的危機》）這篇《五人墓碑記》，就是明末小品文中有諷刺，有攻擊，有破壞，有歌頌，有戰鬥鋒芒和藝術魅力的優秀作品之一。

一

這篇「碑記」在敍述「五人」之死的原因時說：「是時以大中丞撫吳者，爲魏之私人，周公之逮所由使也；吳之民方痛心焉，於是乘其厲聲之呵，則噪而相逐。中丞匿於溷藩以免。既而以吳民之亂請於朝，按誅五人。」這裏的「周公」指周順昌，「大中丞」指當時的江蘇巡撫毛一鷺。「吳民」爲什麼痛恨毛一鷺而同情周順昌呢？据《明史·周順昌傳》載：「周順昌，字景文，吳縣人。萬曆四十一年進士。授福州推官……天啓中，歷文選員外郎，署選事。」傳中主要敘述了周順昌反對閹黨、同情人民，因而得到人民支持的歷史事實。傳中稱「順昌爲人剛方貞介，疾惡如仇」，「捕治稅監高寀爪牙，不少貸」，當高寀激起「民變」的時候，有人主張讓周順昌代替高寀做稅監去平息「民變」，周順昌堅決不肯。當時，反對閹黨和同情人民是緊密地聯繫在一起的。傳中提到「順昌好爲德於鄉。有寃抑及郡中大利害，輒爲所司陳說，以故士民德順昌甚」。因此，當魏忠賢矯詔逮周順昌時，「衆咸憤怒，號寃者塞道。至開讀日，不期而集者數萬人，咸執香爲周吏部乞命」，激起了以「五人」爲首的市民暴動。關於這次暴動，清初計六奇有比較詳細的記載：

　　天啓六年丙寅，蘇杭織造太監李實欲得忠賢歡，乃借織造事以欺君蔑旨，參誣諸臣……錦衣衛掌堂田爾耕遣官旗張應龍、文之炳等六十餘人分拿公（指周順昌）等十五至蘇州。吳縣令陳文瑞，公所拔士也，夜半扣戶求見，撫牀而慟。公曰：「吾固知詔使必至，毋效楚囚對泣。」乃悉召故人與訣別……

　　甫出門，百姓號寃聚送者已數百人。公囚服小帽詣軍門，士民聚益衆。巡撫毛一鷺，浙人也。檄有司數易置公……聚益衆。一日四五遣，然遠近聞風相繼至愈多，皆言：「吏部（指周順昌）清忠亮節，何罪！而朝廷逮之極？」守至昏夜，猶不散，旦則復聚。自十五日至十八日，蓋通國皇皇也。開讀之日，郡中士民送者數萬，相聚謀乞兩臺，懇其疏救。於是皆執香迎順昌於縣署，號聲振天，縣官馬不得行……頃，巡撫毛一鷺、巡按徐吉至，百姓執香伏地，號呼之聲，如奔雷瀉川，轟轟不辨一語。……一鷺流汗被臉，惴惴不敢出一語。旗尉文之炳等妄自尊大，不察民情，持械擊百姓，且厲聲問：「東廠嚴旨逮官，乃容鼠輩置喙！」百姓顏佩韋等聞之，還問曰：「爾言東廠逮官，則此旨出魏監耶？」諸旗虎臉豹聲，曰：「速剜若舌！旨出東廠，將何如？」佩韋等不勝憤，振臂大呼曰：「吾輩謂天子詔耳，東廠何得逮官？」首擊之炳，百姓從者千計，以傘柄擊緹騎，諸生皆驚避。毛一鷺恐怖失色，急請兵自衛，與徐吉散去。兵備張孝、太守寇慎，陝西人，甚得民心，再三曉諭，至夜分，百姓始漸散。從尉李國柱死，餘或匿斗拱間，或升屋走，因得全。（《明季北略》卷二《周順昌被逮》）

朱彝尊在《靜志居詩話》中談到「五人」之死：「是夜，撫按具疏告變，捕十三人下於獄，論五人大辟。五人者，顏佩韋、馬傑、楊彥如、沈揚、周文元」，「崇禎初，吳人毀魏忠賢普惠祠，購佩韋等頭顱，合屍葬，於是題曰『五人之墓』，太倉張溥爲作碑記。」（參閱陳田《明詩紀事》「庚籤」卷六）

明代後期，江南地區開始孕育着資本主義的萌芽。工商業和城市經濟都有一定程度的發展和繁榮。以江南中小地主階級知識分子爲主體的政治集團東林黨主張開放言路、改良政治，反對閹黨對江南地區實行殘酷的政治壓迫和經濟掠奪。這些主張，既符合江南中小地主階級的利益，也符合江南工商業者和廣大市民及其他人民的要求，因而得到他們的支持。由宦官魏忠賢和明熹宗寵愛的保姆客氏相勾結而形成的閹黨，代表了明末最反動的統治勢力。閹黨官僚，成爲魏忠賢手下的「五虎」、「五彪」、「十狗」、「十孩兒」、「四十孫」，依附魏忠賢的大宦官，都成了「千歲爺」，魏忠賢本人，則被呼爲「九千歲」。他們培植黨羽，排除正人，大搞特務統治，緹騎四出，鎮壓人民。在經濟掠奪方面，更無所不用其極，舉凡橋梁、道路、關津、市舶、商店，乃至米、鹽、鷄、豕，皆令輸税。礦、税兩監遍天下，水阻商舟，陸截販賈，所至肆虐，民不聊生。而閹黨爪牙，卻紛紛爲魏忠賢建「生祠」，「稱功頌德」（參閱《明季北略》卷二《稱功頌德》條及《棗林雜組·魏忠賢》條），「一祠之建『不下五萬』」（明季北略》卷三《錢嘉徵參魏忠賢十大罪》）。《五人墓碑記》裏所說的蘇州人民痛恨的江蘇巡撫毛一鷺，就是爲魏忠賢首建生祠於虎丘的一個壞家伙（《明季北略》卷二《生祠》）。他們指「東林」爲「邪黨」，屢興大獄，任意誣陷和殺害；連並非「東林」的正派人物與改良分子，也被加上「邪黨」的罪名，以求一網打盡（參閱《明季北略》卷二《魏忠賢濁亂朝政》、《點將錄》、《天鑒錄》諸條及《明史·熹宗本紀》）。因此，人民羣衆對閹黨恨入骨髓，而對東林黨人卻抱有一定的同情。所以當閹黨逮捕敢於爲人民的冤抑和利害說話的周順昌時，就激起了一場聲勢浩大的市民暴動。這場市民暴動的首領顏佩韋等「五人」雖然犧牲了，但「忠賢大惧」，「自是緹騎不出國門」，充分顯示了人民鬥爭的威力。

《五人墓碑記》的作者張溥，字天如，號西銘，江蘇太倉人。幼年刻苦學習，所讀書必手抄，抄至六七遍乃止，因而後來把他的書房叫做「七錄齋」。著有《七錄齋詩文合集》、《七錄齋近集》，編有《漢魏六朝百三名家集》，每集卷首都寫有《題辭》。這一百多篇《題辭》，分之則爲作家評論，合之則爲文學簡史。他的文學主張，可概括爲八個字，那就是他在《漢魏六朝百三名家集敍》裏所說的「先質後文，吐華含實」。

明思宗朱由檢即位，鎮壓了閹黨，起用了東林黨人。但這時候朱明王朝的統治機構已經腐爛不堪，而階級矛盾又異常尖銳。加上被起用的東林黨人都是一些空談家，祇斤斤於派別鬥爭，卻不能採取有效的措施以挽救危亡。閹黨殘餘又乘機捲土重來，相繼入閣執政，一面打擊東林人士和正派人物，一面鎮壓人民起義。張溥於是聯合各地文社，於崇禎二年（一六二九）組成「復社」和閹黨作鬥爭。他之所以能夠寫出一篇熱情洋溢地歌頌蘇州人民反閹黨鬥爭的《五人墓碑記》，是和他反閹黨的政治目的分不開的。

二

這篇文章在寫作方法上的特點是：夾敍夾議，層層對比，步步深入，前後照應，反覆唱嘆，熔敍事、議論、描寫、抒情於一爐。而這一切，又都服務於主題思想的表達。這個主題思想，作者直到文章的結尾纔明確地說出來，那就是：「明死生之大，匹夫之有重於社稷。」

作者提出的這個主題思想，本身就包含着許多對比的因素：「死」與「生」，當然是對比；有「大」就有「小」，有「重」就有「輕」，有「匹夫」就有「富貴之子，慷慨得志之徒」和「縉紳」以至「高爵顯位」，這裏都有強烈的對比。

爲「五人墓」作「碑記」，當然要寫出「五人」是怎樣的人。但這也可以有各種寫法。按照「墓誌」文的格局，一上來就得敍述他們的姓名，籍貫、世系、行事等等，但張溥卻另闢蹊徑，衹用「五人者，蓋當蓼洲周公之被逮，急於義而死焉者也」一句話，對「五人」作了判斷性的說明。用「者」提頓、用「也」煞句、「者」「也」照應，這是古漢語中判斷句的典型結構。以一個判斷句開頭，就「五人」爲什麼而死作出判斷，說明「五人」不是爲了別的什麼而死的，而是當周順昌「被逮」的時候「急於義而死」的，這裏已包含着對「五人」的頌揚。按照作者在篇末點明的主題思想的邏輯，「急於義而死」，「死」的意義就「大」；如此而死，雖「匹夫」也「有重於社稷」。那麼與此相對照，那些「不義而生」、「不義而死」的，又怎麼樣呢？對於這些，作者暫時還沒有發議論，然而諷刺的鋒芒，也已經從對「五人」的頌揚中露出來了。

點出「五人」「急於義而死」，讀者滿以爲該寫怎樣「急於義而死」了；但作者卻按下不表，由「死」寫「葬」、由「葬」寫「立石」，給讀者留下懸念。

寫「葬」、寫「立石」，用的是敍述句，但並非單純敍事，而是寓褒於敍。不是由不肖之徒、而是由「賢士大夫」們「除逆閹廢祠之址以葬之，且立石於其墓之門，以旌其所爲」，這不是對「五人」的褒揚嗎？所以緊接着，卽用「嗚呼，亦盛矣哉」這個充滿激情的讚頌句收束上文，反跌下文，完成了第一段。

有褒必有貶。第一段雖然衹是從正面褒「五人」，但其中已暗含了許多與「五人」相對比的因素，爲下文的層層對比留下了伏筆。

第二段，就「富貴之子，慷慨得志之徒」的「死而湮沒不足道」與「五人」的死而有人立碑「以旌其所爲」相對比，實際上已揭示出「疾病而死」與「急於義而死」的不同意義。但作者卻引而不發，暫時不作這樣的結論，而用「何也？」一問，使本來已經波瀾起伏的文勢湧現出軒然大波。

如前所說，在一開頭點出「五人」「急於義而死」之後，原可以就勢寫怎樣「急於義而死」。但作者卻沒有這樣做，而是寫「墓而葬」、寫立碑「以旌其所爲」、寫在「五人」死後的「十有一月」中無數「富貴之子、慷慨得志之徒」死於疾病，從而在兩相對比的基礎上提出了一個尖銳問題：凡人皆有死，但一則受到賢者的旌表，死而不朽，一則與草木同腐，「湮沒不足道」，這是什麼原因呢？在這尖銳的一問使文勢振起之後，纔作爲對這一問的回答，寫「五人」怎樣「急於義而死」。文情何等曲折！文勢何等跌宕！然而這一切，都是爲更有力地歌頌「五人」之死蓄勢。對「五人」的歌頌越有力，對其對立面的暴露、批判也就越深刻，對表現「明死生之大，匹夫之有重於社稷」的主題也就越有利。

寫「五人」之死用了兩段文字，但與《明季北略》中的寫法很不相同。後者着重敘事，寫出了從三月十五日到十八日市民暴動的全過程，極有史料價值。前者敘事中有說明、有描寫，而且處處與前面的文字相照應，其目的不在於敍述市民暴動的全過程，而在於通過寫「五人」爲什麼而死，來表揚他們的正義行動。

和全文開頭處的「當蓼洲周公之被逮」相照應，這一段從「予猶記周公之被逮……」寫起。「周公之被逮」，與「五人」之死又有什麼關係呢？作者在追述了「緹騎按劍而前，問誰爲哀者？……」的情景之後，告訴讀者：「是時以大中丞撫吳者，爲魏之私人，周公之逮所由使也，吳之民方痛心焉。於是乘其厲聲以呵，則噪而相逐。」這就是說：當時以大中丞的官銜做江蘇巡撫的毛一鷺是魏忠賢的爪牙，「吳之民」本來就痛恨他，而「周公之被逮」，又正是這個閹黨爪牙指使的，所以「吳之民」就更加痛恨他。寥寥數語，表明「周公」與閹黨形同冰炭，互不相容；那麼兩相對比，「周公」是怎樣一個人，也就不言而喻了。既然「吳之民」痛恨閹黨而同情受閹黨迫害的「周公」，那麼因閹黨逮捕「周公」而激起的這場「民變」的正義性，也就不容歪曲了。正面寫市民暴動衹有四個字：「噪而相逐。」但由於明確地寫出「逐」的對象是「魏之私人」，因而雖然衹用了四個字，卻已經把反閹黨鬥爭的偉大意義表現出來了。

「吳之民」與「五人」是全體與部分的關係。不單寫「五人」，而寫包括「五人」在內的「吳之民」「噪而相逐」，這就十分有力地表現出民心所向，正義所在，從而十分有力地反襯出閹黨以「吳民之亂」的罪名「按誅五人」的卑鄙無恥、倒行逆施。

在前面，衹提「五人」，連「五人」的姓名也沒有說。直等到寫了「五人」被閹黨作爲「吳民之亂」的首領被殺害的時候，纔一一列舉他們的姓名，大書而特書，並用「卽今之傫然在墓者也」一句，與首段的「墓而葬」拍合。其表揚之意，溢於言外。

這還不够，接着又用一小段文字描寫了「五人」受刑之時「意氣揚揚，呼中丞之名而詈之，談笑以死」的英雄氣概和「賢士大夫」買其頭顱而函之的義舉，然後又回顧首段的「墓而葬」，解釋說：「故今之墓中，全乎爲五人也。」很明顯，這裏既歌頌了「五人」，又肯定了「賢士大夫」。而對於「賢士大夫」的肯定，也正是對「五人」的歌頌。

三、四兩段寫「五人」怎樣「急於義而死」。五、六兩段，則着重寫「五人」之死所發生的積極而巨大的社會影響。

第五段是這樣開頭的：「嗟呼！大閹之亂，縉紳而能不易其志者，四海之大，有幾人歟？」這裏有幾點值得注意：閹黨把「亂」的罪名加於「吳民」，作者針鋒相對，把「亂」的罪名還給閹黨，恢復了歷史的本來面目。此其一。「大閹」不過是皇帝的家奴，憑什麼能「亂」朝廷、「亂」天下？這固然由於皇帝的寵信，但在很大程度上還由於「縉紳」的助紂爲虐。所謂「縉紳」，指的是從中央到地方的大小官僚。在當時，大大小小的各級官僚遍布全國，其總數何止成千上萬。作者卻以十分感慨的語氣指出：「四海之大」，能夠在「大閹之亂」中不改其志、卽不趨炎附勢的，並沒有幾個人！我們衹要翻一下《明史》，就知道這並非誇張。然而這樣說，是要得罪成千上萬的「縉紳」的。作者不怕樹敵，敢於揭露眞相，表現了卓越的膽識。此其二。

在「縉紳而能不易其志……」這個句子中，「而」字用於主語和謂語之間，表示一種特殊的轉折關係。全句的意思是：作爲讀書明理的「縉紳」，本來應該在任何情況下都不改變高潔的志操，但在「大閹之亂」中，普天下的無數「縉紳」能不改變高潔的志操的，卻竟然沒有幾個人，豈不令人憤慨！以「嗟呼」開頭，以「能有幾人歟」煞尾，就表現了作者壓抑不住的憤慨之情。

「縉紳」如此，那麼「匹夫」怎樣呢？於是用「而」字一轉，轉而歌頌「五人」，闡發「匹夫有重於社稷」的主題。「縉紳」都是「讀詩書」、「明大義」的，卻依附閹黨，危害國家，「而五人生於編伍之間，素不聞詩書之訓，激昂大義，蹈死不顧，亦曷故哉」？作者從地主階級立場出發，認爲素聞詩書之訓的「縉紳」應該比「素不聞詩書之訓」的「匹夫」高明，但事實卻恰恰相反，因而發出了「亦曷故哉」的疑問。這個疑問，他不可能作出正確的回答。但他敢於承認這個事實，仍然是值得稱道的。他不但承認這個事實，而且以「縉紳」助紂爲虐、禍國殃民爲反襯，揭示了以「五人」爲首的市民暴動在打擊閹黨的囂張氣焰、使之終歸覆滅這一方面所起的偉大作用。張溥在墓碑記中寫道：

> 且矯詔紛出，鈎黨之捕，遍於天下，卒以吾郡之發憤一擊，不敢復有株治。大閹亦逡巡畏義，非常之謀，難於猝發。待聖人之出而投繯道路，不可謂非五人之力也。

把這一切都歸功於「吳之民」的「發憤一擊」和「五人之力」，他是看出了而且高度評價了人民羣衆的力量的。

第六段也用對比手法，但以「由是觀之」領頭，表明它與第五段不是機械的並列關係，而是由此及彼、層層深入的關係。「是」是一個指代詞，指代第五段所論述的事實。從第五段所論述的事實看來，仗義而死與苟且偷生，其社會意義判若霄壤。作者以飽含諷刺的筆墨，揭露了「今之高爵顯位」爲了苟全性命而表現出來的種種「辱人賤行」，提出了一個問題：這種種「辱人賤行」，和「五人之死」相比，「輕重固何如哉」？苟且偷生，輕若鴻毛；仗義而死，重於泰山。這自然是作者希望得到的回答。

在作了如上對比之後，作者又從正反兩方面論述了「五人」之死所產生的另一種社會效果。從正面說，由於「五人」「發憤一擊」、「蹈死不顧」而挫敗了濁亂天下的邪惡勢力，因而「得以加其土封，列其姓名於大堤之上。凡四方之士，無有不過而拜且泣者，斯固百世之遇也」。從反面說，假使「五人者保其首領，以老死於戶牖之下，則盡其天年，人皆得以隸使之，安能屈豪傑之流，扼腕墓道，發其志士之悲哉？」應該指出：這不僅是就「五人」死後所得的光榮方面說的，而且是就「五人」之死在「四方之士」、「豪傑之流」的精神上所產生的積極影響方面說的。「四方之士」「過而拜且泣」，「豪傑之流扼腕墓道，發其志士之悲」，不正表現了對「五人」同情、仰慕乃至向他們學習的崇高感情嗎？而號召人們向「五人」學習，繼續跟閹黨餘孽作

五人墓碑記

鬥爭，正是作者寫這篇文章的目的。所以接下去就明白地告訴讀者：「予與同社諸君子，哀斯墓之徒有其石也，而爲之記，亦以明死生之大，匹夫之有重於社稷也。」

這篇文章題爲《五人墓碑記》，歌頌「五人」當然是它的主要內容。但社會是複雜的，事物是互相聯繫的，要孤立地歌頌「五人」，就很難着筆。張溥在這篇文章中，與「五人」相對比，不僅指斥了閹黨，還暴露批判了「富貴之子，慷慨得志之徒」和「縉紳」、「高爵顯位」等等；與「五人」相映襯，不僅讚美了周順昌，還肯定了「郡之賢士大夫」。正是由於有了這一系列的對比和映襯，纔充實了歌頌「五人」的思想內容，加強了歌頌「五人」的藝術力量。

在文章的前一部分，提到「賢士大夫」的共有兩處：一處是「郡之賢士大夫請於當道，卽除逆閹廢祠之址以葬之，且立石於其墓之門，以旌其所爲」；另一處是「有賢大夫發五十金，買五人之脰而函之，卒與屍合」。從行文的需要看，在這兩處刊出「有賢士大夫」的姓名，顯然不太適宜。但這些「賢士大夫」不僅在對待「五人」的態度上値得稱道，而且和寫這篇文章也直接相關。沒有這些「賢士大夫」買「五人之脰」、爲之修墓、爲之立碑，哪有可能寫這篇《五人墓碑記》呢？所以在文章的結尾，又用特筆補出了「賢士大夫」的姓名。而用特筆補出，旣避免了前半篇行文的累贅和重點的分散，又加重了表揚的分量。

古人愼重其事地介紹某一重要人物，往往是連姓、名、字、官銜（或籍貫）一起說出的，其排列的順序通常是：官銜（或籍貫）、字、姓、名（也有先姓、後名、後字的）。張溥在文章結尾列舉三位「賢士大夫」：「冏卿因之吳公、太史文起文公、孟長姚公」，其排列順序就是這樣的，祇不過稱「公」而不稱名，更表示了對他們的敬意。這三個人，都是當時江蘇著名的有正義感的知識分子。「吳公」名默，字因之，萬曆時曾做太僕少卿（卽「冏卿」），後來回故鄉吳江閑居，是閹黨的反對派。楊素蘊《過虎丘奠五人墓作》一詩裏有「粵（這裏是句首語氣詞）有吳太史（默——原註），題碑表芳踪」的句子；張溥所說的「立石於其墓之門以旌其所爲」的，看來就是吳默。「文公」名震孟，字文起，長洲人，著名書畫家文徵明的曾孫，天啓壬戌第一人及第（卽狀元），授翰林院修撰，因議論朝政「貶秩調外，斥爲民」，著有《藥圃詩稿》。「姚公」名希孟，字孟長，萬曆進士，授翰林院檢討。明代稱翰林爲「太史」，文震孟和姚希孟都是翰林，故總貫以「太史」的稱呼。這兩個人，都是反閹黨的。閹黨官僚崔呈秀編《天鑒錄》獻魏忠賢，指楊漣，左光斗等近三十人爲「東林黨」，企圖一網打盡；文震孟和姚希孟，就都被列入這個《天鑒錄》（見《明季北略》卷二）。

這篇文章在結構上的一個顯著特點是：先以洗練的筆墨敍述了「五人」死後賢士大夫爲他們修墓、立碑的盛況，接着與此相對照，寫了「富貴之子、慷慨得志之徒」的「死而湮沒不足道」，從而提出了一個問題：「獨五人之皦皦，何也？」這一問，是貫串全篇的主線。它承上而來，又領起以下各段。三、四兩段樹立「五人」大義凛然，威武不屈的形象，固然是對這一問的回答；五、六兩段揭示「五人」之死所發生的社會影響，也是對這一問的回答。正因爲以一線貫全篇，所以文筆既活潑，結構又謹嚴。而作者之所以要用這樣的一問作爲貫串全篇的主線，又是從有利於表現他確定的主題出發的。回答了「五人」爲什麽那樣「皦皦」的問題，不就自然而然地闡明了「死生之大，匹夫有重於社稷」的主題嗎？

張溥等人組織「復社」，因爲「世教衰，此其復起」，故「名社曰復」。其宗旨是「興復古學，務爲有用」。他們要「復起」的「世教」、要「興復」的「古學」，不外是儒家的一套，他們所說的「務爲有用」，指的是能够「致君」、「澤民」，即輔佐時君實行「仁政」，減輕對人民的剝削和壓迫。他們代表江南中小地主階級和工商業者的利益反對閹黨，這也符合江南人民反剝削壓迫的要求，而江南地區反閹黨的市民暴動，又有利於他們的反閹黨鬥爭，因而出現了相互同情，相互支援的局面。在《五人墓碑記》裏，張溥反映了這種相互同情、相互支援的事實，並以依附閹黨的「縉紳」爲反襯，讚揚了以「五人」爲首的蘇州市民暴動，這是有進步意義的。但同樣是反對閹黨，其實質卻各不相同，蘇州人民反對閹黨，主要是由於不能忍受封建的剝削壓迫，具有明顯的反封建意義。而東林、復社的反對閹黨，則是爲了挽救朱明王朝的危亡。正因爲這樣，張溥在《五人墓碑記》裏讚揚「五人」「急於義而死」，主要着眼於對東林黨人的支援，卻無視於市民暴動反封建剝削的實質。此乃受時代條件所限，未可厚非。和這一點相聯繫，他高度評價了市民暴動打擊閹黨勢力的威力，卻歸結爲「有重於社稷」。他對「縉紳」的依附閹黨和「高爵顯位」的苟且偷生，給予了無情的揭露和批判，但沒有、也不可能從階級本質方面找原因；在他看來，那祇不過是「世教衰」、「古學廢」的惡果，匡救之道，在於「復起世教」、「興復古學」。

《五人墓碑記》歌頌了當時蘇州人民的反閹黨鬥爭，其進步意義不容忽視。以上的一些分析，意在準確地評價這種進步意義，避免把古人現代化，而不是超越歷史條件，用今人的尺度來苛責古人。

三

在文學作品中把市民暴動作爲打擊黑暗勢力的正面力量加以反映，把市民暴動的首領作爲英雄人物加以讚揚，張溥的《五人墓碑記》具有首創意義。此後，特別在明末清初這一段時間裏，同樣以蘇州市民反閹黨鬥爭爲題材，歌頌顏佩韋等五位英雄人物的文藝作品相繼出現，值得注意。其中有代表性的，要數明末清初的大戲劇家李玉所寫的傳奇《清忠譜》。李玉是蘇州人，對於顏佩韋等「五人」爲首的那次市民暴動及其有關情況很熟悉，而《清忠譜》又是長達二十五齣的長篇戲曲，有很大的容量，所以能够通過衆多的人物和複雜的情節，比較充分地暴露以魏忠賢爲首的反動統治集團禍國殃民的罪惡，歌頌周順昌等疾惡如仇、不畏強暴的知識分子，讚揚顏佩韋等市民英雄支持正義、反抗暴政的優秀品質。在「五人」中，對顏佩韋的性格刻畫很成功。他一聽到周順昌被捕，就義憤填膺，大聲疾呼：「今日裏公憤衝天難寧耐，怎容得片時捱，任官旗狼虎威風大，俺這裏呼冤叫枉、喧天動地，管叫你一霎掃塵霾？」他鬥爭最堅決，有些人要向官府求情，他極力反對，說：「求他什麼！他若放了周鄉宦罷了；若弗肯放，我們蘇州人一窩蜂，待我們幾個領了頭，做出一件轟轟烈烈、驚天動地的事來。衆兄弟不可縮頭縮腦，大家併力同心便好！」他聚衆包圍官府，打倒官旗，與官兵搏鬥，勇往直前，直使「奸黨寒心，緹騎不敢肆出」。作者對羣衆隊伍的歌頌充滿激情：「似行兵擺陣，似行兵擺陣，好似天將天神，下臨蘇郡。」

《五人墓碑記》所寫的題材在詩歌中也得到了反映。晚明詩人朱隗有《魏忠賢祠廢基旁爲五人墓歌》：

長安（指當時的北京）城西白牝交，連結雄虺與神妖。白鬚兒子解承事，黃門寺獄坑賢豪。蘇州吏部鐵作骨，此人不死奸無魄。金吾忽挾黃紙來，虎鬫鴟張恣求索。吳門俠少刑白鷄，來看讀詔袖金椎。飽腸踏破腥懸樹，獰眼勾殘血作泥。是日風霾四郊暗，官騎殺盡人方厭。吳兒自古仗高情，更顯身手專諸劍。中丞狼狽抱頭奔，尚假餘威殺五人。妻孥潛瘞不知處，恨鬼呑聲秋復春。當年雄虺薰天勢，生祠創建人爭媚。梁舁三殿一尺餘，祝曰阿爺九千歲。無何蛟虺虺伏辜，祠旋毁拆成邱墟。五人身首始得出，卻葬祠旁表路衢。海市冰山祇早晚，祠榜今爲溷中板。五人之墓草青青，時有行人爲澆飯。

作者朱隗字雲子，長洲人，著有《咫聞齋稿》。錢謙益在評價他的詩歌時說：「雲子才情繁富，纚綿絡繹，長歌古詩，才力横騖。」這篇長歌，氣勢駿邁，很有特色。中間寫市民暴動的一段尤其生動。「官軍殺盡人方厭」（殺盡官軍，人們才心滿意足）一句，既眞實地反映了人民情緒，也充分地表現了作者的進步思想。把閹黨邪惡勢力比作「海市冰山」，以魏忠賢生祠的「祠榜」已作了糞坑上的踏板，而「五人之墓草青青，時有行人爲澆飯」收束全詩，餘意無窮，耐人尋味。

（霍松林）

小車行

陳子龍

小車班班黄塵晚，夫爲推，婦爲挽。出門茫然何所之？青青者榆療我饑，願得樂土共哺糜。風吹黄蒿，望見垣堵，中有主人當飼汝。叩門無人室無釜，躑躅空巷淚如雨。

陳子龍是一位以節氣著稱的民族英雄。讀過他的《小車行》，我們又會獲得另一個强烈而又鮮明的印象：原來他還是一位關心民生疾苦的有良心的傑出詩人。

明代崇禎十年（一六三七）六月，京城北京一帶大旱；七月，山東遭受蝗災，民不聊生。詩人目擊哀鴻遍野的悲慘情景，懷着深切的同情心寫下了這首《小車行》。

全詩分三個層次。第一層次「小車班班黄塵晚，夫爲推，婦爲挽」，寫所見所聞，是實寫；第二層次「出門茫然何所之」等三句是懸想之辭，爲虚寫；第三層次從「風吹」句至篇末，虚寫與實寫結合，而以實寫爲主。三個層次按時間的先後順次展開，以小車主人公的行動貫穿全篇。

第一層次緊扣篇題，由車及人。詩的開頭攝取的是一幅全景：日近黄昏，鋪滿黄塵的道路上出現一輛獨輪手推車，發出班班的聲響。「晚」字既指時已傍晚，同時也有班班的小車已經推了很久的意思。第二句將鏡頭推近，詩人將聚光點移到人物身上，丈夫吃力地推着車子，妻子辛苦地拉着車繩，緩緩前行，猶如列賓的名畫《伏爾加河上的縴夫》中的人物，在命運的重壓下奮力前進，構圖鮮明、生動，給人以動態的感覺。首句爲七字句，句中有韻（「班」、「晚」同韻母，但不同聲調），和諧動聽。第二句換成六字句，中間稍有停頓，這一停頓以及「夫推」與「婦挽」平仄上的相對，使我們的內視覺彷彿也感受到這對逃難夫妻一推一拉的艱難步履。夫妻推拉着小車要到什麼地方去呢？有待第二層次回答。

第二層次「出門茫然何所之？青青者榆療我饑，願得樂土共哺糜」，人稱由第三人稱過渡到第一人稱，韻腳由仄聲轉爲平聲，響韻換成啞韻。「出門」句承上啓下。所謂「茫然」，一是空間上的茫然，不知此行何去，一是心理上的茫然，空間上的茫然歸根結底是心理上的茫然所致。小車究竟要到什麼地方去，連推車人和拉車人的心中都沒有個準，可見人物內心深處的悲哀了。接着兩句說，夫婦眼前的急迫目的是用青青榆錢或榆葉來充饑，進一步的卑微理想是希望找到一塊「樂土」，能喝上一口稀粥，讀到這裏才明白這輛逃荒小車上裝着的，無非是些鍋碗和破爛衣物。「樂土」在哪裏呢？這畢竟衹是一種願望，願望能否實現，又引出第三層次。

第三層次從「風吹黃蒿」到結尾，不僅僅換新韻，從音韻上顯出進入一個新的層次，而且人物的心理活動以及事件的發展也更加委婉曲折，跌宕不平。推車的災民從早到晚已疲憊不堪，這時多麼希望找到一處人家歇歇腳，要些吃喝的東西。當他們看到風吹動枯黃的蒿草，露出低矮的牆壁時，希望在心頭升起。夫妻互相安慰：料想裏面的主人會給我們飯食吃的。通過人物心理的虛寫，借助猜想，使全詩在淒楚的基調上隱隱透出一點慰藉，似乎希望就要實現。「叩門無人室無釜」一句突轉，用筆上出現一個大的跌宕。去敲門，房舍寂無人聲；推門進去，室內空空，連鍋子都沒有——大概也是帶上鍋子、推着小車在長路上跋涉逃荒吧？兩個「無」字形成句中的均衡與回環呼應，極其精練地道盡了蕭條破敗的農村景象。天色已晚，又餓又累，又該往何處去呢？依然是茫然不知所之。於是，夫婦衹好徘徊空巷，相對垂淚。結尾處展示的是一個特寫鏡頭：兩眼湧出的淚水在長流。無聲的眼淚取代了交織着悲哀的班班車聲，絕望吞沒了似乎顧盼之間就會成爲現實的希望。

讀罷全詩，一幅災民逃荒圖完整地展現在我們眼前。畫面以黃塵、黃蒿等黃褐色作底色，以動態的推、挽小車的人物造型爲主體，將色彩、構圖與小車的滾動聲交織在一起，將傍晚的時間與破敗無人的村落空間熔鑄爲一體。詩題作「小車行」，中心則是敘事寫人，寫人又捨去諸多側面，衹抓住一個「饑」字，由「饑」引出「榆」、「糜」、「飼」、「釜」等與充饑、吃飯有關的字眼，而後者又多半是願望和理想，是虛的東西，唯有「饑」才是實實在在的，正無情地咬噬着逃荒夫婦的心。

從藝術上看，《小車行》明顯地受到漢樂府民歌的影響。「饑者歌其食，勞者歌其事」的傳統，早在《詩經》時代就已確立，至漢代樂府民歌中更加發揚光大。《小車行》在反映民生疾苦這一點上，與《十五從軍征》、《孤兒行》、《東門行》等正是一脈相承的。漢樂府民歌還有一個很重要的特色——敘事性，而《小車行》也正是以敘事性取勝。《小車行》風格古樸，運用口語，採用漢以後古詩中很少用的四字句（「風吹黃蒿，望見垣堵」），個別用字如「哺糜」更直接來自《東門行》。但《小車行》又並非亦步亦趨。從題材上來看，漢代樂府民歌中並沒有專寫逃荒的詩篇；到唐代，有了專寫逃荒的詩，如薛能的《題逃戶》：「幾界事農桑，凶年竟失鄉。朽關生濕菌，傾屋照斜陽。雨水淹殘臼，葵花壓倒牆。明時豈致此，應自負蒼蒼。」所寫的景象是够淒慘的了，但衹是「題逃戶」，對於寫逃荒的題材來說，屬於側筆，而《小車行》則是正面寫逃荒，在題材上有了新的突破開拓。此外，這首詩中與動態描繪相伴隨的細膩的心理刻畫，與敘事相滲透的濃鬱的抒情性，也爲漢代樂府民歌所不經見。所以，吟哦《小車行》，我們不僅感受到了作者陳子龍的悲天憫人的仁慈胸懷，而且也可以約略窺見他作爲一位傑出詩人繼往開來所作出的貢獻。

（陳志明　常文昌）

遼事雜詩（之一）

陳子龍

盧龍雄塞倚天開，十載三逢敵騎來。磧裏角聲搖日月，回中烽色動樓臺。陵園白露年年滿，城郭青磷夜夜哀。共道安危任樽俎，卽今誰是出羣才！

陳子龍前期詩作，多模擬漢魏，有復古傾向，間或也有思想性較強的詩，反映明末農民的苦況。後期提倡新學風，以圖改革政治，挽救社會危機，詩風也爲之一變，內容憂國傷時，風格雄渾蒼涼。《遼事雜詩》就是其中的代表作之一。

遼事，指遼東邊防之事。一六一六年，建州女眞族首領努爾哈赤建立政權，國號金，史稱後金。後金進攻遼東，奪取大片土地，遷都沈陽。一六三六年，其子皇太極稱皇帝，就是淸太宗，改金爲淸。淸軍又控制了蒙古各部，屢次攻入長城以南，嚴重地威脅着明的統治。《遼事雜詩》組詩共八首，約作於一六三七年前後，這裏選的這首詩，卽因淸兵侵入關內而作。

「盧龍雄塞倚天開，十載三逢敵騎來」。「盧龍」，山名，其東部在山海關以北。「三逢敵騎來」，一六二九年十一月、一六三四年七月、一六三六年七月，後金兵曾三次入關，進逼北京，前後相距八年；十年，是約取其整數。首聯二句意思是，雄偉的盧龍山倚天而立，形勢雖然險要，卻擋不住後金的進攻，不到十年就遭到了後金的三次入侵。這深深地表現了詩人對國力衰落的慨嘆，對民族危機的憂慮和對祖國的愛戀。

「磧裏角聲搖日月，回中烽色動樓臺。」「磧」，沙漠。「角」，古代軍中吹的樂器，用牛角製成。「搖日月」，震天動地。「回中」，古地名，在今甘肅省固原縣，秦朝建有回中宮；這裏借指北京附近明朝皇帝的林園。「烽」，烽火，古代邊防報警的煙火；也比喻戰爭。頷聯二句意思是說，沙漠裏敵軍的號角聲震動了日月，戰爭的烽火搖撼了皇帝林園中的樓臺。這裏表明了後金兵力強盛，聲勢浩大，連北京附近的明朝皇帝的離宮園林都受到了威脅。這就具體地指出了後金軍隊入侵的危險性，進一步說明了首聯中提到的明朝外患的嚴重性。

「陵園白露年年滿，城郭青磷夜夜哀。」「陵園」，指明朝皇帝的陵墓，在今北京市昌平縣天壽山，今稱十三陵。一六三六年秋，清兵即由此進逼北京。白露滿，滿眼是白露，荒涼的意思。「城郭」，指京城附近各州縣。「青磷」，人死後骨中磷質發出的磷火，這裏借指死於戰爭的人。頸聯二句意思是說，皇帝陵園裏年年都很荒涼，京城附近夜夜到處都可見到令人哀傷的磷火。這一方面說明，清軍進逼北京，皇帝陵園多年失修，滿目荒涼，京城附近都成了戰場，戰死的人還這樣多。這又從不同的角度進一步具體地寫出了明朝外患的極端嚴重性。另一方面，這兩句也說明了明朝抗清戰爭頻繁，皇陵也顧不得修繕，很多人爲抗清事業獻出了寶貴的生命；這是作者對抗清事業的歌頌和對死難將士的崇敬與哀悼。這兩聯對仗非常工穩，語言也很流麗，但不僅不妨害內容的表達，反而使場景更加開闊，想象更加豐富，有助於詩人從多方面表現主題，即從敵軍聲勢浩大、入侵進逼京城、皇陵年久失修、死難將士衆多四個方面，表現了民族危機極其嚴重的情形和詩人憂國愛國的拳拳之心。

「共道安危任樽俎，即今誰是出羣才！」「共道」，都說。「任」，這裏是依靠之意。「樽俎」，是「折衝樽俎」的縮寫。樽，古代酒器。俎，古代祭祀或宴會時放肉的器物，也可在上面用刀切肉。折衝，折退敵軍的戰車，指抵禦敵人。折衝樽俎，原指在會盟的宴席上制勝對方，後指進行外交談判，這裏是取後一層意思。尾聯是說，都說依靠談判可以解除危機，可當今誰是可以勝任的傑出人才！後金曾多次表示願與明朝和好，這本是解決民族矛盾的辦法。詩人對此表示支持，是很有政治遠見的。國內各族理應守本土，相安無事。

互相侵擾，即爲不義；訴諸戰爭，更不應該。一切民族矛盾，均應和平解決。詩人擔心的是和平解決雙方衝突不能實現，因而發出疑問：當前誰是可以擔當和平重任的傑出人才呢？這不獨表現了詩人具有政治家的遠大眼光，也充分體現了詩人對於國事的深切的關心和焦慮，這種崇高的感人的愛國主義精神和進步的民族觀點，實在可欽可敬。

（馮國華）

訴衷情

陳子龍

春遊

小桃枝下試羅裳，蝶粉鬥遺香。玉輪輾平芳草，半面惱紅妝。　風乍暖、日初長、裊垂楊。一雙舞燕，萬點飛花，滿地斜陽。

當沉睡了一個冬季的大地被春天喚醒，枯枝上開始吐出鮮紅的花苞和嫩綠的葉芽，白的、黃的、花的蝴蝶在林間陌上翩翩起舞，人們的心靈也被春潮漲滿了。然而，一旦生命盛開到最火紅的花期，每一朵鮮花燃盡她最後的明豔和熱情，我們從中遂又獲得一個古老的啓示。在暮春的林野徜徉，祇要你張開心靈的眼睛，用整顆心去觀望，大概不難得到和這首詞一樣的感受吧。

這首詞題爲「春遊」，但時令已不是初春，這時枝上已不是三兩點初開的花蕊，地面也不祇是零星的草芽；絢爛的桃花已度過她如夢的青春，結成滿枝玲瓏嬌小的桃子，蝴蝶爭先採集的花朵也失去其初綻時的芳香，剩下的衹是幽淡的餘馨。這時料峭春寒已經過去，初春時尚不能脱身的夾衣已不再需要，驅車郊遊也該换上單薄的「羅裳」。「小桃枝下試羅裳，蝶粉鬥遺香。」這兩句正是寫乍出門户訪春於道的最初感受，「試」、「鬥」二字隱約透露出一種欣喜之情。可是，當春遊的車馬輾過豐茂的芳草，陡然想到春半將殘的景象，不能不使人浮起無端的煩惱。感情的微妙變化從「半面惱紅妝」這句中可以看出來，「紅妝」此處指盛開的花朵或謝落的殘紅。「半面」即「半臉妝」，據《南史•梁元帝徐妃傳》説：「妃以帝眇一目，每知帝將至，必爲半臉妝以俟，帝見則大怒而出。」徐妃因爲元帝瞎了一隻眼，故化妝時就衹化妝半邊臉。這裏用「半臉妝」的典故比喻春色已半，雖然一半還開得姹紫嫣紅，但另一半已經開始凋殘，縱使還不到「春色三分，二分塵土，一分流水」的境地，確實也是所餘不多了。

那麼，究竟從哪裏感受到春色無幾了呢？「半面惱紅妝」還衹是一句泛泛的話。以下幾句才正面寫了出來：「風乍暖、日初長、裊垂楊」。走出户外給人以冷暖感受的最直接的因素莫過於環繞在周身的氣流了吧，初春那種帶有頗大涼意的風此時已經夾帶着不少溫熱；原先太陽很早就落下山，現在白晝卻變長了；柳樹也不是初春的模樣，一晃就長得裊娜多姿，綠濃蔭鬱。這一切不正是春歸的徵兆麼？夏天的跫音已經清晰可聞了。我們彷彿看到詞中那個「我」在驚疑地尋覓春歸的踪跡，留連郊野竟至薄暮。而此時又看到了什麼？衹見一雙飛燕日暮歸窠，在空中穿梭起舞，風過處卷落無數絳英，恰逢天色向暮，餘暉滿地，以致讓人辨不清哪裏是落紅，哪裏是殘照！

春天正在流逝的消息已確信無疑。

下闋仍然没有一個字抒情，可是衹要讀者聯想到上闋「試羅裳」的喜悦，與「半面惱紅妝」的憂煩，應該會頓然悟徹：下闋中種種景物描寫原來都是「半面惱紅妝」的形象展示和説明。如果説初遊時還是揣着新奇和嚮往之情的話，那麼當真切感受到風暖日長的物候，親眼目睹繽紛的花雨，又逢夕陽西下，舞燕歸來，內心湧起的不是傷春感時的情緒那又是什麼？

古人論詞推許「述景中含情」，前人詞作中借具體可感的景物來抒發曲折深微的情懷可謂並不少見，但在寫景中能由小到大，由隱到顯，並以此隱含情感由淺到深、由無形到有形的變化，應該說還不多聞。這首《訴衷情·春游》上闋於寫景中微露感情，下闋則以敍景之筆包蘊情感，境界更爲擴展。前人塡詞講究起結，如《塡詞雜說》道：「塡詞結句，或以動蕩見奇，或以迷離稱雋，著一實語敗矣。」這首詞的結句是深得此法的，其妙處在於作者使用數量詞所產生的出人意料的效果。如果說過片還衹是承接前文的如歌行板，末三句則如五音繁會的交響樂章：「一雙」，「萬點」，「滿地」，三句排偶，一氣直下。「一雙」尚可指數，「萬點」、「滿地」卻無從計數，這正不是「實語」；而且燕是「舞燕」，花是「飛花」，意象靈動，又配以「滿地斜陽」這種光源奇幻的照明，構成一個「動盪」「迷離」的藝術境界，具有強烈的空間感、動態感和色彩感，使人得有對整個春末夏初黃昏時分的一種特殊感受。當然，結尾既是寫景的大高潮，實在也是作者情感的大高潮。難怪王士禛說：「弇州謂清眞能作景語，不能作情語。至大樽（陳子龍）而情景相生，令人有後來之嘆。」

（王　玟）

點絳唇

陳子龍

春日風雨有感

滿眼韶華，東風慣是吹紅去。幾番煙霧，衹有花難護。

夢裏相思，故國王孫

路。春無主，杜鵑啼處，淚染胭脂雨。

這是一首惜春的詞，從悼惜春光的逝去、落紅的飄零，感念國家的興亡。明人論宋詞有婉約、豪放之分。陳子龍詞原以婉約見長，此作則色澤濃麗而氣氛悲壯，兼具兩美。近人陳廷焯論詞標舉「沉鬱」，況周頤揭櫫「重、拙、大」，庶幾近之。

「無可奈何花落去」（晏殊《浣溪沙》）曾經觸發古往今來多少詞人的愁緒，勾起他們對美好光景與事物消逝的留戀。可以作爲本詞先驅的，例如：

雨橫風狂三月暮，門掩黃昏，無計留春住。淚眼問花花不語，亂紅飛過鞦韆去。

——歐陽修《蝶戀花》下片

更能消幾番風雨，匆匆春又歸去。惜春長怕花開早，何況落紅無數。春且住！見說道，天涯芳草無歸路。怨春不語。算祇有殷勤，畫檐蛛網，盡日惹飛絮。

——辛棄疾《摸魚兒》上片

兩詞的寫景、抒情、用語與本詞都有近似之處，然而仔細辨味，當能體會它們意境與風格的差別，推陳出新的演變。

歐陽修處在北宋尚算安定之日，仕途也尚通達，儘管對社會現實或懷隱憂，個人心情也有惆悵，其詞中表現的是朦朧模糊的帶有普遍性的閑愁，情致纏綿，形成婉約詞的特色。張惠言《詞選》從中去尋求寄託，說什麼「『雨橫風狂』政令暴急也；『亂紅飛去』，斥逐者非一人而已，殆爲韓（琦）、范（仲淹）作乎」，穿

點絳唇

鑿附會得可笑，不免受王國維「固哉」（《人間詞話》）之譏。至於此詞或認爲系五代時南唐宰相馮延巳所作，那麽張說更屬無中生有了。

辛棄疾處在南宋偏安之日，國勢危殆而英才受抑。他鬱勃於懷而委婉於口，百煉鋼爲繞指柔，所作表現出豪放派寫婉約體的風貌。《鶴林玉露》說它「詞意殊怨」，「壽皇聞此詞頗不悦，然終不加罪，可謂至德也已」。但也應看到此詞畢竟「怨而不怒」，沒有超出「主文譎諫」的界限，所以「言者」得免於「無罪」吧！

至於陳子龍這首詞，則在明末國破家亡之際，對景抒情，望落花成雨，聽杜鵑啼血，思故國，哀王孫，極痛而呼，極哀而傷，無所忌諱，無意於區別陽剛陰柔，不講求什麽比興寄託，而自然情景交融，形象豐滿，主題明朗，層次深，境界廣，難以分辨它是婉約還是豪放。

試看詞一開頭，卽以濡染大筆爲我們展現了一派旖旎春光，萬紫千紅正遭受風狂雨横摧殘的寬闊時代畫面。儘管朝去暮來幾度煙籠霧鎖，也保護不住這隨風而去的殘芳。「東風慣是吹紅去」，一個「慣」字，使人聯想起作者經歷的持續歷史悲劇。一六四四年清兵入關佔領北京，次年長驅南下，兵鋒所及，揚州十日，嘉定三屠，廣大人民慘遭殺戮，中華文物掃地都休。兩年之中，在南京建立的福王弘光政權、浙江建立的魯王政權、福建建立的唐王隆武政權、廣東建立的唐王紹武政權，一個接一個地土崩瓦解。（當然以後還有桂王永歷政權在西南支撑了十餘年。）作者對抵抗政權都曾寄予希望，接受過福王弘光、魯王、唐王隆武的任命，忠臣義士也爲之進行了艱苦的鬥爭。「幾番煙霧，衹有花難護。」從中可以體會到在這典型環境中作者愛國心潮的起伏。

唐代安祿山佔領長安時期，杜甫寫過一首《哀王孫》，哀憐那些李家王朝的「龍子龍孫」流落於街頭並進行慰問：「腰下寶玦青珊瑚，可憐王孫泣路隅。」「哀哉王孫慎勿疏，五陵佳氣無時無。」現在明廷傾覆，陳子龍也不禁對故國王孫魂牽夢縈。我們知道，朱明王朝在其統治時期，對人民的刻剝是嚴重的；然而當清貴族的金戈鐵馬野蠻踐踏中原以至南方生靈、文明的時候，朱明宗室卻被人們看作抵抗與恢復的象徵。這是當時歷史條件限制下產生的心理，像陳子龍那樣的知識分子尤其懷有此種感情。福王、魯王、唐王等的被擁戴卽因此故。自殺於煤山的崇禎帝朱由檢也成了民衆心中的尊神。「太陽明明朱光佛」（《太陽經》），在長江一帶傳唱，反映了這一點。（見朱東潤先生《陳子龍及其時代》）「春無主，杜鵑啼處，淚染胭脂雨。」就表現出陳子龍對國亡君死的沉痛悼念。杜鵑鳥，古代傳說是蜀古帝杜宇之魂所化，常於暮春百花凋零時節啼鳴，其聲哀切，如訴說「不如歸去」，一直叫到口吻流血還不休止。所以古代流離失所的羈人旅客，傷悼韶華易逝的騷人詞客，還有思念故國舊君的忠貞之士，都曾聽到杜鵑啼聲而感慨横生，譜入自己的歌吟。唐代安史亂後杜甫流浪入蜀，曾寫《杜鵑行》道：「君不見昔日蜀天子，化爲杜鵑似老烏。」「四月五日偏號呼，其聲哀痛口流血。」《杜鵑》詩又云：「杜鵑暮春至，哀哀叫其間。我見常再拜，重是古帝魂。」都是表現對唐王朝中央的懷念，宋末一些遺民詩人繼承了這傳統。如林景熙《題陸放翁詩卷》云：「天寶詩人詩有史，杜鵑再拜淚如水。」又文天祥《金陵驛》有云：「從今别卻江南路，化作啼鵑帶血歸。」錢鍾書先生《宋詩選註》說：「這兩句沉摯的詩感動了許多人，明代滅亡時烈士何騰蛟有首《自悼》詩就受了它的啓示。」宋元之際與明清之際愛國作者的情與境是很相似的。「胭脂雨」，卽紅雨，指落花。杜甫《曲江對雨》有「林花着雨胭脂濕」句。南唐後主李煜點染化爲詞《烏夜啼》以抒亡國之痛：「林花謝了春紅，太匆匆。常恨朝來寒雨晚來風。胭脂淚，留人醉，幾時重？自是人生常恨水常東。」陳子龍在詞末說那胭脂色的繽紛花雨是帝魂杜鵑的血淚所染成的，心情更見沉痛，與開端「東風慣是吹紅去」相呼應，點出「紅」字的精神實質，讓全詞在血淚迸流、亂紅成雨這樣奇麗壯烈的氛圍中垂下帷幕。王國維《人間詞話》說：「尼采謂：『一切文學，余愛以血書者。』後主之詞，眞所謂以血書者也。」子龍此詞，何嘗不然。

這裏將子龍此詞與歐、辛兩篇名作相比較，並非在它們之間有所軒輊，祇是企圖分辨題材類同之作由於時代及作者境遇情懷的差異，發出心聲各有千秋。通過比照，也許有助於領會它們特殊的審美價值。

（顧易生　劉明今）

海上四首

顧炎武

日入空山海氣侵，秋光萬里自登臨。十年天地干戈老，四海蒼生痛苦深。
水湧神山來白鳥，雲浮仙闕見黃金。此中何處無人世，衹恐難酬壯士心。
滿地關河一望哀，徹天烽火照胥臺。名王白馬江東去，故國降旛海上來。
秦望雲空陽鳥散，冶山天遠朔風回。樓船見說軍容盛，左次猶虛授鉞才。
南營乍浦北南沙，終古提封屬漢家。萬里風煙通日本，一軍旗鼓向天涯。
樓船已奉征蠻敕，博望空乘泛海槎。愁絕王師看不到，寒濤東起日西斜。
長看白日下蕪城，又見孤雲海上生。感慨河山追失計，艱難戎馬發深情。
埋輪拗鏃周千畝，蔓草枯楊漢二京。今日大梁非舊國，夷門愁殺老侯嬴。

一六四五年五月，南京弘光政權覆滅。六月，唐王朱聿鍵在福州即位，同時，浙江紹興又有張國維、張煌言等擁立的以魯王爲監國的政權出現。顧炎武聽到這個消息以後非常高興。當時，福州方面，有人還在唐王面前舉薦顧炎武前來謀事。唐王隨卽遙授他爲兵部職方司主事，並派人前來與他聯絡。顧炎武接受了這一授命，並曾有應召赴福州的打算，但未實現。不久，浙江政權失利而退守舟山海上，繼續鬥爭。福建方面的軍事力量，也延伸至沿海大小島嶼。就在這時，顧炎武寫這《海上》四首。順治三年（一六四六）秋，約十一月，他可能曾有海上登山之行。從這四首的內容上看，是實地的寫景抒懷之作。

自家鄉昆山失陷以後，顧炎武已不經常在故鄉和家中居留。他奔波於江南和浙江北部一帶地方，也是爲了尋找和聯絡抗清的力量。他懷着家國之痛，登臨海上空山，極目遠眺，面對眼前滿目瘡痍的河山，浮想聯翩，思緒萬端。詩中狀景，想象與抒情渾然融爲一體，境界開闊，成爲廣泛傳誦之作。

第一首，從登臨空山，縱目遠眺寫起，將現實的描寫和想象中的神話世界融爲一體，深沉地抒發了作者亡國的哀痛。這裏，「十年天地干戈老」，用李賀《金銅仙人辭漢歌》中「天若有情天亦老」的典故，是「十年干戈天地老」的倒裝。「十年」是個約數。明末的天災人禍，激起了高迎祥、李自成、張獻忠的農民大起義。關外，又有清兵的連年侵擾，有一次，甚至深入到山東。戰亂開始以來已有十餘個年頭了。在這段時間裏，明代國力孱弱，百姓們生活在水深火熱之中。「老」，既含時間之漫長，又有疲勞的意思。這是一個富有感情色彩的字，它放在這首詩裏，表達了詩人多麼深沉的感情。

海上有傳說中的仙山、神鳥和宮闕樓臺，是歷來人們所嚮往的地方，宮闕樓臺是用黃金裝飾起來的。這個宗教幻想中的境界，歷來是世俗中人在現實矛盾無法解決的時候，作爲精神寄託的所在。現在，詩人所見到的正是十年干戈後滿目瘡痍的神州大地，四海蒼生痛不欲生的悲慘景象。可是最後，詩人仍然認爲神山雖好，可以避世，卻難以滿足一顆英雄壯士的心。作者所追求的，還是積極參加現實的鬥爭。

第二首，仍是從登臨送目的角度來寫的，不同的是它更多地運用了寫實的手法。首聯兩句寫故國神州一片悲哀和烽火連天的景象，寫得概括而形象。胥臺，在蘇州城胥門外，相傳爲吳王闔閭或夫差所築。「徹天烽火照胥臺」，概括了包括江南在內的遍地烽火。接着「名王」二句，又以借古喻今的手法，指出了戰亂的本質和是非顛倒的局面。「名王」句，典出《隋書·經籍志》：「梁大同中，童謠曰：『青絲白馬壽陽來』。」後來果然發生了侯景之亂。傳說侯景乘的是白馬。侯景曾被封爲河南王。他佔據建康（金陵）和江南許多地方，大肆燒殺搶掠，作者借以比喻入侵的清兵。据史載，鄭芝龍原來擁護唐王抗清，順治三年九月，在清人大軍壓境的時候，不聽其子鄭成功和親屬的勸告也投降了清人，所以說「故國降旛海上來」。「秦望」二句借景喻

海上四首

事。「秦望」卽會稽城南的秦望山。「陽鳥」是一種似鸛而較小的鳥。「秦望雲空陽鳥散」喻局勢急轉直下，魯王紹興政權不得不退保海上。「冶山」在福州，當時是唐王所在地。「冶山天遠朔風回」，隱喻福建形勢的緊迫。雲空鳥散，朔風回旋，祖國大地正經歷着深重的災難，景中寓着作者焦急悲痛之情。最後，「樓船」二句也是有所指的。上句說，鄭芝龍投降以後，其子鄭成功起兵鼓浪嶼，其侄鄭彩扼守厦門，其弟鄭鳴逵配合進攻泉州，軍勢仍然可觀。下句說，唐王還曾向鄭彩授鉞以示嘉獎，但鄭彩、鄭鳴逵很快就失敗了，所以說「猶虛」。兩句中，寓着詩人的深沉感慨：南明的軍隊聽說是強盛的，其中還有鄭彩這樣的「授钺才」，可是都沒有用啊！「猶虛」等於說「虛有」，他們處在目前的局面，已經無能爲力了。

第三首，詩人俯瞰神州大地，激起對莽莽河山的無比深情，但又從總結歷史中，對當前的出路提出自己的看法，充滿了焦急和憂愁。詩中的形象是蒼茫的，開闊的，但並不是登高眺望所看到的實景，而是一種意念中的境界。這一開闊的境界，隨着詩人的主觀意念而移動、跳躍。

首聯「南營」二句中，「乍浦」在嘉興平湖東南，「南沙」，卽川沙，明時屬松江府。這兩個地方，在明代都是設重兵把守以防倭寇侵擾的重鎮，朝廷在這裏作過一番經營，所以說是「南營乍浦北南沙」。「提封」的「提」卽「舉」，所有、全部之意。「封」卽「四封」，概指中國領土。二句說，明代經營海防，爲的是保衛國土的完整。

「萬里」二句。据史載，清兵南下以後，曾有不止一人提議向日本乞師。魯王駐長垣時，平魯伯周鶴芝還遣派其義子林皋去日本乞師。在「一軍旗鼓向天涯」句下，顧炎武也有自註云：「去夏，誠意伯劉孔昭自福山入。」劉孔昭在弘光政權時，奉命鎮守江防。南京陷落後，他退保福山（常熟北四十里），失敗後至海上，不知所終，據說也是到日本去乞師的。但乞師之議，遭到另一些人的反對，認爲這等於是重演吳三桂借兵的故伎，不可取。我們從作者下面兩句看，顧炎武對此也是持批評態度的。

頸聯上句：「樓船已奉征蠻敕」中「樓船」卽戰船。因東南的戰事多在東南江海上進行，所以用樓船來代表軍隊，說他們已奉唐王命令出征了。下句中，「博望」指漢代博望侯張騫。「槎」是木筏。張華《博物志》：「年年八月，有浮槎去來不失期。」又《荆楚歲時記》載：漢武帝時，曾派張騫乘槎尋黃河之源。故杜甫《有感》詩有「乘槎斷消息，何處覓張騫」句，說張騫乘槎一去不復返。顧詩借用此意，表示乘槎浮海求助於日本是達不到目的的。這個典故用得非常貼切而精巧。

在顧炎武寫此詩前不久，安徽、江西戰事吃緊，唐王雖然詔派師馳援，但衆寡力量懸殊，王師衹好逡巡不前，救助的計劃落空，戰事連連失利，盼望王師的希望落空了。所以尾聯說「愁絕王師看不到，寒濤東起日西斜」。末句以景結，頗有不盡之意。

第四首寫失敗以後的結局，仍然從詩人即目所見入筆。從詩的蒼茫境界中，讀者看到，無論落日餘輝映照下的蕪城揚州，還是孤雲升起的大海上，都是一片淒涼的景象。但這兩句詩除了表面的寫景以外，又有一層隱寓。前句「長看白日下蕪城」，指揚州城破，史可法殉難；後句「又見孤雲海上生」，指南都失陷以後，唐王魯王以海上爲主的抗清戰爭。這種寫景抒情與象徵的結合運用，顧詩中很多。

在深沉的感慨中，作者又提出總結歷史教訓的問題：「感慨河山追失計，艱難戎馬發深情。」詩人認爲這是目前艱難的鬥爭中最重要的。頸聯從議論再轉到寫景。「埋輪拗鏃周千里」：戰車的輪子埋入泥中，箭頭折斷，到處都是一片戰後的驚心怵目的景象。「漢二京」喻明朝的北南二京。作者從沙場寫到二京的「蔓草枯楊」，在靜態的描寫中，使讀者想象到這裏不久以前浴血拚殺的場面。作者也是化用了《九歌•國殤》「埋兩輪兮縶四馬」和《尉繚子》「拗矢折矛」等前人的語句，而有異曲同工之妙。和屈原寫《國殤》一樣，詩句中同樣隱含了詩人對於犧牲將士的深深的懷念和崇敬之情。最後他以侯嬴自比，表示天下興亡的匹夫之憂。侯嬴不過是大梁城的守關人，但他有着熱烈的愛國之心。這裏，詩人更進一步說大梁已非故國，悲痛之情就深一層。

《海上》四首有一個共同的特點，都是從登臨空山，極目遠眺的角度來寫的，但各有不同的側面。第一首，從回憶十年干戈到想象神山仙闕，抒寫自己不平的心情；第二首比較具體，寫眼中所見的烽火連天的戰爭；第三首從眼望大陸，回憶祖國的強盛歷史，寫到國勢艱危中盼望王師的心情；第四首，重在寫結局的悲哀和作者的深沉感慨。本詩寫作時，抗清戰爭的形勢已急轉直下，大部分國土已淪入異族侵略者之手，而殘餘的抗清力量，內部也分崩離析，令人痛心的消息不斷傳來。但作者強烈的愛國感情發而爲慷慨悲歌，所以讀來並不令人消沉。它歌頌了人民反抗侵略和壓迫的殊死戰鬥，字裏行間又寄寓了對明代統治者的腐敗政治造成這一局面的憤慨之情。作者狀物抒情，表現了高度的概括能力，形象生動，語言準確凝煉，而且在形象中寄寓實事而不露痕跡，寫來氣勢壯闊。如「日入空山海氣侵，秋光萬里自登臨」，「滿地關河一望哀，徹天烽火照胥臺」，給人以一瀉千里之感。「十年天地干戈老，四海蒼生痛苦深」，「感慨河山追失計，艱難戎馬發深情」等又以工整的詩句，寫出作者感情的深沉悲切。全詩對仗工整，但不板滯。歷史故實一融於詩的形象中，用典也極熨貼。寫景抒情相結合，有時寓情於景，有時一景一情，虛實交錯，跌宕有姿，富有節奏感。這四首詩，深得前人贊揚。張維屏《國朝詩人征略》說：「亭林先生詩多沉雄悲壯之作。偶記一律云：『長看白日下蕪城……』眞氣噴於字句間，蓋得杜之神，而非襲其貌者所可比也。」這是很恰切的評語。

（盧興基）

旅中

顧炎武

久客仍流轉，愁人獨遠征。釜遭行路奪，席與舍兒爭。混跡同傭販，甘心變姓名。寒依車下草，饑糝鏂中羹。浦雁先秋到，關鷄候旦鳴。蹠穿山更險，船破浪猶橫。疾病年來有，衣裝日漸輕。榮枯心易感，得喪理難平！默坐悲先代，勞歌念一生。買臣將

旅中

五十，何處謁承明。

《旅中》是順治十三年丙申（一六五六），顧炎武四十四歲時寫的。

順治二年（一六四五）秋冬，江南一帶的抗清活動在短短的時間裏就遭到失敗。此後，顧炎武離開故鄉昆山，在江南各地過着顛沛流離的生活。「流轉吳會間，何地爲吾土」（《流轉》，亦作《剪髮》），流露了他在國破家亡以後的深沉感傷。這期間，他活動的範圍，主要在江浙交會的松江、吳興、吳江、嘉興、金壇、鎮江和金陵一帶。「十載違鄉縣，三年旅舊都。」（《松江別張處士慤王處士煒暨諸友人》）從順治二年冬至十三年北上，算來恰爲十年。其間除在吳江（約順治六至七年）住過一段時間，在金陵神烈山下僑居約三年外，沒在其他地方作較長時間的居留。因爲他參加過一段抗清的活動，要逃避清統治者的注意，此外還有一個重要的原因，就是欲避仇家的構害。我們知道，顧氏爲昆山大族，與同邑另一葉姓大族素有不睦。葉氏一直覬覦顧氏的產業。江南淪陷以後，顧氏家道中衰，兼之顧炎武參加抗清，葉姓和鄉裏小人勾結，時時企圖向清人訐發，趁機達到蓄謀已久的目的。這時，顧炎武在流離不定的生活中備嘗了艱辛。順治七年寫的《流轉》詩曾自述他的境遇說：「稍稍去鬢毛，改容作商賈。卻念五年來，守此良辛苦。畏途窮水陸，仇讎在門户。故鄉不可宿，飄然去其宇……毋爲小人資，委肉投餓虎。」這是很眞實的。到了金陵，他改名爲蔣山傭，隱居下來。但是次年，叛奴陸恩勾結葉氏向官府出首訐告主人顧炎武。他潛回家鄉懲治了陸恩，但仍被仇家拘繫私宅欲加以陷害。經友人多方救助，才幸免於難。後回金陵，葉氏又派人尾追至金陵把他擊傷。就是這樣，整整十年之中，他都處於艱辛、驚恐之中。《旅中》一詩，比較完整地寫出了詩人在這一段生活中的遭遇和複雜的思緒。

這是一首古體詩。全詩是用敘事兼抒情的寫法而重在抒情，敘事不過是抒情的鋪墊。詩的開始：「久客仍流轉」至「饑糝䥶中羹」爲敘事；「浦雁先秋到」至「船破浪猶横」，是觸景生情的興嘆；「疾病年來有」至「勞歌念一生」則進而發出自己的不平之鳴；至末二句「買臣將五十，何處謁承明」，是全詩的結語。

「久客仍流轉，愁人獨遠征」，裏面的「仍」字，表現了時間之長。因爲在五年前，他已寫過一首《流

旅中

轉》詩，開始即爲「流轉吳會間，何地爲吾土」，悲嘆「卻念五年來，守此良辛苦」。但事隔五年，境遇仍未好轉，而且還有每況愈下之勢。這兩句寫出自己愁苦不舒的胸懷。下面的幾句，就是這種境遇的具體描述：「釜遭行路奪，席與舍兒爭。混跡同傭販，甘心變姓名。寒依車下草，饑糝鑩中羹。」他把自己形容爲傭販和流浪者，給讀者以深刻的印象。但他並不是弱者，而是一個心志高遠，性格堅強的人。他用戰國時蔡澤爲秦昭王所賞識而拜相以前流竄各諸侯間不得其用的典故，比喻自己目前的遭遇。據《戰國策》載：「蔡澤見逐於趙而入韓、魏，遇奪釜鬵於途，乃西入秦。」可以看出他詩中流露的不屈的意志和理想。《莊子•寓言》又記載了陽子居（楊朱）經歷的一個故事。故事大略說陽子居由於地位的變化，而受到某一客舍主人一家的前恭而後倨的對待：「其往也，舍者迎將其家，公執席，妻執巾櫛，舍者避席，煬者避竈；其反也，舍者與之爭席矣。」顧炎武用這一故事爲典，也反映了當時的炎涼世態。顧炎武在江南十年的不安定的生活中，還曾經化用過「王伯齊」的名字。這個名字今天已被研究顧炎武的學者考證出來。他有《出郭》詩說：「相逢問我名姓，資中故王大夫。」《贈鄖處士繼思》詩又有「去去復棲棲，河東王伯齊」句。這個王伯齊，原來是《後漢書》裏第五倫的化名。顧炎武《與李紫瀾書》說：「第五倫變姓名自稱王伯齊，往來河東……心竊慕之。」又據《後漢書•第五倫傳》載，這個第五倫雖然身經憂患，但晚年知遇於漢光武帝劉秀，得到重用，參與了復興漢室的大業。而顧炎武在抗清鬥爭中，就常常是以光復「漢」業爲己任的。「功名會有時，杖策追光武」，《流轉》詩中就已表露了這一抱負。所以，他借用「王伯齊」爲名，也是寓有深意的，我們可以用來作爲本詩「甘心變姓名」的一個旁註。「糝」是以米和羹的食物，此處用如動詞。「鑩」，同鬲、鍋，煮物炊具，三足。「饑糝鑩中羹」，可見他在這段時期中生活的艱苦。

「浦雁先秋到，關鷄候旦鳴。蹠穿山更險，船破浪猶橫。」蹠，腳跟。「蹠穿」，由於山路險窄，走得鞋破腳穿。這四句說，自己行色匆匆，就如水邊的大雁，不到秋季就飛到了南方；欲早過關，就焦急地等待鷄鳴（古時鷄鳴而啓關）。因長途跋涉而鞋破腳穿，走山路就更加艱險了；坐船破了，可是水浪仍很凶狠。前面主要寫自己的居止，這四句寫自己的行跡。一靜一動，互相配合。

旅中

「疾病年來有」六句，寫自己心力交瘁。重點是寫自己心情的不平和悲傷。「榮枯」本指草木，這裏和「得喪」一起，表示人生經歷的巨變，因而易於觸景傷懷。古歌謠有「饑者歌其食，勞者歌其事」的詠嘆，詩人此處認爲自己的不平之鳴是極其自然的。

上面，遭遇、行色、身心所感都已寫到了，最後用「買臣將五十，何處謁承明」作爲結語，具有畫龍點睛的作用。這兩句，是不平，是悲憤，也是希望。買臣姓朱，漢武帝時人。《漢書》有傳，說他「家貧，好讀書，不治産業。其妻求去。買臣笑曰：『我年五十當富貴，今三四十餘矣。待我富貴報汝功。』妻恚怒，卽聽去。後數歲，詣闕上書，不報。會邑子嚴助貴幸，薦買臣，召見。（武）帝甚悦之，拜爲中大夫，久之拜會稽太守，徵入爲主爵尉」。朱買臣的故事後來敷衍爲戲曲演出，有雜劇《漁樵記》等。大意說，買臣微時，遭其妻訕笑，終因不堪貧窮而離異。後買臣發跡，拜會稽太守回籍，其妻復來相認，買臣命妻馬前潑水，言能收潑水乃可，其妻慚去，後自縊。顧炎武這年四十四歲，浪跡四方，遭遇盜賊小兒相欺，所以用這一典故，異常貼切。「承明」，承蒙英明之主眷注重用的意思。漢代宮中有「承明殿」、「承明廬」，都是取這一意思的。後來因而用「承明」表示入朝爲官。炎武寫這首詩的時候，南明還有桂王政權在雲南抗清，因而有「何處謁承明」的報國無門的悲嘆。詩到終篇，說出了自己仍然懷抱的壯志。

顧炎武詩宗杜甫，因爲他的詩能注意反映明末清初的社會動亂，以個人的身世遭遇來抒寫自己的憂國憂民的情思，因而也有「詩史」之稱。徐世昌《晚晴簃詩匯》說他「心摹手追，惟在少陵。敦厚深微，亦足弁冕一代」。我們讀他的這首詩，從它的內容和風格上，很容易地會聯想到杜甫的《奉贈韋左丞丈二十二韻》、《述懷》、《北征》等作品，確實感到他的詩中有着老杜的影子。但卻不是「心摹手追」而是「得杜之神」。他一生恥事模倣，力主「詞必己出」（沈德潛《明詩別裁集》評）。他的詩的風格沉鬱中見剛勁，具有某種「風霜之氣，松柏之質」，惟深厚處又不如杜甫。顧詩喜用典，雖然用得圓熟。但終究增加一層障礙。《旅中》一詩，風格頗近杜甫。雖然也用了一些典故，但意境渾成，不覺得生澀。

明清之際，讀書人身處鼎革，他們都經歷了社會的動亂和外族的入侵，重重的矛盾交織在一起，時代向他們提出了思考人生的要求。有人沉淪，有人奮起，有人退避，顧炎武卻呼喚着「天下興亡，匹夫有責」，願意肩荷民族災難的重負。作爲那個時代的希望有所作爲的一個普通讀書人，他的遭遇和思想情愫，從這首詩中是可以窺見一斑的。

（盧興基）

龍門

顧炎武

亘地黄河出，開天此一門。千秋憑大禹，萬里下崑崙。
入廟焄蒿接，臨流想象存。無人書壁問，倚馬日將昏。

這首《龍門》詩，是康熙三年（一六六四），顧炎武五十二歲時所作。

我國地理上名爲龍門的地方有多處，其中最爲著名者有二：一在陝西韓城縣與山西河津縣間，一在今河南洛陽市南。兩處龍門的得名，都與大禹治水的傳説有關。黄河從陡立的兩山間穿過，狀如天門，蔚爲壯觀。傳説都是夏禹治水時所鑿。本詩所説，爲前一處陝西、山西之間的龍門，有關的記載，其年代更早。二千五百年前，《尚書》的《禹貢》篇，即已記載了這個「龍門」。《山西通志圖考》説：「龍門在今河津縣西北二十五里，即大禹所鑿，一名禹門渡，與陝西韓城梁山對峙。」我國民間家喻户曉的「鯉魚跳龍門」的地方就是指這裏。據《藝文類聚》引辛氏《三秦記》載：「河津一名龍門。大魚積龍門數千，不得上，上者爲龍，不

龍門

上者（魚），故曰曝腮龍門。」《藝文類聚》所引都是唐以前的典籍，可見這個故事起源之早。

顧炎武在作此詩的兩年前，即康熙元年（一六六二）五十歲時，即已初遊山西各地。次年又間道入陝，歲末折返。本年初春開始，他又在晉西北一帶遊歷，其中即包括河津龍門。但他這兩年的漫遊，卻是在一種極不好的心情中度過的。

康熙元年，南明永曆帝抗清政權失敗，永曆帝朱由榔本人被執遇難。南明的這個最後的政權的覆亡，標誌着抗清復明的最後希望的破滅，也使得清統治者能够開始着手從內部鞏固統治，鎮壓漢族人民的反抗。次年，明史案發，顧炎武的朋友吳炎、潘檉章及難，加倍地激起他的滄桑黍離之悲。龍門之遊，詩人是懷着一種特殊的心情去的。大禹，是我國初民社會傳說中的一位開天闢地的英雄，大禹治水，更是我民族精神的象徵。龍門的壯偉雄奇之姿，展現了我中華民族艱苦奮鬥的遠古歷史。顧炎武龍門之遊寫下的這首作品，充滿了對祖國河山的眷戀，同時也傾吐了對河山易幟，人事滄桑的悲愴感情。

「亘地黃河出，開天此一門」，詩一開筆，即給我們描繪出了一幅雄奇的山水畫卷。奔騰咆哮的黃河，似乎是平地而出；壁立陡峭的山勢，又成爲一天然的壯景。這樣壯闊的景象，我們衹有在李白的詩句中曾經體驗過：「君不見，黃河之水天上來，奔流到海不復回。」這是李白的名篇《將進酒》開篇的名句，它給我們以萬馬奔騰、一瀉千里之感。但它寫的是横向的走勢，而顧炎武的詩給我們展示的是一幅特寫的鏡頭，更富有立體感，描繪出了它的雄奇之姿。「亘」，《說文》：「竟也，象舟競兩岸。」因而有連接的意思。兩句中，「亘地」和「開天」對照，前句寫出黃河平地而湧的壯偉，後句狀兩山壁立的景觀。這一幅圖畫之美是由横與縱的交叉組合而成的。用「出」和「開」兩個詞，構成了它的動態。從地理上看，黃河從內蒙古高原的河套地區奔瀉而下，穿過晉西北的叢山峻嶺，至河津以下，水面突然開闊，形成一個天然的峽口。《平陽府志》記載說：「（黃河）自西北山峽中來，至是山斷河出，兩崖壁立，形如門闕，東西闊八十步，而奔濤巨浪，旦夕沖激，爲天下奇觀。」當地百姓素有「龍門兮天開，河水兮天來」的說法。顧炎武詩句的描寫，可謂出神入化。

頷聯兩句：「千秋」與「萬里」相對；「憑大禹」與「下崑崙」相對，一縱一横，兩組意象，分別配

龍門

合。「千秋憑大禹」，具有遙遠的歷史感，抒發了作者思古之幽情；後句「萬里下崑崙」，顯示出横向的地理走向。它雖然不是詩人卽目所見，但它是宏觀的意境。《爾雅》說：「河出崑崙山。」《水經》又說：「崑崙墟在西北，去嵩高五萬里。」古史的傳說，就已富有浪漫主義的色彩。詩人面對壯麗的河山，緬懷遙遠的歷史，思緒萬千。歷史傳說，大禹開鑿龍門，使河水得以宣洩入海，中華民族在黄河之濱繁衍生息，創造了燦爛的古代文化。黄河，是中華民族文化的搖籃。在詩的蒼茫境界裏，給了我們無邊的浮想。

顧炎武這首詩的一個明顯特點，在寫法上，是從狀景到抒情，從實寫到虛想，因而既不是單純的寫景或抒情，也不是一般所說的情景交融。詩從狀景過渡到抒情，使現實的景得到感情的昇華，使這首詩更具有主觀感情的濃厚色彩。

「入廟君蒿接，臨流想象存。」頷聯按格律的要求應是對仗句，這兩句對得更是工整。「廟」，是指山上的禹廟。「君」，同薰，一種薰香之氣。「蒿」，是形容它蒸騰的樣子。詩人懷着虔誠之心入廟參拜，卽刻感到滿是薰香之氣蒸騰而出。這是寫實，還是更多的主觀感情呢？如果我們不知道詩人爲什麽在這裏一定要用「君蒿」一詞，就很難解釋其中所包孕的主觀感情是什麽了。原來古人把「君蒿」連用，常常表示對於死者的悼念。典出於《禮記•祭義》：「衆生必死，死必歸土，此之謂鬼。骨肉斃於下，陰爲野土；其氣發揚於上，爲昭明。君蒿淒愴，百物之精也，神之著也。」古人認爲人死後骨肉埋葬，精氣上升。「君蒿」就是上升的精氣所煥化出來的。陸游《大侄挽辭》有「一官常骯髒，萬里忽君蒿」句，表示對親屬的哀挽。顧炎武此處難道是對大禹的哀悼嗎？大禹是不死的，他已成爲上界的神，用這個詞就是不倫不類。因此筆者認爲他心中另有所悼，是像屈原寫《國殤》一樣，在默默追念着爲國捐軀的亡靈。他設想這些亡靈到禹廟裏來聚集了。他不是還明說「臨流想象存」麽！但此時此際，蘊含在他的這兩句詩中的無盡的思緒和浮想是悲沉的，哀痛的。我們和下面的兩句聯繫起來理解，這一判斷就獲得了證明。

尾聯「無人書壁問，倚馬日將昏」中，「書壁問」一語，用了王逸《楚辭天問序》中關於屈原的典故。王逸說：

屈原放逐，憂心愁悴，彷徨山澤，經歷陵陸，嗟號昊旻，仰天嘆息，見楚有先王之廟，及公卿祠堂，圖畫天地山川神靈，琦瑋僪佹及古賢聖怪物行事，周流罷倦，休息其下，仰見圖畫，因書其壁，呵而問之。

這裏說的是屈原眼見國家危在旦夕，一次，他進入楚國先王的神廟，見廟中的壁畫而發出一連串問題，以抒心中的不平憤懣。王逸是解說屈原作《天問》的由來。顧炎武這時入禹廟，壁上未見有如屈原這樣的人出於對國家民族的危亡而憂心忡忡地寫下的「天問」，豈不令人悲哀麽！我們知道，進入康熙朝的時候，抗清鬥爭已漸次消歇。民族的遺恨已在許多人的心中淡忘了，他們已習慣於做新朝的臣民。在統治者恩威並施的政策下，讀書人中，有的放棄了遺民的身分去應清廷的博學鴻儒的徵召，年輕一些的，更是懷着美夢去應科舉功名的考試，其中就有顧炎武昔日的朋友和親屬。詩人在無可奈何之中懷着深沉的悲哀和憤懣。

顧炎武生當明清易代，社會動亂之際，他一生堅持不屈膝事清，愛國主義是他現存四百餘首詩的貫穿始終的思想精神。前人說他的詩「憑吊滄桑，語多激楚」，飽含着「茹芝採蕨之志，黍離麥秀之悲」（汪端《明三十家詩選》評語）。這是一點不錯的。他的詩境界高闊，筆力雄健蒼深，而且具有唐人豪放的氣質，确實可說是他「得江山之助」的緣故。但他身處離亂的年代，自然不能像盛世的詩人那樣樂觀進取，或者去歌功頌德。更多的衹能是堅勁和蒼深。他的詩風接近於老杜，讀《龍門》一詩可以感覺出來。

（盧興基）

吴同初行狀

顧炎武

自余所及見，里中二三十年來號爲文人者，無不以浮名苟得爲務，而余與同邑歸生獨喜爲古文辭，砥行立節，落落不苟於世，人以爲狂。已而又得吴生。吴生少余兩人七歲，以貧客嘉定。於書自《左氏》下至《南北史》，無不纖悉强記。其所爲詩多怨聲，近《西州》、《子夜》諸歌曲。而炎武有叔蘭服，少兩人二歲；姊子徐履忱少吴生九歲，五人各能飲三四斗。五月之朔，四人者持觥至余舍爲母壽。退而飲，至夜半，抵掌而談，樂甚，旦日别去。余遂出赴楊公之辟，未旬日而北兵渡江，余從軍於蘇，歸而昆山起義兵，歸生與焉。尋亦竟得脱，而吴生死矣。余母亦不食卒。其九月，余始過吴生之居而問焉，則其母方煢煢獨坐，告余曰：「吴氏五世單傳，未亡人惟一子一女。女被俘，子死矣！有孫，二歲，亦死矣！」余既痛吴生之交，又念四人者持觥以壽吾母，而吾今以衰絰見吴生之母於悲哀其子之時，於是不知涕淚之横集也。生名其沆，字同初，嘉定縣學生員。世本儒家，生尤夙惠，下筆數千言，試輒第一。風流自喜，其天性也。每言及君父之際及交友然諾，則斷然不渝。北京之變，作大行皇帝、大行皇后二誄，見稱於時。與余三人每一文出，更相寫録。北兵至後，遺余書及記事一篇，又從余叔處得詩二首，皆激列悲切，有古人之遺風。然後知閨情諸作，其寄興之文，而生之可重者不在此也。生居昆山，當抗敵時，守城不出以死，死者四萬人，莫知屍處。以生平日憂國不忘君，義形於文若此，其死豈顧問哉？生事母孝，每夜歸，必爲母言所與往來者爲誰，某某最厚。死後，炎武嘗三過其居，無已，則遣僕夫視焉。母見之，未嘗不涕泣，又幾（疑）其子之不死而復還也。然生實死矣！生所爲文最多，在其婦翁處，不肯傳；傳其寫録在余兩人處者，凡二卷。

顧炎武著述等身，但文學性散文卻不多，這與他「文不貴多」的主張有關。他不願妄爲諛墓之作，因而對韓愈不乏微辭，但實際上他自己也寫了一些碑狀墓誌。在他看來，自己寫的這些文章都是有爲而作的。許多文章，都着意在顯揚忠烈，表彰在明清鼎革之際守節不辱的精神。《吳同初行狀》不失爲其中的代表。

這篇文章中的吳同初，名其沆，是顧炎武青年時代的朋友。清兵南下時，他們同在昆山舉事，而吳在戰爭中不幸犧牲。文章就是爲悼念他而寫的。「行狀」是一種記述死者生平事跡的文體，原本的目的是爲撰寫墓誌銘或正式傳記提供材料以採擇使用的，因而可以不拘一格，這是它與正式的傳記或墓誌不同的地方。

這篇行狀的落筆就很有特色，它寫道：「自余所及見，里中二三十年來號爲文人者，無不以浮名苟得爲務，而余與同邑歸生獨喜爲古文辭……已而又得吳生。」由遠及近，淡淡而入。作者從評論里中文人和風氣開始，寫到朋友歸生，最後一句才把狀主帶出。猶之乎如今的影視藝術中常見的，攝影師用廣角鏡掃視了一個廣闊的空間，然後才把鏡頭集中，固定在一個視點上，漸漸地，主人公向我們走來，人物的形象逐漸逼眞、高大。這種開篇的方式，往往爲嚴肅的傳記或講究格套的墓誌銘所不屑取。但在一般散文中卻是常見的。它不是傳統所說的開門見山，也不見有落筆驚鬼神的地方，但讀者卻感到自然親切，不由自主地被它導引着進入作者所要開闢的境界。作者把吳生放在「里中二三十年來號爲文人者」的比較之中，顯示了他的超塵脫俗。但吳生早年辭世，他的品格和才華可能鮮爲人知，因而作者以另一位早已知名的人物——「歸生」爲過渡，比並吳生。歸生卽著名詩人歸莊，明代大文學家歸有光之孫，當時他早已文名藉藉於鄉里，與顧炎武志趣相投，友誼深篤，同時參加了明末反對宦官閹黨的組織復社，並稱爲「歸奇顧怪」，與吳其沆也有密切交誼，三人同時參加了昆山抗清之役。作者說歸莊「砥行立節，落落不苟於世」，這句話，實際也是作者對吳生的評語。

吳生以一介書生，在民族危亡的緊急關頭挺身而出，以天下爲己任，毅然投入抗清起義中，後來不幸犧牲，事件壯烈而可歌可泣。但文章並未單純以它爲中心，一味作高歌悲亢的描寫，而衹是重點敍述了幾件交往中的舊事，娓娓而談，從沖淡中見沉着悲憤，富有生活的氣息和文學的形象性，而且作者把自己也寫進去，置身其間，更是親切感人，增添了濃郁的抒情氣氛，有的段落，甚至富有詩的意境。

接下去，文章從「吳生少余兩人七歲」至「余母亦不食卒」，歷寫吳生幼時的好學、勤勉、聰穎過人和他的創作及交友之道，內容繁複，時間的跨度又大，本不是一篇短文所易交代清楚的，平平敍來就極易枯燥無味，但作者突出了歸莊、叔父顧蘭服、外甥徐履忱並吳生同爲顧母持觴祝壽的一個場面來描寫，因此，就顯得毫不板滯，從中又表現出吳生的誠篤性格和與歸、顧的深摯友情。這一則往事的追述，與後面吳生赴難後，作者去慰問吳生的老母一事互相映襯，形成對比。前者歡愉熱烈，後者卻是那麼淒涼沉痛。作者所寫的這一個普通家庭的生離死別，正代表了清兵南下以後，江南人民的深重災難和不幸。

在這一則故事的敍述中，作者用極其簡約的文字準確地表現了人物——老母和「余」的內心的悲痛。請看：

> 其九月，余始過吳生之居而問焉，則其母方煢煢獨坐，告余曰：「吳氏五世單傳，未亡人惟一子一女。女被俘，子死矣！有孫，二歲，亦死矣！」余既痛吳生之交，又念四人者持觴以壽吾母，而吾今以衰絰見吳生之母於悲哀其子之時，於是不知涕淚之橫集也。

「五世單傳」，一門絶嗣，這是可悲可嘆之一。兒孫三代，僅餘老人煢煢孤單，晚景淒涼，又增一層可悲可嘆。母女離散，又親見兒孫先於老母而去，骨肉之痛，更是可悲可嘆。凡此種種，都包含在老母的短短訴說之中。接着文章又用「既……，又……，而今以……」表現作者的一層深似一層的哀思，讀來催人淚下。這段描寫，不僅體現了老人的悲苦、「余」的友情，同時也突出了吳生參加抗清的義無反顧的精神，而這正是文章所要表現的主題。

文章末尾一段又描寫母子二人的夜談：

> 生事母孝，每夜歸，必爲母言所與往來者爲誰，某某最厚。死後，炎武嘗三過其居，無已，則遣僕夫視焉。母見之，未嘗不涕泣，又幾（疑）其子之不死而復還也。

寫母子情深，相依爲命和吳生之「孝」，歷歷如在目前，極其感人。

這篇文章在敍述上採取迴旋往復的方式。行文開始，通過對人物高下的品評帶出吳生，此後，至「余母亦不食卒」，卽已將吳生從少年讀書至抗清犧牲的一生介紹完畢，接着寫作者訪其母，把情節推向高潮。但吳生是誰，他的生平如何，還留下了許多懸念。因而後半又從頭補敍吳生的名氏籍里，功名著述，間以對他的品格的評論，但到結尾時，文章又再一次回敍吳其沆生前的母子相處。這樣從生到死，從死又到生，往復三次，顯得深沉中的跌宕多姿。文章反覆所敍的內容，又都是這篇行狀所必不可少的，在效果上也有它的好處。由於前面已有吳生主要事跡的描寫，後面補敍吳生名氏籍里和功名著述，印象就更深刻。

作者最後說：「生所爲文最多，在其婦翁處，不肯傳；傳其寫録在余兩人處者，凡二卷。」一位才華出衆而又血氣方剛的青年，就這樣過早地殞逝了。作者在結尾處，以輯録他的遺稿作爲對於亡友的紀念。寥寥數語，寄以無盡的哀思，讓我們感到餘情裊裊。

這篇文章筆墨疏淡，感情卻很深沉，是一曲愛國志士的挽歌。（盧興基）

玉樓春

王夫之

白蓮

娟娟片月涵秋影，低照銀塘光不定。綠雲冉冉粉初勻，玉露泠泠香自省。　荻花風起秋波冷，獨擁檀心窺曉鏡。他時欲與問歸魂，水碧天空清夜永。

這首詞的作者王夫之（一六一九——一六九二），字而農，號薑齋，湖南衡陽人，是明末清初傑出的思想家、文學家。他生活在一個「天崩地裂」（黃宗羲語）的時代裏，清兵南侵後，曾參加抵抗清兵的衡山起義，後來隨桂王朱由榔奔梧州、桂林，進行抗清救亡的愛國鬥爭。三十二歲時，他從廣西歸湖南，變姓名、易衣服、扮猺人，匿跡湖南水鄉山村，從事學術著述與文學創作。晚年隱居衡陽石船山，後人尊稱爲「船山先生」。他留下許多文賦詩詞，收入《船山遺書》。歷來人們衹重其詩文，其實他的詞也很有特色。

這首詞寫於何時，今已不可考。從作者的生平及全部創作來看，其詩詞作品大多作於他隱遯湖南時期，那時抗清鬥爭大勢已去，明王朝已經滅亡，如詩詞集《落花詩》、《遺興詩》、《瀟湘怨詞》、《柳岸吟》、《廣哀詩》等都是這時期的作品。這首詞也應屬於這個範圍。再者，我國古典詩詞自古就有借景抒情、比興寄

玉樓春

託的傳統，此詞顯然是感情深厚的詠物抒懷之作，決非簡單的詠物詞。綜觀作者一生寫景詠物的詩詞作品，「閑或無託，愁亦有云」（《續落花詩》序），但隱遁湖南時期多比興寄託之體。在「從過庾嶺聞羌管，雨替風凌直到今」（《落花詩》）的時代裏，他不會有什麽嘲風雪、弄花草之作。寫於四十三歲時的《落花詩》與寫於四十七歲時的《和梅花百詠詩》，皆借落花抒發對國事、人生的感嘆。《玉樓春・白蓮》的風格與這些作品很相似，是作者後期的作品。

詞的上闋描繪了白蓮的形象與秋夜背景。「娟娟」，形容月亮的美好。「緑雲」，喻茂盛的蓮葉。「冉冉」，柔弱下垂的樣子。「泠泠」，是清涼的意思。皎潔的月光把白蓮的影子撒在水塘漣漪上，蓮葉上均勻的粉膜和上面晶瑩清涼的露水歷歷可見。下闋寫白蓮的悲哀情感。「荻花」，即蘆葦的花絮。「檀心」，指白蓮粉紅色的花心。「曉鏡」，喻天將曉時清靜的水面。秋風吹起荻花，白蓮懷抱粉紅的花心，凝視着水面的倒影。呵，秋去冬來，自己的一生也要結束，魂魄將飄到何方？眞是「月寒在夕，葉怨於枝」（《補落花詩》序）。這首詞運用「虛——實——虛」的結構吟詠白蓮，手法上豁人耳目。頭兩句是虛寫，蕩漾的水面、白蓮依稀的倒影和搖曳的月光混爲一體，白蓮的形象是模糊的。下面兩句猶如特寫鏡頭一般，把白蓮具體、清晰的形象呈顯在我們耳目之前：「緑雲冉冉粉初勻，玉露泠泠香自省」，這個對偶句中有色彩：「緑雲」，有形狀：「冉冉」、「粉初勻」、「玉露」，有嗅覺：「香自省」，有觸覺：「泠泠」，很好地寫出「藕花豔銀塘，玉露凋零盡」（王夫之《生查子・秋感》）的意境。這是實寫。下闋又進入虛寫，一絲秋風吹來，荻花輕輕飄蕩，環境更加幽冷，白蓮衰落之後，魂靈將歸何方？「水碧天空清夜永」，這是回答、是肯定，也是迷惘、疑問。這樣，把清晰的白蓮形象又推向虛渺的遠方。

以上是這首詞本身字面的意義。細讀此詞，可以看出，它並非僅寫白蓮衰落，它還寫美人遲暮。以花喻美人，以美人喻花，是古典詩詞常見的手法，王夫之在詩詞藝術上重蘊藉含蓄而輕直陳（見其《古詩評選》、《唐詩評選》），他有三首《水龍吟・蓮子》吟詠蓮子，其中的「莫愁秋老，儂家自有杏金丹駐」，「願年年歲歲相期，解珮蘋花洲渚」等語，顯然是吟詠女子的苦衷。他另外一首詠白蓮的詞《鷓鴣天・白蓮》寫道：

玉樓春

「斂束檀心吐半絲，遲回妝靚暗香吹。綠窗獨倚珠千淚，團扇斜窺玉一規」，亦以白蓮比作美人。「詞以不犯本位爲高」（劉熙載《藝概・詞曲概》），《玉樓春・白蓮》正以詠白蓮曲寫美人。「娟娟片月涵秋影」，嬌美的月亮使人聯想到神話中的仙女嫦娥。「娟娟」不僅可以修飾月亮，也多形容女子之美，杜甫《寄韓諫議》中「美人娟娟隔秋水，濯足洞庭過八荒」的詩句可證。「綠雲冉冉粉初勻」是寫白蓮之豔美，但也是美人妝扮後的寫照。「綠雲」不僅指枝葉茂盛，也多喻女子濃密的雲髮，如白居易《和春深》之七中「宋家宮樣髻，一片綠雲斜」的詩句。「粉」，是蓮葉上的粉膜，但也使人想到美人的妍妝。「玉露泠泠」也可想起美人的泠泠珠珮，或淚顆盈盈。「香自省」既是花香，也可指美人身上的芬芳。「獨擁檀心窺曉鏡」，是寫白蓮顧影自憐，也使人想到杜牧《阿房宮賦》中「綠雲擾擾，梳曉鬟也」的情形，是一幅美人晨妝的畫面，在這裏更使人聯想到李商隱《無題》中「曉鏡但愁雲鬢改」的詩意，感傷因相思而使豐盛如雲的頭髮減少許多，《玉樓春・白蓮》也正表現了美人對青春美貌消逝的嘆息。這樣，詞的含義由「惟草木之零落」發展到「恐美人之遲暮」。

王夫之一生奔赴國事，面對明政權的連續崩潰，他前後寫下四篇《悲憤詩》，哀傷明帝不幸，痛恨清兵南侵。他在自己預撰的碑銘中說：「抱劉越石之孤憤，而命無從致」，自比西晉民族英雄劉琨，感嘆抱負不得實現，賫志以歿。這樣的經歷、思想，不能不滲入其詩詞創作之中。自屈原以來，借香草美人寄託情感已成爲我國古典詩詞的傳統，如張衡、李商隱的詩，辛棄疾、姜夔的詞，很多是託兒女之辭，寫君臣之事。「詞貴有寄託」（況周頤《蕙風詞話》），王夫之的詞也有這個特點，多用「豔語」，不「以豔爲諱」（《水龍吟・蓮子》序），他稱讚辛棄疾《摸魚兒》「其娥眉買賦之句，未忘身世」（《摸魚兒・詠霜》題註）。在《玉樓春・白蓮》中，他正是以美人遲暮自比，追懷往事，感慨平生抗清救亡鬥爭的經歷。「玉露泠泠香自省」，是通過讚美白蓮「出淤泥而不染，濯清漣而不妖」，「香遠益清，亭亭靜植」（周敦頤《愛蓮說》）的姿態，象徵自己清潔正直的品質。王夫之有許多對鏡自視，感嘆年華流逝的詞作，如《念奴嬌・對鏡》中寫道：「眉下雙眸，電光猶射，獨運枯楊肘。」《南浦・驚愁》中寫道：「有前時雙鬢，而今似否，青鏡自商量。」《鷓鴣天

•劉思肯畫史》中寫道：「把鏡相看認不來，問人云此是薑齋。」看鏡自視的多爲作者自己。可見，「獨擁檀心窺曉鏡」，貌以美人晨妝，實乃作者自指，感慨如今衰老。「檀心」，也指高潔的心志，作者《廣落花詩》中「言鳥嬌能憐蔻孕，舶香妬不損檀心」詩句可證。「自省」、「獨擁」二語表現了作者在國家破亡後壯志未酬的落寞心情。「他時欲與問歸魂」一句用《楚辭•招魂》的詩意，象徵自己將飲恨離開人間，也表現了自己「幼清以廉潔兮，身服義而未沬」的美德，以及對「朱明承夜兮，時不可淹；皋蘭被徑兮，斯路漸」的感嘆。物換星移，復興明朝已成爲不可能。其中寓有「目極千里兮傷春心」、「魂兮歸來哀江南」的深廣憂憤，抒發了英雄失路的悲涼情感。清人朱孝臧曾說王夫之的詞「雲山韶濩入淒音，字字楚騷心」（《彊村語業》卷三），可謂允當。

可見，此詞的含義有由淺入深的三個層次，即表層形象、中介形象與深層形象，首先呈現的是表層形象——白蓮衰落，通過中介形象——美人遲暮的轉換，最後使我們感受到其深層含義——作者滿懷悲憤哀怨的自我形象。其深層形象是在表層形象、中介形象的基礎上確立的，是通過它們來展現的。

這首詩在藝術表現上很有特色。

首先，它繼承了馮延巳、辛棄疾比興含蓄、感傷哀怨的詞風。閱讀此詞，很難斷定是詠白蓮、詠美人，還是詠自己，比興象徵與所表現的深層形象融爲一體，達到「語語都在目前」的「不隔」境界（王國維《人間詞話》）。王夫之曾主張詩歌「情不虛情，情皆可景；景非滯景，景總含情」（《古詩評選》卷五），在這首詞中，作者自己英雄失路之情不是抽象地說出，而是形成可觸摸到的具體藝術形象。同時，詞中的「白蓮」也並非死物，而是具有人的情感和語言的。可貴的是，作者並沒有簡單地以白蓮自比，把重點全放在自己的主觀感情上。他曾說：「不能作景語，又何能作情語邪？」、「情中景尤難曲寫」（《夕堂永日緒論•內編》）。因此，他精心描寫白蓮在深秋月夜下的幽雅姿態，而沒有成爲修辭方法上的比喻與擬人。王國維說：「必有重視外物之意，故能與花鳥共憂樂。」（《人間詞語》）正因爲王夫之重視對秋夜白蓮這個「外物」的描寫，所以才做到了情與景、比與所比的妙合無垠。

其次，這首詞具有深靜、幽雅的境界。「詞境以深靜爲至」（況周頤《蕙風詞話》），《玉樓春•白蓮》正是如此。月光、緑葉、碧清的秋波、廖廓的夜空構成深靜的意境；同時，「銀塘」、「玉露」、「曉鏡」、「香」、「粉」等更添加了幽雅的氣氛。作者還運用「娟娟」、「冉冉」、「泠泠」這些疊字，使詞的情調更加舒緩，很好地表現了作者悲憤哀怨的心緒。整首詞「芳悱纏綿」，「眞屈子《離騷》之嗣響也」（龍榆生《近三百年名家詞選》）。

另外，此詞在意境空間的創造上也有特色。作者吸收了李煜闊大詞境、姜夔清空風格的精華，也吸收了温庭筠、吳文英濃麗綿密詞風的精華，做到了既疏宕又密麗。首兩句中「月亮」、「秋影」、「銀塘」等意象組成了清空疏宕的意境，下兩句對偶「緑雲冉冉紛初匀，玉露泠泠香自省」，則轉入密麗香豔的意境。而後作者又以荻花秋波沖破了這清空而又密麗的氣氛，「水碧天空清夜永」，不管指白蓮之魂還是指作者之魂，都進入了恢宏闊大的境界，正是「言有盡而旨意無窮」，留下一個博大的供欣賞者填充的藝術「空筐」，不僅「意闊」，而且「言長」。

「和平之音淡薄，而愁思之聲要妙。歡愉之辭難工，而窮苦之言易好。」（韓愈《荆潭唱和詩序》）王夫之這首詞之所以在藝術上取得成功，就因爲它寫「眞景物、眞感情」，抒發作者的悲憤哀怨。它值得我們細心賞析、學習。

（高玉崑）

于中肅墓

屈大均

一代勳猷在，千秋涕淚多。玉門歸日月，金券賜山河。暮雨靈旗卷，陰風突騎過。墓前頻拜手，願借魯陽戈。

這是一首懷古詩。

于忠肅，即于謙（一三九八——一四五七），字廷益，明浙江錢塘（今杭州）人。永樂年間進士，曾任監察御史、兵部右侍郎，巡撫河南、山西，後升任兵部尙書。正統十四年（一四四九），瓦剌首領也先率軍南侵，在土木堡（今河北懷來縣東）大敗明軍，俘獲明英宗朱祁鎭。史稱「土木之變」。「土木之變」後，于謙擁立英宗之弟祁鈺（代宗）登位，遙尊英宗爲太上皇。他反對南遷，堅決主戰，誓死守衛京師，在北京城外多次擊退瓦剌軍。次年（景泰元年），也先見無隙可乘，被迫釋放英宗回國。景泰八年（一四五七），英宗發動政變，奪回帝位。于謙被誣以「謀逆罪」處死。後葬於杭州西湖三臺山。萬曆年間追謚「忠肅」。本詩作者屈大均，曾積極參加抗清鬥爭。順治七年（一六五〇），清兵攻陷廣州，屈即削髮爲僧，投番禺雷峯海雲寺函昰大師門下。曾居遊西湖甚久。《于忠肅墓》當寫於此時。

屈大均對一身繫明朝社稷安危的于謙十分景仰，故起句便以「一代勳猷在」給予極高的評價。「勳猷」，指卓越的功勳和非凡的謀略。這裏用以歌頌于謙在英宗被俘，京師岌岌可危的情況下，挺身而出，力挽

于中肅墓

狂瀾的英雄行爲。由於于謙及時擁立代宗繼位，加強京師防務，因此便有力地挫敗了也先挾持英宗的陰謀。于謙死後，人民對他有功於國而竟遭殺害，深表同情。「千秋涕淚多」一句，便是這種感情的反映。其中，「千秋」形容歲月久長，「涕淚多」指哀悼之深；着一「多」字，更見沉痛。句中深有杜甫「悵望千秋一灑淚，蕭條異代不同時」的感慨。

「一代勳猷在，千秋涕淚多」二句對比強烈，上句寫功高，下句寫淚多，表面看來很不協調，但作者正是透過這不協調的描寫，來抒發自己的不平之氣，爲于謙鳴冤。

「玉門歸日月，金券賜山河」兩句分承一二句發揮，進一步寫于謙的「一代勳猷」和後人的「千秋涕淚」。「玉門」句上承首句，極讚于謙使國家轉危爲安，英宗得從塞外歸來的不朽功勳。詩中的「玉門」即玉門關，這裏泛指邊塞地方。「日月」，象徵皇帝，這裏指明英宗；「日月」相合爲「明」，也含明朝社稷之意。「歸」，作使動用，即「使之歸」。「金券」句緊承「玉門」句，寫于謙既然有大功於國，就應得到金書鐵券，與山河共存；即犯死罪，也可免死。「金券」，即金書鐵券，券鐵質金字，爲古代皇帝頒給功臣世代享受某種特權的信物。功臣本人及其後代如犯罪，可憑此獲得赦免或減刑。「山河」，意謂指山河爲誓。漢高祖平定天下、大封功臣時有如下誓詞：「使河如帶，泰山若礪。」意思是說：要到黃河像衣帶一樣窄小，泰山像磨刀石一樣平坦，功臣們的爵位才會失去。既然「礪山帶河」的情況不可能出現，那麼功臣們的爵位就永遠不會喪失。作者把「金券」與「山河」連在一起，正是爲了強調于謙功大可以免死。但于謙終究是含冤死了，言外殊多感慨！

頸聯「暮雨靈旗卷，陰風突騎過」寫于謙英靈永在，雖死猶生。二句緊扣於墓而寫，寫作者在墓前憑弔時的感受：暮雨瀟瀟，恍見當日出征的靈旗舒卷；陰風陣陣，如同聽到鐵騎鬬陣的奔馳之聲。句中的「靈旗」，是古代出征時的一種戰旗，漢武帝攻伐南越時，曾禱拜太一（神名），作靈旗，上畫日、月、北斗七星等物。「突騎」，指突入敵陣、衝鋒在前的騎兵。「騎」，作名詞用，讀仄聲。「過」，即經過，此處因押韻關係，須讀平聲。其中，「暮雨」、「陰風」寫墓前的環境氣氛；「靈旗卷」、「突騎過」則扣緊于謙抗擊瓦剌事而寫。選詞用語，極具匠心。

「墓前頻拜手，願借魯陽戈。」末聯抒發憑弔之情，是題中應有之義。「拜手」，是跪拜禮的一種。跪後兩手相拱至地，俯首至手。「魯陽戈」，典出《淮南子·覽冥》。據說春秋時，魯陽公與敵酣戰，日落，他以戈揮日，日爲之返三舍。屈大均在詩末引用此典，表現他要借戈回日，與外敵血戰到底的堅強決心。

瓦剌爲西部蒙古部落名，與滿州一樣，當時都屬於外族。屈大均十分推崇堅決抗擊瓦剌的于謙，正因爲他本人亦堅決抗清之故。在誓死抵御外族入侵這一點上，兩人的志向是相同的，因此屈大均才在詩中對于謙一再稱譽和景仰；結尾更以「願借魯陽戈」，明確表示要效法他，爲恢復大明社稷而努力奔走。

詩題爲《于忠肅墓》，整首詩便扣緊憑弔于墓時的感受來寫，深深表現出詩人對于謙的崇敬與同情。末二句由懷古而思今，表示自己要向這位明朝英雄學習，在抗清鬥爭中努力作出貢獻。收束得十分有力。

屈大均詩才橫溢，各體俱佳，尤以五律見長。清人沈德潛稱他「五律如天半朱霞，雲中白鶴，令人望而難卽」。又說：「翁山（卽大均）天分絶人，而又奔走塞垣，交結宇內奇士，故發而爲詩，隨所感觸，自有不可一世之慨，欲覓一磊落怪偉之人對之，藝林諸公竟罕其匹！」這個評價是很確當的。屈大均五律中名篇不少，佳句甚多。如詠魯仲連之《魯連臺》：「一笑無秦帝，飄然向海東。誰能排大難，不屑計奇功。古戍三秋雁，高臺萬木風。從來天下士，衹在布衣中！」沈德潛極讚此詩，評云：「一起突兀，三四十字成句，五六寫臺，結語見自己抱負。一『衹』字，不許他人共爲天下士也。有膽！有力！」又如「風助羣鷹擊，雲危萬馬來」（《雲州秋望》）之勁健，「山挾洪河走，關臨隘地開」（《登潼關懷遠樓》）之氣勢，「王侯寧有種，竿木足亡秦」（《讀陳勝傳》）之警煉深刻，「松門開積翠，潭水入空明」（《攝山秋夕作》）之天機自流，都可看出屈大均的功力甚深。他的詩慷慨雄奇，寄託深遠，無論從思想內容和藝術手法來看，都可稱得上是明代第一流的作品。這裏介紹的《于忠墓肅》，便是其中較爲突出的一首。

（梁守中）

長亭怨

屈大均

與李天生冬夜宿雁門關作

記燒燭雁門高處，積雪封城，凍雲迷路。添盡香煤，紫貂相擁夜深語。苦寒如許！難和爾，淒涼句。一片望鄉愁，飲不醉壚頭駝乳。　無處。問長城舊主，但見武靈遺墓。沙飛似箭，亂穿向草中狐兔。那能使口北關南，更重作并州門户？且莫弔沙場，收拾秦弓歸去。

雁門關外，大雪紛飛，寒雲壓頂。城上積雪覆蓋；大地白茫茫一片，不辨東西。城樓上，兩個志同道合的朋友，正在秉燭夜談。他們嘆惜明朝的滅亡，憎恨清兵的殺掠，商談如何聯絡各地有志之士，以圖恢復。夜深了，天更冷了。二人裹上貂紫皮袍，把香炭添了又添，繼續圍爐夜話。談着談着，其中一人突然放聲哦吟，聲調悲涼，與這冬夜的苦寒天氣無異。另一人聽了，不禁百感交侵，一片淒然，無法與他唱和。這時壓抑不住的鄉愁又湧上來了，二人借酒消愁，把壚頭（酒店里安放酒甕的土臺子）的駝奶酒喝了又喝，竟是絲毫也沒有醉意。……上面描述的，是這首《長亭怨》詞上闋的大意。那放聲吟詩的就是李因篤，即題目中的李天生；那另一人便是本詞的作者屈大均。李天生，陝西富平人，與屈大均志同道合，交遊密切。二人曾一起北遊雁門，從事抗清活動。屈大均《送天生》一詩中之「萬里求知己，從君旋雁門」，說的就是這件事。

詞的開頭三句，交代了時間、地點和環境氣氛。作者與友人投宿的是雁門關的高處，大概就是城樓吧。「燒燭」一詞，點明時間，與題目的「夜」字呼應。「積雪封城」、「凍雲迷路」，則是扣緊「冬」字而發。一開頭，便給人一種淒冷、沉重的感覺。

「添盡香煤，紫貂相擁夜深語。」屈、李二人抗清之志相同，因此徹夜長話，不覺漏盡。雖是北國夜寒，也絲毫不減談興。這裏的「香煤」，指香炭；燃燒時，既可取暖，又散發出香氣。孟浩然詠寒夜詩中有「香炭金爐暖」句，與此同意。「添盡」二字，見夜談時間之長。「紫貂相擁」，指彼此都圍裹上紫貂皮袍，極寫夜寒的濃重。「添盡」二句，既緊承前面的「積雪」、「凍雲」而寫，又引出後面「苦寒」三句。

「苦寒如許！難和爾，淒涼句。」「苦寒如許」，意謂這樣地苦寒。「苦寒」二字，既指天氣，也指李天生的「淒涼句」。「和」，是依照別人詩詞的格律或意思而寫作詩詞。「爾」即「你」，指李天生。三句寫環境的苦寒和心境的淒涼，襯托出反清復明的前景黯淡。

「一片望鄉愁，飲不醉壚頭駝乳。」兩句由眼前的恢復艱難而想及客居異地，觸起思鄉愁緒，故借酒消愁；但所飲的是北地的駝奶酒，未能進入醉鄉，不能消解愁意。既然鄉愁無法排解，也就不宜久留此地了。這兩句，爲下闋末尾的「且莫弔沙場，收拾秦弓歸去」作好鋪墊。

下闋以「無處。問長城舊主，但見武靈遺墓」作過片，由眼前的情事而生思古之幽情，慨嘆長城一帶已落入清兵之手，再也看不到像趙武靈王那樣奮發有爲的長城舊主了。句中的「武靈」，即戰國時的趙武靈王，名雍。他有感於舊有的袍服和車戰不利於戰鬥，進行了軍事改革，下令改穿胡服，學習騎射，攻滅中山國，攻破林胡、樓煩，北至燕、代，西至雲中、九原，把疆土擴展到今河北西部、山西北部和河套地區，國勢大盛。後因內亂被圍，餓死於沙丘宮（故址在今河北平鄉縣東北）。墓當在該處。因當時趙武靈王的勢力範圍曾達到雁門關長城內外，古稱之爲「長城舊主」。這兩句暗含慨嘆明朝覆亡之意，因明朝皇帝也曾一度是長城舊主。現在舊主不存，但見遺墓，給人一種荒涼的感覺。

「沙飛似箭，亂穿向草中狐兔。」兩句承上進一步申發荒涼之意。雁門關前，是昔日的戰場，這裏曾出現過不少轟轟烈烈的戰鬥場面。但如今，沙石亂飛，蔓草縱橫，狐兔出沒，一片衰敗的景象。這正象徵了大明帝國的衰亡。面對此景，更增屈、李等有志恢復者的感嘆了。

「那能使口北關南，更重作幷州門户？」二句表達詞人的強烈希望，希望長城關塞，依舊能成爲內地的屏障。句中使用「重作」一詞，正說明此時關塞已失了。「口北關南」，指張家口以北雁門關以南一帶長城關塞。「幷州」，乃古時九州之一。漢武帝時，幷州包括今山西大部和內蒙古、河北的一部。這正是「口北關南」之間的地方。此處則泛指內地。句中「那能使」、「更重作」六字，極有分量，透露出作者渴望收復失地的強烈感情。

「且莫弔沙場，收拾秦弓歸去。」兩句意思是：不要在這昔日的戰場上作無謂的憑弔了，還是拿起武器，回去再繼續鬥爭吧！句中的「秦弓」，用以指代武器。屈原《國殤》中有「帶長劍兮挾秦弓」句。相傳秦地有南山檀柘，可做弓幹。李天生是秦（陝西）人，此處用「秦弓」，似有點明歸去何地之意。

此詞上闋寫冬夜宿雁門關的淒涼氣氛，下闋可看作是屈大均對李天生談話的概括。下闋前四句寫環境惡劣，使人觸目神傷，無限感慨。後四句則作一振起，表示雖然大勢已去，卻仍力圖恢復，希望能使口北關南，「重作幷州門户」；「收拾秦弓歸去」，繼續幹一番驚天動地的事業。

全詞沉鬱蒼涼，縱橫排蕩，甚得稼軒神髓，是明詞中的傑作。

（梁守中）

長歌

夏完淳

我欲登天雲盤盤，我欲御風無羽翰，我欲陟山泥洹洹，我欲涉江憂天寒。
瓊弁玉蕤珮珊珊，蕙橈桂棹凌回瀾。澤中何有多紅蘭，天風日暮徒盤桓。
芳草盈篋懷所歡，美人何在青雲端。衣玄綃衣冠玉冠，明璫垂綷乘六鸞。
欲往從之道路難，相思雙淚流輕紈。佳肴旨酒不能餐，瑤琴一曲風中彈，
風急絃絶摧心肝，月明星稀斗闌干。

熟悉《楚辭》的人，很容易感覺到這首《長歌》深受屈原的影響。確實，夏完淳的全部作品表明，他是崇敬屈原，並從屈賦中汲取營養的。

《長歌》不是騷體，而是七古，它借鑒張衡的《四愁詩》而又有所變化。說它繼承屈原，是指屈原作品中運用想象、比興和鋪陳的藝術手法以及由於這些而形成的令人目眩神移的浪漫色彩，也是指屈原作品中的鍥而不舍、念茲在茲、「雖九死其猶未悔」的愛國主義精神。

屈賦的浪漫色彩是和現實緊相聯繫的，他所悲嘆的是楚王的昏庸和楚國的淪喪。夏完淳的《長歌》所寄託的是什麼呢？結合其人其事，細玩全篇，是不難理解的。

開頭四句直抒胸臆，登天而雲嵐迴旋曲折，御風而身無羽翼，陟山而泥途難進，涉江而天寒水冷，四句

長歌

一個意思，欲有所行動，存在困難和障礙，而不能如願。語句重疊，顯示出一往無前的氣勢，非同尋常的決心和毅力。

緊接着的「瓊弁玉蕤珮珊珊，蕙橈桂棹凌回瀾」，寫仙子的服飾、舟楫、行動，實卽作者的自我描繪。鋪敍自己的服飾之美，並借以暗喻襟懷、品德，是屈賦所常用的手法，如「高余冠之岌岌兮，長余佩之陸離」（《離騷》），「帶長鋏之陸離兮，冠切雲之崔嵬」（《涉江》），都是。在夏完淳的筆下，一位頭戴冠纓下垂的玉冠，身繫珊珊作聲的玉珮的仙子，駕着桂樹、蕙草作成的彩舟，向着回旋的波瀾駛去。這情景多麼優美生動！這情景豈非暗示其人品的高貴和芳潔！

「澤中何有多紅蘭，天風日暮徒盤桓」，一叢叢開着紅色小花的蘭草，映照於一片碧波當中，好一幅鮮明、美麗的畫圖！然而仙子似乎意有所注，無心欣賞，對着天風暮色，不過聊且盤桓而已。從看上去不經意的描寫當中，透露出主人公幽思綿邈的風標。

「芳草盈篋懷所歡」筆鋒一轉，使人們領悟到仙子面對美景而不歡，由於專心一意懷念「所歡」，進而懸揣：其「所歡」究竟是什麼人呢？下面的答案是「美人何在青雲端，衣玄綃衣冠玉冠，明璫垂絓乘六鸞」。作者不說明他是什麼人，卻告訴人們他在什麼地方，他着什麼樣的裝束；而且在什麼地方也沒有明說，「青雲端」，不可捉摸，至多可以解作遙遠的地方。這就予人們以馳騁想象的大片「空白」。筆墨精練之至，空靈之至！

《長歌》所寫是相思而不相見的愛情故事麼？不是，絕對不是。

「美人」，在屈原筆下，多指君王，具體指楚懷王。如「思美人兮，攬涕而佇眙」（《思美人》），「結微情以陳詞兮，矯以遺於美人」（《抽思》），卽是。所以，王逸《離騷序》云：「善鳥香草，以配忠貞」，「靈修美人，以比於君」。夏完淳的《長歌》，正是繼承屈原「香草」「美人」的遺意，以「美人」喻君王。從詩中描寫「美人」服飾、車乘的「衣玄綃兮冠玉冠，明璫垂絓乘六鸞」之句，恰好可以得到證實。玄衣，爲天子、卿士大夫所通用。「玄綃衣」，爲黑色花絹所製。《禮記•玉藻》指明「玄綃衣」爲「君子」之服。「六鸞」，可不是六雙形似鳳凰的神鳥，乘坐於六雙鳥之上，那是不可想象的。實則「六鸞」就是一種帝王所乘的鸞車。車上設鈴，行時有聲如鸞鳴，故名鸞車，設六雙鸞鈴的馬車，即稱「六鸞」。

夏完淳生當天崩地解的明、清之際。一六四五年夏，清兵渡江以後，十五歲的青年詩人夏完淳，就慷慨從軍，投入江南人民抗清鬥爭的洪流。他和父親允彝一道，發動吳志葵軍，進行規復蘇州之役。志葵兵敗被執，就義；允彝也自沉殉國。一六四六年，完淳遵父遺命，再度從軍，入吳易軍中擔任參謀。吳易中計被捕就義後，完淳飄泊於蘇、松地區，繼續進行抗清活動。這兩年間，完淳和南明隆武帝、監國魯王暗通聲氣，準備南歸故國。不幸，在一六四七年夏間被捕，就義於南京。完淳南歸故國的意願，在詩作中時有流露。「九死不回歸國意，百年重見中興時」（《蔣生南行歌》），這是對蔣平階矢志歸國，終於南行入閩的熱烈讚賞和祝賀；「羨爾千金生意氣，芙蓉闕下空羣驥」（《送偉南南行兼訊王玠石》），這是當顧開雍南行入浙時表露出的豔羨、嚮往的心情；「歲華忽已晚，歸國計何如」（《夏日雜作》），「未申歸國意，徒有報君心」（《重過曹溪》），「平生湖海意，三繞向南枝」（《旅夜聞雁》），則是反覆多次直接表露詩人自己南歸故國的素志和決心。

《長歌》之作，當在一六四五年秋江南義師失敗以後。我們完全可以確認，詩中的「美人」，指南明君王；詩中的「登天」，「御風」、「陟山」、「涉江」之喻，指奔赴南明抗清政府；「欲往從之道路難」，則指欲追隨隆武帝或監國魯王，因道路艱難而未能實現。

曾見選本在《長歌》註釋中強調此詩用《離騷》香草美人譬喻追求高尚的理想，大旨雖然不錯，但卻把「美人」指君王這點含糊遮掩過去。大約註者受忠君不等於愛國的簡單、片面的觀點的影響，出於好心，特意爲完淳隱諱。殊不知這樣一來，既無法自圓其說，更不符合作品原義和作者本來面目。「美人」指君王是屈原遺意，已爲歷來學者所共認，並爲歷來作者所沿用；「美人」指理想，則絕無先例，在邏輯上也說不通。其實，效忠君王原爲完淳的一貫態度，詩文中屢見不鮮。如《獄中上母書》云：「淳之身，君之所用」。《御用監被鞫拜瞻孝陵恭紀》云：「孤臣瞻拜近，泉路奉恩暉。」《西華門與同難諸公待鞫》云：「相對銀璫趨右掖，夢中猶作侍臣看。」都是。這是歷史原貌，不應當爲之遮掩，不可能遮掩過去，也根本用不着遮掩。

忠君誠然不等於愛國，但在特定條件下，如民族、國家危難時期，君王成爲全國上下禦侮圖存的象徵，忠君、勤王成爲號召遠近、發動羣衆進行抗暴衛國的旗幟。此時此境，忠君和愛國是一致的，也是交織而不可分的。在夏完淳這樣的愛國詩人的作品中或多或少地出現忠君思想，不但毋須隱諱，還應當有所肯定呢。

最後四句極寫仙子，實卽流露作者的憂傷之情。「佳肴旨酒不能餐」，可見其哀愁痛楚之深。「瑤琴一曲風中彈，風急絃絶摧心肝」，彈琴本想遣愁，而急風忽至，琴絃驟絶，更加悲不自禁，心肝如割。「月明星稀斗闌干」，借景寫情，以蒼涼景色，襯托憂傷心情，這樣結束全篇，達到情景交融的境地，含蘊餘音裊裊的意味。

自述心志的詩篇，易致眞切，但往往失於淺率，有一覽無餘之感。而《長歌》由於它的美妙新奇的想象，異彩紛呈的比興，華麗豐富的鋪陳，出現一種迥別於尋常的色彩、氛圍和意境，引人入勝，耐人尋思，予人以意味深長的審美享受。其藝術感染力，比起他的另一些直書「亡秦」、「復楚」、「漢臘」、「胡沙」的詩篇，看來要勝過一籌。讀罷全篇，一個才華橫溢、激情如火、長歌當哭的愛國詩人形象，深印於腦際而難以消除。

以「美人」喻君王，表面上大都牽涉男女之情。以男女之情寄託家國之情，在完淳的詞作中，也往往有之。《長歌》用「所歡」、「相思」字樣，自然和愛情相關，然詩中人物形象的性別，卻不十分鮮明。「瓊弁」「蕙橈」之句，人們祇感到一個飄飄欲仙的形象，視爲女性，自無不可。「衣玄綃衣」、「冠玉冠」、「乘六鸞」者，自是男性帝王形象，但作者給他加上了「明璫垂絓」，卽垂掛着明珠做成的耳飾，又似爲女性的裝束。也許是不願囿於一格，故意寫得迷離撲朔吧。這樣，更增添了作品的浪漫、瑰奇的色彩。繼承屈賦的浪漫、瑰奇的色彩，正是《長歌》的動人之處。

《長歌》受《四愁詩》的影響是明顯的。《四愁詩》共四節，第一節開頭爲「我所思兮在泰山，欲往從之梁父艱」，以下三節，分別改「泰山」爲「桂林」、「漢明」、「雁門」。《長歌》化用其意，活用其體，全篇一氣呵成，開頭連用四疊句，詞復意切，力透紙背，可謂「青出於藍」；又沿用其句句協韻之法，節拍諧和，聲韻鏗鏘，有湧泉瀉玉的音樂之美。這是《長歌》的又一動人之處。

總之，《長歌》應推爲夏完淳的優秀代表作之一；在古往今來的衆多愛國名篇中，它放射出璀璨奪目的光輝。

（白　堅）

別雲間

夏完淳

三年羈旅客，今日又南冠。無限河山淚，誰言天地寬！已知泉路近，欲別故鄉難。

毅魄歸來日，靈旗空際看。

夏完淳，字存古，松江華亭（今上海松江）人。其父夏允彝是明末有名的學者兼詩人，曾和陳子龍組織幾社，跟他來往的人也都是一些講求文章氣節的人。夏完淳生而早慧，天賦很高，五歲知書史，九歲善詩文。在良好的家庭環境薰陶下，十四歲卽從父參加抗清鬥爭，十七歲壯烈殉國，在中國歷史上是一位特別值得表彰的少年民族英雄。

《別雲間》這首五律見於夏完淳的詩集《南冠草》。《南冠草》共收五律十首，七律三首，七古二首，均爲作者被捕後途中、獄中所作。《別雲間》卽是他被捕後押赴金陵（南京）就鞫時所作的一首告別家鄉父老的壯烈詩篇。

作者滿腔愛國壯志未酬，身已被執，這種特定的處境是閱讀此詩時首先應注意的前提。先看詩題，「雲間」，即今上海松江，是作者家鄉。清順治四年（一六四七）夏間，夏完淳在家鄉被清兵逮捕。被捕的原因是由於他曾上表及疏，送呈舟山南明魯王，但中途被清兵截獲，遂與南明義士顧咸正、劉曙等一並罹於此禍。此事詳見曹家駒《說夢》及方子留《南冠草序》。作者被捕後，決心以死報國，所以詩題中的「別」，不是一般意義的小別、離別，實際上是「永別」、「訣別」。

再看詩的內容，全詩八句，每兩句爲一聯，起承轉合，章法自如，說明詩人心境坦然，視死如歸。首聯二句表現出詩人對家鄉的深厚情意。作者自順治二年（一六四五）起，參加抗清鬥爭，出入於太湖及其周圍地區，至順治四年（一六四七），前後共三年，故曰「三年羈旅客」。作者於明王朝存亡絕續的危難之秋，爲了抗清復明，在外四處奔走，甫歸家鄉不久，即被執入獄，又要離別家鄉，到南京受審，故稱「今日又南冠」。「南冠」系用鍾儀楚奏的故事，即春秋時楚人鍾儀被俘後仍演奏楚國的音樂，以示不忘本、不忘舊的故國之情。事見《春秋•成公九年》。「南冠」本指鍾儀所戴的冠，後即用作囚犯的代稱。唐代駱賓王《在獄咏蟬》詩：「西陸蟬聲唱，南冠客思侵。」說明「南冠」是個歷代詩人習用的典故。此處除表示詩人的囚犯身分外，還有一層深意，暗含即使在被押的險惡處境下也不忘鄉國的隱衷。一個「又」字，無限感慨，盡在其中。以前三年羈旅在外，還有重返家鄉的機會，今日一別，則很可能永遠沒有再踏故土的可能了。

頷聯二句緊承首聯，抒發詩人內心極度痛苦的情思。「無限河山淚」是說眼看大好河山淪於異族之手，自己空有抗清的壯志，而收復國土的希望已十分渺茫，衹有涕淚垂滿襟而已。「誰言天地寬」系化用唐代詩人孟郊《贈別崔純亮》中的名句：「出門即有礙，誰謂天地寬？」詩句雖僅差一字，但境界卻迥然不同。孟郊作爲苦吟詩人，主要是感嘆自己身世的不幸，時乖命蹇，仕途不暢；而此處則寄寓了詩人國仇家恨無處伸張的憤激之情。使用反問句式，更可激發所有抗清義士的共鳴：抗清復明的道路越來越險峻難行，以致感覺天地都不够寬廣遼闊。運用前人成句，恰到好處，又有所引申。

頸聯二句，詩意一轉，更加深沉悲壯。「已知泉路近」是說詩人抱定必死的決心，決不屈從敵逆。雖然詩人其時剛剛十七歲，生命之花尚未盡綻，黃泉之路卽已迫近；滿腔正氣，心存一死，已情見乎辭。十七歲的少年如此慷慨沉着，誰能讀之而不凛然生敬耶？「欲別故鄉難」，此句妙在一個「難」字。「千古艱難惟一死」，上句，詩人明確表示已置生死於度外，此句卻言難在欲別故鄉，其原因何在？這裏不僅有依戀故土的鄉情，更主要的是對故鄉父老命運的擔心，對父母妻子的拳拳繾綣之情，使他不忍作別。詩人在《獄中上母書》中的「嫡母慈惠，千古所難，大恩未酬，令人痛絕」，「淳一死不足惜，哀哀八口，何以爲生」，《遺夫人書》中的「煢煢一人，生理盡矣！嗚呼，言至此，肝腸寸寸斷。執筆心酸，對紙淚滴。欲書則一字俱無，欲言則萬般難吐」，均可做此句的註腳。

尾聯二句以濃重的浪漫色彩，顯示出詩人崇高的品質和不屈的鬥志。「毅魄」係用屈原《國殤》中的「魂魄毅兮爲鬼雄」，說明自己是爲國捐軀的，用典恰當而含意無窮。「毅魄歸來日」是說詩人想象此次一別，再度返鄉時祇能是自己的魂魄歸來，與親人重聚。活着的時候堅強不屈，死後的魂魄也要堅毅雄偉，再接再厲。「靈旗」，漢武帝爲伐南越，禱告太一，作靈旗。這裏指抗清的旗幟。「靈旗空際看」是詩人對家鄉父老親人的期望，請他們不要因爲自己的被害而陷於悲痛，也不要因抗清鬥爭的暫時受到挫折而消極絕望，他熱切地盼望當自己的魂魄重返時，家鄉的抗清大旗，正在高高的天空上迎風招展！這該是多麼鼓舞人心的動人場面！參照《獄中上母書》的結尾，可謂有異曲同工之妙：「惡夢十七年，報仇在來時。神游天地間，可以無愧矣。」詩人至死不忘抗清，死後仍要報仇的決心，實在令人欽敬不已。

完淳詩文，特別是參加抗清鬥爭後之作多抒發國破家亡之痛，具有悲壯淋漓，慷慨激昂的獨特風格。舊時學者宿儒卽多極口稱讚，如沈德潛云：「存古生爲才人，死爲雄鬼，汪踦不足多也。詩亦高古罕匹。」王昶八十三歲時序《完淳全集》云：「年少才高，從軍殉難，其人其文，千古未有。」確非溢美之言。這首《別雲間》通篇皆血淚凝成，詩人雖無意求工，而精光滿地，直至百餘年後的今天，仍深深地激動着我們。

完淳詩作從數量上看並不算多，但頗具特色，此詩卽可見一斑。夏詩特點從此詩中可總括出三點：一、無童子稚氣。完淳從年齡上講，未及成年卽殉國，然詩作極老練成熟，絕不像出於十七歲少年之手。這由於他天才早熟，又學富五車，讀書極多，成語典故，信手拈來，運用自如，恰到好處，毫無斧鑿雕琢痕跡。他從事抗清運動早，人生道路在幾年中走完了別人幾十年的歷程，在國步維艱的危急時刻，他從思想到藝術一下子成熟起來。二、似杜詩。這由於他愛國熱忱與報國信念使然，故沉鬱雄渾似杜，當然，也與明詩宗法唐人有關。三、文似淺而極見性情。他的高度愛國熱忱構成了其詩作的眞生命。

中國的文藝批評，歷來講究文品與人品相結合，唐代裴行儉有言：「士之致遠，先器識，後文藝。」說的就是這種觀點。夏完淳是一位具有強烈民族氣節的少年英雄，所以才能寫出這樣第一等的眞詩、好詩。明代江盈科在《雪濤詩評》中說：「詩本性情，若系眞詩，則一讀其詩而其人性情入眼便見。」「其詩悲壯者，其人必磊落」，這是很有見地的話。

誠爲詩之本，吟味性情謂之詩。夏完淳以赤誠之心，抒寫性情，才能寫出眞境界，才能奪人以情思。吐之者不誠，聽之者不躍，這是文學作品與讀者之間情感關係的一條基本規律。

（諸天寅）

卜算子

夏完淳

斷腸

秋色到空閨，夜掃梧桐葉。誰料同心結不成，翻就相思結。　十二玉闌干，風動燈明滅。立盡黃昏淚幾行，一片鴉啼月。

卜算子

夏完淳的這首《卜算子•斷腸》，粗讀之下，人們也許以爲它不過是五代、兩宋詞中所常見的閨思、閨情一類作品，稍加吟味，又會感到它以景寫情，融情於景，要算這類作品中的佳篇；再過細咀嚼，更將體會出這首詞情景交融，渾然一體，臻於「不著一字，盡得風流」之境，其手法、形象、意境均見特色，堪稱非同凡響的抒情傑作。

上片開頭，「秋色到空閨，夜掃梧桐葉」以寫景開始，點明節令、時間、場所、人物身分和作品基調。空閨，如同空房、空幃、空牀的習慣用法一樣，表明詞中主人是一位身處閨中思念遠行夫婿的少婦。在古典詩詞中，梧桐，從來就用作離情愁緒的象徵。秋色暗淡，空閨寂寞，秋風蕭瑟，梧桐葉落，構成悲涼凄楚的氛圍，呈現黯然神傷的色調。詞的開頭二句，就使讀者從景物描寫中初步感受到詞中主人的境地、心情，情不自禁地跟隨作者的筆觸去進一步領略她的神采、風標。

「誰料同心結不成，翻就相思結」二句，以質樸的語言寫了閨中人物的活動：她手持錦帶編結同心結，不知不覺地卻編成了相思結。淡淡寫來，不事修飾，不須鋪陳，就生動反映出她的內心深處的感情波瀾，準確表現出她的離愁別恨的深度。

對同心結和相思結，今天青年讀者不免感到陌生，故有解釋一下的必要。

同心結是一種由來久遠的結飾，即用兩條錦帶綰成的菱形連環回文結。六朝時期已經流行，《玉臺新詠》所收梁武帝蕭衍《有所思》詩和《隋書•宣華夫人陳氏傳》中即有記載。由於這種結式係兩帶盤繞於結的中心，作連環回繞狀，很自然地被視爲男女愛情的象徵，不但被用於婚禮儀式中以示「永結同心」，而且廣泛地用於腰帶飾、裙帶飾、髻飾、帷飾等以及織錦圖案，還用作送行贈別之物。這在漢族和少數民族中流行甚廣。

至於相思結，起源也很早。大約產生於東漢晚期的《古詩十九首》中就有這樣的詩句：「文彩雙鴛鴦，裁爲合歡被，著以長相思，緣以結不解。」楊慎在《升庵詩話》中考釋道：「著，昌慮切。鄭玄《儀禮註》：『著，充之以絮也。』緣，以絹也。鄭玄《禮記注》：『緣，飾邊也。』長相思，謂以絲縷絡綿交互網之，使

夏完淳

卜算子

不斷，長相思之義也。結不解，按《說文》：『結而可解曰紐，結不解曰締。』締謂以針縷交鎖連結，混合其縫，如古人結綢繆同心制，取結不解之義也。既取其義以著愛而結好，又美其名曰相思，曰不解云。……會而觀之，可見古人詠物託意之工矣。」顯然「結不解」和「長相思」爲互文，「結綢繆同心制」卽指同心結而言。可以想見，后世喻男女相思之相思結，當本於此詩所述之「結不解」，其形制則近於同心結。宋、元詞曲中每見之，如鄭僅詞云：「梅風不解相思結，忍送落花飛雪！」

相思結和同心結，既然形態相近，結法相似，那麽，一位幽思綿邈的少婦，在心煩意亂當中，結彼而得此，就十分自然了。這個在特定情境下的特徵性情節有着豐富的含藴。它暗示人們，這位少婦原指望和夫婿同心相守，然事與願違，形影分離，落得相思不相見的境地。

轉入下片，仍然傾注全力寫景，有很具體的近景，有由遠而近的動態之景，有較大範圍中有聲有色的秋夜之景，處處寫景，處處表現和映襯人物的心情，烘托人物的形象。

「十二玉闌干，風動燈明滅」，客觀景物已被塗上主觀感情色彩，字裏行間似乎含藴着陰冷、幽峭，甚至使人驚起、震顫的氣氛，與此時此境人物的心情互相應和。

「十二玉闌干，風動燈明滅」，在描寫景物、渲染氣氛的同時，還暗示人物的活動。細味詞句，人們不難想見，一位憂傷悵惘的少婦，憑欄而立，默默無言，涼風過處，驀然回首，瞥見燈火明滅，不覺一怔。至於燈火明滅，究竟是她幽思綿邈之際眼中所見，還是她心旌搖曳如癡如迷當中所出現的幻影幻覺，人們無須分辨。在這裏，情和景，主觀和客觀，形象和景物，已經融爲一體，渾然莫辨了。

在寫景當中，作者似乎捎帶一筆，寫下「立盡黄昏淚幾行」一語。它既是插敍，彷彿暗夜中的閃電，照亮她佇立垂淚的身影；又是歸結，猶如電影中長時間的跟蹤鏡頭，顯示她從黄昏至夜深，一直在那裏悄然佇立。這一筆，其實是慘淡經營的一筆，畫龍點睛的一筆。她的悲愴鬱結之情，得此一筆，已經淋漓盡致了。作者所著意的是人物幽思難吐的精神面貌和幽深綿邈的藝術境界，他的審美情趣由此可見。

好詩好詞有賴於好的結句，絶句、小令尤其如此。這首詞的作者，在勾畫人物身影之後，放開筆鋒，寫下開闊、概括，而又富於象徵意義的結句——「一片鴉啼月」，可謂恰到好處。它既是秋夜常見的景象，有水到渠成之妙；又是陰森淒切的景象，恰與人物的心情、全篇的氛圍、色調相合，形成一個和諧的整體。它與詞的開頭相呼應，秋色秋景貫串始終，人物念遠之情也貫串始終。它富於含蓄之美，留下想象、回味的餘地。細讀全篇，人們被引入一種悱惻綿邈的藝術境界，情不自禁地關注着人物的遭際，探求人物的心聲。

從本詞看，詞中主人所殷切懷念的夫婿，既不同於白居易《琵琶行》中所說「重利」輕離的小商人，也根本不是馮延巳《鵲踏枝》中所寫「百草千花寒食路，香車繫在誰家樹」那樣拈花惹草的紈袴子。她的如意郎君，該是一位知情著意、雋秀多才的詩人吧？他們的結合該是十分和諧、美滿的吧？在她的腦海當中該留下關於婚後生活的溫馨的印記吧？

事實正是這樣。她的夫婿就是本詞的作者夏完淳，就是震今鑠古的愛國詩人、抗清烈士雲間才子夏完淳。

夏完淳十五歲參加江南抗清鬥爭，十七歲被捕下獄，壯烈就義。他和妻子錢秦篆是在江南人民舉義抗清之初匆忙完婚的。夏、錢兩家都是當時負士林重望的讀書人家。他們的婚後生活確是美滿的，然而又是短暫的。完淳在獄中《遺夫人書》中這樣寫道：「三月結褵，便遭大變，而累淑女，相依外家。未嘗以家門盛衰，微見顏色。雖德曜齊眉，未可相喻。賢淑和孝，千古所難。」從夏、錢結合到完淳被捕，僅僅將近兩年。這期間的大部分時間，完淳從軍或飄泊在外。《卜算子・斷腸》無疑是他離家後爲愛妻秦篆而作。詞中情境與他們夫婦的實際情況恰合。在秋夜空閨景物和閨中人活動、身影、心情的着意描繪當中，寄託了詩人懷念妻子的幽深情思。

這首詞以「斷腸」爲題，「斷腸」意謂悲傷之甚或思念之深，在這類詩作中顯得很不一般。而詞的氛圍和色調，情節和語言，形象和意境，直接間接，多方面地表明：詞中主人的離情別恨非常深沉；她和夫婿的分別不似尋常的小別、暫別。人們從中感到一種相思難解、聚會難期的情緒，甚至似乎帶有一些長別、決絕的意味。這些都引人注目，耐人尋思。

完淳離家遠行，是爲了抗淸復明大業，自然不同於尋常的離別。不論隨軍轉徙或奔走飄泊於四方，都難於確定歸期；何況還要防備鷹犬和網羅，不能隨意行動，眞可說是有家難歸了。這是《卜算子・斷腸》一詞基調如此淒楚，情境如此不同尋常的根本原因所在。

再則，完淳深知當時形勢下抗淸鬥爭的艱難性，預見到隨時隨地可能遭遇的風險，對於死生之際，他已經深思熟慮而有成竹在胸了。這首詞寫得如此悲愴，寫閨思、閨情而似含永別意味，可以看做他隨時隨地準備赴義殉國的決心在作品中的曲折反映。

詞的主人對夫婿的深情惓惓，實際上表現作者對妻子的一往情深。「立盡黃昏淚幾行，一片鴉啼月」，描繪了妻子的深閨腸斷、幽情莫訴，正透露出作者的骨肉牽腸、幽思不已。《遺夫人書》中有這樣一段話：「青年喪偶，才及二九之期；滄海橫流，又丁百六之會。煢煢一人，生理盡矣！嗚呼，言至此，肝腸寸寸斷。執筆心酸，對紙淚滴。欲書則一字俱無，欲言則萬般難吐。」正好與此相印證。對於視死如歸的英雄烈士夏完淳具有兒女柔情的一面，人們毋須驚詫，英雄氣和兒女情，原不是互相排斥的。在夏完淳身上，二者是有着共同基礎的，也是相生相成的。惟其至性至情，愛親人，愛家鄉，愛民族，愛祖國，才能在民族、國家危難之際，義利生死之間，勇於抉擇，成爲大仁大勇、頂天立地的英雄。讀夏完淳的《卜算子・斷腸》，人們在得到豐富的審美享受的同時，不也受到這樣的啓示嗎！

（白　堅）

三顧茅廬

羅貫中

卻說玄德正安排禮物，欲往隆中謁諸葛亮，忽人報：「門外有一先生，峨冠博帶，道貌非常，特來相探。」玄德曰：「此莫非卽孔明否？」遂整衣出迎。視之，乃司馬徽也。玄德大喜，請入後堂高坐，拜問曰：「備自別仙顏，因軍務倥偬，有失拜訪。今得光降，大慰仰慕之私。」徽曰：「聞徐元直在此，特來一會。」玄德曰：「近因曹操囚其母，徐母遣人馳書，喚回許昌去矣。」徽曰：「此中曹操之計矣！吾素聞徐母最賢，雖爲操所囚，必不肯馳書召其子：此書必詐也。元直不去，其母尚存；今若去，母必死矣！」玄德驚問其故，徽曰：「徐母高義，必羞見其子也。」玄德曰：「元直臨行，薦南陽諸葛亮，其人若何？」徽笑曰：「元直欲去，自去便了，何又惹他出來嘔心血也？」玄德曰：「先生何出此言？」徽曰：「孔明與博陵崔州平、潁川石廣元、汝南孟公威與徐元直四人爲密友。此四人務於精純，惟孔明獨觀其大略。嘗抱膝長吟，而指四人曰：『公等至刺史、郡守。』衆問孔明之志若何，孔明但笑而不答。每常自比管仲、樂毅，其才不可量也。」玄德曰：「何潁川之多賢乎！」徽曰：「昔有殷馗善觀天文，嘗謂『羣星聚於潁分，其地必多賢士』。」時雲長在側曰：「某聞管仲、樂毅乃春秋、戰國名人，功蓋寰宇；孔明自比此二人，毋乃太過？」徽笑曰：「以吾觀之，不當比此二人；我欲另以二人比之。」雲長問：「那二人？」徽曰：「可比興周八百年之姜子牙、旺漢四百年之張子房也。」衆皆愕然。徽下階相辭欲行，玄德留之不住。徽出門仰天大笑曰：「臥龍雖得其主，不得其時，惜哉！」言罷，飄然而去。玄德嘆曰：「真隱居賢士也！」

次日，玄德同關、張并從人等來隆中。遙望山畔數人，荷鋤耕於田間，而作歌曰：

蒼天如圓蓋，陸地似棋局；世人黑白分，往來爭榮辱：榮者自安安，辱者定碌碌。——南陽有隱居，高眠臥不足！

玄德聞歌，勒馬喚農夫問曰：「此歌何人所作？」答曰：「乃臥龍先生所作也。」玄德曰：「臥龍先生住何處？」農夫曰：「自此山之南，一帶高岡，乃臥龍岡也。岡前疏林內茅廬中，卽諸葛先生高臥之地。」玄德謝之，策馬前行。不數里，遙望臥龍岡，果然清景異常。後人有古風一篇，單道臥龍居處。詩曰：

襄陽城西二十里，一帶高岡枕流水：高岡屈曲壓雲根，流水潺湲飛石髓，勢若困龍石上蟠，形如單鳳松陰裏；柴門半掩閉茅廬，中有高人臥不起。修竹交加列翠屏，四時籬落野花馨；牀頭堆積皆黃卷，座上往來無白丁；叩戶蒼猿時獻果，守門老鶴夜聽經；囊裏名琴藏古錦，壁間寶劍掛七星。廬中先生獨幽雅，閒來親自勤耕稼；專待春雷驚夢回，一聲長嘯安天下。

玄德來到莊前，下馬親叩柴門，一童出問。玄德曰：「漢左將軍、宜城亭侯、領豫州牧、皇叔劉備，特來拜見先生。」童子曰：「我記不得許多名字。」玄德曰：「你衹說劉備來訪。」童子曰：「先生今早少出。」玄德曰：「何處去了？」童子曰：「蹤迹不定，不知何處去了。」玄德曰：「幾時歸？」童子曰：「歸期亦不定，或三五日，或十數日。」玄德惆悵不已。張飛曰：「既不見，自歸去罷了。」玄德曰：「且待片時。」雲長曰：「不如且歸，再使人來探聽。」玄德從其言，囑付童子：「如先生回，可言劉備拜訪。」

遂上馬，行數里，勒馬回觀隆中景物，果然山不高而秀雅，水不深而澄清；地不廣而平坦，林不大而茂盛；猿鶴相親，松篁交翠：觀之不已。忽見一人，容貌軒昂，豐姿俊爽，頭戴逍遙巾，身穿皂布袍，杖藜從山僻小路而來。玄德曰：「此必臥龍先生也！」急下馬向前施禮，問曰：「先生非臥龍否？」其人曰：「將軍是誰？」玄德曰：「劉備也。」其人曰：「吾非孔明，乃孔明之友：博陵崔州平也。」玄德曰：「久聞大名，幸得相遇。乞即席地權坐，請教一言。」二人對坐於林間石上，關、張侍立於側。州平曰：「將軍何故欲見孔明？」玄德曰：「方今天下大亂，四方雲擾，欲見孔明，求安邦定國之策耳。」州平笑曰：「公以定亂爲主，雖是仁心，但自古以來，治亂無常。自高祖斬蛇起義，誅無道秦，是由亂而入治也；至哀、平之世二百年，太平日久，王莽篡逆，又由治而入亂；光武中興，重整基業，復由亂而入治；至今二百年，民安已久，故干戈又復四起：此正由治入亂之時，未可猝定也。將軍欲使孔明斡旋天地，補綴乾坤，恐不易爲，徒費心力耳。豈不聞『順天者逸，逆天者勞』、『數之所在，理不得而奪之；命之所在，人不得而強之』乎？」玄德曰：「先生所言，誠爲高見。但備身爲漢胄，合當匡扶漢室，何敢委之數與命？」州平曰：「山野之夫，不足與論天下事，適承明問，故妄言之。」玄德曰：「蒙先生見教。但不知孔明往何處去了？」州平曰：「吾亦欲訪之，正不知其何往。」玄德曰：「請先生同至敝縣，若何？」州平曰：「愚性頗樂閒散，無意功名久矣；容他日再見。」言訖，長揖而去。玄德與關、張上馬而行。張飛曰：「孔明又訪不着，卻遇此腐儒，閒談許久！」玄德曰：「此亦隱者之言也。」

三人回至新野，過了數日，玄德使人探聽孔明。回報曰：「臥龍先生已回矣。」

玄德便教備馬。張飛曰：「量一村夫，何必哥哥自去，可使人喚來便了。」玄德叱曰：「汝豈不聞孟子云：『欲見賢而不以其道，猶欲其入而閉之門也。』孔明當世大賢，豈可召乎！」遂上馬再往訪孔明。關、張亦乘馬相隨。時值隆冬，天氣嚴寒，彤雲密布。行無數里，忽然朔風凜凜，瑞雪霏霏；山如玉簇，林似銀妝。張飛曰：「天寒地凍，尚不用兵，豈宜遠見無益之人乎！不如回新野以避風雪。」玄德曰：「吾正欲使孔明知我殷勤之意。如弟輩怕冷，可先回去。」飛曰：「死且不怕，豈怕冷乎！但恐哥哥空勞神思。」玄德曰：「勿多言，祇相隨同去。」將近茅廬，忽聞路傍酒店中有人作歌。玄德立馬聽之。其歌曰：

壯士功名尚未成，嗚呼久不遇陽春！君不見：東海老叟辭荆榛，後車遂與文王親；八百諸侯不期會，白魚入舟涉孟津；牧野一戰血流杵，鷹揚偉烈冠武臣。又不見：高陽酒徒起草中，長揖芒碭「隆準公」；高談王霸驚人耳，輟洗延坐欽英風；東下齊城七十二，天下無人能繼蹤。二人功蹟尚如此，至今誰肯論英雄？

歌罷，又有一人擊桌而歌。其歌曰：

吾皇提劍清寰海，創業垂基四百載；桓靈季業火德衰，奸臣賊子調鼎鼐。青蛇飛下御座傍，又見妖虹降玉堂；羣盜四方如蟻聚，奸雄百輩皆鷹揚。吾儕長嘯空拍手，悶來村店飲村酒，獨善其身盡日安，何須千古名不朽！

二人歌罷，撫掌大笑。玄德曰：「臥龍其在此間乎！」遂下馬入店。見二人憑桌對飲：上首者白面長鬚，下首者清奇古貌。玄德揖而問曰：「二公誰是臥龍先生？」長鬚者曰：「公何人？欲尋臥龍何幹？」玄德曰：「某乃劉備也，欲訪先生，求濟世安民之術。」長鬚者曰：「我等非臥龍，皆臥龍之友也：吾乃潁川石廣元，此位是汝南孟公威。」玄德喜曰：「備久聞二公大名，幸得邂逅。今有隨行馬匹在此，敢請二公同往臥龍莊上一談。」廣元曰：「吾等皆山野慵懶之徒，不省治國安民之事，不勞下問。明公請自上馬，尋訪臥龍。」

玄德乃辭二人，上馬投臥龍岡來。到莊前下馬，扣門問童子曰：「先生今日在莊否？」童子曰：「現在堂上讀書。」玄德大喜，遂跟童子而入。至中門，祇見門上大書一聯云：「淡泊以明志。寧靜而致遠。」玄德正看間，忽聞吟詠之聲，乃立於門側窺之，見草堂之上，一少年擁爐抱膝，歌曰：

鳳翱翔於千仞兮，非梧不棲；士伏處於一方兮，非主不依。樂躬耕於隴畝兮，吾愛吾廬；聊寄傲於琴書兮，以待天時。

玄德待其歌罷，上草堂施禮曰：「備久慕先生，無緣拜會。昨因徐元直稱薦，敬至仙莊，不遇空回。今特冒風雪而來。得瞻道貌，實爲萬幸！」那少年慌忙答禮曰：「將軍莫非劉豫州，欲見家兄否？」玄德驚訝曰：「先生又非臥龍耶？」少年曰：「某乃臥龍之弟諸葛均也。愚兄弟三人：長兄諸葛瑾，現在江東孫仲謀處爲幕賓；孔明乃二家兄。」玄德曰：「臥龍今在家否？」均曰：「昨爲崔州平相約，出外閒游去矣。」玄德曰：「何處閒游？」均曰：「或駕小舟游於江湖之中，或訪僧道於山嶺之上，或尋朋友於村落之間，或樂琴棋於洞庭之內：往來莫測，不知去所。」玄德曰：「劉備直如此緣分淺薄，兩番不遇大賢！」均曰：「少坐獻茶。」張飛曰：「那先生既不在，請哥哥上馬。」玄德曰：「我既到此間，如何無一語而回？」因問諸葛均曰：「聞令兄臥龍先生熟諳韜略，日看兵書，可得聞乎？」均曰：「不知。」張飛曰：「問他則甚！風雪甚緊，不如早歸。」玄德叱止之。均曰：「家兄不在，不敢久留車騎；容日卻來回禮。」玄德曰：「豈敢望先生枉駕。數日之後，備當再至。願借紙筆作一書，留達令兄，以表劉備殷勤之意。」均遂進文房四寶。玄德呵開凍筆，拂展雲箋，寫書曰：

備久慕高名，兩次晉謁，不遇空回，惆悵何似！竊念備漢朝苗裔，濫叨名爵，伏朝廷陵替，綱紀崩摧，羣雄亂國，惡黨欺君，備心膽俱裂。雖有匡濟之誠，實乏經綸之策。仰望先生仁慈忠義，慨然展呂望之大才，施子房之鴻略，天下幸甚！社稷幸甚！先此布達，再容齋戒薰沐，特拜尊顏，面傾鄙悃。統希鑒原。

玄德寫罷，遞與諸葛均收了，拜辭出門。均送出，玄德再三殷勤致意而別。方上馬欲行，忽見童子招手籬外，叫曰：「老先生來也。」玄德視之，見小橋之西，一人暖帽遮頭，狐裘蔽體，騎着一驢，後隨一青衣小童，攜一葫蘆酒，踏雪而來；轉過小橋，口吟詩一首。詩曰：

一夜北風寒，萬里彤雲厚；長空雪亂飄，改盡江山舊。仰面觀太虛，疑是玉龍鬥：紛紛鱗甲飛，頃刻遍宇宙。——騎驢過小橋，獨嘆梅花瘦！

玄德聞歌曰：「此真臥龍矣！」滾鞍下馬，向前施禮曰：「先生冒寒不易！劉備等候久矣！」那人慌忙下驢答禮，諸葛均在後曰：「此非臥龍家兄，乃家兄岳父黃承彥也。」玄德曰：「適間所吟之句，極其高妙。」承彥曰：「老夫在小婿家觀《梁父吟》，記得這一篇；適過小橋，偶見籬落間梅花，故感而誦之。不期爲尊客所聞。」玄德曰：「曾見令婿否？」承彥曰：「便是老夫也來看他。」玄德聞言，辭別承彥，上馬而歸。正值風雪又大，回望臥龍岡，悒怏不已。後人有詩單道玄德風雪訪孔明。詩曰：

一天風雪訪賢良，不遇空回意感傷。凍合溪橋山石滑，寒侵鞍馬路途長。當頭片片梨花落，撲面紛紛柳絮狂。回首停鞭遙望處，爛銀堆滿臥龍岡。

玄德回新野之後，光陰荏苒，又早新春。乃令卜者揲蓍，選擇吉期，齋戒三日，薰沐更衣，再往臥龍岡謁孔明。關、張聞之不悦，遂一齊入諫玄德。正是：

高賢未服英雄志，屈節偏生傑士疑。……

卻說玄德訪孔明兩次不遇，欲再往訪之。關公曰：「兄長兩次親往拜謁，其禮太過矣。想諸葛亮有虛名而無實學，故避而不敢見。兄何惑於斯人之甚也！」玄德曰：「不然。昔齊桓公欲見東郭野人，五反而方得一面。況吾欲見大賢耶？」張飛曰：「哥哥差矣。量此村夫，何足爲大賢！今番不須哥哥去；他如不來，我祇用一條麻繩縛將來！」玄德叱曰：「汝豈不聞周文王謁姜子牙之事乎？文王且如此敬賢，汝何太無禮！今番汝休去，我自與雲長去。」飛曰：「既兩位哥哥去，小弟如何落後！」玄德曰：「汝若同往，不可失禮。」飛應諾。

於是三人乘馬引從者往隆中。離草廬半里之外，玄德便下馬步行，正遇諸葛均。玄德忙施禮，問曰：「令兄在莊否？」均曰：「昨暮方歸。將軍今日可與相見。」言罷，飄然自去。玄德曰：「今番僥倖得見先生矣！」張飛曰：「此人無禮，便引我等到莊也不妨，何故竟自去了！」玄德曰：「彼各有事，豈可相強。」三人來到莊前叩門，童子開門出問。玄德曰：「有勞仙童轉報：劉備專來拜見先生。」童子曰：「今日先生雖在家，但今在草堂上晝寢未醒」。玄德曰：「既如此，且休通報。」吩咐關、張二人，祇在門首等着。玄德徐步而入，見先生仰臥於草堂几席之上。玄德拱立階下。半晌，先生未醒。關、張在外立久，不見動靜，入見玄德猶然侍立。張飛大怒，謂雲長曰：「這先生如何傲慢！見我哥哥侍立階下，他竟高臥，推睡不起！等我去屋後放一把火，看他起不起！」雲長再三勸住。玄德仍命二人出門外等候。望堂上時，見先生翻身將起，——忽又朝裏壁睡着。童子欲報。玄德曰：「且勿驚動。」又立了一個時辰，孔明才醒，口吟詩曰：

大夢誰先覺？平生我自知。草堂春睡足，窗外日遲遲。

孔明吟罷，翻身問童子曰：「有俗客來否？」童子曰：「劉皇叔在此，立候多時。」孔明乃起身曰：「何不早報！尚容更衣。」遂轉入後堂。又半晌，方整衣冠出迎。玄德見孔明身長八尺，面如冠玉，頭戴綸巾，身披鶴氅，飄飄然有神仙之概。玄德下拜曰：「漢室末胄、涿郡愚夫，久聞先生大名，如雷貫耳。昨兩次晉謁，不得一見，已書賤名於文几，未審得入覽否？」孔明曰：「南陽野人，疏懶性成，屢蒙將軍枉臨，不勝愧赧。」二人敍禮畢，分賓主而坐，童子獻茶。茶罷，孔明曰：「昨觀書意，足見將軍憂民憂國之心；但恨亮年幼才疏，有誤下問。」玄德曰：「司馬德操之言，徐元直之語，豈虛談哉？望先生不棄鄙賤，曲賜教誨。」孔明曰：「德操、元直，世之高士。亮乃一耕夫耳，安敢談天下事？二公謬舉矣。將軍奈何舍美玉而求頑石乎？」玄德曰：「大丈夫抱經世奇才，豈可空老於林泉之下？願先生以天下蒼生爲念，開備愚魯而賜教。」孔明笑曰：「願聞將軍之志。」玄德屏人促席而告曰：「漢室傾頹，奸臣竊命，備不量力，欲伸大義於天下，而智術淺短，迄無所就。惟先生開其愚而拯其厄，實爲萬幸！」孔明曰：「自董卓造逆以來，天下豪傑并起。曹操勢不及袁紹，而竟能克紹者，非惟天時，抑亦人謀也。今操已擁百萬之衆，挾天子以令諸侯，此誠不可與爭鋒。孫權據有江東，已歷三世，國險而民附，此可用爲援而不可圖也。荆州北據漢、沔，利盡南海，東連吳會，西通巴、蜀，此用武之地，非其主不能守：是殆天所以資將軍，將軍豈有意乎？益州險塞，沃野千里，天府之國，高祖因之以成帝業；今劉璋闇弱，民殷國富，而不知存恤，智能之士，思得明君。將軍既帝室之胄，信義著於四海，總攬英雄，思賢如渴，若跨有荆、益，保其巖阻，西和諸戎，南撫彝、越，外結孫權，內修政理；待天下有變，則命一上將將荆州之兵以向宛、洛，將軍身率益州之衆以出秦川，百姓有不簞食壺漿以迎將軍者乎？誠如是，則大業可成，漢室可興矣。此亮所以爲將軍謀者也。惟將軍圖之。」言罷，命童子取出畫一軸，掛於中堂，指謂玄德曰：「此西川五十四州之圖也。將軍欲成霸業，北讓曹操佔天時，南讓孫權佔地利，將軍可佔人和。先取荊州爲家，後卽取西川建基業，以成鼎足之勢，然後可圖中原也。」玄德聞言，避席拱手謝曰：「先生之言，頓開茅塞，使備如撥雲霧而睹青天。但荊州劉表、益州劉璋，皆漢室宗親，備安忍奪之？」孔明曰：「亮夜觀天象，劉表不久人世；劉璋非立業之主，久後必歸將軍。」玄德聞言，頓首拜謝。祇這一席話，乃孔明未出茅廬，已知三分天下，真萬古之人不及也！後人有詩贊曰：

「豫州」當日嘆孤窮，何幸南陽有臥龍！欲識他年分鼎處，先生笑指畫圖中。

玄德拜請孔明曰：「備雖名微德薄，願先生不棄鄙賤，出山相助。備當拱聽明誨。」孔明曰：「亮久樂耕鋤，懶於應世，不能奉命。」玄德泣曰：「先生不出，如蒼生何！」言畢，淚沾袍袖，衣襟盡濕。孔明見其意甚誠，乃曰：「將軍既不相棄，願效犬馬之勞。」玄德大喜，遂命關、張入，拜獻金帛禮物。孔明固辭不受。玄德曰：「此非聘大賢之禮，但表劉備寸心耳。」孔明方受。於是玄德等在莊中共宿一宵。次日，諸葛均回，孔明囑咐曰：「吾受劉皇叔三顧之恩，不容不出。汝可躬耕於此，勿得荒蕪田畝。待我功成之日，卽當歸隱。」後人有詩嘆曰：

身未升騰思退步，功成應憶去時言。祇因先主丁寧後，星落秋風五丈原。

又有古風一篇曰：

高皇手提三尺雪，芒碭白蛇夜流血；平秦滅楚入咸陽，二百年前幾斷絕。大哉光武興洛陽，傳至桓靈又崩裂；獻帝遷都幸許昌，紛紛四海生豪傑：曹操專權得天時，江東孫氏開鴻業；孤窮玄德走天下，獨居新野愁民厄。南陽臥龍有大志，腹內雄兵分正奇；祇因徐庶臨行語，茅廬三顧心相知。先生爾時年三九，收拾琴書離隴畝；先取荊州後取川，大展經綸補天手；縱橫舌上鼓風雪，談笑胸中換星斗，龍驤虎視安乾坤，萬古千秋名不朽！

玄德等三人別了諸葛均，與孔明同歸新野。玄德待孔明如師，食則同桌，寢則同榻，終日共論天下之事。孔明曰：「曹操於冀州作玄武池以練水軍，必有侵江南之意。可密令人過江探聽虛實。」玄德從之，使人往江東探聽。

（節自《三國演義》第三十七、三十八回）

《三國演義》裏諸葛亮的出場，是在歷來傳爲美談的「劉玄德三顧茅廬」中。當然，「三顧茅廬」，實際上也是爲了表現劉備的如饑如渴的求賢的願望和禮賢下士的封建政治家的風度，但中心還是爲了布置一個濃重的氛圍，以顯示諸葛亮在小說主要情節——魏蜀吳鼎足三分中的重要作用。

諸葛亮的出場在小說裏的伏線拉得很長。在他正式出場以前，到處是虛寫，到處是疑陣。我們現在就來看看《三國演義》作者是怎樣具體描寫這次出場的。

劉備初得諸葛亮的消息，是在所謂「躍馬過檀溪」、「南漳進隱淪」的節目裏。劉備逃脫了蔡瑁、張允的謀害，進入了隱淪之居，遇到司馬德操。這位水鏡先生慨嘆劉備「左右不得其人」，「關張趙雲，皆萬人敵，惜無善用之人」。建議劉備：「今天下之奇才，盡在於此，公當往求之。」劉備問他「奇才安在」，他說：「伏龍、鳳雛，兩人得一，可安天下。」可是，劉備再追問他：「伏龍、鳳雛何人也？」他卻祇說：「好！好！」再不肯吐露實言。這是故作驚人之筆的虛寫。在劉備和讀者的心目中，埋下了伏龍、鳳雛的種子，祇聞其名，不見其人。對於諸葛亮的出場來說，還祇是一個楔子，因爲連他的眞實姓名，也還在五里雲霧中……

究竟怎樣從疑陣裏走出來呢？不久以後，在新野市上出現了一位「葛巾布袍，皂縧烏履」的歌者，引起了劉備的「此人莫非水鏡所言『伏龍、鳳雛』」的懷疑，邀入縣衙，問其姓名，卻是單福。這個單福雖然也是一個有作爲的人，但在這裏，卻不過是扮演了一個襯托諸葛亮出場的墊場人的角色。在作者的精心安排下，單福曾幫助劉備用奇計襲了樊城，殺敗了曹仁的軍隊。但是，由於單福的出現祇不過是被作爲諸葛亮的「影子」，所以曇花一現之後，立刻就被曹操騙走了（原來這單福就是徐庶，曹操把他母親騙到許昌，作爲人質，逼迫他不能不離開劉備而去投曹）。在不忍相離的情況下，徐庶走馬薦諸葛：

……徐庶拍馬而回。玄德曰：「元直復回，莫非無去意乎？」遂欣然拍馬向前迎問曰：「先生此回，必有主意？」庶勒馬謂玄德曰：「某因心緒如麻，忘卻一語。此間有一奇士，祇在襄陽城外二十里隆中。使君何不求之？」玄德曰：「敢煩元直爲備請來相見。」庶曰：「此人不可屈致，使君可親往求之。若得此人，無異周得呂望，漢得張良也。」玄德曰：「此人比先生才德如何？」庶曰：「以某比之，譬猶駑馬並麒麟，寒鴉配鸞鳳耳。……此人有經天緯地之才，蓋天下一人也。」玄德喜曰：「願聞此人姓名？」庶曰：「此人乃琅琊陽郡人，復姓諸葛，名亮，字孔明。……自號爲『臥龍先生』。……」玄德曰：「昔水鏡先生曾爲備言：『伏龍、鳳雛，兩人得一，可安天下。』今所云莫非即伏龍、鳳雛乎？」庶曰：「鳳雛乃襄陽龐統也。伏龍正是諸葛孔明。」

疑陣到此才算散開，讀者也像劉備一樣，「今日方知伏龍、風雛之語」是指的何人，然而，「伏龍」的疑陣雖然眞相大白，雲霧卻還沒有完全散開，諸葛亮不是那麼容易見到的。

「一顧茅廬」，祇聞其聲，不見其人——聽到的祇是農夫唱的諸葛亮的隱士歌。到得莊前一問，卻是「先生早出」，「蹤跡不定，不知何處去了」！劉備祇好「惆悵歸去」。在歸途中，「忽見一人，容貌軒昂，豐姿俊爽，頭戴逍遙巾，身穿皂布袍，杖藜從山僻小路而來」。劉備誤以爲「此必臥龍先生也」，「急下馬向前施禮」，結果鬧了個笑話：這人並非臥龍，而是孔明之友「博陵崔州平」。劉備請教他，他發了一通「數之所在，理不得而奪之；命之所在，人不得而強之」的議論。一顧茅廬的結果，就像張飛所說的：「孔明又訪不着，卻遇此腐儒。」

「二顧茅廬」，「時值隆冬，天氣嚴寒」，「瑞雪霏霏」。將近茅廬，聽見兩個人在酒店裏高唱隱士之歌，「上首者白臉長鬚，下首者清奇古貌」，劉備又誤以爲「臥龍其在此間」。上前一問，卻又是臥龍之友潁州石廣元，汝南孟公威。這兩個人對劉備的請教，比崔州平還乾脆，崔州平還發表了一通隱士的腐儒之論，他們則索性說：「吾等皆山野慵懶之徒，不省治國安民之事，不勞下問。明公請自上馬，尋訪臥龍。」……劉備到了草堂前，扣門問童子：「先生今日在莊否？」童子曰：「現在堂上讀書。」玄德大喜，見草堂之上一少年擁爐抱膝吟詠，急上前施禮曰：「備久慕先生，無緣拜會……」那少年卻慌忙答禮曰：「某乃臥龍之弟諸葛均也。」而臥龍又出外閑遊，不知去所了。劉備衹好留書告辭，在路上還錯認了一次孔明的岳父黃承彥……這二顧茅廬仍然是白跑了一趟。

「三顧茅廬」，是在第二年的新春了。這次算是遇到正牌的臥龍了。不過，他還在草堂上晝寢未醒。醒來後，「又半晌，方整衣冠出迎」，縱論天下大事；所謂未出茅廬，已知三分天下……

如此周密地布置局勢，渲染環境，烘托氣氛，來描寫一個人物的出場，在中國古典小說裏，是絕無僅有的範例。有人說，這個出場描寫，包含着作者許多封建意味的主觀的抒情，故意渲染的道家的神秘氣氛，以及士大夫高擡身價忸怩作態的樣子。很難說這種看法沒有一點道理，因爲《三國演義》終究是封建知識分子寫的書，這小說又終究反映出不少的封建觀念。借擡高諸葛亮的身價，來擡高封建知識分子身價的傾向，也是不可免的。但是，我以爲作者這樣處理諸葛亮的出場，和這個出場之所以寫得精彩，令人神往，卻絕不衹是意在這種企圖的體現上。

首先，作者並不是憑空杜撰諸葛亮的這個出場的。《三國志・蜀志・諸葛亮傳》裏，明明有這樣的記載：「時先主屯新野，徐庶見先主。先主器之。謂先主曰：『諸葛孔明者，臥龍也，將軍豈願見之乎？』先主曰：『君與俱來。』庶曰：『此人可就見，不可屈致也。將軍宜枉駕顧之。』由是先主遂詣亮，凡三往，乃見。」

諸葛亮自己在《出師表》裏也曾說過：「臣本布衣，躬耕於南陽。苟全性命於亂世，不求聞達於諸侯。先帝不以臣卑鄙，猥自枉屈，三顧臣於草廬之中，諮臣以當世之事。由是感激，遂許先帝以驅馳。後值傾覆，受任於敗軍之際，奉命於危難之間……」可見，小說的「三顧茅廬」的藝術誇張，是建立在歷史眞實基礎之上的。

其次，在諸葛亮出場的局勢、環境、氛圍的曲折的安排裏，雖然對隆中人物作了不少隱逸的渲染，其中當然有濃重的道家神秘成分，因爲這樣好爲這個能掐會算的半仙之體的諸葛亮的出山，準備下它的富有浪漫色彩的形象、性格的發展條件。但在藝術效果上，卻沒有使人感到它是在宣揚隱士思想，恰恰相反，正是通過崔州平、石廣元、孟公威之流的隱士思想，反襯出諸葛亮的務實的雄才大略（當然也是爲了突出劉備的百折不撓的求賢願望）。愈渲染他們的隱士思想，就愈能顯示出諸葛亮的務實精神和他的事業心。由於諸葛亮的出場，像我在前面所說的，同樣是關係着《三國演義》這部歷史小說鼎足三分的情節的發展，所以小說的藝術處理很有氣勢。請看遲遲出場的諸葛亮的精彩的開場白吧：

> 自董卓造逆以來，天下豪傑並起。曹操勢不及袁紹，而竟能克紹者，非惟天時，抑亦人謀也。今操已擁百萬之衆，挾天子以令諸侯，此誠不可與爭鋒。孫權據有江東，已歷三世，國強而民附，此可用爲援而不可圖之也。荊州北據漢、沔，利盡南海，東連吳會，西通巴蜀，此用武之地，非其主不能守：是殆天所以資將軍，將軍豈有意乎？益州險塞，沃野千里，天府之國，高祖因之以成帝業；今劉璋闇弱，民殷國富，而不知存恤，智能之士，思得明君。將軍既帝室之冑，信義著於四海，總攬英雄，思賢如渴，若跨有荊、益，保其巖阻，西和諸戎，南撫彝、越，外結孫權，內修政理；待天下有變，則命一上將將荊州之兵以向宛、洛，將軍身率益州之衆以出秦川，百姓有不簞食壺漿以迎將軍者乎？誠如是，則大業可成，漢室可興矣。此亮所以爲將軍謀者也。惟將軍圖之。

這是諸葛亮一出場就給劉備謀畫的，造成鼎足之勢，然後可圖中原的建立霸業的大計。劉備正是由於執行了這個計劃，才有了蜀漢的天下；也正是因爲劉備實現了這個計劃，才有了漢末一個時期的鼎足三分的局面。因此，諸葛亮的出場，從小說情節的藝術眞實性看來，確實是在小說中心情節的發展中占有關鍵性的地位。這才是小說作者爲什麼要這樣煞費苦心地設計、安排如此曲折的出場描寫的根本原因，當然也不能忽略作者的用意也是在「神化」他所歌頌的英雄人物。

（李希凡）

蔣幹中計

羅貫中

卻說周瑜送了玄德，回至寨中，魯肅入問曰：「公既誘玄德至此，爲何又不下手？」瑜曰：「關雲長，世之虎將也，與玄德行坐相隨，吾若下手，他必來害我。」肅愕然。忽報曹操遣使送書至。瑜喚入。使者呈上書看時，封面上判云：「漢大丞相付周都督開拆」。瑜大怒，更不開看，將書扯碎，擲於地下，喝斬來使。肅曰：「兩國相爭，不斬來使。」瑜曰：「斬使以示威！」遂斬使者，將首級付從人持回。隨令甘寧爲先鋒，韓當爲左翼，蔣欽爲右翼。瑜自率領諸將接應。來日四更造飯，五更開船，鳴鼓吶喊而進。

卻說曹操知周瑜毀書斬使，大怒，便喚蔡瑁、張允等一班荆州降將爲前部，操自爲後軍，催督戰船，到三江口。早見東吳船隻，蔽江而來。爲首一員大將，坐在船頭上大呼曰：「吾乃甘寧也！誰敢來與我決戰？」蔡瑁令弟蔡壎前進。兩船將近，甘寧拈弓搭箭，望蔡壎射來，應弦而倒。寧驅船大進，萬弩齊發。曹軍不能抵擋。右邊蔣欽，左邊韓當，直衝入曹軍隊中。曹軍大半是青、徐之兵，素不習水戰，大江面上，戰船一擺，早立腳不住。甘寧等三路戰船，縱橫水面。周瑜又催船助戰。曹軍中箭着炮者，不計其數。從巳時直殺到未時。周瑜雖得利，祇恐寡不敵衆，遂下令鳴金，收住船隻。曹軍敗回。操登旱寨，再整軍士，喚蔡瑁、張允責之曰：「東吳兵少，反爲所敗，是汝等不用心耳！」蔡瑁曰：「荆州水軍，久不操練；青、徐之軍，又素不習水戰，故爾致敗。今當先立水寨，令青、徐軍在中，荆州軍在外，每日教習精熟，方可用之。」操曰：「汝既爲水軍都督，可以便宜從事，何必稟我！」於是張、蔡二人，自去訓練水軍。沿江一帶分二十四座水門，以大船居於外爲城郭，小船居於內，可通往來。至晚點上燈火，照得天心水面通紅。旱寨三百餘里，煙火不絕。

卻說周瑜得勝回寨，犒賞三軍，一面差人到吳侯處報捷。當夜瑜登高觀望，祇見西邊火光接天。左右告曰：「此皆北軍燈火之光也。」瑜亦心驚。次日，瑜欲親往探看曹軍水寨，乃命收拾樓船一隻，帶着鼓樂，隨行健將數員，各帶強弓硬弩，一齊上船迤邐前進。至操寨邊，瑜命下了矴石，樓船上鼓樂齊奏。瑜暗窺他水寨，大驚曰：「此深得水軍之妙也！」問：「水軍都督是誰？」左右曰：「蔡瑁、張允」。瑜思曰：「二人久居江東，諳習水戰，吾必設計先除此二人，然後可以破曹。」正窺看間，早有曹軍飛報曹操，說：「周瑜偷看吾寨。」操命縱船擒捉。瑜見水寨中旗號動，急教收起矴石，兩邊四下一齊輪轉櫓棹，望江面上如飛而去。比及曹寨中船出時，周瑜的樓船已離了十數里遠，追之不及，回報曹操。

操問衆將曰：「昨日輸了一陣，挫動銳氣；今又被他深窺吾寨。吾當作何計破之？」言未畢，忽帳下一人出曰：「某自幼與周郎同窗交契，願憑三寸不爛之舌，往江東說此人來降。」曹操大喜，視之，乃九江人，姓蔣，名幹，字子翼，現爲帳下幕賓。操問曰：「子翼與周公瑾相厚乎？」幹曰：「丞相放心。幹到江左，必要成功。」操問：「要將何物去？」幹曰：「祗消一童隨往，二僕駕舟，其餘不用。」操甚喜，置酒與蔣幹送行。幹葛巾布袍，駕一隻小舟，徑到周瑜寨中，命傳報：「故人蔣幹相訪。」周瑜正在帳中議事，聞幹至，笑謂諸將曰：「說客至矣！」遂與衆將附耳低言，如此如此。衆皆應命而去。

瑜整衣冠，引從者數百，皆錦衣花帽，前後簇擁而出。蔣幹引一青衣小童，昂然而來。瑜拜迎之。幹曰：「公瑾別來無恙！」瑜曰：「子翼良苦：遠涉江湖，爲曹氏作說客耶？」幹愕然曰：「吾久別足下，特來敘舊，奈何疑我作說客也？」瑜笑曰：「吾雖不及師曠之聰，聞絃歌而知雅意。」幹曰：「足下待故人如此，便請告退。」瑜笑而挽其臂曰：「吾但恐兄爲曹氏作說客耳。既無此心，何速去也？」遂同入帳。敘禮畢，坐定，卽傳令悉召江左英傑與子翼相見。

須臾，文官武將，各穿錦衣；帳下偏裨將校，都披銀鎧：分兩行而入。瑜都教相見畢，就列於兩傍而坐。大張筵席，奏軍中得勝之樂，輪換行酒。瑜告衆官曰：「此吾同窗契友也。雖從江北到此，卻不是曹家說客。——公等勿疑。」遂解佩劍付太史慈曰：「公可佩我劍作監酒：今日宴飲，但敘朋友交情；如有提起曹操與東吳軍旅之事者，卽斬之！」太史慈應諾，按劍坐於席上。蔣幹驚愕，不敢多言。周瑜曰：「吾自領軍以來，滴酒不飲；今日見了故人，又無疑忌，當飲一醉。」說罷，大笑暢飲。座上觥籌交錯。飲至半酣，瑜攜幹手，同步出帳外。左右軍士，皆全裝貫帶，持戈執戟而立。

瑜曰：「吾之軍士，頗雄壯否？」幹曰：「真熊虎之士也。」瑜又引幹到帳後一望，糧草堆如山積。瑜曰：「吾之糧草，頗足備否？」幹曰：「兵精糧足，名不虛傳。」瑜佯醉大笑曰：「想周瑜與子翼同學業時，不曾望有今日。」幹曰：「以吾兄高才，實不爲過。」瑜執幹手曰：「大丈夫處世，遇知己之主，外託君臣之義，內結骨肉之恩，言必行，計必從，禍福共之。假使蘇秦、張儀、陸賈、酈生復出，口似懸河，舌如利刃，安能動我心哉！」言罷大笑。蔣幹面如土色。瑜復攜幹入帳，會諸將再飲；因指諸將曰：「此皆江東之英傑。今日此會，可名『羣英會』。」飲至天晚，點上燈燭，瑜自起舞劍作歌。歌曰：

丈夫處世兮立功名，立功名兮慰平生。慰平生兮吾將醉，吾將醉兮發狂吟！

歌罷，滿座歡笑。至夜深，幹辭曰：「不勝酒力矣。」瑜命撤席，諸將辭出。瑜曰：「久不與子翼同榻，今宵抵足而眠。」於是佯作大醉之狀，攜幹入帳共寢。瑜和衣臥倒，嘔吐狼藉。蔣幹如何睡得着？伏枕聽時，軍中鼓打二更，起視殘燈尚明。看周瑜時，鼻息如雷。幹見帳內桌上，堆着一卷文書，乃起牀偷視之，卻都是往來書信。內有一封，上寫「蔡瑁張允謹封」。幹大驚，暗讀之。書略曰：

某等降曹，非圖仕祿，迫於勢耳。今已賺北軍困於寨中，但得其便，即將操賊之首，獻於麾下。早晚人到，便有關報。幸勿見疑。先此敬覆。

幹思曰：「原來蔡瑁、張允結連東吳！」遂將書暗藏於衣內。再欲檢看他書時，牀上周瑜翻身，幹急滅燈就寢。瑜口內含糊曰：「子翼，我數日之內，教你看操賊之首！」幹勉強應之。瑜又曰：「子翼，且住！……教你看操賊之首！……」及幹問之，瑜又睡着。幹伏於牀上，將近四更，祇聽得有人入帳喚曰：「都督醒否？」周瑜夢中做忽覺之狀，故問那人曰：「牀上睡着何人？」答曰：「都督請子翼同寢，何故忘卻？」

瑜懊悔曰：「吾平日未嘗飲醉；昨日醉後失事，不知可曾說甚言語？」那人曰：「江北有人到此。」瑜喝：「低聲！」便喚：「子翼。」蔣幹祇裝睡着。瑜潛出帳。幹竊聽之，祇聞有人在外曰：「張、蔡二都督道：『急切不得下手，……』」後面言語頗低，聽不真實。少頃，瑜入帳，又喚：「子翼。」蔣幹祇是不應，蒙頭假睡。瑜亦解衣就寢。幹尋思：「周瑜是個精細人，天明尋書不見，必然害我。」睡至五更，幹起喚周瑜；瑜卻睡着。幹戴上巾幘，潛步出帳，喚了小童，徑出轅門。軍士問：「先生那裏去？」幹曰：「吾在此恐誤都督事，權且告別。」軍士亦不阻擋。

幹下船，飛櫂回見曹操。操問：「子翼幹事若何？」幹曰：「周瑜雅量高致，非言詞所能動也。」操怒曰：「事又不濟，反爲所笑！」幹曰：「雖不能說周瑜，卻與丞相打聽得一件事。乞退左右。」幹取出書信，將上項事逐一說與曹操。操大怒曰：「二賊如此無禮耶！」卽便喚蔡瑁、張允到帳下。操曰：「我欲使汝二人進兵。」瑁曰：「軍尚未曾練熟，不可輕進。」操怒曰：「軍若練熟，吾首級獻於周郎矣！」蔡、張二人不知其意，驚慌不能回答。操喝武士推出斬之。須臾，獻頭帳下，操方省悟曰：「吾中計矣！」後人有詩嘆曰：

曹操奸雄不可擋，一時詭計中周郎。蔡張賣主求生計，誰料今朝劍下亡！

衆將見殺了張蔡二人，入問其故。操雖心知中計，卻不肯認錯，乃謂衆將曰：「二人怠慢軍法，吾故斬之。」衆皆嗟呀不已。操於衆將內選毛玠、于禁爲水軍都督，以代蔡、張二人之職。

細作探知，報過江東。周瑜大喜曰：「吾所患者，此二人耳。今既剿除，吾無憂矣。」肅曰：「都督用兵如此，何愁曹賊不破乎！」瑜曰：「吾料諸將不知此計，獨有諸葛亮識見勝我，想此謀亦不能瞞也。子敬試以言挑之，看他知也不知，便當回報。」

正是：還將反間成功事，去試從旁冷眼人。

（節自《三國演義》第四十五回）

赤壁之戰是《三國演義》中最熱鬧的文字。《羣英會蔣幹中計》是赤壁之戰的一個重要部分，它以曲折生動的情節豐富了風雲變幻的小說內容。

曹操統一北方後，雄心勃勃，率師南下，直抵赤壁。孫權、劉備在共同的敵人面前，結成同盟。以曹操爲一方，以孫、劉爲另一方，在古赤壁隔江對峙。大江之上，籠罩着大戰的濃重氛圍。這時，曹操兵師浩蕩，其鋒鋭不可擋。孫、劉的兵力是無法與之抗衡的。赤壁之戰是一場水戰，這對於善於陸戰的曹軍來說，是一大不利因素。但是，曹操任用熟諳水戰的蔡瑁、張允，教習水軍，這便在不利中取得了有利形勢。蔡瑁、張允把水寨布置得井然有序：「沿江一帶分二十四座水門，以大船居於外爲城郭，小船居於內，可通往來。至晚點上燈火，照得天心水面通紅。」這樣嚴整的部署，使得暗窺曹軍水寨的周瑜，也不禁大驚失色：「此深得水軍之妙也！」面對這樣的形勢，周瑜要利用北軍不諳水戰的弱點而制勝曹操，已不可能。這就必須設法除掉蔡瑁、張允，才能扭轉形勢。周瑜說：「吾必設計先除此二人，然後可以破曹。」這便隨着蔡、張二人的存在與否，設置了矛盾，也就通過當時戰爭形勢的描寫，揭示了「羣英會」情節發生的必然性。

在「羣英會」正式出現之前，小說曾以一個情節的小小跌宕作爲鋪墊。曹操和周瑜在三江口小試鋒芒，周瑜初戰告捷，曹操初戰失利。而稱雄一時又求勝心切的曹操，正在爲新敗苦惱，尋找「吾當作何計破之」的謀劃。在這個時候，蔣幹自告奮勇，「願憑三寸不爛之舌，往江東說此人來降」。不費一兵一卒，卻能招降敵軍，當然正中曹操下懷，這就難怪他大喜過望了。於是，蔣幹被遣下江東，就顯得順理成章了。

同時，蔣幹的身分特殊，既是曹操的幕僚，又是周瑜的同學。雖然二人各保其主，但自幼的「同窗交契」，使蔣幹能够以說客身分前往。沒有這段舊交的感情糾葛，蔣幹就不能前往，也就無法「中計」，即便貿然前往，也會被周瑜殺掉。羅貫中揭示了蔣幹、周瑜之間的關係，也就揭示了情節的必然依據，令人信服。

再次，蔡瑁、張允是曹操的降將，如果換成是跟隨曹操南征北戰、矢志不渝的心腹愛將，對於蔣幹偷書，曹操也就不可能「中計」了。既然蔡、張過去能够投降曹操，現在就不能投降周瑜嗎？

小說作者從各個側面，針腳細密地表現了《羣英會蔣幹中計》情節的構成因素：有直接的，有間接的，有顯露在外的，有隱伏其間的，經過通盤、細緻的構思，構置成生動的令人信服的故事情節。

「羣英會」的情節不是平直淺近，而是跌宕多姿、曲盡其致。

當蔣幹葛巾布袍，駕一葉小舟，飄然進入江東，「羣英會」的情節正式展開了。

> 周瑜正在帳中議事，聞蔣幹至，笑謂諸將曰：「說客至矣！」遂與衆將附耳低言，如此如此。衆皆應命而去。

由蔣幹到來，周瑜設計，挑開了小說情節的發端。至於周瑜與衆將「附耳低言」的內容是什麼，衆將「應命而去」又幹了些什麼，均略而不提。作者的虛寫筆墨，在情節上留下了懸念，逗起讀者追讀下文的心理。

周瑜在和蔣幹略作寒暄後，單刀直入，劈頭就是一句：「子翼良苦：遠涉江湖，爲曹氏作說客耶？」周瑜出言迅疾，情節也就起勢突兀。周瑜先入爲主，堵塞了說客的嘴巴，首先搶上制高點，讓蔣幹處在被動地位上。這就有助於事件按照他預設的軌道前進。蔣幹連忙表態：「特來敍舊，奈何疑我作說客也？」蔣幹的表態反而給周瑜以可乘之隙，他再逼進一步：「聞絃歌而知雅意。」蔣幹故作姿態：「足下待故人如此，便請告退。」情節略一回旋，但是，「瑜笑而挽其臂曰：『吾但恐兄爲曹氏作說客耳。既無此心，何速去也？』」把回旋的情節扭轉過來。

接着的羣英會，情節大踏步前進。周瑜再次申言：「此吾同窗契友也。雖從江北到此，卻不是曹家說客。」周瑜雖然重複了先前的話，但沒有形成情節的簡單重複。這裏，由對蔣幹私下警告，發展到當衆宣告。

明言衆將，暗擊蔣幹，仍然顯示出情節的遞進。然後，周瑜命令太史慈按劍監酒：「今日宴飲，但敍朋友交情；如有提起曹操與東吳之軍旅之事者，即斬之！」這一着，出奇制勝，情節驟然如風浪捲起，直拍雲天。雖然筵席上觥籌交錯，開懷暢飲，但是，雙方各懷主意，情節便以外鬆內緊的獨特方式向前發展，具有吸引讀者的力量。

「飲至半酣，瑜攜幹手，同步出帳外」，小說所描寫的場面更移，故事的情節也就形成了新發展。這裏，有三個小波瀾。

先是周瑜引蔣幹看軍容，以顯示自己的兵力。「左右軍士，皆全裝慣帶，持戈執戟而立」，使蔣幹不得不驚嘆：「眞熊虎之士也。」

繼而是周瑜引蔣幹看軍糧，以顯示自己的實力。糧草堆如山積，使蔣幹不能不佩服：「兵精糧足，名不虛傳。」

經過這樣兩個波瀾，便由周瑜的劍光亂舞、鋒芒畢現的話語，湧起了第三個波瀾：「大丈夫處世，遇知己之主，外託君臣之義，內結骨肉之恩，言必行，計必從，禍福共之。假使蘇秦、張儀、陸賈、酈生復出，口似懸河，舌如利刃，安能動我心哉！」這番話含義豐富，表明了自己和孫權的君臣恩深，顯示了自己的抗曹心堅，當然也就不爲任何說客所動。

羣英會上，周瑜步步進逼，蔣幹處處被動，由人物關係所構成的情節就層層深入。這種層層深入的情節特色在小說中又獨特地通過人物的神態、情緒反映出來。起初，蔣幹是「昂然而來」，以爲勸降傾刻之間就會成功，大有春風得意之志。但是，周瑜攔頭一棒，始料不及，蔣幹的得意神色，爲之一掃，情節一轉，他便由「昂然」變成「愕然」。周瑜命令太史慈執劍監酒時，蔣幹「驚愕，不敢多言」。最後，聽到周瑜一番利如劍戟的話語，蔣幹「面如土色」。人物情態的演變，從一個方面顯示了情節的變化；而人物情態的每一個轉化，又表明了情節的轉折。這在藝術上是很獨特的。

大會羣英，蔣幹盜書，是小說中的兩個大的情節。但有內在聯繫：羣英會是盜書信的必要準備，盜書信是羣英會的必然結果。這段情節也寫得曲盡其妙，富於戲劇性。

周瑜佯裝大醉，提出和蔣幹「今宵抵足而眠」，引出了新的故事情節。一方假裝入睡，觀察動靜；一方坐臥不寧，伏枕難眠。周瑜在帳內留下「殘燈」，是給蔣幹創造「偷視」的條件；周瑜在牀上「鼻息如雷」，是對蔣幹製造假象：情節發展得生動有趣。蔣幹從起牀偷視，到發現案上書信，再到選出蔡、張來信，直至將書信暗藏衣內，小說情節飛波逐浪，向前推進。至此，蔣幹盜書已經成功，情節似可結束。但是，作者還要更進一層，推起新的波瀾。周瑜見目的業已達到，故意在牀上翻身，蔣幹做賊心虛，急忙滅燈就寢。周瑜故作囈語：「子翼，我數日之內，教你看操賊之首！」囈語都和蔡、張的降書有關，這便增強了事情的可信性。蔣幹「勉強應之」。周瑜再作囈語，使得蔣幹急忙「問之」。由「應之」到「問之」，情節開始振起。但是，周瑜留下疑團，卻不釋疑，復又「睡着」，剛起的情節又跌落下來。一起一落，情節搖曳生姿，興味盎然。經過片刻平靜，情節又盤旋而上，闢開新的境域，寫了江北來人報信。周瑜又是明知故問，又是懊悔酒後失言，目的是取信於蔣幹，穩住對方心理。來人故意說出「江北有人到此」，周瑜故意喝令「低聲」，再故意喊蔣幹名字，造成了強烈的神秘感。蔣幹竊聽到情報後，再和看到的書信聯繫起來，便確信無疑。天色未明，便潛步出帳，急回曹營報命。周瑜布置的種種疑陣假象，是蔣幹盜書主情節的延伸，是在主要浪頭衝起後，激起的團團漩渦和波瀾，增添了情節的曲折性。一段簡單的《羣英會蔣幹中計》寫得如此變化多端，堪稱精妙。清代小說評點家毛宗崗在批註《三國演義》時，曾這樣稱道它的情節特色：「星移斗轉，雨覆雲翻」，並借用杜甫的兩句詩來加以概括：「天上浮雲如白衣，斯須改變成蒼狗。」一節「羣英會」就是有力的證明。

情節是性格的發展史，設置情節不是目的，而是爲塑造人物、刻畫性格服務。羣英會中的三個主要人物周瑜、蔣幹、曹操，都在情節的展開中，顯示出各不相同的性格，聲貌畢現，傳神酷肖。

情節一開始，曹操的話音剛落，蔣幹就迫不及待地應命：「某自幼與周郎同窗交契，願憑三寸不爛之舌，往江東說此人來降。」說得何等輕鬆，又是何等輕率。一副幕僚的嘴臉，躍然紙上；一腔邀寵的願望，活現眼前。他一再表示「幹到江東，必要成功」、「衹消一童隨往，二僕駕舟，其餘不用」，貌似舉重若輕，實質上表明了志大才疏。果然，隨着情節的展開，他的性格充分表現出來。周瑜攔頭一棒，他就陣腳大亂，由語塞詞窮，到緘默無言，完全處在被動挨打的地位上。從羣英會上的狼狽不堪到盜書信時的焦躁不安，進一步顯示了蔣幹的性格。他在曹丞相面前，誇下海口，打下包票，卻弄得這步田地。他的時起時伏，反映了他求功心切而又無功回命的矛盾、焦灼的心理。他盜到書信，自以爲得計，而恰恰中了周郎的反間計。在他急步出帳，飛舟回歸的身影中，作者出色地完成了對這個喜劇般人物刻畫的任務。

「羣英會」中，周瑜居於情節發展的中心。他一出場，一說到蔣幹來訪的消息，馬上就判斷出對方的用心企圖，顯示出敏銳的洞察力。他一見到蔣幹，主動出擊，表現了凌厲幹練的性格。他設下奇謀巧計，緊緊抓住老同學的關係，牽線釣魚。他既關掉蔣幹說降的前門，又堵住蔣幹的後路，但又不把弓弦拉得太緊。開口同窗，閉口契友，在熱烈的同學相聚的虛假氣氛中，連瞞帶騙，既擊且拉。他出之以都督之威，又動之以故友之情，攜蔣幹入帳共眠，卻是把他引入圈套之中，縱橫捭闔，置蔣幹於動彈不得的地位上。他善於掌握和利用對方的心理，逼對方於絕境，然後再帶入葫蘆套中。

（吳功正）

失街亭

羅貫中

卻說魏主曹睿令張郃爲先鋒，與司馬懿一同征進；一面令辛毗、孫禮二人領兵五萬，往助曹真。二人奉詔而去。且說司馬懿引二十萬軍，出關下寨，請先鋒張郃至帳下曰：「諸葛亮平生謹慎，未敢造次行事。若是吾用兵，先從子午谷徑取長安，早得多時矣。他非無謀，但怕有失，不肯弄險。今須出軍斜谷，來取郿城，若取郿城。必分兵兩路，一軍取箕谷矣。吾已發檄文，令子丹拒守郿城，若兵來不可出戰；令孫禮、辛毗截住箕谷道口，若兵來則出奇兵擊之。」郃曰：「今將軍當於何處進兵？」懿曰：「吾素知秦嶺之西，有一條路，地名街亭；傍有一城，名列柳城：此二處皆是漢中咽喉。諸葛亮欺子丹無備，定從此進。吾與汝徑取街亭，望陽平關不遠矣。亮若知吾斷其街亭要路，絕其糧道，則隴西一境，不能安守，必然連夜奔回漢中去也。彼若回動，吾提兵於小路擊之，可得全勝；若不歸時，吾卻將諸處小路，盡皆壘斷，俱以兵守之。一月無糧，蜀兵皆餓死，亮必被吾擒矣。」張郃大悟，拜伏於地曰：「都督神算也！」懿曰：「雖然如此，諸葛亮不比孟達，將軍爲先鋒，不可輕進。當傳與諸將：循山西路，遠遠哨探。如無伏兵，方可前進。若是怠忽，必中諸葛亮之計。」張郃受計引軍而行。

卻說孔明在祁山寨中，忽報新城探細人來到。孔明急喚入問之，細作告曰：「司馬懿倍道而行，八日已到新城，孟達措手不及；又被申耽、申儀、李輔、鄭賢爲內應：孟達被亂軍所殺。今司馬懿撤兵到長安，見了魏主，同張郃引兵出關，來拒我師也。」孔明大驚曰：「孟達作事不密，死固當然。今司馬懿出關，必取街亭，斷吾咽喉之路。」便問：「誰敢引兵去守街亭？」言未畢，參軍馬謖曰：「某願往。」孔明曰：「街亭雖小，干係甚重：倘街亭有失，吾大軍皆休矣。汝雖深通謀略，此地奈無城郭，又無險阻，守之極難。」謖曰：「某自幼熟讀兵書，頗知兵法。豈一街亭不能守耶？」孔明曰：「司馬懿非等閑之輩；更有先鋒張郃，乃魏之名將：恐汝不能敵之。」謖曰：「休道司馬懿、張郃，便是曹睿親來，有何懼哉！若有差失，乞斬全家。」孔明曰：「軍中無戲言。」謖曰：「願立軍令狀。」孔明從之。謖遂寫了軍令狀呈上。孔明曰：「吾與汝二萬五千精兵，再撥一員上將，相助你去。」卽喚王平吩咐曰：「吾素知汝平生謹慎，故特以此重任相託。汝可小心謹守此地：下寨必當要道之處，使賊兵急切不能偷過。安營旣畢，便畫四至八道地理形狀圖本來我看。凡事商議停當而行，不可輕易。如所守無危，則是取長安第一功也。戒之！戒之！」二人拜辭引兵而去。

孔明尋思，恐二人有失，又喚高翔曰：「街亭東北上有一城，名列柳城，乃山僻小路，此可以屯兵扎寨。與汝一萬兵，去此城屯扎。但街亭危，可引兵救之。」高翔引兵而去。孔明又思：高翔非張郃對手，必得一員大將，屯兵於街亭之右，方可防之，遂喚魏延引本部兵去街亭之後屯扎。延曰：「某爲前部，理合當先破敵，何故置某於安閑之地？」孔明曰：「前鋒破敵，乃偏裨之事耳。今令汝接應街亭，當陽平關衝要道路，總守漢中咽喉：此乃大任也，何爲安閑乎？汝勿以等閑視之，失吾大事。切宜小心在意！」魏延大喜，引兵而去。孔明恰纔心安，乃喚趙雲、鄭芝吩咐曰：「今司馬懿出兵，與舊日不同。汝二人各引一軍出箕谷，以爲疑兵。如逢魏兵，或戰、或不戰，以驚其心。吾自統大軍，由斜谷徑取郿城；若得郿城，長安可破矣。」二人受命而去。孔明令姜維作先鋒，兵出斜谷。

卻說馬謖、王平二人兵到街亭，看了地勢。馬謖笑曰：「丞相何故多心也？量此山僻之處，魏兵如何敢來！」王平曰：「雖然魏兵不敢來，可就此五路總口下寨；卻令軍士伐木爲柵，以圖久計。」謖曰：「當道豈是下寨之地？此處側邊一山，四面皆不相連，且樹木極廣，此乃天賜之險也：可就山上屯軍。」平曰：「參軍差矣。若屯兵當道，築起城垣，賊兵總有十萬，不能偷過；今若棄此要路，屯兵於山上，倘魏兵驟至，四面圍定，將何策保之？」謖大笑曰：「汝真女子之見！兵法云：『憑高視下，勢如劈竹。』若魏兵到來，吾教他片甲不回！」平曰：「吾累隨丞相經陣，每到之處，丞相盡意指教。今觀此山，乃絕地也：若魏兵斷我汲水之道，軍士不戰自亂矣。」謖曰：「汝莫亂道！孫子云：『置之死地而後生。』若魏兵絕我汲水之道，蜀兵豈不死戰？以一可當百也。吾素讀兵書，丞相諸事尚問於我，汝奈何相阻耶！」平曰：「若參軍欲在山上下寨，可分兵與我，自於山西下一小寨，爲犄角之勢。倘魏兵至，可以相應。」馬謖不從。忽然山中居民，成羣結隊，飛奔而來，報說魏兵已到。王平欲辭去。馬謖曰：「汝既不聽吾令，與汝五千兵自去下寨。待吾破了魏兵，到丞相面前須分不得功！」王平引兵離山十里下寨，畫成圖本，星夜差人去稟孔明，具說馬謖自於山上下寨。

卻說司馬懿在城中，令次子司馬昭去探前路：若街亭有兵守御，卽當按兵不行。司馬昭奉令探了一遍，回見父曰：「街亭有兵守把。」懿嘆曰：「諸葛亮真乃神人，吾不如也！」昭笑曰：「父親何故自墮志氣耶？——男料街亭易取。」懿問曰：「汝安敢出此大言？」昭曰：「男親自哨見，當道并無寨柵，軍皆屯於山上，故知可破也。」懿大喜曰：「若兵果在山上，乃天使吾成功矣！」遂更換衣服，引百餘騎親自來看。是夜天晴月朗，直至山下，周圍巡哨了一遍，方回。馬謖在山上見之，大笑曰：「彼若有命，不來圍山！」傳令與諸將：「倘兵來，衹見山頂上紅旗招動，卽四面皆下。」

卻說司馬懿回到寨中，使人打聽是何將引兵守街亭。回報曰：「乃馬良之弟馬謖也。」懿笑曰：「徒有虛名，乃庸才耳！孔明用如此人物，如何不誤事！」又問：「街亭左右別有軍否？」探馬報曰：「離山十里有王平安營。」懿乃命張郃引一軍，擋住王平來路。又令申耽、申儀引兩路兵圍山，先斷了汲水道路；待蜀兵自亂，然後乘勢擊之。當夜調度已定。次日天明，張郃引兵先往背後去了。司馬懿大驅軍馬，一擁而進，把山四面圍定。馬謖在山上看時，衹見魏兵漫山遍野，旌旗隊伍，甚是嚴整。蜀兵見之，盡皆喪胆，不敢下山。馬謖將紅旗招動，軍將你我相推，無一人敢動。謖大怒，自殺二將。衆軍驚懼，衹得努力下山來衝魏兵。魏兵端然不動。蜀兵又退上山去。馬謖見事不諧，教軍緊守寨門，衹等外應。

卻說王平見魏兵到，引軍殺來，正遇張郃；戰有數十餘合，平力窮勢孤，衹得退去。魏兵自辰時困至戌時，山上無水，軍不得食，寨中大亂。嚷到半夜時分，山南蜀兵大開寨門，下山降魏。馬謖禁止不住。司馬懿又令人於沿山放火，山上蜀兵愈亂。馬謖料守不住，衹得驅殘兵殺下山西逃奔。司馬懿放條大路，讓過馬謖。背後張郃引兵追來。趕到三十餘里，前面鼓角齊鳴，一彪軍出，放過馬謖，攔住張郃；視之，乃魏延也。延揮刀縱馬，直取張郃。郃回軍便走。延驅兵趕來，復奪街亭。趕到五十餘里，一聲喊起，兩邊伏兵齊出，左邊司馬懿，右邊司馬昭，卻抄在魏延背後，把延困在垓心。張郃復來，三路兵合在一處。魏延左衝右突，不得脫身，折兵大半。正危急間，忽一彪軍殺入，乃王平也。延大喜曰：「吾得生矣！」二將合兵一處，大殺一陣，魏兵方退。二將慌忙奔回寨時，營中皆是魏兵旌旗。申耽、申儀從營中殺出。王平、魏延徑奔列柳城，來投高翔。此時高翔聞知街亭有失，盡起列柳城之兵，前來救應，正遇延、平二人，訴說前事。高翔曰：「不如今晚去劫魏寨，再複街亭。」當時三人在山坡下商議已定。待天色將晚，兵分三路。魏延引兵先進，徑到街亭，不見一人，心中大疑，未敢輕進，且伏在路口等候。忽見高翔兵到，二人共說魏兵不知在何處。正沒理會，又不見王平兵到。忽然一聲炮響，火光衝天，鼓聲震地：魏兵齊出，把魏延、高翔圍在垓心。二人往來衝突，不得脫身。忽聽得山坡後喊聲若雷，一彪軍殺入，乃是王平，救了高、魏二人，徑奔列柳城來。比及奔到城下時，城邊早有一軍殺到，旗上大書「魏都督郭淮」字樣。原來郭淮與曹真商議，恐司馬懿得了全功，乃分淮來取街亭；聞知司馬懿、張郃成了此功，遂引兵徑襲列柳城。正遇三將，大殺一陣。蜀兵傷者極多。魏延恐陽平關有失，慌與王平、高翔望陽平關來。

卻說郭淮收了軍馬，乃謂左右曰：「吾雖不得街亭，卻取了列柳城，亦是大功。」引兵徑到城下叫門，衹見城上一聲炮響，旗幟皆豎，當頭一面大旗，上書「平西都督司馬懿」。懿撐起懸空板，倚定護心木欄干，大笑曰：「郭伯濟來何遲也？」淮大驚曰：「仲達神機，吾不及也！」遂入城。相見已畢，懿曰：「今街亭已失，諸葛亮必走。公可速與子丹星夜追之。」郭淮從其言，出城而去。懿喚張郃曰：「子丹、伯濟，恐吾全獲大功，故來取此城池。吾非獨欲成功，乃僥倖而已。吾料魏延、王平、馬謖、高翔等輩，必先去據陽平關。吾若去取此關，諸葛亮必隨後掩殺，中其計矣。兵法云：『歸師勿掩，窮寇莫追。』汝可從小路抄箕谷退兵。吾自引兵擋斜谷之兵。若彼敗走，不可相拒，衹宜中途截住：蜀兵輜重，可盡得也。」張郃受計，引兵一半去了。懿下令：「竟取斜谷，由西城而進。——西城雖山僻小縣，乃蜀兵屯糧之所，又南安、天水、安定三郡總路。——若得此城，三郡可復矣。」於是司馬懿留申耽、申儀守列柳城，自領大軍望斜谷進發。

卻說孔明自令馬謖等守街亭去後，猶豫不定。忽報王平使人送圖本至。孔明喚入，左右呈上圖本。孔明就文几上拆開視之，拍案大驚曰：「馬謖無知，坑陷吾軍矣！」左右問曰：「丞相何故失驚？」孔明曰：「吾觀此圖本，失卻要路，佔山爲寨。倘魏兵大至，四面圍合，斷汲水道路，不須二日，軍自亂矣。若街亭有失，吾等安歸？」長史楊儀進曰：「某雖不才，願替馬幼常回。」孔明將安營之法，一一吩咐與楊儀。——正待要行，忽報馬到來，說：「街亭、列柳城，盡皆失了！」孔明跌足長嘆曰：「大事去矣！——此吾之過也！」急喚關興、張苞吩咐曰：「汝二人各引三千精兵，投武功山小路而行。如遇魏兵，不可大擊，祇鼓噪吶喊，爲疑兵驚之。彼當自走，亦不可追。待軍退盡，便投陽平關去。」又令張翼先引軍去修理劍閣，以備歸路。又密傳號令，教大軍暗暗收拾行裝，以備起程。又令馬岱、姜維斷後，先伏於山谷中，待諸軍退盡，方始收兵。又差心腹人，分路報與天水、南安、安定三郡官吏軍民，皆入漢中。又遣心腹人到冀縣搬取姜維老母，送入漢中。

孔明分撥已定，先引五千兵退去西城縣搬運糧草。忽然十餘次飛馬報到，說：「司馬懿引大軍十五萬，望西城蜂擁而來！」時孔明身邊別無大將，祇有一班文官，所引五千軍，已分一半先運糧草去了，祇剩二千五百軍在城中。衆官聽得這個消息，盡皆失色。孔明登城望之，果然塵土衝天，魏兵分兩路望西城縣殺來。孔明傳令，教「將旌旗盡皆隱匿；諸軍各守城鋪，如有妄行出入，及高言大語者，斬之！大開四門，每一門用二十軍士，扮作百姓，灑掃街道。如魏兵到時，不可擅動，吾自有計。」孔明乃披鶴氅，戴綸巾，引二小童攜琴一張，於城上敵樓前，憑欄而坐，焚香操琴。

卻說司馬懿前軍哨到城下，見了如此模樣，皆不敢進，急報與司馬懿。懿笑而不信，遂止住三軍，自飛馬遠遠望之。果見孔明坐於城樓之上，笑容可掬，焚香操琴。左有一童子，手捧寶劍；右有一童子，手執麈尾。城門內外，有二十餘百姓，低頭灑掃，傍若無人。懿看畢大疑，便到中軍，教後軍作前軍，前軍作後軍，望北山路而退。次子司馬昭曰：「莫非諸葛亮無軍，故作此態？父親何故便退兵？」懿曰：「亮平生謹慎，不曾弄險。今大開城門，必有埋伏。我兵若進，中其計也。汝輩豈知？宜速退。」於是兩路兵盡皆退去。孔明見魏軍遠去，撫掌而笑。衆官無不駭然，乃問孔明曰：「司馬懿乃魏之名將，今統十五萬精兵到此，見了丞相，便速退去，何也？」孔明曰：「此人料吾生平謹慎，必不弄險；見如此模樣，疑有伏兵，所以退去。吾非行險，蓋因不得已而用之。此人必引軍投山北小路去也。吾已令興、苞二人在彼等候。」衆皆驚服曰：「丞相之機，神鬼莫測。若某等之見，必棄城而走矣。」孔明曰：「吾兵止有二千五百，若棄城而走，必不能遠遁。得不爲司馬懿所擒乎？」後人有詩贊曰：

瑤琴三尺勝雄師，諸葛西城退敵時。十五萬人回馬處，土人指點到今疑。

言訖，拍手大笑，曰：「吾若爲司馬懿，必不便退也。」遂下令，教西城百姓，隨軍入漢中：司馬懿必將復來。於是孔明離西城望漢中而走。天水、安定、南安三郡官吏軍民，陸續而來。

卻說司馬懿望武功山小路而走。忽然山坡後喊殺連天，鼓聲震地。懿回顧二子曰：「吾若不走，必中諸葛亮之計矣。」衹見大路上一軍殺來，旗上大書：「右護衛使虎翼將軍張苞」。魏兵皆棄甲拋戈而走。行不到一程，山谷中喊聲震地，鼓角喧天，前面一桿大旗，上書：「左護衛使龍驤將軍關興」。山谷應聲，不知蜀兵多少；更兼魏軍心疑，不敢久停，衹得盡棄輜重而去。興、苞二人皆遵將令，不敢追襲，多得軍器糧草而歸。司馬懿見山谷中皆有蜀兵，不敢出大路，遂回街亭。此時曹真聽知孔明退兵，急引兵追趕。山背後一聲炮響，蜀兵漫山遍野而來：爲首大將，乃是姜維、馬岱。真大驚，急退軍時，先鋒陳造已被馬岱所斬。真引兵鼠竄而還。蜀兵連夜皆奔回漢中。

卻說趙雲、鄭芝伏兵於箕谷道中。聞孔明傳令回軍，雲謂芝曰：「魏軍知吾兵退，必然來追。吾先引一軍伏於其後，公卻引兵打吾旗號，徐徐而退。吾一步步自有護送也。」

卻說郭淮提兵再回箕谷道中，喚先鋒蘇顒吩咐曰：「蜀將趙雲，英勇無敵。汝可小心提防。彼軍若退，必有計也。」蘇顒欣然曰：「都督若肯接應，某當生擒趙雲。」

遂引前部三千兵，奔入箕谷。看看趕上蜀兵，衹見山坡後閃出紅旗白字，上書：「趙雲」。蘇顒急收兵退走。行不到數里，喊聲大震，一彪軍撞出；爲首大將，挺槍躍馬，大喝曰：「汝識趙子龍否！」蘇顒大驚曰：「如何這裏又有趙雲？」措手不及，被雲一槍刺死於馬下。餘軍潰散。雲迤邐前進，背後又一軍到，乃郭淮部將萬政也。雲見魏兵追急，乃勒馬挺槍，立於路口，待來將交鋒。——蜀兵已去三十餘里。——萬政認得是趙雲，不敢前進。雲等得天色黃昏，方才撥回馬緩緩而進。郭淮兵到，萬政言趙雲英勇如舊，因此不敢近前。淮傳令教軍急趕，政令數百騎壯士趕來。行至一大林，忽聽得背後大喝一聲曰：「趙子龍在此！」驚得魏兵落馬者百餘人，餘者皆越嶺而去。萬政勉強來敵，被雲一箭射中盔纓，驚跌於澗中。雲以槍指之曰：「吾饒汝性命回去！快教郭淮趕來！」萬政脱命而回。雲護送車仗人馬，望漢中而去，沿途并無遺失。曹真、郭淮復奪三郡，以爲己功。

卻說司馬懿分兵而進。此時蜀兵盡回漢中去了，懿引一軍復到西城，因問遺下居民及山僻隱者，皆言孔明止有二千五百軍在城中，又無武將，衹有幾個文官，别無埋伏。武功山小民告曰：「關興、張苞，衹各有三千軍，轉山吶喊，鼓噪驚追，又無别軍，并不敢廝殺。」懿悔之不及，仰天嘆曰：「吾不如孔明也！」遂安撫了諸處官民，引兵徑還長安，朝見魏主。睿曰：「今日復得隴西諸郡，皆卿之功也。」懿奏曰：「今蜀兵皆在漢中，未盡剿滅。臣乞大兵并力收川，以報陛下。」睿大喜，令懿卽便興兵。忽班內一人出奏曰：「臣有一計，足可定蜀降吳。」正是：蜀中將相方歸國，魏地君臣又逞謀。

卻說獻計者，乃尚書孫資也。曹睿問曰：「卿有何妙計？」資奏曰：「昔太祖武皇帝收張魯時，危而後濟；常對羣臣曰：『南鄭之地，真爲天獄。』中斜谷道爲五百里石穴，非用武之地。今若盡起天下之兵伐蜀，則東吳又將入寇。不如以現在之兵，分命大將據守險要，養精蓄銳。不過數年，中國日盛，吳、蜀二國必自相殘害：那時圖之，豈非勝算？乞陛下裁之。」睿乃問司馬懿曰：「此論若何？」懿奏曰：「孫尚書所言極當。」睿從之，命懿分撥諸將守把險要，留郭淮、張郃守長安。大賞三軍，駕回洛陽。

卻說孔明回到漢中，計點軍士，衹少趙雲、鄧芝，心中甚憂；乃令關興、張苞，各引一軍接應。二人正欲起身，忽報趙雲、鄧芝到來，并不曾折一人一騎；輜重等器，亦無遺失。孔明大喜，親引諸將出迎。趙雲慌忙下馬伏地曰：「敗軍之將，何勞丞相遠接？」孔明急扶起，執手而言曰：「是吾不識賢愚，以致如此！——各處兵將敗損，惟子龍不折一人一騎，何也？」鄧芝告曰：「某引兵先行，子龍獨自斷後，斬將立功，敵人驚怕，因此軍資什物，不曾遺棄。」孔明曰：「真將軍也！」遂取金五十斤以贈趙雲，又取絹一萬匹賞雲部卒。雲辭曰：「三軍無尺寸之功，某等俱各有罪；若反受賞，乃丞相賞罰不明也。且請寄庫，候今冬賜與諸軍未遲。」孔明嘆曰：「先帝在日，常稱子龍之德，今果如此！」乃倍加欽敬。

忽報馬謖、王平、魏延、高翔至。孔明先喚王平入帳，責之曰：「吾令汝同馬謖守街亭，汝何不諫之，致使失事？」平曰：「某再三相勸，要在當道築土城，安營守把。參軍大怒不從，某因此自引五千軍離山十里下寨。魏兵驟至，把山四面圍合，某引兵衝殺十餘次，皆不能入。次日土崩瓦解，降者無數。某孤軍難立，故投魏文長求救。半途又被魏兵困在山谷之中，某奮死殺出。比及歸寨，早被魏兵佔了。及投列柳城時，路逢高翔，遂分兵三路去劫魏寨，指望克復街亭。因見街亭並無伏路軍，以此心疑。登高望之，衹見魏延、高翔被魏兵圍住，某即殺入重圍，救出二將，就同參軍並在一處。某恐失卻陽平關，因此急來回守。——非某之不諫也。丞相不信，可問各部將校。」孔明喝退，又喚馬謖入帳。謖自縛跪於帳前。孔明變色曰：「汝自幼飽讀兵書，熟諳戰法。吾累次叮嚀告戒：街亭是吾根本。汝以全家之命，領此重任。汝若早聽王平之言，豈有此禍？今敗軍折將，失地陷城，皆汝之過也！若不明正軍律，何以服衆？汝今犯法，休得怨吾。汝死之後，汝之家小，吾按月給與祿糧，汝不必掛心。」叱左右推出斬之。謖泣曰：「丞相視某如子，某以丞相爲父。某之死罪，實已難逃；願丞相思舜帝殛鯀用禹之義，某雖死亦無恨於九泉！」言訖大哭。孔明揮淚曰：「吾與汝義同兄弟，汝之子卽吾之子也，不必多囑。」左右推出馬謖於轅門之外，將斬。參軍蔣琬自成都至，見武士欲斬馬謖，大驚，高叫：「留人！」入見孔明曰：「昔楚殺得臣而文公喜。今天下未定，而戮智謀之臣，豈不可惜乎？」孔明流涕而答曰：「昔孫武所以能制勝於天下者，用法明也。今四方紛爭，兵戈方始，若復廢法，何以討賊耶？合當斬之。」須臾，武士獻馬謖首級於階下。孔明大哭不已。蔣琬問曰：「今幼常得罪，既正軍法，丞相何故哭耶？」孔明曰：「吾非爲馬謖而哭。吾想先帝在白帝城臨危之時，曾囑吾曰：『馬謖言過其實，不可大用。』今果應此言。乃深恨己之不明，追思先帝之言，因此痛哭耳！」大小將士，無不流涕。馬謖亡年三十九歲，時建興六年夏五月也。後人有詩曰：

失守街亭罪不輕，堪嗟馬謖枉談兵。轅門斬首嚴軍法，拭淚猶思先帝明。

（節自《三國演義》第九十五、九十六回）

《三國演義》中的「失街亭」一段，從司馬懿與張郃出兵到諸葛亮退兵講武，包括失街亭、空城計、斬馬謖的全部情節，卽通行本《三國演義》第九十五回和第九十六回的前半部。

《三國演義》是由講史話本發展而來的長篇演義章回小說，雖然要以歷史爲藍本，但是，在基本上不違

三國演義・失街亭

背歷史事實的原則之下，說話人和小說作者可以選擇某些重點加以渲染、創造。所以不妨如章學誠所說的「七實三虛」，甚至可以「三實七虛」。

《三國演義》寫出了魏、蜀、吳三國間的政治鬥爭。它描寫了許多次大小戰爭，這種軍事鬥爭就是政治鬥爭白熱化的表現。三國的興亡是讀者最關心的大事，作者抓住這種心理，在決定三國興亡的關鍵性鬥爭，也就是幾次大戰役上，着力描寫。這是作者的眼力高、手段高之處。

「失街亭」可說是這樣的一個範例。

失街亭這一役在六出祁山的一組大戰役中最爲重要。從二出到六出祁山，無論是蜀敗魏敗，都沒有動搖雙方的根本。卽使是「秋風五丈原」，也並不馬上關係到蜀漢的危亡。祇有初出祁山標誌着蜀方勝利達到的頂點。諸葛亮連得三郡，又取得孟達的內應，正如司馬懿所說的，「諸葛亮兵在祁山，殺得內外人皆膽落，今天子不得已而幸長安，……孟達一舉，兩京破矣」。魏國卽使不亡，也必元氣大傷。可是西城一役，司馬懿若生擒諸葛亮，蜀漢的覆亡便是指日可待的事了。從這樣的情況看，街亭之役是這次大戰的關鍵。讀者會密切地注視事態的發展和結局。爲此，作者不能不以全力處理這個在全書中，特別是後半部中的重要情節。

街亭是秦嶺之西的一條要路，連同它旁邊的列柳城，都是漢中咽喉。司馬懿料定諸葛亮要從這裏進軍，諸葛亮也料定「司馬懿出關必取街亭，斷吾咽喉之路」。攻守街亭之前雙方將帥的部署，證明了這次戰役在戰略上的重要性。司馬懿除派出張郃外，最後還親自出馬。諸葛亮任用了馬謖。

馬謖一直擔任諸葛亮的參軍，沒有獨立作戰的經驗，諸葛亮是出了名的小心謹愼的人，爲什麼竟派他守街亭，這是個極饒興味的問題。

綜合上下文來看，就知道蜀軍當時還是處在攻勢。諸葛亮派出馬謖後，又作了以下的一些部署：

> 孔明恰才心安，乃喚趙雲、鄧芝吩咐曰：「今司馬懿出兵，與往日不同。汝二人各引一軍出箕谷，以爲疑兵。如逢魏兵，或戰或不戰，以驚其心。吾自統大軍，由斜谷徑

取郿城。若得郿城，長安可破矣。」二人受命而去。孔明令姜維作先鋒，兵出斜谷。

蜀軍的一部分將領要統率進攻的部隊，而另一些將領，如魏延，諸葛亮認爲他是行險僥倖的一流人物，祇可助守，不可主守。在這時，馬謖挺身而出，諸葛亮經過仔細考慮後，終於應允。

諸葛亮派馬謖，不是沒有原因的，要從全書來考察。

在一些重大的戰略方針上，馬謖曾經給諸葛亮提供了很好的建議。諸葛亮一貫推行安定內部、鞏固後方、北伐中原的政策。南征時，問計於馬謖：

> 謖曰：「……夫用兵之道，攻心爲上，攻城爲下；心戰爲上，兵戰爲下。願丞相但服其心足矣。」孔明嘆曰：「幼常足知吾肺腑也。」

七擒孟獲，平定南方，是這個方針的具體的體現。馬謖因此取得了參軍的職位。從書中看，這是諸葛亮對他的首次明顯的提拔。北征前，爲了除去司馬懿這塊絆腳石，馬謖又獻計：

> 「司馬懿雖是魏國大臣，曹睿素懷疑忌。何不密遣人往洛陽、鄴郡等處，布散流言，道此人欲反；更作司馬懿告示天下榜文，遍貼諸處，使曹睿心疑，必然殺此人也。」

這一計果然取得了顯著的效果，司馬懿被削職家居，創造了蜀軍初出祁山的一個有利條件。

馬謖「飽讀兵書，熟諳戰法」，這一點諸葛亮也不否認。在取得了諸葛亮信任的基礎上，馬謖表示了堅決的鬥志，並且拿全家的性命作保證。諸葛亮在給了馬謖雄厚的兵力、得力的助手，並在後方作了周密的布置之後，比較放心地叫馬謖去了。

在此應該插說幾句：劉備在世時，所用方面軍將領，自五虎大將以下，皆係久歷沙場的宿將。諸葛亮這次起用馬謖獨當一面，顯然有在使用中培養文職新人之意。多方嚴密部署，幾乎可說是足以使馬謖立於不敗之地，顯示出孔明用心良苦，在培養中愛護備至。而馬謖竟然在最不應該也最不可能失敗的時間與地點失敗，這就深刻地揭示出，在遴選某種領導崗位的接班新人的時候，必須注意他在這樣的地位上可能暴露出的性格上的弱點。這種可能導致致命錯誤的弱點，常常是在他未掌大權以前不易被人察覺，而在手上有權能使的時候逐漸地或迅速地顯現出來的。古今中外，這樣的例子還算少麼？由於失街亭中提出的值得深思的經驗教訓太多，因而這一點常被分析者忽略，因此特別在此提出。同時，從文學作品塑造人物性格的角度看，作者以最經濟的筆墨描繪的，也正是馬謖的個人性格悲劇。

按照諸葛亮的布置，街亭可說萬無一失；可是司馬懿這次出兵能否成功，也繫於攻街亭一戰。自然而然地，讀者的興趣被引到街亭得失的問題上來。

司馬懿聽了兒子司馬昭的報告，說馬謖在山上屯兵，街亭易取，這對他是個多麽寶貴的消息。他要親自來看。看了之後，對馬謖作了這樣的評語：「徒有虛名，乃庸才耳。孔明用如此人物，如何不誤事？」司馬懿是決不輕視諸葛亮的，他剛剛說過「諸葛亮眞乃神人，吾不如也」的話。這衹是評論馬謖的錯誤，使人們更加感到馬謖對失街亭的責任。

馬謖的失街亭是必然的。他有意地違背諸葛亮的叮囑，採取屯軍山頂的戰術。許多人分析這個事件，都歸咎於馬謖是個教條主義者，他主觀地估計敵我形勢，教條地死用兵書，這是兵敗的原因。這當然是對的。然而還要深入地挖掘失街亭的內在原因，才能更深刻地推究馬謖在這次事件中的責任。

馬謖是不準備「守」街亭的。

在蜀軍疊獲勝利的情勢下，馬謖滋長了自滿情緒。幾次參與戰略方針的製訂，更助長了他的驕傲。「丞相諸事尙問於我」，在他眼睛裏還有誰呢？這是他第一次帶兵，而且是率重兵獨當一面。在一帆風順的情勢下，「功業」就在目前，他怎能不躍躍欲試呢？

馬謖是熟讀兵書的，不至於連「攻」「守」兩方的兵法都分不清。如果他肯守，可能不會戰敗，至少不會敗得這樣快，這樣慘。可是他所遵循的兵法：「憑高視下，勢如劈竹」、「置之死地而後生」，都不是守方的兵法。他未嘗不知山上是「絕地」，但希望部下「死戰」，這不是守御，而是準備進攻。「待吾破了魏兵，到丞相面前須分不得功」，赤裸裸地暴露了他的立功思想。原來他不是「守」街亭，而是要在街亭和司馬懿決戰。

被一連串的個人的成功和本部隊的勝利沖昏了頭腦，滿懷着個人的功利思想，主觀地估計敵人，又由主觀到自負，輕率地違背領導者統籌全局的安排和意圖，拒絕別人的忠告，教條主義地對待前人的經驗，這樣就造成了失街亭的巨大失敗，也造成了馬謖個人的悲劇。

司馬懿取得街亭也並非容易。他事先有縝密的充分的準備：先令張郃擋住王平，然後圍山，後又防備蜀軍的劫寨。儘管這樣，街亭還得而復失，蜀軍還有幾次有計劃的衝殺。足見蜀方也有極良好的準備，不肯輕易把街亭丟棄。由這裏更可看出，街亭之失，馬謖要負主要責任。

戰局的變化急轉直下，眞如不測的風雲。諸葛亮看到王平遣人送來的圖本，覺得「甚是不當」，正要讓楊儀換回馬謖時，已經來不及。一切優勢都已失去，他衹有退卻。

諸葛亮全面調動了自己的部隊，在極險惡的情勢下，從容不迫、有條不紊地部署退卻。這樣的退卻是帶有積極性的，不同於一般的敗退。這次退卻的準備竟然那麼細緻，那麼周到，使人們更加體會到諸葛亮超人的智慧和異乎尋常的鎮定。可是魏軍竟來得那樣快，這是突然的而又是最嚴重的令人震動的襲擊。他身邊大將都派遣出去了，衹有一班文官和兩千五百軍士在城中，而司馬懿引十五萬大軍殺氣騰騰地直奔西城而來。在這樣千鈞一髮的時候，諸葛亮沒有失去理智，他懂得衹有想辦法勇敢地應付危機才不至於坐以待斃。他顯出了對於最高統帥所要求的異乎尋常的鎮定。他這時已估料到：既不能攻，又不能守；既不能開門投降，又不能棄城而走。迫不得已，冒着極大的危險，他用了空城一計。

空城計取得了巨大的成功。諸葛亮在事後作了簡單的分析：「此人（司馬懿）料吾生平謹慎，必不弄險；見如此模樣，疑有伏兵，所以退去。」諸葛亮對敵人心理的分析完全正確，司馬懿在出關前就對張郃說過：「諸葛亮平生謹慎，未敢造次行事。」取街亭的艱難更使他進一步地領教了這一點。他承認街亭的取得實在是「僥倖成功」，因此，對諸葛亮，司馬懿除了知道他謹慎以外，還有很大的自卑感和恐懼心理。這就更加重了他的猜疑。

當然，原因還不像諸葛亮所說的那樣簡單。我們要認清當時司馬懿特定的處境。他原不爲魏主曹睿所信任，這次由不受信任到初受信任，他的兵權還不鞏固，不能不小心翼翼。他未奉王命就殺了孟達，是不得已而爲之，他也深恐魏主生疑，說自己造次。他現在已取得了街亭之戰的勝利，這是出乎他的意料的。在西城，面對着諸葛亮這樣的「強敵」，他要立卽決定撤退或進攻。在已經基本上完成了這次出兵任務的情況下，再勝，功無以加；在自己權位尚未穩固的情勢下，萬一有失，將得到什麼結果，他不能不考慮到。況且這裏的現場局勢與街亭之戰不同，敵人的尾巴他沒有抓到。冒險進攻，敗則前功盡棄；屯兵於城下，又爲兵家大忌。他不能不走了。司馬懿這種交織着矛盾、疑慮、懼怯的複雜心理，一向能知彼知己的諸葛亮是事先估計到的。諸葛亮既估計到敵人的心理，估料到司馬懿這時的謹慎勝於自己，就加強敵人的這種心理，故意製造一些令人見而生疑的氣氛，暴露出令人難以置信的弱點，使司馬懿看了疑慮倍增，終於躊躇不前。讀者每當看到這一段，不免議論起來，認爲司馬昭勝似其父，其實不然。司馬昭當時還是年輕氣銳，政治鍛煉遠未成熟，行動帶有很大的盲動性和冒險性。司馬懿的經歷當然遠遠勝過司馬昭，他是謹慎的，這是有政治目光的老奸巨猾的謹慎。

在這裏値得指出的是，我們不應該忽視諸葛亮的主觀努力。在這個事件上，諸葛亮駕馭了司馬懿。諸葛亮化被動爲主動，司馬懿卻由主動變成被動。諸葛亮應付司馬懿不是消極的，而是積極的。在這裏，誰都能看出諸葛亮的智慧勝過司馬懿。人們把《三國演義》中的諸葛亮看作智慧的化身，在很大程度上，全是看這空城一計也。

戰役結束了，應該平心靜氣地追究責任了。馬謖的死是肯定的，因爲他幾乎使全軍覆沒，甚至造成亡國的慘禍。這一點，書中已有註腳，不必多說。這裏祇從諸葛亮的哭談談他的性格。

哭，是一個人感情極端激動的表現。「男兒有淚不輕彈」，「自從魯國潸然後，不是奸人卽婦人」。寫小姐之哭易，寫政治家軍事家之哭難；寫性格複雜多面的政治家軍事家如劉備、曹操有意造作的哭尚易，寫淡泊寧靜的正面人物諸葛亮之哭最難。以諸葛亮那樣的身分，以他那樣的有理智，他的痛苦不是簡單的，不是一時的感情衝動，而是與他的種種經歷有密切關係的。《三國演義》以全力寫諸葛亮，他的幾次動感情都寫得特別動人：哭周瑜，哭龐統，辭先主廟，秋風五丈原時的落淚。哭馬謖也是這樣。這一哭，後面隱藏了多少往事、多少情感、多少悔恨。

自從先主叮嚀後，星落西風五丈原。

白帝托孤決定了諸葛亮的後半生。托孤的重點是興復漢室。北伐的事業遭到重大挫折的時候，不能不追憶起這時刻壓在心頭的沉重的往事，重喚起這不勝悵惘的永恒的記憶。

孔明曰：「吾非為馬謖而哭。吾想先帝在白帝城臨危之時，曾囑吾曰：『馬謖言過其實，不可大用。』今果應此言，乃深恨己之不明，追思先帝之言，因此痛哭耳。」

這裏點明了諸葛亮和馬謖關係的發展，不是一般的、巧合式的伏筆。托孤時，馬謖隨至榻前，這見出當時諸葛亮已相當重視他，所以在這重要的時刻能够讓他參與機密。劉備看出諸葛亮的偏愛，也看出這種偏愛的危險性，纔有這樣的提醒。也許諸葛亮認爲這是一件小事吧，可他追憶起這件事的時候，已經付出沉重的代價。這是對自己的事業有高度責任感的人迸發的眼淚。

「失街亭」僅是《三國演義》中一小段文字，可是諸葛亮、司馬懿、馬謖的性格躍然紙上。對諸葛亮和司馬懿，作者通過全書中許多事件來揭示他們的性格，他們的性格是逐步形成、逐步完整的。馬謖這個形象，卻祇集中在本段文字內描寫。這種一次寫活一個性格複雜的人物的筆力，在長篇小說中罕見，不愧爲大手筆。祇用這一個章回，馬謖就已成爲婦孺皆知的典型人物：他是「言過其實、終無大用」的代表人物，是不折不扣的教條主義者，同時還是一個自負、主觀、妄自尊大的人。這樣的人物，作戰哪能不敗？深入地研究馬謖的性格和他的失敗的原因，有深刻的教育意義。本文中也着重描寫了諸葛亮的性格——鎮定、智慧、謹慎。他的鎮定突出地表現在千鈞一髮的緊要關頭；他的智慧表現爲與鎮定相結合的最高的機智，他能充分估計到敵人的心理，能轉危爲安，敗中取勝，能讓善於用兵而又老奸巨猾的司馬懿十分馴服地聽從自己的擺布；至於他的謹慎，眞可以說是大膽中的謹慎，謹慎中的大膽，這也就是說，他能洞察客觀事物，並能主動地適應它，並非一味地盲動或弄險。此外，他的賞罰分明和虛心自責的優良作風也有突出的表現。司馬懿這時候的謹慎不亞於諸葛亮，甚至要比諸葛亮更勝幾分，祇是和諸葛亮的謹慎有不同的思想基礎而已。此外，他的恐懼、老奸巨猾、患得患失也表現得十足。結果是正面人物坦蕩的胸懷和高度的智慧戰勝了反面人物權衡得失的心理。這三個人物的性格特徵相映相照、互爲襯托，因此才分別呈現得更鮮明、更突出，給人的印象深刻、久遠。就連次要人物王平，這個二級武將中的代表，他在全書中，作爲一個活生生的人物，也主要是在這一回裏面塑造成功的。趙雲的「夕陽無限好」式的英雄結尾，也在這一回裏作了完美的描述。作者可謂筆酣墨飽，照顧得面面俱到。所以，不能片面地理解爲，這一回所有的人物完全是爲了突出地表現諸葛亮而安排。

但是，我們應該注意到，諸葛亮的性格，在這一回裏得到了最完美的體現。魯迅先生在《中國小說史略》中批評《三國演義》，有兩句名言：「顯劉備之長厚而似僞，狀諸葛之多智而近妖。」對全書而言，這是不刊之論。特別對劉備而言，魯迅指出的缺點通貫前後一直存在。可是，就諸葛亮而言，卻得分階段區別對待。從借東風直到七擒孟獲，孔明的妖氣或說神仙氣息甚大。後來的二出到六出祁山，以至秋風五丈原祭七星燈，死後多年還鎮懾鄧艾，一直保持如此氛圍。若說古代說書人還能仗着這些使聽衆對孔明膜拜，那麼現代的有科學頭腦的讀者對此產生不滿，可就很難彌縫了。當代的改編者用諸葛亮求教於老漁翁來解釋借箭和借東風的氣象學知識來歷，祇能是越描越黑。祇有失空斬這一回，全仗人謀，諸葛亮的智慧，既出乎人們意想之外，又在於情理之中，古今中外讀者同稱賞。可以說，如果沒有失空斬，演義中的孔明不免陷入二流小說中類型化的神仙類型的軍師隊伍之內，滿打滿算也比那些人高明不了多少。失空斬這一回，在寫「人」這點上，可說是以神來之筆，寫活了那富於人情味的孔明，寫出了眞正的智慧的化身諸葛亮。

本文中出現了許多連續的緊張場面，眞可說是險象環生，這是完全適應那個複雜多變的事件的。特別是讀到那些最緊要的地方，祇有屛息凝神，甚至提心弔膽地讀下去。最令人久久不忘的，也是其中最重要的，是西城下司馬懿和諸葛亮的會見。這是《三國演義》後半部兩個重要人物第一次的會見。文學作品中，主要人物會見往往着重寫，因爲它常是某些大事件的關鍵。諸葛亮和司馬懿這次會見是極富有戲劇性的緊張的場面，在這個場面中兩個人物形成了鮮明的對比：一個是有兵而心懷恐懼，一個是雖無兵卻表現得很坦然；一個是實際上應該很平靜而表現得極緊張，一個是理當緊張卻表現得極安閑。這會使細心的讀者感到多麼濃厚的人情味。《三國演義》的作者很擅長處理這樣的場面。「煮酒論英雄」是另一個例子。當然，「空城計」要算是這類場面中最精彩的範例。

從全文看，空城計是個高潮，它和失街亭、斬馬謖有不可分割的關係。失街亭是空城計的前奏，可是，沒有空城計這段文字，馬謖的過失也不能更明顯地看出。待到全仗空城一計之時，讀者會悚然體會到，除了失街亭，馬謖還負擔着幾覆全軍的罪過，連諸葛亮的性命都幾乎送在他的手中，而諸葛亮的安危對蜀國是有極重大的關係的。因此，也可以說，失街亭就潛藏着斬馬謖的必然性。到了空城計，這個必然性就更明朗化、表面化。

《三國演義》作者揚劉抑曹的傾向性非常明顯，人所共知。最爲難能的是，站在這樣鮮明的立場上，作者把這次蜀方的大敗竟寫得那樣光彩，而魏方最後偃旗息鼓，黯然退兵，還留下幾句對敵方主帥的讚嘆。這一回極力寫趙雲，寫他在退兵中的作用，也是爲此。在世界上以軍事史爲題材的小說中，把一次大戰的徹底失敗的負方寫得如此光芒四射，尚不多見。在這方面，失空斬是一個登峯造極的光輝範例。僅祇這一點，就足令後代的軍事小說家俯首低眉。

「失街亭」部分裏的空城計事件根據《三國志》裴註。裴松之認爲這祇是偶然的事件，未必是事實。而我們天才的作家羅貫中竟能把它寫成具有必然性的和藝術的眞實的大事件，而且，不落窠臼，無懈可擊。人們知道，中國古代小說中常有類型化的故事，類似的情節會在不同時代的演史中出現，說明作者創造性的貧乏。而失空斬卻是不可無一，不能有二，無法規橅。不落前人窠臼難，能不被後人仿傚更難。失空斬故事的典型性是獨具的，這裏見出作家在一部歷史小說中的驚人創造，顯示了作家出羣的藝術才華。

（白化文　李如鸞）

風雪山神廟

施耐庵

話說當日林沖正閒走間，忽然背後人叫，回頭看時，卻認得是酒生兒李小二。當初在東京時，多得林沖看顧。這李小二先前在東京時，不合偷了店主人家錢財，被捉住了，要送官司問罪，卻得林沖主張陪話，救了他免送官司，又與他陪了些錢財，方得脱免；京中安不得身，又虧林沖齎發他盤纏，於路投奔人；不想今日卻在這裏撞見。

林沖道：「小二哥，你如何也在這裏？」李小二便拜道：「自從得恩人救濟，齎發小人，一地裏投奔人不着，迤邐不想來到滄州，投托一個酒店主人，姓王，留小人在店中做過賣。因見小人勤謹，安排的好菜蔬，調和的好汁水，來喫的人都喝采，以此，買賣順當。主人家有個女兒。就招了小人做女婿。如今丈人丈母都死了。祇剩得小人夫妻兩個，權在營前開了個茶酒店。因討錢過來遇見恩人。恩人不知爲何事在這裏？」林沖指着臉上道：「我因惡了高太尉，生事陷害，受了一場官司，刺配到這裏。如今叫我管天王堂，未知久後如何。不想今日在此遇見。」李小二就請林沖到家裏面坐定，叫妻子出來拜了恩人。兩口兒歡喜道：「我夫妻二人正沒個親眷，今日得恩人到來，便是從天降下。」林沖道：「我是罪囚，恐怕玷辱你夫妻兩口。」李小二道：「誰不知恩人大名？休恁地說！但有衣服，便拿來家裏漿洗縫補。」當時管待林沖酒食，至夜送回天王堂。次日又來相請。自此，林沖得李小二家來往，不時間送湯送水來營裏與林沖喫。林沖因見他兩口兒恭敬孝順，常把些銀兩與他做本銀。

且把閒話休題，祇說正話。迅速光陰，卻早冬來。林沖的綿衣裙襖都是李小二渾家整治縫補。忽一日，李小二正在門前安排菜蔬下飯，祇見一個人閃將進來，酒店裏坐下。隨後又一人閃入來。看時，前面那個人是軍官打扮；後面這個走卒模樣，跟着也來坐下。李小二入來問道：「可要喫酒？」祇見那個人將出一兩銀子與小二道：「且收放櫃上，取三四瓶好酒來。客到時，果品酒饌，祇顧將來，不必要問。」李小二道：「官人請甚客？」那人道：「煩你與我去營裏請管營、差撥兩個來說話。問時，你祇說：『有個官人請說話，商議些事務，專等，專等！』」李小二應承了，來到牢城裏，先請了差撥，同到管營家中請了管營，都到酒店裏。祇見那個官人和管營、差撥兩個講了禮。管營道：「素不相識，動問官人高姓大名？」那人道：「有書在此，少刻便知。且取酒來！」李小二連忙開了酒，一面鋪下菜蔬果品酒饌。那人叫討副勸盤來，把了盞，相讓坐了。小二獨自一個攛梭也似伏侍不暇。那跟來的人討了湯桶，自行燙酒。約計喫過十數杯，再討了按酒鋪放桌上。衹見那人說道：「我自有伴當燙酒，不叫你休來，我等自要說話。」

李小二應了，自來門首叫老婆道：「大姐，這兩個人來得不尷尬。」老婆道：「怎麼的不尷尬？」小二道：「這兩個人語言聲音是東京人；初時又不認得管營；向後我將按酒入去，衹聽得差撥口裏訥出一句『高太尉』三個字來。這人莫不與林教頭身上有些干礙？我自在門前理會，你且去閣子背後聽說甚麼。」老婆道：「你去營中尋林教頭來認他一認。」李小二道：「你不省得：林教頭是個性急的人，摸不着便要殺人放火。倘或叫得他來看了，正是前日說的甚麼陸虞侯，他肯便罷？做出事來須連累了我和你。你衹去聽一聽，再理會。」老婆道：「說得是。」便入去聽了一個時辰，出來說道：「他那三四個交頭接耳說話，正不聽得說甚麼。衹見那一個軍官模樣的人去伴當懷裏取出一帕子物事遞與管營和差撥。帕子裏面的莫不是金銀？衹聽差撥口裏說道：『都在我身上，好歹要結果他性命。』」……正說之時，閣子裏叫：「將湯來！」李小二急去裏面換湯時，看見管營手裏拿着一封書。小二換了湯，添些下飯。又喫了半個時辰。算還了酒錢。管營、差撥先去了；次後，那兩個低着頭也去了。

轉背不多時，衹見林沖走將入店裏來，說道：「小二哥，連日好買賣！」李小二慌忙道：「恩人請坐，小二卻待正要尋恩人，有些要緊話說。」……當下林沖問道：「甚麼要緊的事？」李小二請林沖到裏面坐下，說道：「卻纔有個東京來的尷尬人，在我這裏請管營、差撥喫了半日酒。差撥口裏訥出『高太尉』三個字來。小人心下疑惑，又着渾家聽了一個時辰。他卻交頭接耳，說話都不聽得。臨了，衹見差撥口裏應道：『都在我兩個身上，好歹要結果了他！』那兩個把一包金銀遞與管營、差撥，又喫一回酒，各自散了。不知甚麼樣人。小人心疑，衹怕在恩人身上有些妨礙。」林沖道：「那人生得甚麼模樣？」李小二道：「五短身材，白淨臉皮，沒甚髭鬚，約有三十餘歲。那跟的也不長大，紫棠色面皮。」林沖聽了大驚道：「這三十歲的正是陸虞侯！那潑賤賊敢來這裏害我！休要撞着我，衹教他骨肉爲泥！」李小二道：「衹要隄防他便了；豈不聞古人言『喫飯防噎，走路防跌』？」

林沖大怒。離了李小二家，先去街上買把解腕尖刀，帶在身上，前街後巷一地裏去尋。李小二夫妻兩個捏着兩把汗。當晚無事。林沖次日天明起來，洗漱罷，帶了刀，又去滄州城裏城外，小街夾巷，團團尋了一日。牢城營裏，都沒動靜。又來對李小二道：「今日又無事。」小二道：「恩人，衹願如此。衹是自放仔細便了。」林沖自回天王堂，過了一夜。街上尋了三五日，不見消耗，林沖也自心下慢了。

到第六日，衹見管營叫喚林沖到點視廳上，說道：「你來這裏許多時，柴大官人臉皮，不曾擡舉得你。此間東門外十五里有座大軍草場，每月但是納草納料的，有些常例錢取覓。原尋一個老軍看管；如今我擡舉你去替那老軍來守天王堂，你在那裏尋幾貫盤纏。你可和差撥便去那裏交割。」林沖應道：「小人便去。」當時離了營中，逕到李小二家，對他夫妻兩個說道：「今日管營撥我去大軍草料場管事，卻如何？」李小二道：「這個差使又好似天王堂；那裏收草料時有些常例錢鈔。往常不使錢時，不能彀得這差使。」林沖道：「卻不害我，倒與我好差使，正不知何意？……」李小二道：「恩人，休要疑心。衹要沒事便好了。衹是小人家離得遠了，過幾時那工夫來望恩人。」就在家裏安排幾杯酒請林沖喫了。

話不絮煩。兩個相別了。林沖自來天王堂，取了包裹，帶了尖刀，拿了條花鎗，與差撥一同辭了管營。兩個取路投草料場來。正是嚴冬天氣，彤雲密布，朔風漸起，卻早紛紛揚揚，捲下一天大雪來。那雪下得密了，……林沖和差撥兩個在路上又沒買酒喫處。早來到草料場外。看時，一週遭有些黄土牆，兩扇大門。推開看裹面時，七八間草屋做着倉廒，四下裹都是馬草堆，中間兩座草廳。到那廳裹，衹見那老軍在裹面向火。差撥說道：「管營差這個林沖來替你回天王堂看守，你可卽便交割。」老軍拿了鑰匙，引着林沖吩咐道：「倉廒内自有官司封記；這幾堆草，一堆堆都有數目。」老軍都點見了堆數，又引林沖到草廳上。老軍收拾行李，臨了說道：「火盆、鍋子、碗、碟，都借與你。」林沖道：「天王堂内，我也有在那裹，你要便拿了去。」老軍指壁上掛一個大葫蘆，說道：「你若買酒喫時，衹出草場投東大路去二三里便有市井。」老軍自和差撥回營裹來。

衹說林沖就牀上放了包裹被臥。就坐下生些焰火起來——屋邊有一堆柴炭，拿幾塊來，生在地爐裹。仰面看那草屋時，四下裹崩壞了，又被朔風吹撼，搖振得動。林沖道：「這屋如何過得一冬？待雪晴了，去城中喚個泥水匠來修理。」向了一回火，覺得身上寒冷，尋思：「卻纔老軍所說，二里路外有那市井，何不去沽些酒來喫？」便去包裹裹取些碎銀子，把花鎗挑了酒葫蘆，將火炭蓋了，取氈笠子戴上，拿了鑰匙出來，把草廳門拽上，出到大門首，把兩扇草場門反拽上鎖了；帶了鑰匙，信步投東，雪地裹踏着碎瓊亂玉，迤邐背着北風而行；那雪正下得緊。

行不上半里多路，看見一所古廟，林沖頂禮道：「神明庇祐，改日來燒紙錢。」又行了一回，望見一簇人家。林沖住脚看時，見籬笆中，挑着一個草帚兒在露天裹。林沖逕到店裹。主人道：「客人那裹來？」林沖道：「你認得這個葫蘆麽？」主人看了道：「這葫蘆是草料場老軍的。」林沖道：「原來如此。」店主道：「既是草料場看守大哥，且請少坐；天氣寒冷，且酌三杯，權當接風。」店家切一盤熟牛肉，燙一壺熱酒，請林沖喫。又自買了些牛肉，又喫了數杯。就又買了一葫蘆酒，包了那兩塊牛肉，留下些碎銀子。把花鎗挑着酒葫蘆，懷內揣了牛肉，叫聲「相擾」，便出籬笆門，仍舊迎着朔風回來。看那雪，到晚越下得緊了。

再說林沖踏着那瑞雪，迎着北風，飛也似奔到草場門口，開了鎖，入內看時，祇叫得苦。原來天理昭然，佑護善人義士，因這場大雪，救了林沖的性命：那兩間草廳已被雪壓倒了。林沖尋思：「怎地好？」放下花鎗、葫蘆在雪裏；恐怕火盆內有火炭延燒起來，搬開破壁子，探半身人去摸時，火盆內火種都被雪水浸滅了。林沖把手牀上摸時，祇拽得一條絮被。林沖鑽將出來，想天色黑了，尋思：「又沒把火處，怎生安排？」想起離了這半里路上有個古廟可以安身，「我且去那裏宿一夜，等到天明，卻作理會。」把被捲了，花鎗挑着酒葫蘆；依舊把門拽上，鎖了；望那廟裏來。入得廟門，再把門掩上。旁邊止有一塊大石頭，掇將過來靠了門。入得裏面看時，殿上塑着一尊金甲山神；兩邊一個判官，一個小鬼；側邊堆着一堆紙。團團看來，又沒鄰舍，又無廟主。林沖把鎗和酒葫蘆放在紙堆上；將那條絮被放開；先取下氈笠子，把身上雪都抖了；把上蓋白布衫脱將下來，早有五分濕了，和氈笠放在供桌上；把被扯來，蓋了半截下身；卻把葫蘆冷酒提來慢慢地喫，就將懷中牛肉下酒。

正喫時，祇聽得外面必必剝剝地爆響。林沖跳起身來，就壁縫裏看時，祇見草料場裏火起，刮刮雜雜的燒着。當時林沖便拿了花鎗，卻待開門來救火；祇聽得外面有人說將話來。林沖就伏門邊聽時，是三個人腳步響，直奔廟裏來；用手推門，卻被石頭靠住了，再也推不開。三人在廟簷下立地看火。數內一個道：「這條計好麼？」一個應道：「端的虧管營、差撥兩位用心！回到京師，稟過太尉，都保你二位做大官。這番張教頭沒得推故了！」一個道：「林沖今番直喫我們對付了！高衙內這病必然好了！」又一個道：「張教頭那廝，三回五次托人情去說，『你的女婿沒了』，張教頭越不肯應承。因此衙內病患看看重了。太尉特使俺兩個央浼二位幹這件事。不想而今完備了！」又一個道：「小人直爬入牆裏去，四下草堆上點了十來個火把，待走那裏去！」那一個道：「這早晚燒個八分過了。」又聽得一個道：「便逃得性命時，燒了大軍草料場，也得個死罪！」又一個道：「我們回城裏去罷。」一個道：「再看一看，拾得他一兩塊骨頭回京，府裏見太尉和衙內時，也道我們也能會幹事。」

林沖聽那三個人時，一個是差撥，一個是陸虞侯，一個是富安。自思道：「天可憐見林沖，若不是倒了草廳，我準定被這廝們燒死了！」輕輕把石頭掇開，挺着花鎗，左手拽開廟門，大喝一聲：「潑賊那裏去！」三個人都急要走時，驚得呆了，正走不動。林沖舉手，肐察的一鎗，先搠倒差撥。陸虞侯叫聲：「饒命！」嚇的慌了手腳，走不動。那富安走不到十來步，被林沖趕上，後心衹一鎗，又搠倒了。翻身回來，陸虞侯卻纔行得三四步，林沖喝聲道：「奸賊！你待那裏去！」劈胸衹一提，丟翻在雪地上，把鎗搠在地裏，用腳踏住胸脯，身邊取出那口刀來，便去陸謙臉上擱着，喝道：「潑賊！我自來又和你無甚麼冤讎，你如何這等害我！正是『殺人可恕，情理難容』！」陸虞侯告道：「不干小人事！太尉差遣，不敢不來。」林沖罵道：「奸賊！我與你自幼相交，今日倒來害我！怎不干你事？且喫我一刀！」把陸謙上身衣服扯開，把尖刀向心窩裏衹一剜，七竅迸出血來；將心肝提在手裏。回頭看時，差撥正爬將起來要走；林沖按住喝道：「你這廝原來也恁的歹，且喫我一刀！」又早把頭割下來，挑在鎗上。回來把富安、陸謙頭都割下來，把尖刀插了，將三個人頭髮結做一處，提入廟裏來，都擺在山神面前供桌上。再穿了白布衫，繫了搭膊，把氈笠子帶上，將葫蘆裏冷酒都喫盡了。被與葫蘆都丟了不要。提了鎗，便出廟門投東去。走不到三五里，早見近村人家都拿了水桶、鈎子來救火。林沖道：「你們快去救應！我去報官了來！」提着鎗祇顧走。……

那雪越下得猛。林沖投東走了兩個更次，身上單寒，當不過那冷；在雪地裏看時，離得草料場遠了；祇見前面疎林深處，樹木交雜，遠遠地數間草屋，被雪壓着，破壁縫裏透出火光來。林沖逕投那草屋來。推開門，祇見那中間坐着一個老莊客、周圍坐着四五個小莊家向火，地爐裏面焰焰地燒着柴火。林沖走到面前叫道：「衆位拜揖！小人是牢城營差使人，被雪打濕了衣裳，借此火烘一烘。望乞方便！」莊客道：「你自烘便了，何妨得。」林沖烘着身上濕衣服，略有些乾，祇見火炭邊煨着一個甕兒，裏面透出酒香。林沖便道：「小人身邊有些碎銀子，望煩回些酒喫。」老莊客道：「我們每夜輪流看米囤，如今四更，天氣正冷，我們這幾個喫尚且不彀，那得回與你？休要指望！」林沖又道：「胡亂祇回三兩碗與小人擋寒。」老莊客道：「你那人休纏！休纏！」林沖聞得酒香，越要喫，說道：「沒奈何，回些罷。」衆莊客道：「好意着你烘衣裳向火，便來要酒喫！去便去；不去時，將來弔在這裏！」林沖怒道：「這厮們好無道理！」把手中鎗看着塊焰焰着的火柴頭，望老莊家臉上祇一挑，又把鎗去火爐裏祇一攪，那老莊家的髭鬚焰焰的燒着。衆莊客都跳將起來，林沖把鎗桿亂打。老莊家先走了；莊客們都動撣不得，被林沖趕打一頓，都走了。林沖道：「都走了！老爺快活喫酒！」土炕上卻有兩個椰瓢，取一個下來傾那甕酒來喫了一會，剩了一半。提了鎗，出門便走；一步高，一步低，踉踉蹌蹌，捉腳不住；走不過一里路，被朔風一掉，隨着那山澗邊倒了，那裏掙得起來？大凡醉人一倒便起不得。當時林沖醉倒在雪地上。

（節自《水滸傳》第十四回）

優秀古典小說《水滸傳》，在我國人民羣衆中流傳甚廣，影響深遠。書中第十回「林教頭風雪山神廟」，歷來是爲人們擊節稱賞的著名篇章之一。在這一章中，作者運用了多種藝術表現手法，着力描寫了林沖，一個封建統治集團的依附者，因被徽宗皇帝的寵臣太尉高俅陷害得家破人亡，終於投奔梁山，成爲農民起義英雄的轉化過程。在人物性格的精細刻畫和故事情節的生動描寫上，取得了很高的成就。

在燦若羣星的「梁山泊」英雄形象中，林沖是人們十分喜愛的一個。他是東京八十萬禁軍教頭，這不算低的社會地位，加上優厚的俸給、溫暖和美的小康家庭等多種社會因素，使他對封建統治者和自身的前途存在幻想。雖然他武藝高強，對「屈沉在小人之下」也有一腔怨憤，卻養成了逆來順受、忍辱妥協的性格。他在小說中剛一出場，就遇到高俅的乾兒子「花花太歲」高衙內攔路調戲他妻子。當他聞訊趕來，於怒喝聲中舉拳欲打時，一看「是本管高太尉螟蛉之子高衙內」，「先自手軟了」。在愛妻遭調戲的奇恥大辱面前，職任八十萬禁軍教頭、英名遠播的林沖，居然嚥下了一腔盛怒，不但自己不敢打，甚至阻攔魯智深去追打高衙內，說是：「自古道，不怕官，祇怕管。林沖不合喫着他的請受，權且讓他這一次。」這裏，第一次顯示了林沖屈從忍讓的思想性格。但是，逆來順受並不能解脫林沖的困境，當陸謙設計調開林沖，妄圖讓高衙內引誘凌辱他妻子時，林沖按捺不住了，他把嚥下去的一腔憤怒，全部傾瀉到無恥走狗陸謙身上。這時，林沖仍然避免觸及「本管高太尉」，但從他拿了尖刀，追尋陸謙的激烈行動中，可以看出林沖反抗性格的緩慢發展過程。後來，他在陸謙與高衙內進一步設下陷阱，陰謀迫害下，誤入白虎堂、刺配滄州道、遇險野猪林……在一個接一個的打擊迫害中，林沖的反抗性格逐步發展和增強。儘管如此，他依然想從妥協退讓中尋求苟安，沒有放棄「掙扎着回來」的幻想。林沖思想性格上這種矛盾鬥爭，在「風雪山神廟」這一回中，達到高潮，發生了突變，在嚴酷的現實面前，他終於掙斷了逆來順受、忍辱求生的思想繩索，反抗性高度升華，走上了造反、起義的道路。

第十回一開頭，作者先寫了李小二和小酒店，這是一個不可缺少的重要安排。林沖被誣陷下獄，刺配滄州，在難中忽然間遇見故人李小二。作者順筆交代了林沖在東京時曾救助過他，使李小二免遭官司，還爲他賠了錢財，又接濟他路費。這一簡短的插敍，既表現了林沖樂於扶危濟困的性格特徵，又使李小二夫妻感恩戴德的行爲顯得合情合理。林沖告訴李小二「我因惡了高太尉，生事相害，受了一場官司，刺配到這裏」。對自己遭受統治者陷害的冤情，講述中雖含有怨意，但更多流露出的卻是一種無可奈何的情緒。由此可以看出，林沖此時的思想性格，還沒有完全擺脫忍辱負重、聽天由命的軟弱的一面。他心中仍舊抱有刑滿釋放、重獲生路的願望。林沖還對李小二說：「我是罪囚，恐怕玷辱你夫妻兩口。」這淡淡的一句話，分量卻不輕：它表明扶危濟困的英雄林沖，身在危難之中，依然不顧自己的苦難，一心爲別人着想的高貴品質。

作品開頭的這段描寫，自然而又親切。一方面表現了林沖的思想性格特徵，另一方面也是爲下面情節發展而特意預先安設的。寫李小二的小酒店，不光是爲了寫他招待林沖，更重要的是爲了寫他接待東京高衙內差來的陸謙和管營、差撥。小說描寫這一天，李小二正在門前安排菜蔬下飯，忽見一個人閃進酒店內，隨後又一個閃了進來，同本不相識的管營、差撥竊竊私語。這兩個「閃」字用得很形象，把搞陰謀詭計的壞人那種鬼鬼祟祟的情態，活靈活現地反映出來了。一連四五個「祇見那人」、「祇見那人說道」……寫得若隱若現，撲朔迷離。當李小二將剛來小酒店的那人容貌——「五短身材，白淨面皮，沒甚髭鬚，約有三十餘歲」——和「高太尉」等隻言片語告訴林沖時，林沖不覺大驚道：「正是陸虞侯。那潑賤賊，敢來這裏害我！休要撞着我，祇教骨肉爲泥！」說罷，大怒離開酒店，買了一把解腕尖刀，前街後巷去尋。透過這一聲怒罵和持刀急尋的身影，人們明顯地感覺到林沖的反抗性格又向前跨進了一大步。爲殺讎人而不顧自己是一個充軍流放的罪囚，報讎雪恨的強烈慾望，使他將前程、生死等一切利害關係都置之度外了。這一描寫，正是通往林沖性格突變道路上的一層重要臺階；鋪設了這個臺階，下面林沖思想的飛躍，就更加合乎情理。

林沖又驚又怒拿刀去尋找陸謙，讀者讀到這裏，精神也爲之一震，矛盾衝突的浪頭一下子漫湧而起，好像緊接着就是一場血肉迸飛的廝殺，「李小二夫妻兩個捏着兩把汗」，讀者也捏着一把汗。然而，作者卻老練地虛晃一槍，盤馬彎弓，引而不發。俗話說：文似看山不喜平。山巒起伏，愈見其萬千氣象；文勢跌宕，更能够引人入勝。《水滸傳》的作者深諳其道，他在這裏故意頓了一筆，寫林沖尋了三、五日，不見動靜，「也自心下慢了」，陸謙等人在小酒店裏一閃後，也消失得無影無蹤。矛盾衝突的浪頭起而又伏，於暗伏中積蓄力量，準備迎接更大的衝擊和高峯。

接下去，作者以圓熟靈動、細膩入微的筆觸，描寫了林沖雪夜向火，老軍留贈酒葫蘆，草料場風吹屋動等一系列生活細節，寫得平淡、輕鬆，若無其事。本是「山雨欲來」之勢，矛盾衝突已趨激烈，而高潮到來前夕卻越顯得「密雲不雨」般地平靜，這正是生活辯證法在藝術創作中的生動體現。

最後，草料場被陸謙等人放火燒着了。作者借陸謙一干人自己的口，將陷害林沖的全部狠毒陰謀，在山神廟前和盤托出，小說主人公林沖和讀者心頭的一切疑團豁然開朗。事到如今，林沖再也無法忍耐下去了。當他聽到「拾得他一兩塊骨頭回京，府裏見太尉和衙內時，也道我們也能會幹事」等話語時，他怒火中燒，舊恨新讎，一齊湧上心頭，拽開廟門，挺着花槍，大喝一聲：「潑賊哪裏去？」這山崩地裂的一聲大喝中，踏過艱苦思想鬥爭歷程的林沖，思想性格終於爆發出質的飛躍。他轉變了立場，拋棄了幻想，手刃讎人，同前所依附的封建統治集團徹底決裂。這個「空有一身本事」，「屈沉在小人之下」的英雄，面貌一新地站立起來了。他那英勇的反抗性格，在這促使他思想昇華的矛盾高潮中，得到了充分展現。

林沖殺陸謙等三人殺得好，使人禁不住拍手稱快。作者描寫這場鬥殺也寫得好，更使人拍案叫絕。小說是這樣萬分精彩地寫道：

（林沖）大喝一聲：「潑賊哪裏去？」三個人都急要走時，驚得呆了，正走不動。林沖舉手，肐察的一槍，先撥倒差撥。陸虞侯叫聲：「饒命！」嚇的慌了手腳，走不動。那富安走不到十來步，被林沖趕上，後心衹一槍，又搠倒了，翻身回來，陸虞侯卻纔行得三四步，林沖喝聲道：「奸賊，你待那裏去！」劈胸衹一提，丟翻在雪地上，把槍搠在地裏，用腳踏住胸脯，身邊取出那口刀來，便去陸謙臉上擱着，喝道：「潑賊，我自來又和你無甚麼冤讎，你如何這等害我？正是殺人可恕，情理難容。」陸虞侯告道：「不干小人事，太尉差遣，不敢不來。」林沖罵道：「奸賊，我與你自幼相交，今日倒來害我，怎不干你事？且喫我一刀！」把陸謙上身衣服扯開，把尖刀向心窩裏衹一剜，七竅迸出血來，將心肝提在手裏。回頭看時，差撥正爬將起來要走。林沖按住喝道：「你這廝原來也恁的歹！且喫我一刀。」又早把頭割下來，挑在槍上。回來，把富安、陸謙頭都割下來。把尖刀插了，將三個人頭髮結做一處，提入廟裏來，……

一個人接連鬥殺三個人，三四個回身轉體，手起腳落，或用槍搠，或用刀剜，或用刀割。寫得有層次、有波折、有疏有密，有板有眼；而且不雷同、不煩瑣、不慌不忙，從容自如，游刃有餘。特別精彩的是殺陸謙的場景，你看林沖劈胸一提，將他丟翻在雪地，腳踏住他胸脯，刀擱在他臉上，先審後殺，理直氣壯，「把刀向心窩裏衹一剜，七竅迸出血來，將心肝提在手裏」。眞是刀落驚風雪，文成泣鬼神。人們絲毫不感到殺得心驚，反而感到殺得無比痛快！

出自林沖口中那「殺人可恕，情理難容」八個字，淋漓盡致地表現了這受盡奸賊迫害的英雄，舉刀殺人行動的理直氣壯，正義凜然；充分揭露了高俅、陸謙這些封建統治者及其走狗的卑鄙、狠毒和罪惡。草料場被燒毀，又殺了陸謙等人，在封建統治者看來，林沖犯下了彌天大罪，罪不容誅；到了這個地步，林沖的一切退路都被徹底堵死，衹剩下「上梁山」這一條路了。於是，在無情的現實教育下，英雄丟掉了幻想，撇下了自家前程的包袱，終於克服了自身軟弱忍讓的弱點，挺起腰杆，帶着慷慨激昂的豪情，大踏步地走上了梁山起義的道路。

在「林教頭風雪山神廟」這一回故事中，除了人物形象刻畫的突出成就外，在藝術描寫的其他方面，也不乏精彩之筆，有很多值得借鑒的地方。如這一回前後兩處寫到了偷聽別人談話。前者是寫在小酒店裏，李小二聽到差撥口中訥出「高太尉」三個字時，就疑心與恩人林沖有關係，連忙叫妻子前去暗暗偷聽；後者寫林沖在山神廟裏偷聽到陸謙等人的談話。這兩處偷聽，寫得詳略有致，各具特色。

前者李小二的妻子奉丈夫之命有心去聽，而且是聽了「一個時辰」，卻僅聽到沒頭沒尾的半句話：「都在我身上，好歹要結果他性命」；後者是林沖伏在廟門內，無意之中在短暫的霎那間，卻聽清了陸謙等三人的全部對話——「一個道」、「一個人道」、「那一個道」、「又一個道」……一共八九句對話，聽得一字不漏，洞悉賊人的全部陰謀。兩次偷聽，一詳一略，都恰到好處，匠心獨運。前者是陸謙等人在小酒店裏密謀策劃害人的虧心事，賊人心虛，怕人聽到，祇能暗中竊語；李小二妻子的隔牆之耳，當然不易聽清。而且在這個時候如果完全聽清了陸謙等人的密謀，那麼下面的故事發展就會索然寡味；但要是連半句也聽不到，那麼情節也就無法曲折起伏地開展下去了。祇有聽得不清楚，藏頭露尾，似是而非，才能在李小二夫妻、林沖和讀者的心中，都產生一個共同的疑團——這些人到底要幹什麼？林沖有沒有生命危險？這種藝術表現手法叫做「懸念」。懸念不解，扣人心弦，文勢漸漸蓄起，矛盾衝突步步推向高潮。

而後者，林沖是在風雪之夜的山神廟裏，陸謙等三人放火成功，壓根兒也想不到深夜冷落蕭條的山神廟裏會有人，更想不到會是林沖；加之這是在他們自以爲陰謀得逞、按捺不住內心狂喜時的私下暢吐，免不了得意忘形，毫無顧忌。林沖僅隔廟門，當然聽得清清楚楚。試想這個時候，要是不能聽得全部陰謀，也就不可能迅速地、一下子激起林沖胸中的無比憤怒。祇有聽得眞眞切切，一字不漏，才能立卽點燃起林沖胸中的復讎烈火，不顧一切地挺槍殺讎人，使林沖的思想性格發生飛躍的突變。

前者略寫，顯得惜墨如金，恰到好處；後者詳寫，又簡直潑墨如雲，毫不過分。

這第十回的回目叫做「林教頭風雪山神廟，陸虞侯火燒草料場」，作者落筆中處處不忘記「火」和「雪」。精心描寫「火」和「雪」這兩種互不相容的事物，具有一定的象徵意義，暗示着林沖和高俅、陸謙等人是水火不相容的。而對「火」和「雪」的具體描寫，不但簡潔、新穎、不落俗套；而且跟矛盾衝突的進展步步緊扣，爲刻畫人物性格服務。

火燒草料場的前前後後寫了許多火。草料場是最怕火的地方，作者偏偏在最怕火的地方不厭其煩地寫火。林沖第一次推開草料場的大門，一眼就瞧見一個老軍在「向火」。這個老軍向林沖進行移交時，特地將「火盆」借給林沖；林沖在牀上放下包裹被臥，就坐下來生起「燄火」來了。火漸寫漸大，作者故意布下一串疑影，使人擔心燒掉草料場的火，可能是由火盆裏引起的。但接着寫林沖爲了御寒要去買酒，就隨手「將火炭蓋了」。一路寫火而來，到這裏輕輕一蓋，火在人們面前溘然消逝了。等到林沖買酒回來，見草廳被大雪壓倒時，林沖首先想到的不是行李物品，而是擔心「恐怕火盆內有火炭延燒起來，搬開破壁子，探半身人去摸時，火盆內火種都被雪水浸滅了」。這個細節突出地寫出了林沖性格精細的一面。短短的一句話中，寫「火盆」、「火炭」、「火種」，連續而來的「火」，但都完全滅了，連一點火星都沒有。這一筆交代尤爲重要，說明草料場裏將要燒起的大火，決不是「火盆」中的火蔓延而起的，肯定是別有用心的縱火。

等到林沖在山神廟裏倚壁喝酒，忽然聽到外面必必剝剝的爆響，從壁縫裏往外一看，衹見草料場內烈火衝天。這才是作者要寫的火。正當林沖驚疑而起要去救火時，聽到了陸謙等三人在廟門外吐露了他們的全部陰謀，一股無名的怒火頓時從林沖心頭熊熊燃起。此時此刻，自然界的天空中是北風怒號，大雪紛飛；草料場中是大火漫天，燒着了的草料必必剝剝地響成一片；林沖的胸中，則怒火騰騰。他迎着北風，映着烈火，痛快淋漓地鬥殺三個潑賊。北風、飛雪、大火，有力地烘托了林沖胸中的憤怒；一時間，風助火勢，火增人威，匯成了一個激動人心的戲劇高潮。

殺死了仇人，林沖提着花槍，投東而去。半路上推開一個草屋門，忽然又見到四、五個莊客在「向火」，「地爐裏面燄燄地燒着柴火」。這是火的餘勢。因討酒喝遭到拒絕，林沖立即大怒，用花槍將火爐裏的火塊往老莊客臉上挑。這一舉動，突出地表現了林沖思想轉變後那種桀傲不馴的性格特徵，爲下面投奔梁山，火併王倫作了思想準備。

一大篇文字之中，先是星星點點的小火，隱隱綽綽地由老軍「向火」引起，中經草料場大火燃燒後，又忽明忽暗地以老莊客的「向火」了結，這與情節漸漸推進，矛盾步步激化，與林沖性格漸漸發展，以至於升華突變，都自然而又緊密地結合在一起。能達到如此和諧神妙的藝術境地，實在是罕見的！

「風雪山神廟」這一章對風雪的描寫，也是成功的，與人物性格的變化，故事情節的進展，鬥爭高潮中環境、氣氛的烘托緊密結合，其作用與藝術效果跟寫火有異曲同工之妙。試看林沖剛到草料場，「正是嚴冬天氣，彤雲密布，朔風漸起，卻早紛紛揚揚捲下一天大雪來」，矛盾衝突的浪頭也漸漸湧起；到林沖買酒時，「那雪正下得緊」了，情節的緊張氣氛也在不斷增濃；最後到林沖在山神廟前手刃仇人時，「那雪下得更猛」。這些描寫不但很好地渲染了氣氛，爲塑造人物服務；而且對雪的本身描寫也生動逼眞。從「紛紛揚揚捲下一天大雪來」，到「那雪正下得緊」，接着「越下得緊」，到最後「那雪越下得更猛」；作者巧妙地抓住了下雪各個階段的不同特徵，用準確、簡練的語言，恰當地表現出來，使人讀了如臨其境。魯迅先生在他題名爲《大雪紛飛》的雜文中，曾經這樣說道：「《水滸傳》裏的一句話『那雪下得正緊』，就是接近現代的大衆語的說法，比『大雪紛飛』多兩個字，但那『神韻』卻好得遠了。」這種評價是中肯而又恰當的。（程郁綴）

智取生辰綱

施耐庵

話說當時公孫勝正在閣兒裏對晁蓋說這北京生辰綱是不義之財，取之何礙；衹見一個人從外面搶將入來，揪住公孫勝道：「你好大膽！卻纔商議的事，我都知了也！」那人卻是智多星吳學究。晁蓋笑道：「先生休慌，且請相見。」兩個敘禮罷。吳用道：「江湖上久聞人說入雲龍公孫勝一清大名，不期今日此處得會。」晁蓋道：「這位秀才先生便是智多星吳學究。」公孫勝道：「吾聞江湖上多人曾說加亮先生大名，豈知緣法卻在保正莊上得會。衹是保正疎財仗義，以此天下豪傑都投門下。」晁蓋道：「再有幾個相識在裏面，一發請進後堂深處相見。」三個人入到裏面，就與劉唐、三阮都相見了。

衆人道：「今日此一會應非偶然，須請保正哥哥正面而坐。」晁蓋道：「量小子是個窮主人，又無甚罕物相留好客，怎敢佔上！」吳用道：「保正哥哥，依着小生，且請坐了。」晁蓋祇得坐了第一位。吳用坐了第二位，公孫勝坐了第三位，劉唐坐了第四位，阮小二坐了第五位，阮小五坐第六位，阮小七坐第七位。卻纔聚義飲酒。重整杯盤，再備酒肴，衆人飲酌。

吳用道：「保正夢見北斗七星墜在屋脊上，今日我等七人聚義舉事，豈不應天垂象？此一套富貴，唾手而取。我等七人和會，並無一人曉得。想公孫勝先生江湖上仗義疏財之士，所以得知這件事，來投保正。所說央劉兄去探聽路程從那裏來，今日天晚，來早便請登程。」公孫勝道：「這一事不須去了。貧道已打聽他來的路數了，——祇是黃泥岡大路上來。」晁蓋道：「黃泥岡東十里路，地名安樂村，有一個閒漢叫做『白日鼠』白勝，也曾來投奔我，我曾齎助他盤纏。」吳用道：「北斗上白光莫不是應在這人？自有用他處。」劉唐道：「此處黃泥岡較遠，何處可以容身？」吳用道：「祇這個白勝家，便是我們安身處。亦還要用了白勝。」晁蓋道：「吳先生，我等還是軟取，卻是硬取？」吳用笑道：「我已安排定了圈套，祇看他來的光景；力則力取，智則智取。我有一條計策，不知中你們意否？……如此如此。」晁蓋聽了大喜，攧着腳道：「好妙計！不枉了稱你做智多星，果然賽過諸葛亮。好計策！」吳用道：「休得再提。常言道：『隔牆須有耳，窗外豈無人。』祇可你知我知。」晁蓋便道：「阮家三兄且請回歸，至期來小莊聚會。吳先生依舊自去教學。公孫先生並劉唐祇在敝莊權住。」當日飲酒至晚，各自去客房裏歇息。

次日五更起來，安排早飯喫了。晁蓋取出三十兩花銀送與阮家三兄弟道：「權表薄意，切勿推卻！」三阮那裏肯受？吳用道：「朋友之意，不可相阻。」三阮方纔受了銀兩。一齊送出莊外來。吳用附耳低言道：「……這般這般。至期不可有誤。」三阮相別了，自回石碣村去。晁蓋留住吳學究與公孫勝、劉唐在莊上；每日議事。

話休絮煩。卻說北京大名府梁中書，收買了十萬貫慶賀生辰禮物完備，選日差人起程。當下一日在後堂坐下，衹見蔡夫人問道：「相公，生辰綱幾時起程？」梁中書道：「禮物都已完備，明後日便可起身。衹是一件事在此躊躇未決。」蔡夫人道：「有甚事躊躇未決？」梁中書道：「上年費了十萬貫收買金珠寶貝送上東京去，衹因用人不着，半路被賊人刼將去了，至今無獲；今年帳前眼見得又沒個了事的人送去，在此躊躇未決。」蔡夫人指着階下道：「你常說這個人十分了得，何不着他委紙領狀送去走一遭，不致失誤！」梁中書看階下那人時，卻是青面獸楊志。梁中書大喜，隨卽喚楊志上廳，說道：「我正忘了你。你若與我送得生辰綱去，我自有擡舉你處。」楊志叉手向前稟道：「恩相差遣，不敢不依。衹不知怎地打點？幾時起身？」梁中書道：「着落大名府差十輛太平車子；帳前撥十個廂禁軍，監押着車；每輛上各插一把黃旗，上寫着『獻賀太師生辰綱』；每輛車子，再使個軍健跟着。三日內便要起身去。」楊志道：「非是小人推撥，其實去不得。乞鈞旨別差英雄精細的人去。」梁中書道：「我有心要擡舉你，這獻生辰綱的札子內另修一封書在中間，太師跟前重重保你，受道勅命回來。如何倒生支調，推辭不去？」楊志道：「恩相在上：小人也曾聽得上年已被賊人刼去了，至今未獲；今歲途中盜賊又多，甚是不好。此去東京又無水路，都是旱路，經過的是：紫金山、二龍山、桃花山、傘蓋山、黃泥岡、白沙塢、野雲渡、赤松林，這幾處都是強人出沒的去處；更兼單身客人，亦不敢獨自經過；他知道是金銀寶物，如何不來搶刼？枉結果了性命！以此去不得。」梁中書道：「恁地多着軍校防護送去便了。」楊志道：

便差五百人去也不濟事：這廝們一聲聽得強人來時，都是先走了的。」梁中書道：「你這般地說時，生辰綱不要送去了？」楊志又稟道：「若依小人一件事，便敢送去。」梁中書道：「我既委在你身上，如何不依？你說。」楊志道：「若依小人說時，並不要車子；把禮物都裝做十餘條擔子，衹做客人的打扮行貨，也點十個壯健的廂禁軍，卻裝做腳夫挑着；衹消一個人和小人去，卻打扮做客人，悄悄連夜上東京交付，恁地時方好。」梁中書道：「你甚說得是。我寫書呈，重重保你，受道誥命回來。」楊志道：「深謝恩相擡舉。」

當日便叫楊志一面打拴擔腳，一面選揀軍人。次日，叫楊志來廳前伺候，梁中書出廳來問道：「楊志，你幾時起身？」楊志稟道：「告覆恩相：衹在明早準行，就委領狀。」梁中書道：「夫人也有一擔禮物，另送與府中寶眷，也要你領。怕你不知頭路，特地再教奶公謝都管並兩個虞侯和你一同去。」楊志告道：「恩相，楊志去不得了。」梁中書道：「禮物都已拴縛完備，如何又去不得？」楊志稟道：「此十擔禮物都在小人身上，和他衆人都由楊志，要早行便早行，要晚行便晚行；要住便住，要歇便歇，亦依楊志提調。如今又叫老都管並虞侯和小人去，他是夫人行的人，又是太師府門下奶公，倘或路上與小人鱉拗起來，楊志如何敢和他爭執得？若誤了大事時，楊志那其間如何分說？」梁中書道：「這個也容易，我叫他三個都聽你提調便了。」楊志答道：「若是如此稟過，小人情願便委領狀。倘有疎失，甘當重罪。」梁中書大喜道：「我也不枉了擡舉你！真個有見識！」隨即喚老謝都管並兩個虞侯出來，當廳吩咐道：「楊志提轄情願委了一紙領狀監押生辰綱——十一擔金珠寶貝——赴京太師府交割。這干係都在他身上：你三人和他做伴去，一路上，早起、晚行，住、歇，都要聽他言語，不可和他鱉拗。夫人處吩咐的勾當，你三人自理會。小心在意，早去早回，休教有失！」老都管一一都應了。當日楊志領了。次日早起五更，在府裏把擔仗都擺在廳前。老都管和兩個虞侯又將一小擔財帛，共十一擔，揀了十一個壯健的廂禁軍，都做腳夫打扮。楊志戴上涼笠兒，穿着青紗衫子，繫了纏帶行履麻鞋，跨口腰刀，提條朴刀。老都管也打扮做個客人模樣。兩個虞侯假裝做跟的伴當。各人都拿了條朴刀，又帶幾根藤條。梁中書付與了札付書呈。一行人都喫得飽了，在廳上拜辭了梁中書。看那軍人擔仗起程，楊志和謝都管、兩個虞侯監押着，一行共是十五人；離了梁府，出得北京城門，取大路投東京進發。

此時正是五月半天氣，雖是晴明得好，衹是酷熱難行。楊志這一行人，要取六月十五日生辰，衹得在路途上行。自離了這北京五七日，端的衹是起五更，趁早涼便行；日中熱時便歇。五七日後，人家漸少，行路又稀，一站站都是山路。楊志卻要辰牌起身，申時便歇。那十一個廂禁軍，擔子又重，無有一個稍輕，天氣熱了，行不得；見着林子便要去歇息。楊志趕着催促要行，如若停住，輕則痛罵，重則藤條便打，逼趕要行。兩個虞侯雖衹背些包裹行李，也氣喘了行不上。楊志也嗔道：「你兩個好不曉事！這干係須是俺的！你們不替洒家打這夫子，卻在背後也慢慢地挨！這路上不是耍處！」那虞侯道：「不是我兩個要慢走，其實熱了行不動，因此落後。前日衹是趁早涼走，如今怎地正熱裏要行？正是好歹不均匀！」楊志道：「你這般說話，卻似放屁！前日行的須是好地面；如今正是尷尬去處；若不日裏趕過去，誰敢五更半夜走？」兩個虞侯口裏不言，肚中尋思：「這廝不直得便罵人！」

楊志提了朴刀，拿着藤條，自去趕那擔子。兩個虞侯坐在柳陰樹下等得老都管來；兩個虞侯告訴道：「楊家那廝強殺衹是我相公門下一個提轄！直這般會做大老！」老都管道：「須是相公當面吩咐道：『休要和他彆拗。』因此我不做聲。這兩日也看他不得。權且耐他。」兩個虞侯道：「相公也祇是人情話兒，都管自做個主便了。」老都管又道：「且耐他一耐。」當日行到申牌時分，尋得一個客店裏歇了。那十一個廂禁軍雨汗通流，都歎氣吹噓，對老都管說道：「我們不幸做了軍健，情知道被差出來。這般火似熱的天氣，又挑着重擔；這兩日又不揀早涼行，動不動老大藤條打來：都是一般父母皮肉，我們直恁地苦！」老都管道：「你們不要怨恨，巴到東京時，我自賞你。」衆軍漢道：「若是似都管看待我們時，並不敢怨恨。」又過了一夜。次日，天色未明，衆人起來，都要乘涼起身去。楊志跳起來喝道：「那裏去！且睡了，卻理會！」衆軍漢道：「趁早不走，日裏熱時走不得，卻打我們！」楊志大罵道：「你們省得甚麼！」拿了藤條要打。衆軍漢忍氣吞聲，祇得睡了。當日直到辰牌時分，慢慢地打火喫了飯走；一路上趕打着，不許投涼處歇。那十一個廂禁軍口裏喃喃吶吶地怨悵；兩個虞侯在老都管面前絮絮聒聒地搬口；老都管聽了，也不着意，心內自惱他。

話休絮煩。似此行了十四五日，那十四個人沒一個不怨悵楊志。當日客店裏辰牌時分慢慢地打火喫了早飯行，正是六月初四日時節，天氣未及晌午，一輪紅日當天，沒半點雲彩，其日十分大熱。當日行的路都是山僻崎嶇小徑，南山北嶺，卻監着那十一個軍漢。約行了二十餘里路程，那軍人們思量要去柳陰樹下歇涼，被楊志拿着藤條打將來，喝道：「快走！教你早歇！」衆軍人看那天時，四下裏無半點雲彩，其時那熱不可當。楊志催促一行人在山中僻路裏行。看看日色當午，那石頭上熱了腳疼，走不得。衆軍漢道：「這般天氣熱，兀的不晒殺人！」楊志喝着軍漢道：「快走！趕過前面岡子去，卻再理會。」

正行之間，前面迎着那土岡子，一行十五人奔上岡子來。歇下擔仗，那十一人都去松林樹下睡倒了。楊志說道：「苦也！這裏是甚麼去處，你們卻在這裏歇涼！起來，快走！」衆軍漢道：「你便剁做我七八段也是去不得了！」楊志拿起藤條，劈頭劈腦打去。打得這個起來，那個睡倒，楊志無可奈何。衹見兩個虞侯和老都管氣喘急急，也巴到岡子上松樹下坐了喘氣；看這楊志打那軍健，老都管見了，說道：「提轄！端的熱了走不得！休見他罪過！」楊志道：「都管，你不知：這裏正是強人出沒的去處，地名叫做黃泥岡。閒常太平時節，白日裏兀自出來刼人，休道是這般光景，誰敢在這裏停腳！」兩個虞侯聽楊志說了，便道：「我見你說好幾遍了，衹管把這話來驚嚇人！」老都管道：「權且教他們衆人歇一歇，略過日中行，如何？」楊志道：「你也沒分曉了！如何使得！這裏下岡子去，兀自有七八里沒人家。甚麼去處？敢在此歇涼！」老都管道：「我自坐一坐了走；你自去趕他衆人先走。」楊志拿着藤條，喝道：「一個不走的喫俺二十棍！」衆軍漢一齊叫將起來。數內一個分說道：「提轄，我們挑着百十斤擔子，須不比你空手走的。你端的不把人當人，便是留守相公自來監押時，也容我們說一句。你好不知疼癢！」衹顧逞辯。楊志罵道：「這畜生不嘔死俺！衹是打便了！」拿起藤條，劈臉又打去。老都管喝道：「楊提轄，且住，你聽我說！我在東京太師府裏做奶公時，門下軍官見了無千無萬，都向着我喏喏連聲。不是我口淺，量你是個遭死的軍人，相公可憐，擡舉你做個提轄，比得芥菜子大小的官職，直得恁地逞能！休說我是相公家都管，便是村莊一個老的，也合依我勸一勸！衹顧把他們打，是何看待！」楊志道：「都管，你須是城市裏人，生長在相府裏，那裏知道途路上千難萬難！」老都管道：「四川、兩廣，也曾去來，不曾見你這般賣弄！」楊志道：「如今須不比太平時節。」都管道：「你說這話該剜口割舌！今日天下怎地不太平？」

楊志卻待要回言，衹見對面松林裏影着一個人在那裏舒頭探腦家望。楊志道：「俺說甚麼，兀的不是歹人來了！」撇下藤條，拿了朴刀，趕入松林裏來，喝一聲道：「你這廝好大膽，怎敢看俺的行貨！」趕來看時，衹見松林裏一字兒擺着七輛江州車兒。六個人脫得赤條條的在那裏乘涼；一個鬢邊老大一搭硃砂記，拿着一條朴刀。見楊志趕入來，七個人齊叫一聲「阿也！」都跳起來。楊志喝道：「你等是甚麼人？」那七人道：「你是甚麼人？」楊志又問道：「你等莫不是歹人？」那七人道：「你顛倒問！我等是小本經紀，那裏有錢與你！」楊志道：「你等小本經紀人，偏俺有大本錢！」那七人問道：「你端的是甚麼人？」楊志道：「你等且說那裏來的人？」那七人道：「我等弟兄七人是濠州人，販棗子上東京去；路途打從這裏經過，聽得多人說這裏黃泥岡上時常有賊打劫客商。我等一面走，一頭自說道：「我七個衹有些棗子，別無甚財貨。衹顧過岡子來。上得岡子，當不過這熱，權且在這林子裏歇一歇，待晚涼了行。衹聽得有人上岡子來，我們衹怕是歹人，因此使這個兄弟出來看一看。」楊志道：「原來如此，也是一般的客人。卻纔見你們窺望，惟恐是歹人，因此趕來看一看。」那七個人道：「客官請幾個棗子了去。」楊志道：「不必。」提了朴刀，再回擔邊來。

老都管坐着道：「既是有賊，我們去休！」楊志說道：「俺衹道是歹人，原來是幾個販棗子的客人。」老都管別了臉對衆軍道：「似你方纔說時，他們都是沒命的！」楊志道：「不必相鬧，俺衹要沒事便好。你們且歇了，等涼些走。」衆軍漢都笑了。楊志也把朴刀插在地上，自去一邊樹下坐了歇涼。

沒半碗飯時，衹見遠遠地一個漢子，挑着一付擔桶，唱上岡子來；唱道：

赤日炎炎似火燒，野田禾稻半枯焦。農夫心內如湯煮，公子王孫把扇搖！

那漢子口裏唱着，走上岡子來松林裏頭歇下擔桶，坐地乘涼。衆軍看見了，便問那漢子道：「你桶裏是甚麼東西？」那漢子應道：「是白酒。」衆軍道：「挑往那裏去？」那漢子道：「挑去村裏賣。」衆軍道：「多少錢一桶？」那漢子道：「五貫足錢。」衆軍商量道：「我們又熱又渴，何不買些喫？也解暑氣。」正在那裏湊錢，楊志見了喝道：「你們又做甚麽？」衆軍道：「買碗酒喫。」楊志調過朴刀桿便打，駡道：「你們不得洒家言話，胡亂便要買酒喫，好大膽！」衆軍道：「沒事又來鳥亂！我們自湊錢買酒喫，干你甚事？也來打人！」楊志道：「你這村鳥理會得甚麽！到來衹顧喫嘴！全不曉得路途上的勾當艱難！多少好漢被蒙汗藥麻翻了！」

那挑酒的漢子看着楊志冷笑道：「你這客官好不曉事！早是我不賣與你喫，卻說出這般沒氣力的話來！」

正在松樹邊鬧動爭說，衹見對面松樹裏那夥販棗子的客人，都提着朴刀走出來問道：「你們做甚麽鬧？」那挑酒的漢子道：「我自挑這酒過岡子村裏賣，熱了在此歇涼。他衆人要問我買些喫，我又不曾賣與他。這個客官道我酒裏有甚麽蒙汗藥，你道好笑麽？說出這般話來！」那七個客人說道：「呸！我衹道有歹人出來，原來是如此。說一聲也不打緊。我們正想酒來解渴，既是他們疑心，且賣一桶與我們喫。」那挑酒的道：「不賣！不賣！」這七個客人道：「你這鳥漢子也不曉事！我們須不曾說你。你左右將到村裏去賣；一般還你錢，便賣些與我們，打甚麽不緊？看你不道得捨施了茶湯，便又救了我們熱渴。」那挑酒的漢子便道：「賣一桶與你不爭，衹是被他們說的不好，又沒碗瓢舀喫。」那七人道：「你這漢子忒認真！便說了一聲，打甚麽不緊？我們自有椰瓢在這裏。」衹見兩個客人去車子前取出兩個椰瓢來，一個捧出一大捧棗子來。七個人立在桶邊，開了桶蓋，輪替換着舀那酒喫，把棗子過口。無一時，一桶酒都喫盡了。七個客人道：「正不曾問得你多少價錢？」那漢道：「我一了不說價，五貫足錢一桶，十貫一擔。」七個客人道：「五貫便依你五貫，衹饒我們一瓢喫。」那漢道：「饒不得，做定的價錢！」一個客人把錢還他，一個客人便去揭開桶蓋兜了一瓢，拿上便喫。

那漢去奪時，這客人手拿半瓢酒，望松林裏便走。那漢趕將去，衹見這邊一個客人從松林裏走將出來，手裏拿一個瓢，便來桶裏舀了一瓢酒。那漢看見，搶來劈手奪住，望桶裏一傾，便蓋了桶蓋，將瓢望地下一丟，口裏說道：「你這客人好不君子相！戴頭識臉的，也這般囉唣！」

那對過衆軍漢見了，心內癢起來，都待要喫。數中一個看着老都管道：「老爺爺，與我們說一聲！那賣棗子的客人買他一桶喫了，我們胡亂也買他這桶喫，潤一潤喉也好。其實熱渴了，沒奈何；這裏岡子上又沒討水喫處。老爺方便！」老都管見衆軍所說，自心裏也要喫得些，竟來對楊志說：「那販棗子客人已買了他一桶喫，衹有這一桶，胡亂教他們買喫了避暑氣。岡子上端的沒處討水桶。」楊志尋思道：「俺在遠遠處望這廝們都買他的酒喫了；那桶裏當面也見喫了半瓢，想是好的。打了他們半日，胡亂容他買碗喫罷。」楊志道：「既然老都管說了，教這廝們買喫了，便起身。」衆軍健聽了這話，湊了五貫錢，來買酒喫。那賣酒的漢子道：「不賣了！不賣了！這酒裏有蒙汗藥在裏頭！」衆軍陪笑說道：「大哥，直得便還言語？」那漢道：「不賣了！休纏！」這販棗子的客人勸道：「你這個鳥漢子！他也說得差了，你也忒認真，連累我們也喫你說了幾聲。須不關他衆人之事，胡亂賣與他衆人喫些。」那漢道：「沒事討別人疑心做甚麼？」這販棗子客人把那賣酒的漢子推開一邊，衹顧將這桶酒提與衆軍去喫。那軍漢開了桶蓋，無甚舀喫，陪個小心，問客人借這椰瓢用一用。衆客人道：「就送這幾個棗子與你們過酒。」衆軍謝道：「甚麼道理！」客人道：「休要相謝。都是一般客人，何爭在這百十個棗子上？」衆軍謝了。先兜兩瓢，叫老都管喫一瓢，楊提轄喫一瓢。楊志那裏肯喫？老都管自先喫了一瓢。兩個虞侯各喫一瓢。衆軍漢一發上，那桶酒登時喫盡了。楊志見衆人喫了無事，自本不喫，一者天氣甚熱，二乃口渴難熬，拿起來，衹喫了一半；棗子分幾個喫了。那賣酒的漢子說道：「這桶酒被那客人饒一瓢喫了，少了你些酒，我今饒了你衆人半貫錢罷。」衆軍漢湊出錢來還他。那漢子收了錢，挑了空桶，依然唱着山歌，自下岡子去了。

祇見那七個販棗子的客人立在松樹旁邊，指着這一十五人，說道：「倒也！倒也！」祇見這十五個人，頭重腳輕，一個個面面廝覷，都軟倒了。那七個客人從松樹林裏推出這七輛江州車兒，把車子上棗子都丢在地上，將這十一擔金珠寶貝都裝在車子內，遮蓋好了，叫聲：「聒噪！」一直望黃泥岡下推了去。楊志口裏祇是叫苦，軟了身體，掙扎不起。十五人眼睜睜地看着那七個人都把這金寶裝了去，祇是起不來，掙不動，說不得。

我且問你：這七人端的是誰？不是別人，原來正是：晁蓋、吳用、公孫勝、劉唐、三阮這七個。卻纔那個挑酒的漢子便是白日鼠白勝。卻怎地用藥？原來挑上岡子時，兩桶都是好酒；七個人先喫了一桶，劉唐揭起桶蓋，又兜了半瓢喫，故意要他們看着，祇是叫人死心塌地。次後吳用去松林裏取出藥來，抖在瓢裏，祇做走來饒他酒喫，把瓢去兜時，藥已攪在酒裏，假意兜半瓢喫；那白勝劈手奪來傾在桶裏：這個便是計策。那計較都是吳用主張。這個喚做「智取生辰綱」。

（節自《水滸傳》第十六回）

「智取生辰綱」，是《水滸傳》中着力描寫的精彩片斷之一。

什麼叫「生辰綱」？古時候把成批運送貨物的隊伍，稱之爲「綱」。所謂「生辰綱」，本意是指運送生日禮品的隊伍，這裏則概指祝賀生日的大批禮物。小說描寫晁蓋、吳用等人所要智取的，是北京大名府梁中書送給他丈人蔡京慶賀生日的一批禮品，價值十萬多貫。……

作者在描寫「智取生辰綱」的具體行動之前，反覆強調了「智取」的正義性。劉唐去找晁蓋商議時，理直氣壯地說：「小弟想此一套是不義之財，取之何礙！……天理知之，也不爲罪。」晁蓋當郎表示贊同。後來，晁蓋找吳用商量時，又重複說：「此等不義之財，取之何礙！」吳用在動員阮氏三兄弟一起奪取生辰綱時，也說：「取此一套富貴不義之財，大家圖個一世快活。」阮氏兄弟聽了欣然應命。此後，他們幾人在晁蓋莊上飲酒共誓時，更明確說：「梁中書在北京害民，詐得錢物，卻把去東京與蔡太師慶生辰，此一等正是不義之財，我等六人中但有私意者，天誅地滅，神明鑒察。」

《水滸傳》所描寫的歷史事件發生在北宋末年。當時，階級矛盾、民族矛盾十分尖銳。作者用生動的藝術形象再現了當時階級鬥爭的歷史畫面。在智取行動開始時，從一個普通勞動者的口中，唱出了「赤日炎炎似火燒，野田禾稻半枯焦。農夫心內如湯煮，公子王孫把扇搖」的山歌。這首山歌，形象而又深刻地概括了封建社會中普遍存在着的階級對立的黑暗現實，它像一篇誓奪十萬不義之財的戰鬥宣言。《水滸傳》作者借用古代「天之道，損有餘而濟不足」（老子《道德經·下篇》）的說法，宣揚「替天行道」，這正表現了作者鮮明的愛憎態度和進步的思想傾向。基於這種認識，作者發揮了巨大的藝術才能，傾注了滿腔的熱情，來描寫「智取生辰綱」這一正義行爲，歌頌了勞動人民的聰明才智，肯定了他們的反抗鬥爭精神，從而賦予「智取生辰綱」故事以深刻的政治意義。這是「智取生辰綱」故事的第一個特色。

故事的第二個特色，是運用對比襯托的藝術手法，來刻畫人物形象。

第十六回一開始，作者先將晁蓋、吳用等智取的一方作了簡要安排，隨之便使其退居幕後，而將梁中書、楊志等被取的一方推上前臺來描寫。楊志本是將門後裔，自己也是軍官出身。他因窮途賣刀，鬥毆傷人，吃了官司；後來梁中書把他留在府中聽用。他對梁中書感恩戴德，心甘情願爲他效勞。他不但有一身好武藝，而且精明強幹，很有心計。當梁中書要他帶領一部分廂禁軍，大張旗鼓地押送生辰綱時，他立郎說：這樣送，「其實去不得」。然後獻上一計，讓軍漢喬裝成脚夫，將禮物打扮成行貨，悄悄送往東京。如此審時度勢，「智」送生辰綱，不能不稱是上策。後來，梁中書又安排都管、虞侯一同押送；人多則勢壯，看上去是一件好事。但楊志一聽，連忙又說「去不得了」。他知道都管、虞侯都有後臺，路上肯定會不聽調遣，惹事生非。直到梁中書喚出都管、虞侯，當廳吩咐他們三人一路上聽楊志言語，不得彆拗後，楊志才「委了一紙領狀」，承擔起押送生辰綱的重任。

《水滸傳》作者不惜筆墨地描寫楊志處事精細，有才智，梁中書也稱讚他「眞個有見識」。在押送的過程中，楊志的見識更是遠勝都管、虞侯和衆軍漢。運送的隊伍上路後，開始時「祇是起五更、趁早涼便行，日中熱時便歇」。幾天一過，「人家漸少，行客又稀，一站站都是山路」，楊志讓大家早晚休息，卻於中午「正熱裏要行」。因爲人跡稀少，地形偏僻之處，早晚走不安全。但都管等怕吃苦，軍漢們實際對生辰綱的命運，並不十分關心。這樣一來，反而加深了這個隊伍內部的矛盾。弄得一個個都怨恨楊志。作者通過人物自身的言行，來刻畫人物形象；運用對比的手法，以梁中書、都管、虞侯等人來襯托楊志。但寫楊志並不是作者眞正意圖所在，而是以楊志來襯托晁蓋、吳用等人棋高一招，智謀更勝一籌。

早在楊志一行還沒有上路時，晁蓋等人就預謀「還是軟取，卻是硬取」。吳用成竹在胸，笑着說：「祇看他來的光景。力則力取，智則智取。」楊志決定「智」送，對方自然採用「智」取。黃泥崗上，賣酒漢子和販棗子客人你來我往、配合默契的一齣雙簧戲，祇是演給一個人看的，這個人就是楊志。楊志一路小心，處處謹愼，絲毫不敢大意。他在一旁冷眼旁觀，不動聲色，心裏卻在暗地盤算：首先這兩桶酒是那漢子要挑過崗去賣的，本沒打算半途賣，因爲他連賣酒瓢也沒帶。加上「俺在遠遠處望這廝們都買他的酒吃了，那桶裏當面也見了吃了半瓢，想是好的」，否則，販棗子客人飲酒後怎會安然無恙呢？楊志內心的這番入情入理的分析，不能不算是細緻入微；但他僅看到了事物的表面，壓根兒也沒有想到這內中的一切，都是預先設下的圈套。在楊志自認爲萬無一失、允許衆人買酒吃時，他就不得不走下那「滿盤皆輸」的一着棋。有智送才有智取。小說對智送一方的謀劃，一步步寫得很詳盡；相反，對矛盾的主要方面——智取的一方的謀劃，卻寫得十分簡略。前者實寫，露而不隱；後者虛寫，隱而不露。儘管智送者考慮周詳，安排嚴密，可是，這一切卻都在智取者的意料之中。作者越是詳盡地描寫楊志的精細機警，越使人感到晁蓋、吳用等人智謀高妙，超羣拔俗。水漲則船高；越是寫「水漲」，越顯出「船高」。這種生活的辯證法，在智取生辰綱故事的人物形象描寫中，得到了生動的體現。

「智取生辰綱」故事的第三個重要特色，是情節的曲折生動性。

小說描寫梁中書雖然器重楊志，但十萬貫金珠寶貝，畢竟非同小可，所以又安排了一個都管、兩個虞侯隨隊伍前往，明爲做伴，實爲監護。這樣，押送生辰綱的隊伍便埋下了內部矛盾的種子，這顆種子在押送途中漸漸萌發。楊志等一行十五人，冒着五月中、下旬的酷暑從梁府啓程。一路上，天氣越來越熱，楊志硬逼着軍漢們中午大熱天荷擔趕路，還不許在林子裏歇息，「如若停住，輕則痛罵，重則藤條便打」；日復一日，「那十四個人沒有一個不怨恨楊志」。黃泥岡越來越近，內部矛盾也越來越大，這在藝術表現手法上叫做「蓄勢」。爲了進一步烘托氣氛，作者描寫快到黃泥岡時，「四下裏無半點雲彩，其時那熱不可當」，「熱氣蒸人，囂塵撲面」，連石頭上都熱得燙腳。軍漢們好不容易挨到黃泥岡，歇下擔子，都躺倒在松蔭樹下，便是剁成七八段也不走了。這時，內部矛盾的種子已經破土而出，達到了公開對抗的高潮。這一次要矛盾的不斷發展和激化，爲暫時潛伏着的主要矛盾的爆發，做了由遠而近的層層鋪墊；故事情節的發展，猶如春潮漸漲，一浪推一浪，一直湧到了黃泥岡頂。

黃泥岡是作者特意選擇的一個具體典型環境。在通往東京的路上，有很多險要之處，如二龍山、桃花山、白沙塢、野雲渡、赤松林等等，作者偏偏選中了這「嵯峨渾似老龍形，險峻但聞風雨響」的黃泥岡。而在這「便是鐵人須汗落」的酷暑當午，偏偏寫黃泥岡「頂上萬株綠樹」，蔭涼無比。此時此地，不用說負重的軍漢們躺倒不走了，便是老都管和虞侯也都決心歇下。

這當兒，不但楊志執意不肯讓人們歇在黃泥岡上，作者也不肯如此平平淡淡地歇下筆來。小說寫衆人正在爭執之時，楊志忽見林子裏有人在探頭探腦，連忙提着朴刀趕過去一看，衹見松林裏擺着七輛車子。七個赤條條納涼的大漢，先不回答楊志的喝問，反而倒問「你是什麽人」，主動進攻，懷疑楊志是「歹人」。楊志這才把他們眞的當作販棗子客人。老都管一頓奚落，衆軍漢一陣哄笑，楊志無可奈何，衹好也坐下歇涼。

行文至此，雖然「智取生辰綱」最精彩的好戲還沒有拉開帷幕，但雙方的力量對比，卻變得十分明顯。在送的一方，儘管楊志謀劃周密，毫不鬆懈，但一失天時——六月酷暑時節，偏偏要在中午正熱時趕路，且有重擔在肩，自然更加苦不堪言；二失地利——大凡高岡林木之中，深不可測，常有危機四伏，不能歇息，黃泥岡地勢險要，用楊志話說，「正是強人出沒的去處」，對於運送十萬貫金珠寶貝的隊伍尤爲不利；三失人和——連日打罵，衆軍漢都怨恨楊志，主僕不和，人心渙散。與此相反，取的一方卻一佔天時，二佔地利，三佔人和。八個人抱着一個目標，誓同生死，協力動作，配合默契。兩相對比，這場鬥智誰勝誰負的結局，就顯得既清楚而又必然了。

盤馬彎弓，越拉越緊；作者對「智取生辰綱」故事高潮的描寫，尤其扣人心弦。

由「誤會」而引起的小小衝突，可以看作是大衝突的前奏。此曲一畢，文勢起而又伏，矛盾衝突的雙方都暫時安靜地歇了下來。黃泥岡上，風雲一空，水波不興。沒一會工夫，「祇見遠遠地一個漢子，挑着一副擔桶」口唱山歌，慢慢悠悠地走上岡來。剛剛伏下去的情節，又如春雲出山，悠然飄來。

當賣酒的漢子也歇在黃泥岡上時，衆軍漢一見是酒，便商量要買些吃，好解解暑氣。如果事先就在酒裏放進了蒙汗藥，而衆軍漢一買便成交，一成交便喝下，一喝下便倒地，那麼，奪取十萬金珠寶貝就顯得實在太容易了，文章自然也就平淡無味了。俗話說：爲人貴直，爲文貴曲。文章祇有曲折起伏，才能引人入勝。作者讓楊志出面將正在湊錢的衆軍漢打散，而那七個自稱是販棗子的客人，卻聞聲趕來，要買酒喝。賣酒的漢子因楊志懷疑酒中有蒙汗藥，而連聲嚷說「不賣」。販棗子客人從自己車子上取下椰瓢，不由分說，你一瓢，我一瓢，風捲殘雲，很快把一桶酒喝光了。衆軍漢們搶先問好了價錢，卻沒有喝到酒；販棗子客人將一桶酒喝光了，才開口談價錢。運筆如此多變，令人擊節讚嘆。在談價錢時，小說將討價還價的情景描繪得十分生動：

……七個客人道：「五貫便依你五貫，祇饒我們一瓢吃。」那漢道：「饒不得，做定的價錢！」一個客人把錢還他，一個客人便去揭開桶蓋兜了一瓢，拿上便吃。那漢去奪時，這客人手拿半瓢酒，望松林裏便走。那漢趕將去，衹見這邊一個客人從松林裏走將出來，手裏拿一個瓢，便來桶裏舀了一瓢酒。那漢看見，搶來劈手奪住，望桶裏一傾，便蓋了桶蓋，將瓢望地下一丢，口裏說道：「你這客人好不君子相！戴頭識臉的，也這般羅唣。」

這一小段買酒與賣酒之間的你爭我奪，亂成一團。作者細膩而又緊凑地描寫了這一個緊接着一個的快動作，敍述得似乎是手忙筆亂，讀者讀起來也有點眼花撩亂，應接不暇。可是，實際上是一板一眼，有條不紊。這裏的每一舉動，都蘊藏着智慧的鬥爭。

《水滸傳》的作者，稱得上是小說藝術方面的射雕手。他手中的筆矯若游龍，騰挪跌宕，從容自如。就在賣酒漢子奪過那瓢酒，蓋上桶蓋時，蒙汗藥已順利地傾到酒桶裏去了，好計成功了一半。就在這矛盾高潮間不容髮的關頭，作者又大膽地頓了一筆，描寫楊志經過一番分析後，消除了疑慮，便允許衆人買酒喝。事情一開始，酒裏確實沒有蒙汗藥，楊志懷疑有，賣酒的似乎樂意賣，而楊志決意不讓買。現在酒裏眞有了蒙汗藥，楊志卻誤認爲沒有而允許衆人買，但賣酒的漢子卻又故意不肯賣。不但不賣，還對楊志反唇相譏道：這酒裏有蒙汗藥，眞是一語驚人！衆軍漢的陪笑和販棗客人的勸解，都不管用，賣酒漢子火氣似乎很大，硬是不賣。一邊渴求要買，一邊硬是不賣，浪頭越掀越高，輕易不肯下落。

其實，此刻要買酒的軍漢固然心情迫切地要買，那裝着不肯賣的賣酒漢子，又何嘗不更急於要把這帶藥的酒銷售出去呢？就在這雙方相持不下的時候，作者的筆勢破空而下，寫販棗子客人不由分說，推開賣酒的，將酒提給了軍漢們。這一招確實是好！試想，如果不這樣的話，那麽，讓衆軍漢親自奪過酒來喝，這不太好，讓賣酒人從相持的僵局中自動退下來也欠妥當；衹有這樣處理，才是最恰當、最巧妙、最合情理，也最富有戲劇性。

酒一喫下，大功告成。楊志一伙「十五個人，頭重腳輕，一個個面面厮覷，都軟倒了」。販棗子客人則不緊不慢地從林中推出七輛車子，倒掉棗子，又從容不迫地將十一擔金珠寶貝都裝入車內，遮蓋好了，幽默地說一聲：打擾了！便一路勝利而去。何等利索，何等灑脫，又何等風趣！人物逼眞，當初迎面而來，現在又破紙而去，如見其人，如聞其聲，如觀其事。

「智取生辰綱」故事的生動性就在於，情節敍述得有頭有尾，脈絡分明；而且一波多折，扣人心弦。矛盾步步緊逼，衝突層層推進，先是一直湧到黃泥岡上，又採取欲擒故縱的方法，宕開一筆，把網眼織得很小，而網口卻撒得很大。當白勝將酒桶的蓋子一蓋時，整個網的綱繩輕輕一提，不費一刀一槍之勞，十萬貫金珠寶貝智取到手，矛盾衝突圓滿完結。最後，作者才點出七個販棗客人和賣酒漢子的姓名，並簡要道破了「智取」的內情，使讀者恍然大悟，禁不住笑出聲來。

（程郁綴）

水滸傳・武松打虎

武松打虎

施耐庵

武松自與宋江分別之後，當晚投客店歇了。次日早，起來打火喫了飯，還了房錢，拴束包裹，提了哨棒，便走上路。尋思道：「江湖上衹聞說及時雨宋公明，果然不虛。結識得這般弟兄，也不枉了！」武松在路上行了幾日，來到陽谷縣地面。此去離縣治還遠。當日晌午時分，走得肚中饑渴，望見前面有一個酒店，挑着一面招旗在門前，上頭寫着五個字道：「三碗不過岡」。

武松入到裏面坐下，把哨棒倚了，叫道：「主人家，快把酒來喫。」祗見店主人把三隻碗，一雙筯，一碟熟菜，放在武松面前，滿滿篩一碗酒來。武松拿起碗一飲而盡，叫道：「這酒好生有氣力！主人家，有飽肚的，買些喫酒。」酒家道：「祗有熟牛肉。」武松道：「好的切二三斤來喫酒。」店家去裏面切出二斤熟牛肉，做一大盤子，將來放在武松面前；隨即再篩一碗酒。武松喫了道：「好酒！」又篩下一碗。恰好喫了三碗酒，再也不來篩。武松敲着桌子，叫道：「主人家，怎的不來篩酒？」酒家道：「客官，要肉便添來。」武松道：「我也要酒，也再切些肉來。」酒家道：「肉便切來添與客官喫，酒卻不添了。」武松道：「卻又作怪！」便問主人家道：「你如何不肯賣酒與我喫？」酒家道：「客官，你須見我門前招旗上面明明寫道：『三碗不過岡。』」武松道：「怎地喚做『三碗不過岡』？」酒家道：「俺家的酒雖是村酒，卻比老酒的滋味；但凡客人，來我店中喫了三碗的，便醉了，過不得前面的山岡去：因此喚做『三碗不過岡』。若是過往客人到此，祗喫三碗，更不再問。」武松笑道：「原來恁地。我卻喫了三碗，如何不醉？」酒家道：「我這酒，叫做『透瓶香』；又喚做『出門倒』。初入口時，醇醲好喫，少刻時便倒。」武松道：「休要胡說！沒地不還你錢？再篩三碗來我喫！」

酒家見武松全然不動，又篩三碗。武松喫道：「端的好酒！主人家，我喫一碗還你一碗錢，祗顧篩來。」酒家道：「客官，休祗管要飲。這酒端的要醉倒人，沒藥醫！」武松道：「休得胡鳥說！便是你使蒙汗藥在裏面，我也有鼻子！」店家被他發話不過，一連又篩了三碗。武松道：「肉便再把二斤來喫。」酒家又切了二斤熟牛肉，再篩了三碗酒。武松喫得口滑，祗顧要喫；去身邊取出些碎銀子，叫道：「主人家，你且來看我銀子，還你酒肉錢彀麼？」酒家看了道：「有餘，還有些貼錢與你。」武松道：「不要你貼錢，衹將酒來篩。」酒家道：「客官，你要喫酒時，還有五六碗酒哩！衹怕你喫不得了。」武松道：「就有五六碗，多時你盡數篩將來。」酒家道：「你這條長漢，倘或醉倒了時，怎扶得你住？」武松答道：「要你扶的不算好漢！」酒家那裏肯將酒來篩？武松焦躁道：「我又不白喫你的！休要引老爺性發，通教你屋裏粉碎，把你這鳥店子倒翻轉來！」酒家道：「這廝醉了，休惹他。」再篩了六碗酒與武松喫了。前後共喫了十八碗，綽了哨棒，立起身來道：「我卻又不曾醉！」走出門前來，笑道：「卻不說『三碗不過岡』？」手提哨棒便走。

酒家趕出來叫道：「客官，那裏去？」武松立住了，問道：「叫我做甚麼？我又不少你酒錢，喚我怎地？」酒家叫道：「我是好意。你且回來我家看抄白官司榜文。」武松道：「甚麼榜文？」酒家道：「如今前面景陽岡上有隻吊睛白額大蟲，晚了出來傷人，壞了三二十條大漢性命。官司如今杖限獵戶擒捉發落，岡子路口都有榜文：可教往來客人結夥成隊，於巳、午、未三個時辰過岡；其餘寅、卯、申、酉、戌、亥六個時辰不許過岡。更兼單身客人，務要等伴結夥而過。這早晚正是未末申初時分，我見你走都不問人，枉送了自家性命。不如就我此間歇了，等明日慢慢湊得三二十人，一齊好過岡子。」武松聽了笑道：「我是清河縣人氏，這條景陽岡上少也走過了一二十遭，幾時見說有大蟲！你休說這般鳥話來嚇我！便有大蟲，我也不怕！」酒家道：「我是好意救你；你不信時，進來看官司榜文。」武松道：「你鳥做聲！便真個有虎，老爺也不怕！你留我在家裏歇，莫不半夜三更，要謀我財，害我性命，卻把鳥大蟲諕嚇我？」酒家道：「你看麼！我是一片好心，反做惡意，倒落得你恁地！你不信我時，請尊便自行！」那酒店裏主人搖着頭，自進店裏去了。

這武松提了哨棒，大着步，自過景陽岡來。約行了四五里路，來到岡子下，見一大樹，刮去了皮，一片白，上寫兩行字。武松也頗識幾字，擡頭看時，上面寫道：「近因景陽岡大蟲傷人，但有過往客商可於巳、午、未三個時辰結夥成隊過岡，請勿自誤。」武松看了，笑道：「這是酒家詭詐，驚嚇那等客人，便去那廝家裏宿歇。我卻怕甚麼鳥！」橫拖着哨棒，便上岡子來。那時已有申牌時分，這輪紅日壓壓地相傍下山。武松乘着酒興，祇管走上岡子來。走不到半里多路，見一個敗落的山神廟。行到廟前，見這廟門上貼着一張印信榜文。武松住了腳讀時，上面寫道：

陽谷縣示：爲景陽岡上新有一隻大蟲傷害人命，見今杖限各鄉里正並獵戶人等行捕未獲。如有過往客商人等，可於巳、午、未三個時辰結伴過岡；其餘時分，及單身客人，不許過岡，恐被傷害性命。各宜知悉。

武松讀了印信榜文，方知端的有虎。欲待轉身再回酒店裏來，尋思道：「我回去時須喫他恥笑，不是好漢。難以轉去。」存想了一回，說道：「怕甚麼鳥！且祇顧上去看怎地！」武松正走，看看酒湧上來，便把氈笠兒掀在脊梁上，將哨棒綰在肋下，一步步上那岡子來；回頭看這日色時，漸漸地墜下去了。此時正是十月間天氣，日短夜長，容易得晚。武松自言自說道：「那得甚麼大蟲！人自怕了，不敢上山。」武松走了一直，酒力發作，焦熱起來，一隻手提着哨棒，一隻手把胸膛前袒開，踉踉蹌蹌，直奔過亂樹林來。見一塊光撻撻大青石，把那哨棒倚在一邊，放翻身體，卻待要睡，祇見發起一陣狂風。那一陣風過了，祇聽得亂樹背後撲地一聲響，跳出一隻吊睛白額大蟲來。武松見了，叫聲：「阿呀！」從青石上翻將下來，便拿那條哨棒在手裏，閃在青石邊。那大蟲又饑又渴，把兩隻爪在地下略按一按，和身望上一撲，從半空裏攛將下來。武松被那一驚，酒都做冷汗出了。說時遲，那時快：武松見大蟲撲來，祇一閃，閃在大蟲背後。那大蟲背後看人最難，便把前爪搭在地下，把腰胯一掀，掀將起來。武松祇一閃，閃在一邊。大蟲見掀他不着，吼一聲，卻似半天裏起個霹靂，振得那山岡也動，把這鐵棒也似虎尾倒豎起來袛一翦。武松卻又閃在一邊。原來那大蟲拿人袛是一撲、一掀、一翦；三般提不着時，氣性先自沒了一半。那大蟲又翦不着，再吼了一聲，一兜兜將回來。武松見那大蟲復翻身回來，雙手輪起哨棒，盡平生氣力，袛一棒，從半空劈將下來。袛聽得一聲響，簌簌地，將那樹連枝帶葉劈臉打將下來。定睛看時，一棒劈不着大蟲；原來打急了，正打在枯樹上；把那條哨棒折做兩截，袛拿得一半在手裏。那大蟲咆哮，性發起來，翻身又袛一撲，撲將來。武松又袛一跳，卻退了十步遠。那大蟲恰好把兩隻前爪搭在武松面前。武松將半截棒丟在一邊，兩隻手就勢把大蟲頂花皮肐膊地揪住，一按按將下來。那隻大蟲急要掙扎，被武松盡氣力納定，那裏肯放半點兒鬆寬？武松把隻腳望大蟲面門上、眼睛裏，袛顧亂踢。那大蟲咆哮起來，把身底下爬起兩堆黃泥做了一個土坑。武松把大蟲嘴直按下黃泥坑裏去。那大蟲喫武松奈何得沒了些氣力。武松把左手緊緊地揪住頂花皮；偷出右手來，提起鐵鎚般大小拳頭，盡平生之力，袛顧打。打到五七十拳，那大蟲眼裏、口裏、鼻子裏、耳朵裏，都迸出鮮血來。那武松盡平昔神威，仗胸中武藝，半歇兒把大蟲打做一堆，卻似擋着一個錦皮袋。……當下景陽岡上那隻猛虎，被武松沒頓飯之間，一頓拳腳，打得那大蟲動撣不得，使得口裏兀自氣喘。武松放了手，來松樹邊尋那打折的哨棒，拿在手裏；袛怕大蟲不死，把棒橛又打了一回。眼見氣都沒了，方纔丟了棒，尋思道：「我就地拖得這死大蟲下岡子去？……」就血泊裏雙手來提時，那裏提得動？原來使盡了氣力，手足都蘇軟了。

武松再來青石上坐了半歇，尋思道：「天色看看黑了，倘或又跳出一隻大蟲來時，卻怎地鬥得他過？且掙扎下岡子去，明早卻來理會。」就石頭邊尋了氈笠兒，轉過亂樹林邊，一步步捱下岡子來。

走不到半里多路，祇見枯草叢中鑽出兩隻大蟲來。武松道：「阿呀！我今番罷了！」祇見那兩個大蟲，於黑影裏直立起來。武松定睛看時，卻是兩個人，把虎皮縫做衣裳，緊緊绷在身上；手裏各拿着一條五股叉；見了武松，喫一驚道：「你那人喫了㺀𢖍心？豹子膽？獅子腿？膽倒包着身軀！如何敢獨自一個，昏黑將夜，又沒器械，走過岡子來！不知你是人是鬼？」武松道：「你兩個是甚麼人？」那個人道：「我們是本處獵戶。」武松道：「你們上嶺來做甚麼？」兩個獵戶失驚道：「你兀自不知哩！如今景陽岡上有一隻極大的大蟲，夜夜出來傷人：祇我們獵戶也折了七八個；過往客人不記其數，都被這畜生喫了。本縣知縣着落當鄉里正和我們獵戶人等捕捉。那業畜勢大難近，誰敢向前！我們爲他，正不知喫了多少限棒，祇捉他不得！今夜又該我們兩個捕獵，和十數個鄉夫在此，上上下下放了窩弓藥箭等他。正在這裏埋伏，卻見你大剌剌地從岡子上走將下來，我兩個喫了一驚。你卻正是甚人？曾見大蟲麽？」武松道：「我是清河縣人氏，姓武，排行第二。卻纔岡子上亂樹林邊，正撞見那大蟲，被我一頓拳腳打死了。」兩個獵戶聽得，癡呆了，說道：「怕沒這話！」武松道：「你不信時，祇看我身上兀自有血跡。」兩個道：「怎地打來？」武松把那打大蟲的本事再說了一遍。兩個獵戶聽了，又喜又驚，叫攏那十個鄉夫來。祇見這十個鄉夫都拿着鋼叉、踏弩、刀、鎗，隨卽攏來。武松問道：「他們衆人如何不隨你兩個上山？」獵戶道：「便是那畜生利害，他們如何敢上來！」一夥十數個人都在面前。兩個獵戶叫武松把打大蟲的事說向衆人，衆人都不肯信。武松道：「你衆人不信時，我和你去看便了。」衆人身邊有火刀、火石，隨卽發出火來，點起五七個火把。衆人都跟着武松一同再上岡子來，看見那大蟲做一堆兒死在那裏。衆人見了大喜，先叫一個去報知本縣里正並該管上戶。這裏五七個鄉夫自把大蟲縛了，擡下岡子來。到得嶺下，早有七八十人都閧將來；先把死大蟲擡在前面，將一乘兜轎擡了武松，投本處一個上戶家來。那上戶里正都在莊前迎接。把這大蟲扛到草廳上。卻有本鄉上戶，本鄉獵戶，三二十人，都來相探武松。衆人問道：「壯士高姓大名？貴鄉何處？」武松道：「小人是此間鄰郡清河縣人氏，姓武，名松，排行第二。因從滄州回鄉來，昨晚在岡子那邊酒店喫得大醉了，上岡子來，正撞見這畜生。」把那打虎的身分、拳腳，細說了一遍。衆上戶道：「真乃英雄好漢！」衆獵戶先把野味將來與武松把杯。武松因打大蟲困乏了，要睡；上戶便叫莊客打併客房，且教武松歇息。到天明，上戶先使人去縣裏報知，一面合具虎牀，安排端正，迎送縣裏去。

天明，武松起來，洗漱罷，衆多上戶牽一腔羊，挑一擔酒，都在廳前伺候。武松穿了衣裳，整頓巾幘，出到前面，與衆人相見。衆上戶把盞，說道：「被這個畜生正不知害了多少人性命，連累獵戶喫了幾頓限棒！今日幸得壯士來到，除了這個大害。第一，鄉中人民有福；第二，客侶通行：實出壯士之賜！」武松謝道：「非小人之能，託賴衆長上福蔭。」衆人都來作賀。喫了一早晨酒食。擡出大蟲，放在虎牀上。衆鄉村上戶都把緞疋花紅來掛與武松。武松有些行李包裹，寄在莊上。一齊都出莊門前來。早有陽谷縣知縣相公使人來接武松。都相見了。叫四個莊客將乘涼轎來擡了武松，把那大蟲扛在前面，掛着花紅緞疋，迎到陽谷縣裏來。

那陽谷縣人民聽得說一個壯士打死了景陽岡上大蟲，迎喝了來，盡皆出來看，鬨動了那個縣治。武松在轎上看時，衹見亞肩疊背，鬧鬧穰穰，屯街塞巷，都來看迎大蟲。到縣前衙門口，知縣已在廳上專等。武松下了轎，扛着大蟲，都到廳前，放在甬道上。知縣看了武松這般模樣，又見了這個老大錦毛大蟲，心中自忖道：「不是這個漢，怎地打得這個虎！」便喚武松上廳來。武松去廳前聲了喏。知縣問道：「你那打虎的壯士，你卻說怎生打了這個大蟲？」武松就廳前將打虎的本事說了一遍。廳上廳下衆多人等都驚得呆了。知縣就廳上賜了幾杯酒，將出上戶湊的賞賜錢一千貫給與武松。武松稟道：「小人託賴相公的福蔭，偶然僥倖打死了這個大蟲，非小人之能，如何敢受賞賜？小人聞知這衆獵戶因這個大蟲受了相公的責罰，何不就把這一千貫給散與衆人去用？」知縣道：「既是如此，任從壯士。」

武松就把這賞錢在廳上散與衆人獵戶。知縣見他忠厚仁德，有心要擡舉他，便道：「雖你原是清河縣人氏，與我這陽谷縣衹在咫尺。我今日就參你在本縣做個都頭，如何？」武松跪謝道：「若蒙恩相擡舉，小人終身受賜。」知縣隨卽喚押司立了文案，當日便參武松做了步兵都頭。衆上戶都來與武松作賀慶喜，連連喫了三五日酒。武松自心中想道：「我本要回清河縣去看望哥哥，誰想倒來做了陽谷縣都頭！」自此，上官見愛，鄉里聞名。

（節自《水滸傳》第二十三回）

《水滸傳》的前半部，作者通過一些相對獨立卻又互有聯繫的人物傳記，表現出農民起義那種百川歸海的發展形勢，同時塑造了一個個光彩照人的英雄形象，揭露出社會政治的黑暗和腐敗。武松是《水滸傳》中最爲人所喜愛的英雄人物之一。作者傾注滿腔熱情，從二十三回到三十二回，以十回的篇幅集中地描寫武松的生活遭遇和思想性格，是爲著名的「武十回」。

武松打虎的故事見於第二十三回。武松剛出場不久，在展開尖銳復雜的社會衝突之前，通過打虎先讓他在讀者面前「亮相」，初步刻畫出他的思想性格和英雄形象，爲描寫他以後那曲折而又令人驚心動魄的生活道路預作鋪墊。這段故事篇幅不長，但自成首尾，在結構上完整而又嚴謹，可以當作一個獨立的故事來讀。應該說，情節本身是比較單純集中的，然而作者寫來卻是波瀾層疊，多姿多彩，曲折多變，有聲有色，在藝術表現上很有值得我們思索品味之處。

水滸傳·武松打虎

整個故事可以分成三個部分：第一部分寫武松上山打虎以前在酒店裏喝酒的情形，是爲寫打虎作鋪墊；第二部分寫景陽岡上打虎，是全篇故事的主體，也是情節發展的高潮；第三部分寫武松打死老虎以後下山，是高潮以後的餘波，起到回映高潮的作用。

故事的主體和中心是人虎相搏。但聰明的作者在表現生活的時候並不是孤立地看問題，寫打虎眼中就衹有打虎；他把握了生活的內在聯繫，因而敢於放開筆墨從容不迫地寫武松在酒店喝酒的種種情形，窮形盡態，細緻入微。作者寫武松喝酒，卻是着眼於寫打虎；直白地說，寫喝酒是爲了寫打虎。寫喝酒是寫打虎不可分割、也不可缺少的有機組成部分。在展開景陽岡上那場驚心動魄的搏鬥之前，作者通過武松在酒店喝酒的描寫，對人和虎兩方面都巧妙地作了介紹，而重點是寫武松，寫武松的勇和力，寫武松的思想性格，寫武松的英雄氣概。這段文字看似閑筆，仔細體味，卻沒有多餘和浪費的筆墨，字字句句都落到了打虎上。當武松從酒店裏出來直奔大蟲出沒的景陽岡時，實際上一個有勇有力、性格豪爽機警而又剛烈暴躁的打虎英雄的形象，便已栩栩如生地出現在我們的面前。

首先是通過武松的酒量食量來作渲染。武松未進店之前，先寫那面挑在門前寫着「三碗不過岡」五個字的酒招旗。這就暗示我們作者要在酒上做文章。細微之處，能見出作者的藝術匠心，不可等閑讀過。果然，隨後展開的一系列情節都是圍繞着這烈酒展開的。這酒叫「透瓶香」，又叫「出門倒」，一般過往行客確是「三碗不過岡」。可是我們的武松卻是一氣吃了十八碗「卻又不曾醉」。武松喝第一碗就情不自禁地叫道：「這酒好生有氣力！」喝第二碗時又讚：「好酒！」第六碗下肚，再讚「端的好酒！」單是這十八碗「透瓶香」，再加上四斤熟牛肉，如此過人的海量和腸胃，作者既無須直接出面，亦無須借酒家之口讚美武松是一位大力士，一個大碗喝酒、大塊吃肉的英雄好漢便已虎虎有生氣地出現在我們的面前。讀者可以相信：景陽岡上跳出來的縱然是一隻曾經「壞了三二十條大漢性命」的吊睛白額斑斕猛虎，這位躺倒了沒人扶得住的武二郎也是能够把它打死的。

英雄讚美好酒，好酒襯托英雄。然而對酒的描寫其作用還不止於藝術上的渲染烘托。十八碗烈酒下肚，還爲武松上岡打虎壯了膽，添了力。這「透瓶香」還是武松與老虎搏鬥的實實在在的物質基礎。且看後文作者寫武松上景陽岡，一路之上不斷點染那酒：「武松乘着酒興，祇管走上岡子來」「看看酒湧上來。……」「武松走了一陣，酒力發作，焦熱起來。」而作者筆下武松的步態身姿，也全然是一副醉酒英雄的形象：「橫拖着哨棒，便上岡子來。」「一隻手把胸膛前袒開，踉踉蹌蹌，直奔過亂樹林來。」隨着情節的發展，直到武松汗出酒醒，使盡平生氣力將老虎打死，我們越讀就越能領會到作者不惜篇幅詳寫武松喝酒的藝術匠心。

其次是通過武松與酒家之間的矛盾衝突來刻畫武松的思想性格。武松一進店門，就叫道：「主人家，快把酒來喫！」爽快的聲口透出豪壯的性格。要牛肉，也是一開口就是：「好的切二三斤來喫酒。」這話平平常常，卻是打虎的武松才說得出的。接下去是，一個要痛痛快快地開懷暢飲，一個卻好心好意地祇賣三碗，於是一場戲劇性的矛盾衝突便在武松和店家之間展開了。就在這賣與不賣的一系列矛盾衝突中，作者生動地進一步展示了武松那豪爽、機警、剛烈、暴躁的思想性格。店家怕他醉，在他喝了三碗以後就勸他不要再喝，可武松卻無端地說酒家是怕他喫了酒不付錢：「你休胡說！沒地不還你錢？再篩三碗來我喫！」這還祇是在焦躁中透露出一點粗魯，待到六碗下肚酒家再來勸阻時，武松就出口傷人了：「休得胡鳥說！便是你使蒙汗藥在裏面，我也有鼻子！」並進而以倒翻酒店、通教屋裏粉碎相威脅。待他喝完十八大碗，快意自得而又不無示威之意地說：「我卻又不曾醉！」武松出了酒店，酒家追出來好心地告訴他景陽岡上有老虎傷人，勸他回店裏住宿，他卻又說人家是故意嚇唬他，留他住宿是爲了謀財害命。這些對話都是個性化的，是人物在特定的情景之下的特定的語言，表現了人物獨特的思想性格：在豪爽中顯出粗暴，而粗暴裏又透出自信與機警。他的機警是跟他江湖英雄的獨特的生活經歷分不開的。他懷疑酒家留他住宿是爲了謀財害命，自有他的生活經驗作依據，並非全是蠻不講理。因此粗暴中又有他合理和可愛的一面。武松對酒家說的「便眞個有虎，老爺也不怕」，是衝着店家的留宿來的，但也不全是出於一時氣性的吹牛，其間也確乎表現了他的自信和勇氣。而所有這些，又無不跟打虎有關。除了力和勇，在跟酒家的衝突中所表現出的機警和自信，也是武松上山打虎不可缺少的重要條件。機敏而又警惕，又充滿自信，老虎跳出來的時候才會顯得那麽輕捷靈活，雖說是喝醉了酒，也沒有被嚇得手腳酥軟。

再次是從酒家的眼中口中作渲染。當武松喝完三碗以後，作者從酒家的眼中輕着一筆：「酒家見武松全然不動。」這「全然不動」四個字因是從酒家眼裏寫出，就有了對比，迥然不同於往日所見東倒西歪的凡夫俗子氣象，其威風凜凜的氣概於此已見端倪。待到武松喝下了十二碗還衹管要喝，作者這時又從酒家之口再着一筆：「你這條長漢，倘或醉倒了時，怎扶得你住？」道出他一副打虎身手、氣派。而武松的回答卻又更上一層樓：「要你扶的不算好漢！」醉倒了沒人扶得住的是英雄好漢，根本無須人扶的更是英雄好漢。僅此寥寥數語，武松非凡的體態氣魄，全從酒家的眼中口中寫出。酒家眼中口中的武松，便是作者心中的武松，也是他着意要刻畫的武松，同時也是讀者讀了以後眼中心中的武松。作者出色的藝術描寫，將作者、書中人物和讀者三個方面的認識和感情，輕巧自然地溝通融匯在一起了。

第二部分寫武松景陽岡上打虎，是情節發展的高潮，是作者傾全力寫出的，寫得有聲有色，驚心動魄。這部分作者是分兩個段落來寫的，在藝術表現上很有層次。老虎跳出來以前是第一個層次，老虎跳出來以後是第二個層次。

在第一個層次裏，作者着重寫了武松的心理活動及其變化，寫了他走上景陽岡時的步態身姿，同時又爲老虎的出來渲染烘托出濃厚的氣氛。對武松的心理活動及其變化寫得細膩逼真。他是不相信酒家山上有虎的話纔負氣上山的，但山上是否眞的有虎，此時武松的心裏也還沒有底。作者細緻地寫了他從不信有虎到相信有虎的變化過程及其心理狀態。他先不相信山上有虎，對酒家的過分警惕變成了對老虎的麻痹大意。在山岡下看見大樹上關於大蟲傷人的兩行字，他仍不相信，以爲是酒家的詭詐手段。等到看見在山神廟前貼着的印信榜文（與抄白榜文有別，作者寫得細），這才相信「端的有虎」。讓武松在打虎以前知道山上眞有老虎，這樣的藝術處理顯示了作者的高明之處。正如金聖嘆的評語所說：「有此一折，反越顯出武松神威，不然，便是卒然不及回避，僥倖得免虎口矣！」寫得十分眞實而又傳神的，是關於武松在進退問題上的思想鬥爭：「欲待轉身再回酒店裏來，尋思道：『我回去時須喫他恥笑，不是好漢。難以轉去。』存想了一回，說道：『怕什麼鳥！且祇顧上去看怎地！』」如果此時的武松在生死攸關的進退問題上沒有絲毫的矛盾、猶豫，那就不近情理。欲拔高使其高大反因違背生活的眞實而使藝術形象受到貶損，這種在古今作品中常見的現象是頗耐深思的。武松的心理活動是眞實的，因而也是獨特的。個人意識非常強烈的武松，把個人的聲譽、面子看得比生命更重要，他寧願冒被老虎喫掉的風險，也要維護英雄好漢的名聲。這跟同樣是英雄好漢的李逵和魯智深是很不相同的。鬥爭的結果是上山。從他「怕什麼鳥」的自我壯膽的話來看，他是硬着頭皮上景陽岡的。他有勇敢無畏的一面，也有膽小心怯的一面。又怕又不怕，最終是「明知山有虎，偏向虎山行」——這才是有血有肉、眞實可信的打虎英雄武松。這一段有關心理活動的描寫，是從人物的精神狀態上爲寫人虎之間的生死搏鬥作鋪墊。

人物的思想和精神還表現在上山時的身姿步態上。一擡手，一投足，身姿步態處處都顯示出打虎英雄的風采。着墨不多，十分精練，人物卻躍然紙上，栩栩如生。看他這樣寫：「這武松提了哨棒，大着步，自過景陽岡來。」「橫拖着哨棒，便上岡子來。」着一「橫」字，見出武松大搖大擺、無所畏懼的英雄本色。這樣一路寫下來，直寫到武松「踉踉蹌蹌，直奔亂樹林來」，都是傳神入妙之筆，處處使人感受到武松不同凡俗的英雄膽氣。

與此同時，作者又多層次多方面地渲染出老虎就要跳出來的環境氣氛。官司榜文上寫明：「祇能從巳、午、未三個時辰結伴過岡」。巳、午、未三個時辰就是從上午九時到下午三時。作者特意從日色西墜，點染出武松上山時已是老虎出沒傷人的時刻：「那時已有申牌時分，這輪紅日厭厭地相傍下山。」接下去寫武松「見一個敗落的山神廟」，「敗落」二字見出老虎出沒、人跡罕到景象，確是虎山之景。而當武松正「一步步上那岡子來時」，作者再加一筆：「回頭看這日色時，漸漸地墜下去了。」金聖嘆於此有一句評語：「駭人之景。我當此時，便沒虎來，也要大哭。」這些氣氛的渲染，對於人虎搏鬥來說，猶如射箭，射手已將弓拉滿，絃已綳到最緊張的時候，那支箭眼見就要射出去了。

作了充分的鋪墊、渲染之後，作者這才放開筆墨去寫打虎正文。這種瞬息萬變、驚心動魄的打虎場面，是很難把握和表現的，而作者寫來卻是從容不迫，井井有條，合情合理，眞實可信。先寫老虎出來，再寫人虎相鬥。寫老虎出來，是先寫風：武松「見一塊光撻撻大青石，把那哨棒倚在一邊，放翻身體，卻待要睡，衹見發起一陣狂風」。次寫聲：「那一陣風過了，衹聽得亂樹背後撲地一聲響，跳出一隻吊睛白額大蟲來。」這樣寫，既渲染了老虎的兇猛，又使武松有了警覺和準備，在開頭前便顯示出一場惡鬥的氣勢聲威。

人虎相鬥，正面落筆，最難描寫。作者卻寫得層次分明，嚴整有序。總的分三層寫：首寫老虎進攻，武松退避；次寫人虎相搏；末寫武松打虎。從武松來說，整個跟老虎搏鬥的過程，借用軍事上的術語，是三個階段：防御、相持、進攻。老虎的進攻，是寫它一撲、一掀、一翦；武松的防御，是寫他一連三閃。「那大蟲拿人衹是一撲、一掀、一翦；三般捉不着時，氣性先自沒了一半。」此時，武松便合情合理地由防御轉入了相持階段。寫人虎相搏，則是老虎一兜，武松一劈；老虎一撲，武松一跳。其間，武松棒劈老虎一節最爲精彩：

武松見那大蟲復翻身回來，雙手掄起哨棒，盡平生氣力，衹一棒，從半空劈將下來。衹聽得一聲響，簌簌地，將那樹連枝帶葉劈臉打將下來。定睛看時，一棒劈不着大蟲；原來打急了，正打在枯樹上；把那條哨棒折做兩截，衹拿得一半在手裏。

如果這一棒下去就乾脆痛快地結果了大蟲的性命，從具體情景看，未免不合事理；從藝術表現看，則由直快而致平淺，讀來必然了無意趣。經此一折，情節便騰挪跌宕，曲折有致，而打虎過程也因之顯得入情入理，眞實可信了。

打折哨棒之後，讓武松繼之以拳打腳踢，這才能充分地顯示出武松的英雄本色。寫武松打虎的過程也十分細緻，一筆不漏，一筆不苟：先是「兩隻手（不是一隻手）就勢把大蟲頂花皮肐𦙶地揪住，一按按將下來」。繼而是用腳（兩隻手緊緊按住虎頭，不能抽出來，此時也萬不可抽出來）踢：「武松把隻腳望大蟲面門上、眼睛裏，衹顧亂踢。」再後是拳打：「那大蟲喫武松奈何得沒了些氣力。武松把左手緊緊地揪住頂花皮；偷出右手來（衹有此時才偷得出，也必須偷出，才能打死老虎），提起鐵錘般大小拳頭，盡平生之力，衹顧打

（與前面衹顧踢，異中有同，同中有異）。打到五七十拳，那大蟲眼裏、口裏、鼻子裏、耳朵裏，都迸出鮮血來……動撣不得，使得口裏兀自氣喘。」最末纔用那根經作者多次交代點染、不巧而被打折、武松丟掉隨後又重新被撿回來的哨棒結果了大蟲的性命：「武松放了手（此時方能放得手），來松樹邊尋那打折了的哨棒，拿在手裏；衹怕大蟲不死，把棒橛又打了一回。眼見氣都沒了，方纔丟了棒。」妙在武松打虎用了哨棒，又不靠哨棒；丟了哨棒，又找回哨棒。奇奇正正虛虛實實，使哨棒在藝術表現上發揮了最大的作用。

試看他寫人虎交鋒的整個過程，一筆人一筆虎，一來一往，層次井然，一絲不亂。全部情節場面是緊張激烈、驚心動魄的，細看卻又是張弛相間，起伏有致，極盡孑騰挪峭折之能事。眞人鬥活虎，虎是猛虎，人是英雄。人虎相搏的過程越是寫得波瀾起伏，曲折多變，越是寫出人虎之間勢均力敵的態勢，纔越能顯出打虎英雄武松過人的勇力和膽氣。金聖嘆評論這一節描寫，說：「神妙之筆，燈下讀之，火光如豆，變成綠色。」這幾句話，生動地傳達出這段藝術描寫的韻致和讀者的內心感受，是頗爲精當的。

武松打死老虎以後諸種情景的描寫，從情節的發展說是高潮之後的餘波。這段餘波很能見出作者的眼光和藝術上的功力，同樣不失爲精彩之筆。跟寫打虎對突出武松的威武勇力不同，這時是寫武松在另一種情景之下的另一面：無力、膽怯、困倦。看他寫武松用雙手要從血泊裏拖那大蟲下山時：「那裏提得動？原來使盡了力氣，手腳都蘇軟了。」隨後是在「青石上坐了半歇」，這才「就石頭邊尋了氈笠兒，轉過亂樹林邊，一步步捱下岡子來。」「捱」字傳神，與上山時「大着步走上岡來」，那身姿意態，迥然不同，前後形成鮮明的對比。半路上枯草叢中又鑽出兩隻大蟲來，這時武松大叫一聲：「阿呀！我今番罷了！」虛驚一場，原來是獵戶的僞裝。最後，當衆獵戶設酒相賀，拿野味來「與武松把杯」時，簡直有些出乎我們的意料之外，作者沒有一個字去渲染這位打虎英雄如何意氣揚揚，開懷暢飲，而衹是簡單的一筆：「武松因打大蟲困乏了，要睡。」就此收束。一場緊張的搏鬥之後會困倦，用盡了力氣時會膽怯，在這裏作者眞實而又入理地寫出了武松作爲一個血肉之軀的普通人的一般特徵。作者是很聰明的，他懂得生活的辯證法：寫武松打死老虎以後沒有了一點力氣，正是回映他打虎時用了大力氣。這跟馬拉松運動員撞過終點線而腳跟不穩一樣，盡情盡理。在這裏，作者實際上是在引導讀者回味緊張激烈的打虎場面的同時，不知不覺地又進一步渲染和突出了打虎英雄武松的威武與勇力。

武松打虎的故事表現了《水滸傳》在人物描寫上現實主義和浪漫主義相結合的藝術特色。在作者的筆下，武松是一位富於傳奇色彩的理想化的英雄。作者在描寫時作了大膽的藝術誇張，但又並不違背常情和生活邏輯。武松是一個勇力過人、威武豪壯的英雄，同時又是一個普通人，因而讀者能夠理解，並且感到親切。

（周先慎）

大鬧天宮

吳承恩

那太白金星與美猴王，同出了洞天深處，一齊駕雲而起。原來悟空筋斗雲比衆不同，十分快疾，把個金星撇在腦後，先至南天門外。正欲收雲前進，被增長天王領着龐、劉、苟、畢、鄧、辛、張、陶，一路大力天丁，鎗刀劍戟，擋住天門，不肯放進。猴王道：「這個金星老兒，乃奸詐之徒！既請老孫，如何教人動刀動槍，阻塞門路？」正嚷間，金星倏到。悟空就覿面發狠道：「你這老兒，怎麼哄我？被你說奉玉帝招安旨意來請，卻怎麼教這些人阻住天門，不放老孫進去？」金星笑道：「大王息怒。你自來未曾到此天堂，卻又無名，衆天丁又與你素不相識，他怎肯放你擅入？等如今見了天尊，授了仙籙，注了官名，向後隨你出入，誰復擋也？」悟空道：「這等說，也罷，我不進去了。」金星又用手扯住道：「你還同我進去。」

將近天門，金星高叫道：「那天門天將，大小吏兵，放開路者。此乃下界仙人，我奉玉帝聖旨，宣他來也。」那增長天王與衆天丁俱才斂兵退避。猴王始信其言。同金星緩步入裏觀看。真個是：

初登上界，乍入天堂。金光萬道滾紅霓，瑞氣千條噴紫霧。祗見那南天門，碧沉沉，琉璃造就；明幌幌，寶玉妝成。兩邊擺數十員鎮天元帥，一員員頂盔貫甲，持銑擁旄；四下列十數個金甲神人，一個個執戟懸鞭，持刀仗劍。外廂猶可，入内驚人：裏壁廂有幾根大柱，柱上纏繞着金鱗耀日赤鬚龍；又有幾座長橋，橋上盤旋着彩羽凌空丹頂鳳。明霞幌幌映天光，碧霧蒙蒙遮斗口。這天上有三十三座天宮，乃遣雲宮、毗沙宮、五明宮、太陽宮、花樂宮，……一宮宮脊吞金穩獸；又有七十二重寶殿，乃朝會殿、凌虛殿、寶光殿、天王殿、靈官殿，……一殿殿柱列玉麒麟。壽星臺上，有千千年不卸的名花；煉藥爐邊，有萬萬載常青的瑞草。又至那朝聖樓前，絳紗衣，星辰燦爛；芙蓉冠，金壁輝煌。玉簪珠履，紫綬金章。金鐘撞動，三曹神表進丹墀；天鼓鳴時，萬聖朝王參玉帝。又至那靈霄殿，金釘攢玉戶，彩鳳舞朱門。復道回廊，處處玲瓏剔透；三簷四簇，層層龍鳳翱翔。上面有個紫巍巍，明幌幌，圓丢丢，亮灼灼，大金葫蘆頂；下面有天妃懸掌扇，玉女捧仙巾。惡狠狠，掌朝的天將；氣昂昂，護駕的仙卿。正中間，琉璃盤内，放許多重重疊疊太乙丹；瑪瑙瓶中，插幾枝彎彎曲曲珊瑚樹。正是天宮異物般般有，世上如他件件無。金闕銀鑾并紫府，琪花瑤草暨瓊葩。朝王玉兔壇邊過，參聖金烏着底飛。猴王有分來天境，不墮人間點污泥。

太白金星，領着美猴王，到於靈霄殿外。不等宣詔，直至御前，朝上禮拜。悟空挺身在旁，且不朝禮，但側耳以聽金星啟奏。金星奏道：「臣領聖旨，已宣妖仙到了。」玉帝垂簾問曰：「那個是妖仙？」悟空卻纔躬身答應道：「老孫便是。」仙卿們都大驚失色道：「這個野猴！怎麼不拜伏參見，輒敢這等答應道：『老孫便是！』卻該死了！該死了！」玉帝傳旨道：「那孫悟空乃下界妖仙，初得人身，不知朝禮，且姑恕罪。」衆仙卿叫聲「謝恩！」猴王卻才朝上唱個大喏。玉帝宣文選武選仙卿，看那處少甚官職，着孫悟空去除授。旁邊轉過武曲星君，啟奏道：「天宮裏各宮各殿，各方各處，都不少官，衹是御馬監缺個正堂管事。」玉帝傳旨道：「就除他做個『弼馬溫』罷。」衆臣叫謝恩，他也衹朝上唱個大喏。玉帝又差木德星官送他去御馬監到任。

當時猴王歡歡喜喜，與木德星官徑去到任。事畢，木德回宮。他在監裏，會聚了監承、監副、典簿、力士、大小官員人等，查明本監事務，止有天馬千匹。乃是：

驊騮騏驥，騄駬纖離；龍媒紫燕，挾翼驌驦；駃騠銀騔，騕褭飛黃；騊駼翻羽，赤兔超光；踰輝彌景，騰霧勝黃；追風絕地，飛翻奔霄；逸飄赤電，銅爵浮雲；驄瓏虎[illegible]，絕塵紫鱗；四極大宛，八駿九逸，千里絕羣：——此等良馬，一個個，嘶風逐電精神壯，踏霧登雲氣力長。

這猴王查看了文簿，點明了馬數。本監中典簿管徵備草料；力士官管刷洗馬匹、扎草、飲水、煮料；監丞、監副輔佐催辦；弼馬晝夜不睡，滋養馬匹。日間舞弄猶可，夜間看管慇懃：但是馬睡的，趕起來吃草；走的捉將來靠槽。那些天馬見了他，泯耳攢蹄，都養得肉肥膘滿。不覺的半月有餘。一朝閑暇，衆監官都安排酒席，一則與他接風，一則與他賀喜。

正在歡飲之間，猴王忽停杯問曰：「我這『弼馬溫』是個甚麼官銜？」衆曰：「官名就是此了。」又問：「此官是個幾品？」衆道：「沒有品從。」猴王道：「沒品，想是大之極也。」衆道：「不大，不大，祇喚做『未入流』。」猴王道：「怎麼叫做『未入流』？」衆道：「末等。這樣官兒，最低最小，祇可與他看馬。似堂尊到任之後，這等殷懃，喂得馬肥，祇落得道聲『好』字；如稍有些尫羸，還要見責；再十分傷損，還要罰贖問罪。」猴王聞此，不覺心頭火起，咬牙大怒道：「這般藐視老孫！老孫在那花果山，稱王稱祖，怎麼哄我來替他養馬？養馬者，乃後生小輩下賤之役，豈是待我的？不做他！不做他！我將去也！」忽喇的一聲，把公案推倒，耳中取出寶貝，幌一幌，碗來粗細，一路解數，直打出御馬監，徑至南天門。衆天丁知他受了仙籙，乃是個弼馬温，不敢阻當，讓他打出天門去了。

須臾，按落雲頭，回至花果山上。祇見那四健將與各洞妖王，在那裏操演兵卒。這猴王厲聲高叫道：「小的們！老孫來了！」一羣猴都來叩頭，迎接進洞天深處，請猴王高登寶位，一壁廂辦酒接風，都道：「恭喜大王，上界去十數年，想必得意榮歸也？」猴王道：「我才半月有餘，那裏有十數年？」衆猴道：「大王，你在天上，不覺時辰。天上一日，就是下界一年哩。請問大王，官居何職？」猴王搖手道：「不好說！不好說！活活的羞殺人！那玉帝不會用人，他見老孫這般模樣，封我做個甚麼『弼馬温』，原來是與他養馬，未入流品之類。我初到任時不知，祇在御馬監中頑耍。及今日問我同寮，始知是這等卑賤。老孫心中大惱，推倒席面，不受官銜，因此走下來了。」衆猴道：「來得好！來得好！大王在這福地洞天之處爲王，多少尊重快樂，怎麼肯去與他做馬夫？」教：「小的們！快辦酒來，與大王釋悶。」

正飲酒歡會間，有人來報道：「大王，門外有兩個獨角鬼王，要見大王。」猴王道：「教他進來。」那鬼王整衣跑入洞中，倒身下拜。美猴王問他：「你見我何幹？」

鬼王道：「久聞大王招賢，無由得見；今見大王授了天籙，得意榮歸，特獻赭黃袍一件，與大王稱慶。肯不棄鄙賤，收納小人，亦得效犬馬之勞。」猴王大喜，將赭黃袍穿起，衆等欣然排班朝拜，即將鬼王封爲前部總督先鋒。鬼王謝恩畢，復啟道：「大王在天許久，所授何職？」猴王道：「玉帝輕賢，封我做個甚麽『弼馬温』！」鬼王聽言，又奏道：「大王有此神通，如何與他養馬？就做個『齊天大聖』，有何不可？」猴王聞說，歡喜不勝，連道幾個「好！好！好！」教四健將：「就替我快置個旌旗，旗上寫『齊天大聖』四大字，立竿張掛。自此以後，祇稱我爲齊天大聖，不許再稱大王。亦可傳與各洞妖王，一體知悉。」此不在話下。

卻說那玉帝次日設朝，祇見張天師引御馬監監丞、監副在丹墀下拜奏道：「萬歲，新任弼馬温孫悟空，因嫌官小，昨日反下天宮去了。」正說間，又見南天門外增長天王領衆天丁，亦奏道：「弼馬温不知何故，走出天門去了。」玉帝聞言，即傳旨：「着兩路神元，各歸本職，朕遣天兵，擒拿此怪。」班部中閃上托塔李天王與哪吒三太子，越班奏上道：「萬歲，微臣不才，請旨降此妖怪。」玉帝大喜，即封托塔天王李靖爲降魔大元帥，哪吒三太子爲三壇海會大神，即刻興師下界。

李天王與哪吒叩頭謝辭，徑至本宮，點起三軍，帥衆頭目，着巨靈神爲先鋒，魚肚將掠後，藥叉將催兵。一霎時出南天門外，徑來到花果山。選平陽處安了營寨，傳令教巨靈神挑戰。巨靈神得令，結束整齊，輪着宣花斧，到了水簾洞外。祇見那洞門外，許多妖魔，都是些狼蟲虎豹之類，丫丫叉叉，輪槍舞劍，在那裏跳鬥咆哮。這巨靈神喝道：「那業畜！快早去報與弼馬温知道，吾乃上天大將，奉玉帝旨意，到此收伏；教他早早出來受降，免致汝等皆傷殘也。」那些怪，奔奔波波，傳報洞中道：「禍事了！禍事了！」猴王問：「有甚禍事？」衆妖道：「門外有一員天將，口稱大聖官銜，道：奉玉帝聖旨，來此收伏；教早早出去受降，免傷我等性命。」猴王聽說，教：「取我披掛來！」就戴上紫金冠，貫上黄金甲，登上步雲鞋，手執如意金箍棒，領衆出門，擺開陣勢。這巨靈神睜睛觀看，真好猴王：

身穿金甲亮堂堂，頭戴金冠光映映。手舉金箍棒一根，足踏雲鞋皆相稱。一雙怪眼似明星，兩耳過肩查又硬。挺挺身才變化多，聲音響亮如鐘磬。尖嘴咨牙弼馬温，心高要做齊天聖。

巨靈神厲聲高叫道：「那潑猴！你認得我麼？」大聖聽言，急問道：「你是那路毛神？老孫不曾會你，你快報名來。」巨靈神道：「我把你那欺心的猢猻！你是認不得我！我乃高上神霄托塔李天王部下先鋒，巨靈天將！今奉玉帝聖旨，到此收降你。你快卸了裝束，歸順天恩，免得這滿山諸畜遭誅；若道半個『不』字，教你頃刻化爲虀粉！」猴王聽説，心中大怒道：「潑毛神，休誇大口，少弄長舌！我本待一棒打死你，恐無人去報信；且留你性命，快早回天，對玉皇説：他甚不用賢！老孫有無窮的本事，爲何教我替他養馬？你看我這旌旗上字號。若依此字號陞官，我就不動刀兵，自然的天地清泰；如若不依，時間就打上靈霄寶殿，教他龍牀定坐不成！」這巨靈神聞此言，急睜睛迎風觀看，果見門外豎一高竿，竿上有旌旗一面，上寫着「齊天大聖」四大字。巨靈神冷笑三聲道：「這潑猴，這等不知人事，輒敢無狀，你就要做齊天大聖！好好的喫吾一斧！」劈頭就砍將去。那猴王正是會家不忙，將金箍棒應手相迎。這一場好殺：

棒名如意，斧號宣花。他兩個乍相逢，不知深淺；斧和棒，左右交加。一個暗藏神妙，一個大口稱誇。使動法，噴雲曖霧；展開手，播土揚沙。天將神通，就有道猴王變化實無涯。棒舉卻如龍戲水，斧來猶似鳳穿花。

巨靈名望傳天下，原來本事不如他：大聖輕輕輪鐵棒，着頭一下滿身麻。巨靈神抵敵他不住，被猴王劈頭一棒，慌忙將斧架隔，扢扠的一聲，把個斧柄打做兩截，急撤身敗陣逃生。猴王笑道：「膿包！膿包！我已饒了你，你快去報信！快去報信！」

巨靈神回至營門，徑見托塔天王，忙哈哈跪下道：「弼馬温果是神通廣大！末將戰他不得，敗陣回來請罪。」李天王發怒道：「這廝銼吾鋭氣，推出斬之！」旁邊閃出哪吒太子，拜告：「父王息怒，且恕巨靈之罪，待孩兒出師一遭，便知深淺。」天王聽諫，且教回營待罪管事。

這哪吒太子，甲冑齊整，跳出營盤，撞至水簾洞外。那悟空正來收兵，見哪吒來的勇猛。好太子：

總角纔遮顖，披毛未蓋肩。神奇多敏悟，骨秀更清妍。誠爲天上麒麟子，果是煙霞彩鳳仙。龍種自然非俗相，妙齡端不類塵凡。身帶六般神器械，飛騰變化廣無邊。今受玉皇金口詔，敕封海會號三壇。

悟空迎近前來問曰：「你是誰家小哥？闖近吾門，有何事幹？」哪吒喝道：「潑妖猴！豈不認得我？我乃托塔天王三太子哪吒是也。今奉玉帝欽差，至此捉你。」悟空笑道：「小太子，你的奶牙尚未退，胎毛尚未乾，怎敢説這般大話？我且留你的性命，不打你。你衹看我旌旗上是甚麽字號，拜上玉帝：是這般官銜，再也不須動衆，我自皈依；若是不遂我心，定要打上靈霄寶殿。」哪吒抬頭看處，乃「齊天大聖」四字。哪吒道：「這妖猴能有多大神通，就敢稱此名號！不要怕！喫吾一劍！」悟空道：「我衹站下不動，任你砍幾劍罷。」那哪吒奮怒，大喝一聲，叫「變！」即變做三頭六臂，惡狠狠，手持着六般兵器，乃是斬妖劍、砍妖刀、縛妖索、降妖杵、繡球兒、火輪兒，丫丫叉叉，撲面來打。悟空見了，心驚道：「這小哥倒也會弄些手段！莫無禮，看我神通！」好大聖，喝聲「變！」也變做三頭六臂；着金箍棒幌一幌，也變作三條；六隻手拿着三條棒架住。這場鬥，真個是地動山搖，好殺也：

六臂哪吒太子，天生美石猴王，相逢真對手，正遇本源流。那一個蒙差來下界，這一個欺心鬧鬥牛。斬妖寶劍鋒芒快，砍妖刀狠神鬼愁；縛妖索子如飛蟒，降妖大杵似狼頭；火輪掣電烘烘豔，往往來來滾綉毬。大聖三條如意棒，前遮後擋運機謀。苦爭數合無高下，太子心中不肯休。把那六件兵器多教變，百千萬億照頭丢。猴王不懼呵呵笑，鐵棒翻騰自運籌。以一化千千化萬，滿空亂舞賽飛虬。諕得各洞妖王都閉戶，遍山鬼怪盡藏頭。神兵怒氣雲慘慘，金箍鐵棒響颼颼。那壁廂，天丁吶喊人人怕，這壁廂，猴怪搖旗個個憂。發狠兩家齊鬥勇，不知那個剛强那個柔。

三太子與悟空各騁神威，鬥了個三十回合。那太子六般兵，變做千千萬萬；孫悟空金箍棒，變作萬萬千千。半空中似兩點流星，不分勝負。原來悟空手疾眼快，正在那混亂之時，他拔下一根毫毛，叫聲「變！」就變做他的本相，手挺着棒，演着哪吒；他的真身，卻一縱，趕至哪吒腦後，着左膊上一棒打來。哪吒正使法間，聽得棒頭風響，急躲閃時，不能措手，被他着了一下，負痛逃走；收了法，把六件兵器，依舊歸身，敗陣而回。

那陣上李天王早已看見，急欲提兵助戰。不覺太子倏至面前，戰戰兢兢報道：「父王！弼馬温眞個有本事！孩兒這般法力，也戰他不過，已被他打傷膊也。」天王大驚失色道：「這廝恁的神通，如何取勝？」太子道：「他洞門外豎一竿旗，上寫『齊天大聖』四字，親口誇稱，教玉帝就封他做齊天大聖，萬事俱休；若還不是此號，定要打上靈霄寶殿哩！」天王道：「既然如此，且不要與他相持，且去上界，將此言回奏，再多遣天兵，圍捉這廝，未爲遲也。」太子負痛，不能復戰，故同天王回天啓奏不題。

你看那猴王得勝歸山，那七十洞妖王與那六弟兄，俱來賀喜。在洞天福地，飲樂無比。他卻對六弟兄說：「小弟既稱齊天大聖，你們亦可以大聖稱之。」內有牛魔王忽然高叫道：「賢弟言之有理，我即稱做個平天大聖。」蛟魔王道：「我稱做覆海大聖。」鵬魔王道：「我稱混天大聖。」獅狔王道：「我稱移山大聖。」獼猴王道：「我稱通風大聖。」禺狨王道：「我稱驅神大聖。」此時七大聖自作自爲，自稱自號，耍樂一日，各散訖。

卻說那李天王與三太子領着衆將，直至靈霄寶殿。啓奏道：「臣等奉聖旨出師下界，收伏妖仙孫悟空，不期他神通廣大，不能取勝，仍望萬歲添兵剿除。」玉帝道：「諒一妖猴，有多少本事，還要添兵？」太子又近前奏道：「望萬歲赦臣死罪！那妖猴使一條鐵棒，先敗了巨靈神，又打傷臣臂膊。洞門外立一竿旗，上書『齊天大聖』四字，道是封他這官職，即便休兵來投；若不是此官，還要打上靈霄寶殿也。」玉帝聞言，驚訝道：「這妖猴何敢這般狂妄！着衆將即刻誅之。」正說間，班部中又閃出太白金星，奏道：「那妖猴衹知出言，不知大小。欲加兵與他爭鬥，想一時不能收伏，反又勞師。不若萬歲大舍恩慈，還降招安旨意，就教他做個齊天大聖。衹是加他個空銜，有官無祿便了。」玉帝道：「怎麽喚做『有官無祿』？」金星道：「名是齊天大聖，衹不與他事管，不與他俸祿，且養在天壤之間，收他的邪心，使不生狂妄，庶乾坤安靖，海宇得清寧也。」玉帝聞言道：「依卿所奏。」即命降了詔書，仍着金星領去。

金星復出南天門，直至花果山水簾洞外觀看。這番比前不同，威風凛凛，殺氣森森，各樣妖精，無般不有。一個個都執劍拈槍，拿刀弄杖的，在那裏咆哮跳躍。一見金星，皆上前動手。金星道：「那衆頭目來！累你去報你大聖知之。吾乃上帝遣來天使，有聖旨在此請他。」衆妖即跑入報道：「外面有一老者，他說是上界天使，有旨意請你。」悟空道：「來得好！來得好！想是前番來的那太白金星。那次請我上界，雖是官爵不堪，卻也天上走了一次，認得那天門內外之路。今番又來，定有好意。」教衆頭目大開旗鼓，擺隊迎接。大聖卽帶引羣猴，頂冠貫甲，甲上罩了赭黃袍，足踏雲履，急出洞門，躬身施禮，高叫道：「老星請進，恕我失迎之罪。」

金星趨步向前，徑入洞內，面南立着道：「今告大聖，前者因大聖嫌惡官小，躲離御馬監，當有本監中大小官員奏了玉帝。玉帝傳旨道：『凡授官職，皆由卑而尊，爲何嫌小？』卽有李天王領哪吒下界取戰。不知大聖神通，故遭敗北，回天奏道：『大聖立一竿旗，要做「齊天大聖」。』衆武將還要支吾，是老漢力爲大聖冒罪奏聞，免興師旅，請大王授籙。玉帝準奏，因此來請。」悟空笑道：「前番動勞，今又蒙愛，多謝！多謝！但不知上天可有此『齊天大聖』之官銜也？」金星道：「老漢以此銜奏準，方敢領旨而來；如有不遂，衹坐罪老漢便是。」

悟空大喜，懇留飲宴不肯，遂與金星縱着祥雲，到南天門外。那些天丁天將，都拱手相迎。徑入靈霄殿下。金星拜奏道：「臣奉詔宣弼馬溫孫悟空已到。」玉帝道：「那孫悟空過來。今宣你做個『齊天大聖』，官品極矣，但切不可胡爲。」這猴亦止朝上唱個諾，道聲「謝恩」。玉帝卽命工幹官——張、魯二班——在蟠桃園右首，起一座齊天大聖府，府內設個二司：一名安靜司，一名寧神司。司俱有仙吏，左右扶持。又差五斗星君送悟空去到任，外賜御酒二瓶，金花十朵，着他安心定志，再勿胡爲。這猴王信受奉行，卽日與五斗星君到府，打開酒瓶，同衆盡飲。送星官回轉本宮，他才遂心滿意，喜地歡天，在於天宮快樂，無掛無礙。正是：仙名永注長生籙，不墮輪回萬古傳。……

話表齊天大聖到底是個妖猴，更不知官銜品從，也不較俸祿高低，但衹注名便了。那齊天府下二司仙吏，早晚伏侍，衹知日食三餐，夜眠一榻，無事牽縈，自由自在。閑時節會友游宮，交朋結義。見三清，稱個「老」字；逢四帝，道個「陛下」。與那九曜星、五方將、二十八宿、四大天王、十二元辰、五方五老、普天星相、河漢羣神，俱祇以弟兄相待，彼此稱呼。今日東遊，明日西蕩，雲去雲來，行蹤不定。

一日，玉帝早朝，班部中閃出許旌陽真人，頫顖啓奏道：「今有齊天大聖，無事閑游，結交天上衆星宿，不論高低，俱稱朋友。恐後閑中生事。不若與他一件事管，庶免別生事端。」玉帝聞言，即時宣詔。那猴王欣欣然而至，道：「陛下，詔老孫有何陞賞？」玉帝道：「朕見你身閑無事，與你件執事。你且權管那蟠桃園，早晚好生在意。」大聖歡喜謝恩，朝上唱諾而退。

他等不得窮忙，即入蟠桃園內查勘。本園中有個土地攔住，問道：「大聖何往？」大聖道：「吾奉玉帝點差，代管蟠桃園，今來查勘也。」那土地連忙施禮，即呼那一班鋤樹力士、運水力士、修桃力士、打掃力士都來見大聖磕頭，引他進去。但見那：

夭夭灼灼，顆顆株株。夭夭灼灼花盈樹，顆顆株株果壓枝。果壓枝頭垂錦彈，花盈樹上簇胭脂。時開時結千年熟，無夏無冬萬載遲。先熟的，酡顏醉臉；晚結的，帶蒂青皮。凝煙肌帶綠，映日顯丹姿。樹下奇葩并異卉，四時不謝色齊齊。左右樓臺并館舍，盈空常見罩雲霓。不是玄都凡俗種，瑤池王母自栽培。

大聖看玩多時，問土地道：「此樹有多少株數？」土地道：「有三千六百株：前面一千二百株，花微果小，三千年一熟，人吃了成仙了道，體健身輕。中間一千二百株，層花甘實，六千年一熟，人吃了霞舉飛昇，長生不老。後面一千二百株，紫紋緗核，九千年一熟，人吃了與天地齊壽，日月同庚。」大聖聞言，歡喜無任。當日查明了株樹，點看了亭閣，回府。自此後，三五日一次賞玩，也不交友，也不他游。

一日，見那老樹枝頭，桃熟大半，他心裏要吃個嘗新。奈何本園土地、力士并齊天府仙吏緊隨不便。忽設一計道：「汝等且出門外伺候，讓我在這亭上少憩片時。」那衆仙吏退。祇見那猴王脫了冠服，爬上大樹，揀那熟透的大桃，摘了許多，就在樹枝上自在受用。喫了一飽，卻才跳下樹來，簪冠着服，喚衆等儀從回府。遲三二日，又去設法偷桃，盡他享用。

一朝，王母娘娘設宴，大開寶閣，瑤池中做「蟠桃勝會」，即着那紅衣仙女、青衣仙女、素衣仙女、皂衣仙女、紫衣仙女、黃衣仙女、綠衣仙女，各頂花籃，去蟠桃園摘桃建會。七衣仙女直至園門首，祇見蟠桃園土地、力士同齊天府二司仙吏，都在那裏把門。仙女近前道：「我等奉王母懿旨，到此摘桃設宴。」土地道：「仙娥且住。今歲不比往年了，玉帝點差齊天大聖在此督理，須是報大聖得知，方敢開園。」仙女道：「大聖何在？」土地道：「大聖在園內，因困倦，自家在亭子上睡哩。」仙女道：「既如此，尋他去來，不可遲誤。」土地即與同進。尋至花亭不見，祇有衣冠在亭，不知何往。四下裏都沒尋處。原來大聖耍了一會，吃了幾個桃子，變做二寸長的個人兒，在那大樹梢頭濃葉之下睡着了。七衣仙女道：「我等奉旨前來，尋不見大聖，怎敢空回？」旁有仙使道：「仙娥既奉旨來，不必遲疑。我大聖閑游慣了，想是出園會友去了。汝等且去摘桃。我們替你回話便是。」那仙女依言，入樹林之下摘桃。先在前樹摘了二籃，又在中樹摘了三籃；到後樹上摘取，祇見那樹上花果稀疏，止有幾個毛蒂青皮的。原來熟的都是猴王喫了。七仙女張望東西，祇見向南枝上止有一個半紅半白的桃子。青衣女用手扯下枝來，紅衣女摘了，卻將枝子望上一放。原來那大聖變化了，正睡在此枝，被他驚醒。大聖即現本相，耳朵裏掣出金箍棒，幌一幌，碗來粗細，咄的一聲道：「你是那方怪物，敢大膽偷摘我桃！」慌得那七仙女一齊跪下道：「大聖息怒。我等不是妖怪，乃王母娘娘差來的七衣仙女，摘取仙桃，大開寶閣，做『蟠桃勝會』。適至此間，先見了本園土地等神，尋大聖不見。我等恐遲了王母懿旨，是以等不得大聖，故先在此摘桃，萬望恕罪。」大聖聞言，回嗔作喜道：「仙娥請起。王母開閣設宴，請的是誰？」仙女道：「上會自有舊規。請的是西天佛老、菩薩、聖僧、羅漢，南方南極觀音，東方崇恩聖帝、十洲三島仙翁，北方北極玄靈，中央黃極黃角大仙，這個是五方五老。還有五斗星君，上八洞三清、四帝、太乙天仙等衆，中八洞玉皇、九壘、海嶽神仙；下八洞幽冥教主、注世地仙。各宮各殿大小尊神，俱一齊赴蟠桃嘉會。」大聖笑道：「可請我麼？」仙女道：「不曾聽得說。」大聖道：「我乃齊天大聖，就請我老孫做個席尊，有何不可？」仙女道：「此是上會舊規，今會不知如何。」大聖道：「此言也是，難怪汝等。你且立下，待老孫先去打聽個消息，看可請老孫不請。」

好大聖，捻着訣，念聲咒語，對衆仙女道：「住！住！住！」這原來是個定身法，把那七衣仙女，一個個睖睖睜睜，白着眼，都站在桃樹之下。大聖縱朵祥雲，跳出園內，竟奔瑤池路上而去。正行時，衹見那壁廂：

一天瑞靄光搖曳，五色祥雲飛不絕。白鶴聲鳴振九皋，紫芝色秀分千葉。中間現出一尊仙，相貌昂然豐采別。神舞虹霓幌漢霄，腰懸寶籙無生滅。名稱赤腳大羅仙，特赴蟠桃添壽節。

那赤腳大仙覿面撞見大聖，大聖低頭定計，賺哄真仙，他要暗去赴會，卻問：「老道何往？」大仙道：「蒙王母見招，去赴蟠桃嘉會。」大聖道：「老道不知。玉帝因老孫筋斗雲疾，着老孫五路邀請列位，先至通明殿下演禮，後方去赴宴。」大仙是個光明正大之人，就以他的誑語作眞。道：「常年就在瑤池演禮謝恩，如何先去通明殿演禮，方去瑤池赴會？」無奈，衹得撥轉祥雲，徑往通明殿去了。

大聖駕着雲，念聲咒語，搖身一變，就變做赤腳大仙模樣，前奔瑤池。不多時，直至寶閣、按住雲頭，輕輕移步，走入裏面。祇見那裏：

瓊香繚繞，瑞靄繽紛。瑤臺鋪彩結，寶閣散氤氳。鳳翥鸞騰形縹緲，金花玉萼影浮沉。上排着九鳳丹霞扆，八寶紫霓墩。五彩描金桌，千花碧玉盆。桌上有龍肝和鳳髓，熊掌與猩唇。珍饈百味般般美，異果嘉肴色色新。

那裏鋪設得齊齊整整，卻還未有仙來。這大聖點看不盡，忽聞得一陣酒香撲鼻；忽轉頭，見右壁廂長廊之下，有幾個造酒的仙官，盤糟的力士，領幾個運水的道人，燒火的童子，在那裏洗缸刷甕，已造成了玉液瓊漿，香醪佳釀。大聖止不住口角流涎，就要去吃，奈何那些人都在這裏。他就弄個神通，把毫毛拔下幾根，丟入口中嚼碎，噴將出去，念聲咒語，叫「變！」即變做幾個瞌睡蟲，奔在衆人臉上。你看那伙人，手軟頭低，閉眉合眼，丟了執事，都去盹睡。大聖卻拿了些百味八珍，佳肴異品，走入長廊裏面，就着缸，挨着甕，放開量，痛飲一番。喫勾了多時，酕醄醉了。自揣自摸道：「不好！不好！再過會，請的客來，卻不怪我？一時拿住，怎生是好？不如早回府中睡去也。」

好大聖，搖搖擺擺，仗着酒，任情亂撞，一會把路差了；不是齊天府，卻是兜率天宮。一見了，頓然醒悟道：「兜率宮是三十三天之上，乃離恨天太上老君之處，如何錯到此間？——也罷；也罷！一向要來望此老，不曾得來，今趁此殘步，就望他一望也好。」即整衣撞進去。那裏不見老君，四無人跡。原來那老君與燃燈古佛在三層高閣朱陵丹臺上講道，衆仙童、仙將、仙官、仙吏，都侍立左右聽講。這大聖直至丹房裏面，尋訪不遇，但見丹灶之旁，爐中有火。爐左右安放着五個葫蘆，葫蘆裏都是煉就的金丹。大聖喜道：「此物乃仙家之至寶。老孫自了道以來，識破了內外相同之理，也要煉些金丹濟人，不期到家無暇；今日有緣，卻又撞着此物，趁老子不在，等我喫他幾丸嘗新。」他就把那葫蘆都傾出來，就都喫了，如喫炒豆相似。

一時間丹滿酒醒。又自己揣度道：「不好！不好！這場禍，比天還大，若驚動玉帝，性命難存。走！走！走！不如下界爲王去也！」他就跑出兜率宮，不行舊路，從西天門，使個隱身法逃去。卽按雲頭，回至花果山界。但見那旌旗閃灼，戈戟光輝，原來是四健將與七十二洞妖王，在那裏演習武藝。大聖高叫道：「小的們！我來也！」衆怪丢了器械，跪倒道：「大聖好寬心！丢下我等許久，不來相顧！」大聖道：「沒多時！沒多時！」且說且行，徑入洞天深處。四健將打掃安歇，叩頭禮拜畢。俱道：「大聖在天這百十年，實受何職？」大聖笑道：「我記得才半年光景，怎麼就說百十年話？」健將道：「在天一日，卽在下方一年也。」大聖道：「且喜這番玉帝相愛，果封做『齊天大聖』，起一座齊天府，又設安靜、寧神二司，司設仙吏侍衛。向後見我無事，着我代管蟠桃園。近因王母娘娘設『蟠桃大會』，未曾請我，是我不待他請，先赴瑤池，把他那仙品、仙酒，都是我偷喫了。走出瑤池，踉踉蹌蹌誤入老君宮闕，又把他五個葫蘆金丹也偷喫了。但恐玉帝見罪，方纔走出天門來也。」

衆怪聞言大喜。卽安排酒果接風，將椰酒滿斟一石碗奉上。大聖喝了一口，卽咨牙倈嘴道：「不好喫！不好喫！」崩、芭二將道：「大聖在天宮，喫了仙酒、仙肴，是以椰酒不甚美口。常言道：『美不美，鄉中水。』」大聖道：「你們就是『親不親，故鄉人。』我今早在瑤池中受用時，見那長廊之下，有許多瓶罐，都是那玉液瓊漿。你們都不曾嘗着。待我再去偷他幾瓶回來，你們各飲半杯，一個個也長生不老。」衆猴歡喜不勝。大聖卽出洞門，又翻一筋斗，使個隱身法，徑至蟠桃會上。進瑤池宮闕，祇見那幾個造酒、盤糟、運水、燒火的，還鼾睡未醒。他將大的從左右脅下挾了兩個，兩手提了兩個，卽撥轉雲頭回來，會衆猴在於洞中，就做個「仙酒會」，各飲了幾杯，快樂不題。

卻說那七衣仙女自受了大聖的定身法術，一周天方能解脫。各提花籃，回奏王母，說道：「齊天大聖使術法困住我等，故此來遲。」王母問道：「汝等摘了多少蟠桃？」仙女道：「祇有兩籃小桃，三籃中桃。至後面，大桃半個也無，想都是大聖偷喫了。及正尋間，不期大聖走將出來，行兇拷打，又問設宴請誰。我等把上會事說了一遍，他就定住我等，不知去向。直到如今，才得醒解回來。」

王母聞言，即去見玉帝，備陳前事，說不了，又見那造酒的一班人，同仙官等來奏：「不知甚麼人，攪亂了『蟠桃大會』，偷吃了玉液瓊漿，其八珍百味，亦俱偷喫了。」又有四個大天師來奏上：「太上道祖來了。」玉帝即同王母出迎。老君朝禮畢，道：「老道宮中，煉了些『九轉金丹』，伺候陛下做『丹元大會』，不期被賊偷去，特啓陛下知之。」玉帝見奏，悚懼。少時，又有齊天府仙吏叩頭道：「孫大聖不守執事，自昨日出游，至今未轉，更不知去向。」玉帝又添疑思。祇見那赤腳大仙又頫顖上奏道：「臣蒙王母詔昨日赴會，偶遇齊天大聖，對臣言萬歲有旨，着他邀臣等先赴通明殿演禮，方去赴會。臣依他言語，即返至通明殿外，不見萬歲龍車鳳輦，又急來此俟侯。」玉帝越發大驚道：「這廝假傳旨意，賺哄賢卿，快着糾察靈官緝訪這廝蹤跡！」

靈官領旨，即出殿遍訪，盡得其詳細。回奏道：「攪亂天宮者，乃齊天大聖也。」又將前事盡訴一番。玉帝大惱。即差四大天王，協同李天王并哪吒太子，點二十八宿、九曜星官、十二元辰、五方揭諦、四值功曹、東西星斗、南北二神、五嶽四瀆、普天星相，共十萬天兵，布一十八架天羅地網下界，去花果山圍困，定捉獲那廝處治。衆神即時興師，離了天宮。這一去，但見那：

黃風滾滾遮天暗，紫霧騰騰罩地昏。祇爲妖猴欺上帝，致令衆聖降凡塵。四大天王，五方揭諦：四大天王權總制，五方揭諦調多兵。李托塔中軍掌號，惡哪吒前部先鋒。羅睺星爲頭檢點，計都星隨後崢嶸。太陰星精神抖擻，太陽星照耀分明。五行星偏能豪傑，九曜星最喜相爭。元辰星子午卯酉，一個個都是大力天丁。五瘟五嶽東西擺，六丁六甲左右行。四瀆龍神分上下，二十八宿密層層。角亢氐房爲總領，奎婁胃昴慣翻騰。斗牛女虛危室壁，心尾箕星個個能，井鬼柳星張翼軫，輪槍舞劍顯威靈。停雲降霧臨凡世，花果山前扎下營。

詩曰：

天產猴王變化多，偷丹偷酒樂山窩。
祇因攪亂蟠桃會，十萬天兵布網羅。

當時李天王傳了令，着衆天兵扎了營，把那花果山圍得水泄不通。上下布了十八架天羅地網，先差九曜惡星出戰。九曜卽提兵徑至洞外，祇見那洞外大小羣猴跳躍頑耍。星官厲聲高叫道：「那小妖！你那大聖在那裏？我等乃上界差調的天神，到此降你這造反的大聖。教他快快來歸降；若道半個『不』字，教汝等一概遭誅！」那小妖慌忙傳入道：「大聖，禍事了！禍事了！外面有九個兇神，口稱上界差來的天神，收降大聖。」

那大聖正與七十二洞妖王，并四健將分飲仙酒，一聞此報，公然不理道：「『今朝有酒今朝醉，莫管門前是與非。』」說不了，一起小妖又跳來道：「那九個兇神，惡言潑語，在門前罵戰哩！」大聖笑道：「莫采他。『詩酒且圖今日樂，功名休問幾時成。』」說猶未了，又一起小妖來報：「爺爺！那九個兇神已把門打破，殺進來也！」大聖怒道：「這潑毛神，老大無禮！本待不與他計較，如何上門來欺我？」卽命獨角鬼王，領帥七十二洞妖王出陣，老孫領四健將隨後。那鬼王疾帥妖兵，出門迎敵，卻被九曜惡星一齊掩殺，抵住在鐵板橋頭，莫能得出。

正嚷間，大聖到了，叫一聲「開路！」掣開鐵棒，幌一幌，碗來粗細，丈二長短，丟開架子，打將出來。九曜星那個敢抵，一時打退。那九曜星立住陣勢道：「你這不知死活的弼馬溫！你犯了十惡之罪，先偷桃，後偷酒，攪亂了蟠桃大會，又竊了老君仙丹，又將御酒偷來此處享樂，你罪上加罪，豈不知之？」大聖笑道：「這幾樁事，實有！實有！但如今你怎麼？」九曜星道：「吾奉玉帝金旨，帥衆到此收降你，快早皈依！免教這些生靈納命。不然，就躧平了此山，掀翻了此洞也！」大聖大怒道：「量你這些毛神，有何法力，敢出浪言。不要走，請吃老孫一棒！」這九曜星一齊踴躍。那美猴王不懼分毫，輪起金箍棒，左遮右擋，把那九曜星戰得筋疲力軟，一個個倒拖器械，敗陣而走，急入中軍帳下，對托塔天王道：「那猴王果十分驍勇！我等戰他不過，敗陣來了。」李天王即調四大天王與二十八宿，一路出師來鬥。大聖也公然不懼，調出獨角鬼王、七十二洞妖王與四個健將，就於洞門外列成陣勢。你看這場混戰，好驚人也：

寒風颯颯，怪霧陰陰。那壁廂旗旗飛彩，這壁廂戈戟生輝。滾滾盔明，層層甲亮。滾滾盔明映太陽，如撞天的銀磬；層層甲亮砌巖崖，似壓地的冰山。大捍刀，飛雲掣電，楮白鎗，度霧穿雲。方天戟，虎眼鞭，麻林擺列；青銅劍，四明鏟，密樹排陣。彎弓硬弩雕翎箭，短棍蛇矛挾了魂。大聖一條如意棒，翻來復去戰天神。殺得那空中無鳥過，山內虎狼奔；揚砂走石乾坤黑，播土飛塵宇宙昏。祇聽兵兵撲撲驚天地，煞煞威威振鬼神。

這一場自辰時布陣，混殺到日落西山。那獨角鬼王與七十二洞妖怪，盡被衆天神捉拿去了，止走了四健將與那羣猴，深藏在水簾洞底。這大聖一條棒，抵住了四大天神與李托塔、哪吒太子，俱在半空中，——殺夠多時，大聖見天色將晚，即拔毫毛一把，丟在口中，嚼碎了，噴將出去，叫聲「變！」就變了千百個大聖，都使的是金箍棒，打退了哪吒太子，戰敗了五個天王。

大聖得勝，收了毫毛，急轉身回洞，早又見鐵板橋頭，四個健將，領衆叩迎那大聖，哽哽咽咽大哭三聲，又唏唏哈哈大笑三聲。大聖道：「汝等見了我，又哭又笑，何也？」四健將道：「今早帥衆將與天王交戰，把七十二洞妖王與獨角鬼王，盡被衆神捉了，我等逃生，故此該哭。這見大聖得勝回來，未曾傷損，故此該笑。」大聖道：「勝負乃兵家之常。古人云：『殺人一萬，自損三千。』況捉了去的頭目乃是虎豹、狼蟲、獾獐、狐狢之類，我同類者未傷一個，何須煩惱？他雖被我使個分身法殺退，他還要安營在我山腳下。我等且緊緊防守，飽食一頓，安心睡覺，養養精神。天明看我使個大神通，拿這些天將，與衆報讎。」四將與衆猴將椰酒喫了幾碗，安心睡覺不題。

那四大天王收兵罷戰，衆各報功：有拿住虎豹的，有拿住獅象的，有拿住狼蟲狐狢的，更不曾捉着一個猴精。當時果又安轅營，下大寨，賞犒了得功之將，吩咐了天羅地網之兵，各各提鈴喝號，圍困了花果山，專待明早大戰。各人得令，一處處謹守。此正是：妖猴作亂驚天地，布網張羅晝夜看。……

且不言天神圍繞，大聖安歇。話表南海普陀落伽山大慈大悲救苦救難靈感觀世音菩薩，自王母娘娘請赴蟠桃大會，與大徒弟惠岸行者，同登寶閣瑤池，見那裏荒荒涼涼，席面殘亂；雖有幾位天仙，俱不就座，都在那裏亂紛紛講論。菩薩與衆仙相見畢，衆仙備言前事。菩薩道：「既無盛會，又不傳杯，汝等可跟貧僧去見玉帝。」衆仙怡然隨往。至通明殿前，早有四大天師、赤腳大仙等衆，俱在此迎着菩薩，卽道玉帝煩惱，調遣天兵，擒怪未回等因。菩薩道：「我要見見玉帝，煩爲轉奏。」天師邱弘濟，卽入靈霄寶殿，啓知宣入。時有太上老君在上，王母娘娘在後。

菩薩引衆同入裏面，與玉帝禮畢，又與老君、王母相見，各坐下。便問：「蟠桃盛會如何？」玉帝道：「每年請會，喜喜歡歡，今年被妖猴作亂，甚是虛邀也。」菩薩道：「妖猴是何出處？」玉帝道：「妖猴乃東勝神洲傲來國花果山石卵化生的。當時生出，卽目運金光，射衝鬥府。始不介意，繼而成精，降龍伏虎，自削死籍。當有龍王、閻王啓奏。朕欲擒拿，是長庚星啓奏道：『三界之間，凡有九竅者，可以成仙。』朕卽施教育賢，宣他上界，封爲御馬監弼馬溫官。那廝嫌惡官小，反了天宮。卽差李天王與哪吒太子收降，又降詔撫安，宣至上界，就封他做個『齊天大聖』，衹是有官無祿。他因沒事幹管理，東游西蕩。朕又恐別生事端，着他代管蟠桃園。他又不遵法律，將老樹大桃，盡行偷喫。及至設會，他乃無祿人員，不曾請他；他就設計賺哄赤脚大仙，卻自變他相貌入會，將仙肴仙酒盡偷喫了，又偷老君仙丹，又偷御酒若干，去與本山衆猴享樂。朕心爲此煩惱，故調十萬天兵，天羅地網收伏。這一日不見回報，不知勝負如何。」

菩薩聞言，卽命惠岸行者道：「你可快下天宮，到花果山，打探軍情如何。如遇相敵，可就相助一功，務必的實回話。」惠岸行者整整衣裙，執一條鐵棍，駕雲離闕，徑至山前。見那天羅地網，密密層層，各營門提鈴喝號，將那山圍繞的水泄不通。惠岸立住，叫：「把營門的天丁，煩你傳報：我乃李天王二太子木叉，南海觀音大徒弟惠岸，特來打探軍情。」那營裏五嶽神兵，卽傳入轅門之內。早有虛日鼠、昴日鷄、星日馬、房日兔，將言傳到中軍帳下。李天王發下令旗，教開天羅地網，放他進來。此時東方纔亮。惠岸隨旗進入，見四大天王與李天王下拜。拜訖，李天王道：「孩兒，你自那廂來者？」惠岸道：「愚男隨菩薩赴蟠桃會，菩薩見勝會荒涼，瑤池寂寞，引衆仙并愚男去見玉帝。玉帝備言父王等下界收伏妖猴，一日不見回報，勝負未知，菩薩因命愚男到此打聽虛實。」李天王道：「昨日到此安營下寨，着九曜星挑戰，被這廝大弄神通，九曜星俱敗走而回。後我等親自提兵，那廝也排開陣勢。我等十萬天兵，與他混戰至晚，他使個分身法戰退。及收兵查勘時，止捉得些狼蟲虎豹之類，不曾捉得他半個妖猴。今日還未出戰。」

說不了，衹見轅門外有人來報道：「那大聖引一羣猴精，在外面叫戰。」四大天王與李天王并太子正議出兵。木叉道：「父王，愚男蒙菩薩吩咐，下來打探消息，就説若遇戰時，可助一功。今不才願往，看他怎麽個大聖！」天王道：「孩兒，你隨菩薩修行這幾年，想必也有些神通，切須在意。」

好太子，雙手輪着鐵棍，束一束繡衣，跳出轅門，高叫：「那個是齊天大聖？」大聖挺如意棒，應聲道：「老孫便是。你是甚人，輒敢問我？」木叉道：「吾乃李天王第二太子木叉，今在觀音菩薩寶座前爲徒弟護教，法名惠岸是也。」大聖道：「你不在南海修行，卻來此見我做甚？」木叉道：「我蒙師父差來打探軍情，見你這般猖獗，特來擒你！」大聖道：「你敢説那等大話！且休走！喫老孫這一棒！」木叉全然不懼，使鐵棒劈手相迎。他兩個立那半山中，轅門外，這場好鬥：

棍雖對棍鐵各異，兵縱交兵人不同。一個是太乙散仙呼大聖，一個是觀音徒弟正元龍。渾鐵棍乃千鎚打，六丁六甲運神功；如意棒是天河定，鎮海神珍法力洪。兩個相逢眞對手，往來解數實無窮。這個的陰手棍，萬千兇，繞腰貫索疾如風；那個的夾鎗棒，不放空，左遮右擋怎相容？那陣上旌旗閃閃，這陣上鼉鼓鼕鼕。萬員天將團團繞，一洞妖猴簇簇叢。怪霧愁雲漫地府，狼烟煞氣射天宫。昨朝混戰還猶可，今日爭持更又兇。堪羡猴王眞本事，木叉復敗又逃生。

這大聖與惠岸戰經五六十合，惠岸臂膊酸麻，不能迎敵，虛幌一幌，敗陣而走。大聖也收了猴兵，安扎在洞門之外。衹見天王營門外，大小天兵，接住了太子，讓開大路，徑入轅門，對四天王、李托塔、哪吒，氣哈哈的，喘息未定：「好大聖！好大聖！

着實神通廣大！孩兒戰不過，又敗陣而來也！」李天王見了心驚，即命寫表求助，便差大力鬼王與木叉太子上天啓奏。

二人當時不敢停留，闖出天羅地網，駕起瑞靄祥雲。須臾，徑至通明殿下，見了四大天師，引至靈霄寶殿，呈上表章。惠岸又見菩薩施禮。菩薩道：「你打探的如何？」惠岸道：「始領命到花果山，叫開天羅地網門，見了父親，道師父差命之意。父王道：『昨日與那猴王戰了一場，止捉得他虎豹獅象之類，更未捉他一個猴精。』正講間，他又索戰，是弟子使鐵棍與他戰經五六十合，不能取勝，敗走回營。父親因此差大力鬼王同弟子上界求助。」菩薩低頭思忖。

卻說玉帝拆開表章，見有求助之言，笑道：「叵耐這個猴精，能有多大手段，就敢敵過十萬天兵！李天王又來求助，卻將那路神兵助之？」言未畢，觀音合掌啓奏：「陛下寬心，貧僧舉一神，可擒這猴。」玉帝道：「所舉者何神？」菩薩道：「乃陛下令甥顯聖二郎真君，見居灌洲灌江口，享受下方香火。他昔日曾力誅六怪，又有梅山兄弟與帳前一千二百草頭神，神通廣大。奈他祇是聽調不聽宣，陛下可降一道調兵旨意，着他助力，便可擒也。」玉帝聞言，即傳調兵的旨意，就差大力鬼王齎調。

那鬼王領了旨，即駕起雲，徑至灌江口。不消半個時辰，直至真君之廟。早有把門的鬼判，傳報至裏道：「外有天使，捧旨而至。」二郎與衆弟兄，出門迎接旨意，焚香開讀。旨意上云：

「花果山妖猴齊天大聖作亂。因在宮偷桃、偷酒、偷丹，攪亂蟠桃大會，見着十萬天兵，一十八架天羅地網，圍山收伏，未曾得勝。今特調賢甥同義兄弟即赴花果山助力剿除。成功之後，高陞重賞。」

真君大喜道：「天使請回，吾當就去拔刀相助也。」鬼王回奏不題。

這真君即喚梅山六兄弟——乃康、張、姚、李四太尉，郭申、直健二將軍，聚集殿前道：「適才玉帝調遣我等往花果山收降妖猴，同去去來。」衆兄弟俱忻然願往。即點本部神兵，駕鷹牽犬，搭弩張弓，縱狂風，霎時過了東洋大海，徑至花果山。見那天羅地網，密密層層，不能前進，因叫道：「把天羅地網的神將聽着：吾乃二郎顯聖眞君，蒙玉帝調來，擒拿妖猴者，快開營門放行。」一時，各神一層層傳入。四大天王與李天王俱出轅門迎接。相見畢，問及勝敗之事，天王將上項事備陳一遍。真君笑道：「小聖來此，必須與他鬥個變化。列公將天羅地網，不要幔了頂上，衹四圍緊密，讓我賭鬥。若我輸與他，不必列公相助，我自有兄弟扶持；若贏了他，也不必列公綁縛，我自有兄弟動手。衹請托塔天王與我使個照妖鏡，住立空中。恐他一時敗陣，逃竄他方，切須與我照耀明白，勿走了他。」天王各居四維，衆天兵各挨排列陣去訖。

這真君領着四太尉、二將軍，連本身七兄弟，出營挑戰；吩咐衆將，緊守營盤，收全了鷹犬。衆草頭神得令。真君衹到那水簾洞外，見那一羣猴，齊齊整整，排作個蟠龍陣勢；中軍裏，立一竿旗，上書「齊天大聖」四字。真君道：「那潑妖，怎麽稱得起齊天之職？」梅山六弟道：「且休贊嘆，叫戰去來。」那營口小猴見了真君，急走去報知。那猴王即掣金箍棒，整黃金甲，登步雲履，按一按紫金冠，騰出營門，急睜睛觀看，那真君的相貌，果是清奇，打扮得又秀氣。眞個是：

儀容清俊貌堂堂，兩耳垂肩目有光。頭戴三山飛鳳帽，身穿一領淡鵝黃。縷金靴襯盤龍襪，玉帶團花八寶妝。腰挎彈弓新月樣，手執三尖兩刃鎗。斧劈桃山曾救母，彈打椶羅雙鳳凰。力誅八怪聲名遠，義結梅山七聖行。心高不認天家眷，性傲歸神住灌江。赤城昭惠英靈聖，顯化無邊號二郎。

大聖見了，笑嘻嘻的，將金箍棒掣起，高叫道：「你是何方小將，輒敢大膽到此挑戰？」真君喝道：「你這廝有眼無珠，認不得我麽！吾乃玉帝外甥，敕封昭惠靈顯王二郎是也。今蒙上命，到此擒你，這反天宮的弼馬温猢猻，你還不知死活！」大聖道：「我記得當年玉帝妹子思凡下界，配合楊君，生一男子，曾使斧劈桃山的，是你麽？我行要罵你幾聲，怎奈無甚冤仇；待要打你一棒，可惜了你的性命。你這郎君小輩，可急急回去，喚你四大天王出來。」真君聞言，心中大怒道：「潑猴！休得無禮！喫吾一刃！」大聖側身躲過，疾舉金箍棒，劈手相還。他兩個這場好殺：

照惠二郎神，齊天孫大聖，這個心高欺敵美猴王，那個面生壓伏真梁棟。兩個乍相逢，各人皆賭興。從來未識淺和深，今日方知輕與重。鐵棒賽飛龍，神鋒如舞鳳。左擋右攻，前迎後映。這陣上梅山六弟助威風，那陣上馬流四將傳軍令。搖旗擂鼓各齊心，吶喊篩鑼都助興。兩個鋼刀有見機，一來一往無絲縫。金箍棒是海中珍，變化飛騰能取勝；若還身慢命該休，但要差池爲蹭蹬。

真君與大聖鬥經三百餘合，不知勝負。那真君抖擻神威，搖身一變，變得身高萬丈，兩隻手，舉着三尖兩刃神鋒，好便似華山頂上之峯，青臉獠牙，朱紅頭髮，惡狠狠，望大聖着頭就砍。這大聖也使神通，變得與二郎身軀一樣，嘴臉一般，舉一條如意金箍棒，卻就如崑崙頂上的擎天之柱，抵住二郎神：諕得那馬、流元帥，戰兢兢，搖不得旌旗；崩、芭二將，虛怯怯，使不得刀劍。這陣上，康、張、姚、李、郭申、直健，傳號令，撒放草頭神，向他那水簾洞外，縱着鷹犬，搭弩張弓，一齊掩殺。可憐沖散妖猴四健將，捉拿靈怪二三千！那些猴，拋戈棄甲，撇劍丟槍；跑的跑，喊的喊；上山的上山，歸洞的歸洞；好似夜猫驚宿鳥，飛灑滿天星。衆兄弟得勝不題。

卻說真君與大聖變做法天象地的規模，正鬥時，大聖忽見本營中妖猴驚散，自覺心慌，收了法象，掣棒抽身就走。真君見他敗走，大步趕上道：「那裏走？趁早歸降，饒你性命！」大聖不戀戰，衹情跑起。將近洞口，正撞着康、張、姚、李四太尉，郭申、直健二將軍，一齊帥衆擋住道：「潑猴！那裏走！」大聖慌了手脚，就把金箍棒捏做綉花針，藏在耳內，搖身一變，變作個麻雀兒，飛在樹梢頭釘住。那六兄弟，慌慌張張，前後尋覓不見，一齊吆喝道：「走了這猴精也！走了這猴精也！」

正嚷處，真君到了，問：「兄弟們，趕到那廂不見了？」衆神道：「才在這裏圍住，就不見了。」二郎圓睜鳳目觀看，見大聖變了麻雀兒，釘在樹上，就收了法象，撇了神鋒，卸下彈弓，搖身一變，變作個餓鷹兒，抖開翅，飛將去撲打。大聖見了，搜的一翅飛起去，變作一隻大鷲老，衝天而去。二郎見了，急抖翎毛，搖身一變，變作一隻大海鶴，鑽上雲霄來嗛。大聖又將身按下，入澗中，變作一個魚兒，淬入水內。二郎趕至澗邊，不見蹤跡。心中暗想道：「這猢猻必然下水去也，定變作魚蟹之類。等我再變變拿他。」果一變變作個魚鷹兒，飄蕩在下溜頭波面上，等待片時。那大聖變魚兒，順水正游，忽見一隻飛禽，似青鷂，毛片不青；似鷺鷥，頂上無纓；似老鸛，腿又不紅：「想是二郎變化了等我哩！……」急轉頭，打個花就走。二郎看見道：「打花的魚兒，似鯉魚，尾巴不紅；似鱖魚，花鱗不見；似黑魚，頭上無星；似魴魚，鰓上無針。他怎麼見了我就回去了？必然是那猴變的。」趕上來，刷的啄一嘴。那大聖就攛出水中，一變，變作一條水蛇，游近岸，鑽入草中。二郎因嗛他不着，他見水響中，見一條蛇攛出去，認得是大聖，急轉身，又變了一隻朱綉頂的灰鶴，伸着一個長嘴，與一把尖頭鐵鉗子相似，徑來吃這水蛇。水蛇跳一跳，又變做一隻花鴇，木木樗樗的，立在蓼汀之上。二郎見他變得低賤，——花鴇乃鳥中至賤至淫之物，不拘鸞、鳳、鷹、鴇都與交羣——故此不去攏傍，即現原身，走將去，取過彈弓拽滿，一彈子把他打個躘踵。

那大聖趁着機會，滾下山崖，伏在那裏又變，變一座土地廟兒：大張着口，似個廟門，牙齒變做門扇，舌頭變做菩薩，眼睛變做窗櫺。衹有尾巴不好收拾，豎在後面，變做一根旗竿。真君趕到崖下，不見打倒的鴇鳥，衹有一間小廟；急睜鳳眼，仔細看之，見旗竿立在後面，笑道：「是這猢猻了！他今又在那裏哄我。我也曾見廟宇，更不曾見一個旗竿豎在後面的。斷是這畜生弄喧！他若哄我進去，他便一口咬住。我怎肯進去？等我掣拳先搗窗櫺，後踢門扇！」大聖聽得，心驚道：「好狠！好狠！門扇是我牙齒，窗櫺是我眼睛；若打了牙，搗了眼，卻怎麼是好？」撲的一個虎跳，又冒在空中不見。

真君前前後後亂趕，衹見四太尉、二將軍，一齊擁至道：「兄長，拿住大聖了麼？」真君笑道：「那猴兒才自變座廟宇哄我。我正要搗他窗櫺，踢他門扇，他就縱一縱，又渺無蹤迹。可怪！可怪！」衆皆愕然，四望更無形影。真君道：「兄弟們在此看守巡邏，等我上去尋他。」急縱身駕雲，起在半空。見那李天王高擎照妖鏡，與哪吒住立雲端，真君道：「天王，曾見那猴王麼？」天王道：「不曾上來。我這裏照着他哩。」真君把那賭變化，弄神通，拿羣猴一事說畢，卻道：「他變廟宇，正打處，就走了。」李天王聞言，又把照妖鏡四方一照，呵呵的笑道：「真君，快去！快去！那猴使了個隱身法，走出營圍，往你那灌江口去也。」二郎聽說，卽取神鋒，回灌江口來趕。

卻說那大聖已至灌江口，搖身一變，變作二郎爺爺的模樣，按下雲頭，徑入廟裏。鬼判不能相認，一個個磕頭迎接。他坐中間，點查香火：見李虎拜還的三牲，張龍許下的保福，趙甲求子的文書，錢丙告病的良願。正看處，有人報：「又一個爺爺來了。」衆鬼判急急觀看，無不驚心。真君卻道：「有個甚麼齊天大聖，才來這裏否？」衆鬼判道：「不曾見甚麼大聖，衹有一個爺爺在裏面查點哩。」真君撞進門，大聖見了，現出本相道：「郎君不消嚷，廟宇已姓孫了。」這真君卽舉三尖兩刃神鋒，劈臉就砍。那猴王使個身法，讓過神鋒，掣出那綉花針兒，幌一幌，碗來粗細，趕到前，對面相還。兩個嚷嚷鬧鬧，打出廟門，半霧半雲，且行且戰，復打到花果山，慌得那四大天王等衆，提防愈緊。這康、張、太尉等迎着真君，合心努力，把那美猴王圍繞不題。

話表大力鬼王既調了真君與六兄弟提兵擒魔去後，卻上界回奏。玉帝與觀音菩薩、王母并衆仙卿，正在靈霄殿講話，道：「既是二郎已去赴戰，這一日還不見回報。」觀音合掌道：「貧僧請陛下同道祖出南天門外，親去看看虛實如何？」玉帝道：「言之有理。」卽擺駕，同道祖、觀音、王母與衆仙卿至南天門。早有些天丁、力士接着，開門遙觀，祇見衆天丁布羅網，圍住四面；李天王與哪吒，擎照妖鏡，立在空中；真君把大聖圍繞中間，紛紛賭鬥哩。菩薩開口對老君說：「貧僧所舉二郎神如何？——果有神通，已把那大聖圍困，祇是未得擒拿。我如今助他一功，決拿住他也。」老君道：「菩薩將甚兵器？怎麽助他？」菩薩道：「我將那淨瓶楊柳拋下去，打那猴頭；卽不能打死，也打個一跌，教二郎小聖，好去拿他。」老君道：「你這瓶是個磁器，準打着他便好，如打不着他的頭，或撞着他的鐵棒，卻不打碎了？你且莫動手，等我老君助他一功。」菩薩道：「你有甚麽兵器？」老君道：「有，有，有。」捋起衣袖，左膊上，取下一個圈子，說道：「這件兵器，乃錕鋼摶煉的，被我將還丹點成，養就一身靈氣，善能變化，水火不侵，又能套諸物；一名『金鋼琢』，又名『金鋼套』。當年過函關，化胡爲佛，甚是虧他。早晚最可防身。等我丢下去打他一下。」

話畢，自天門上往下一摜，滴流流，徑落花果山營盤裏，可可的着猴王頭上一下。猴王祇顧苦戰七聖，卻不知天上墜下這兵器，打中了天靈，立不穩腳，跌了一跤，爬將起來就跑；被二郎爺爺的細犬趕上，照腿肚子上一口，又扯了一跌。他睡倒在地，罵道：「這個亡人！你不去妨家長，卻來咬老孫！」急翻身爬不起來，被七聖一擁按住，卽將繩索捆綁，使勾刀穿了琵琶骨，再不能變化。

那老君收了金鋼琢，請玉帝同觀音、王母、衆仙等，俱回靈霄殿。這下面四大天王與李天王諸神，俱收兵拔寨，近前向小聖賀喜，都道：「此小聖之功也！」小聖道：「此乃天尊洪福，衆神威權，我何功之有？」康、張、姚、李道：「兄長不必多敘，且押這廝去上界見玉帝，請旨發落去也。」真君道：「賢弟，汝等未受天籙，不得面見玉帝。教天甲神兵押着，我同天王等上界回旨。你們帥衆在此搜山，搜淨之後，仍回灌口。待我請了賞，討了功，回來同樂。」四太尉、二將軍，依言領諾。這真君與衆卽駕雲頭，唱凱歌，得勝朝天。不多時，到通明殿外。天師啓奏道：「四大天王等衆，已捉了妖猴齊天大聖了。來此聽宣。」玉帝傳旨，卽命大力鬼王與天丁等衆，押至斬妖臺，將這廝碎剁其屍，咦！正是：欺誑今遭刑憲苦，英雄氣概等時休。……

話表齊天大聖被衆天兵押去斬妖臺下，綁在降妖柱上，刀砍斧剁，鎗刺劍刳，莫想傷及其身。南斗星奮令火部衆神，放火煨燒，亦不能燒着。又着雷部衆神，以雷屑釘打，越發不能傷損一毫。那大力鬼王與衆啓奏道：「萬歲，這大聖不知是何處學得這護身之法，臣等用刀砍斧剁，雷打火燒，一毫不能傷損，卻如之何？」玉帝聞言道：「這廝這等，這等，如何處治。」太上老君卽奏道：「那猴吃了蟠桃，飲了御酒，又盜了仙丹，——我那五壺丹，有生有熟，被他都吃在肚裏，運用三昧火，煅成一塊，所以渾做金鋼之軀，急不能傷。不若與老道領去，放在八卦爐中，以文武火煅煉。煉出我的丹來，他身自爲灰燼矣。」玉帝聞言，卽教六丁、六甲，將他解下，付與老君。老君領旨去訖。一壁廂宣二郎顯聖，賞賜金花百朵，御酒百瓶，還丹百粒，異寶明珠，錦繡等件，教與義兄弟分享。真君謝恩，回灌江口不題。

那老君到兜率宮，將大聖解去繩索，放了穿琵琶骨之器，推入八卦爐中，命看爐的道人，架火的童子，將火扇起煅煉。原來那爐是乾、坎、艮、震、巽、離、坤、兌八卦。他卽將身鑽在「巽宮」位下。巽乃風也，有風則無火。衹是風攪得煙來，把一雙眼熰紅了，弄做個老害病眼，故喚作「火眼金睛」。

真個光陰迅速，不覺七七四十九日，老君的火候俱全。忽一日，開爐取丹。那大聖雙手捂着眼，正自揉搓流涕，衹聽得爐頭聲響。猛睜睛看見光明，他就忍不住，將身一縱，跳出丹爐，唿喇的一聲，蹬倒八卦爐，往外就走。慌得那架火、看爐，與丁甲一班人來扯，被他一個個都放倒，好似癲癇的白額虎，風狂的獨角龍。老君趕上抓一把，被他一捽，捽了個倒栽葱，脫身走了。卽去耳中掣出如意棒，迎風幌一幌，碗來粗細，依然拿在手中，不分好歹，卻又大亂天宮，打得那九曜星閉門閉戶，四天王無影無形。好猴精！有詩爲證。詩曰：

混元體正合先天，萬劫千番只自然。渺渺無爲渾太乙，如如不動號初玄。爐中久煉非鉛汞，物外長生是本仙。變化無窮還變化，三皈五戒總休言。

又詩：

一點靈光徹太虛，那條拄杖亦如之：或長或短隨人用，橫豎橫排任卷舒。

又詩：

猿猴道體配人心，心卽猿猴意思深。大聖齊天非假論，官封「弼馬」是知音。馬猿合作心和意，緊縛牢拴莫外尋。萬相歸真從一理，如來同契住雙林。

這一番，那猴王不分上下，使鐵棒東打西敵，更無一神可擋。衹打到通明殿裏，靈霄殿外。幸有佑聖真君的佐使王靈官執殿。他看大聖縱橫，掣金鞭近前擋住道：「潑猴何往！有吾在此，切莫猖狂！」這大聖不由分說，舉棒就打。那靈官鞭起相迎。兩個在靈霄殿前廝渾一處。好殺：

赤膽忠良名譽大，欺天誑上聲名壞。一低一好幸相持，豪傑英雄同賭賽。鐵棒兇，金鞭快，正直無私怎忍耐？這個是太乙雷聲應化尊，那個是齊天大聖猿猴怪。金鞭鐵棒兩家能，都是神宮仙器械。今日在靈霄寶殿弄威風，各展雄才真可愛。一個欺心要奪鬥牛宮，一個竭力匡扶玄聖界。苦爭不讓顯神通，鞭棒往來無勝敗。

他兩個鬥在一處，勝敗未分，早有佑聖真君，又差將佐發文到雷府，調三十六員雷將齊來，把大聖圍在垓心，各騁兇惡鏖戰。那大聖全無一毫懼色，使一條如意棒，左遮右擋，後架前迎。一時，見那衆雷將的刀鎗劍戟、鞭簡撾錘、鉞斧金瓜、旄鐮月鏟，來的甚緊，他即搖身一變，變做三頭六臂；把如意棒幌一幌，變作三條；六只手使開三條棒，好便似紡車兒一般，滴流流，在那垓心裏飛舞。衆雷神莫能相近。真個是：

圓陀陀，光灼灼，亘古常存人怎學？入火不能焚，入水何曾溺？光明一顆摩尼珠，劍戟刀鎗傷不着。也能善，也能惡，眼前善惡憑他作。善時成佛與成仙，惡處披毛並帶角。無窮變化鬧天宮，雷將神兵不可捉。

當時衆神把大聖攢在一處，卻不能近身，亂嚷亂鬥，早驚動玉帝。遂傳旨着游弈靈官同翊聖真君上西方請佛老降伏。……

（節自《西遊記》第四、五、六、七回）

《西遊記》問世四百多年來，一直以其強烈的藝術魅力吸引着廣大讀者。其中大鬧天宮的故事在我國可說是家喻戶曉。但孫悟空的大鬧天宮究竟屬於什麼性質，大鬧天宮中的孫悟空究竟是一個怎樣的形象，至今卻仍然衆說紛紜。有的說大鬧天宮反映了農民起義，孫悟空是位了不起的農民起義英雄；有的說作者反對孫悟空的瞎胡鬧，他是個犯上作亂的「心中賊」；有的說孫悟空反叛天宮時是可敬的英雄，皈依佛教便成了可恥的叛徒；近來又有人說孫悟空的大鬧天宮，祇是表現了兒童的稚氣和淘氣，他不過是個胡鬧的頑童，談不上有什麼深刻的含意。

意見如此分歧，這在古典小說研究中恐怕是不多見的。造成分歧的原因，大概和幻想人物缺乏質的明確規定性不無關係。作爲幻想小說的《西遊記》，和現實主義小說有明顯的不同。它的藝術構思所遵循的是幻想邏輯，而非現實生活矛盾的眞實邏輯。雖然天馬行空般的幻想也有一定的現實基礎，但這現實性經過作者頭腦裏的幻想熔爐的化合熔煉，已升華爲幻想世界，提煉爲幻想人物，與現實世界現實人物已迥然不同。評論時，如果太坐實，手裏祇拿着一把現實的標尺，甚至給幻想人物劃階級、定成分，所得出的結論，難免牽強附會。

那麼，究竟應如何評論大鬧天宮？孫悟空究竟扮演着什麼樣的角色？

一

不妨先就事論事，看孫悟空該鬧不該鬧。倘若站在玉帝和天神們的立場去看，小小妖猴目空一切，不服管教，觸犯天威，眞是罪該萬死。可是站在「老孫」這邊一想，玉帝輕賢，不會用人，任意糟蹋人才，不鬧不行。這樣看來，道理還是在「老孫」一邊。有人說悟空祇因嫌官太小，是鬧個人名位。這種說法似是而非。試想，神通廣大、善於降妖伏魔的孫悟空，在花果山稱王稱祖，而玉帝派金星招之上天，胡亂塞在馬棚裏當個「未入流」的弼馬溫，是何等的不合理。渾身傲骨的「老孫」豈能忍受這般藐視？更何況當初金星奉旨特請他上天，許諾授與仙籙，堂堂天宮竟設下如此騙局，又怎能叫「老孫」心服？！

在玉帝和天神眼中，妖猴祇配餵馬，而「老孫」卻自認爲當個齊天大聖也不過分。上下的評價相差何止萬里。因此，「老孫」返回花果山，立卽自豎「齊天大聖」旗號。也許有人覺得這未免太狂妄了。天，是至高無上的，祇有玉帝才能代表天，小小石猴怎能與天比高低？說「老孫」狂妄，一點不錯。但這正是「老孫」的可貴之處。在老孫眼裏，天國並不那麼神聖，玉帝也並非那麼至高無上；世界沒有什麼不可冒犯的絕對權威，也沒有什麼不可改變的永恆秩序。他不祇敢於向主宰一切的神權皇權挑戰，而且也確實具有震撼天地的神奇力量。經過幾番較量，在「老孫」的金箍棒下，玉帝顯得那麼愚蠢無能，天神們也不堪一擊。佔據天庭高位的就是這批膿包，力敵萬夫的「老孫」，自稱齊天大聖，有何不可？！十萬天兵皆被悟空打得落花流水，玉帝萬般無奈，衹得再次招安，封他爲齊天大聖。玉帝果眞承認「老孫」爲齊天大聖麽？當然不是。他仍然在耍權術，用個虛銜欺騙他。實際上要他去管蟠桃園，比當弼馬温好不了多少。這種欺詐行爲很快就暴露出來。天神天仙都收到蟠桃會的請柬，唯獨管理蟠桃園的孫大聖不在被邀之列。這件事表明儘管「老孫」被封爲齊天大聖，可是在天宮裏卻根本沒有地位，更得不到任何信任。周身傲氣的「老孫」豈能忍氣吞聲？一旦弄清眞相，不鬧才怪呢！因此，孫悟空的大鬧天宮，表面上是嫌官卑職微，有職無權，實際上卻是表現英雄的不得志。一鬧再鬧的背後隱含着英雄無用武之地的悲哀。

孫悟空的悲哀也是作者吳承恩的悲哀。吳承恩的具體遭遇當然不同於孫悟空。可是在博學多才卻得不到發揮這一點上確有類似之處。《淮安府志》稱他：「性敏多慧，博極羣書，爲文下筆立成，清雅流麗，名震一時。」可是科舉場上屢喫敗仗，直到晚年才當個長興縣縣丞，比七品芝麻官還低一級。這怎能不叫他滿腔悲憤。上任不久，就「恥折腰，遂拂袖而歸」。吳承恩是不得志的才子，孫悟空是不得志的英雄。孫悟空對扼殺人才的天宮奮起反抗，這難道不正是寄寓了吳承恩的戰鬥豪情麽？

二

換個角度看，孫悟空的大鬧天宮，究竟和農民起義有沒有關聯？

若說有關聯，老孫分明是天神的一員，沒有資格代表天下任何一個農民。他的大鬧，分明出於個人的爭權奪位，和農民階級揭竿起義有什麼相干？

若說沒關聯，則下列事實又難以解釋。

孫悟空高舉齊天大聖的旗號，分明是與天國天宮分庭抗禮。而且在實際行動中多次抗擊天兵的圍剿。在封建社會，可與封建朝廷的武裝力量相對抗的唯有農民起義的力量。

「老孫」的鬥爭目標開頭很模糊，後來卻很明確。他在回答如來佛的責難時，理直氣壯地宣稱：「靈霄寶殿非它久，歷代人主有分傳。強者爲尊該讓我，英雄衹此敢爭先。」如來佛譴責他欺君犯上，他以宣戰的姿態聲明：「皇帝輪流做，明年到我家。衹教他搬出去，將天宮讓與我，便罷了；若還不讓，定要攪攘，永不清平！」說得何等斬釘截鐵，聲震天宇，簡直可以看成農民起義的戰爭宣言。

再看玉皇大帝對付孫悟空的反叛，交替使用招安與圍剿的兩手策略，「老孫」也時而接受招安，時而舉旗反叛，最後中了圈套，被壓在五行山下。

所有這些，不論是反叛的口號和目標，還是鬥爭的策略和結局，都不能不使人聯想到封建社會一再發生的農民起義的情景。然而，即使如此，仍然不能把大鬧天宮看成農民起義的直接反映。否則，必然顧此失彼，難以自圓其說。可以聯想而不可劃等號，這正是幻想小說的特點。

三

再換一個角度，從《西遊記》的整體構思來看大鬧天宮，也許可以得出更爲深刻的結論。大鬧天宮無疑是《西遊記》裏極其重要的情節，可以相對獨立。吳承恩創作《西遊記》，不從唐僧寫起，而先爲齊天大聖立傳，改變了作品的主題，無疑是個創造。但不論怎麽說，大鬧天宮既然是《西遊記》的有機組成部分，分析時就不應局限於大鬧天宮，把它看成孤立的事件。否則，將「不識廬山眞面目」，衹知其一，不知其二。

導致大鬧天宮的直接原因是玉帝輕賢，其實根源極爲深遠，暴露出來的問題也遠非用人不當。它實質上提出了一個重要的社會問題，即封建社會前期到處存在着危害人民的黑暗勢力。孫悟空的歷史使命，正是要徹底掃蕩這一禍國殃民的黑暗勢力。

你看石猴出世，非同凡響。他「目運兩道金光，射衝斗府」，驚動了高天之上的玉皇大帝，預示着將有一場嚴重的鬥爭。不久，石猴成了美猴王，爲追求自由而飄洋過海，尋師訪道，從須菩提祖師那裏學了筋斗雲和七十二般變化的高超本領。可是回到花果山，水簾洞已被混世魔王所強佔。取名混世魔王，寓意不說自明。孫悟空打殺混世魔王之前，思慮人王獸王「說我們操兵造反，興師來相殺」，「須得鋒利劍戟不可。」鬥爭有自己的發展邏輯，孫悟空不得不闖入龍宮奪了如意金箍棒以武裝自己。爲了超脫輪回，又鬧了冥府，強行勾銷了猴類的死籍。孫悟空的這種大膽反叛行爲，龍王冥王制伏不了，相繼向玉帝告狀，終於把鬥爭引向天宮。大鬧天宮之後，既不是取玉帝寶座而代之，也不是被消滅在太君八卦爐裏，而是去保護唐僧取經，在去西天的路上掃蕩妖魔，和大鬧天宮之前的打殺混世魔王相呼應，成了《西遊記》的主旋律。

《西遊記》的這種布局，表明了作者的創作意圖，在於呼喊英雄出世，以肩負掃蕩羣魔的重任。讀一讀吳承恩的《二郎搜山圖歌》，可以體會得更深些。他寫道：「胸中磨損斬邪刀，欲起平之恨無力。救月有矢救日弓，世間豈謂無英雄？誰能爲我致麟鳳，長令萬年保合淸寧功。」作者面對朝政的腐敗，五鬼四兇的橫行，多麽渴望斬妖除邪的英雄出世。他創作《西遊記》，正是要借孫悟空的金箍棒代替胸中的斬邪刀，對那些禍國殃民的妖魔鬼怪來一次無情的掃蕩。

孫悟空是作者心目中的理想英雄。在衹有專制、沒有自由的封建社會裏，孫悟空的大鬧三界和斬妖除魔，必然引起廣大人民的強烈共鳴。爲民除害的英雄，受到人民的熱愛和崇敬，這就夠了，何必非給他定個階級成分不可！

四

我國人民世世代代喜愛孫悟空，還有藝術表現的原因。《西遊記》是講故事的形式，又富於幻想，適合我國老百姓的口味。

就想象力而論，在我國古代小說裏，恐怕沒有一部作品比得上《西遊記》。要培育少年兒童的想象力，《西遊記》是一部很好的教科書。《西遊記》這方面的重要價值，往往被人們所忽視。光是孫悟空手裏的那根金箍棒和頭上那個緊箍兒，作者寫得多麽出神入化，引出多少寓意深刻、耐人尋味的情節。別的小說有這等奇妙的幻想麽！

《大鬧天宮》裏的幻想，不衹大膽、新奇，且富有幽默感。在威嚴的天宮裏，衆仙朝拜玉帝，孫悟空不行跪拜之禮，衹是挺身在旁，以「老孫便是」的自尊口吻回答玉帝的查問，嚇得衆仙大驚失色。「老孫」的一舉一動，一言一語，使天宮頓時失去神聖的色彩，讀之令人發出會心的微笑。

孫悟空和二郎神鬥法，各逞其能，變化莫測，使人看得眼花繚亂。最後，「老孫」靈機一動，變爲一座土地廟。身體各部位都好辦，衹是尾巴不好收拾，不得不變爲旗竿，豎在廟後。土地廟哪裏會有旗竿呢，終於被二郎神識破。這些細微末節，出現在幻想故事裏，不衹加強了生活眞實感，而且增添了筆墨的情趣。

老孫被捉之後，天神們恨不得將他千刀萬剮。但刀砍斧剁、雷打火燒，竟不能損傷老孫的一根毫毛。狡猾兇殘的太上老君把他投進八卦爐，以文武火鍛煉，煉了七七四十九天，以爲早已化爲灰燼。誰知老孫鑽在八卦爐的「巽宮」位下，「巽下乃風也，有風則無火。衹是風攪得煙來，把一雙眼熰紅了，弄做個老害病眼，故喚作『火眼金睛』」。等太上老君開爐取丹時，「老孫」將身一縱，跳出丹爐，蹬倒八卦爐，老君不提防，被他捽了個倒栽葱。如此嚴酷的鬥爭，作者卻以輕鬆的筆調表現孫悟空樂觀、詼諧的性格和應變機智的本領，並以調侃的口吻，嘲笑了太上老君如意算盤的破產。更妙的是，「老孫」蹬倒八卦爐時落下幾塊磚，內有餘火，後來化爲火焰山，引出了三借芭蕉扇的動人故事。而「老孫」的「火眼金睛」，卻成了他後來善於辨妖的根據。眞是涉筆成趣，奇想無窮，怎能不叫人讀得入迷！

總之，《西遊記》是幻想小說，應和現實主義小說有不同的讀法。充分調動你的想象和幻想，而千萬不要用機械的比附，這樣，新的奇異境界將湧現在你的腦海之中。

（劉烈茂）

過火焰山

吳承恩

若干種性本來同，海納無窮。千思萬慮終成妄，般般色色和融。有日功完行滿，圓明法性高隆。休教差別走西東，緊鎖牢韁。收來安放丹爐內，煉得金烏一樣紅。朗朗輝輝嬌豔，任教出入乘龍。

話表三藏遵菩薩教旨，收了行者，與八戒、沙僧剪斷二心，鎖韁猿馬，同心戮力，趕奔西天。說不盡光陰似箭，日月如梭。歷過了夏月炎天，卻又值三秋霜景。但見那：

薄雲斷絕西風緊，鶴鳴遠岫霜林錦。光景正蒼涼，山長水更長。征鴻來北塞，玄鳥歸南陌。客路怯孤單，衲衣容易寒。

師徒四衆，進前行處，漸覺熱氣蒸人。三藏勒馬道：「如今正是秋天，卻怎返有熱氣？」八戒道：「原來不知。西方路上有個斯哈哩國，乃日落之處，俗呼爲『天盡頭』。若到申酉時，國王差人上城，擂鼓吹角，混雜海沸之聲。日乃太陽真火，落於西海之間，如火淬水，接聲滾佛；若無鼓角之聲混耳，即振殺城中小兒。此地熱氣蒸人，想必到日落之處也。」大聖聽說，忍不住笑道：「獃子莫亂談！若論斯哈哩國，正好早哩。似師父朝三暮二的，這等擔閣，就從小至老，老了又小，老小三生，也還不到。」八戒道：「哥啊，據你說，不是日落之處，爲何這等酷熱？」沙僧道：「想是天時不正，秋行夏令故也。」他三個正都爭講，祇見那路旁有座莊院，乃是紅瓦蓋的房舍，紅磚砌的垣牆，紅油門扇，紅漆板榻，一片都是紅的。三藏下馬道：「悟空，你去那人家問個消息，看那炎熱之故何也。」

大聖收了金箍棒，整肅衣裳，扭捏作個斯文氣象，綽下大路，徑至門前觀看。那門裏忽然走出一個老者，但見他：

穿一領黃不黃、紅不紅的葛布深衣；戴一頂青不青、皂不皂的篾絲涼帽。手中拄一根彎不彎、直不直、暴節竹杖；足下踏一雙新不新、舊不舊、搫靸鞝鞋。面似紅銅，鬚如白練。兩道壽眉遮碧眼，一張哈口露金牙。

那老者猛抬頭，看見行者，吃了一驚，拄着竹杖，喝道：「你是那裏來的怪人？在我這門首何干？」行者答禮道：「老施主，休怕我。我不是甚麼怪人。貧僧是東土大唐欽差上西方求經者。師徒四人，適至寶方，見天氣蒸熱，一則不解其故，二來不知地名，特拜問指教一二。」那老者卻才放心，笑云：「長老勿罪。我老漢一時眼花，不識尊顏。」行者道：「不敢。」老者又問：「令師在那條路上？」行者道：「那南首大路上立的不是！」老者教：「請來，請來。」行者歡喜，把手一招，三藏即同八戒、沙僧，牽白馬，挑行李近前，都對老者作禮。

老者見三藏丰姿標致，八戒、沙僧相貌奇稀，又驚又喜；祇得請入裏坐，教小的們看茶，一壁廂辦飯。三藏聞言，起身稱謝道：「敢問公公，貴處遇秋，何返炎熱？」老者道：「敝地喚做火焰山。無春無秋，四季皆熱。」三藏道：「火焰山卻在那邊？可阻西去之路？」老者道：「西方卻去不得。那山離此有六十里遠，正是西方必由之路，卻有八百里火焰，四周圍寸草不生。若過得山，就是銅腦蓋，鐵身軀，也要化成汁哩。」三藏聞言，大驚失色，不敢再問。

衹見門外一個少年男子，推一輛紅車兒，住在門旁，叫聲「賣糕！」大聖拔根毫毛，變個銅錢，問那人買糕。那人接了錢，不論好歹，揭開車兒上衣裹，熱氣騰騰，拿出一塊糕遞與行者。行者托在手中，好似火盆裏的灼炭，煤爐內的紅釘。你看他左手倒在右手，右手換在左手，衹道：「熱，熱，熱！難吃，難吃！」那男子笑道：「怕熱，莫來這裏。這裏是這等熱。」行者道：「你這漢子，好不明理。常言道：『不冷不熱，五穀不結。』他這等熱得很，你這糕粉，自何而來？」那人道：「若知糕粉米，敬求鐵扇仙。」行者道：「鐵扇仙怎的？」那人道：「鐵扇仙有柄『芭蕉扇』。求得來，一扇息火，二扇生風，三扇下雨，我們就布種，及時收割，故得五穀養生；不然，誠寸草不能生也。」

行者聞言，急抽身走入裏面，將糕遞與三藏道：「師父放心，且莫隔年焦着，吃了糕，我與你説。」長老接糕在手，向本宅老者道：「公公請糕。」老者道：「我家的茶飯未奉，敢吃你糕？」行者笑道：「老人家，茶飯倒不必賜。我問你，鐵扇仙在那裏住？」老者道：「你問他怎的？」行者道：「適才那賣糕人説，此仙有柄『芭蕉扇』。求將來，一扇息火，二扇生風，三扇下雨，你這方布種收割，才得五穀養生。我欲尋他討來扇息火焰山過去，且使這方依時收種，得安生也。」老者道：「固有此説；你們卻無禮物，恐那聖賢不肯來也。」三藏道：「他要甚禮物？」老者道：「我這裏人家，十年拜求一度。四猪四羊，花紅表裏，異香時果，鷄鵝美酒，沐浴虔誠，拜到那仙山，請他出洞，至此施爲。」行者道：「那山坐落何處？喚甚地名？有幾多里數？等我問他要扇子去。」老者道：「那山在西南方，名喚翠雲山。山中有一仙洞，名喚芭蕉洞。我這裏衆信人等去拜仙山，往回要走一月，計有一千四百五六十里。」行者笑道：「不打緊，就去就來。」那老者道：「且住，吃些茶飯，辦些乾糧，須得兩人做伴。那路上沒

西遊記・過火焰山

有人家，又多狼虎，非一日可到。莫當耍子。」行者笑道：「不用，不用！我去也！」說一聲，忽然不見。那老者慌張道：「爺爺呀！原來是騰雲駕霧的神人也！」

且不說這家子供奉唐僧加倍。卻說那行者霎時徑到翠雲山，按住祥光，正自找尋洞口，忽然聞得丁丁之聲，乃是山林內一個樵夫伐木。行者即趨步至前，又聞得他道：

雲際依依認舊林，斷崖荒草路難尋。西山望見朝來雨，南澗歸時渡處深。

行者近前作禮道：「樵哥，問訊了。」那樵子撇了柯斧，答禮道：「長老何往？」行者道：「敢問樵哥，這可是翠雲山？」樵子道：「正是。」行者道：「有個鐵扇仙的芭蕉洞，在何處？」樵子笑道：「這芭蕉洞雖有，卻無個鐵扇仙，衹有個鐵扇公主，又名羅刹女。」行者道：「人言他有一柄芭蕉扇，能熄得火焰山，敢是他麼？」樵子道：「正是，正是。這聖賢有這件寶貝，善能熄火，保護那方人家，故此稱爲鐵扇仙。我這裏人家用不着他，衹知他叫做羅刹女，乃大力牛魔王妻也。」

行者聞言，大驚失色。心中暗想道：「又是冤家了！當年伏了紅孩兒，說是這廝養的。前在那解陽山破兒洞遇他叔子，尚且不肯與水，要作報仇之意；今又遇他父母，怎生借得這扇子耶？」樵子見行者沉思默慮，嗟歎不已，便笑道：「長老，你出家人，有何憂疑？這條小路兒向東去，不上五六里，就是芭蕉洞。休得心焦。」行者道：「不瞞樵哥說。我是東土唐朝差往西天求經的唐僧大徒弟。前年在火雲洞，曾與羅刹之子紅孩兒有些言語，但恐羅刹懷仇不與，故生憂疑。」樵子道：「大丈夫鑒貌辨色，衹以求扇爲名，莫認往時之溲話，管情借得。」行者聞言，深深唱個大喏道：「謝樵哥教誨。我去也。」

遂別了樵夫，徑至芭蕉洞口。但見那兩扇門緊閉牢關，洞外風光秀麗。好去處！正是那：

山以石爲骨，石作土之精。煙霞含宿潤，苔蘚助新青。嵯峨勢聳欺蓬島，幽靜花香若海瀛。幾樹喬松棲野鶴，數株衰柳語山鶯。誠然是千年古跡，萬載仙蹤。碧梧鳴彩鳳，活水隱蒼龍。曲徑蓽蘿垂掛，石梯藤葛攀籠。猿嘯翠巖忻月上，鳥啼高樹喜晴空。兩林竹蔭涼如雨，一徑花濃沒綉絨。時見白雲來遠岫，略無定體漫隨風。

行者上前叫：「牛大哥，開門！開門！」呀的一聲，洞門開了，裏邊走出一個毛兒女，手中提着花籃，肩上擔着鋤子，眞個是一身藍縷無妝飾，滿面精神有道心。行者上前迎着，合掌道：「女童，累你轉報公主一聲。我本是取經的和尚，在西方路上，難過火焰山，特來拜借芭蕉扇一用。」那毛女道：「你是那寺裏和尚？叫甚名字？我好與你通報。」行者道：「我是東土來的，叫做孫悟空和尚。」

那毛女卽便回身，轉於洞內，對羅刹跪下道：「奶奶，洞門外有個東土來的孫悟空和尚，要見奶奶。拜求芭蕉扇，過火焰山一用。」那羅刹聽見「孫悟空」三字，便似撮鹽入火，火上澆油；骨都都紅生臉上；惡狠狠怒發心頭。口中罵道：「這潑猴！今日來了！」叫：「丫鬟，取披掛，拿兵器來！」隨卽取了披掛，拿兩口青鋒寶劍，整束出來。行者在洞外閃過，偷看怎生打扮。衹見他：

頭裹團花手帕，身穿納錦雲袍。腰間雙束虎筋絲，微露繡裙偏綃。鳳嘴弓鞋三寸，龍鬚膝褲金銷。手提寶劍怒聲高，兇比月婆容貌。

那羅刹出門，高叫道：「孫悟空何在？」行者上前，躬身施禮道：「嫂嫂，老孫在此奉揖。」羅刹咄的一聲道：「誰是你的嫂嫂！那個要你奉揖！」行者道：「尊府牛魔王，當初曾與老孫結義，乃七兄弟之親。今聞公主是牛大哥令正，安得不以嫂嫂稱之！」羅刹道：「你這潑猴！既有兄弟之親，如何坑陷我子？」行者佯問道：「令郎是誰？」羅刹道：「我兒是號山枯松澗火雲洞聖嬰大王紅孩兒，被你傾了。我們正沒處尋你報仇，你今上門納命，我肯饒你！」行者滿臉陪笑道：「嫂嫂原來不察理，錯怪了老孫。你令郎因是捉了師父，要蒸要煮，幸虧了觀音菩薩收他去，救出我師。他如今現在菩薩處做善財童子，實受了菩薩正果，不生不滅，不垢不淨，與天地同壽，日月同庚。你倒不謝老孫保命之恩，返怪老孫，是何道理！」羅刹道：「你這個巧嘴的潑猴！我那兒雖不傷命，再怎生得到我的跟前，幾時能見一面？」行者笑道：「嫂嫂要見令郎，有何難處？你且把扇子借我，扇息了火，送我師父過去，我就到南海菩薩處請他來見你，就送扇子還你，有何不可！那時節，你看他可曾損傷一毫。如有些須之傷，你也怪得有理；如比舊時標致，還當謝我。」羅刹道：「潑猴！少要饒舌！伸過頭來，等我砍上幾劍！若受得疼痛，就借扇子與你；若忍耐不得，教你早見閻君！」行者叉手向前，笑道：「嫂嫂切莫多言。老孫伸着光頭，任尊意砍上多少，但沒氣力便罷。是必借扇子用用。」那羅刹不容分說，雙手輪劍，照行者頭上乒乒乓乓，砍有十數下，這行者全不認眞。羅刹害怕，回頭要走。行者道：「嫂嫂，那裏去？快借我使使！」那羅刹道：「我的寶貝原不輕借。」行者道：「既不肯借，吃你老叔一棒！」

好猴王，一隻手扯住，一隻手去耳內掣出棒來，幌一幌，有碗來粗細。那羅刹掙脫手，舉劍來迎。行者隨又輪棒便打。兩個在翠雲山前，不論親情，卻祇講仇隙。這一場好殺：

裙釵本是修成怪，爲子懷仇恨潑猴。行者雖然生狠怒，因師路阻讓娥流。先言拜借芭蕉扇，不展驍雄耐性柔。羅刹無知輪劍砍，猴王有意說親由。女流怎與男兒鬥，到底男剛壓女流。這個金箍鐵棒多兇猛，那個霜刃青鋒甚緊稠。劈面打，照頭丟，恨苦相持不罷休。左擋右遮施武藝，前迎後架騁奇謀。卻才鬥到沉酣處，不覺西方墜日頭。羅刹忙將眞扇子，一扇揮動鬼神愁！

那羅剎女與行者相持到晚，見行者棒重，卻又解數周密，料鬥他不過，卽便取出芭蕉扇，幌一幌，一扇陰風，把行者搧得無影無形，莫想收留得住。這羅剎得勝回歸。

那大聖飄飄蕩蕩，左沉不能落地，右墜不得存身。就如旋風翻敗葉，流水淌殘花。滾了一夜，直至天明，方才落在一座山上，雙手抱住一塊峯石。定性良久，仔細觀看，卻才認得是小須彌山。大聖長嘆一聲道：「好利害婦人！怎麽就把老孫送到這裏來了？我當年曾記得在此處告求靈吉菩薩降黃風怪救我師父。那黃風嶺至此直南上有三千餘里，今在西路轉來，乃東南方隅，不知有幾萬里。等我下去問靈吉菩薩一個消息，好回舊路。」

正躊躇間，又聽得鐘聲響亮，急下山坡，徑至禪院。那門前道人認得行者的形容，卽入裏面報道：「前年來請菩薩去降黃風怪的那個毛臉大聖又來了。」菩薩知是悟空，連忙下寶座相迎，入內施禮道：「恭喜！取經來耶？」悟空答道：「正好未到！早哩，早哩！」靈吉道：「既未曾得到雷音，何以回顧荒山？」行者道：「自上年蒙盛情降了黃風怪，一路上，不知歷過多少苦楚。今到火焰山，不能前進，詢問土人，說有個鐵扇仙芭蕉扇，搧得火滅，老孫特去尋訪。原來那仙是牛魔王的妻，紅孩兒的母。他說我把他兒子做了觀音菩薩的童子，不得常見，跟我爲仇，不肯借扇，與我爭鬥。他見我的棒重難撐，遂將扇子把我一搧，搧得我悠悠蕩蕩，直至於此，方才落住。故此輕造禪院，問個歸路。此處到火焰山，不知有多少里數？」靈吉笑道：「那婦人喚名羅剎女，又叫做鐵扇公主。他的那芭蕉扇本是昆侖山後，自混沌開辟以來，天地產成的一個靈寶，乃太陰之精葉，故能滅火氣。假若搧着人，要飄八萬四千里，方息陰風。我這山到火焰山，衹有五萬餘里。此還是大聖有留雲之能，故止住了。若是凡人，正好不得住也。」行者道：「利害！利害！我師父卻怎生得度那方？」靈吉道：「大聖放心。此一來，也是唐僧的緣法，合教大聖成功。」行者道：「怎見成功？」靈吉道：「我當年受如來教旨，賜我一粒『定風丹』，一柄『飛龍杖』。飛龍杖已降了風魔。這定風丹尚未曾見用，如今送了大聖，管教那廝搧你不動，你卻要了扇子，搧息火，卻不就立此功也！」行者低頭作禮，感謝不盡。那菩薩即於衣袖中取出一個錦袋兒，將那一粒定風丹與行者安在衣領裏邊，將針綫緊緊縫了。送行者出門道：「不及留款。往西北上去，就是羅刹的山場也。」

行者辭了靈吉，駕筋斗雲，徑返翠雲山，頃刻而至。使鐵棒打着洞門叫道：「開門！開門！老孫來借扇子使使哩！」慌得那門裏女童即忙來報：「奶奶，借扇子的又來了！」羅刹聞言，心中悚懼道：「這潑猴真有本事！我的寶貝，搧着人，要去八萬四千里，方能停止；他怎麽才吹去就回來也？這番等我一連搧他兩三搧，教他尋不着歸路！」急縱身，結束整齊，雙手提劍，走出門來道：「孫行者！你不怕我，又來尋死！」行者笑道：「嫂嫂勿得慳吝，是必借我使使。保得唐僧過山，就送還你。我是個志誠有餘的君子，不是那借物不還的小人。」

羅刹又罵道：「潑猢猻！好沒道理，沒分曉！奪子之仇，尚未報得；借扇之意，豈得如心！你不要走！吃我老娘一劍！」大聖公然不懼，使鐵棒劈手相迎。他兩個往往來來，戰經五七回合，羅刹女手軟難輪，孫行者身强善敵。他見事勢不諧，即取扇子，望行者搧了一扇，行者巍然不動。行者收了鐵棒，笑吟吟的道：「這番不比那番！任你怎麽搧來，老孫若動一動，就不算漢子！」那羅刹又搧兩搧，果然不動。羅刹慌了，急收寶貝，轉回走入洞裏，將門緊緊關上。

行者見他閉了門，卻就弄個手段，拆開衣領，把定風丹噙在口中，摇身一變，變作一個蟭蟟蟲兒，從他門隙處鑽進。祇見羅刹叫道：「渴了！渴了！快拿茶來！」近侍女童，卽將香茶一壺，沙沙的滿斟一碗，沖起茶沫漕漕。行者見了歡喜，嚶的一翅，飛在茶沫之下。那羅刹渴極，接過茶，兩三氣都喝了。行者已到他肚腹之內，現原身厲聲高叫道：「嫂嫂，借扇子我使使！」羅刹大驚失色，叫：「小的們，關了前門否？」俱說：「關了。」他又說：「既關了門，孫行者如何在家裏叫喚？」女童道：「在你身上叫哩。」羅刹道：「孫行者，你在那裏弄術哩？」行者道：「老孫一生不會弄術，都是些真手段，實本事，已在尊嫂尊腹之內耍子，已見其肺肝矣。我知你也饑渴了，我先送你個坐碗兒解渴！」卻就把腳往下一登。那羅刹小腹之中，疼痛難禁，坐於地下叫苦。行者道：「嫂嫂休得推辭，我再送你個點心充饑！」又把頭往上一頂。那羅刹心痛難禁，衹在地上打滾，疼得他面黄唇白，衹叫「孫叔叔饒命！」

行者卻才收了手腳道：「你才認得叔叔麽？我看牛大哥情上，且饒你性命。快將扇子拿來我使使。」羅刹道：「叔叔，有扇！有扇！你出來拿了去！」行者道：「拿扇子我看了出來。」羅刹卽叫女童拿一柄芭蕉扇，執在旁邊。行者探到喉嚨之上見了道：「嫂嫂，我既饒你性命，不在腰肋之下搠個窟窿出來，還自口出。你把口張三張兒。」那羅刹果張開口。行者還作個蟭蟟蟲，先飛出來，叮在芭蕉扇上。那羅刹不知，連張三次，叫：「叔叔出來罷。」行者化原身，拿了扇子，叫道：「我在此間不是？謝借了！謝借了！」拽開步，往前便走。小的們連忙開了門，放他出洞。

這大聖撥轉雲頭，徑回東路。霎時按落雲頭，立在紅磚壁下。八戒見了歡喜道：「師父，師兄來了！來了！」三藏卽與本莊老者同沙僧出門接着，同至舍內。把芭蕉扇靠在旁邊道：「老官兒，可是這個扇子？」老者道：「正是！正是！」唐僧喜道：「賢徒有莫大之功。求此寶貝，甚勞苦了。」行者道：「勞苦倒也不說。那鐵扇仙，你道是誰？那廝原來是牛魔王的妻，紅孩兒的母，名喚羅刹女，又喚鐵扇公主。我尋到洞外借扇，他就與我講起仇隙，把我砍了幾劍。是我使棒嚇他，他就把扇子扇了我一下，飄飄蕩蕩，直刮到小須彌山。幸見靈吉菩薩，送了我一粒定風丹，指與歸路，復至翠雲山。又見羅刹女，羅刹女又使扇子，搧我不動，他就回洞。是老孫變作一個蟭蟟蟲，飛入洞去。那廝正討茶吃，是我又鑽在茶沫之下，到他肚裏，做起手腳。他疼痛難禁，不住口的叫我做叔叔饒命，情願將扇借與我，我卻饒了他，拿將扇來。待過了火焰山，仍送還他。」三藏聞言，感謝不盡。師徒們俱拜辭老者。

一路西來，約行有四十里遠近，漸漸酷熱蒸人。沙僧衹叫：「腳底烙得慌！」八戒又道：「爪子燙得痛！」馬比尋常又快。衹因地熱難停，十分難進。行者道：「師父且請下馬。兄弟們莫走。等我搧息了火，待風雨之後，地土冷些，再過山去。」行者果舉扇，徑至火邊，盡力一扇，那山上火光烘烘騰起；再一扇，更着百倍；又一扇，那火足有千丈之高，漸漸燒着身體。行者急回，已將兩股毫毛燒淨，徑跑至唐僧面前叫：「快回去，快回去！火來了，火來了！」

那師父爬上馬，與八戒、沙僧，復東來有二十餘里，方才歇下，道：「悟空，如何了呀！」行者丟下扇子道：「不停當！不停當！被那廝哄了！」三藏聽説，愁促眉尖，悶添心上，止不住兩淚交流，衹道：「怎生是好！」八戒道：「哥哥，你急急忙忙叫回去是怎麼説？」行者道：「我將扇子搧了一下，火光烘烘；第二扇，火氣愈盛；第三扇，火頭飛有千丈之高。若是跑得不快，把毫毛都燒盡矣！」八戒笑道：「你常説雷打不傷，火燒不損，如今何又怕火？」行者道：「你這獃子，全不知事！那時節用心防備，故此不傷：今日衹爲搧息火光，不曾捻避火訣，又未使護身法，所以把兩股毫毛燒了。」沙僧道：「似這般火盛，無路通西，怎生是好？」八戒道：「衹揀無火處走便罷。」三藏道：「那方無火？」八戒道：「東方、南方、北方，俱無火。」又問：「那方有經？」八戒道：「西方有經。」三藏道：「我衹欲往有經處去哩！」沙僧道：「有經處有火，無火處無經，誠是進退兩難！」

師徒們正自胡談亂講，衹聽得有人叫道：「大聖不須煩惱，且來吃些齋飯再議。」四衆回看時，見一老人，身披飄風氅，頭頂偃月冠，手持龍頭杖，足踏鐵靿靴，後帶着一個雕嘴魚腮鬼，鬼頭上頂着一個銅盆，盆內有些蒸餅糕糜，黄糧米飯，在於西路下躬身道：「我本是火焰山土地。知大聖保護聖僧，不能前進，特獻一齋。」行者道：「吃齋小可，這火光幾時滅得，讓我師父過去？」土地道：「要滅火光，須求羅刹女借芭蕉扇。」行者去路旁拾起扇子道：「這不是？那火光越搧越着，何也？」土地看了，笑道：「此扇不是真的，被他哄了。」行者道：「如何方得真的？」那土地又控背躬身，微微笑道：「若還要借真蕉扇，須是尋求大力王。大力王卽牛魔王也。」行者道：「這山本是牛魔王放的火，假名火焰山？」土地道：「不是，不是。大聖若肯赦小神之罪，方敢直言。」行者道：「你有何罪？直說無妨。」土地道：「這火原是大聖放的。」行者怒道：「我在那裏，你這等亂談！我可是放火之輩？」土地道：「是你也認不得我了。此間原無這座山；因大聖五百年前，大鬧天宫時，被顯聖擒了，壓赴老君，將大聖安於八卦爐內，煅煉之後開鼎，被你蹬倒丹爐，落了幾個磚來，內有餘火，到此處化爲火焰山。我本是兜率宫守爐的道人。當被老君怪我失守，降下此間，就做了火焰山土地也。」猪八戒聞言，恨道：「怪道你這等打扮！原來是道士變的土地！」

行者半信不信道：「你且說，早尋大力王何故？」土地道：「大力王乃羅刹女丈夫。他這向撇了羅刹，現在積雷山摩雲洞。有個萬歲狐王。那狐王死了，遺下一個女兒，叫做玉面公主。那公主有百萬家私，無人掌管；二年前，訪着牛魔王神通廣大，情願倒陪家私，招贅爲夫。那牛王棄了羅刹，久不回顧。若大聖尋着牛王，拜求來此，方借得真扇。一則搧息火焰，可保師父前進；二來永除火患，可保此地生靈；三者赦我歸天，回繳老君法旨。」行者道：「積雷山坐落何處？到彼有多少程途？」土地道：「在正南方。此間到彼，有三千餘里。」行者聞言，即吩咐沙僧、八戒保護師父。又教土地，陪伴勿回。隨即忽的一聲，渺然不見。

那裏消半個時辰，早見一座高山淩漢。按落雲頭，停立巔峯之上觀看，真是好山：

高不高，頂摩碧漢；大不大，根扎黃泉。山前日暖，嶺後風寒。山前日暖，有三冬草木無知；嶺後風寒，見九夏冰霜不化。龍潭接澗水長流，虎穴依崖花放早。水流千派似飛瓊，花放一心如布錦。灣環嶺上灣環樹，扢扠石外扢扠松。真個是，高的山，峻的嶺，陡的崖，深的澗，香的花，美的果，紅的藤，紫的竹，青的松，翠的柳：八節四時顏不改，千年萬古色如龍。

大聖看彀多時，步下尖峯，入深山，找尋路徑正自沒個消息，忽見松陰下，有一女子，手折了一枝香蘭，嬝嬝娜娜而來。大聖閃在怪石之旁，定睛觀看，那女子怎生模樣：

嬌嬌傾國色，緩緩步移蓮。貌若王嬙，顏如楚女。如花解語，似玉生香。高髻堆青嚲碧鴉，雙睛蘸綠横秋水。湘裙半露弓鞋小，翠袖微舒粉腕長。說甚麽暮雨朝雲，真個是朱唇皓齒。錦江滑膩蛾眉秀，賽過文君與薛濤。

那女子漸漸走近石邊，大聖躬身施禮，緩緩而言曰：「女菩薩何往？」那女子未曾觀看，聽得叫問，卻自抬頭；忽見大聖的相貌醜陋，老大心驚，欲退難退，欲行難行，只得戰兢兢，勉强答道：「你是何方來者？敢在此間問誰？」大聖沉思道：「我若說出取經求扇之事，恐這厮與牛王有親，——且只以假親託意，來請魔王之言而答方可。……」那女子見他不語，變了顔色，怒聲喝道：「你是何人，敢來問我！」大聖躬身陪笑道：「我是翠雲山來的，初到貴處，不知路徑。敢問菩薩，此間可是積雷山？」

那女子道：「正是。」大聖道：「有個摩雲洞，坐落何處？」那女子道：「你尋那洞做甚？」大聖道：「我是翠雲山芭蕉洞鐵扇公主央來請牛魔王的。」

那女子一聽鐵扇公主請牛魔王之言，心中大怒，徹耳根子通紅，潑口罵道：「這賤婢，着實無知！牛王自到我家，未及二載，也不知送了他多少珠翠金銀，綾羅緞匹；年供柴，月供米，自自在在受用，還不識羞，又來請他怎的！」大聖聞言，情知是玉面公主，故意掣出鐵棒大喝一聲道：「你這潑賤，將家私買住牛王，誠然是陪錢嫁漢！你倒不羞，卻敢罵誰！」那女子見了，唬得魄散魂飛，沒好步亂躧金蓮，戰兢兢回頭便走。這大聖吆吆喝喝，隨後相跟。原來穿過松陰，就是摩雲洞口。女子跑進去，撲的把門關了。大聖卻收了鐵棒，停步看時，好所在：

樹林森密，崖削崚嶒。薜蘿陰冉冉，蘭蕙味馨馨。流泉漱玉穿修竹，巧石知機帶落英。煙霞籠遠岫，日月照雲屏。龍吟虎嘯，鶴唳鶯鳴。一片清幽真可愛。琪花瑤草景常明。不亞天臺仙洞，勝如海上蓬瀛。

且不言行者這裏觀看景致。卻說那女子跑得粉汗淋淋，唬得蘭心吸吸，徑入書房裏面。原來牛魔王正在那裏靜玩丹書。這女子沒好氣倒在懷裏，抓耳撓腮，放聲大哭。牛王滿面陪笑道：「美人，休得煩惱。有甚話說？」那女子跳天索地，口中罵道：「潑魔害殺我也！」牛王笑道：「你爲甚事罵我？」女子道：「我因父母無依，招你護身養命。江湖中說你是條好漢，你原來是個懼內的庸夫！」牛王聞說，將女子抱住道：「美人，我有那些不是處，你且慢慢說來，我與你陪禮。」女子道：「適才我在洞外閑步花陰，折蘭採蕙，忽有一個毛臉雷公嘴的和尚，猛地前來施禮，把我嚇了個獃掙。及定性問是何人，他說是鐵扇公主央他來請牛魔王的。被我說了兩句，他倒罵了我一場，將一根棍子，趕着我打。若不是走得快些，幾乎被他打死！這不是招你爲禍？害殺我也！」

牛王聞言，卻與他整容陪禮。温存良久，女子方才息氣。魔王卻發狠道：「美人在上，不敢相瞞。那芭蕉洞雖是僻靜，卻清幽自在。我山妻自幼修持，也是個得道的女仙，卻是家門嚴謹，內無一尺之童，焉得有雷公嘴的男子央來，這想是那裏來的怪妖，或者假綽名聲，至此訪我。等我出去看看。」

好魔王，拽開步，出了書房；上大廳取了披掛，結束了。拿了一條混鐵棍，出門高叫道：「是誰人在我這裏無狀？」行者在旁，見他那模樣，與五百年前又大不同。祇見：

頭上戴一頂水磨銀亮熟鐵盔；身上貫一副絨穿錦繡黃金甲；足下踏一雙卷尖粉底麂皮靴；腰間束一條攢絲三股獅蠻帶。一雙眼光如明鏡。兩道眉豔似紅霓。口若血盆，齒排銅板。吼聲響震山神怕，行動威風惡鬼慌。四海有名稱混世，西方大力號魔王。

這大聖整衣上前，深深的唱個大喏道：「長兄，還認得小弟麼？」牛王答禮道：「你是齊天大聖孫悟空麼？」大聖道：「正是，正是，一向久別未拜。適才到此問一女子，方得見兄。豐采果勝常，真可賀也！」牛王喝道：「且休巧舌！我聞你鬧了天宮，被佛祖降壓在五行山下，近解脫天災，保護唐僧西天見佛求經，怎麼在號山枯松澗火雲洞把我小兒牛聖嬰害了？正在這裏惱你，你卻怎麼又來尋我？」大聖作禮道：「長兄勿得誤怪小弟。當時令郎捉住吾師，要食其肉，小弟近他不得，幸觀音菩薩欲救我師，勸他歸正。現今做了善財童子，比兄長還高，享極樂之門堂，受逍遙之永壽，有何不可，返怪我耶？」牛王罵道：「這個乖嘴的猢猻！害子之情，被你說過；你才欺我愛妾，打上我門何也？」大聖笑道：「我因拜謁長兄不見，向那女子拜問，不知就是二嫂嫂；因他罵了我幾句，是小弟一時粗鹵，驚了嫂嫂。望長兄寬恕寬恕！」牛王道：「既如此說，我看故舊之情，饒你去罷。」

大聖道：「既蒙寬恩，感謝不盡；但尚有一事奉瀆，萬望周濟周濟。」牛王罵道：「這猢猻不識起倒！饒了你，倒還不走，反來纏我！甚麼周濟周濟！」大聖道：「實不瞞長兄。小弟因保唐僧西進，路阻火焰山，不能前進。詢問土人，知尊嫂羅刹女有一柄芭蕉扇，欲求一用。昨到舊府，奉拜嫂嫂，嫂嫂堅執不借，是以特求長兄。望兄長開天地之心，同小弟到大嫂處一行，千萬借扇搧滅火焰，保得唐僧過山，即時完璧。」牛王聞言，心如火發。咬響鋼牙罵道：「你說你不無禮，你原來是借扇之故！一定先欺我山妻，山妻想是不肯，故來尋我！且又趕我愛妾！常言道：『朋友妻，不可欺；朋友妾，不可滅。』你既欺我妻，又滅我妾，多大無禮？上來吃我一棍！」大聖道：「哥要說打，弟也不懼。但求寶貝，是我真心。萬乞借我使使！」牛王道：「你若三合敵得我，我着山妻借你；如敵不過，打死你，與我雪恨！」大聖道：「哥說得是。小弟這一向疏懶，不曾與兄相會，不知這幾年武藝比昔日如何，我兄弟們請演演棍看。」這牛王那容分說，掣混鐵棍，劈頭就打。這大聖持金箍棒，隨手相迎。兩個這場好鬥：

金箍棒，混鐵棍，變臉不以朋友論。那個說：「正怪你這猢猻害子情！」這個說：「你令郎已得道休嗔恨！」那個說：「你無知怎敢上我門？」這個說：「我有因特地來相問。」一個要求扇子保唐僧，一個不借芭蕉忒鄙吝。語去言來失舊情，舉家無義皆生忿。牛王棍起賽蛟龍，大聖棒迎神鬼遁。初時爭鬥在山前，後來齊駕祥雲進。半空之內顯神通，五彩光中施妙運。兩條棍響振天關，不見輸贏皆傍寸。

這大聖與那牛王鬥經百十回合，不分勝負。正在難解難分之際，祇聽得山峯上有人叫道：「牛爺爺，我大王多多拜上，幸賜早臨，好安座也。」牛王聞說，使混鐵棍支住金箍棒，叫道：「猢猻，你且住了，等我去一個朋友家赴會來者！」言畢，按下雲頭，徑至洞裏。對玉面公主道：「美人，才那雷公嘴的男子乃孫悟空猢猻，被我一頓棍打走了，再不敢來。你放心耍子。我到一個朋友處吃酒去也。」他才卸了盔甲，穿一領鴉青剪絨襖子，走出門，跨上「辟水金睛獸」，着小的們看守門庭，半雲半霧，一直向西北方而去。

大聖在高峯上看着，心中暗想道：「這老牛不知又結識了甚麼朋友，往那裏去赴會。等老孫跟他走走。」好行者，將身幌一幌，變作一陣清風趕上，隨着同走。不多時，到了一座山中，那牛王寂然不見。大聖聚了原身，入山尋看，那山中有一面清水潭，潭邊有一座石碣，碣上有六個大字，乃「亂石山碧波潭」。大聖暗想道：「老牛斷然下水去了。水底之精，若不是蛟精，必是龍精、魚精，或是龜鱉黿鼉之精。等老孫也下去看看。」

好大聖，捻着訣，念個咒語，搖身一變，變作一個螃蟹，不大不小的，有三十六斤重。撲的跳在水中，徑沉潭底。忽見一座玲瓏剔透的牌樓，樓下拴着那個辟水金睛獸。進牌樓裏面，卻就沒水。大聖爬進去，仔細看時，衹見那壁廂一派音樂之聲，但見：

朱宮貝闕，與世不殊。黃金爲屋瓦，白玉作門樞。屏開玳瑁甲，檻砌珊瑚珠。祥雲瑞藹輝蓮座，上接三光下八衢。非是天宮并海藏，果然此處賽蓬壺。高堂設宴羅賓主，大小官員冠冕珠。忙呼玉女捧牙槃，催喚仙娥調律呂。長鯨鳴，巨蟹舞，鱉吹笙，鼉擊鼓，驪頷之珠照樽俎。鳥篆之文列翠屏，蝦鬚之簾掛廊廡。八音迭奏雜仙韶，宮商響徹遏雲霄。青頭鱸妓撫瑤瑟，紅眼馬郎品玉簫。鱖婆頂獻香獐脯，龍女頭簪金鳳翹。吃的是，天廚八寶珍羞味；飲的是，紫府瓊漿熟醞醪。

那上面坐的是牛魔王，左右有三四個蛟精，前面坐着一個老龍精，兩邊乃龍子、龍孫、龍婆、龍女。正在那裏觥籌交錯之際，孫大聖一直走將上去，被老龍看見，卽命：

「拿下那個野蟹來！」龍子、龍孫一擁上前，把大聖拿住。大聖忽作人言，衹叫：「饒命！饒命！」老龍道：「你是那裏來的野蟹？怎麼敢上廳堂，在尊客之前，橫行亂走？快早供來，免汝死罪！」好大聖，假捏虛言，對衆供道：

「生自湖中爲活，傍崖作窟權居。蓋因日久得身舒，官受橫行介士。踏草拖泥落索，從來未習行儀。不知法度冒王威，伏望尊慈恕罪！」

座上衆精聞言，都拱身對老龍作禮道：「蟹介士初入瑤宮，不知王禮，望尊公饒他去罷。」老龍稱謝了衆精，即教：「放了那廝，且記打，外面伺候。」大聖應了一聲，往外逃命，徑至牌樓之下。心中暗想道：「這牛王在此貪杯，那裏等得他散？……就是散了，也不肯借扇與我。不如偷了他的金睛獸，變做牛魔王，去哄那羅刹女，騙他扇子，送我師父過山爲妙。……」

好大聖，即現本象，將金睛獸解了繮繩，撲一把跨上雕鞍，徑直騎出水底。到於潭外，將身變作牛王模樣。打着獸，縱着雲，不多時，已至翠雲山芭蕉洞口。叫聲「開門！」那洞門裏有兩個女童，聞得聲音開了門，看見是牛魔王嘴臉，即入報：「奶奶，爺爺來家了。」那羅刹聽言，忙整雲鬟，急移蓮步，出門迎接。這大聖下雕鞍，牽進金睛獸；弄大膽，驅騙女佳人。羅刹女肉眼，認他不出，即攜手而入。着丫鬟設座看茶，一家子見是主公，無不敬謹。

須臾間，敘及寒温。「牛王」道：「夫人久闊。」羅刹道：「大王萬福。」又云：「大王寵幸新婚，抛撇奴家，今日是那陣風兒吹你來的？」大聖笑道：「非敢抛撇，衹因玉面公主招後，家事繁冗，朋友多顧，是以稽留在外；卻也又治得一個家當了。」又道：「近聞悟空那廝，保唐僧，將近火焰山界，恐他來問你借扇子。我恨那廝害子之仇未報，但來時，可差人報我，等我拿他，分尸萬段，以雪我夫妻之恨。」羅刹聞言，滴淚告道：「大王，常言說：『男兒無婦財無主，女子無夫身無主。』我的性命，險些兒不着這猢猻害了！」大聖聽得，故意發怒罵道：「那潑猴幾時過去了？」羅刹道：「還未去。昨日到我這裏借扇子，我因他害孩兒之故，披掛了，輪寶劍出門，就砍那猢猻。他忍着疼，叫我做嫂嫂，說大王曾與他結義。」大聖道：「是，五百年前曾拜爲七兄弟。」羅刹道：「被我罵也不敢回言，砍也不敢動手，後被我一扇子搧去；不知在那裏尋得個定風法兒，今早又在門外叫喚。是我又使扇搧，莫想得動。急輪劍砍時，他就不讓我了。我怕他棒重，就走入洞裏，緊關上門。不知他又從何處，鑽在我肚腹之內，險被他害了性命！是我叫他幾聲叔叔，將扇與他去也。」大聖又假意捶胸道：「可惜！可惜！夫人錯了，怎麼就把這寶貝與那猢猻？惱殺我也！」

羅刹笑道：「大王息怒。與他的是假扇，但哄他去了。」大聖問：「真扇在於何處？」羅刹道：「放心！放心！我收着哩。」叫丫鬟整酒接風賀喜。遂擎杯奉上道：「大王，燕爾新婚，千萬莫忘結髮，且吃一杯鄉中之水。」大聖不敢不接，衹得笑吟吟，舉觴在手道：「夫人先飲。我因圖治外產，久別夫人，早晚蒙護守家門，權爲酬謝。」羅刹復接杯斟起，遞與大王道：「自古道：『妻者，齊也。』夫乃養身之父，講甚麼謝。」兩人謙謙講講，方才坐下巡酒。大聖不敢破葷，衹吃幾個果子，與他言言語語。

酒至數巡，羅刹覺有半酣，色情微動，就和孫大聖挨挨擦擦，搭搭拈拈；攜着手，俏語温存；并着肩，低聲俯就。將一杯酒，你喝一口，我喝一口，卻又哺果。大聖假意虛情，相陪相笑；沒奈何，也與他相倚相偎。果然是：

釣詩鈎，掃愁帚，破除萬事無過酒。男兒立節放襟懷，女子忘情開笑口。面赤似天桃，身搖如嫩柳。絮絮叨叨話語多，捻捻揑揑風情有。時見掠雲鬢，又見輪尖手。幾番常把腳兒蹺，數次每將衣袖抖。粉項自然低，蠻腰漸覺扭。合歡言語不曾丟，酥胸半露松金鈕。醉來真個玉山頹，餳眼摩娑幾弄醜。

大聖見他這等酣然，暗自留心，挑鬥道：「夫人，真扇子你收在那裏？早晚仔細。但恐孫行者變化多端，卻又來騙去。」羅剎笑嘻嘻的，口中吐出，衹有一個杏葉兒大小，遞與大聖道：「這個不是寶貝？」大聖接在手中，卻又不信，暗想着：「這些些兒，怎生搧得火滅？……怕又是假的。」羅剎見他看着寶貝沉思，忍不住上前，將粉面搵在行者臉上，叫道：「親親，你收了寶貝吃酒罷。衹管出神想甚麼哩？」大聖就趁腳兒蹺，問他一句道：「這般小小之物，如何搧得八百里火焰？」羅剎酒陶真性，無忌憚，就說出方法道：「大王，與你別了二載，你想是晝夜貪歡，被那玉面公主弄傷了神思；怎麼自家的寶貝事情，也都忘了？——衹將左手大指頭捻着那柄兒上第七縷紅絲，念一聲『呬噓呵吸嘻吹呼』，即長一丈二尺長短。這寶貝變化無窮！那怕他八萬里火焰，可一搧而消也。」

大聖聞言，切切記在心上。卻把扇兒也噙在口裏，把臉抹一抹，現了本象。厲聲高叫道：「羅剎女！你看看我可是你親老公！就把我纏了這許多醜勾當！不羞！不羞！」那女子一見是孫行者，慌得推倒桌席，跌落塵埃，羞愧無比，衹叫「氣殺我也！氣殺我也！」

這大聖，不管他死活，捽脫手，拽大步，徑出了芭蕉洞。正是無心貪美色，得意笑顏回。將身一縱，踏祥雲，跳上高山，將扇子吐出來，演演方法。將左手大指頭捻着那柄上第七縷紅絲，念了一聲「呬噓呵吸嘻吹呼」，果然長了有一丈二尺長短。拿在手中，仔細看了又看，比前番假的果是不同，衹見祥光幌幌，瑞氣紛紛，上有三十六縷紅絲，穿經度絡，表裏相聯。原來行者衹討了個長的方法，不曾討他個小的口訣，左右衹是那等長短。沒奈何，祇得搴在肩上，找舊路而回，不題。

卻說那牛魔王在碧波潭底與衆精散了筵席，出得門來，不見了辟水金睛獸。老龍王聚衆精問道：「是誰偷放牛爺的金睛獸也？」衆精跪下道：「沒人敢偷。我等俱在筵前供酒捧盤，供唱奏樂，更無一人在前。」老龍道：「家樂兒斷乎不敢，可曾有甚生人進來？」龍子、龍孫道：「適才安座之時，有個蟹精到此。那個便是生人。」牛王聞說，頓然省悟道：「不消講了！早間賢友着人邀我時，有個孫悟空保唐僧取經，路遇火焰山難過，曾問我求借芭蕉扇。我不曾與他，他和我賭鬥一場，未分勝負，我卻丟了他，徑赴盛會。那猴子千般伶俐，萬樣機關，斷乎是那廝變作蟹精，來此打探消息，偷了我獸，去山妻處騙了那一把芭蕉扇兒也！」衆精見說，一個個膽戰心驚，問道：「可是那大鬧天宮的孫悟空麼？」牛王道：「正是。列公若在西天路上，有不是處，切要躲避他些兒。」老龍道：「似這般說，大王的駿騎，卻如之何？」牛王笑道：「不妨，不妨。列公各散，等我趕他去來。」

遂而分開水路，跳出潭底，駕黃雲，徑至翠雲山芭蕉洞。祇聽得羅剎女跌腳捶胸，大呼小叫。推開門，又見辟水金睛獸拴在下邊，牛王高叫：「夫人，孫悟空那廂去了？」衆女童看見牛魔，一齊跪下道：「爺爺來了？」羅剎女扯住牛王，磕頭撞腦，口裏罵道：「潑老天殺的！怎樣這般不謹慎，着那猢猻偷了金睛獸，變作你的模樣，到此騙我！」牛王切齒道：「猢猻那廂去了？」羅剎捶着胸膛罵道：「那潑猴賺了我的寶貝，現出原身走了！氣殺我也！」牛王道：「夫人保重，勿得心焦。等我趕上猢猻，奪了寶貝，剝了他皮，銼碎他骨，擺出他的心肝，與你出氣！」叫：「拿兵器來！」女童道：「爺爺的兵器，不在這裏。」牛王道：「拿你奶奶的兵器來罷！」侍婢將兩把青鋒寶劍捧出。牛王脫了那赴宴的鴉青絨襖，束一束貼身的小衣，雙手綽劍，走出芭蕉洞，徑奔火焰山上趕來。

牛魔王趕上孫大聖，衹見他肩膊上掮着那柄芭蕉扇，怡顏悦色而行。魔王大驚道：「猢猻原來把運用的方法兒也叨餂得來了。我若當面問他索取，他定然不與。倘若搧我一搧，要去十萬八千里遠，卻不遂了他意？我聞得唐僧在那大路上等候。他二徒弟猪精，三徒弟沙流精，我當年做妖怪時，也曾會他。且變作猪精的模樣，返騙他一場。料猢猻以得意爲喜，必不詳細堤防。」好魔王，他也有七十二變，武藝也與大聖一般，衹是身子狼犺些，欠鑽疾，不活達些；把寶劍藏了，念個咒語，搖身一變，卽變作八戒一般嘴臉，抄下路，當面迎着大聖，叫道：「師兄，我來也！」

這大聖果然歡喜。古人云：「得勝的猫兒歡似虎」也，衹倚着强能，更不察來人的意思。見是個八戒的模樣，便就叫道：「兄弟，你往那裏去？」牛魔王綽着經兒道：「師父見你許久不回，恐牛魔王手段大，你鬥他不過，難得他的寶貝，教我來迎你的。」行者笑道：「不必費心，我已得了手了。」牛王又問道：「你怎麼得的？」行者道：「那老牛與我戰經百十合，不分勝負。他就撇了我，去那亂山碧波潭底，與一伙蛟精、龍精飲酒。是我暗跟他去，變作個螃蟹，偷了他所騎的辟水金睛獸，變了老牛的模樣，徑至芭蕉洞哄那羅刹女。那女子與老孫結了一場乾夫妻，是老孫設法騙將來的。」牛王道：「卻是生受了。哥哥勞碌太甚，可把扇子我拿。」孫大聖那知真假，也慮不及此，遂將扇子遞與他。

原來那牛王，他知那扇子收放的根本；接過手，不知捻個甚麼訣兒，依然小似一片杏葉，現出本象。開言罵道：「潑猢猻，認得我麽？」行者見了，心中自悔道：「是我的不是了！」恨了一聲，跌足高呼道：「咦！逐年家打雁，今卻被小雁兒鵮了眼睛。」狠得他爆躁如雷，掣鐵棒，劈頭便打，那魔王就使扇子搧他一下；不知那大聖先前變蟭蟟蟲入羅刹女腹中之時，將定風丹噙在口裏，不覺的咽下肚裏，所以五臟皆牢，皮骨皆固；憑他怎麼搧，再也搧他不動。牛王慌了，把寶貝丟入口中，雙手輪劍就砍。那兩個在那半空中這一場好殺：

齊天孫大聖，混世潑牛王，祇爲芭蕉扇，相逢各騁强。粗心大聖將人騙，大膽牛王把扇誆。這一個，金箍棒起無情義；那一個，雙刃青鋒有智量。大聖施威噴彩霧，牛王放潑吐毫光。齊鬥勇，兩不良，咬牙銼齒氣昂昂。播土揚塵天地暗，飛砂走石鬼神藏。這個說：「你敢無知返騙我！」那個說：「我妻許你共相將！」言村語潑，性烈情剛。那個說：「你哄人妻女真該死！告到官司有罪殃！」伶俐的齊天聖，兇頑的大力王，一心祇要殺，更不待商量。棒打劍迎齊努力，有些松慢見閻王。

且不說他兩個相鬥難分。卻表唐僧坐在途中，一則火氣蒸人，二來心焦口渴，對火焰山土地道：「敢問尊神，那牛魔王法力如何？」土地道：「那牛王神通不小，法力無邊，正是孫大聖的敵手。」三藏道：「悟空是個會走路的，往常家二千里路，一霎時便回，怎麼如今去了一日？斷是與那牛王賭鬥。」叫：「悟能，悟淨！你兩個，那一個去迎你師兄一迎？倘或遇敵，就當用力相助，求得扇子來，解我煩躁，早早過山，趕路去也。」八戒道：「今日天晚，我想着要去接他，但只是不認得積雷山路。」土地道：「小神認得。且教卷簾將軍與你師父做伴，我與你去來。」三藏大喜道：「有勞尊神，功成再謝。」

那八戒抖擻精神，束一束皂錦直裰，搴着鈀，即與土地縱起雲霧，徑回東方而去。正行時，忽聽得喊殺聲高，狂風滾滾。八戒按住雲頭看時，原來孫行者與牛王廝殺哩。土地道：「天蓬還不上前怎的？」獃子掣釘鈀，厲聲高叫道：「師兄，我來也！」行者恨道：「你這夯貨，誤了我多少大事！」八戒道：「師父教我來迎你，因認不得山路，商議良久，教土地引我，故此來遲；如何誤了大事？」行者道：「不是怪你來遲。這潑牛十分無禮！我向羅刹處弄得扇子來，卻被這廝變作你的模樣，口稱迎我，我一時歡悅，轉把扇子遞在他手，他卻現了本象，與老孫在此比并，所以誤了大事也。」八戒聞言大怒。舉釘鈀，當面罵道：「我把你這血皮脹的遭瘟！你怎敢變作你祖宗的模樣，騙我師兄，使我兄弟不睦！」你看他沒頭沒臉的使釘鈀亂築。那牛王，一則是與行者鬥了一日，力倦神疲；二則是見八戒的釘鈀兇猛，遮架不住，敗陣就走。祗見那火焰山土地，帥領陰兵，當面擋住道：「大力王，且住手。唐三藏西天取經，無神不保，無天不佑，三界通知，十方擁護。快將芭蕉扇來搧息火焰，教他無災無障，早過山去；不然，上天責你罪愆，定遭誅也。」牛王道：「你這土地，全不察理！那潑猴奪我子，欺我妾，騙我妻，番番無道，我恨不得囫圇吞他下肚，化作大便喂狗，怎麼肯將寶貝借他！」

說不了，八戒趕上罵道：「我把你個結心癀！快拿出扇來，饒你性命！」那牛王祗得回頭，使寶劍又戰八戒。孫大聖舉棒相幫。這一場在那裏好殺：

成精豕，作怪牛，兼上偷天得道猴。禪性自來能戰煉，必當用土合元由。釘鈀九齒尖還利，寶劍雙鋒快更柔。鐵棒卷舒爲主仗，土神助力結丹頭。三家刑克相爭競，各展雄才要運籌。捉牛耕地金錢長，喚豕歸爐木氣收。心不在焉何作道，神常守舍要拴猴。胡亂嚷，苦相求，三般兵刃響搜搜。鈀築劍傷無好意，金箍棒起有因由。祗殺得星不光兮月不皎，一天寒霧黑悠悠！

那魔王奮勇爭强，且行且鬥，鬥了一夜，不分上下，早又天明。前面是他的積雷山摩雲洞口，他三個與土地、陰兵，又喧嘩振耳，驚動那玉面公主，喚丫鬟看是那裏人嚷。祗見守門小妖來報：「是我家爺爺與昨日那雷公嘴漢子并一個長嘴大耳的和尚同火焰山土地等衆廝殺哩！」玉面公主聽言，卽命外護的大小頭目，各執槍刀助力。前後點起七長八短，有百十餘口。一個個賣弄精神，拈槍弄棒，齊告：「大王爺爺，我等奉奶奶內旨，特來助力也！」牛王大喜道：「來得好！來得好！」衆妖一齊上前亂砍。八戒措手不及，倒拽着鈀，敗陣而走。大聖縱筋斗雲，跳出重圍。衆陰兵亦四散奔走。老牛得勝，聚衆妖歸洞，緊閉了洞門不題。

行者道：「這廝驍勇！自昨日申時前後，與老孫戰起，直到今夜，未定輸贏，卻得你兩個來接力。如此苦鬥半日一夜，他更不見勞困。才這一伙小妖，卻又莽壯。他將洞門緊閉不出，如之奈何？」八戒道：「哥哥，你昨日巳時離了師父，怎麼到申時才與他鬥起？你那兩三個時辰，在那裏的？」行者道：「別你後，頃刻就到這座山上，見一個女子，問訊，原來就是他愛妾玉面公主。被我使鐵棒唬他一唬，他就跑進洞，叫出那牛王來。與老孫劖言劖語，嚷了一會，又與他交手，鬥了有一個時辰。正打處，有人請他赴宴去了。是我跟他到那亂石山碧波潭底，變作一個螃蟹，探了消息，偷了他辟水金睛獸，假變牛王模樣，復至翠雲山芭蕉洞，騙了羅刹女，哄得他扇子。出門試演試演方法，把扇子弄長了，祇是不會收小。正掮了走處，被他假變做你的嘴臉，返騙了去。故此耽擱兩三個時辰也。」

八戒道：「這正是俗語云：『大海裏翻了豆腐船，湯裏來，水裏去。』如今難得他扇子，如何保得師父過山？且回去，轉路走他娘罷！」土地道：「大聖休焦惱，天蓬莫懈怠。但說轉路，就是入了傍門，不成個修行之類，古語云：『行不由徑』，豈可轉走？你那師父，在正路上坐着，眼巴巴祇望你們成功哩！」行者發狠道：「正是，正是！獃子莫要胡談！土地說得有理。我們正要與他：

　　賭輸贏，弄手段，等我施爲地煞變。自到西方無對頭，牛王本是心猿變。今番正好會源流，斷要相持借寶扇。趁清涼，息火焰，打破頑空參佛面。行滿超升極樂天，大家同赴龍華宴！」

那八戒聽言，便生努力。殷勤道：

「是，是，是！去，去，去！管甚牛王會不會，木生在亥配爲猪，牽轉牛兒歸土類。申下生金本是猴，無刑無克多和氣。用芭蕉，爲水意，焰火消除成既濟。晝夜休離苦盡功，功完趕赴『盂蘭會』。」

他兩個領着土地、陰兵一齊上前，使釘鈀，輪鐵棒，乒乒乓乓，把一座摩雲洞的前門，打得粉碎。唬得那外護頭目，戰戰兢兢，闖入裏邊報道：「大王！孫悟空率衆打破前門也！」那牛王正與玉面公主備言其事，懊恨孫行者哩。聽説打破前門，十分發怒，急披掛，拿了鐵棍，從裏邊駡出來道：「潑猢猻！你是多大個人兒，敢這等上門撒潑，打破我門扇？」八戒近前亂駡道：「潑老剝皮！你是個甚樣人物，敢量那個大小！不要走！看鈀！」，牛王喝道：「你這個嚷糟食的夯貨，不見怎的！快叫那猴兒上來！」行者道：「不知好歹的餉草！我昨日還與你論兄弟，今日就是仇人了！仔細吃吾一棒！」那牛王奮勇而迎。這場比前番更勝。三個英雄，廝混在一處。好殺：

釘鈀鐵棒逞神威，同帥陰兵戰老犧。犧牲獨展兇强性，遍滿同天法力恢。使鈀築，着棍擂，鐵棒英雄又出奇。三般兵器叮噹響，隔架遮攔誰讓誰？他道他爲首，我道我奪魁。土兵爲證難分解，木土相煎上下隨。這兩個説：「你如何不借芭蕉扇！」那一個道：「你焉敢欺心騙我妻！趕妾害兒仇未報，敲門打戶又驚疑！」這個説：「你仔細提防如意棒，擦着些兒就破皮！」那個説：「好生躲避鈀頭齒，一傷九孔血淋漓！」牛魔不怕施威猛，鐵棍高擎有見機。翻雲覆雨隨來往，吐霧噴風任發揮。恨苦這場都拚命，各懷惡念喜相持。丟架手，讓高低，前迎後擋總無虧。

兄弟二人齊努力，單身一棍獨施爲。卯時戰到辰時後，戰罷牛魔束手回。

他三個捨死忘生，又鬥有百十餘合。八戒發起獃性，仗着行者神通，舉鈀亂築。牛王遮架不住，敗陣回頭，就奔洞門。卻被土地、陰兵攔住洞門，喝道：「大力王，那裏走！吾等在此！」那老牛不得進洞，急抽身，又見八戒、行者趕來，慌得卸了盔甲，丟了鐵棍，搖身一變，變做一隻天鵝，望空飛走。

行者看見，笑道：「八戒！老牛去了。」那獃子漠然不知，土地亦不能曉，一個個東張西覷，衹在積雷山前後亂找。行者指道：「那空中飛的不是？」八戒道：「那是一隻天鵝」。行者道：「正是老牛變的。」土地道：「既如此，卻怎生麽？」行者道：「你兩個打進此門，把羣妖盡情剿除，拆了他的窩巢，絕了他的歸路，等老孫與他賭變化去。」那八戒與土地，依言攻破洞門不題。

這大聖收了金箍棒，捻訣念咒，搖身一變，變作一個海東青，颼的一翅，鑽在雲眼裏，倒飛下來，落在天鵝身上，抱住頸項嗛眼。那牛王也知是孫行者變化，急忙抖抖翅，變作一隻黃鷹，返來嗛海東青。行者又變作一個烏鳳，專一趕黃鷹。牛王識得，又變作一隻白鶴，長唳一聲，向南飛去。行者立定，抖抖翎毛，又變作一隻丹鳳，高鳴一聲。那白鶴見鳳是鳥王，諸禽不敢妄動，刷的一翅，淬下山崖，將身一變，變作一隻香獐，乜乜些些，在崖前吃草。行者認得，也就落下翅來，變作一隻餓虎，剪尾跑蹄，要來趕獐作食。魔王慌了手腳，又變作一隻金錢花斑的大豹，要傷餓虎。行者見了，迎着風，把頭一幌，又變作一隻金眼狻猊，聲如霹靂，鐵額銅頭，復轉身要食大豹。牛王着了急，又變作一個人熊，放開腳，就來擒那狻猊。行者打個滾，就變作一隻賴象，鼻似長蛇，牙如竹筍，撒開鼻子，要去卷那人熊。

牛王嘻嘻的笑了一笑，現出原身——一隻大白牛。頭如峻嶺，眼若閃光。兩隻角，似兩座鐵塔。牙排利刃。連頭至尾，有千餘丈長短；自蹄至背，有八百丈高下。——對行者高叫道：「潑猢猻！你如今將奈我何？」行者也就現了原身，抽出金箍棒來，把腰一躬，喝聲叫「長！」長得身高萬丈，頭如泰山，眼如日月，口似血池，牙似門扇，手執一條鐵棒，着頭就打。那牛王硬着頭，使角來觸。這一場，真個是撼嶺搖山，驚天動地！有詩爲證。詩曰：

道高一尺魔千丈，奇巧心猿用力降。若得火山無烈焰，必須寶扇有清涼。黄婆矢志扶元老，木母留情掃蕩妖。和睦五行歸正果，煉魔滌垢上西方。

他兩個大展神通，在半山中賭鬥，驚得那過往虛空，一切神衆與金頭揭諦、六甲六丁、一十八位護教伽藍都來圍困魔王。那魔王公然不懼，你看他東一頭，西一頭，直挺挺，光耀耀的兩隻鐵角，往來抵觸；南一撞，北一撞，毛森森，筋暴暴的一條硬尾，左右敲搖。孫大聖當面迎，衆多神四面打，牛王急了，就地一滚，復本象，便投芭蕉洞去。行者也收了法象，與衆多神隨後追襲。那魔王闖入洞裏，閉門不出。衆神把一座翠雲山圍得水泄不通。

正都上門攻打，忽聽得八戒與土地、陰兵嚷嚷而至。行者見了，問曰：「那摩雲洞事體如何？」八戒笑道：「那老牛的娘子，被我一鈀築死，剝開衣看，原來是個玉面狸精。那伙羣妖，俱是些驢、騾、犢、特、獾、狐、狢、獐、羊、虎、麋、鹿等類。已此盡皆剿戮，又將他洞府房廊放火燒了。土地説他還有一處家小，住居此山，故又來這裏掃蕩也。」行者道：「賢弟有功。可喜！可喜！老孫空與那老牛賭變化，未曾得勝。他變做無大不大的白牛，我變了法天象地的身量。正和他抵觸之間，幸蒙諸神下降。圍困多時，他卻復原身，走進洞去矣。」八戒道：「那可是芭蕉洞麼？」行者道：「正是！正是！羅刹女正在此間。」八戒發狠道：「既是這般，怎麼不打進去，剿除那廝，問他要扇子，倒讓他停留長智，兩口兒敍情！」

好獃子，抖擻威風，舉鈀照門一築，忽辣的一聲，將那石崖連門築倒了一邊。慌得那女童忙報：「爺爺！不知甚人把前門都打壞了！」牛王方跑進去，喘噓噓的，正告訴羅刹女與孫行者奪扇子賭鬥之事，聞報，心中大怒。將口中吐出扇子，遞與羅刹女。羅刹女接扇在手，滿眼垂淚道：「大王！把這扇子送與那猢猻，教他退兵去罷。」牛王道：「夫人啊，物雖小而恨則深。你且坐着，等我再和他比并去來。」那魔重整披掛，又選兩口寶劍，走出門來。正遇着八戒使鈀築門，老牛更不打話，掣劍劈臉便砍。八戒舉鈀迎着，向後倒退了幾步，出門來，早有大聖輪棒當頭。那牛魔即駕狂風，跳離洞府，又都在那翠雲山上相持。衆多神四面圍繞，土地兵左右攻擊。這一場，又好殺哩：

雲迷世界，霧罩乾坤。颯颯陰風砂石滾，巍巍怒氣海波渾。重磨劍二口，復掛甲全身。結寃深似海，懷恨越生嗔。你看齊天大聖因功績，不講當年老故人。八戒施威求扇子，衆神護法捉牛君。牛王雙手無停息，左遮右擋弄精神。祇殺得那過鳥難飛皆斂翅，游魚不躍盡潛鱗；鬼泣神嚎天地暗，龍愁虎怕日光昏！

那牛王拚命捐軀，鬥經五十餘合，抵敵不住，敗了陣，往北就走。早有五臺山秘魔巖神通廣大潑法金剛阻住，道：「牛魔，你往那裏去！我等乃釋迦牟尼佛祖差來，布列天羅地網，至此擒汝也！」正說間，隨後有大聖、八戒、衆神趕來。那魔王慌轉身向南走；又撞着峨眉山清涼洞法力無量勝至金剛擋住，喝道：「吾奉佛旨在此，正要拿住你也。」牛王心慌腳軟，急抽身往東便走；卻逢着須彌山摩耳崖毗盧沙門大力金剛迎住道：「你老牛何往！我蒙如來密令，教來捕獲你也！」牛王又悚然而退，向西就走；又遇着昆侖山金霞嶺不壞尊王永住金剛敵住，喝道：「這廝又將安走！我領西天大雷音寺佛老親言，在此把截，誰放你也！」那老牛心驚膽戰，悔之不及。見那四面八方都是佛兵天將，真個似羅網高張，不能脫命。正在倉惶之際，又聞得行者帥衆趕來，他就駕雲頭，望上便走。

卻好有托塔李天王并哪吒太子，領魚肚藥叉、巨靈神將，幔住空中，叫道：「慢來！慢來！吾奉玉帝旨意，特來此剿除你也！」牛王急了，依前搖身一變，還變做一隻大白牛，使兩隻鐵角去觸天王。天王使刀來砍。隨後孫行者又到。哪吒太子厲聲高叫：「大聖，衣甲在身，不能爲禮。愚父子昨日見佛如來，發檄奏聞玉帝，言唐僧路阻火焰山，孫大聖難伏牛魔王，玉帝傳旨，特差我父王領衆助力。」行者道：「這廝神通不小！又變作這等身軀，卻怎奈何？」太子笑道：「大聖勿疑，你看我擒他。」

這太子卽喝一聲「變！」變得三頭六臂，飛身跳在牛王背上，使斬妖劍望頸項上一揮，不覺得把個牛頭斬下。天王收刀，卻才與行者相見。那牛王腔子裏又鑽出一個頭來，口吐黑氣，眼放金光。被哪吒又砍一劍，頭落處，又鑽出一個頭來。一連砍了十數劍，隨卽長出十數個頭。哪吒取出火輪兒掛在那老牛的角上，便吹真火，焰焰烘烘，把牛王燒得張狂哮吼，搖頭擺尾。才要變化脫身，又被托塔天王將照妖鏡照住本象，騰那不動，無計逃生，衹叫：「莫傷我命！情願歸順佛家也！」哪吒道：「既惜身命，快拿扇子出來！」牛王道：「扇子在我山妻處收着哩。」

哪吒見說，將縛妖索子解下，跨在他那頸項上，一把拿住鼻頭，將索穿在鼻孔裏，用手牽來。孫行者卻會聚了四大金剛、六丁六甲、護教伽藍、托塔天王、巨靈神將并八戒、土地、陰兵，簇擁着白牛，回至芭蕉洞口。老牛叫道：「夫人，將扇子出來，救我性命！」羅剎聽叫，急卸了釵環，脫了色服，挽青絲如道姑，穿縞素似比丘，雙手捧那柄丈二長短的芭蕉扇子，走出門；又見有金剛衆聖與天王父子，慌忙跪在地下，磕頭禮拜道：「望菩薩饒我夫妻之命，願將此扇奉承孫叔叔成功去也！」行者近前按了扇，同大衆共駕祥雲，徑回東路。

卻說那三藏與沙僧，立一會，坐一會，盼望行者，許久不回，何等憂慮！忽見祥雲滿空，瑞光滿地，飄飄颻颻，蓋衆神行將近，這長老害怕道：「悟淨！那壁廂是誰神兵來也？」沙僧認得道：「師父啊，那是四大金剛、金頭揭諦、六甲六丁、護教伽藍與過往衆神。牽牛的是哪吒三太子。拿鏡的是托塔李天王。大師兄執着芭蕉扇，二師兄并土地隨後，其餘的都是護衛神兵。」三藏聽說，換了毗盧帽，穿了袈裟，與悟淨拜迎衆聖，稱謝道：「我弟子有何德能，敢勞列位尊聖臨凡也！」四大金剛道：「聖僧喜了，十分功行將完！吾等奉佛旨差來助汝，汝當竭力修持，勿得須臾怠惰。」三藏叩齒叩頭，受身受命。

孫大聖執着扇子，行近山邊，盡氣力揮了一扇，那火焰山平平息焰，寂寂除光；行者喜喜歡歡，又搧一扇，祇聞得習習瀟瀟，清風微動；第三扇，滿天雲漠漠，細雨落霏霏。有詩爲證。詩曰：

火焰山遙八百程，火光大地有聲名。火煎五漏丹難熟，火燎三關道不清。時借芭蕉施雨露，幸蒙天將助神功。牽牛歸佛休頑劣，水火相聯性自平。

此時三藏解燥除煩，清心了意。四衆皈依，謝了金剛，各轉寶山。六丁六甲，升空保護。過往神祇四散。天王、太子，牽牛徑歸佛地回繳。止有本山土地，押着羅刹女，在旁伺候。

行者道：「那羅刹，你不走路，還立在此等甚？」羅刹跪道：「萬望大聖垂慈，將扇子還了我罷。」八戒喝道：「潑賤人，不知高低！饒了你的性命，就彀了，還要討甚麽扇子，我們拿過山去，不會賣錢買點心吃？費了這許多精神力氣，又肯與你！雨濛濛的，還不回去哩！」羅刹再拜道：「大聖原說搧息了火還我。今此一場，誠悔之晚矣。

祇因不倜儻，致令勞師動衆。我等也修成人道，祇是未歸正果。見今真身現象歸西，我再不敢妄作。願賜本扇，從立自新，修身養命去也。」土地道：「大聖！趁此女深知息火之法，斷絕火根，還他扇子，小神居此苟安，拯救這方生民，求些血食，誠爲恩便。」行者道：「我當時問着鄉人說：『這山搧息火，祇收得一年五穀，便又火發。』如何治得除根？」羅刹道：「要是斷絕火根，祇消連扇四十九扇，永遠再不發了。」

行者聞言，執扇子，使盡筋力，望山頭連扇四十九扇，那山上大雨淙淙。果然是寶貝：有火處下雨，無火處天晴。他師徒們立在這無火處，不遭雨濕。坐了一夜，次早才收拾馬匹、行李，把扇子還了羅刹。又道：「老孫若不與你，恐人說我言而無信。你將扇子回山，再休生事。看你得了人身，饒你去罷！」那羅刹按了扇子，念個咒語，捏做個杏葉兒，噙在口裏。拜謝了衆聖，隱姓修行。後來也得了正果，經藏中萬古流名。羅刹、土地，俱感激謝恩，隨後相送。行者、八戒、沙僧，保着三藏遂此前進，真個是身體清涼，足下滋潤。誠所謂：坎離既濟真元合，水火均平大道成。

（節自《西遊記》第五十九、六十、六十一回）

《過火焰山》是百回本《西遊記》中一個精彩的故事。它包括了三回，即第五十九回《唐三藏路阻火焰山，孫行者一調芭蕉扇》，第六十回《牛魔王罷戰赴華宴，孫行者二調芭蕉扇》和第六十一回《猪八戒助力敗魔王，孫行者三調芭蕉扇》。人們都爲它生動有趣的情節所吸引。它和《大鬧天宮》一樣家喻戶曉。

在吳承恩的百回本《西遊記》之前，民間早已有唐僧取經的故事在流傳，並且出現了《西遊記雜劇》和《西遊記平話》，吳承恩正是在這個基礎之上來進行他的文學創作的。《西遊記雜劇》爲元末明初人楊景賢所着，共有六本二十四齣，規模相當大。其第五本中有三齣演《過火焰山》故事，即第十八齣《迷路問細》，第十九齣《鐵扇兇威》和第二十齣《水部滅火》。《西遊記平話》今不傳，祇在《永樂大典》中保存有《夢斬涇河龍》片段，比百回本中的描寫簡單。古代朝鮮的漢語教科書《朴通事諺解》中有八條有關《西遊記平話》的註，其中說：「今按法師往西天時，初到師陀國界遇猛虎毒蛇之害，次遇黑熊精、黄風怪、地湧夫人、蜘蛛精、獅子怪、多目怪、紅孩兒怪，幾死僅免；又過棘鈎洞、火炎山、薄屎洞、女人國及諸惡山險水，怪害患苦，不知其幾。此所謂刁蹶也。詳見《西遊記》。」並有一段《車遲國鬥聖》的轉述，其中的妖怪一方是伯眼大仙及其徒弟鹿皮，和百回本《西遊記》不同（百回本中妖怪一方是虎力大仙、鹿力大仙與羊力大仙）。按「炎」與「焰」通，故「火炎山」即「火焰山」。由此可見，《過火焰山》這個故事在《西遊記雜劇》和《西遊記平話》裏面都已經有了，吳承恩在創作時確是有所依據。

我們看百回本《西遊記》中的《過火焰山》並非簡單地沿襲雜劇和平話，而是有着巨大的發展，作者對情節和人物都作了創造性的提煉和加工。《過火焰山》之寫得如此有聲有色，爲人民大衆所喜愛，終於通過百回本而完全定型下來，應該歸功於偉大的作家吳承恩。他吸收了傳統中的一些好東西，又能充分發揮自己的創造性，才使得原來的故事放出異彩，面貌煥然一新。

一　從「鐵扇子」談起

吳承恩在處理《過火焰山》的情節時，作了一些大的變動。有件不大爲人所注意到的事，卽他把原來故事中的「鐵扇子」改成了「芭蕉扇」。細心的讀者會發現一個問題：鐵扇公主顧名思義應該拿鐵扇才對，爲什麽她竟拿一把芭蕉扇呢？拿芭蕉扇當然也未嘗不可，爲什麽她不叫蕉扇公主或芭蕉公主呢？

這個問題提得一點也不奇怪，因爲無論在雜劇還是平話中，鐵扇公主並沒有什麽芭蕉扇，她衹有鐵扇。《西遊記雜劇》第十八齣《迷路問仙》中，一位採藥仙人向唐僧師徒四衆指點前方去路，説道：「俺此間不五百里，有一山，名曰火焰山。山東邊有一女子，名曰鐵扇公主。她住的山，名曰鐵鎈峯。使一柄鐵扇子，重一千餘斤。上有二十四骨，按一年二十四氣。一搧起風，二搧下雨，三搧火卽滅，方可以過。」

第十九齣《鐵扇兇威》中，鐵扇公主誇耀她那柄鐵扇：「這扇子六丁神巧鑄成，五道神細打磨，閻浮間

西遊記・過火焰山

並無二個。上秤稱一千斤猶有餘多。管二十四氣風，吹滅八十一洞火。火焰山神見咱也膽破。」

《西遊記平話》雖未流傳下來，無法得知其中《過火焰山》的詳細內容。但從《銷釋眞空寶卷》裏可以找到一點綫索。據已故學者趙景深先生的考證，這個寶卷所記載的唐僧取經故事是出於《西遊記平話》。寶卷裏說：

「正遇着，火焰山，黑松林過；見妖精，和鬼怪，魍魎成羣。羅刹女，鐵扇子，降下甘露；流沙河，紅孩兒，地勇（涌）夫人。牛魔王，蜘蛛精，設（攝）入洞去；南海里，觀世音，救出唐僧。」

這裏也明說是「鐵扇子」，而不是「芭蕉扇」。至於把鐵扇公主稱作羅刹女，因爲羅刹女乃是鐵扇公主的別名，百回本中也有這樣稱法。寶卷的「三、三、四」句法，要求主語一般是三個字。

還可以找到一個旁證。署名余象斗編的《南遊志傳》（又名《五顯靈官大帝華光天王傳》），其中也有鐵扇公主。這個鐵扇公主乃是玉環聖母的女兒，與華光交戰，被華光擒獲爲妻。她的兵器就是一把鐵扇。據謝肇淛《五雜俎》的記載，明代萬曆年間就已有「華光小說」。估計它的出現還可能早一些，余象斗是根據舊本改編。由於華光故事本盛傳於民間，鐵扇公主很有可能由傳說而來。無論是採自傳說，還是作者虛構，都反映了一個事實：在一般人心目中，「鐵扇公主」是和「鐵扇」連繫在一起的，而《南遊志傳》作者也接受了這個觀念。

從以上一些證據看來，把「鐵扇子」改成「芭蕉扇」，的確是吳承恩的獨特構思。他這樣作，顯然不是隨隨便便更動一下「道具」，而是經過縝密考慮之後的精心處理。衹要看一看他所擬定的回目，其中有「一調芭蕉扇」、「二調芭蕉扇」、「三調芭蕉扇」的字樣，便可以知道他是如何重視「芭蕉扇」了。

芭蕉扇是重要的情節因素，整個《過火焰山》故事的情節正是圍繞着「三調芭蕉扇」而展開的。吳承恩之所以要作這個關鍵性的變動，又是由他對整個故事的構思所決定。因此我們要首先考察作者在故事中對矛盾的處理，對矛盾雙方力量的配置，然後才能了解這一變動的意義及其作用，才能解答本節開始所提出的關於「芭蕉扇」的問題。

二　兩種矛盾

唐僧取經在西天路上經歷了重重困難，每一個困難都有它的特殊性。一部《西遊記》就以絕大篇幅來描述各種各樣的困難以及克服困難的過程。在《過火焰山》這個故事裏，自然界的大障礙物火焰山阻擋了西方的去路，唐僧師徒四人難以通過。他們要去取經，必須想辦法來克服這個困難。結果打聽到了鐵扇公主有一把扇子，能搧熄火焰山。孫悟空向鉄扇公主借扇，她不肯借，雙方發生了惡鬥。如何取得扇子，這是又一個困難。

我們知道，矛盾或衝突是構成作品情節的基礎。從這個角度來看，《過火焰山》的故事包含了兩種性質不同的矛盾。一種是取經人和自然天險的矛盾，唐僧師徒四人面對的敵人是自然界。另一種是取經人和妖魔的矛盾。唐僧師徒四人面對的敵人是鐵扇公主（百回本中還有她的丈夫牛魔王）。這兩種矛盾互相關聯。

《西遊記雜劇》雖也寫了兩種矛盾，事實上是以前一種矛盾爲主，而後一種矛盾被放在次要地位。孫悟空和鐵扇公主交鋒，鐵扇公主將他打敗，一扇子搧得他滴溜溜半空中轉。孫悟空借不到扇子，便轉而求告觀世音，請來雷公、電母、雨師、風伯，降了一場傾盆大雨，潑熄了火焰山，唐僧師徒才安然過去。鐵扇公主這一線索僅爲了情節上的過渡，在整個故事之中衹能算是一個插曲。過火焰山並不依靠鐵扇子，而是靠神仙降雨。在雜劇作者看來，以水攻火，這是解決自然矛盾的最好辦法，所以專門用了一場來描寫「水部滅火」。

其實，這種處理方式比較簡單，它在很大程度上削弱了劇中的衝突。由於片面強調自然矛盾而過分忽視了取經人和妖魔之間的矛盾，孫悟空在解決矛盾的過程中很難發揮作用，他幾乎喪失了英雄用武之地。要不去求告觀世音，除非他自己能降雨滅火，可是這樣一來，故事就會在開始的時候宣告結束，劇中衝突發展不下去了。作者力圖以水部諸神呼風喚雨的辦法來幫助唐僧脫離這一難，便衹能讓鐵扇公主戰勝孫悟空，斷絕他借扇子的癡心妄想。像雜劇這樣處理，大大損傷了孫悟空這一英雄人物的形象，和他的鬥爭性格很不符合。取經人和妖魔之間的矛盾未見展開，可以說是不了了之。鐵扇公主這一線索在情節中顯得有些游離。

吳承恩在百回本《西遊記》中採取了完全不同的另一種處理方式。顯然他看出雜劇的處理有很大的缺點，才加以根本改造。他一方面固然也強調自然矛盾，極力渲染火焰山的可畏：「有八百里火焰，四周圍寸草不生。若過得山，就是銅腦蓋，鐵身軀，也要化成汁哩！」另一方面則把矛盾中心轉移到取經人和妖魔之間的矛盾上去，衹有解決了這個矛盾之後才能順利地解決自然矛盾。孫悟空要保唐僧過火焰山，必須戰勝鐵扇公主及牛魔王，取得那把扇子。鬥爭失敗了，必須再接再厲，直到獲得成功爲止。這樣的處理能夠使矛盾尖銳化起來，有利於正面展開對孫悟空鬥爭精神的描繪。雜劇是讓人物服從於作者主觀來構思情節，爲了情節上不出漏洞，不惜用損傷人物性格的辦法來彌縫，結果反而造成了更大的破綻。吳承恩在百回本中是讓情節的構思服從於人物的性格，爲了塑造人物的需要而選擇情節，所以情節與人物血肉相連。

看來，吳承恩是深深懂得組織情節的。他知道僅僅描繪自然矛盾，很難使故事展開。衹有強調取經人和妖魔之間的矛盾，表現雙方的鬥智鬥力，才能使情節保持緊張，引人入勝，而且容易寫得有聲有色。他在「有詩爲證」的那首詩裏，已對兩種矛盾的處理作了一番概括：

道高一尺魔千丈，奇巧心猿用力降。若得火山無烈焰，必須寶扇有清涼。

三　鐵扇公主和紅孩兒、牛魔王

矛盾中心已有了轉移，吳承恩必須對矛盾雙方的力量重新加以部署。取經人的一方不外乎師徒四人，問題較爲簡單。在取經故事中，唐僧照例是保護的對象，猪八戒和沙和尚衹能起助手的作用，主要靠孫悟空。過火焰山自然也不例外。妖魔的一方也必須旗鼓相當，是有智慧有能力的對手。由於雙方鬥爭是爲了一把扇子，孫悟空要借，妖魔不肯借，作者對妖魔的處理不能同於一般想吃唐僧肉的大大小小的妖怪。這個妖魔既然根本不想吃唐僧肉，她又爲什麽堅決不肯借扇呢？這一切都需要作者對妖魔的身分以及妖魔和孫悟空構釁的原因作出妥善的安排。

雜劇中的鐵扇公主實際上是一個叛逆的女神。她自述身世：「乃風部下祖師，但是風神皆屬我掌管。爲帶酒與王母相爭，反卻天宮，在此鐵銼山居住。」據採藥人講，她還沒有丈夫。牛魔王在雜劇裏連影子都沒有。紅孩兒雖然在第十二齣《鬼母皈依》上場，被佛祖扣在鉢盂裏，以致他的母親率領鬼兵來搶救，但他母親是鬼子母，並非鐵扇公主。兩個故事根本不相干。鐵扇公主之不肯借扇，是因爲孫悟空調戲她，一見面就叫她招他作女婿，說了好些無禮的話。從雜劇的描寫看來，鐵扇公主很能保持自己的尊嚴，容不得外人欺侮。孫悟空倒有些無賴氣。這樣的處理顯然美化了鐵扇公主，醜化了孫悟空，是非曲直有些混淆。

吳承恩毅然捨棄了這種處理方式。他面臨一個難題，必須重新論證鐵扇公主不肯借扇的原因。神魔小說固然可以高度發揮想象力，但它的情節還是要求有一定的合理性。吳承恩巧妙的把鐵扇公主的身分處理爲「牛魔王的妻，紅孩兒的母」，因爲要報「害子深仇」，才堅決不肯借扇。雜劇中本有《鬼母皈依》一齣，原本佛家內典：「九子母有十子，其一子在佛鉢中，百計求之，不得出。佛爲點化，乃皈依正果。」鬼子母爲了搶救其子紅孩兒，和佛祖作殊死的鬥爭，「則爲子母情腸，惡了那神佛面皮」。百回本《西遊記》把紅孩兒處理爲一個獨立的故事，依然保存紅孩兒僞裝迷路小兒騙唐僧發善心的情節，並且加以擴大和渲染，充分寫出這個妖精狡猾狠毒的面目。可是吳承恩卻刪去了鬼子母揭鉢的情節，把紅孩兒的母親說成是鐵扇公主，讓孫悟空在過火焰山時和她打交道，造成孫悟空的莫大困難。她和鬼子母一樣，也是受一種狹隘的母子感情所支配。在鐵扇公主身上可以看到鬼子母的影子。

《西遊記平話》裏有牛魔王，但他和百回本裏的牛魔王顯然是兩回事。據《銷釋眞空寶卷》，這個牛魔王曾把唐僧「攝入洞去」，後唐僧爲觀音設法解救。牛魔王的目的當然是想吃唐僧肉，他不過是一個吃人的妖怪而已。在寶卷上，「牛魔王」和「蜘蛛精」、「紅孩兒」、「地勇（涌）夫人」並列，和「羅剎女」不排在一起，可見他是一個獨立的故事的主角。據筆者估計，他大概相當於後來百回本中的金峴洞的兕大王或玄英洞的犀牛怪，這些妖精都曾把唐僧拿進洞去，要蒸要煮。吳承恩另外創造了一個牛魔王，他是孫悟空當年大鬧天宮時的結義弟兄。他的名子是從《平話》中借來的，他的身分卻和《雜劇》中的鐵扇公主有些類似。看來，吳承恩完全改變了雜劇中的鐵扇公主的面貌。而把她的叛逆者的身分轉移到牛魔王身上，讓牛魔王和她結成了夫婦。這樣一來，孫悟空便面對兩個強有力的敵手。

在吳承恩的筆下，他們的夫妻關係又是特殊的。牛魔王另寵新歡，迷上了千年狐狸精玉面公主，鐵扇公主過的是棄婦的生活。玉面公主一聽說鐵扇公主派人來請牛魔王，便破口大罵：「這賤婢，着實無知」，「還不識羞」。孫悟空正是利用了這種關係，變化爲牛魔王，以結髮之情來騙取扇子。鐵扇公主渴望着丈夫的回心轉意，講的話很淒慘：「大王，燕爾新婚，千萬莫忘結髮，且吃一杯鄉中之水。」她有兇狠的一面，又有軟弱的一面，寫得有性格。一些讀者對她多少有點同情，是因爲她被丈夫遺棄的處境可悲，而且最後願意交出扇子，並不頑抗到底。

四　神奇的芭蕉扇

吳承恩把鐵扇公主的身分處理爲「牛魔王的妻，紅孩兒的母」，就將《過火焰山》與前面的《紅孩兒》（第四十回《嬰兒戲化禪心亂，猿馬刀歸木母空》，第四十一回《心猿遭火敗，木母被魔擒》，第四十二回《大聖殷勤拜南海，觀音慈善縛紅孩》）及《過子母河》（第五十三回《禪主吞食懷鬼孕，黃婆運水解邪胎》），在情節上直接聯繫了起來。它們是三個連續性故事，事件的發展有着密切的關係。

在《紅孩兒》的故事中，作者就已經介紹了紅孩兒：「他是牛魔王的兒子，羅刹女養的。他曾在火焰山修行了三百年，煉成三昧眞火，卻也神通廣大。牛魔王使他來鎭守號山。」他使一柄火尖槍，並能口中噴火，鼻裏冒煙。孫悟空爲了對付他在火焰山煉成的三昧眞火，曾動員了四海龍王來行雨，「好一似火上加油，越潑越灼」，直燒得孫悟空「火氣攻心，三魂出舍」。後來請來觀音才制服了妖精。孫悟空要想從他媽媽手裏借扇子，當然是難上加難。顯然又不能用那行之無效的降雨的辦法來通過火焰山，衹有接受一場嚴峻的鬥爭。

作者爲了加強情節上的論證，還安排了一個《過子母河》的故事。唐僧和猪八戒因誤飲子母河裏的水而懷孕，須得落胎泉水才能解救（吳承恩筆下的子母河和落胎泉，顯然表達了古代人民的一種幻想。正是現實中有這樣兩種需要，有的人爲無子嗣而發愁，有的人卻爲生育太繁而痛苦）。佔據落胎泉的如意眞仙恰是牛魔王的兄弟，他「一聽得說個悟空名字，卻就怒從心上起，惡向膽邊生」。原來他已接到牛魔王來信，知道了紅孩兒的事，正要尋孫悟空報仇。一場惡鬥就此展開。這個故事告訴讀者，紅孩兒的事件並未結束。牛魔王兄弟的出場預兆着過火焰山必有一場更激烈的戰鬥。鐵扇公主和牛魔王決不肯善罷甘休。

過火焰山這場大戰的確不好寫。筆力稍爲薄弱，就不會使讀者信服，因爲前面《紅孩兒》和《過子母河》裏的戰鬥已寫得相當精彩。吳承恩克服了這個困難，他所使用的一個重要手法就是利用芭蕉扇來開展情節。有了一把芭蕉扇，雙方鬥爭的過程就寫得格外曲折，波瀾起伏，姿態橫生。

以「一調芭蕉扇」爲例。孫悟空被搧走之後，弄到了定風丹，破了扇子的兵器作用。他施巧計變作蟭蟟蟲兒，躲在茶沫之下，鉆進了鐵扇公主的肚子，強迫她交出芭蕉扇。卻不料鐵扇公主也頗有智謀，拿出一把假扇子，害得孫悟空過火焰山燒淨了兩股毫毛，狼狽退回。我們可以設想，如果是一柄由先天寶鐵鑄成的鐵扇，重有一千多斤，鐵扇公主如何能造假呢？那是不會使人信服的。

再看「二調芭蕉扇」。鐵扇公主把眞芭蕉扇藏在哪裏呢？原來它可以縮小如一個杏葉兒，噙在嘴裏。這是最安全的保藏辦法，孫悟空想偷很難。他祇有變作牛魔王，利用鐵扇公主複雜的感情，來騙取扇子。扇子到了手，他祇知道變大的咒語，而不知該如何縮小。他背了一把龐大無比的扇子，遠遠就被牛魔王看見，又從而騙走了。如果是一柄鐵扇，它如何能放在嘴裏呢？很難想象能有這麼多的轉折。

吳承恩用芭蕉扇代替了鐵扇子，其根本原因在於鐵扇子束縛了、限制了情節的展開，而芭蕉扇能對情節發展起到促進的作用。此外，作者還考慮到芭蕉扇更符合於人們日常生活中的觀念，刺激人們的想象。一把小小的芭蕉扇，能搧熄八百里的火焰山，它的神奇性更大些（這也反映了人們在過去對征服自然幻想）。從形象上來看，俊俏的鐵扇公主拿一把芭蕉扇也比較諧和。

由於鐵扇公主這個名字已流行，爲一般讀者所熟知，吳承恩在百回本中依然保留了它。同時，他也用了一些巧妙的辦法來掩蓋這個漏洞。他處處強調鐵扇公主有一把芭蕉扇，通過各種人物（如賣糕人、樵夫、靈吉、土地、孫悟空）的談話反覆指出這點。他還把鐵扇公主所住的洞府命名爲芭蕉洞，以與芭蕉扇相照應。《西遊記雜劇》中，鐵扇公主是住在鐵扇峯（這正照應鐵扇子），吳承恩爲了自己故事的需要，讓她搬了家。

百回本中有兩把芭蕉扇，一把是鐵扇公主所有，還有一把是平頂山的金角大王所有（見第三十五回《外道施威欺正性，心猿獲寶伏邪魔》）。吳承恩把它們寫得很有區別。金角大王的芭蕉扇能「平白地搧出火來」，而鐵扇公主的芭蕉扇卻是「一搧熄火，二搧生風，三搧下雨」，都各有妙處。比較起來，還是鐵扇公主的扇子寫得更爲出色。第一次交鋒，鐵扇公主衹拿它搧了一下，「那大聖飄飄蕩蕩，左沉不能落地，右墜不得存身。就如旋風翻敗葉，流水淌殘花。滾了一夜，直至天明，方才落在一座山上，雙手抱住一塊峯石。定性良久，仔細觀看，卻才認得是小須彌山。大聖長嘆一聲道：『好厲害婦人，怎麽就把老孫送到這裏來了！』」孫悟空在小須彌山找到靈吉菩薩，向他問個歸路。靈吉告訴他說：「假若扇着人，要飄八萬四千里，方息陰風。我這山到火焰山，衹有五萬餘里。此還是大聖有留雲之能，故止住了，若是凡人，正好不得住也。」這種充滿奇光異彩的描寫，表現了作者豐富的想象力。

五　三調芭蕉扇的鬥爭

孫悟空是這個故事的中心形象，作者正是通過「三調芭蕉扇」的鬥爭過程來刻畫他的性格。和雜劇的處理完全不一樣，孫悟空始終是站在有理的一方，和鐵扇公主及牛魔王鬥爭到底。儘管鬥爭中也有曲折、反覆，但是他從來不在敵人面前表示怯弱，他的威風總是壓倒敵人的氣焰。

我們知道，雜劇中的孫悟空調戲鐵扇公主，簡直是無理取鬧。百回本則不然，由於他和牛魔王當年曾有結義之誼，一開始他力求用好言好語來借扇子，見了女主人他彬彬有禮，口稱：「嫂嫂，老孫在此奉揖。」鐵扇公主和牛魔王問到紅孩兒的事，他一一解釋，指出紅孩兒不務正業，捉了唐僧，要蒸要煮，這才求了觀音，

西遊記·過火焰山

收他去作了善財童子，從此改邪歸正。祇是到了有理講不通、對方已經動武時，他才被迫還手，和他們進行堅決的鬥爭。事實上，他們已成爲過火焰山的嚴重障礙。孫悟空對牛魔王說得好：「哥要說打，弟也不懼！但求寶貝，是我眞心。」

雜劇中的孫悟空和鐵扇公主交鋒，一搧走之後就再也不敢找上門來。百回本則不然，孫悟空是鬥志昂揚，再接再厲。他被搧到小須彌山，得了定風丹，就「辭了靈吉，駕筋斗雲，逕返翠雲山，頃刻而至，使鐵棒打着洞門，叫道：『開門！開門！老孫來借扇子使使哩！』慌得那門裏女童即忙來報：『奶奶，借扇子的又來了！』羅刹聞言，心中悚懼」。一調不成繼之以二調，二調不成繼之以三調，最後殺得牛魔王走投無路，鐵扇公主滿眼垂淚，終於交出了芭蕉扇。

吳承恩除了表現孫悟空的勇敢堅韌，還着重表現了他的智慧。一調寫他變作一個蟭蟟蟲兒，從門縫中進來，正見鐵扇公主叫道：「渴了！渴了！快拿茶來！」便鑽在茶沫之下，趁機到了她的肚裏，強迫她交扇。二調寫他深入龍宮，靈機一動，乘牛魔王正在貪杯，把坐騎金睛獸盜走，變作牛魔王的模樣，去騙鐵扇公主。要不是這匹眞的金睛獸，鐵扇公主定會引起懷疑。此外，作者也寫了孫悟空由於一時麻痹大意而遭到挫折。他得到了芭蕉扇，高興忘形，喪失了應有的警惕，結果牛魔王裝作猪八戒，從他手中又輕易騙走了芭蕉扇。他跌足高呼：「咦！逐年家打雁，今卻被小雁兒鵮了眼睛！」

最後一場，雙方大賭變化，寫得相當生動。牛魔王變作天鵝、黃鷹、白鶴、香獐、大豹、人熊，孫悟空也相應地變作海東青、烏鳳、丹鳳、猛虎、狻猊、賴象。一物克一物，針鋒相對。最後，「牛王嘻嘻的笑了一聲，現出原身——一隻大白牛。頭如峻嶺，眼若閃光。兩隻角，似兩座鐵塔。牙排利刃。連頭至尾，有千餘丈長短。自蹄至背，有八百丈高下。對行者高叫道：『潑猢猻，你如今將奈我何？』孫悟空也就現了原身，抽出金箍棒來，把腰一躬，喝聲叫『長！』長得身高萬丈，頭如泰山，眼如日月，口似血池，牙似門扇，手執一條鐵棒，着頭就打！」頑強狡猾的敵人終於戰不過勇敢堅毅的孫悟空。吳承恩在描寫了這個場面之後，才寫諸神相助，牛魔王被擒，看來，他塑造孫悟空這個理想的英雄形象的目的已經達到了。

更有趣的是，如今在廣西莊族自治區西南部的靖西縣，有一個天然奇景叫「牛鳴石」。牛鳴石是一塊呈三角形的巨石，側伏在山坳上，遠看像一頭大灰牛似的。這塊巨石表面光滑，中間和底部天然形成許多大小不一的洞孔。每當風來時，那塊石頭就會發出一陣陣「哞，哞……」的牛鳴聲，從而引起羣山的共鳴，非常動聽。相傳這裏曾是牛魔王伏罪之地。從孫悟空調走芭蕉扇之後，牛魔王爲了表示服罪，便橫臥在這座山坳裏，每日鳴叫三百遍。這就是民間傳說中牛魔王的下場。

（陳毓羆）

李瓶兒招贅

蘭陵笑笑生

記得書齋乍會時，雲蹤雨跡少人知。晚來鸞鳳棲雙枕，剔盡銀燈半吐輝。思往事，夢魂迷，今宵幸得效於飛。

話說五月二十日，帥府周守備生日。西門慶那日封五星分資、兩方手帕，打選衣帽齊整，騎着大白馬，四個小廝跟隨，往他家拜壽。席間也有夏提刑、張團練、荊千戶、賀千戶一般武官兒飲酒。鼓樂迎接，搬演戲文，祇是四個唱的遞酒。

玳安接了衣裳回馬來家，到日西時分又騎馬接去。走到西街口上，撞見馮媽媽，問道：「馮媽媽，那裏去？」馮媽媽道：「你二娘使我來請你爹來。顧銀匠整理頭面完備，今日拿盒送來，請你爹那裏瞧去，你二娘還和你爹說話哩。」玳安道：「俺爹今日都在守備府周老爹處吃酒，我如今接去。你老人家回罷，等我到那裏對爹說就是了。」馮媽媽道：「累你好歹說聲，你二娘等着哩。」

這玳安打馬徑到守備府，衆官員正飲酒在熱鬧處。玳安走到西門慶席前，說道：「小的回馬家來時，在街口撞遇馮媽媽，二娘使了來說，顧銀匠送了頭面來了，請爹瞧去，還要和爹說話哩。」西門慶聽了，拿了些點心湯飯與玳安吃了，就要起身。那周守備那裏肯放，攔門拿巨杯相勸。西門慶道：「蒙大人見賜，寧可飲一杯。還有些小事，不能盡情，恕罪，恕罪。」於是一飲而盡，作辭周守備上馬，徑到李瓶兒家。婦人接着。茶湯畢，西門慶吩咐玳安回馬家去，明日來接。玳安去了。李瓶兒叫迎春盒兒內取出頭面來，與西門慶過目，黃烘烘火焰般一付好頭面，收過去，單等二十四日行禮，出月初四日準娶。婦人滿心歡喜，連忙安排酒來，和西門慶暢飲。開懷吃了一回，使丫鬟房中搽抹涼席乾淨，兩個在紗帳之中，香焚蘭麝，衾展鮫綃，脫去衣裳，并肩疊股，飲酒調笑。良久，春色橫眉，淫心蕩漾。西門慶先和婦人雲雨一回。（下刪七十七字）西門慶醉中戲問婦人：「當初花子虛在時，也和他幹此事不幹？」婦人道：「他逐日睡生夢死，奴那裏耐煩和他幹這營生！他每日衹在外邊胡撞，就來家，奴等閑也不和他沾身。況且，老公公在時，和他另在一間房睡着，我還把他罵的狗血噴了頭。好不好對公公說了，要打倘棍兒。甚麼材料兒？奴與他這般玩耍，可不砢硶殺奴罷了？誰似冤家這般可奴之意。就是醫奴的藥一般。白日黑夜，教奴衹是想你」。兩個耍一回，又幹了一回。傍邊迎春伺候下一個小方盒，都是各樣細巧果仁肉心、鷄鵝腴掌、梅桂菊花餅兒，小金壺內滿泛瓊漿。從黃昏掌上燈燭，且幹且飲，直耍到一更時分。衹聽外邊一片聲打的大門響，使馮媽媽開門瞧去，原來是玳安來了。西門慶道：「我吩咐明日來接我，這咱晚又來做甚麼？」因叫進房來問他。那小廝慌慌張張走到房門首，西門慶與婦人睡着，又不敢進來，衹在簾外說話，說道：「姐姐、姐夫都搬來了，許多箱籠在家中，大娘使我來請爹快去計較話哩。」這西門慶聽了，衹顧猶豫，「這咱晚端的有甚緣故？須得到家瞧瞧。」連忙起來。

婦人打發穿上衣服，做了一盞暖酒與他吃，打馬一直來家。衹見後堂中秉着燈燭，女兒、女婿都來了，堆着許多箱籠牀帳家活，先吃了一驚，因問：「怎的這咱來家？」女婿陳經濟磕了頭，哭說：「近日朝中，俺楊老爺被科道官參論倒了，聖旨下來，拿送南牢問罪。門下親族用事人等，都問擬枷號充軍。昨日府中楊幹辦連夜奔走，透報與父親知道。父親慌了，教兒子同大姐和些家活箱籠，就且暫在爹家中寄放，躲避些時。他便起身，往東京我姑娘那裏，打聽消息去了。待的事寧之日，恩有重報，不敢有忘。」西門慶問：「你爹有書沒有？」陳經濟道：「有書在此。」向袖中取出，遞與西門慶，拆開觀看，上面寫道：

「眷生陳洪頓首書奉

大德西門親家見字。餘情不敘。茲因北虜犯邊，搶過雄州地界，兵部王尚書不發人馬，失悮軍機，連累朝中楊老爺俱被科道官參劾太重。

聖旨惱怒，拿下南牢監禁，會同三法司審問。其門下親族用事人等，俱照例發邊衛充軍。生一聞消息，舉家驚惶，無處可投。先打發小兒、令愛，隨身箱籠家活，暫借親家府上寄寓。生即上京，投在家姐夫張世廉處，打聽示下。待事務寧貼之日，回家恩有重報，不敢有忘。誠恐縣中有甚聲色，生令小兒另外具銀五百兩，相煩親家費心處料。容當叩報，沒齒不忘。燈下草草，不宣。

仲夏二十日洪再拜。」

西門慶看了，慌了手腳，教吳月娘安排酒飯，管待女兒、女婿；就令家下人等，打掃廳前東廂房三間，與他兩口兒居住，把箱籠細軟都收拾月娘上房來。陳經濟取出他那五百兩銀子，交與西門慶打點使用。西門慶叫了吳主管來，與了他五兩銀子，教他連夜往縣中孔目房裏，抄錄一張東京行下來的文書邸報。上面端的寫的是甚言語？

「兵科給事中宇文虛中等一本，懇乞　宸斷，亟誅誤國權姦，以振本兵，以消虜患事。臣聞夷狄之禍，自古有之：周之玁狁，漢之匈奴，唐之突厥，迨及五代而契丹浸强，又我　皇宋建國，大遼縱横中國者已非一日。然未聞內無夷狄，而外萌夷狄之患者。諺云：霜降而堂鐘鳴，雨下而柱礎潤。以類感類，必然之理。譬猶病夫至此，腹心之疾已久，元氣內消，風邪外入，四肢百骸，無非受病，雖盧扁莫之能救，焉能久乎？今天下之勢，正猶病夫尪羸之極矣。君猶元首也，輔臣猶腹心也，百官猶四肢也。　陛下端拱於九重之上，百官庶政各盡職於下，元氣內充，榮衛外扞，多虜患何由而至哉？今招夷虜之患者，莫如崇政殿大學士蔡京者：本以憸邪奸險之資，濟以寡廉鮮恥之行，讒諂面諛；上不能輔君當道，贊元理化，下不能宣德布政，保愛元元；徒以利祿自資，希寵固位，樹黨懷姦，蒙蔽欺君，中傷善類，忠士爲之解體，四海爲之寒心；聯翩朱紫，萃聚一門。邇者河湟失議，主議伐遼，內割三郡，郭藥師之叛，卒致金虜背盟，憑陵中夏：此皆誤國之大者，皆由京之不職也。王黼貪庸無賴，行比俳優，蒙京汲引，薦居政府，未幾謬掌本兵，惟事慕位苟安，終無一籌可展。迺者張達殘於太原，爲之張皇失散；今虜之犯內地，則又挈妻子南下，爲自全之計：其誤國之罪，可勝誅戮。楊戩本以紈袴膏粱，叨承祖蔭，憑藉寵靈，典司兵柄，濫膺閫外，大姦似忠，怯懦無比。此三臣者，皆朋黨固結，內外萌蔽，爲　陛下腹心之蠹者也。數年以來，招災致異，喪本傷元，役重賦煩，生民離散，盜賊猖獗，夷虜犯順，天下之膏腴已盡，國家之紀綱廢弛，雖擢髮不足以數京等之罪也。臣等待罪該科，備員諫職，徒以目擊奸臣誤國，而不爲　皇上陳之，則上辜君父之恩，下負平生所學。伏乞　宸斷，將京等一干黨惡人犯，或下廷尉，以示薄罰；或置極典，以彰顯戮；或照例枷號；或投之荒裔，以御魑魅。庶天意可回，人心暢快，國法已正，虜患自消。天下幸甚，臣民幸甚。奉　聖旨：蔡京姑留輔政。王黼、楊戩便拿送三法司，會問明白來說。欽此欽遵。續該三法司會問過，并黨惡人犯王黼、楊戩，本兵不職，縱虜深入，荼毒生民，損兵折將，失陷內地，律應處斬；手下壞事家人、書辦、官掾、親黨：董升、盧虎、楊盛、龐宣、韓宗仁、陳洪、黃玉、賈廉、劉成、趙弘道等，查出有名人犯，俱問擬枷號一月，滿日發邊衛充軍。」

西門慶不看萬事皆休，看了耳邊廂衹聽颼的一聲，魂魄不知往那裏去了。就是驚損

六葉連肝肺，唬壞三毛七孔心。即忙打點金銀寶玩，馱裝停當，把家人來保、來旺叫到臥房中，悄悄吩咐，如此如此，這般這般，「雇頭口，星夜上東京打聽消息，不消到爾陳親家老爹下處，但有不好聲色，取巧打點停當，速來回報。」又與了他二人二十兩盤纏。絕早五更，雇腳夫起程，上東京去了。不在話下。

西門慶通一夜不曾睡着，到次日早，吩咐來昭、賁四，把花園工程止住，各項匠人都且回去，不做了。每日將大門緊閉，家下人無事亦不敢往外去，隨分人叫着不許開。西門慶衹在房裏動彈，走出來，又走進去，憂上加憂，悶上添悶，如熱地蚰蜒一般，把娶李瓶兒的勾當丟在九霄雲外去了。吳月娘見他每日在房中愁眉不展，面帶憂容，便說道：「他陳親家那邊爲事，各人寃有頭，債有主，你平白焦愁些甚麼？」西門慶道：「你婦人知道些甚麼！陳親家是我的親家，女兒、女婿兩個業障，搬來咱家住着。這是

一件事。平昔街坊鄰舍，惱咱的極多，常言機兒不快梭兒快，打着羊駒驢戰。倘有小人指戳，拔樹尋根，你我身家不保。」正是：關着門兒家裏坐，禍從天上來。這裏西門慶在家納悶不題。

且說李瓶兒等了一日兩日，不見動靜，一連使馮媽媽來了兩遍，大門關得鐵桶相似，就是樊噲也撞不開。等了半日，沒一個人牙兒出來，竟不知怎的。看看到廿四日，李瓶兒又使馮媽媽送頭面來，就請西門慶過去說話。叫門不開，去在對過房檐下。少頃，祇見玳安出來飲馬，看見便問：「馮媽媽，你來做甚麽？」馮媽媽說：「你二娘使我送頭面來，怎的不見動靜？請你爹過去說話哩。」玳安道：「俺爹連日有些小事兒，不得閑，你老人家還拿回頭面去。等我飲馬回來，對俺爹說就是了。」馮媽媽道：「好哥哥，我在這裏等着，你拿進頭面去，和你爹說去。你二娘那裏好不惱我哩。」這玳安一面把馬拴下，走到裏邊，半日出來道：「對俺爹說了，頭面爹收下了，教你上復二娘：再待幾日兒，我爹出來往二娘那裏說話。」這馮媽媽一直走來，回了婦人話。婦人又等了幾日，看看五月將盡，六月初旬時分，朝思暮盼，音信全無，夢攘魂勞，佳期間阻。正是：

懶把蛾眉掃，羞將粉臉勻。滿懷幽恨積，憔悴玉精神。

婦人盼不見西門慶來，每日茶飯頓減，精神恍惚。到晚夕孤眠枕上，展轉躊躕，忽聽外邊打門，彷彿見西門慶來到。婦人迎門笑接，攜手進房，問其爽約之情，各訴衷腸之話，綢繆繾綣，徹夜歡娱。鷄鳴天曉，頓抽身回去。婦人恍然驚覺，大呼一聲，精魂已失。慌了馮媽媽，進房來看視。婦人說道：「西門慶他剛才出去，你關上門不曾？」馮媽媽道：「娘子想得心迷了，那裏得大官人來，影兒也沒有。」婦人自此夢境隨邪，夜夜有狐狸假名抵姓，來攝其精髓，漸漸形容黃瘦，飲食不進，臥牀不起。

馮媽媽向婦人說，請了大街口蔣竹山來看。其人年小，不上三十，生的五短身才，人物飄逸，極是個輕浮狂詐的人。請入臥室，婦人則霧鬢雲鬟，擁衾而臥，似不勝憂愁之狀。勉强茶湯已罷，丫鬟安放褥甸。竹山就牀診視脈息畢，因見婦人生有姿色，便開言說道：「小人適診病源，娘子肝脈絃，出寸口而洪大，厥陰脈出寸口，久上魚際，主六欲七情所致，陰陽交爭，乍寒乍熱。似有鬱結於中，而不遂之意也。似瘧非瘧，似寒非寒，白日則倦怠嗜臥，精神短少；夜晚神不守舍，夢與鬼交。若不早治，久而變爲骨蒸之疾，必有屬纊之憂矣。可惜，可惜！」婦人道：「有累先生，俯賜良劑，奴好了重加酬謝。」竹山道：「小人無不用心。娘子若服了我的藥，必然貴體全安。」說畢起身。這裏使藥金五星，使馮媽媽討將藥來。婦人晚間吃了他的藥下去，夜裏得睡，便不驚恐，漸漸飲食加添，起來梳頭走動。那消數日，精神復舊。

一日，安排了一席酒肴，備下三兩銀子，使馮媽媽請過竹山來相謝。這蔣竹山從與婦人看病之時，懷覬覦之心，已非一日。於是一聞其請，卽具服而往。延之中堂，婦人盛妝出見，道了萬福，茶湯兩換，請入房中，酒饌已陳，麝蘭香藹。小丫鬟繡春在傍，描金盤內托出三兩白金。婦人高擎玉盞，向前施禮，說道：「前日奴家心中不好，蒙賜良劑，服之見效，今粗治了一杯水酒，請過先生來，知謝知謝。」竹山道：「此是小人份內之事，理當措置，何必計較。」因見三兩謝禮，說道：「這個，學生怎麽敢領？」婦人道：「些須微意，不成禮數，萬望先生笑納。」辭讓了半日，竹山方才收了。婦人遞酒，安了坐次。飲過三巡，竹山席間偷眼睃視婦人，粉妝玉琢，嬌豔驚人，先用言以挑之，因說道：「小人不敢動問，娘子青春幾何？」婦人道：「奴虛度二十四歲。」竹山道：「又一件，似娘子這等妙年，生長深閨，處於富足，何事不遂，而前日有此鬱結不足之病？」婦人聽了，微笑道：「不瞞先生，奴因拙夫去世，家事蕭條，獨自一身，憂愁思慮，何得無病。」竹山道：「原來娘子夫主歿了，多少時了？」婦人道：「拙夫從去歲十一月，得傷寒病死了，今已八個月來。」竹山道：「曾吃誰的藥來？」婦人道：「大街上胡先生。」竹山道：「是那東街上劉太監房子住的胡鬼嘴兒？他又不是我太醫院出身，知道甚麼脈！娘子怎的請他？」婦人道：「也是因街坊上人薦舉，請他來看。還是拙夫沒命，不干他事。」竹山又道：「娘子也還有子女沒有？」婦人道：「兒女俱無。」竹山道：「可惜娘子這般青春妙齡之際，獨自孀居，又無所出，何不尋其別進之路？甘爲幽鬱，豈不生病？」婦人道：「奴近日也講着親事，早晚過門。」竹山便道：「動問娘子，與何人作親？」婦人道：「是縣前開生藥鋪西門大官人。」竹山聽了道：「苦哉，苦哉！娘子因何嫁他？小人常在他家看病，最知詳細。此人專在縣中抱攬說事，舉放私債。家中挑販人口。家中不算丫頭，大小五六個老婆，着緊打倘棍兒，稍不中意，就令媒人領出賣了。就是打老婆的班頭，坑婦女的領袖。娘子早時對我說，不然進入他家，如飛蛾投火一般，坑你上不上下不下，那時悔之晚矣。況近日他親家那邊爲事，干連在家，躲避不出，房子蓋的半落不合的，多丟下了。東京關下文書，坐落府縣拿人。到明日，他蓋這房子，多是入官抄沒的數兒。娘子沒來由嫁他則甚？」一篇話把婦人說的閉口無言，況且許多東西丟在他家，尋思半晌，暗中跌腳，怪嗔道：「一替兩替請着他不來，原來他家中爲事哩！」又見竹山語言活動，一團謙恭，「奴明日若嫁得恁樣個人也罷了，不知他有妻室沒有？」因問道：「既蒙先生指教，奴家感戴不淺。倘有甚相知人家親事，舉保來說，奴無有個不依之理。」竹山乘機請問：「不知要何等樣人家？小人打聽的實，好來這裏說。」婦人道：「人家倒也不論乎大小，衹像先生這般人物的。」這蔣竹山不聽便罷，聽了此言，喜歡的勢不知有無，於是走下席來，雙膝跪在地下，告道：「不瞞娘子說，小人內幃失助，中饋乏人，鰥居已久，子息全無。倘蒙娘子垂憐見愛，肯結秦晉之緣，足稱平生之願。小人雖銜環結草，不敢有忘。」婦人笑以手攜之，說道：「且請起。未審先生鰥居幾時？貴庚多少？既要做親，須得要個保山來說，方成禮數。」竹山又跪下哀告道：「小人行年二十九歲，正月二十七日卯時建生。不幸去年荆妻已故。家緣貧乏，實出寒微。今既蒙金諾之言，何用冰人之講。」婦人聽言笑道：「你既無錢，我這裏有個媽媽，姓馮，拉他做個媒證。也不消你行聘，擇個吉日良辰，招你進來入門爲贅。你意下若何？」這蔣竹山連忙倒身下拜，「娘子就如同小人重生父母，再長爹娘，宿世有緣，三生大幸矣。」一面兩個在房中，各遞了一杯交歡盞，已成其親事。竹山飲至天晚回家。

婦人這裏與馮媽媽商議，說西門慶家如此這般爲事，吉兇難保，「況且奴家這邊沒人，不好了一場，險不喪了性命。爲今之計，不如把這位先生招他進來，過其日月，有何不可。」到次日，就使馮媽媽通信過去，擇六月十八日，大好日期，把蔣竹山倒踏門招進來，成其夫婦。

過了三日，婦人湊了三百兩銀子，與竹山打開門面，兩間開店，煥然一新的。初時往人家看病衹是走，後來買了一匹驢兒騎着，在街上往來搖擺。不在話下。正是：一注死水全無浪，也有春風擺動時。

（節自《金瓶梅詞話》第十七回）

小說貴曲。衹有寫得曲曲折折、波瀾起伏，才能使讀者左顧右盼，漸入勝境。《金瓶梅詞話》演述到第十七回，就是一個大轉彎。這一曲，就將人們引入到一個更爲廣闊、複雜的世界，去領略一番不同的滋味。本來，西門慶上場以來，一路順風，事事如意。他姦佔潘金蓮，輕娶孟玉樓，拐騙李瓶兒，無不馬到成功；即使鴆殺了武大郎，氣死了花子虛，也安然無事。第十七回一開場，正寫他與官員們周旋作樂，躊躇滿志；同李瓶兒飲酒調笑，春意綢繆。突然間，一盆冷水，從天而降：他親家的靠山——朝中四大奸臣之一的楊戩出事了！此事非同小可，乃楊戩被人彈劾，「聖旨下來，拿送南牢問罪。門下親族用事人等，都問擬枷號充軍」。西門慶這個作惡多端的家伙，自知「平昔街坊鄰舍惱咱的極多」，害怕有人指戳，「拔樹尋根」，「身家不保」，不免心驚膽戰起來。他一面慌忙派人連夜上京打聽消息，一面將大門緊閉，龜縮在家，再也不敢外出：整日價「衹在房裏動彈，走出來，又走進去，憂上加憂，悶上加悶，如熱地蚰蜒一般」。一幅喜氣洋洋的畫面，瞬然間愁雲密布，整個氣氛從熱轉到了冷。

這一轉機，正暴露了西門慶這一人面獸心的家伙對被他獵取的女人一無情義。他實在是一個「坑婦女的領袖」。對西門慶幾乎罄其所有的李瓶兒，在他看來，作爲一個女人，衹是一件玩物而已。枕頭邊的千種風情、旦旦信誓，一夜間全都「丟到九霄雲外了。」

這一轉機，也就將故事從清河縣拓展到了東京，將一個地方惡棍與朝廷權奸掛上了鈎。隨着以後故事的層層展開，小說有力地證明了：遍地的惡魔就是倚仗着上層的權勢而橫行不法，而朝中的權貴就是憑靠着網羅天下的私黨而鞏固統治。他們上下勾結，狼狽爲姦，使「黎民失業，百姓倒懸」，「天下之膏腴已盡，國家之紀綱廢弛」，整個世界沉浸到一片漆黑之中。小說就這樣，寫一西門而寫及了朝廷，寫及了天下。

這一轉機，也自然而然地帶出了一連串人物形象，除蔣竹山之類招之即來、揮之即去的「小人物」之外，還牽出了如陳經濟一類主要角色。《金瓶梅詞話》中的人物上場往往如此奇妙莫測。先前寫西門慶與潘金蓮打得火熱之時，忽然插入了一個孟玉樓；如今寫李瓶兒與西門慶攪在一團之際，又平空冒出了一個陳經濟。出現了陳經濟，又不馬上鋪敍陳經濟，而直到下回遇上金蓮之後，才潑墨渲染，正是寫得參差錯落，又不露痕跡。

當然，第十七回主要描繪的是李瓶兒。李瓶兒是一個可憎又可憐的女性。她長得漂亮，「細彎彎兩道眉兒，且自白淨」，又「身軟如綿花，瓜子一般好風月」。可是命運安排她的是，先嫁給了「夫人勝甚嫉妬」的梁中書爲妾，「衹在外邊書房內住」；後來名義上再醮於花子虛，但作者用許多隱筆點明了她實際上仍未過着正常的夫婦生活。在這一回中，她對西門慶訴說：

> 他（花子虛）逐日睡生夢死，奴那里耐煩和他幹這營生？他每日在外邊胡撞，就來家，奴等閑也不和他沾身。況且老公公在時，和他另在一間房睡着，我還把他罵的狗血噴了頭。好不好，對老公公說了，要打倘棍兒，也不算人。甚麽材料兒？奴與他這般玩耍，可不砢磣殺奴罷了。

這段話，正清楚地點明了「老公公」在世時，她就被這個老太監霸佔着。這也就養成了花子虛「每日在外邊胡撞」的習慣。精神上的壓抑和肉體上的空虛，就這樣長年累月地折磨着這個二十出頭的少婦。她終於病了，但她不甘心就此離開這樣一個人的世界。她還要追求作爲一個人所應該得到的東西。正在這時，她遇到了西門慶。西門慶的「狂風驟雨」使她深深地感受到「誰似冤家這般可奴之意，就是醫奴的藥一般」，於是「白日黑夜，教奴衹是想你」。就是爲了貪求這一「醫奴的藥」，這個平素溫順柔弱的女子竟發狂失態起來。她竟毫無顧忌地將正統的封建秩序踐踏在腳下，把名義上的丈夫完全看作累贅而心狠手辣起來，與此同時，則瘋狂地追逐西門慶，將自己一切的一切那樣輕率地貼給了這個意中人。花子虛就此而被活活氣死。此時，李瓶兒「滿心歡喜」，衹等着行禮過門，與西門慶「並頭相守」。誰知曉半夜裏被人叫走的西門慶竟中途變卦，音信全無。她朝思暮盼，眼看着到手的東西又如水中撈月一場空，免不了「夢攘魂勞」起來。

李瓶兒與夢，在《金瓶梅詞話》中屢屢寫到。後來官哥夭折、自己病重期間，她就幾次三番，恍恍惚惚地夢見花子虛「那廝」來同她算賬。她死了後，也曾纏綿悱惻地托給西門慶一夢。這些夢境，都寫得情境交融，眞切動人。如今，瓶兒「盼不見西門慶來，每日茶飯頓減，精神恍惚」，小說寫道：

到晚夕孤眠枕上，展轉躊躕，忽聽外邊打門，彷佛見西門慶來到。婦人迎門笑接，攜手進房，問其爽約之情，各訴衷腸之話，綢繆繾綣，徹夜歡娛。鷄鳴天曉，頓抽身回去。婦人恍然驚覺，大呼一聲，精魂已失，慌了馮媽媽，進房來看視。婦人說道：「西門慶他剛才出去，你關上門不曾？」馮媽媽道：「娘子想得心迷了，那裏得大官人來，影見也沒有。」婦人自此夢境隨邪，夜夜有狐狸假名抵姓，來攝其精髓，漸漸形容黄瘦，飲食不進，臥牀不起。

《金瓶梅詞話》的作者當然不知道在這個世界上後來還有弗洛伊德的「精神分析學」，不過，李瓶兒的此夢此病，確實把她貪求「徹夜歡娛」而求之不得的心理狀態反映得維妙維肖。夢中的西門慶也好，狐狸也好，都是她「想得心迷」的產物。正在此時，蔣竹山就乘虛而入。蔣李之間的一場勾搭，正可與王婆教唆西門慶引誘潘金蓮的「十挨光」遙遙相對。但這場戲的節奏更快，他們之間竟那樣輕巧地一拍卽合了。其中奧妙，固然是由於蔣竹山早存「覬覦之心」，竭力挑逗，而李瓶兒實在也嫁人心切，並非被動，大有一點「饑不擇食」的味道。那天，她打扮得「粉妝玉琢」，邀請竹山飲酒，「延之中堂」不夠，還要「請入房中」；稍待片刻，卽自我表白「獨自一身，憂愁思慮」，極易得病。當聽了蔣竹山說了西門慶的一番閑話之後，心裏更動，卽思量着「嫁得恁樣個人也罷了」，嘴裏且說：「倘有甚相知人家親事，舉保來說，奴無有個不依之理。」蔣竹山看準時機，就緊逼一步，追問她要嫁得何等樣人？她就直言不諱地說：「祇要先生這般人物的。」於是兩個當場「各遞了一杯交歡盞，已成其親事」。可見，李瓶兒招贅蔣竹山實在是由於「這邊沒人」而等得慌。她急切需要把他「當塊肉兒」（第十九回）來解渴。這就是李瓶兒在第十七回中的表演。

可是誰料到，蔣竹山「這塊肉兒」，「原來是個中看不中吃」的「鑞槍頭，死王八」，結果並不能眞正滿足她渴求的欲望。於是她又反過來回味到西門慶才是眞正「醫奴的藥」，重新倒向了他的懷抱。而西門慶也不能容忍李瓶兒被蔣竹山「耍了」。一旦風平浪靜，又大發淫威，把李瓶兒重新攫爲己有。——當然，這都是後話。

小說貴曲。通觀李瓶兒的一生，招贅蔣竹山，乃是她婚姻變遷史上的一個小小插曲。這一插曲的藝術效果，就使故事的氣氛從冷又回升到熱。同時，鋪墊了西門慶的性格發展，突現了李瓶兒的貪欲和空虛。「瓶兒以孽死」。李瓶兒的種種作孽，豈其偶然？作者就這樣形象地把這個美貌、柔弱的女子最終打入了害人又害己的「淫婦」之列。借此，作者就明白地告訴人們：萬惡淫爲首，世人當爲戒。

（黃　霖）

白娘子永鎮雷峯塔

《警世通言》

山外青山樓外樓，西湖歌舞幾時休？
暖風熏得游人醉，直把杭州作汴州。

話說西湖景致，山水鮮明。晉朝咸和年間，山水大發，洶湧流入西門。忽然水內有牛一頭見，渾身金色。後水退，其牛隨行至北山，不知去向。哄動杭州市上之人，皆以爲顯化。所以建立一寺，名曰金牛寺，西門——卽今之湧金門——立一座廟，號金華將軍。當時有一番僧，法名渾壽羅，到此武林郡雲游，玩其山景，道：「靈鷲山前小峯一座，忽然不見，原來飛到此處。」當時人皆不信。僧言：「我記得靈鷲山前峯嶺，喚做靈鷲嶺，這山洞裏有個白猿，看我呼出爲驗。」果然呼出白猿來。山前有一亭，今喚做冷泉亭。又有一座孤山，生在西湖中。先曾有林和靖先生在此山隱居。使人搬挑泥石，砌成一條走路，東接斷橋，西接棲霞嶺，因此喚作孤山路。又唐時有刺史白樂天，築一條路，南至翠屏山，北至棲霞嶺，喚做白公堤，不時被山水沖倒，不祇一番，用官錢修理。後宋時蘇東坡來做太守，因見有這兩條路，被水沖壞，就買木石，起人夫，築得堅固。六橋上朱紅欄桿，堤上栽種桃柳，到春景融和，端的十分好景，堪描入畫。後人因此祇喚做蘇公堤。又孤山路畔，起造兩條石橋，分開水勢，東邊喚做斷橋，西邊喚做西寧橋。真乃：

隱隱山藏三百寺，依稀雲鎖二高峯。

說話的，祇說西湖美景，仙人古蹟。俺今日且說一個俊俏後生，祇因游玩西湖，遇着兩個婦人，直惹得幾處州城，鬧動了花街柳巷。有分教：才人把筆，編成一本風流話本。單說那子弟，姓甚名誰？遇着甚般樣的婦人？惹出甚般樣事？有詩爲證：

清明時節雨紛紛，路上行人欲斷魂；
借問酒家何處有，牧童遙指杏花村。

話說宋高宗南渡，紹興年間，杭州臨安府過軍橋黑珠巷內，有一個宦家，姓李名仁。見做南廊閣子庫募事官，又與邵太尉管錢糧。家中妻子，有一個兄弟許宣，排行小乙。他爹曾開生藥店。自幼父母雙亡，卻在表叔李將仕家生藥鋪做主管，年方二十二歲。那生藥店開在官巷口。

忽一日，許宣在鋪內做買賣，祇見一個和尚來到門首，打個問訊道：「貧僧是保叔塔寺內僧，前日已送饅頭并卷子在宅上。今清明節近，追修祖宗，望小乙官到寺燒香，勿誤。」許宣道：「小子准來。」和尚相別去了。許宣至晚歸姐夫家去。原來許宣無有老小，祇在姐姐家住。當晚與姐姐說：「今日保叔塔和尚來請燒菴子，明日要薦祖宗，走一遭了來。」次日早起買了紙馬、蠟燭、經幡、錢垛一應等項，吃了飯，換了新鞋襪衣服，把篭子錢馬，使條袱子包了，徑到官巷口李將仕家來。李將仕見了，問許宣何處去？許宣道：「我今日要去保叔塔燒篭子，追薦祖宗，乞叔叔容假一日。」李將仕道：「你去便回。」許宣離了鋪中，入壽安坊，花市街，過井亭橋，往清河街後錢塘門，行石函橋過放生碑，徑到保叔塔寺。尋見送饅頭的和尚，懺悔過疏頭，燒了篭子，到佛殿上看衆僧念經。吃齋罷，别了和尚，離寺迤逦閑走，過西寧橋、孤山路、四聖觀，來看林和靖墳，到六一泉閑走。不期雲生西北，霧鎖東南，落下微微細雨，漸大起來。正是清明時節，少不得天公應時，催花雨下，那陣雨下得綿綿不絕。許宣見脚下濕，脱下了新鞋襪，走出四聖觀來尋船，不見一隻。正没擺布處，衹見一個老兒，摇着一隻船過來。許宣暗喜，認時正是張阿公。叫道：「張阿公，搭我則個。」老兒聽得叫，認時，原來是許小乙。將船摇近岸來，道：「小乙官，着了雨，不知要何處上岸？」許宣道：「湧金門上岸。」這老兒扶許宣下船，離了岸，摇近豐樂樓來。摇不上十數丈水面，衹見岸上有人叫道：「公公，搭船則個。」許宣看時，是一個婦人，頭戴孝頭髻，烏雲畔插着些素釵梳，穿一領白絹衫兒，下穿一條細麻布裙。這婦人肩下一個丫鬟，身上穿着青衣服，頭上一雙角髻，戴兩條大紅頭鬚，插着兩件首飾，手中捧着一個包兒要搭船。那老張對小乙官道：「『因風吹火，用力不多』，一發搭了他去。」許宣道：「你便叫他下來。」老兒見説，將船傍了岸邊，那婦人同丫鬟下船，見了許宣，起一點朱唇，露兩行碎玉，向前道一個萬福。許宣慌忙起身答禮。那娘子和丫鬟艙中坐定了。娘子把秋波頻轉，瞧着許宣。許宣平生是個老實之人，見了此等如花似玉的美婦人，傍邊又是個俊俏美女樣的丫鬟，也不免動念。那婦人道：「不敢動問官人，高姓尊諱？」許宣答道：「在下姓許名宣，排行第一。」婦人道：「宅上何處？」許宣道：「寒舍住在過軍橋黑珠兒巷，生藥鋪內做買賣。」那娘子問了一回，許宣尋思道：「我也問他一問。」起身道：「不敢拜問娘子高姓？潭府何處？」那婦人答道：「奴家是白三班白殿直之妹，嫁了張官人，不幸亡過了，見葬在這雷嶺。爲因清明節近，今日帶了丫鬟，往墳上祭掃了方回。不想值雨，若不是搭得官人便船，實是狼狽。」又閑講了一回，迤逦船搖近岸。衹見那婦人道：「奴家一時心忙，不曾帶得盤纏在身邊，萬望官人處借些船錢還了，并不有負。」許宣道：「娘子自便，不妨，些須船錢不必計較。」還罷船錢。那雨越不住。許宣挽了上岸。那婦人道：「奴家衹在箭橋雙茶坊巷口。若不棄時，可到寒舍拜茶，納還船錢。」許宣道：「小事何消掛懷。天色晚了，改日拜望。」說罷，婦人共丫鬟自去。

許宣入湧金門，從人家屋檐下到三橋街，見一個生藥鋪，正是李將仕兄弟的店。許宣走到鋪前，正見小將仕在門前。小將仕道：「小乙哥晚了，那裏去？」許宣道：「便是去保叔塔燒菴子，着了雨，望借一把傘則個。」將仕見說叫道：「老陳把傘來，與小乙官去。」不多時，老陳將一把雨傘撑開道：「小乙官，這傘是清湖八字橋老實舒家做的。八十四骨，紫竹柄的好傘，不曾有一些兒破，將去休壞了！仔細，仔細！」許宣道：「不必吩咐。」接了傘，謝了將仕，出羊壩頭來。到後市街巷口。衹聽得有人叫道：「小乙官人。」許宣回頭看時，衹見沈公井巷口小茶坊屋檐下，立着一個婦人，認得正是搭船的白娘子。許宣道：「娘子如何在此？」白娘子道：「便是雨不得住，鞋兒都踏濕了，教青青回家，取傘和脚下。又見晚下來。望官人搭幾步則個。」許宣和白娘子合傘到壩頭道：「娘子那裏去？」白娘子道：「過橋投箭橋去。」許宣道：「小娘子，小人自往過軍橋去，路又近了，不若娘子把傘將去，明日小人自來取。」白娘子道：「卻是不當，感謝官人厚意！」

許宣沿人家屋檐下冒雨回來。衹見姐夫家當直王安，拿着釘靴雨傘來接不着，卻好歸來。到家內吃了飯。當夜思量那婦人，翻來覆去睡不着。夢中共日間見的一般，情意相濃，不想金鷄叫一聲，卻是南柯一夢。正是：

心猿意馬馳千里，浪蝶狂蜂鬧五更。

到得天明，起來梳洗罷，吃了飯，到鋪中心忙意亂，做些買賣也沒心想。到午時後，思量道：「不說一謊，如何得這傘來還人？」當時許宣見老將仕坐在櫃上，向將仕說道：「姐夫叫許宣歸早些，要送人情，請假半日。」將仕道：「去了，明日早些來！」許宣唱個喏，徑來箭橋雙茶坊巷口，尋問白娘子家裏。問了半日，沒一個認得。正躊躕間，衹見白娘子家丫鬟青青，從東邊走來。許宣道：「姐姐，你家何處住？討傘則個。」青青道：「官人隨我來。」許宣跟定青青，走不多路，道：「衹這裏便是。」許宣看時，見一所樓房，門前兩扇大門，中間四扇看街槅子眼，當中掛頂細密朱紅簾子，四下排着十二把黑漆交椅，掛四幅名人山水古畫。對門乃是秀王府牆。那丫頭轉入簾子內道：「官人請入裏面坐。」許宣隨步入到裏面，那青青低低悄悄叫道：「娘子，許小乙官人在此。」白娘子裏面應道：「請官人進裏面拜茶。」許宣心下遲疑。青青三回五次，催許宣進去。許宣轉到裏面，衹見：四扇暗槅子窗，揭起青布幕，一個坐起，桌上放一盆虎鬚菖蒲，兩邊也掛四幅美人，中間掛一幅神像，桌上放一個古銅香爐花瓶。那小娘子向前深深的道一個萬福，道：「夜來多蒙小乙官人應付周全，識荆之初，甚是感激不淺！」許宣道：「些微何足掛齒。」白娘子道：「少坐拜茶。」茶罷，又道：「片時薄酒三杯，表意而已。」許宣方欲推辭，青青已自把菜蔬果品流水排將出來。許宣道：「感謝娘子置酒，不當厚擾。」飲至數杯，許宣起身道：「今日天色將晚，路遠，小子告回。」娘子道：「官人的傘，舍親昨夜轉借去了，再飲幾杯，着人取來。」許宣道：「日晚，小子要回。」娘子道：「再飲一杯。」許宣道：「飲饌好了，多感，多感！」白娘子道：「既是官人要回，這傘相煩明日來取則個。」許宣衹得相辭了回家。

至次日，先來店中做些買賣。又推個事故，卻來白娘子家取傘。娘子見來，又備三杯相款。許宣道：「娘子還了小子的傘罷，不必多擾。」那娘子道：「既安排了，略飲一杯。」許宣衹得坐下。那白娘子篩一杯酒，遞與許宣，啓櫻桃口，露榴子牙，嬌滴滴聲音，帶着滿面春風，告道：「小官人在上，真人面前說不得假話。奴家亡了丈夫，想必和官人有宿世姻緣，一見便蒙錯愛。正是你有心，我有意。煩小乙官人尋一個媒證，與你共成百年姻眷，不枉天生一對，卻不是好。」許宣聽那婦人說罷，自己尋思：「真個好一段姻緣。若取得這個渾家，也不枉了。我自十分肯了，衹是一件不諧：思量我日間在李將仕家做主管，夜間在姐夫家安歇，雖有些少東西，衹好辦身上衣服，如何得錢來娶老小？」自沉吟不答。衹見白娘子道：「官人何故不回言語？」許宣道：「多感過愛，實不相瞞，衹爲身邊窘迫，不敢從命。」娘子道：「這個容易。我囊中自有餘財，不必掛念。」便叫青青道：「你去取一錠白銀下來。」衹見青青手扶欄桿，腳踏胡梯，取下一個包兒來，遞與白娘子。娘子道：「小乙官人，這東西將去使用，少欠時再來取。」親手遞與許宣。許宣接得包兒，打開看時，卻是五十兩雪花銀子。藏於袖中，起身告回。青青把傘來還了許宣。許宣接得相別，一徑回家，把銀子藏了。

當夜無話。明日起來，離家到官巷口，把傘還了李將仕。許宣將些碎銀子買了一隻肥好燒鵝，鮮魚精肉，嫩鷄果品之類提回家來。又買了一樽酒，吩咐養娘丫鬟安排整下。那日卻好姐夫李募事在家。飲饌俱已完備，來請姐夫和姐姐吃酒。李募事卻見許宣請他，到吃了一驚，道：「今日做甚麼子壞鈔？日常不曾見酒盞兒面，今朝作怪！」

三人依次坐定飲酒，酒至數杯，李募事道：「尊舅，沒事教你壞鈔做甚麼？」許宣道：「多謝姐夫，切莫笑話，輕微何足掛齒。感謝姐夫姐姐管顧多時。一客不煩二主人，許宣如今年紀長成，恐慮後無人養育，不是了處。今有一頭親事在此說起，望姐夫姐姐與許宣主張，結果了一生終身，也好。」姐夫姐姐聽得說罷，肚內暗自尋思道：「許宣日常一毛不拔，今日壞得些錢鈔，便要我替他討老小？」夫妻二人，你我相看，衹不回話。吃酒了，許宣自做買賣。

過了三兩日，許宣尋思道：「姐姐如何不說起？」忽一日，見姐姐問道：「曾向姐夫商量也不曾？」姐姐道：「不曾。」許宣道：「如何不曾商量？」姐姐道：「這個事不比別樣的事，倉卒不得，又見姐夫這幾日面色心焦，我怕他煩惱，不敢問他。」許宣道：「姐姐你如何不上緊？這個有甚難處，你衹怕我教姐夫出錢，故此不理。」許宣便起身到臥房中開箱，取出白娘子的銀來，把與姐姐道：「不必推故，衹要姐夫做主。」姐姐道：「吾弟多時在叔叔家中做主管，積趲得這些私房。可知道要娶老婆！你且去，我安在此。」

卻說李募事歸來，姐姐道：「丈夫，可知小舅要娶老婆，原來自趲得些私房，如今教我倒換些零碎使用，我們衹得與他完就這親事則個。」李募事聽得說道：「原來如此，得他積得些私房也好。拿來我看！」做妻的連忙將出銀子遞與丈夫。李募事接在手中，翻來覆去，看了上面鑿的字號，大叫一聲：「苦！不好了，全家是死！」那妻吃了一驚，問道：「丈夫有甚麼利害之事？」李募事道：「數日前邵太尉庫內封記鎖押俱不動，又無地穴得入，平空不見了五十錠大銀。見今着落臨安府提捉賊人，十分緊急，沒有頭路得獲，累害了多少人。出榜緝捕，寫着字號錠數，『有人捉獲賊人銀子者，賞銀五十兩；知而不首，及窩藏賊人者，除正犯外，全家發邊遠充軍。』這銀子與榜上字號不差，正是邵太尉庫内銀子。即今捉捕十分緊急。正是火到身邊，顧不得親眷，自可去撥。明日事患，實難分説。不管他偷的借的，寧可苦他，不要累我。衹得將銀子出首，免了一家之害。」老婆見説了，合口不得，目睜口呆。當時拿了這錠銀子，徑到臨安府出首。那大尹聞知這話，一夜不睡。次日，火速差緝捕使臣何立。何立帶了伙伴，并一班眼明手快的公人，徑到官巷口，李家生藥店，提捉正賊許宣。到得櫃邊，發聲喊，把許宣一條繩子綁縛了，一聲鑼，一聲鼓，解上臨安府來。正值韓大尹升廳，押過許宣當廳跪下，喝聲打！許宣道：「告相公不必用刑，不知許宣有何罪？」大尹焦躁道：「真臟正賊，有何理説，還説無罪？邵太尉府中不動封鎖，不見了一號大銀五十錠，見有李募事出首，一定這四十九錠也在你處。想不動封皮，不見了銀子，你也是個妖人，不要打，……」喝教：「拿些穢血來！」許宣方知是這事，大叫道：「不是妖人，待我分説！」大尹道：「且住，你且説這銀子從何而來？」許宣將借傘的上項事，一一細説一遍。大尹道：「白娘子是甚麽樣人？見住何處？」許宣道：「憑他説是白三班白殿直的親妹子，如今見住箭橋邊，雙茶坊巷口，秀王牆對黑樓子高坡兒内住。」那大尹隨即便叫緝捕使臣何立，押領許宣，去雙茶坊巷口捉拿本婦前來。

何立等領了鈞旨，一陣做公的徑到雙茶坊巷口秀王府牆對黑樓子前看時：門前四扇看階，中間兩扇大門，門外避藉陛，坡前卻是垃圾，一條竹子横夾着。何立等見了這個模樣，到都獃了！當時就叫捉了鄰人，上首是做花的丘大，下首是做皮匠的孫公。那孫公擺忙的吃他一驚，小腸氣發，跌倒在地。衆鄰舍都走來道：「這裏不曾有甚麽白娘子。這屋不五六年前有一個毛巡檢，合家時病死了。青天白日，常有鬼出來買東西，無人敢在裏頭住。幾日前，有個瘋子立在門前唱喏。」何立教衆人解下横門竹竿，裏面冷清清地，起一陣風，卷出一道腥氣來。衆人都吃了一驚，倒退幾步。許宣看了，則聲不得，一似獃的。做公的數中，有一個能膽大，排行第二，姓王，專好酒吃，都叫他做好酒王二。王二道：「都跟我來。」發聲喊一齊哄將入去，看時板壁、坐起、桌凳都有。來到胡梯邊，教王二前行，衆人跟着，一齊上樓。樓上灰塵三寸厚。衆人到房門前，推開房門一望，牀上掛着一張帳子，箱籠都有，祇見一個如花似玉穿着白的美貌娘子，坐在牀上。衆人看了，不敢向前。衆人道：「不知娘子是神是鬼？我等奉臨安大尹均旨，喚你去與許宣執證公事。」那娘子端然不動。好酒王二道：「衆人都不敢向前，怎的是了？你可將一壇酒來，與我吃了，做我不着，捉他去見大尹。」衆人連忙叫兩三個下去提一壇酒來與王二吃。王二開了壇口，將一壇酒吃盡了，道：「做我不着！」將那空壇望着帳子內打將去。不打萬事皆休，纔然打去，祇聽得一聲響，卻是青天裏打一個霹靂，衆人都驚倒了！起來看時，牀上不見了那娘子，祇見明晃晃一堆銀子。衆人向前看了道：「好了。」計數四十九錠。衆人道：「我們將銀子去見大尹也罷。」扛了銀子，都到臨安府。何立將前事稟復了大尹。大尹道：「定是妖怪了。也罷，鄰人無罪寧家。」差人送五十錠銀子與邵太尉處，開個緣由，一一稟復過了。許宣照「不應得爲而爲之事」，理重者決杖免刺，配牢城營做工，滿日疏放。牢城營乃蘇州府管下。李募事因出首許宣，心上不安，將邵太尉給賞的五十兩銀子盡數付與小舅作爲盤費。李將仕與書二封，一封與押司范院長，一封與吉利橋下開客店的王主人。許宣痛哭一場，拜別姐夫姐姐，帶上行枷，兩個防送人押着，離了杭州到東新橋，下了航船。

不一日，來到蘇州。先把書去見了范院長，并王主人。王主人與他官府上下使了錢，打發兩個公人去蘇州府，下了公文，交割了犯人，討了回文，防送人自回。范院長王主人保領許宣不入牢中，就在王主人門前樓上歇了。許宣心中愁悶，壁上題詩一首：

獨上高樓望故鄉，愁看斜日照紗窗；平生自是真誠士，誰料相逢妖媚娘！白白不知歸甚處？青青那識在何方？拋離骨肉來蘇地，思想家中寸斷腸！

有話卽長，無話卽短。不覺光陰似箭，日月如梭，又在王主人家住了半年之上。忽遇九月下旬，那王主人正在門首閑立，看街上人來人往。衹見遠遠一乘轎子，傍邊一個丫鬟跟着，道：「借問一聲：此間不是王主人家麽？」王主人連忙起身道：「此間便是。你尋誰人？」丫鬟道：「我尋臨安府來的許小乙官人。」主人道：「你等一等，我便叫他出來。」這乘轎子便歇在門前。王主人便入去，叫道：「小乙哥！有人尋你。」許宣聽得，急走出來，同主人到門前看時，正是青青跟着，轎子裏坐着白娘子。許宣見了，連聲叫道：「死冤家！自被你盜了官庫銀子，帶累我吃了多少苦，有屈無伸，如今到此地位，又趕來做甚麽？可羞死人！」那白娘子道：「小乙官人不要怪我，今番特來與你分辯這件事。我且到主人家裏面與你說。」白娘子叫青青取了包裹下轎。許宣道：「你是鬼怪，不許入來。」擋住了門不放他。那白娘子與主人深深道了個萬福，道：「奴家不相瞞，主人在上，我怎的是鬼怪？衣裳有縫，對日有影。不幸先夫去世，教我如此被人欺負！做下的事，是先夫日前所爲，非干我事。如今怕你怨暢我，特地來分說明白了，我去也甘心。」主人道：「且教娘子入來坐了說。」那娘子道：「我和你到裏面對主人家的媽媽說。」門前看的人，自都散了。許宣入到裏面對主人家并媽媽道：「我爲他偷了官銀子事，如此如此，因此教我吃場官司。如今又趕到此，有何理說？」白娘子道：「先夫留下銀子，我好意把你，我也不知怎的來的。」許宣道：「如何做公的捉你之時，門前都是垃圾，就帳子裏一響不見了你？」白娘子道：「我聽得人說你爲這銀子捉了去，我怕你說出我來，捉我到官，妝幌子羞人不好看。我無奈何衹得走去華藏寺前姨娘家躲了。使人擔垃圾堆在門前，把銀子安在牀上，央鄰舍與我說謊。」許宣道：「你卻走了去，教我吃官事！」白娘子道：「我將銀子安在牀上，衹指望要好，那裏曉得有許多事情？我見你配在這裏，我便帶了些盤纏，搭船到這裏尋你，如今分說都明白了，我去也。敢是我和你前生沒有夫妻之分！」那王主人道：「娘子許多路來到這裏，難道就去？且在此間住幾日，卻理會。」青青道：「既是主人家再三勸解，娘子且住兩日，當初也曾許嫁小乙官人。」白娘子隨口便道：「羞殺人，終不成奴家沒人要？衹爲分別是非而來。」王主人道：「既然當初許嫁小乙哥，卻又回去；且留娘子在此。」打發了轎子，不在話下。

過了數日，白娘子先自奉承好了主人的媽媽，那媽媽勸主人與許宣說合，選定十一月十一日成親，共百年諧老。光陰一瞬，早到吉日良時。白娘子取出銀兩，央王主人辦備喜筵，二人拜堂結親。酒席散後，共入紗橱。白娘子放出迷人聲態，顛鸞倒鳳，百媚千嬌，喜得許宣如遇神仙，衹恨相見之晚。正好歡娛，不覺金鷄三唱，東方漸白。正是：

歡娛嫌夜短，寂寞恨更長。

自此日爲始，夫妻二人如魚似水，終日在王主人家快樂昏迷纏定。日往月來，又早半年光景。時臨春氣融和，花開如錦，車馬往來，街坊熱鬧。許宣問主人家道：「今日如何人人出去閑遊，如此喧嚷？」主人道：「今日是二月半，男子婦人，都去看臥佛。你也好去承天寺裏閑走一遭。」許宣見說，道：「我和妻子說一聲，也去看一看。」許宣上樓來，和白娘子說：「今日二月半，男子婦人都去看臥佛，我也看一看就來。有人尋說話，回說不在家，不可出來見人。」白娘子道：「有甚好看，衹在家中卻不好？看他做甚麼？」許宣道：「我去閑耍一遭就回，不妨。」

許宣離了店内，有幾個相識，同走到寺裏看臥佛。繞廊下各處殿上觀看了一遭，方出寺來，見一個先生，穿着道袍，頭戴逍遙巾，腰繫黃絲縧，脚着熟麻鞋，坐在寺前賣藥，散施符水。許宣立定了看。那先生道：「貧道是終南山道士，到處雲游，散施符水，救人病患災厄，有事的向前來。」那先生在人叢中看見許宣頭上一道黑氣，必有妖怪纏他，叫道：「你近來有一妖怪纏你，其害非輕！我與你二道靈符，救你性命。一道符，三更燒，一道符放在自頭髮內。」許宣接了符，納頭便拜，肚內道：「我也八九分疑惑那婦人是妖怪，真個是實。」謝了先生，徑回店中。至晚，白娘子與青青睡着了，許宣起來道：「料有三更了！」將一道符放在自頭髮內，正欲將一道符燒化，祇見白娘子嘆一口氣道：「小乙哥和我許多時夫妻，尚兀自不把我親熱，卻信別人言語，半夜三更，燒符來壓鎮我！你且把符來燒看！」就奪過符來，一時燒化，全無動靜。白娘子道：「卻如何？說我是妖怪！」許宣道：「不干我事。臥佛寺前一雲游先生，知你是妖怪。」白娘子道：「明日同你去看他一看，如何模樣的先生。」

次日，白娘子清早起來，梳妝罷，戴了釵環，穿上素淨衣服，吩咐青青看管樓上。夫妻二人，來到臥佛寺前。祇見一簇人，團團圍着那先生，在那裏散符水。祇見白娘子睜一雙妖眼，到先生面前，喝一聲：「你好無禮！出家人枉在我丈夫面前說我是一個妖怪，書符來捉我！」那先生回言：「我行的是五雷天心正法，凡有妖怪，吃了我的符，他即變出真形來。」那白娘子道：「衆人在此，你且書符來我吃看！」那先生書一道符，遞與白娘子。白娘子接過符來，便吞下去。衆人都看，沒些動靜。衆人道：「這等一個婦人，如何說是妖怪？」衆人把那先生齊罵，那先生罵得口睜眼呆，半晌無言，惶恐滿面。白娘子道：「衆位官人在此，他捉我不得。我自小學得個戲術，且把先生試來與衆人看。」祇見白娘子口內喃喃的，不知念些甚麽。把那先生卻似有人擒的一般，縮做一堆，懸空而起。衆人看了齊吃一驚。許宣呆了。娘子道：「若不是衆位面上，把這先生弔他一年。」白娘子噴口氣，祇見那先生依然放下，祇恨爹娘少生兩翼，飛也似走了。衆人都散了。夫妻依舊回來。不在話下。日逐盤纏，都是白娘子將出來用度。正是：夫唱婦隨，朝歡暮樂。

不覺光陰似箭，又是四月初八日，釋迦佛生辰。衹見街市上人擡着柏亭浴佛，家家布施，許宣對王主人道：「此間與杭州一般。」衹見鄰舍邊一個小的，叫做鐵頭，道：「小乙官人，今日承天寺裏做佛會，你去看一看。」許宣轉身到裏面，對白娘子說了。白娘子道：「甚麽好看，休去！」許宣道：「去走一遭，散悶則個。」娘子道：「你要去，身上衣服舊了不好看，我打扮你去。」叫青青取新鮮時樣衣服來。許宣着得不長不短，一似相體裁的：戴一頂黑漆頭巾，腦後一雙白玉環；穿一領青羅道袍，腳着一雙皂靴，手中拿一把細巧百摺描金美人珊瑚墜上樣春羅扇。打扮得上下齊整。那娘子吩咐一聲，如鶯聲巧囀道：「丈夫早早回來，切勿教奴記掛！」許宣叫了鐵頭相伴，徑到承天寺來看佛會。人人喝采，好個官人。衹聽得有人說道：「昨夜周將仕典當庫內，不見了四五千貫金珠細軟物件。見今開單告官，挨查沒捉人處。」許宣聽得，不解其意，自同鐵頭在寺。其日燒香官人子弟男女人等往往來來，十分熱鬧。許宣道：「娘子教我早回，去罷。」轉身人叢中，不見了鐵頭，獨自個走出寺門來。衹見五六個人似公人打扮，腰裏掛着牌兒。數中一個看了許宣，對衆人道：「此人身上穿的，手中拿的，好似那話兒？」數中一個認得許宣的道：「小乙官，扇子借我一看。」許宣不知是計，將扇遞與公人。那公人道：「你們看這扇子扇墜，與單上開的一般！」衆人喝聲「拿了！」就把許宣一索子綁了，好似：

數隻皂鵰追紫燕，一羣餓虎啖羊羔。

許宣道：「衆人休要錯了，我是無罪之人。」衆公人道：「是不是，且去府前周將仕家分解！他店中失去五千貫金珠細軟，白玉縧環，細巧百摺扇，珊瑚墜子，你還說無罪？真贓正賊，有何分說！實是大膽漢子，把我們公人作等閑看成。見今頭上、身上、腳上，都是他家物件，公然出外，全無忌憚！」許宣方纔呆了，半晌不則聲。許宣道：「原來如此，不妨，不妨，自有人偷得。」衆人道：「你自去蘇州府廳上分說。」次日大尹升廳，押過許宣見了。大尹審問：「盜了周將仕庫內金珠寶物在於何處？從實供來，免受刑法拷打。」許宣道：「稟上相公做主，小人穿的衣服物件皆是妻子白娘子的，不知從何而來。望相公明鏡詳辨則個！」大尹喝道：「你妻子今在何處？」許宣道：「見在吉利橋下王主人樓上。」大尹卽差緝捕使臣袁子明押了許宣火速捉來。差人袁子明來到王主人店中，主人吃了一驚，連忙問道：「做甚麽？」許宣道：「白娘子在樓上麽？」主人道：「你同鐵頭早去承天寺裏，去不多時，白娘子對我說道：『丈夫去寺中閑耍，教我同青青照管樓上。此時不見回來，我與青青去寺前尋他去也，望乞主人替我照管。』出門去了，到晚不見回來。我祇道與你去望親戚，到今日不見回來。」衆公人要王主人尋白娘子，前前後後，遍尋不見。袁子明將王主人捉了，見大尹回話。大尹道：「白娘子在何處？」王主人細細稟復了，道：「白娘子是妖怪。」大尹一一問了，道：「且把許宣監了。」王主人使用了些錢，保出在外，伺候歸結。

且說周將仕正在對門茶坊內閑坐，祇見家人報道：「金珠等物都有了，在庫閣頭空箱子內。」周將仕聽了，慌忙回家看時，果然有了。祇不見了頭巾縧環扇子并扇墜。周將仕道：「明是屈了許宣，平白地害了一個人，不好。」暗地裏到與該房說了，把許宣祇問個小罪名。卻說邵太尉使李募事到蘇州幹事，來王主人家歇。主人家把許宣來到這裏，又吃官事，一一從頭說了一遍。李募事尋思道：「看自家面上親眷，如何看做落？」祇得與他央人情，上下使錢。一日，大尹把許宣一一供招明白，都做在白娘子身上，祇做「不合不出首妖怪等事」。杖一百，配三百六十里，押發鎮江府牢城營做工。

李募事道：「鎮江去便不妨。我有一個結拜的叔叔，姓李名克用，在針子橋下開生藥店。我寫一封書，你可去投託他。」許宣衹得問姐夫借了些盤纏，拜謝了王主人并姐夫，就買酒飯與兩個公人吃，收拾行李起程。王主人並姐夫送了一程，各自回去了。

且說許宣在路，饑餐渴飲，夜住曉行，不則一日，來到鎮江。先尋李克用家，來到針子橋生藥鋪內，衹見主管正在門前賣生藥。老將仕從裏面走出來。兩個公人同許宣慌忙唱個喏道：「小人是杭州李募事家中人，有書在此。」主管接了，遞與老將仕。老將仕拆開看了道：「你便是許宣？」許宣道：「小人便是。」李克用教三人吃了飯。分付當直的，同到府中，下了公文，使用了錢，保領回家。防送人討了回文，自歸蘇州去了。

許宣與當直一同到家中，拜謝了克用，參見了老安人。克用見李募事書，說道：「許宣原是生藥店中主管。」因此留他在店中做買賣，夜間教他去五條巷賣豆腐的王公樓上歇。克用見許宣藥店中十分精細，心中歡喜。原來藥鋪中有兩個主管，一個張主管，一個趙主管。趙主管一生老實本分，張主管一生克剝奸詐，倚着自老了，欺侮後輩。見又添了許宣，心中不悦，恐怕退了他；反生奸計，要嫉妒他。忽一日，李克用來店中閑看，問：「新來的做買賣如何？」張主管聽了心中道：「中我機謀了！」應道：「好便好了，衹有一件，——」克用道：「有甚麼一件？」老張道：「他大主買賣肯做，小主兒就打發去了，因此人說他不好。我幾次勸他，不肯依我。」老員外說：「這個容易，我自吩咐他便了，不怕他不依。」趙主管在傍聽得此言，私對張主管說道：「我們都要和氣。許宣新來，我和你照管他才是。有不是寧可當面講，如何背後去說他？他得知了，衹道我們嫉妒。」老張道：「你們後生家，曉得甚麼！」天已晚了，各回下處。趙主管來許宣下處道：「張主管在員外面前嫉妒你，你如今要愈加用心，大主小主兒買賣，一般樣做。」許宣道：「多承指教！我和你去閑酌一杯。」二人同到店中，左右坐下。酒保將要飯果碟擺下，二人吃了幾杯。趙主管說：「老員外最性直，受不得觸。你便依隨他生性，耐心做買賣。」許宣道：「多謝老兄厚愛，謝之不盡！」又飲了兩杯，天色晚了。趙主管道：「晚了路黑難行，改日再會。」許宣還了酒錢，各自散了。

許宣覺道有杯酒醉了，恐怕衝撞了人，從屋檐下回去。正走之間，祇見一家樓上推開窗，將熨斗播灰下來，都傾在許宣頭上。立住脚，便罵道：「誰家潑男女，不生眼睛，好沒道理！」祇見一個婦人，慌忙走下來道：「官人休要罵，是奴家不是，一時失誤了，休怪！」許宣半醉，擡頭一看，兩眼相覷，正是白娘子。許宣怒從心上起，惡向膽邊生，無明火焰騰騰高起三千丈，掩納不住，便罵道：「你這賊賤妖精，連累得我好苦！吃了兩場官事！」恨小非君子，無毒不丈夫。正是：

踏破鐵鞋無覓處，得來全不費工夫。

許宣道：「你如今又到這裏，卻不是妖怪？」趕將入去，把白娘子一把拿住道：「你要官休私休！」白娘子陪着笑面道：「丈夫，『一夜夫妻百夜恩』，和你說來事長。你聽我說：當初這衣服，都是我先夫留下的。我與你恩愛深重，教你穿在身上，恩將仇報，反成吳越？」許宣道：「那日我回來尋你，如何不見了！主人都說你同青青來寺前看我，因何又在此間？」白娘子道：「我到寺前，聽得說你被捉了去，教青青打聽不着，祇道你脫身走了。怕來捉我，教青青連忙討了一隻船，到建康府娘舅家去。昨日才到這裏。我也道連累你兩場官事，也有何面目見你！你怪我也無用了。情意相投，做了夫妻，如今好端端難道走開了？我與你情似泰山，恩同東海，誓同生死，可看日常夫妻之面，取我到下處，和你百年偕老，卻不是好！」許宣被白娘子一騙，回嗔作喜，沉吟了半晌，被色迷了心膽，留連之意，不回下處，就在白娘子樓上歇了。

次日，來上河五條巷王公樓家，對王公說：「我的妻子同丫鬟從蘇州來到這裏。」一一說了，道：「我如今搬回來一處過活。」王公道：「此乃好事，如何用說。」當日把白娘子同青青搬來王公樓上。次日，點茶請鄰舍。第三日，鄰舍又與許宣接風。酒筵散了，鄰舍各自回去，不在話下。第四日，許宣早起梳洗已罷，對白娘子說：「我去拜謝東西鄰舍，去做買賣去也。你同青青只在樓上照管，切勿出門！」吩咐已了，自到店中做買賣，早去晚回。

不覺光陰迅速，日月如梭，又過一月。忽一日，許宣與白娘子商量，去見主人李員外媽媽家眷。白娘子道：「你在他家做主管，去參見了他，也好日常走動。」到次日，僱了轎子，徑進裏面請白娘子上了轎。叫王公挑了盒兒，丫鬟青青跟隨，一齊來到李員外家。下了轎子，進到裏面，請員外出來。李克用連忙來見，白娘子深深道個萬福，拜了兩拜，媽媽也拜了兩拜，內眷都參見了。原來李克用年紀雖然高大，卻專一好色。見了白娘子有傾國之姿，正是：

三魂不附體，七魄在他身。

那員外目不轉睛，看白娘子。當時安排酒飯管待。媽媽對員外道：「好個伶俐的娘子！十分容貌，溫柔和氣，本分老成。」員外道：「便是杭州娘子生得俊俏。」飲酒罷了，白娘子相謝自回。李克用心中思想：「如何得這婦人共宿一宵？」眉頭一簇，計上心來，道：「六月十三是我壽誕之日，不要慌，教這婦人着我一個道兒。」不覺烏飛兔走，才過端午，又是六月初間。那員外道：「媽媽，十三日是我壽誕，可做一個筵席，請親眷朋友閑耍一日，也是一生的快樂。」當日親眷鄰友主管人等，都下了請帖。次日，家家戶戶都送燭面手帕物件來。十三日都來赴筵，吃了一日。次日是女眷們來賀壽，也有廿來個。且說白娘子也來，十分打扮，上着青織金衫兒，下穿大紅紗裙，戴一頭百巧珠翠金銀首飾。帶了青青，都到裏面拜了生日，參見了老安人。東閣下排着筵席。原來李克用是吃虱子留後腿的人，因見白娘子容貌，設此一計，大排筵席。各各傳杯弄盞，酒至半酣，卻起身脫衣淨手。李員外原來預先吩咐心腹養娘道：「若是白娘子登東，他要進去，你可另引他到後面僻淨房內去。」李員外設計已定，先自躲在後面。正是：

不勞鑽穴逾牆事，穩做偷香竊玉人。

祇見白娘子真個要去淨手，養娘便引他到後面一間僻淨房內去。養娘自回。那員外心中淫亂，捉身不住，不敢便走進去，卻在門縫裏張。不張萬事皆休，則一張那員外大吃一驚，回身便走，來到後邊，望後倒了。

不知一命如何，先覺四肢不舉！

那員外眼中不見如花似玉體態，祇見房中蟠着一條弔桶來粗大白蛇，兩眼一似燈盞，放出金光來。驚得半死，回身便走，一絆一交。衆養娘扶起看時，面青口白。主管慌忙用安魂定魄丹服了，方纔醒來。老安人與衆人都來看了道：「你爲何大驚小怪做甚麽？」李員外不說其事，說道：「我今日起得早了，連日又辛苦了些，頭風病發暈倒了。」扶去房裏睡了。衆親眷再入席飲了幾杯，酒筵散罷，衆人作謝回家。

白娘子回到家中思想，恐怕明日李員外在鋪中對許宣說出本相來。便生一條計，一頭脫衣服，一頭嘆氣。許宣道：「今日出去吃酒，因何回來嘆氣？」白娘子道：「丈夫，說不得！李員外原來假做生日，其心不善。因見我起身登東，他躲在裏面，欲要姦騙我，扯裙扯褲，來調戲我。欲待叫起來，衆人都在那裏，怕妝幌子。被我一推倒地，他怕羞沒意思，假說暈倒了。這惶恐那裏出氣！」許宣道：「既不曾姦騙你，他是我主人家，出於無奈，祇得忍了。這遭休去便了。」白娘子道：「你不與我做主，還要做人？」許宣道：「先前多承姐夫寫書，教我投奔他家。虧他不阻，收留在家做主管。如今教我怎的好？」白娘子道：「男子漢！我被他這般欺負，你還去他家做主管？」許宣道：「你教我何處去安身？做何生理？」白娘子道：「做人家主管，也是下賤之事。不如自開一個生藥鋪。」許宣道：「虧你說，只是那討本錢？」白娘子道：「你放心，這個容易。我明日把些銀子，你先去賃了間房子卻又說話。」且說「今是古，古是今」，各處有這等出熱的。間壁有一個人，姓蔣名和，一生出熱好事。次日，許宣問白娘子討了些銀子，教蔣和去鎮江渡口碼頭上，賃了一間房子，買下一付生藥廚櫃，陸續收賣生藥。十月前後，俱已完備，選日開張藥店，不去做主管。那李員外也自知惶恐，不去叫他。

許宣自開店來，不匡買賣一日興一日，普得厚利。正在門前賣生藥，祇見一個和尚將着一個募緣簿子道：「小僧是金山寺和尚，如今七月初七日是英烈龍王生日，伏望官人到寺燒香，布施些香錢！」許宣道：「不必寫名，我有一塊好降香，捨與你拿去燒罷。」即便開櫃取出遞與和尚。和尚接了道：「是日望官人來燒香！」打一個問訊去了。白娘子看見道：「你這殺才，把這一塊好香與那賊禿去換酒肉吃！」許宣道：「我一片誠心捨與他，花費了也是他的罪過。」不覺又是七月初七日，許宣正開得店，祇見街上鬧熱，人來人往。幫閑的蔣和道：「小乙官前日布施了香，今日何不去寺內閑走一遭？」許宣道：「我收拾了，略待略待，和你同去。」蔣和道：「小人當得相伴。」許宣連忙收拾了，進去對白娘子道：「我去金山寺燒香，你可照管家裏則個。」白娘子道：「『無事不登三寶殿』，去做甚麼？」許宣道：「一者不曾認得金山寺，要去看一看；二者前日布施了，要去燒香。」白娘子道：「你既要去，我也擋你不得，祇要依我三件事。」許宣道：「那三件？」白娘子道：「一件，不要去方丈內去；二件，不要與和尚說話；三件，去了就回。來得遲，我便來尋你也。」許宣道：「這個何妨，都依得。」

當時換了新鮮衣服鞋襪，袖了香盒，同蔣和徑到江邊，搭了船，投金山寺來。先到龍王堂燒了香，繞寺閑走了一遍，同衆人信步來到方丈門前。許宣猛省道：「妻子吩咐我休要進方丈內去。」立住了腳，不進去。蔣和道：「不妨事，他自在家中，回去祇說不曾去便了。」說罷，走入去，看了一回，便出來。且說方丈當中座上，坐着一個有德行的和尚，眉清目秀，圓頂方袍，看了模樣，的是真僧。一見許宣走過，便叫侍者：「快叫那後生進來。」侍者看了一回，人千人萬，亂滾滾的，又不記得他，回說：「不知他走那邊去了？」和尚見說，持了禪杖，自出方丈來，前後尋不見。復身出寺來看，祇見衆人都在那裏等風浪靜了落船。那風浪越大了，道：「去不得。」正看之間，祇見江心裏一隻船飛也似來得快。許宣對蔣和道：「這般大風浪過不得渡，那隻船如何到來得快？」

正說之間，船已將近。看時，一個穿白的婦人，一個穿青的女子來到岸邊，仔細一認，正是白娘子和青青兩個。許宣這一驚非小。白娘子來到岸邊，叫道：「你如何不歸？快來上船！」許宣卻欲上船，祇聽得有人在背後喝道：「業畜在此做甚麼？」許宣回頭看時，人說道：「法海禪師來了！」禪師道：「業畜，敢再來無禮，殘害生靈！老僧爲你特來。」白娘子見了和尚，搖開船，和青青把船一翻，兩個都翻下水底去了。許宣回身看着和尚便拜：「告尊師，救弟子一條草命！」禪師道：「你如何遇着這婦人？」許宣把前項事情從頭說了一遍。禪師聽罷，道：「這婦人正是妖怪，汝可速回杭州去。如再來纏汝，可到湖南淨慈寺裏來尋我。有詩四句：

本是妖精變婦人，西湖岸上賣嬌聲；
汝因不識遭他計，有難湖南見老僧。」

許宣拜謝了法海禪師，同蔣和下了渡船，過了江，上岸歸家。白娘子同青青都不見了。方纔信是妖精。到晚來，教蔣和相伴過夜，心中昏悶，一夜不睡。次日早起，叫蔣和看着家裏，卻來到針子橋李克用家，把前項事情告訴了一遍。李克用道：「我生日之時，他登東，我撞將去，不期見了這妖怪，驚得我死去。我又不敢與你說這話。既然如此，你且搬來我這裏住着，別作道理。」許宣作謝了李員外，依舊搬到他家。不覺住過兩月有餘。

忽一日立在門前，祇見地方總甲吩咐排門人等，俱要香花燈燭，迎接朝廷恩赦。原來是宋高宗策立孝宗，降赦通行天下，祇除人命大事，其餘小事，盡行赦放回家。許宣遇赦，歡喜不勝，吟詩一首，詩云：

感謝吾皇降赦文，網開三面許更新；死時不作他邦鬼，生日還爲舊土人。不幸逢妖愁更甚，何期遇宥罪除根？歸家滿把香焚起，拜謝乾坤再造恩。

許宣吟詩已畢，央李員外衙門上下打點使用了錢，見了大尹，給引還鄉。拜謝東鄰西舍，李員外媽媽合家大小，二位主管，俱拜別了。央幫閑的蔣和買了些土物帶回杭州。來到家中，見了姐夫姐姐，拜了四拜。李募事見了許宣焦躁道：「你好生欺負人，我兩遭寫書教你投託人，你在李員外家娶了老小，不直得寄封書來教我知道，直恁的無仁無義！」許宣說：「我不曾娶妻小。」姐夫道：「見今兩日前，有一個婦人帶着一個丫鬟，道是你的妻子。說你七月初七日去金山寺燒香，不見回來。那裏不尋到。直到如今，打聽得你回杭州，同丫鬟先到這裏等你兩日了。」教人叫出那婦人和丫鬟見了許宣。許宣看見，果是白娘子青青。許宣見了，目睜口呆，吃了一驚。不在姐夫姐姐面前說這話本，祇得任他埋怨了一場。李募事教許宣共白娘子去一間房內去安身。

許宣見晚了，怕這白娘子，心中慌了。不敢向前，朝着白娘子跪在地下道：「不知你是何神何鬼？可饒我的性命！」白娘子道：「小乙哥是何道理？我和你許多時夫妻，又不曾虧負你，如何說這等沒力氣的話。」許宣道：「自從和你相識之後，帶累我吃了兩場官司。我到鎮江府，你又來尋我。前日金山寺燒香，歸得遲了，你和青青又直趕來。見了禪師，便跳下江裏去了。我祇道你死了，不想你又先到此，望乞可憐見饒我則個！」白娘子圓睜怪眼道：「小乙官，我也只是爲好，誰想到成怨本！我與你平生夫婦，共枕同衾，許多恩愛，如今卻信別人閑言語，教我夫妻不睦。我如今實對你說，若聽我言語，喜喜歡歡，萬事皆休；若生外心，教你滿城皆爲血水，人人手攀洪浪，腳踏渾波，皆死於非命。」驚得許宣戰戰兢兢，半晌無言可答，不敢走近前去。青青勸道：「官人，娘子愛你杭州人生得好，又喜你恩情深重。聽我說，與娘子和睦了，休要疑慮。」許宣吃兩個纏不過，叫道：「卻是苦耶！」祇見姐姐在天井裏乘涼，聽得叫苦，連忙來到房前，祇道他兩個兒廝鬧，拖了許宣出來。白娘子關上房門自睡。許宣把前因後事，一一對姐姐告訴了一遍。

卻好姐夫乘涼歸房。姐姐道：「他兩口兒廝鬧了，如今不知睡了也未，你且去張一張了來。」李募事走到房前看時，裏頭黑了，半亮不亮。將舌頭舐破紙窗，不張萬事皆休，一張時，見一條弔桶來大的蟒蛇，睡在牀上，伸頭在天窗內乘涼，鱗甲內放出白光來，照得房內如同白日。吃了一驚，回身便走。來到房中，不說其事。道：「睡了，不見則聲。」許宣躲在姐姐房中，不敢出頭，姐夫也不問他。過了一夜，次日，李募事叫許宣出去，到僻靜處問道：「你妻子從何娶來？實實的對我說，不要瞞我！自昨夜親眼看見他是一條大白蛇，我怕你姐姐害怕，不說出來。」許宣把從頭事，一一對姐夫說了一遍。李募事道：「既是這等，白馬廟前，一個呼蛇戴先生，如法捉得蛇。我同你去接他。」

二人取路來到白馬廟前，衹見戴先生正立在門口。二人道：「先生拜揖。」先生道：「有何見諭？」許宣道：「家中有一條大蟒蛇，相煩一捉則個！」先生道：「宅上何處？」許宣道：「過軍橋黑珠兒巷內李募事家便是。」取出一兩銀子道：「先生收了銀子，待捉得蛇另又相謝。」先生收了道：「二位先回，小子便來。」李募事與許宣自回。

那先生裝了一瓶雄黄藥水，一直來到黑珠兒巷內，問李募事家。人指道：「前面那樓子內便是。」先生來到門前，揭起簾子，咳嗽一聲，并無一個人出來。敲了半晌門，衹見一個小娘子出來問道：「尋誰家？」先生道：「此是李募事家麽？」小娘子道：「便是。」先生道：「說宅上有一條大蛇，卻才二位官人來請小子捉蛇。」小娘子道：「我家那有大蛇？你差了。」先生道：「官人先與我一兩銀子，說捉了蛇後，有重謝。」白娘子道：「沒有，休信他們哄你。」先生道：「如何作耍？」白娘子三回五次發落不去，焦躁起來，道：「你真個會捉蛇？衹怕你捉他不得！」戴先生道：「我祖宗七八代呼蛇捉蛇，量道一條蛇有何難捉！」娘子道：「你說捉得，衹怕你見了要走！」先生道：「不走，不走！如走，罰一錠白銀。」娘子道：「隨我來。」到天井內，那娘子轉個彎，走進去了。那先生手中提着瓶兒，立在空地上。不多時，衹見刮起一陣冷風，風過處，衹見一條弔桶來大的蟒蛇，速射將來，正是：

人無害虎心，虎有傷人意。

且說那戴先生吃了一驚，望後便倒，雄黄罐兒也打破了。那條大蛇張開血紅大口，露出雪白齒，來咬先生。先生慌忙爬起來，衹恨爹娘少生兩腳，一口氣跑過橋來，正撞着李募事與許宣。許宣道：「如何？」那先生道：「好教二位得知，……」把前項事，從頭說了一遍。取出那一兩銀子付還李募事道：「若不生這雙腳，連性命都沒了。二位自去照顧別人。」急急的去了。許宣道：「姐夫，如今怎麽處？」李募事道：「眼見實是妖怪了，如今赤山埠前張成家欠我一千貫錢。你去那裏靜處，討一間房兒住下。那怪物不見了你，自然去了。」許宣無計可奈，衹得應承。同姐夫到家時，靜悄悄的沒些動靜。李募事寫了書帖，和票子做一封，教許宣往赤山埠去。衹見白娘子叫許宣到房中道：「你好大膽，又叫甚麼捉蛇的來！你若和我好意，佛眼相看，若不好時，帶累一城百姓受苦，都死於非命！」許宣聽得，心寒膽戰，不敢則聲。將了票子，悶悶不已。來到赤山埠前，尋着了張成。隨卽袖中取票時，不見了。衹叫得苦，慌忙轉步，一路尋回來時，那裏見。正悶之間，來到淨慈寺前，忽地裏想起那金山寺長老法海禪師曾分付來：「倘若那妖怪再來杭州纏你，可來淨慈寺內來尋我。如今不尋，更待何時。」急入寺中，問監寺道：「動問和尚，法海禪師曾來上刹也未？」那和尚道：「不曾到來。」許宣聽得說不在，越悶。折身便回來長橋堍下，自言語道：「『時衰鬼弄人』，我要性命何用？」看着一湖清水，卻待要跳！正是：

閻王判你三更到，定不容人到四更。

許宣正欲跳水，衹聽得背後有人叫道：「男子漢何故輕生？死了一萬口，衹當五千雙，有事何不問我！」許宣回頭看時，正是法海禪師。背馱衣鉢，手提禪杖，原來真個才到。也是不該命盡，再遲一碗飯時，性命也休了。許宣見了禪師，納頭便拜，道：「救弟子一命則個！」禪師道：「這業畜在何處？」許宣把上項事一一訴了。道：「如今又直到這裏，求尊師救度一命。」禪師於袖中取出一個鉢盂，遞與許宣道：「你若到家，不可教婦人得知，悄悄的將此物劈頭一罩，切勿手輕，緊緊的按住，不可心慌，你便回去。」

且說許宣拜謝了禪師回家，衹見白娘子正坐在那裏，口內喃喃的罵道：「不知甚人挑撥我丈夫和我做冤家，打聽出來，和他理會！」正是有心等了沒心的，許宣張得他眼慢，背後悄悄的，望白娘子頭上一罩，用盡平生氣力納住。不見了女子之形，隨着鉢盂慢慢的按下，不敢手鬆，緊緊的按住。衹聽得鉢盂内道：「和你數載夫妻，好沒一些兒人情！略放一放！」許宣正沒了結處，報道：「有一個和尚，說道：『要收妖怪。』」許宣聽得，連忙教李募事請禪師進來。來到裏面，許宣道：「救弟子則個！」不知禪師口裏念的甚麽，念畢，輕輕的揭起鉢盂，只見白娘子縮做七八寸長，如傀儡人像，雙眸緊閉，做一堆兒，伏在地下。禪師喝道：「是何業畜妖怪，怎敢纏人？可說備細！」白娘子答道：「禪師，我是一條大蟒蛇。因爲風雨大作，來到西湖上安身，同青青一處。不想遇着許宣，春心蕩漾，按納不住，一時冒犯天條，卻不曾殺生害命。望禪師慈悲則個！」禪師又問：「青青是何怪？」白娘子道：「青青是西湖内第三橋下潭内千年成氣的青魚。一時遇着，拖他爲伴，他不曾得一日歡娛，并望禪師憐憫！」禪師道：「念你千年修煉，免你一死，可現本相！」白娘子不肯。禪師勃然大怒，口中念念有詞，大喝道：「揭諦何在？快與我擒青魚怪來，和白蛇現形，聽吾發落！」須臾庭前起一陣狂風。風過處，衹聞得豁刺一聲響，半空中墜下一個青魚，有一丈多長，向地撥刺的連跳幾跳，縮做尺餘長一個小青魚。看那白娘子時，也復了原形，變了三尺長一條白蛇，兀自昂頭看着許宣。

禪師將二物置於鉢盂之内，扯下褊衫一幅，封了鉢盂口，拿到雷峯寺前，將鉢盂放在地下，令人搬磚運石，砌成一塔。後來許宣化緣，砌成了七層寶塔。千年萬載，白蛇和青魚不能出世。且說禪師押鎮了，留偈四句：

西湖水乾，江湖不起，雷峯塔倒，白蛇出世。

法海禪師言偈畢。又題詩八句以勸後人：

奉勸世人休愛色！愛色之人被色迷。心正自然邪不擾，身端怎有惡來欺？但看許宣因愛色，帶累官司惹是非。不是老僧來救護，白蛇吞了不留些。

法海禪師吟罷，各人自散。惟有許宣情願出家，禮拜禪師爲師，就雷峯塔披剃爲僧。修行數年，一夕坐化去了。衆僧買龕燒化，造一座骨塔，千年不朽。臨去世時，亦有詩四句，留以警世，詩曰：

祖師度我出紅塵，鐵樹開花始見春；化化輪回重化化，生生轉變再生生。欲知有色還無色，須識無形卻有形；色卽是空空卽色，空空色色要分明。

（節自馮夢龍《警世通言》第二十八卷）

我的故鄉盛傳着狐狸變人的故事，那裏的外祖母們從來不把白娘子的愛情悲劇作爲傳統的話題。不過，這並不影響白蛇故事的流傳。版本不一的連環畫，爭奇鬥豔的白蛇戲，特別是語文課本上分外醒目的《論雷峯塔的倒掉》等，都導致了新一代人對白娘子命運的關注。「和尚本應該祇管自己念經。白蛇自迷許仙，許仙自娶妖怪，和別人有什麽相干呢？他偏要放下經卷，橫來招是搬非，大約是懷着嫉妒罷，——那簡直是一定的。」多少年過去了，每想起魯迅的這些話，便不由得笑出聲來，每一筋節竅髓都似乎透露着對法海的蔑視情緒。

然而細想一下，這印象畢竟是從清人和近現代人的改編本和再創造中得出來的。至於白蛇悲劇的母本，卽明人擬話本《白娘子永鎮雷峯塔》中的情形，則又另當別論，說起來則要麻煩得多。簡言之，《白娘子永鎮雷峯塔》是白蛇故事演變化中的一次質的騰躍。它結束了唐宋人筆記中蛇妖迷人的恐怖傳說（參見唐人小說《白蛇記》，宋元話本《西湖三塔記》等），將其改造成爲蛇女思凡的動人悲劇，從而第一次完成了由蛇妖到蛇女的升華。但與清以後同類題材的作品（參見清人章回小說《雷峯塔傳奇》、彈詞《義妖傳》等）相比較，它無疑又是一種過渡。其情節人物均呈現着未經雕琢的純樸情態，粗疏，厚重，自然，古直，留下了供讀者回味、聯想、沉思和超越的極大空間。

白娘子形象是耐人尋味的。她的魅力在於她的平凡。這篇小說中的蛇女，已全然不是前人筆下吸人精血的蛇妖，但又有別於後人筆下呼風喚雨的蛇仙。除了偶見鶻突之外，她更接近於「人」，一個率眞得類乎粗疏，癡情得猶如迂腐，善良得近似孱弱的市井女子。看得出，這位不知名姓的擬話本作者也已厭倦了「美則無一不美」的寫人模式，他沒有把楚楚動人的女主人公製作成理想標本，而賦予她一種亦新亦舊的尋常風貌。在自媒自薦、盜取庫銀、動用當鋪衣飾、捉弄終南道士、弔打捉蛇先生以及與法海和尚的短暫對峙等情節中，白娘子身上飄溢着崇尚個性、不拘禮法的浪漫精神；而一旦進入與許宣之間的感情糾葛，她又以柔爲用，以弱爲美，固執地恪守着委曲求全、以德報怨的道德信條，並由此承受了來自社會與來自家庭的雙重悲辛。這是一個從內心到身外都充滿着矛盾的人物。凡俗女子的卑微與崇高、溫厚與狡黠、拘泥與放達，以及其他種種古典風範和浪漫氣質，都雜糅在同一軀體中，難解難分，相生相克。這樣的形象，已不再具有簡單明了可以一語道破的性質了，它所包孕的，是一種未經過濾，未經提純、澄之不淸、擾之不濁的眞實而豐富的人生。

許宣形象也是耐人尋味的。他的魅力，在他異乎尋常的平庸之中。記得從第一次讀《警世通言》的時候起，便抑止不住對許宣（而不是後來的許仙）的失望。他少說也有過五六次叛變吧？法海們固然可惡，那愛情的堡壘，卻畢竟主要是從內部被攻破的。誠然，許宣並非歹徒，也不是王魁、莫稽一流人物，他甚至堪稱爲傳統觀念中的志誠後生，古老風習下的正人君子。他的種種劣跡，例如不情不義、裏應外合之類，都是在堂而皇之的名目下，受到社會輿論的贊助，纔完成的。明明美也，而以爲妖；明明妄也，而以爲忠。一個平庸得是非顚倒、善惡不辨的可憐蟲而已。對這種人物，是很難有提防之心的，也難怪白娘子不咎既往，一次次原諒了他。他平庸得不足掛齒。然而，許宣們的可怕，又恰恰在那毫無自知、難以怪罪的平庸之中。這是千眞萬確的。篇末，作者佯作漫不經心似的帶出兩筆：鎭壓白娘子的七層寶塔，是許宣化緣而砌成的，他因此披剃爲僧，功成正果去了；可嘆白娘子被迫現出本相之後，依然情意惓惓，「兀自昂頭望着許宣」呢。一個多麽殘忍的鏡頭！但願有誰將這轉瞬卽逝的鏡頭放慢，以捕捉白娘子迷離恍惚、一言難盡的情緒。平庸，也會釀造悲劇。許宣所扮演的糊塗戲，不是證實了這一點嗎？

還値得一提的是，小說的整體構思也是耐人尋味的。它的魅力存在於平實的設計之中。全篇的矛盾衝突雖然呈現着三個以上的層次，但任何一個層次的衝突都不構成通常意念中的善與惡、正與邪、美與醜的對立。參與鎮壓白娘子的，除了李克用是一登徒子外，餘者連同法海在內，竟然都屬於一心向善、行俠仗義的角色。他們是在扶正驅邪的大旗下，帶着宗教的虔誠，去製造悲劇的。這是一場情與理的搏鬥。從理念的角度看，法海們無不眞誠地認爲自己代表着「善」；而從感情的角度看，他們卻實實在在地代表着「惡」。不過，在這裏，感情是弱小無援的。法海們所代表的理性勢力、傳統心理和古老風習，則是那樣地強大沉重和不可理喻。白娘子的慘敗實屬不可避免。理性世界在稍受衝擊之後，又恢復了它死氣沉沉的一統天下。這種設計，無疑是對現存社會意識和文化心理所作的冷靜反思的產物，它有意無意地使整個作品的題旨趨於深化，趨於厚重，趨於宏大。

然而，白娘子的生命力畢竟沒有最後終結，法海也衹能將她裝入鉢盂埋在雷峯塔之下。這就是希望的種子。七層寶塔無論怎樣堅固，總會有鬆動之日；而且感情這東西又是從來壓抑不住的。然而，白娘子又確實是被鎮壓在法海和許宣共同建造的七層寶塔之下了。儘管西湖十景之一的雷峯塔早已倒掉，而小說中的鎮壓之塔卻將世世代代矗立在那裏。也好，那是一種儆戒。後世子孫將永遠記住白娘子的人生悲劇，並繼續思索由這悲劇中引出的種種教訓。白娘子該得到慰藉了吧。

（劉敬圻）

杜十娘怒沉百寶箱

《警世通言》

掃蕩殘胡立帝畿，龍翔鳳舞勢崔嵬；左環滄海天一帶，右擁太行山萬圍。戈戟九邊雄絕塞，衣冠萬國仰垂衣；太平人樂華胥世，永永金甌共日輝。

這首詩，單誇我朝燕京建都之盛。說起燕都的形勢，北倚雄關，南壓區夏，眞乃金城天府，萬年不拔之基。當先洪武爺掃蕩胡塵，定鼎金陵，是爲南京。到永樂爺從北平起兵靖難，遷於燕都，是爲北京。祇因這一遷，把個苦寒地面，變作花錦世界。自永樂爺九傳至於萬曆爺，此乃我朝第十一代的天子。這位天子，聰明神武，德福兼全，十歲登基，在位四十八年，削平了三處寇亂。那三處？

日本關白平秀吉，西夏哱承恩，播州楊應龍。

平秀吉侵犯朝鮮，哱承恩、楊應龍是土官謀叛，先後削平。遠夷莫不畏服，爭來朝貢。真個是：

一人有慶民安樂，四海無虞國太平。

話中單表萬曆二十年間，日本國關白作亂，侵犯朝鮮。朝鮮國王上表告急，天朝發兵泛海往救。有戶部官奏准：目今兵興之際，糧餉未充，暫開納粟入監之例。原來納粟入監的，有幾般便宜：好讀書，好科舉，好中，結末來又有個小小前程結果。以此宦家公子，富室子弟，倒不願做秀才，都去援例做太學生。自開了這例，兩京太學生，各添至千人之外。

內中有一人，姓李名甲，字千先，浙江紹興府人氏。父親李布政所生三兒，惟甲居長。自幼讀書在庠，未得登科，援例入於北雍。因在京坐監，與同鄉柳遇春監生同游教坊司院內，與一個名姬相遇。那名姬姓杜名媺，排行第十，院中都稱爲杜十娘，生得：

渾身雅豔，遍體嬌香，兩彎眉畫遠山青，一對眼明秋水潤。臉如蓮萼，分明卓氏文君，唇似櫻桃，何減白家樊素。可憐一片無瑕玉，誤落風塵花柳中。

那杜十娘自十三歲破瓜，今一十九歲，七年之內，不知歷過了多少公子王孫，一個個情迷意蕩，破家蕩産而不惜。院中傳出四句口號來，道是：

坐中若有杜十娘，斗筲之量飲千觴；
院中若識杜老媺，千家粉面都如鬼。

卻說李公子，風流年少，未逢美色，自遇了杜十娘，喜出望外，把花柳情懷，一擔兒挑在他身上。那公子俊俏龐兒，溫存性兒，又是撒漫的手兒，幫襯的勤兒，與十娘一雙兩好，情投意合。十娘因見鴇兒貪財無義，久有從良之志；又見李公子忠厚志誠，甚有心向他。奈李公子懼怕老爺，不敢應承。雖則如此，兩下情好愈密，朝歡暮樂，終日相守，如夫婦一般，海誓山盟，各無他志。真個：

恩深似海恩無底，義重如山義更高。

再說杜媽媽女兒，被李公子佔住，別的富家巨室，聞名上門，求一見而不可得。初時李公子撒漫用錢，大差大使，媽媽脅肩諂笑，奉承不暇。日往月來，不覺一年有餘，李公子囊篋漸漸空虛，手不應心，媽媽也就怠慢了。老布政在家聞知兒子闝院，幾遍寫字來喚他回去。他迷戀十娘顏色，終日延捱。後來聞知老爺在家發怒，越不敢回。

古人云：「以利相交者，利盡而疏。」那杜十娘與李公子真情相好，見他手頭愈短，心頭愈熱。媽媽也幾遍教女兒打發李甲出院，見女兒不統口，又幾遍將言語觸突李公子，要激怒他起身。公子性本溫克，詞氣愈和，媽媽沒奈何，日逐祇將十娘叱罵道：「我們行戶人家，吃客穿客，前門送舊，後門迎新，門庭鬧如火，錢帛堆成垛。自從那李甲在此，混帳一年有餘，莫說新客，連舊主顧都斷了，分明接了個鍾馗老，連小鬼也沒得上門。弄得老娘一家人家，有氣無煙，成什麼模樣！」杜十娘被罵，耐性不住，便回答道：「那李公子不是空手上門的，也曾費過大錢來。」媽媽道：「彼一時，此一時，你祇教他今日費些小錢兒，把與老娘辦些柴米，養你兩口也好。別人家養的女兒便是搖錢樹，千生萬活，偏我家晦氣，養了個退財白虎，開了大門，七件事般般都在老身心上。到替你這小賤人白白養着窮漢，教我衣食從何處來？你對那窮漢說：有本事出幾兩銀子與我，到得你跟了他去，我別討個丫頭過活卻不好？」十娘道：「媽媽，這話是真是假？」媽媽曉得李甲囊無一錢，衣衫都典盡了，料他沒處設法。便應道：「老娘從不說謊，當真哩。」十娘道：「娘，你要他許多銀子？」媽媽道：「若是別人，千把銀子也討了，可憐那窮漢出不起，祇要他三百兩，我自去討一個粉頭代替。祇一件，須是三日內交付與我。左手交銀，右手交人。若三日沒有銀時，老身也不管三七二十一，公子不公子，一頓孤拐，打那光棍出去。那時莫怪老身！」十娘道：「公子雖在客邊乏鈔，諒三百金還措辦得來。祇是三日忒近，限他十日便好。」媽媽想道：「這窮漢一雙赤手，便限他一百日，他那裏來銀子。沒有銀子，便鐵皮包臉，料也無顏上門。那時重整家風，媺兒也沒得話講。」答應道：「看你面，便寬到十日。第十日沒有銀子，不干老娘之事。」十娘道：「若十日內無銀，料他也無顏再見了。祇怕有了三百兩銀子，媽媽又翻悔起來。」媽媽道：「老身年五十一歲了，又奉十齋，怎敢說謊？不信時與你拍掌爲定。若翻悔時，做猪做狗。」

從來海水斗難量，可笑虔婆意不良；
料定窮儒囊底竭，故將財禮難嬌娘。

是夜，十娘與公子在枕邊，議及終身之事。公子道：「我非無此心。但教坊落籍，其費甚多，非千金不可，我囊空如洗，如之奈何！」十娘道：「妾已與媽媽議定衹要三百金，但須十日內措辦。郎君游資雖罄，然都中豈無親友可以借貸？倘得如數，妾身遂爲君之所有，省受虔婆之氣。」公子道：「親友中爲我留戀行院，都不相顧。明日衹做束裝起身，各家告辭，就開口假貸路費，凑聚將來，或可滿得此數。」起身梳洗，別了十娘出門。十娘道：「用心作速，專聽佳音。」公子道：「不須吩咐。」公子出了院門，來到三親四友處，假說起身告別，衆人到也歡喜。後來敘到路費欠缺，意欲借貸。常言道：「說着錢，便無緣。」親友們就不招架。他們也見得是，道李公子是風流浪子，迷戀煙花，年許不歸，父親都爲他氣壞在家。他今日抖然要回，未知真假，倘或說騙盤纏到手，又去還脂粉錢，父親知道，將好意翻成惡意，始終衹是一怪，不如辭了乾淨。便回道：「目今正值空乏，不能相濟，慚愧！慚愧！」人人如此，個個皆然，并沒有個慷慨丈夫，肯統口許他一十二十兩。李公子一連奔走了三日，分毫無獲，又不敢回决十娘，權且含糊答應。到第四日又沒想頭，就羞回院中。平日間有了杜家，連下處也沒有了，今日就無處投宿。衹得往同鄉柳監生寓所借歇。柳遇春見公子愁容可掬，問其來歷。公子將杜十娘願嫁之情，備細說了。遇春搖首道：「未必，未必。那杜嫩曲中第一名姬，要從良時，怕沒有十斛明珠，千金聘禮，那鴇兒如何衹要三百兩？想鴇兒怪你無錢使用，白白佔住他的女兒，設計打發你出門。那婦人與你相處已久，又礙卻面皮，不好明言。明知你手內空虛，故意將三百兩賣個人情，限你十日。若十日沒有，你也不好上門。便上門時，他會說你笑你，落得一場褻瀆，自然安身不牢，此乃煙花逐客之計。足下三思，休被其惑。據弟愚意，不如早早開交爲上。」公子聽說，半晌無言，心中疑惑不定。遇春又道：「足下莫要錯了主意。你若真個還鄉，不多幾兩盤費，還有人搭救。若是要三百兩時，莫說十日，就是十個月也難。如今的世情，那肯顧緩急二字的。那煙花也算定你沒處告債，故意設法難你。」公子道：「仁兄所見良是。」口裏雖如此說，心中割捨不下。依舊又往外邊東央西告，祇是夜裏不進院門了。公子在柳監生寓中，一連住了三日，共是六日了。

杜十娘連日不見公子進院，十分着緊，就教小廝四兒街上去尋。四兒尋到大街，恰好遇見公子。四兒叫道：「李姐夫，娘在家裏望你。」公子自覺無顔，回復道：「今日不得功夫，明日來罷。」四兒奉了十娘之命，一把扯住，死也不放。道：「娘叫咱尋你。是必同去走一遭。」李公子心上也牽掛着婊子，沒奈何，祇得隨四兒進院。見了十娘，嘿嘿無言。十娘問道：「所謀之事如何？」公子眼中流下淚來。十娘道：「莫非人情淡薄，不能足三百之數麽？」公子含淚而言，道出二句：

不信上山擒虎易，果然開口告人難。

一連奔走六日，并無銖兩，一雙空手，羞見芳卿，故此這幾日不敢進院。今日承命呼喚，忍恥而來，非某不用心，實是世情如此。」十娘道：「此言休使虔婆知道。郎君今夜且住，妾別有商議。」十娘自備酒肴，與公子歡飲。睡至半夜，十娘對公子道：「郎君果不能辦一錢耶？妾終身之事，當如何也？」公子祇是流涕，不能答一語。漸漸五更天曉。十娘道：「妾所臥絮褥內藏有碎銀一百五十兩，此妾私蓄，郎君可持去。三百金，妾任其半，郎君亦謀其半，庶易爲力。限祇四日，萬勿遲誤。」十娘起身將褥付公子，公子驚喜過望。喚童兒持褥而去。徑到柳遇春寓中，又把夜來之情與遇春說了。將褥拆開看時，絮中都裹着零碎銀子，取出兑時，果是一百五十兩。遇春大驚道：「此婦真有心人也。既系真情，不可相負。吾當代爲足下謀之。」公子道：「倘得玉成，决不有負。」當下柳遇春留李公子在寓，自出頭各處去借貸。兩日之内，湊足一百五十兩交付公子道：「吾代爲足下告債，非爲足下，實憐杜十娘之情也。」李甲拿了三百兩銀子，喜從天降，笑逐顔開，欣欣然來見十娘，剛是第九日，還不足十日。十娘問道：「前日分毫難借，今日如何就有一百五十兩？」公子將柳監生事情，又述了一遍。十娘以手加額道：「使吾二人得遂其願者，柳君之力也。」兩個歡天喜地，又在院中過了一晚。

次日十娘早起，對李甲道：「此銀一交，便當隨郎君去矣。舟車之類，合當預備。妾昨日於姊妹中借得白銀二十兩，郎君可收下爲行資也。」公子正愁路費無出，但不敢開口，得銀甚喜。說猶未了，鴇兒恰來敲門叫道：「媺兒，今日是第十日了。」公子聞叫，啓戶相延道：「承媽媽厚意，正欲相請。」便將銀三百兩放在桌上。鴇兒不料公子有銀，嘿然變色，似有悔意。十娘道：「兒在媽媽家中八年，所致金帛，不下數千金矣。今日從良美事，又媽媽親口所訂，三百金不欠分毫，又不曾過期。倘若媽媽失信不許，郎君持銀去，兒即刻自盡。恐那時人財兩失，悔之無及也。」鴇兒無詞以對。腹内籌畫了半晌，衹得取天平兑准了銀子，說道：「事已如此，料留你不住了。衹是你要去時，即今就去。平時穿戴衣飾之類，毫釐休想。」說罷，將公子和十娘推出房門，討鎖來就落了鎖。此時九月天氣。十娘纔下牀，尚未梳洗，隨身舊衣，就拜了媽媽兩拜。李公子也作了一揖。一夫一婦，離了虔婆大門。

鯉魚脱卻金鈎去，擺尾摇頭再不來。

公子教十娘且住片時：「我去唤個小轎擡你，權往柳榮卿寓所去，再作道理。」十娘道：「院中諸姊妹平昔相厚，理宜話别。況前日又承他借貸路費，不可不一謝也。」

乃同公子到各姊妹處謝別。姊妹中惟謝月朗、徐素素與杜家相近，尤與十娘親厚。十娘先到謝月朗家。月朗見十娘禿髻舊衫，驚問其故。十娘備述來因。又引李甲相見。十娘指月朗道：「前日路資，是此位姐姐所貸，郎君可致謝。」李甲連連作揖。月朗便教十娘梳洗，一面去請徐素素來家相會。十娘梳洗已畢，謝徐二美人各出所有，翠鈿金釧，瑤簪寶珥，錦袖花裙，鸞帶繡履，把杜十娘裝扮得煥然一新，備酒作慶賀筵席。月朗讓臥房與李甲杜媺二人過宿。次日，又大排筵席，遍請院中姊妹。凡十娘相厚者，無不畢集。都與他夫婦把盞稱喜。吹彈歌舞，各逞其長，務要盡歡，直飲至夜分。十娘向衆妹姊，一一稱謝。衆姊妹道：「十姊爲風流領袖，今從郎君去，我等相見無日。何日長行，姊妹們尚當奉送。」月朗道：「候有定期，小妹當來相報。但阿姊千里間關，同郎君遠去，囊篋蕭條，曾無約束，此乃吾等之事。當相與共謀之，勿令姊有窮途之慮也。」衆姊妹各唯唯而散。是晚，公子和十娘仍宿謝家。至五鼓，十娘對公子道：「吾等此去，何處安身？郎君亦曾計議有定着否？」公子道：「老父盛怒之下，若知娶妓而歸，必然加以不堪，反致相累。輾轉尋思，尚未有萬全之策。」十娘道：「父子天性，豈能終絕。既然倉卒難犯，不若與郎君於蘇杭勝地，權作浮居。郎君先回，求親友於尊大人面前勸解和順，然後攜妾於歸，彼此安妥。」公子道：「此言甚當。」

次日，二人起身辭了謝月朗，暫往柳監生寓中，整頓行裝。杜十娘見了柳遇春，倒身下拜，謝其周全之德：「異日我夫婦必當重報。」遇春慌忙答禮道：「十娘鍾情所歡，不以貧窶易心，此乃女中豪傑。僕因風吹火，諒區區何足掛齒！」三人又飲了一日酒。次早，擇了出行吉日，雇倩轎馬停當。十娘又遣童兒寄信，別謝月朗。臨行之際，祇見肩輿紛紛而至，乃謝月朗與徐素素拉衆姊妹來送行。月朗道：「十姊從郎君千里間關，囊中消索，吾等甚不能忘情。今合具薄贐，十姊可檢收，或長途空乏，亦可少助。」說罷，命從人挈一描金文具至前，封鎖甚固，正不知什麼東西在裏面。十娘也不開看，也不推辭，但殷勤作謝而已。須臾，輿馬齊集，僕夫催促起身。柳監生三杯別酒，和衆美人送出崇文門外，各各垂淚而別。正是：

他日重逢難預必，此時分手最堪憐。

再說李公子同杜十娘行至潞河，捨陸從舟，卻好有瓜洲差使船轉回之便，講定船錢，包了艙口。比及下船時，李公子囊中并無分文餘剩。你道杜十娘把二十兩銀子與公子，如何就沒了？公子在院中闞得衣衫襤褸，銀子到手，未免在解庫中取贖幾件穿着，又製辦了鋪蓋，剩來祗夠轎馬之費。公子正當愁悶，十娘道：「郎君勿憂，衆姊妹合贈，必有所濟。」乃取鑰開箱。公子在傍自覺慚愧，也不敢窺覷箱中虛實。祇見十娘在箱裏取出一個紅絹袋來，擲於桌上道：「郎君可開看之。」公子提在手中，覺得沉重。啓而觀之，皆是白銀，計數整五十兩。十娘仍將箱子下鎖，亦不言箱中更有何物。但對公子道：「承衆姊妹高情，不惟途路不乏，卽他日浮寓吳越間，亦可稍佐吾夫妻山水之費矣。」公子且驚且喜道：「若不遇恩卿，我李甲流落他鄉，死無葬身之地矣。此情此德，白頭不敢忘也。」自此每談及往事，公子必感激流涕。十娘亦曲意撫慰，一路無話。不一日，行至瓜洲，大船停泊岸口，公子別雇了民船，安放行李，約明日侵晨，剪江而渡。其時仲冬中旬，月明如水，公子和十娘坐於舟首。公子道：「自出都門，困守一艙之中，四顧有人，未得暢語。今日獨據一舟，更無避忌。且已離塞北，初近江南，宜開懷暢飮，以舒向來抑鬱之氣，恩卿以爲何如？」十娘道：「妾久疏談笑，亦有此心，郎君言及，足見同志耳。」公子乃攜酒具於船首，與十娘鋪氈并坐，傳杯交盞。飮至半酣，公子執巵對十娘道：「恩卿妙音，六院推首。某相遇之初，每聞絕調，輒不禁神魂之飛動。心事多違，彼此鬱鬱，鸞鳴鳳奏，久矣不聞。今清江明月，深夜無人，肯爲我一歌否？」十娘興亦勃發，遂開喉頓嗓，取扇按拍，嗚嗚咽咽，歌出元人施君美《拜月亭》雜劇上「狀元執盞與嬋娟」一曲，名《小桃紅》。真個：

聲飛霄漢雲皆駐，響入深泉魚出游。

卻說他舟有一少年，姓孫名富字善賚，徽州新安人氏。家資巨萬，積祖揚州種鹽。年方二十，也是南雍中朋友。生性風流，慣向青樓買笑，紅粉追歡，若嘲風弄月，到是個輕薄的頭兒。事有偶然，其夜亦泊瓜洲渡口，獨酌無聊。忽聽得歌聲嘹亮，鳳吟鸞吹，不足喻其美。起立船頭，佇聽半晌，方知聲出鄰舟。正欲相訪，音響倏已寂然。乃遣僕者潛窺蹤跡，訪於舟人。但曉得是李相公雇的船，并不知歌者來歷。孫富想道：「此歌者必非良家，怎生得他一見？」輾轉尋思，通宵不寐。捱至五更，忽聞江風大作。及曉，彤雲密布，狂雪飛舞。怎見得，有詩爲證：

千山雲樹滅，萬徑人蹤絕；
扁舟蓑笠翁，獨釣寒江雪。

因這風雪阻渡，舟不得開。孫富命艄公移船，泊於李家舟之傍，孫富貂帽狐裘，推窗假作看雪。值十娘梳洗方畢，纖纖玉手，揭起舟傍短簾，自潑盂中殘水，粉容微露，卻被孫富窺見了，果是國色天香。魂搖心蕩，迎眸注目，等候再見一面，杳不可得。沉思久之，乃倚窗高吟高學士《梅花詩》二句，道：

雪滿山中高士臥，月明林下美人來。

李甲聽得鄰舟吟詩，舒頭出艙，看是何人。祇因這一看，正中了孫富之計。孫富吟詩，正要引李公子出頭，他好乘機攀話。當下慌忙舉手，就問：「老兄尊姓何諱？」李公子敘了姓名鄉貫，少不得也問那孫富。孫富也敘過了。又敘了些太學中的閑話，漸漸親熱。孫富便道：「風雪阻舟，乃天遣與尊兄相會，實小弟之幸也。舟次無聊，欲同尊兄上岸，就酒肆中一酌，少領清誨，萬望不拒。」公子道：「萍水相逢，何當厚擾？」孫富道：「說那裏話！『四海之內，皆兄弟也』。」喝教艄公打跳，童兒張傘，迎接公子過船，就於船頭作揖。然後讓公子先行，自己隨後，各各登跳上涯。

行不數步，就有個酒樓，二人上樓，揀一副潔淨座頭，靠窗而坐。酒保列上酒肴。孫富舉杯相勸，二人賞雪飲酒。先說些斯文中套話，漸漸引入花柳之事。二人都是過來之人，志同道合，說得入港，一發成相知了。孫富屏去左右，低低問道：「昨夜尊舟清歌者，何人也？」李甲正要賣弄在行，遂實說道：「此乃北京名姬杜十娘也。」孫富道：「既係曲中姊妹，何以歸兄？」公子遂將初遇杜十娘，如何相好，後來如何要嫁，如何借銀討他，始末根由，備細述了一遍。孫富道：「兄攜麗人而歸，固是快事，但不知尊府中能相容否？」公子道：「賤室不足慮。所慮者，老父性嚴，尚費躊躇耳！」孫富將機就機，便問道：「既是尊大人未必相容，兄所攜麗人，何處安頓？亦曾通知麗人，共作計較否？」公子攢眉而答道：「此事曾與小妾議之。」孫富欣然問道：「尊寵必有妙策。」公子道：「他意欲僑居蘇杭，流連山水。使小弟先回，求親友宛轉於家君之前。俟家君回嗔作喜，然後圖歸，高明以爲何如？」孫富沉吟半晌，故作愀然之色，道：「小弟乍會之間，交淺言深，誠恐見怪。」公子道：「正賴高明指教，何必謙遜？」孫富道：「尊大人位居方面，必嚴帷薄之嫌，平時既怪兄游非禮之地，今日豈容兄娶不節之人。況且賢親貴友，誰不迎合尊大人之意者？兄枉去求他，必然相拒。就有個不識時務的進言於尊大人之前，見尊大人意思不允，他就轉口了。兄進不能和睦家庭，退無詞以回復尊寵。即使留連山水，亦非長久之計。萬一資斧困竭，豈不進退兩難！」公子自知手中衹有五十金，此時費去大半，說到資斧困竭，進退兩難，不覺點頭道是。孫富又道：「小弟還有句心腹之談，兄肯俯聽否？」公子道：「承兄過愛，更求盡言。」孫富道：「疏不間親，還是莫說罷。」公子道：「但說何妨。」孫富道：「自古道：『婦人水性無常。』況煙花之輩，少真多假。他既系六院名姝，相識定滿天下；或者南邊原有舊約，借兄之力，挈帶而來，以爲他適之地。」公子道：「這個恐未必然。」孫富道：「即不然，江南子弟，最工輕薄，兄留麗人獨居，難保無逾牆鑽穴之事。若挈之同歸，愈增尊大人之怒。爲兄之計，未有善策。況父子天倫，必不可絕。若爲妾而觸父，因妓而棄家，海內必以兄爲浮浪不經之人。異日妻不以爲夫，弟不以爲兄，同袍不以爲友，兄何以立於天地之間？兄今日不可不熟思也！」公子聞言，茫然自失，移席問計：「據高明之見，何以教我？」孫富道：「僕有一計，於兄甚便。祇恐兄溺衽席之愛，未必能行，使僕空費詞說耳！」公子道：「兄誠有良策，使弟再睹家園之樂，乃弟之恩人也。又何憚而不言耶？」孫富道：「兄飄零歲餘，嚴親懷怒，閨閣離心，設身以處兄之地，誠寢食不安之時也。然尊大人所以怒兄者，不過爲迷花戀柳，揮金如土，異日必爲棄家蕩產之人，不堪承繼家業耳！兄今日空手而歸，正觸其怒。兄倘能割衽席之愛，見機而作，僕願以千金相贈。兄得千金，以報尊大人，祇說在京授館，并不曾浪費分毫，尊大人必然相信。從此家庭和睦，當無間言。須臾之間，轉禍爲福。兄請三思，僕非貪麗人之色，實爲兄效忠於萬一也！」李甲原是沒主意的人，本心懼怕老子，被孫富一席話，說透胸中之疑，起身作揖道：「聞兄大教，頓開茅塞。但小妾千里相從，義難頓絕，容歸與商之。得其心肯，當奉復耳。」孫富道：「說話之間，宜放婉曲。彼既忠心爲兄，必不忍使兄父子分離，定然玉成兄還鄉之事矣。」二人飲了一回酒，風停雪止，天色已晚。孫富教家僮算還了酒錢，與公子攜手下船。正是：

逢人且說三分話，未可全拋一片心。

卻說杜十娘在舟中，擺設酒果，欲與公子小酌，竟日未回，挑燈以待。公子下船，十娘起迎。見公子顏色匆匆，似有不樂之意，乃滿斟熱酒勸之。公子搖首不飲。一言不發，竟自牀上睡了。十娘心中不悅，乃收拾杯盤，爲公子解衣就枕，問道：「今日有何見聞，而懷抱鬱鬱如此？」公子嘆息而已，終不啓口。問了三四次，公子已睡去了。十娘委決不下，坐於牀頭而不能寐。到夜半，公子醒來，又嘆一口氣。十娘道：「郎君有何難言之事，頻頻嘆息？」公子擁被而起，欲言不語者幾次，撲簌簌掉下淚來。十娘抱持公子於懷間，軟言撫慰道：「妾與郎君情好，已及二載，千辛萬苦，歷盡艱難，得有今日。然相從數千里，未曾哀戚。今將渡江，方圖百年歡笑，如何反起悲傷，必有其故。夫婦之間，死生相共，有事盡可商量，萬勿諱也。」公子再四被逼不過，衹得含淚而言道：「僕天涯窮困，蒙恩卿不棄，委曲相從，誠乃莫大之德也。但反復思之，老父位居方面，拘於禮法，況素性方嚴，恐添嗔怒，必加黜逐。你我流蕩，將何底止？夫婦之歡難保，父子之倫又絕。日間蒙新安孫友邀飲，爲我籌及此事，寸心如割。」十娘大驚道：「郎君意將如何？」公子道：「僕事內之人，當局而迷。孫友爲我畫一計頗善，但恐恩卿不從耳！」十娘道：「孫友者何人？計如果善，何不可從？」公子道：「孫友名富，新安鹽商，少年風流之士也。夜間聞子清歌，因而問及。僕告以來歷，并談及難歸之故，渠意欲以千金聘汝。我得千金，可借口以見吾父母；而恩卿亦得所耳。但情不能捨，是以悲泣。」說罷，淚如雨下。十娘放開兩手，冷笑一聲道：「爲郎君畫此計者，此人乃大英雄也。郎君千金之資，既得恢復，而妾歸他姓，又不致爲行李之累，發乎情，止乎禮，誠兩便之策也。那千金在那裏？」公子收淚道：「未得恩卿之諾，金尚留彼處，未曾過手。」十娘道：「明早快快應承了他，不可挫過機會。但千金重事，須得兌足交付郎君之手，妾始過舟，勿爲賈豎子所欺。」時已四鼓，十娘卽起身挑燈梳洗道：「今日之妝，乃迎新送舊，非比尋常。」於是脂粉香澤，用意修飾，花鈿繡襖，極其華豔，香風拂拂，光彩照人。裝束方完，天色已曉。孫富差家童到船頭候信。十娘微窺公子，欣欣似有喜色，乃催公子快去回話，及早兑足銀子。公子親到孫富船中，回復依允。孫富道：「兑銀易事，須得麗人妝臺爲信。」公子又回復了十娘，十娘卽指描金文具道：「可便擡去。」孫富喜甚。卽將白銀一千兩，送到公子船中。十娘親自檢看，足色足數，分毫無爽。乃手把船舷，以手招孫富。孫富一見，魂不附體。十娘啓朱唇，開皓齒道：「方才箱子可暫發來，內有李郎路引一紙，可檢還之也。」孫富視十娘已爲甕中之鱉，卽命家童送那描金文具，安放船頭之上。十娘取鑰開鎖，內皆抽替小箱。十娘叫公子抽第一層來看，祇見翠羽明璫，瑤簪寶珥，充牣於中，約值數百金。十娘遽投之江中。李甲與孫富及兩船之人，無不驚詫。又命公子再抽一箱，乃玉簫金管。又抽一箱，盡古玉紫金玩器，約值數千金。十娘盡投之於大江中。岸上之人，觀者如堵。齊聲道：「可惜可惜！」正不知什麼緣故。最後又抽一箱，箱中復有一匣。開匣視之，夜明之珠，約有盈把。其他祖母綠、猫兒眼，諸般異寶，目所未睹，莫能定其價之多少。衆人齊聲喝采，喧聲如雷。十娘又欲投之於江。李甲不覺大悔，抱持十娘慟哭，那孫富也來勸解。十娘推開公子在一邊，向孫富罵道：「我與李郎備嘗艱苦，不是容易到此，汝以奸淫之意，巧爲讒說，一旦破人姻緣，斷人恩愛，乃我之仇人。我死而有知，必當訴之神明，尚妄想枕席之歡乎！」又對李甲道：「妾風塵數年，私有所積，本爲終身之計。自遇郎君，山盟海誓，白首不渝。前出都之際，假託衆姊妹相贈，箱中韞藏百寶，不下萬金。將潤色郎君之裝，歸見父母，或憐妾有心，收佐中饋，得終委托，生死無憾。誰知郎君相信不深，惑於浮議，中道見棄，負妾一片真心。今日當衆目之前，開箱出視，使郎君知區區千金，未爲難事。妾櫝中有玉，恨郎眼內無珠。命之不辰，風塵困瘁，甫得脱離，又遭棄捐。今衆人各有耳目，共作證明，妾不負郎君，郎君自負妾耳！」於是衆人聚觀者，無不流涕，都唾罵李公子負心薄倖。公子又羞又苦，且悔且泣，方欲向十娘謝罪。十娘抱持寶匣，向江心一跳。衆人急呼撈救。但見雲暗江心，波濤滾滾，杳無蹤影。可惜一個如花似玉的名姬，一旦葬於江魚之腹。

三魂渺渺歸水府，七魄悠悠入冥途。

當時旁觀之人，皆咬牙切齒，爭欲拳毆李甲和那孫富。慌得李孫二人，手足無措，急叫開船，分途遁去。李甲在舟中，看了千金，轉憶十娘，終日愧悔，鬱成狂疾，終身不痊。孫富自那日受驚，得病臥牀月餘，終日見杜十娘在傍詬罵，奄奄而逝。人以爲江中之報也。

卻說柳遇春在京坐監完滿，束裝回鄉，停舟瓜步。偶臨江淨臉，失墜銅盆於水，覓漁人打撈。及至撈起，乃是個小匣兒。遇春啓匣觀看，內皆明珠異寶，無價之珍。遇春厚賞漁人，留於牀頭把玩。是夜夢見江中一女子，凌波而來，視之，乃杜十娘也。近前萬福，訴以李郎薄倖之事。又道：「向承君家慷慨，以一百五十金相助，本意息肩之後，徐圖報答。不意事無終始；然每懷盛情，悒悒未忘。早間曾以小匣托漁人奉致，聊表寸心，從此不復相見矣。」言訖，猛然驚醒，方知十娘已死，嘆息累日。後人評論此事，以爲孫富謀奪美色，輕擲千金，固非良士；李甲不識杜十娘一片苦心，碌碌蠢才，無足道者。獨謂十娘千古女俠，豈不能覓一佳侶，共跨秦樓之鳳，乃錯認李公子，明珠美玉，投於盲人，以致恩變爲仇，萬種恩情，化爲流水，深可惜也！有詩嘆云：

不會風流莫妄談，單單情字費人參；
若將情字能參透，喚作風流也不慚。

（節自馮夢龍《警世通言》第三十二卷）

杜十娘怒沉百寶箱

凡是讀過《杜十娘怒沉百寶箱》的讀者，恐怕都永遠忘記不了作者在小說結尾處用濃墨重筆描繪的那個驚心動魄的場景：風雪長江，停泊着一艘船，船頭上立着一位脂粉香澤、花鈿繡襖、光彩照人的青年女子，衹見她滿面怒色，悲憤難抑，懷裏抱持着一個珠光寶氣的匣子，縱身跳向江心……片刻間，波濤滾滾，杳無蹤影。

這個場景是這樣的震撼人心，以致我們每逢讀到此處，總是感到好像有一塊巨石沉甸甸地壓在心頭，並逐漸地從心底燃起了一團憤怒的火焰。這時，我們彷彿聽見了她對那萬惡的封建勢力發出的大聲控訴。

《杜十娘怒沉百寶箱》作於天啓元年至四年（一六二一——一六二四）之間。當時，正是明代的後期，文壇上出現了短篇白話小說創作、編輯和出版的繁榮局面。著名文學家馮夢龍編纂的《喻世明言》、《警世通言》、《醒世恆言》三部短篇小說集先後問世，它們共輯錄了一百二十篇作品，後人簡稱爲「三言」。《杜十娘怒沉百寶箱》就是其中的《警世通言》的第三十二卷。無論從思想性或藝術性來說，《杜十娘怒沉百寶箱》都可以無愧地被列爲「三言」的代表作。它是一部成功的富有強烈感染力和深刻思想意義的古典作品。

《杜十娘怒沉百寶箱》描寫的是封建社會中的一個妓女的悲劇故事。

妓女，這是舊社會的一種畸形的產物。從本質上說，她們是壓在當時社會最底層的一羣被侮辱、被損害的人。她們之中，有的成天在這種腐朽而糜爛的生活中打滾，渾渾噩噩，麻木不仁，缺乏覺醒的意識。也有的人，不甘願受封建統治階級的壓迫和蹂躪，不甘願做男人的玩物，但她們卻力不從心，無法徹底改變自己的處境，衹好強顏歡笑，忍痛咽下了辛酸的眼淚。其中也有少數人，要求改變現狀，並用自己的具體行動進行了頑強的鬥爭，力求掙脫封建勢力的枷鎖。當然，由於種種條件的局限，她們最終不免陷於失敗，但是，她們身上迸發出來的那種強烈的反抗精神，對於當時大多數被侮辱、被損害的人們，無疑地起着鼓舞的作用。杜十娘就是這種反抗者的典型形象。

杜十娘是一個年輕而美麗的妓女。因此，當時她有很大的名氣。很多「公子王孫」曾爲她「情迷意蕩」，「破家蕩產」。儘管如此，她卻對自己作爲妓女的地位和處境保持着清醒的頭腦。她十分清楚，自己在妓院中的黃金時代是不可能經久不衰的。而自己的前途卻又在很大的程度上掌握在那個「貪財無義」的鴇母的手裏。坎坷的生活磨煉了她，使她逐漸成爲一個精明的有心計的人。她追求眞正的愛情，一心一意想尋覓一個稱心如意的有情有義的男子，早日跳出火坑。對於所尋覓的人，她沒有更多的要求，衹是希望他具有「忠厚志誠」的品格，可以托付終身，如此而已。爲了達到這個目的，她「風塵數年，私有所積」，數目達萬金之多。她以爲，憑着這個，是不難如願以償的。

她聰明，有主意，善於巧妙地進行鬥爭以奪取勝利。這主要表現在她和鴇母的談判上。她不動聲色地用話相激，讓杜媽媽從自己嘴裏道出身價銀子的數目和寬限繳納的日期，並且還「拍掌爲定」，表示決不翻悔。十天以後，當銀子如數放在桌上時，鴇母「嘿然變色，似有悔意」，杜十娘便在揚言「自盡」的同時，動以利害，勸鴇母不要落個「人財兩失，悔之無及」的下場。由於她的勇敢和智慧，終於獲得初步的勝利，脫離了妓院，跳出了火坑。

她從容不迫按部就班地實現着自己的計劃。第一步，選中李甲；第二步，與鴇母講定身價銀和交錢的期限；第三步，勸李甲去向親友借貸；第四步，當李甲奔走六日，空手而歸時，她便取出藏在絮褥中的碎銀一百五十兩，囑李甲繼續謀措另外一半的數目；第五步，啓程之前，她拿出路費二十兩；第六步，計劃兩人於蘇、杭一帶「權作浮居」，由李甲先回家，求親友在父親面前說情，再把她接回去。應該承認，她的這些計劃和步驟是比較縝密的。

爲了跳出火坑爭取自己的幸福，她表現出充分的主動性。主意，是她出的；計劃，是她訂的；道路，是她指示的。當李甲四處奔走，毫無收獲，因而羞於回妓院時，杜十娘焦急地期待着、盼望着，心情「十分着緊」。她派出了小廝到街上去尋找。在整個故事中，她和他，處處成爲鮮明的對比。一個主動，一個被動。一個積極，一個消極。遇到了困難，一個是堅定、前進，另一個卻是動搖、畏縮。就在這些細緻入微的描寫中，作者使杜十娘的形象放射出動人的光彩。

然而等待着這個女子的前途卻是投江自殺的悲劇，而不是大團圓的喜劇。表面上看，她完成了「從良」

的夙願，跨出了妓院的大門。她滿以爲新生活可以開始了。誰知纔脫離了一個火坑，又掉進了另一個陷阱。她的初步的勝利夭折了，她多年來朝思暮想的幸福願望，也像肥皂泡一樣，迅速地破滅了。

杜十娘畢竟是一個才十九歲的女子。她善良而單純。她雖精明卻欠老練。對那些以玩弄婦女爲快事的一般嫖客的醜惡面目和卑劣行爲，她是有所認識的；但對像李甲這樣的人，卻缺乏辨別的本領。對人情的澆薄，風習的窳敗，也都有所感覺；但對世路的險惡，卻沒有足够的警惕。她的眼光的敏鋭，還不足以洞察那形形色色的錯綜複雜的社會現象。她的才智過人，還不足以擊敗那邪惡得無所不在的封建勢力。這就注定了她的失敗。

作者這樣寫，是有他的用意的。試想，杜十娘如果衹是一個平庸的女子，或者她的反抗鬥爭一開始就宣告失敗，把這樣的人物寫進作品，那又有何意義？唯其不平庸，唯她由勝而敗，這纔顯示出她的鬥爭的艱難，她的性格的可愛，她的精神的可貴，這纔顯示出她所面對的封建惡勢力是如何的可怕。也就是説，通過這樣的處理，作者使他所要表達的反封建主題得到了進一步的深化。這一點顯示了作者的高明的藝術手腕。

作品裏的另一個重要人物形象李甲，也寫得相當深刻。

他年輕，貌美，官宦門第出身，有錢，通過「捐納」的途徑取得了監生的資格。他有溫柔的脾氣，説起話來和顏悦色。他也彷彿懂得一點愛情之類。這幾項成了他裝飾門面的本錢。他的思想、性格和行爲都表明，他離不開花花公子的屬性。當然，與一般的花花公子不同，他是另一種類型的花花公子。若以舞臺上的角色爲喻，他應是瀟灑、風流的小生，而不能由鼻上塗抹着豆腐塊的小醜來扮演。行當的不同，掩飾不住他們在本質上的一致。他甚至比那些以醜角面貌出現的花花公子更壞。

官宦門第出身和有錢，這兩點是他的命根子。他做任何事情，都以不違背這兩點爲前提。他本身就是，或者説即將是，封建統治階級的一員。在封建統治階級的根本利益（包括他的家族的根本利益）面前，他不敢越雷池一步。他的一切行爲，都可以從這裏得到合理的解釋。

在他的思想上，和一個妓女始終不渝地相好，並且最後還要堂而皇之地把她娶回家去，這是他置身的那個社會和家族所不允許的。問題不在於輿論的壓力，也不在於封建禮教的束縛。要說有壓力，那首先產生在他自己的頭腦裏。門第觀念，是橫在他和杜十娘之間的一道不可逾越的障礙。他把杜十娘視爲玩物，隨時可以上手，也隨時可以拋棄，根本不是作爲可以與之戀愛的、地位同他自己平等的「人」來對待。在他和杜十娘的關係中，他所看到的僅僅是他個人的需要、個人的利益和家族的利益，他沒有或者極少爲對方設身處地考慮過。杜十娘還想邁出妓院的門檻，這在他是從來沒有認眞地想過的。

當杜十娘還保持着妓女的身分時，他可以同她「終日相守，如夫婦一般」。因爲這是在他家門之外遠遠的地方發生的事情，對他家族的利益沒有形成直接的觸犯。而當杜十娘提出要和他成爲眞正的「夫婦」以後，他就變成另外一種表情，這也辦不到，那也有困難，終日愁眉苦臉，唉聲嘆氣，再不然就掉幾滴眼淚。

這時候，他表面上猶豫不決，優柔寡斷，好像是一個性格軟弱的人，實則不然。試看後來孫富勸誘他時，他不是當機立斷，滿口應允了嗎？可見他早已有所決斷，卽決不背離家族的利益。在他和孫富達成的交易當中，他旣甩掉了包袱，又有了大宗銀子的收入。他什麼都想得到，唯有愛情他可以出讓。

對於愛情和金錢的關係，李甲有自己的看法。他認爲，愛情是可以用金錢來買取的，所以他在妓院中「朝歡暮樂」而心安理得；其次，愛情是可以用金錢來體現的，所以杜十娘先後向他獻出二百二十兩銀子，他難於出口拒絕杜十娘「從良」的要求；最後，金錢又是高於愛情的，如果與家族的利益發生衝突時，那麼愛情可以讓位於金錢，所以他欣喜地以千金的代價出賣了杜十娘。

李甲就是這樣一個卑劣的、自私的形象。在小說中，他是作爲封建統治階級的代表，封建勢力的代表而出現的。

杜十娘想要擺脫封建統治階級的壓迫，但千尋萬覓，卻找到了李甲這樣一個紈袴子弟，這又怎能追求到眞正的自由與幸福？她不找李甲，又還能找到誰呢？在封建制度下，她還能有什麼更好的遭遇呢？這就是杜十娘的悲劇。

在這篇小說裏，出場的人物不算多，對人物的安排卻有輕有重，主次分明，富有匠心。最主要的人物是杜十娘和李甲。其次是孫富。他的出現，使故事情節急轉直下，喜劇終於化爲悲劇。在這個意義上，他也可以說是一個關鍵性的人物。整篇小說的矛盾、鬥爭，主要是在他們三人之間進行的。其餘的屬於外圍人物，起着陪襯的作用，但都是人物性格刻畫和故事情節發展所不可或缺的。鴇母也是杜十娘的壓迫者之一，她的存在加強了杜十娘脫離火坑的決心。小廝四兒是被派到大街上去尋找李甲的，這是爲了有助於表現杜十娘在鬥爭中的主動性。謝月朗、徐素素是杜十娘的同伴，也是她的同情者。百寶箱就曾秘密地保存在她們的身邊。柳遇春則是李甲的陪襯人物，他作爲一個局外人，卻比李甲更能對杜十娘的品格有深刻的理解。

此外，還有一個沒有出場的人物，即李甲的父親。他雖然沒有正式登場，但在整個故事情節的發展中，卻從頭到尾都閃現着他的影子。他是眞正的封建勢力的直接體現者。迫害杜十娘致死的罪魁禍首，首先要數到他，其次纔是李甲和孫富。

《杜十娘怒沉百寶箱》精心選擇細節，運用簡練的語言來刻畫人物，鋪敍故事。這可以舉出許多例子來說明。

一個例子是，杜十娘第一次拿給李甲的一百五十兩銀子都是藏在絮褥內的「碎銀」。「碎銀」——這兩個字，非常簡練，也很形象，包含着非常豐富的內容。這表明，這麽多的銀子全是杜十娘一點一滴、日積月累、辛辛苦苦儲存起來的。這還表明，她是一個有心人，有深謀遠慮的性格，很早就下定了要跳出火坑的決心。

另一個例子是，孫富問李甲說：「兄攜麗人而歸，固是快事，但不知尊府中能相容否？」李甲回答說：「賤室不足慮，……」這「賤室」二字自然指的是李甲的妻子。在下文孫富與李甲的對話中，也明確地把杜十娘的地位規定爲「妾」。細心的讀者可能會發現，關於這一點，在小說中，僅僅出現在李甲和孫富的對話中，而在李甲和杜十娘共處的場合，則是一字不見。這恐怕不是出於作者的疏忽。作者意在表明，李甲在杜十娘面前故意隱瞞了這個至關重要的事實。而這正好點出李甲平日的虛情假意。

還可以舉一個例子。杜十娘和李甲交出身價銀三百兩時，「鴇兒無詞以對，腹內籌劃了半晌，衹得取天平兑准了銀子，說道：『事已如此，料留你不住了，衹是你要去時，即今就去。平時穿戴衣飾之類，毫釐休想。』説罷，將公子和十娘推出房門，討鎖來落了鎖」。杜十娘衹得穿着隨身舊衣，拜辭而去。這個鎖門的細節當然是正面表現了鴇母「貪財無義」的性格和狠毒的心腸，但它至少還有這樣兩點意思：第一，書內寫道：「十娘因見鴇兒貪財無義，久有從良之志。」這個細節的出現，既説明杜十娘有準確的預見，更説明了她的爭取自由、幸福的鬥爭是必要的，因而也是值得人們同情的。第二，這個細節同百寶箱密切相關。如果杜十娘不是早作提防，把百寶箱預先藏放在姊妹們處，事到臨頭，如何去從鴇母手下取出？這從側面襯托了杜十娘的精明、能幹。

像這樣的細節都是寫得非常精彩的，安排在故事發展中非但不顯出生硬造作的痕跡，而且還巧妙地起着一身兩役的作用。

《杜十娘怒沉百寶箱》的語言，嚴格地説，風格還不够統一。白話與文言相雜。大致上説來，以小廝四兒上街尋找李甲爲分界綫。在這以前，基本上是宋元以來的通俗的白話；在這以後，則基本上是淺近的文言。這可能是改編舊作所留下的痕跡。儘管這樣，總起來看，它的語言，寫得還是流暢的、精練的、生動的。它寫人物的語言，有的地方十分傳神。杜媽媽叱責杜十娘時説的一段話，宛然是鴇母的口吻，和她的身分、地位，和她當時的感情極其相稱，使人如聞其聲，如見其人。杜十娘在投江前對李甲所説的：

妾風塵數年，私有所積，本爲終身之計。自遇郎君，山盟海誓，白首不渝。前出都之際，假託衆姊妹相贈，箱中韞藏百寶，不下萬金，將潤色郎君之裝，歸見父母，或憐妾有心，收佐中饋，得終委託，生死無憾。誰知郎君相信不深，惑於浮議，中道見棄，負妾一片真心。今日當衆目之前，開箱出視，使郎君知區區千金，未爲難事。妾櫝中有玉，恨郎眼内無珠。命之不辰，風塵困瘁，甫得脱離，又遭棄捐。今衆人各有耳目，共作證明，妾不負郎君，郎君自負妾耳！

義正辭嚴，字字都是血淚，具有巨大的感染力。它格外突出了杜十娘的反抗性格，並把她的悲劇進一步推向高潮，起了點題的作用。

另外，這篇小說還在不同的場合，使用一些帶有一定的感情色彩的詞話，來補充表現人物的性格，這也成爲它的一個突出的特點。

例如，李甲出場時，描寫他「風流年少」，「把花柳情懷一擔兒挑在他（指杜十娘）身上」，又對他作了這樣的介紹：「俊俏龐兒，溫存性兒，又是撒漫的手兒，幫襯的勤兒。」連用幾個「兒」字，使得前後幾個句子顯得有點輕飄飄的味道。用這來襯托李甲的輕浮，是何等的妥貼。

又如，當李甲在妓院中把銀錢花費淨盡，因而受到鴇母的怠慢時，描寫杜十娘的反映是：「見他手頭愈短，心頭愈熱。」連用兩個「愈」字，並以「短」和「熱」形成鮮明的反比，突出地刻畫了杜十娘對李甲的眞摯的感情。

再如，杜十娘檢點一千兩銀子以後，「乃手把船舷，以手招孫富。孫富一見，魂不附體。十娘啓朱唇，開皓齒道：……」這「啓朱唇，開皓齒」六個字，若出現在其他場合，可以說是陳詞濫調，但用在這裏卻很恰當。因爲這是從孫富的眼目中去寫。對於孫富這種無賴、急色兒說來，首先映入他眼簾的還能有什麼呢？

（劉世德）

賣油郎獨佔花魁

《醒世恒言》

年少爭誇風月，場中波浪偏多。有錢無貌意難和，有貌無錢不可。就是有錢有貌，還須着意揣摩。知情識趣俏哥哥，此道誰人賽我。

這首詞名爲《西江月》，是風月機關中最要之論。常言道：「妓愛俏，媽愛鈔。」所以子弟行中，有了潘安般貌，鄧通般錢，自然上和下睦，做得煙花寨內的大王，鴛鴦會上的主盟。然雖如此，還有個兩字經兒，叫做幫襯。幫者，如鞋之有幫；襯者，如衣之有襯。但凡做小娘的，有一分所長，得人襯貼，就當十分。若有短處，曲意替他遮護，更兼低聲下氣，送暖偷寒，逢其所喜，避其所諱，以情度情，豈有不愛之理。這叫做幫襯。風月場中，祇有會幫襯的最討便宜，無貌而有貌，無錢而有錢。假如鄭元和在卑田院做了乞兒，此時囊篋俱空，容顏非舊，李亞仙於雪天遇之，便動了一個惻隱之心，將繡襦包裹，美食供養，與他做了夫妻。這豈是愛他之錢，戀他之貌？只爲鄭元和識趣知情，善於幫襯，所以亞仙心中捨他不得。你祇看亞仙病中想馬板腸湯吃，鄭元和就把個五花馬殺了，取腸煮湯奉之。祇這一節上，亞仙如何不念其情。後來鄭元和中了狀元，李亞仙封爲汧國夫人。《蓮花落》打出萬年策，卑田院祇做了白玉堂。一牀錦被遮蓋，風月場中反爲美談。這是：

賣油郎獨佔花魁

運退黃金失色，時來鐵也生光。

話說大宋自太祖開基，太宗嗣位，歷傳真、仁、英、神、哲，共是七代帝王，都則偃武修文，民安國泰。到了徽宗道君皇帝，信任蔡京、高俅、楊戩、朱勔之徒，大興苑囿，專務游樂，不以朝政爲事。以致萬民嗟怨，金虜乘之而起，把花錦般一個世界，弄得七零八落。直至二帝蒙塵，高宗泥馬渡江，偏安一隅，天下分爲南北，方得休息。其中數十年，百姓受了多少苦楚。正是：

甲馬叢中立命，刀槍隊裏爲家。
殺戮如同戲耍，搶奪便是生涯。

內中單表一人，乃汴梁城外安樂村居住，姓莘，名善，渾家阮氏。夫妻兩口，開個六陳鋪兒。雖則糶米爲生，一應麥、豆、茶、酒、油、鹽、雜貨，無所不備，家道頗頗得過。年過四旬，止生一女，小名叫做瑤琴。自小生得清秀，更且資性聰明。七歲上，送在村學中讀書，日誦千言。十歲時，便能吟詩作賦。曾有《閨情》一絕，爲人傳誦。詩云：

朱簾寂寂下金鉤，香鴨沉沉冷畫樓。
移枕怕驚鴛并宿，挑燈偏恨蕊雙頭。

到十二歲，琴棋書畫，無所不通。若題起女工一事，飛針走綫，出人意表。此乃天生伶俐，非教習之所能也。莘善因爲自家無子，要尋個養女婿，來家靠老。祇因女兒靈巧多能，難乎其配。所以求親者頗多，都不曾許。不幸遇了金虜猖獗，把汴梁城圍困，四方勤王之師雖多，宰相主了和議，不許廝殺。以致虜勢愈甚。打破了京城，劫遷了二帝。那時城外百姓，一個個亡魂喪膽，攜老扶幼，棄家逃命。

卻說莘善領着渾家阮氏，和十二歲的女兒，同一般逃難的，背着包裹，結隊而走。

忙忙如喪家之犬，急急如漏網之魚。擔渴擔飢擔勞苦，此行誰是家鄉；叫天叫地叫祖宗，惟願不逢韃虜。正是：寧爲太平犬，莫作亂離人！

正行之間，誰想韃子到不曾遇見，卻逢着一陣敗殘的官兵。他看見許多逃難的百姓，多背得有包裹，假意吶喊道：「韃子來了！」沿路放起一把火來。此時天色將晚，嚇得衆百姓落荒亂竄，你我不相顧。他就乘機搶掠。若不肯與他，就殺害了。這是亂中生亂，苦上加苦。卻說莘氏瑤琴，被亂軍衝突，跌了一交，爬起來，不見了爹娘。不敢叫喚，躲在道傍古墓之中，過了一夜。到天明，出外看時，但見滿目風沙，死屍橫路。昨日同時避難之人，都不知所往。瑤琴思念父母，痛哭不已。欲待尋訪，又不認得路徑。衹得望南而行。哭一步，捱一步。約莫走了二里之程。心上又苦，腹中又饑。望見土房一所，想必其中有人，欲待求乞些湯飲。及至向前，卻是破敗的空屋，人口俱逃難去了。瑤琴坐於土牆之下，哀哀而哭。自古道：「無巧不成話」。恰好有一人從牆下而過。那人姓卜，名喬，正是莘善的近鄰，平昔是個游手游食，不守本分，慣吃白食，用白錢的主兒。人都稱他是卜大郎。也是被官軍衝散了同夥，今日獨自而行。聽得啼哭之聲，慌忙來看。瑤琴自小相認，今日患難之際，舉目無親，見了近鄰，分明見了親人一般，即忙收淚，起身相見。問道：「卜大叔，可曾見我爹媽麽？」卜喬心中暗想：「昨日被官軍搶去包裹，正沒盤纏。天生這碗衣飯，送來與我，正是奇貨可居。」便扯個謊，道：「你爹和媽，尋你不見，好生痛苦。如今前面去了。吩咐我道：『倘或見我女兒，千萬帶了他來，送還了我。』許我厚謝。」瑤琴雖是聰明，正當無可奈何之際，君子可欺以其方，遂全然不疑，隨着卜喬便走，正是：

情知不是伴，事急且相隨。

卜喬將隨身帶的乾粮，把些與他吃了，吩咐道：「你爹媽連夜走的。若路上不能相遇，直要過江到建康府，方可相會。一路上同行，我權把你當女兒，你權叫我做爹。不然，衹道我收留迷失子女，不當穩便。」瑤琴依允。從此陸路同步，水路同舟，爹女相稱。到了建康府，路上又聞得金兀术四太子，引兵渡江。眼見得建康不得寧息。又聞得康王即位，已在杭州駐蹕，改名臨安。遂趁船到潤州。過了蘇、常、嘉、湖，直到臨安地面，暫且飯店中居住。也虧卜喬，自汴京至臨安，三千餘里，帶那莘瑤琴下來。身邊藏下些散碎銀兩，都用盡了，連身上外蓋衣服，脫下准了店錢，止剩得莘瑤琴一件活貨，欲行出脫。訪得西湖上煙花王九媽家要討養女，遂引九媽到店中，看貨還錢。九媽見瑤琴生得標致，講了財禮五十兩。卜喬兑足了銀子，將瑤琴送到王家。原來卜喬有智，在王九媽前，衹說：「瑤琴是我親生之女，不幸到你門戶人家，須是軟款的教訓，他自然從愿，不要性急。」在瑤琴面前，又說：「九媽是我至親，權時把你寄頓他家。待我從容訪知你爹媽下落，再來領你。」以此，瑤琴欣然而去。

可憐絕世聰明女，墮落煙花羅網中。

王九媽新討了瑤琴，將他渾身衣服，換個新鮮，藏於曲樓深處，終日好茶好飯，去將息他，好言好語，去溫暖他。瑤琴既來之，則安之。住了幾日，不見卜喬回信。思量爹媽，噙着兩行珠淚，問九媽道：「卜大叔怎不來看我？」九媽道：「那個卜大叔？」瑤琴道：「便是引我到你家的那個卜大郎。」九媽道：「他說是你的親爹。」瑤琴道：「他姓卜，我姓莘。」遂把汴梁逃難，失散了爹媽，中途遇見了卜喬，引到臨安，并卜喬哄他的說話，細述一遍。九媽道：「原來恁地，你是個孤身女兒，無腳蟹。我索性與你說明罷：那姓卜的把你賣在我家，得銀五十兩去了。我們是門戶人家，靠着粉頭過活。家中雖有三四個養女，并沒個出色的。愛你生得齊整，把做個親女兒相待。待你長成之時，包你穿好吃好，一生受用。」瑤琴聽説，方知被卜喬所騙，放聲大哭。九媽勸解，良久方止。自此九媽將瑤琴改做王美，一家都稱爲美娘，教他吹彈歌舞，無不盡善。長成一十四歲，嬌豔非常。臨安城中，這些富豪公子，慕其容貌，都備着厚禮求見。也有愛清標的，聞得他寫作俱高，求詩求字的，日不離門。弄出天大的名聲出來，不叫他美娘，叫他做花魁娘子。西湖上子弟編出一隻《掛枝兒》，單道那花魁娘子的好處：

小娘中，誰似得王美兒的標致，又會寫，又會畫，又會做詩，吹彈歌舞都餘事。常把西湖比西子，就是西子比他也還不如！那個有福的湯着他身兒，也情願一個死。

王九媽聽得這些風聲，怕壞了門面，來勸女兒接客。王美執意不肯，説道：「要我會客時，除非見了親生爹媽。他肯做主時，方才使得。」王九媽心裏又惱他，又不捨得難爲他。捱了好些時，偶然有個金二員外，大富之家，情愿出三百兩銀子，梳弄美娘。九媽得了這主大財，心生一計，與金二員外商議，若要他成就，除非如此如此。金二員外意會了。其日八月十五日，衹説請王美湖上看潮。請至舟中，三四個幫閑，俱是會中之人，猜拳行令，做好做歉，將美娘灌得爛醉如泥。扶到王九媽家樓中，卧於牀上，不省人事。此時天氣和暖，又沒幾層衣服。媽兒親手抱住，欲待掙扎，爭奈手足俱軟，繇他輕薄了一回。

五鼓時，美娘酒醒，已知鴇兒用計，破了身子。自憐紅顔命薄，遭此強横，起來解手，穿了衣服，自在牀邊一個斑竹榻上，朝着裏壁睡了，暗暗垂淚，金二員外來親近他時，被他劈頭劈臉，抓有幾個血痕。金二員外好生沒趣。捱得天明，對媽兒説聲：「我去也。」媽兒要留他時，已自出門去了。從來梳弄的子弟，早起時，媽兒進房賀喜，行戶中都來稱賀，還要吃幾日喜酒。那子弟多則住一二月，最少也住半月二十日。衹有金二員外侵早出門，是從來未有之事。王九媽連叫詫異，披衣起身上樓，衹見美娘臥於榻上，滿眼流淚。九媽要哄他上行，連聲招許多不是。美娘衹不開口。九媽衹得下樓去了。美娘哭了一日，茶飯不霑。從此託病，不肯下樓，連客也不肯會面了。

九媽心下焦燥。欲待把他凌虐，又恐他烈性不從，反冷了他的心腸。欲待繇他，本是要他賺錢。若不接客時，就養到一百歲也沒用。躊躕數日，無計可施。忽然想起，有個結義妹子，叫做劉四媽，時常往來。他能言快語，與美娘甚說得着。何不接取他來，下個說詞。若得他回心轉意，大大的燒個利市。當下叫保兒去請劉四媽到前樓坐下，訴以衷情。劉四媽道：「老身是個女隨何，雌陸賈，說得羅漢思情，嫦娥想嫁。這件事都在老身身上。」九媽道：「若得如此，做姐的情愿與你磕頭。你多吃杯茶去，省得說話時口乾。」劉四媽道：「老身天生這副海口，便說到明日，還不乾哩。」劉四媽吃了幾杯茶，轉到後樓，衹見樓門緊閉。劉四媽輕輕的叩了一下，叫聲：「姪女！」美娘聽得是四媽聲音，便來開門。兩下相見了。四媽靠桌朝下而坐，美娘傍坐相陪。四媽看他桌上鋪着一幅細絹，纔畫得個美人的臉兒，還未曾着色。四媽稱贊道：「畫得好！真是巧手！九阿姐不知怎生樣造化，偏生遇着你這一個伶俐女兒。又好人物，又好技藝，就是堆上幾千兩黃金，滿臨安走遍，可尋出個對兒麽？」美娘道：「休得見笑！今日甚風吹得姨娘到來？」劉四媽道：「老身時常要來看你，衹爲家務在身，不得空閑。聞得你恭喜梳弄了。今日偷空而來，特特與九阿姐叫喜。」美兒聽得提起梳弄二字，滿臉通紅，低着頭不來答應。劉四媽知他害羞，便把椅兒掇上一步，將美娘的手兒牽着，叫聲：「我兒！做小娘的，不是個軟殼鷄蛋，怎的這般嫩得緊？似你恁地怕羞，如何賺得大主銀子？」美娘道：「我要銀子做甚？」四媽道：「我兒，你便不要銀子，做娘的，看得你長大成人，難道不要出本？自古道，靠山吃山，靠水吃水。九阿姐家有幾個粉頭，那一個趕得上你的腳跟來？一園瓜，衹看得你是個瓜種。九阿姐待你也不比其他。你是聰明伶俐的人，也須識些輕重。聞得你自梳弄之後，一個客也不肯相接。是甚麽意兒？都像你的意時，一家人口，似蠶一般，那個把桑葉喂他？做娘的擡舉你一分，你也要與他爭口氣兒，莫要反討衆丫頭們批點。」美娘道：「繇他批點，怕怎的！」劉四媽道：「阿呀！批點是個小事，你可曉得門戶中的行徑麽？」美娘道：「行徑便怎的？」劉四媽道：「我們門戶人家，吃着女兒，穿着女兒，用着女兒，僥幸討得一個像樣的，分明是大戶人家置了一所良田美產。年紀幼小時，巴不得風吹得大。到得梳弄過後，便是田產成熟，日日指望花利到手受用。前門迎新，後門送舊，張郎送米，李郎送柴，往來熱鬧，纔是個出名的姊妹行家。」美娘道：「羞答答，我不做這樣事！」劉四媽掩着口，格的笑了一聲，道：「不做這樣事，可是繇得你的？一家之中，有媽媽做主。做小娘的若不依他教訓，動不動一頓皮鞭，打得你不生不死。那時不怕你不走他的路兒。九阿姐一向不難爲你，衹可惜你聰明標致，從小嬌養的，要惜你的廉恥，存你的體面。方纔告訴我許多話，說你不識好歹，放着鵝毛不知輕，頂着磨子不知重，心下好生不悦。教老身來勸你。你若執意不從，惹他性起，一時翻過臉來，罵一頓，打一頓，你待走上天去！凡事衹怕個起頭。若打破了頭時，朝一頓，暮一頓，那時熬這些痛苦不過，衹得接客，卻不把千金聲價弄得低微了。還要被姊妹中笑話。依我說，吊桶已自落在他井裏，掙不起了。不如千歡萬喜，倒在娘的懷裏，落得自己快活。」美娘道：「奴是好人家兒女，誤落風塵。倘得姨娘主張從良，勝造九級浮圖。若要我倚門獻笑，送舊迎新，寧甘一死，決不情愿。」劉四媽道：「我兒，從良是個有志氣的事，怎麽說道不該！衹是從良也有幾等不同。」美娘道：「從良有甚不同之處？」劉四媽道：「有個真從良，有個假從良。有個苦從良，有個樂從良。有個趁好的從良，有個沒奈何的從良。有個了從良，有個不了的從良。我兒耐心聽我分説。如何叫做真從良？大凡才子必須佳人，佳人必須才子，方成佳配。然而好事多磨，往往求之不得。幸然兩下相逢，你貪我愛，割舍不下。一個願討，一個願嫁。好像捉對的蠶蛾，死也不放。這個謂之真從良。怎麼叫做假從良？有等子弟愛着小娘，小娘卻不愛那子弟。本心不願嫁他，衹把個嫁字兒哄他心熱，撒漫銀錢。比及成交，卻又推故不就。又有一等癡心的子弟，曉得小娘心腸不對他，偏要娶他回去。拚着一主大錢，動了媽兒的火，不怕小娘不肯。勉強進門，心中不順，故意不守家規。小則撒潑放肆，大則公然偷漢。人家容留不得，多則一年，小則半載，依舊放他出來，爲娼接客。把從良二字，衹當個撰錢的題目。這個謂之假從良。如何叫做苦從良？一般樣子弟愛小娘，小娘不愛那子弟，卻被他以勢凌之。媽兒懼禍，已自許了。做小娘的，身不繇主，含淚而行。一入侯門，如海之深，家法又嚴，擡頭不得。半妾半婢，忍死度日。這個謂之苦從良。如何叫做樂從良？做小娘的，正當擇人之際，偶然相交個子弟。見他情性溫和，家道富足，又且大娘子樂善，無男無女，指望他日過門，與他生育，就有主母之分。以此嫁他，圖個日前安逸，日後出身。這個謂之樂從良。如何叫做趁好的從良？做小娘的，風花雪月，受用已夠，趁這盛名之下，求之者衆，任我揀擇個十分滿意的嫁他，急流勇退，及早回頭，不致受人怠慢。這個謂之趁好的從良。如何叫做沒奈何的從良？做小娘的，原無從良之意，或因官司逼迫，或因強横欺瞞，又或因債負太多，將來賠償不起，彆口氣，不論好歹，得嫁便嫁，買靜求安，藏身之法，這謂之沒奈何的從良。如何叫做了從良？小娘半老之際，風波歷盡，剛好遇個老成的孤老，兩下志同道合，收繩捲索，白頭到老，這個謂之了從良。如何叫做不了的從良？一般你貪我愛，火熱的跟他，卻是一時之興，沒有個長算。或者尊長不容，或者大娘妒忌，鬧了幾場，發回媽家，追取原價。又有個家道凋零，養他不活，苦守不過，依舊出來趕趁，這謂之不了的從良。」美娘道：「如今奴家要從良，還是怎地好？」劉四媽道：「我兒，老身教你個萬全之策。」美娘道：「若蒙教導，死不忘恩。」劉四媽道：「從良一事，入門爲淨。況且你身子已被人捉弄過了，就是今夜嫁人，叫不得個黃花女兒。千錯萬錯，不該落於此地。這就是你命中所招了。做娘的費了一片心機，若不幫他幾年，趁過千把銀子，怎肯放你出門？還有一件，你便要從良，也須揀個好主兒。這些臭嘴臭臉的，難道就跟他不成？你如今一個客也不接，曉得那個該從，那個不該從？假如你執意不肯接客，做娘的沒奈何，尋個肯出錢的主兒，賣你去做妾，這也叫做從良。那主兒或是年老的，或是貌醜的，或是一字不識的村牛，你卻不骯髒了一世！比着把你抖在水裏，還有撲通的一聲響，討得傍人叫一聲可惜。依着老身愚見，還是俯從人愿，憑着做娘的接客。似你恁般才貌，等閑的料也不敢相扳。無非是王孫公子，貴客豪門，也不辱沒了你一生。風花雪月，趁着年少受用，二來作成媽兒起個家事，三來使自己也積攢些私房，免得日後求人。過了十年五載，遇個知心着意的，說得來，話得着，那時老身與你做媒，好模好樣的嫁去，做娘的也放得你下了。可不兩得其便？」美娘聽說，微笑而不言。劉四媽已知美娘心中活動了，便道：「老身句句是好話。你依着老身的話時，後來還當感激我哩。」說罷，起身。王九媽立在樓門之外，一句句都聽得的。美娘送劉四媽出房門，劈面撞着了九媽，滿面羞慚，縮身進去。王九媽隨着劉四媽，再到前樓坐下。劉四媽道：「姪女十分執意，被老身右說左說，一塊硬鐵看看熔做熱汁。你如今快快尋個覆帳的主兒，他必然肯就。那時做妹子的再來賀喜。」王九媽連連稱謝。是日備飯相待，盡醉而別。後來西湖上子弟們又有隻《掛枝兒》，單說那劉四媽說詞一節：

劉四媽，你的嘴舌兒好不厲害！便是女隨何，雌陸賈，不信有這大才！說着長，道着短，全沒些破敗。就是醉夢中，被你說得醒；就是聰明的，被你說得呆。好個烈性的姑娘，也被你說得他心地改。

再說王美娘纔聽了劉四媽一席話兒，思之有理。以後有客求見，欣然相接。覆帳之後，賓客如市。捱三頂五，不得空閑，聲價愈重。每一晚白銀十兩，兀自你爭我奪。王九媽賺了若干錢鈔，歡喜無限。美娘也留心要揀個知心着意的，急切難得。正是：

易求無價寶，難得有情郎。

話分兩頭。卻說臨安城清波門外，有個開油店的朱十老，三年前過繼一個小廝。也是汴京逃難來的，姓秦名重，母親早喪，父親秦良，十三歲上將他賣了，自己在上天竺去做香火。朱十老因年老無嗣，又新死了媽媽，把秦重做親子看成，改名朱重，在店中學做賣油生意。初時父子坐店甚好。後因十老得了腰痛的病，十眠九坐，勞碌不得，另招個夥計，叫做邢權，在店相幫。光陰似箭，不覺四年有餘。朱重長成一十七歲，生得一表人才，雖然已冠，尚未娶妻。那朱十老家有個侍女，叫做蘭花，年已二十之外，存心看上了朱小官人，幾遍的倒下鉤子去勾搭他。誰知朱重是個老實人，又且蘭花齷齪醜陋，朱重也看不上眼。以此落花有意，流水無情。那蘭花見勾搭朱小官人不上，別尋主顧，就去勾搭那夥計邢權。邢權是望四之人，沒有老婆，一拍就上。兩個暗地偷情，不止一次。反怪朱小官人礙眼，思量尋事趕他出門。邢權與蘭花兩個，裏應外合，使心設計。蘭花便在朱十老面前，假意撇清說：「小官人幾番調戲，好不老實！」朱十老平時與蘭花也有一手，未免有拈酸之意。邢權又將店中賣下的銀子藏過，在朱十老面前說道：「朱小官在外賭博，不長進，櫃裏銀子，幾次短少，都是他偷去了。」初次朱十老還不信，接連幾次，朱十老年老糊塗，沒有主意，就喚朱重過來，責罵了一場。朱重是個聰明的孩子，已知邢權與蘭花的計較，欲待分辨，惹起是非不小。萬一老者不聽，枉做惡人。心生一計，對朱十老說道：「店中生意淡薄，不消得二人。如今讓邢主管坐店，孩兒情願挑擔子出去賣油。賣得多少，每日納還，可不是兩重生意？」朱十老心下也有許可之意。又被邢權說道：「他不是要挑擔出去，幾年上偷銀子做私房，身邊積攢有餘了，又怪你不與他定親，心下怨悵，不願在此相幫，要討個出場，自去娶老婆，做人家去。」朱十老嘆口氣道：「我把他做親兒看成，他卻如此歹意！皇天不祐！罷，罷，不是自身骨血，到底黏連不上，繇他去罷！」遂將三兩銀子，把與朱重，打發出門。寒夏衣服和被窩都教他拿去。這也是朱十老好處。朱重料他不肯收留，拜了四拜，大哭而別。正是：

孝己殺身因謗語，申生喪命爲讒言。
親生兒子猶如此，何怪螟蛉受枉冤。

原來秦良上天竺做香火，不曾對兒子說知。朱重出了朱十老之門，在衆安橋下賃了一間小小房兒，放下被窩等件，買巨鎖兒鎖了門，便往長街短巷，訪求父親。連走幾日，全沒消息。沒奈何，衹得放下。在朱十老家四年，赤心忠良，并無一毫私蓄。衹有臨行時打發這三兩銀子，不夠本錢，做什麼生意好？左思右量，衹有油行買賣是熟閒。這些油坊多曾與他識熟，還去挑個賣油擔子，是個穩足的道路。當下置辦了油擔家火，剩下的銀兩，都交付與油坊取油。那油坊裏認得朱小官是個老實好人。況且小小年紀，當初坐店，今朝挑擔上街，都因邢夥計挑撥他出來，心中甚是不平，有心扶持他，衹揀窨清的上好淨油與他，簽子上又明讓他些。朱重得了這些便宜，自己轉賣與人，也放些寬。所以他的油比別人分外容易出脫。每日所賺的利息，又且儉吃儉用，積下東西來，置辦些日用家業，及身上衣服之類，并無妄廢。心中衹有一件事未了，牽掛着父親，思想：「向來叫做朱重，誰知我是姓秦！倘或父親來尋訪之時，也沒有個因由。」遂復姓爲秦。說話的，假如上一等人，有前程的，要復本姓，或具劄子奏過朝廷，或關白禮部、太學、國學等衙門，將册籍改正，衆所共知。一個賣油的，復姓之時，誰人曉得？他有個道理，把盛油的桶兒，一面大大寫個秦字，一面寫汴梁二字，將油桶做個標識，使人一覽而知。以此臨安市上，曉得他本姓，都呼他爲秦賣油。時值二月天氣，不暖不寒，秦重聞知昭慶寺僧人，要起個九晝夜功德，用油必多，遂挑了油擔來寺中賣油。那些和尚們也聞知秦賣油之名，他的油比别人又好又賤，單單作成他。所以一連這九日，秦重祇在昭慶寺走動。正是：

刻薄不賺錢，忠厚不折本。

這一日是第九日了。秦重在寺出脱了油，挑了空擔出寺。其日天氣晴明，游人如蟻。秦重繞河而行。遥望十景塘桃紅柳緑，湖内畫船簫鼓，往來游玩，觀之不足，玩之有餘。走了一回，身子困倦，轉到昭慶寺右邊，望個寬處，將擔子放下，坐在一塊石上歇腳。近側有個人家，面湖而住，金漆籬門，裏面朱欄内，一叢細竹。未知堂室何如，先見門庭清整。祇見裏面三四個戴巾的從内而出，一個女娘後面相送。到了門首，兩下把手一拱，説聲請了，那女娘竟進去了。秦重定睛觀之，此女容顔嬌麗，體態輕盈，目所未睹，准准的呆了半晌，身子都酥麻了。他原是個老實小官，不知有煙花行徑，心中疑惑，正不知是什麽人家。方在疑思之際，祇見門内又走出個中年的媽媽，同着一個垂髮的丫頭，倚門閑看。那媽媽一眼瞧着油擔，便道：「阿呀！方纔我家無油，正好有油擔子在這裏，何不與他買些？」那丫鬟同那媽媽出來，走到油擔子邊，叫聲：「賣油的！」秦重方纔聽見，回言道：「沒有油了！媽媽要用油時，明日送來。」那丫鬟也認得幾個字，看見油桶上寫個秦字，就對媽媽道：「賣油的姓秦。」媽媽也聽得人閑講，有個秦賣油，做生意甚是忠厚。遂吩咐秦重道：「我家每日要油用，你肯挑來時，與你做個主顧。」秦重道：「承媽媽作成，不敢有誤。」那媽媽與丫鬟進去了。秦重心中想道：「這媽媽不知是那女娘的什麽人？我每日到他家賣油，莫説賺他利息，圖個飽看那女娘一回，也是前生福分。」正欲挑擔起身，祇見兩個轎夫，擡着一頂青絹幔的轎子，後邊跟着兩個小廝，飛也似跑來。到了其家門首，歇下轎子。那小廝走進裏面去了。秦重道：「卻又作怪！着他接什麽人？」少頃之間，祇見兩個丫鬟，一個捧着猩紅的氈包，一個拿着湘妃竹攢花的拜匣，都交付與轎夫，放在轎座之下。那兩個小廝手中，一個抱着琴囊，一個捧着幾個手卷，腕上掛碧玉簫一枝，跟着起初的女娘出來。女娘上了轎，轎夫擡起望舊路而去。丫鬟小廝，俱隨轎步行。秦重又得親炙一番，心中愈加疑惑。挑了油擔子，洋洋的去。

不過幾步，祇見臨河有一個酒館。秦重每常不吃酒，今日見了這女娘，心下又歡喜，又氣悶，將擔子放下，走進酒館。揀個小座頭坐下。酒保問道：「客人還是請客，還是獨酌？」秦重道：「有上好的酒，拿來獨飲三杯。時新果子一兩碟，不用葷菜。」酒保斟酒時，秦重問道：「那邊金漆籬門内是什麽人家？」酒保道：「這是齊衙内的花園。如今王九媽住下。」秦重道：「方纔看見有個小娘子上轎，是什麽人？」酒保道：「這是有名的粉頭，叫做王美娘，人都稱爲花魁娘子。他原是汴京人，流落在此。吹彈歌舞，琴棋書畫，件件皆精。來往的都是大頭兒，要十兩放光，纔宿一夜哩。可知小可的也近他不得。當初住在湧金門外，因樓房狹窄，齊舍人與他相厚，半載之前，把這花園借與他住。」秦重聽得説是汴京人，觸了個鄉里之念，心中更有一倍光景。吃了數杯，還了酒錢，挑了擔子，一路走，一路的肚中打稿道：「世間有這樣美貌的女子，落於娼家，豈不可惜！」又自家暗笑道：「若不落於娼家，我賣油的怎生得見！」又想一回，越發癡起來了，道：「人生一世，草生一秋。若得這等美人摟抱了睡一夜，死也甘心。」又想一回道：「呸！我終日挑這油擔子，不過日進分文，怎麼想這等非分之事！正是癩蝦蟆在陰溝裏想着天鵝肉吃，如何到口！」又想一回道：「他相交的，都是公子王孫。我賣油的，縱有了銀子，料他也不肯接我。」又想一回道：「我聞得做老鴇的，專要錢鈔。就是個乞兒，有了銀子，他也就肯接了，何况我做生意的，清清白白之人。若有了銀子，怕他不接！衹是那裏來這幾兩銀子？」一路上胡思亂想，自言自語。你道天地間有這等癡人，一個做小經紀的，本錢衹有三兩，卻要把十兩銀子去嫖那名妓，可不是個春夢！自古道：「有志者事竟成。」被他千思萬想，想出一個計策來。他道：「從明日爲始，逐日將本錢扣出，餘下的積趲上去。一日積得一分，一年也有三兩六錢之數。衹消三年，這事便成了。若一日積得二分，衹消得年半。若再多得些，一年也差不多了。」想來想去，不覺走到家裏，開鎖進門。衹因一路上想着許多閑事，回來看了自家的睡鋪，慘然無歡，連夜飯也不要吃，便上了牀。這一夜翻來覆去，牽掛着美人，那裏睡得着。

衹因月貌花容，引起心猿意馬。

捱到天明，爬起來，就裝了油擔，煑早飯吃了，匆匆挑了油擔子，一徑走到王媽媽家去。進了門，卻不敢直入，舒着頭，往裏面張望。王媽媽恰纔起牀，還蓬着頭，正吩咐保兒買飯菜。秦重識得聲音，叫聲：「王媽媽。」九媽往外一張，見是秦賣油，笑道：「好忠厚人！果然不失信。」便叫他挑擔進來，稱了一瓶，約有五斤多重，公道還錢。秦重并不爭論。王九媽甚是歡喜，道：「這瓶油，衹夠我家兩日用。但隔一日，你便送來，我不往別處去買油。」秦重應諾，挑擔而出。衹恨不曾遇見花魁娘子。「且喜扳下主顧，少不得一次不見，二次見；二次不見，三次見。衹是一件，特爲王九媽一家挑這許多路來，不是做生意的勾當。這昭慶寺是順路。今日寺中雖然不做功德，難道尋常不用油的？我且挑擔去問他。若扳得各房頭做個主顧，衹消走錢塘門這一路，那一擔油盡夠出脫了。」秦重挑擔到寺內問時，原來各房和尚也正想着秦賣油。來得正好，多少不等，各各買他的油。秦重與各房約定，也是間一日便送油來用。這一日是個雙日。自此日爲始，但是單日，秦重別街道上做買賣；但是雙日，就走錢塘門這一路。一出錢塘門，先到王九媽家裏，以賣油爲名，去看花魁娘子。有一日會見，也有一日不會見。不見時費一場思想，便見時也衹添了一層思想。正是：

天長地久有時盡，此恨此情無盡期。

再說秦重到了王九媽家多次，家中大大小小，沒一個不認得是秦賣油。時光迅速，不覺一年有餘。日大日小，只揀足色細絲，或積三分，或積二分，再少也積下一分。湊得幾錢，又打做大塊包。日積月累，有了一大包銀子，零星湊集，連自己也不識多少。其日是單日，又值大雨，秦重不出去做買賣。積了這一大包銀子，心中也自喜歡。「趁今日空閑，我把他上一上天平，見個數目。」打個油傘，走到對門傾銀鋪裏，借天平兑銀。那銀匠好不輕薄，想着：「賣油的多少銀子，要架天平？衹把個五兩頭等子與他，還怕用不着頭紐哩。」秦重把銀子包解開，都是散碎銀兩。大凡成錠的見少，散碎的就見多。銀匠是小輩，眼孔極淺，見了許多銀子，別是一番面目，想道：「人不可貌相，海水不可斗量。」慌忙架起天平，搬出若大若小許多法馬。秦重盡包而兑，一釐不多，一釐不少，剛剛一十六兩之數，上秤便是一斤。秦重心下想道：「除去了三兩本錢，餘下的做一夜花柳之費，還是有餘。」又想道：「這樣散碎銀子，怎好出手！拿出來也被人看低了！見成傾銀店中方便，何不傾成錠兒，還覺冠冕。」當下兑足十兩，傾成一個足色大錠，再把一兩八錢，傾成水絲一小錠。剩下四兩二錢之數，拈一小塊，還了火錢，又將幾錢銀子，置下鑲鞋淨襪，新褶了一頂萬字頭巾。回到家中，把衣服漿洗得乾乾淨淨，買幾根安息香，熏了又熏。揀個晴明好日，侵早打扮起來。

雖非富貴豪華客，也是風流好後生。

秦重打扮得齊齊整整，取銀兩藏於袖中，把房門鎖了，一徑望王九媽家而來。那一時好不高興。及至到了門首，愧心復萌，想道：「時常挑了擔子在他家賣油，今日忽地去做嫖客，如何開口？」正在躊躇之際，祇聽得呀的一聲門響，王九媽走將出來。見了秦重，便道：「秦小官今日怎的不做生意，打扮得恁般齊楚，往那裏去貴幹？」事到其間，秦重祇得老着臉，上前作揖。媽媽也不免還禮。秦重道：「小可并無別事，專來拜望媽媽。」那鴇兒是老積年，見貌辨色，見秦重恁般裝束，又說拜望，「一定是看上了我家那個丫頭，要嫖一夜，或是會一個房。雖然不是個大勢至菩薩，搭在籃裏便是菜，捉在籃裏便是蟹，賺他錢把銀子買葱菜，也是好的。」便滿臉堆下笑來，道：「秦小官拜望老身，必有好處。」秦重道：「小可有句不識進退的言語，祇是不好啓齒。」王九媽道：「但說何妨。且請到裏面客坐裏細講。」秦重爲賣油雖曾到王家准百次，這客坐裏交椅，還不曾與他屁股做個相識。今日是個會面之始。王九媽到了客坐，不免分賓而坐，向着內裏喚茶。少頃，丫鬟托出茶來，看時卻是秦賣油，正不知什麼緣故，媽媽恁般相待，格格低了頭祇是笑。王九媽看見，喝道：「有甚好笑！對客全沒些規矩！」丫鬟止住笑，收了茶杯自去。王九媽方纔開言問道：「秦小官有甚話，要對老身說？」秦重道：「沒有別話，要在媽媽宅上請一位姐姐吃一杯酒兒。」九媽道：「難道吃寡酒？一定要嫖了。你是個老實人，幾時動這風流之興？」秦重道：「小可的積誠，也非止一日。」九媽道：「我家這幾個姐姐，都是你認得的。不知你中意那一位？」秦重道：「別個都不要，單單要與花魁娘子相處一宵。」九媽祇道取笑他，就變了臉道：「你出言無度！莫非奚落老娘麽？」秦重道：「小可是個老實人，豈有虛情。」九媽道：「糞桶也有兩個耳朵，你豈不曉得我家美兒的身價！倒了你賣油的灶，還不夠半夜歇錢哩。不如將就揀一個適興罷。」秦重把頸一縮，舌頭一伸，道：「恁的好賣弄！不敢動問，你家花魁娘子一夜歇錢要幾千兩？」九媽見他說耍話，卻又回嗔作喜，帶笑而言道：「那要許多！祇要得十兩敲絲。其他東道雜費，不在其內。」秦重道：「原來如此，不爲大事。」袖中摸出這禿禿裏一大錠放光細絲銀子，遞與鴇兒道：「這一錠十兩重，足色足數，請媽媽收着。」又摸出一小錠來，也遞與鴇兒，又道：「這一小錠，重有二兩，相煩備個小東。望媽媽成就小可這件好事，生死不忘，日後再有孝順。」九媽見了這錠大銀，已自不忍釋手，又恐怕他一時高興，日後沒了本錢，心中懊悔，也要盡他一句才好。便道：「這十兩銀子，你做經紀的人，積趲不易，還要三思而行。」秦重道：「小可主意已定，不要你老人家費心。」

九媽把這兩錠銀子收於袖中，道：「是便是了。還有許多煩難哩。」秦重道：「媽媽是一家之主，有甚煩難？」九媽道：「我家美兒，往來的都是王孫公子，富室豪家，真個是『談笑有鴻儒，往來無白丁。』他豈不認得你是做經紀的秦小官，如何肯接你？」秦重道：「但憑媽媽怎的委曲宛轉，成全其事，大恩不敢有忘！」九媽見他十分堅心，眉頭一皺，計上心來，扯開笑口道：「老身已替你排下計策，祇看你緣法如何。做得成，不要喜；做不成，不要怪。美兒昨日在李學士家陪酒，還未曾回。今日是黃衙內約下游湖。明日是張山人一班清客，邀他做詩社。後日是韓尚書的公子，數日前送下東道在這裏。你且到大後日來看。還有句話，這幾日你且不要來我家賣油，預先留下個體面。又有句話，你穿着一身的布衣布裳，不像個上等嫖客。再來時，換件綢緞衣服，教這些丫鬟們認不出你是秦小官。老娘也好與你裝謊。」秦重道：「小可一一理會得。」說罷，作別出門，且歇這三日生理，不去賣油，到典鋪裏買了一件見成半新半舊的綢衣，穿在身上，到街坊閑走，演習斯文模樣。正是：

未識花院行藏，先習孔門規矩。

丟過那三日不題，到第四日，起個清早，便到王九媽家去。去得太早，門還未開。意欲轉一轉再來。這番裝扮希奇，不敢到昭慶寺去，恐怕和尚們批點。且到十景塘散步。良久又踅轉去，王九媽家門已開了。那門前卻安頓得有轎馬，門內有許多僕從，在那裏閑坐。秦重雖然老實，心下到也乖巧，且不進門，悄悄的招那馬夫問道：「這轎馬是誰家的？」馬夫道：「韓府裏來接公子的。」秦重已知韓公子夜來留宿，此時還未曾別。重復轉身，到一個飯店之中，吃了些見成茶飯，又坐了一回，方才到王家探信。祇見門前轎馬已自去了。進得門時，王九媽迎着，便道：「老身得罪，今日又不得工夫了。恰纔韓公子拉去東莊賞早梅。他是個長嫖，老身不好違拗。聞得說，來日還要到靈隱寺，訪個棋師賭棋哩。齊衙內又來約過兩三次了。這是我家房主，又是辭不得的。他來時，或三日五日的住了去，連老身也定不得個日子。秦小官，你真個要嫖，祇索耐心再等幾日。不然，前日的尊賜，分毫不動，要便奉還。」秦重道：「祇怕媽媽不作成。若還遲，終無失，就是一萬年，小可也情願等着。」九媽道：「恁地時，老身便好張主！」秦重作別，方欲起身，九媽又道：「秦小官人，老身還有句話。你下次若來討信，不要早了。約莫申牌時分，有客沒客，老身把個實信與你。倒是越晏些越好。這是老身的妙用，你休錯怪。」秦重連聲道：「不敢，不敢！」這一日秦重不曾做買賣。次日，整理油擔，挑往別處去生理，不走錢塘門一路。每日生意做完，傍晚時分就打扮齊整，到王九媽家探信，祇是不得工夫。又空走了一月有餘。

那一日是十二月十五，大雪方霽，西風過後，積雪成冰，好不寒冷。卻喜地下乾燥。秦重做了大半日買賣，如前妝扮，又去探信。王九媽笑容可掬，迎着道：「今日你造化，已是九分九釐了。」秦重道：「這一釐是欠着什麼？」九媽道：「這一釐麼？正主兒還不在家。」秦重道：「可回來麼？」九媽道：「今日是俞太尉家賞雪，筵席就備在湖船之內。俞太尉是七十歲的老人家，風月之事，已是沒分。原說過黃昏送來。你且到新人房裏，吃杯燙風酒，慢慢的等他。」秦重道：「煩媽媽引路。」王九媽引着秦重，彎彎曲曲，走過許多房頭，到一個所在，不是樓房，卻是個平屋三間，甚是高爽。左一間是丫鬟的空房，一般有牀榻桌椅之類，卻是備官鋪的；右一間是花魁娘子臥室，鎖着在那裏。兩旁又有耳房。中間客坐上面，掛一幅名人山水，香几上博山古銅爐，燒着龍涎香餅，兩旁書桌，擺設些古玩，壁上貼許多詩稿。秦重愧非文人，不敢細看。心下想道：「外房如此整齊，內室陳鋪，必然華麗。今夜盡我受用。十兩一夜，也不爲多。」九媽讓秦小官坐於客位，自己主位相陪。少頃之間，丫鬟掌燈過來，擡下一張八仙桌兒，六碗時新果子，一架攢盒，佳肴美醖未曾到口，香氣撲人。九媽執盞相勸道：「今日衆小女都有客，老身祇得自陪，請開懷暢飲幾杯。」秦重酒量本不高，況兼正事在心，祇吃半杯。吃了一會，便推不飲。九媽道：「秦小官想餓了，且用些飯再吃酒。」丫鬟捧着雪花白米飯，一吃一添，放於秦重面前，就是一盞雜和湯。鴇兒量高，不用飯，以酒相陪。秦重吃了一碗，就放箸。九媽道：「夜長哩，再請些。」秦重又添了半碗。丫鬟提個行燈來，說：「浴湯熱了，請客官洗浴。」秦重原是洗過澡來的，不敢推托，祇得又到浴堂，肥皂香湯，洗了一遍。重復穿衣入坐。九媽命撤去肴盒，用暖鍋下酒。此是黃昏已絕，昭慶寺裏的鐘都撞過了，美娘尚未回來。

玉人何處貪歡耍？等得情郎望眼穿！

常言道：等人心急。秦重不見婊子回家，好生氣悶。卻被鴇兒夾七夾八，說些風話勸酒。不覺又過了一更天氣。祇聽得外面熱鬧鬧的，卻是花魁娘子回家。丫鬟先來報了。九媽連忙起身出迎。秦重也離坐而立。祇見美娘吃得大醉，侍女扶將進來，到於門首，醉眼蒙矓，看見房中燈燭輝煌，杯盤狼藉，立住脚問道：「誰在這裏吃酒？」九媽道：「我兒，便是我向日與你說的那秦小官人。他心中慕你，多時的送過禮來。因你不得工夫，擔閣他一月有餘了。你今日幸而得空，做娘的留他在此伴你。」美娘道：「臨安郡中，并不聞說起有什麼秦小官人！我不去接他。」轉身便走。九媽雙手托開，即忙攔住道：「他是個至誠好人，娘不誤你。」美娘祇得轉身，纔跨進房門，擡頭一看那人，有些面善，一時醉了，急切叫不出來，便道：「娘，這個人我認得他的，不是有名稱的子弟。接了他，被人笑話。」九媽道：「我兒，這是湧金門内開緞鋪的秦小官人。當初我們住在湧金門時，想你也曾會過，故此面善。你莫識認錯了。做娘的見他來意志誠，一時許了他，不好失信。你看做娘的面上，胡亂留他一晚。做娘的曉得不是了，明日卻與你陪禮。」一頭說，一頭推着美娘的肩頭向前。美娘拗媽媽不過，祇得進房相見。正是：

千般難出虔婆口，萬般難脱虔婆手。

饒君縱有萬千般，不如跟着虔婆走。

這些言語，秦重一句句都聽得，佯爲不聞。美娘萬福過了，坐於側首，仔細看着秦重，好生疑惑，心裏甚是不悦，嘿嘿無言。唤丫鬟將熱酒來，斟着大鐘。鴇兒祇道他敬客，卻自家一飲而盡。九媽道：「我兒醉了，少吃些麽！」美娘那裏依他，答應道：「我不醉！」一連吃上十來杯。這是酒後之酒，醉中之醉，自覺立脚不住。唤丫鬟開了臥房，點上銀釭，也不卸頭，也不解帶，躧脱了繡鞋，和衣上牀，倒身而臥。鴇兒見女兒如此做作，甚不過意。對秦重道：「小女平日慣了，他專會使性。今日他心中不知爲什麽有些不自在，卻不干你事。休得見怪！」秦重道：「小可豈敢！」鴇兒又勸了秦重幾杯酒。秦重再三告止。鴇兒送入臥房，向耳傍吩咐道：「那人醉了，放溫存些。」又叫道：「我兒起來，脫了衣服，好好的睡。」美娘已在夢中，全不答應。鴇兒祇得去了。丫鬟收拾了杯盤之類，抹了桌子，叫聲：「秦小官人，安置罷。」秦重道：「有熱茶要一壺。」丫鬟泡了一壺濃茶，送進房裏。帶轉房門，自去耳房中安歇。秦重看美娘時，面對裏牀，睡得正熟，把錦被壓於身下。秦重想酒醉之人，必然怕冷，又不敢驚醒他。忽見闌干上又放着一牀大紅紵絲的錦被。輕輕的取下，蓋在美娘身上，把銀燈挑得亮亮的，取了這壺熱茶，脫鞋上牀，捱在美娘身邊，左手抱着茶壺在懷，右手搭在美娘身上，眼也不敢閉一閉。正是：

未曾握雨攜雲，也算偎香倚玉。

卻說美娘睡到半夜，醒將轉來，自覺酒力不勝，胸中似有滿溢之狀。爬起來，坐在被窩中，垂着頭，祇管打乾噦。秦重慌忙也坐起來。知他要吐，放下茶壺，用手撫摩其背。良久，美娘喉間忍不住了，說時遲，那時快，美娘放開喉嚨便吐。秦重怕汚了被窩，把自己的道袍袖子張開，罩在他嘴上。美娘不知所以，盡情一嘔，嘔畢，還閉着眼，討茶嗽口。秦重下牀，將道袍輕輕脫下，放在地平之上，摸茶壺還是暖的。斟上一甌香噴噴的濃茶，遞與美娘。美娘連吃了二碗，胸中雖然略覺豪燥，身子兀自倦怠。仍舊倒下，向裏睡去了。秦重脫下道袍，將吐下一袖的腌臢，重重裹着，放於牀側，依然上牀，擁抱似初。美娘那一覺直睡到天明方醒。覆身轉來，見傍邊睡着一人，問道：「你是那個？」秦重答道：「小可姓秦。」美娘想起夜來之事恍恍惚惚，不甚記得真了，便道：「我夜來好醉！」秦重道：「也不甚醉。」又問：「可曾吐麽？」秦重道：「不曾。」美娘道：「這樣還好。」又想一想道：「我記得曾吐過的，又記得曾吃過茶來，難道做夢不成？」秦重方纔說道：「是曾吐來。小可見小娘子多了杯酒，也防着要吐，把茶壺暖在懷裏。小娘子果然吐後討茶，小可斟上，蒙小娘子不棄，飲了兩甌。」美娘大驚道：「髒巴巴的，吐在那裏？」秦重道：「恐怕小娘子汚了被褥，是小可把袖子盛了。」美娘道：「如今在那裏？」秦重道：「連衣服裹着，藏過在那裏。」美娘道：「可惜壞了你一件衣服。」秦重道：「這是小可的衣服，有幸得霑小娘子的餘瀝。」美娘聽說，心下想道：「有這般識趣的人！」心裏已有四五分歡喜了。

此時天色大明，美娘起身，下牀小解。看着秦重，猛然想起是秦賣油，遂問道：「你實對我說，是什麼樣人？爲何昨夜在此？」秦重道：「承花魁娘子下問，小子怎敢妄言。小可實是常來宅上賣油的秦重。」遂將初次看見送客，又看見上轎，心下想慕之極，及積攢嫖錢之事，備細述了一遍。「夜來得親近小娘子一夜，三生有幸，心滿意足。」美娘聽說，愈加可憐，道：「我昨夜酒醉，不曾招接得你。你乾折了多少銀子，莫不懊悔？」秦重道：「小娘子天上神仙，小可惟恐伏侍不周，但不見責，已爲萬幸。況敢有非意之望！」美娘道：「你做經紀的人，積下些銀兩，何不留下養家？此地不是你來往的。」秦重道：「小可單隻一身，并無妻小。」美娘頓了一頓，便道：「你今日去了，他日還來麽？」秦重道：「祇這昨宵相親一夜，已慰生平，豈敢又作癡想！」美娘想道：「難得這好人，又忠厚，又老實，又且知情識趣，隱惡揚善，千百中難遇此一人。可惜是市井之輩。若是衣冠子弟，情願委身事之。」正在沉吟之際，丫鬟捧洗臉水進來，又是兩碗姜湯。秦重洗了臉，因夜來未曾脫幘，不用梳頭，呷了幾口姜湯，便要告別。美娘道：「少住不妨，還有話說。」秦重道：「小可仰慕花魁娘子，在傍多站一刻，也是好的。但爲人豈不自揣！夜來在此，實是大膽。惟恐他人知道，有玷芳名。還是早些去了安穩。」美娘點了一點頭，打發丫鬟出房，忙忙的開了減妝，取出二十兩銀子，送與秦重道：「昨夜難爲了你，這銀兩權奉爲資本。莫對人說。」秦重那裏肯受。

美娘道：「我的銀子，來路容易。這些須酬你一宵之情，休得固遜。若本錢缺少，異日還有助你之處。那件汚穢的衣服，我叫丫鬟湔洗乾淨了還你罷。」秦重道：「粗衣不煩小娘子費心。小可自會湔洗。祇是領賜不當。」美娘道：「說那裏話！」將銀子揌在秦重袖内，推他轉身。秦重料難推卻，祇得受了，深深作揖，卷了脫下這件齷齪道袍，走出房門。打從鴇兒房前經過，鴇兒看見，叫聲：「媽媽！秦小官去了。」王九媽正在淨桶上解手，口中叫道：「秦小官，如何去得恁早？」秦重道：「有些賤事，改日特來稱謝。」不說秦重去了；且說美娘與秦重雖然沒點相干，見他一片誠心，去後好不過意。這一日因害酒，辭了客在家將息。千個萬個孤老都不想，倒把秦重整整的想了一日。有《掛枝兒》爲證：

俏冤家，須不是串花家的子弟，你是個做經紀本分人兒，那匡你會溫存，能軟款，知心知意。料你不是個使性的，料你不是個薄情的。幾番待放下思量也，又不覺思量起。

話分兩頭，再說邢權在朱十老家，與蘭花情熱，見朱十老病廢在牀，全無顧忌。十老發作了幾場。兩個商量出一條計策來，俟夜靜更深，將店中資本席卷，雙雙的桃之夭夭，不知去向。次日天明，十老方知。央及鄰里，出了個失單，尋訪數日，并無動靜。深悔當日不合爲邢權所惑，逐了朱重。如今日久見人心，聞知朱重，賃居衆安橋下，挑擔賣油，不如仍舊收拾他回來，老死有靠。祇怕他記恨在心，教鄰舍好生勸他回家，但記好，莫記惡。秦重一聞此言，即日收拾了家伙，搬回十老家裏。相見之間，痛哭了一場。十老將所存囊橐，盡數交付秦重。秦重自家又有二十餘兩本錢，重整店面，坐櫃賣油。因在朱家，仍稱朱重，不用秦字。不上一月，十老病重，醫治不痊，嗚呼哀哉。朱重捶胸大慟，如親父一般，殯殮成服，七七做了些好事。朱家祖墳在清波門外，朱重舉喪安葬，事事成禮。鄰里皆稱其厚德。事定之後，仍先開店。原來這油鋪是個老店，從來生意原好；卻被邢權刻剝存私，將主顧弄斷了多少。今見朱小官在店，誰家不來作成。所以生理比前越盛。朱重單身獨自，急切要尋個老成幫手。有個慣做中人的，叫做金中，忽一日引着一個五十餘歲的人來。原來那人正是莘善，在汴梁城外安樂村居住。因那年避亂南奔，被官兵衝散了女兒瑤琴，夫妻兩口，凄凄惶惶，東逃西竄，胡亂的過了幾年。今日聞臨安興旺，南渡人民，大半安插在彼。誠恐女兒流落此地，特來尋訪，又沒消息。身邊盤纏用盡，欠了飯錢，被飯店中終日趕逐，無可奈何。偶然聽見金中說起朱家油鋪，要尋個賣油幫手。自己曾開過六陳鋪子，賣油之事，都則在行。况朱小官原是汴京人，又是鄉里，故此央金中引薦到來。朱重問了備細，鄉人見鄉人，不覺感傷。「既然沒處投奔，你老夫妻兩口，衹住在我身邊，衹當個鄉親相處，慢慢的訪着令愛消息，再作區處。」當下取兩貫錢把與莘善，去還了飯錢，連渾家阮氏也領將來，與朱重相見了，收拾一間空房，安頓他老夫婦在內。兩口兒也盡心竭力，內外相幫。朱重甚是喜歡。光陰似箭，不覺一年有餘。多有人見朱小官年長未娶，家道又好，做人又志誠，情願白白把女兒送他爲妻。朱重因見了花魁娘子，十分容貌，等閑的不看在眼，立心要訪求個出色的女子，方才肯成親。以此日復一日，擔擱下去。正是：

曾觀滄海難爲水，除卻巫山不是雲。

再說王美娘在九媽家，盛名之下，朝歡暮樂，真個口厭肥甘，身嫌錦繡。然雖如此，每遇不如意之處，或是子弟們任情使性，吃醋挑槽，或自己病中醉後，半夜三更，沒人疼熱，就想起秦小官人的好處來。衹恨無緣再會。也是他桃花運盡，合當變更。一年之後，生出一段事端來。

卻說臨安城中，有個吳八公子，父親吳岳，見爲福州太守。這吳八公子，新從父親任上回來，廣有金銀。平昔間也喜賭錢吃酒，三瓦兩舍走動。聞得花魁娘子之名，未曾識面，屢屢遣人來約，欲要嫖他。王美娘聞他氣質不好，不愿相接，託故推辭，非止一次。那吳八公子也曾和着閑漢們親到王九媽家幾番，都不曾會。其時清明節屆，家家掃墓，處處踏青。美娘因連日游春困倦，且是積下許多詩畫之債，未曾完得，吩咐家中：「一應客來，都與我辭去。」閉了房門，焚起一爐好香，擺設文房四寶，方欲舉筆，衹聽得外面沸騰，卻是吳八公子，領着十餘個狠僕，來接美娘游湖。因見鴇兒每次回他，在中堂行兇，打家打伙，直鬧到美娘房前。衹見房門鎖閉。原來妓家有個回客法兒，小娘躲在房內，卻把房門反鎖，支吾客人，衹推不在。那老實的就被他哄過了。吳公子是慣家，這些套子，怎地瞞得。吩咐家人扭斷了鎖，把房門一腳踢開。美娘躲身不迭，被公子看見，不由分說，教兩個家人，左右牽手，從房內直拖出房外來，口中兀自亂嚷亂罵。王九媽欲待上前陪禮解勸，看見勢頭不好，衹得閃過。家中大小，躲得沒半個影兒。吳家狠僕牽着美娘，出了王家大門，不管他弓鞋窄小，望街上飛跑。八公子在後，揚揚得意。直到西湖口，將美娘攛下了湖船，方纔放手。美娘十二歲到王家，錦繡中養成，珍寶般供養，何曾受恁般凌賤。下了船，對着船頭，掩面大哭。吳八公子見了，放下面皮，氣忿忿的像關雲長單刀赴會，一把交椅，朝外而坐，狠僕侍立於傍。一面吩咐開船，一面數一數二的發作一個不住：「小賤人，小娼根，不受人擡舉！再哭時，就討打了！」美娘那裏怕他，哭之不已。船至湖心亭，吳八公子吩咐擺盒在亭子內，自己先上去了，卻吩咐家人：「叫那小賤人來陪酒。」美娘抱住了欄桿，那裏肯去，衹是啼哭。吳八公子也覺沒興，自己吃了幾杯淡酒，收拾下船，自來扯美娘。美娘雙腳亂跳，哭聲愈高。八公子大怒，教狠僕拔去簪珥。美娘蓬着頭，跑到船頭上，就要投水，被家童們扶住。公子道：「你撒賴便怕你不成！就是死了，也衹費得我幾兩銀子，不爲大事。衹是送你一條性命，也是罪過。你住了啼哭時，我就放你回去，不難爲你。」美娘聽說放他回去，真個住了哭。八公子吩咐移船到清波門外僻靜之處，將美娘繡鞋脫下，去其裹腳，露出一對金蓮，如兩條玉笋相似。教狠僕扶他上岸，罵道：「小賤人！你有本事，自走回家，我卻沒人相送。」說罷，一篙子撐開，再向湖中而去。正是：

焚香煮鶴從來有，惜玉憐香幾個知！

美娘赤了腳，寸步難行。思想：「自己才貌兩全，衹爲落於風塵，受此輕賤。平昔枉自結識許多王孫貴客，急切用他不着，受了這般凌辱。就是回去，如何做人？到不如一死爲高。衹是死得沒些名目，枉自享個盛名！到此地位，看着村莊婦人，也勝我十二分。這都是劉四媽這個花嘴，哄我落坑墮塹，致有今日！自古紅顏薄命，亦未必如我之甚！」越思越苦，放聲大哭。事有偶然，卻好朱重那日到清波門外朱十老的墳上，祭掃過了，打發祭物下船，自己步回，從此經過。聞得哭聲，上前看時，雖然蓬頭垢面，那玉貌花容，從來無兩，如何不認得！吃了一驚，道：「花魁娘子，如何這般麼樣？」美娘哀哭之際，聽得聲音廝熟，止啼而看，原來正是知情識趣的秦小官。美娘當此之際，即見親人，不覺傾心吐膽，告訴他一番。朱重心中十分疼痛，亦爲之流淚。袖中帶得有白綾汗巾一條，約有五尺多長，取出劈半扯開，奉與美娘裹腳，親手與他拭淚。又與他挽起青絲，再三把好言寬解。等待美娘哭定，忙去喚個暖轎，請美娘坐了，自己步送，直到王九媽家。九媽不得女兒消息，在四處打探，慌迫之際，見秦小官送女兒回來，分明送一顆夜明珠還他，如何不喜！況且鴇兒一向不見秦重挑油上門，多曾聽得人說，他承受了朱家的店業，手頭活動，體面又比前不同，自然刮目相待。又見女兒這等模樣，問其緣故，已知女兒吃了大苦，全虧了秦小官。深深拜謝，設酒相待。日已向晚，秦重略飲數杯，起身作別。美娘如何肯放，道：「我一向有心於你，恨不得你見面。今日定然不放你空去。」鴇兒也來扳留。秦重喜出望外。是夜，美娘吹彈歌舞，曲盡生平之技，奉承秦重。秦重如做了一個遊仙好夢，喜得魄蕩魂消，手舞足蹈。夜深酒闌，二人相挽就寢。

美娘道：「我有句心腹之言與你說，你休得推托。」秦重道：「小娘子若用得着小可時，就赴湯蹈火，亦所不辭，豈有推托之理。」美娘道：「我要嫁你。」秦重笑道：「小娘子就嫁一萬個，也還數不到小可頭上，休得取笑，枉自折了小可的食料。」美娘道：「這話實是真心，怎說取笑二字！我自十四歲被媽媽灌醉，梳弄過了。此時便要從良。祇爲未曾相處得人，不辨好歹，恐誤了終身大事。以後相處的雖多，都是豪華之輩，酒色之徒，但知買笑追歡的樂意，那有憐香惜玉的真心，看來看去，祇有你是個志誠君子，况聞你尚未娶親。若不嫌我煙花賤質，情愿舉案齊眉，白頭奉侍。你若不允之時，我就將三尺白羅，死於君前，表白我一片誠心，也强如昨日死於村郎之手，沒名沒目，惹人笑話。」說罷，嗚嗚的哭將起來。秦重道：「小娘子休得悲傷。小可承小娘子錯愛，將天就地，求之不得，豈敢推托，祇是小娘子千金聲價，小可家貧力薄，如何擺布。也是力不從心了。」美娘道：「這卻不妨。不瞞你說，我祇爲從良一事，預先積攢些東西，寄頓在外。贖身之費，一毫不費你心力。」秦重道：「就是小娘子自己贖身，平昔住慣了高堂大廈，享用了錦衣玉食，在小可家，如何過活？」美娘道：「布衣蔬食，死而無怨。」秦重道：「小娘子雖然——祇怕媽媽不從。」美娘道：「我自有道理。」如此如此，這般這般。兩個直說到天明。

原來黄翰林的衙内，韓尚書的公子，齊太尉的舍人，這幾個相知的人家，美娘都寄頓得有箱籠。美娘祇推要用，陸續取到密地，約下秦重，教他收置在家。然後一乘轎子，擡到劉四媽家，訴以從良之事。劉四媽道：「此事老身前日原說過的。祇是年紀還早，又不知你要從那一個？」美娘道：「姨娘，你莫管是甚人，少不得依着姨娘的言語，是個真個從良，樂從良，了從良；不是那不真，不假，不了，不絕的勾當。衹要姨娘肯開口時，不愁媽媽不允。做侄女的沒別孝順，只有十兩金子，奉與姨娘，胡亂打些釵子，是必在媽媽前做個方便。事成之時，媒禮在外。」劉四媽看見這金子，笑得眼兒沒縫，便道：「自家兒女，又是美事，如何要你的東西！這金子權時領下，衹當與你收藏。此事都在老身身上。衹是你的娘，把你當個搖錢之樹，等閑也不輕放你出去。怕不要千把銀子，那主兒可是肯出手的麼？也得老身見他一見，與他講通方好。」美娘道：「姨娘莫管閑事，衹當你侄女自家贖身便了。」劉四媽道：「媽媽可曉得你到我家來？」美娘道：「不曉得。」四媽道：「你且在我家便飯。待老身先到你家，與媽媽講。講得通時，然後來報你。」

劉四媽顧乘轎子，擡到王九媽家。九媽相迎入內。劉四媽問起吳八公子之事，九媽告訴了一遍。四媽道：「我們行户人家，到是養成個半低不高的丫頭，盡可賺錢，又且安穩。不論什麽客就接了，倒是日日不空的。侄女衹爲聲名大了，好似一塊鮝魚落地，螞蟻兒都要鑽他。雖然熱鬧，卻也不得自在。說便許多一夜，也衹是個虛名。那些王孫公子來一遍，動不動有幾個幫閑，連宵達旦，好不費事。跟隨的人又不少，個個要奉承得他好。有些不到之處，口裏就出粗，哩嗹囉嗹的罵人，還要弄損你家伙，又不好告訴他家主，受了若干悶氣。況且山人墨客，詩社棋社，少不得一月之內，又有幾時官身。這些富貴之弟，你爭我奪，依了張家，違了李家，一邊喜，少不得一邊怪了。就是吳八公子這一個風波，嚇殺人的，萬一失差，卻不連本送了。官宦人家，和他打官司不成！衹索忍氣吞聲。今日還虧着你家時運高，太平沒事，一個霹靂空中過去了。倘然山高水低，悔之無及。妹子聞得吳八公子不懷好意，還要到你家索鬧。侄女的性氣又不好，不肯奉承人。第一是這件，乃是個惹禍之本。」九媽道：「便是這件，老身當是擔憂。就是這八公子，也是有名有稱的人，又不是微賤之人。這丫頭抵死不肯接他，惹出這場寡氣。當初他年紀小時，還聽人教訓。如今有了個虛名，被這些富貴子弟誇他獎他，慣了他性情，驕了他氣質，動不動自作自主。逢着客來，他要接便接。他若不情願時，便是九牛也休想牽得他轉。」劉四媽道：「做小娘的略有些身分，都則如此。」王九媽道：「我如今與你商議。倘若有個肯出錢的，不如賣了他去，到得乾淨。省得終身擔着鬼胎過日。」劉四媽道：「此言甚妙。賣了他一個，就討得五六個。若凑巧撞得着相應的，十來個也討得的。這等便宜事，如何不做！」王九媽道：「老身也曾算計過來。那些有勢有力的不肯出錢，專要討人便宜。及至肯出幾兩銀子的，女兒又嫌好道歉，做張做智的不肯。若有好主兒，妹子做媒，作成則個。倘若這丫頭不肯時節，還求你攛掇。這丫頭做娘的話也不聽，袛你說得他信，話得他轉。」劉四媽呵呵大笑道：「做妹子的此來，正爲與侄女做媒。你要許多銀子便肯放他出門？」九媽道：「妹子，你是明理的人。我們這行戶例，袛有賤買，那有賤賣？况且美兒數年盛名滿臨安，誰不知他是花魁娘子。難道三百四百，就容他走動？少不得要他千金。」劉四媽道：「待妹子去講。若肯出這個數目，做妹子的便來多口。若合不着時，就不來了。」臨行時，又故意問道：「侄女今日在那裏？」王九媽道：「不要說起，自從那日吃了吳八公子的虧，怕他還來淘氣，終日裏擡個轎子，各宅去分訴。前日在齊太尉家，昨日在黄翰林家，今日又不知在那家去了。」劉四媽道：「有了你老人家做主，按定了坐盤星，也不容侄女不肯。萬一不肯時，做妹子自會勸他。袛是尋得主顧來，你卻莫要捉班做勢。」九媽道：「一言既出，并無他說。」九媽送至門首。劉四媽叫聲：「聒噪」，上轎去了。這才是：

數黑論黃雌陸賈，說長話短女隨何。

若還都像虔婆口，尺水能興萬丈波。

劉四媽回到家中，與美娘說道：「我對你媽媽如此說，這般講，你媽媽已自肯了。祇要銀子見面，這事立地便成。」美娘道：「銀子已曾辦下，明日姨娘千萬到我家來，玉成其事。不要冷了場，改日又費講。」四媽道：「既然約定，老身自然到宅。」美娘別了劉四媽，回家一字不題。次日，午牌時分，劉四媽果然來了。王九媽問道：「所事如何？」四媽道：「十有八九，祇不曾與侄女說過。」四媽來到美娘房中，兩下相叫了，講了一回說話。四媽道：「你的主兒到了不曾？那話兒在那裏？」美娘指着牀頭道：「在這幾隻皮箱裏。」美娘把五六隻皮箱一時都開了，五十兩一封，搬出十三四封來，又把些金珠寶玉算價，足夠千金之數。把個劉四媽驚得眼中出火，口內流涎，想道：「小小年紀，這等有肚腸！不知如何設處，積下許多東西？我家這幾個粉頭，一般接客，趕得着他那裏！不要說不會生發，就是有幾文錢在荷包裏，閑時買瓜子嗑，買糖兒吃，兩條腳布破了，還要做媽的與他買布哩。偏生九阿姐造化，討得着，年時賺了若干錢鈔，臨出門還有這一主大財，又是取諸宮中，不勞餘力。」這是心中暗想之語，卻不曾說出來。美娘見劉四媽沉吟，祇道他作難索謝，慌忙又取出四疋潞綢，兩股寶釵，一對鳳頭玉簪，放在桌上，道：「這幾件東西，奉與姨娘爲伐柯之敬。」劉四媽歡天喜地對王九媽說道：「侄女情願自家贖身，一般身價，并不短少分毫。比着孤老賣身更好。省得閑漢們從中說合，費酒費漿，還要加一加二的謝他。」王九媽聽得說女兒皮箱內有許多東西，到有個咈然之色。你道卻是爲何？世間只有鴇兒的狠，做小娘的設法些東西，都送到他手裏，纔是快活。也有做些私房在箱籠內，鴇兒曉得些風聲，專等女兒出門，捵開鎖鑰，翻箱倒籠取個罄空。祇爲美娘盛名之下，相交都是大頭兒，替做娘的掙得錢鈔，又且性格有些古怪，等閑不敢觸犯。故此臥房裏面，鴇兒的腳也不㓗進去。

誰知他如此有錢。劉四媽見九媽顏色不善，便猜着了，連忙道：「九阿姐，你休得三心兩意。這些東西，就是侄女自家積下的，也不是你本分之錢。他若肯花費時，也花費了。或是他不長進，把來津貼了得意的孤老，你也那裏知道！這還是他做家的好處。況且小娘自己手中沒有錢鈔，臨到從良之際，難道赤身趕他出門？少不得頭上腳下都要收拾得光鮮，等他好去別人家做人。如今他自家拿得出這些東西，料然一絲一綫不費你的心。這一主銀子，是你完完全全鱉在腰跨裏的。他就贖身出去，怕不是你女兒。倘然他掙得好時，時朝月節，怕他不來孝順你。就是嫁了人時，他又沒有親爹親娘，你也還去做得着他的外婆，受用處正有哩。」祇這一套話，說得王九媽心中爽然。當下應允。劉四媽就去搬出銀子，一封封兑過，交付與九媽，又把這些金珠寶玉，逐件指物作價。對九媽說道：「這都是做妹子的故意估下他些價錢。若換與人，還便宜得幾十兩銀子。」王九媽雖同是個鴇兒，到是個老實頭兒，憑劉四媽說話，無有不納。

劉四媽見王九媽收了這主東西，便叫亡八寫了婚書，交付與美兒。美兒道：「趁姨娘在此，奴家就拜別了爹媽出門，借姨娘家住一兩日，擇吉從良，未知姨娘允否？」劉四媽得了美娘許多謝禮，生怕九媽翻悔，巴不得美娘出了他門，完成一事，說道：「正該如此。」當下美娘收拾了房中自己的梳臺拜匣，皮箱鋪蓋之類。但是鴇兒家中之物，一毫不動。收拾已完，隨着四媽出房，拜別了假爹假媽，和那姨娘行中，都相叫了。王九媽一般哭了幾聲。美娘喚人挑了行李，欣然上轎，同劉四媽到劉家去。四媽出一間幽靜的好房，頓下美娘行李。衆小娘都來與美娘叫喜。是晚，朱重差莘善到劉四媽家討信，已知美娘贖身出來。擇了吉日，笙簫鼓樂娶親。劉四媽就做大媒送親，朱重與花魁娘子花燭洞房，歡喜無限。

雖然舊事風流，不減新婚佳趣。

次日，莘善老夫婦請新人相見，各各相認，吃了一驚。問起根由，至親三口，抱頭而哭。朱重方纔認得是丈人丈母。請他上坐，夫妻二人，重新拜見。親鄰聞知，無不駭然。是日，整備筵席，慶賀兩重之喜，飲酒盡歡而散。三朝之後，美娘教丈夫備下幾副厚禮，分送舊相知各宅，以酬其寄頓箱籠之恩。并報他從良信息。此是美娘有始有終處。王九媽、劉四媽家，各有禮物相送，無不感激。滿月之後，美娘將箱籠打開，內中都是黃白之資，吳綾蜀錦，何止百計，共有三千餘金，都將鑰匙交付丈夫，慢慢的買房置產，整頓家當。油鋪生理，都是丈人莘善管理。不上一年，把家業掙得花錦般相似，驅奴使婢，甚有氣象。

朱重感謝天地神明保佑之德，發心於各寺廟喜舍合殿香燭一套，供琉璃燈油三個月；齋戒沐浴，親往拈香禮拜。先從昭慶寺起，其他靈隱、法相、淨慈、天竺等寺，以次而行。就中單說天竺寺，是觀音大士的香火，有上天竺、中天竺、下天竺，三處香火俱盛，卻是山路，不通舟檝。朱重叫從人挑了一擔香燭，三擔清油，自己乘轎而往。先到上天竺來。寺僧迎接上殿。老香火秦公點燭添香。此時朱重居移氣，養移體，儀容魁岸，非復幼時面目，秦公那裏認得他是兒子。衹因油桶上有個大大的「秦」字，又有「汴梁」二字，心中甚以爲奇。也是天然湊巧。剛剛到上天竺，偏用着這兩隻油桶。朱重拈香已畢，秦公托出茶盤，主僧奉茶。秦公問道：「不敢動問施主，這油桶上爲何有此三字？」朱重聽得問聲，帶着汴梁人的土音，忙問道：「老香火，你問他怎麼？莫非也是汴梁人麼？」秦公道：「正是。」朱重道：「你姓甚名誰？爲何在此出家？共有幾年了？」秦公把自己姓名鄉里，細細告訴：「某年上避兵來此，因無活計，將十三歲的兒子秦重，過繼與朱家。如今有八年之遠。一向爲年老多病，不曾下山問得信息。」朱重一把抱住，放聲大哭道：「孩兒便是秦重。向在朱家挑油買賣。正爲要訪求父親下落，故此於油桶上，寫汴梁秦三字，做個標識。誰知此地相逢！真乃天與其便！」衆僧見他父子別了八年，今朝重會，各各稱奇。朱重這一日，就歇在上天竺，與父親同宿，各敘情節。次日，取出中天竺、下天竺兩個疏頭換過，內中朱重，仍改做秦重，復了本姓，兩處燒香禮拜已畢，轉到上天竺，要請父親回家，安樂供養。秦公出家已久，吃素持齋，不愿隨兒子回家。秦重道：「父親別了八年，孩兒有缺侍奉。況孩兒新娶媳婦，也得他拜見公公方是。」秦公衹得依允。秦重將轎子讓與父親乘坐，自己步行，直到家中。秦重取出一套新衣，與父親換了，中堂設坐，同妻莘氏雙雙參拜。親家莘公、親母阮氏，齊來見禮。此日大排筵席。秦公不肯開葷，素酒素食。次日，鄰里斂財稱賀。一則新婚，二則新娘子家眷團圓，三則父子重逢，四則秦小官歸宗復姓：共是四重大喜。一連又吃了幾日喜酒。秦公不愿家居，思想上天竺故處清淨出家。秦重不敢違親之志，將銀二百兩，於上天竺另造淨室一所，送父親到彼居住。其日用供給，按月送去。每十日親往候問一次。每一季同莘氏往候一次。那秦公活到八十餘，端坐而化。遺命葬於本山。此是後話。

卻說秦重和莘氏，夫妻偕老，生下兩個孩兒，俱讀書成名。至今風月中市語，凡誇人善於幫襯，都叫做「秦小官」，又叫「賣油郎」。有詩爲證：

春來處處百花新，蜂蝶紛紛競採春。
堪愛豪家多子弟，風流不及賣油人。

（節自馮夢龍《醒世恆言》第三卷）

在我國繁花如錦的小說園地裏，短篇白話小說是一簇色彩絢麗的奇葩，而馮夢龍輯纂、加工的「三言」，又是其中最豔麗的幾枝。《賣油郎獨佔花魁》則又是「三言」中最膾炙人口的名篇之一。

烽火遍地，哀鴻遍野，野蠻的金兵鐵蹄，殘酷地蹂躪著無辜的人民。年過半百的莘善夫婦，攜獨女莘瑤琴，加入逃難的人流。他們在路上「韃子倒不曾遇見，卻逢着一陣敗殘的官兵。他看見許多逃難的百姓，多背得有包裹，假意吶喊道：『韃子來了！』沿路放起一把火來。……唬得衆百姓落荒亂竄，你我不相顧。他就乘機搶掠。若不肯與他，就殺害了。這是亂中生亂，苦上加苦」。在呼爺喚娘聲中，莘氏父女被亂軍衝散，年幼的瑤琴又被無賴卜喬誘騙至臨安，賣與娼家。這，就是小說開頭向我們展示的動亂的社會畫面。這段敍述，着墨無多，卻深刻揭示了民族矛盾與階級矛盾，尤其對腐敗貪婪的官軍的抨擊，更是力透紙背，顯示了作品的力度與深度，具有濃烈的生活氣息。它引起讀者對莘瑤琴遭遇的無限同情，對她的命運的強烈關注。且實寫莘瑤琴，也虛寫了秦重。兩人都飽嘗戰患，一個父女不能相聚，一個雖相聚卻不能相保；一個被賣入煙花，一個被賣與人爲傭，或詳或略，虛實相生，看來作者於剪裁是頗費一番苦心的。

莘瑤琴誤落風塵後，憑着她的色、技，很快成爲名傾京師的花魁。作者在這裏不着痕跡地照應了開頭對她的誇讚：「琴棋書畫，無所不通。」但她本是良家女兒，被迫爲娼，故雖遭騙奸，還是矢志未改：「金二員外來親近她時，被她劈頭劈臉，抓有幾個血痕。金二員外好生沒趣。」當然，她若抵死不從，故事就無法進展，更何況污濁的社會怎容其潔白之身。作者及時插入劉四媽作說客一段，一個活生生的女隨何、雌陸賈的形象烙入讀者的記憶。她先是順着莘瑤琴的口吻，贊成她的從良之志，接着便數說從良種種，什麼眞從良、假從良、苦從良、樂從良、趁好的從良、沒奈何的從良、了從良、不了的從良，滔滔不絕，舒卷自如，大有戰國策士游說之風，但也確實道出了風塵妓女的辛酸，用她的話來說就是：「我們門戶人家，吃着女兒，穿着女兒，用着女兒，僥幸討得一個像樣的，分明是大戶人家置了一所良田美產。」「千錯萬錯，不該落於此地。」接客——從良，是莘瑤琴唯一的可行之路，不由她不答應。風波的平息是那樣的曲折而入情理，恰似生活韻律的自然彈奏。莘瑤琴是倔強的，又是聰敏的，她決心以退爲進，「留心要揀個知心着意的」。在莘瑤琴熱切的搜尋中，另一個重要人物秦重向她走了過來。

他有着和莘瑤琴一樣的慘痛遭遇，避亂臨安，生活無着，父親上天竺山做香火（實際上是討一口飯吃），把他賣給開油店的朱十老。後卻無辜被趕去，他尋父不着，流落街頭，祇得做起了賣油郎，本分地、艱辛地挨着苦澀的時光。莘瑤琴的出現，猶如在他面前升起一道彩虹，喚醒了他深藏心底的潛意識，激起了他追求美好生活的熱誠。他的想法，他的行動不可避免地染上市民階層的一些不很健康的因素的痕跡，但又決不類皮膚濫淫之徒。在更大程度上，他追求的是一種精神上的享受，是一種能使願望得到滿足的快感。他傾倒於莘瑤琴的豔麗，是人性本能的眞誠流露，是在封建社會中久遭壓抑的人性覺醒的表現。從此，他頂風冒雪，節衣縮食，積攢花柳之資。這一段描寫充分展示了他性格中美好而又複雜的成分。忠厚勤勞、堅忍不拔，這是他爲讀者所喜愛的一個不可或缺的組成部分。當然，作爲小商人的秦重，思想性格也打上了他所屬階層的烙印：精於從商，工於揣摩，亦善觀言察色，這從賣油、盤算、化銀、買衣服、薰香、學步、拜王九媽等一系列事件中，抽絲剝繭般層層向讀者展示開來。也祇有這樣一個活脫脫的複雜的人物，纔是眞正的下層市民的典型代表。

相形之下。號稱花魁的莘瑤琴這時則逐漸脫離下層市民的軌跡。都市的酒綠燈紅，使這個十餘歲的鄉下的天眞少女眼花瞭亂，不辨西東，珠光寶氣，改變着她身上散發出的樸實善良氣息。她迷戀上了這種奢靡生活竟至離不開了，心裏裝的祇是有名稱的子弟。竟然在酒醉之餘也念念不忘：「這個人我認得他的，不是有名稱的子弟，接了他，被人笑話。」作者極有分寸地把握住了可以改變人的性格的重要因素——環境，而這個因素正是我國古代作家易於忽略的。這裏，作者把典型人物放在典型環境中加以刻畫，又在典型環境塑造了典型人物。自然、生動而又準確地描繪了人物轉變原因、過程。這在古典小說中，實屬鳳毛麟角。忠實於生活的作者，在秦、莘結合途中，設置了重重障礙。

再看秦重，他千辛萬苦積聚到一夜花柳之費，讀者多以爲他必要盡情享樂一夜，但當莘瑤琴醉酒後，他沒有難爲她，反而想到的是她夜裏必要討茶喝，因此要了一壺濃茶，進得房來，「秦重想酒醉之人，必然怕冷，又不敢驚醒她。忽見闌干上又放着一牀大紅紵絲的錦被。輕輕的取下，蓋在美娘身上，把銀燈剔得亮亮的，取了這壺熱茶，脫鞋上牀，……眼也不敢閉一閉」。尤其是夜間美娘嘔吐時，「秦重怕汚了被窩，把自己的道袍袖子張開，罩在他嘴上。美娘不知所以，盡情一嘔，嘔畢，還閉着眼，討茶漱口。秦重下牀，將道袍輕輕脫下，放在地平之上，摸茶壺還是暖的。斟上一甌香噴噴的濃茶，遞與美娘」。設想秦重初來時的動機，原也不是來服侍美娘的。但看她吃得大醉，同情愛憐心理佔了上風。他了解她的境遇，尊重她的人格，他沒有把她視爲遣興工具，而是覺得她也是一個應該受到尊敬、愛憐和平等對待的人，他並沒有因她是煙花之輩而歧視她、作踐她。市民階層這一美好的品德，正是促動莘瑤琴轉變的關鍵。她聽了秦重的敍述後，已經近於麻木的心靈受到洗滌溫潤：「難得這好人，又忠厚，又老實，又且知情識趣，隱惡揚善，千百中難遇此一人。」她從心底愛上了一不是才子、二不是官宦、三不是富商的秦重，她愛他的忠誠勤勉，更愛他的平等待己的品質。日常的王孫闊老，拿錢買她當玩物，而眼前這個窮賣油郎卻給她以溫暖、體貼和誠摯的愛。這是雙方情感的第一次正面交流，但迸發出來的火花已完全燭亮了雙方的心靈深處，心扉各向對方敞開。他們的相愛以感情爲媒介，以感情爲基礎，而不以貧賤尊卑爲轉移，這正是他們後來得以幸福結合的根本保證。然而這個過程並非直線，莘瑤琴此時的感情尚處於量變的起點上。吳八的凌賤，則是促使她感情急遽轉變的直接外部因素。

惡少吳八，廣有錢財，吃喝嫖賭，無惡不作。白日破門搶走莘瑤琴，百般侮辱：「就是死了，也衹費得我幾兩銀子，不爲大事。」最後將她簪珥鞋襪去盡，棄之湖邊。這時，她纔意識到她的身分地位絕不因其豔冠羣芳而稍有改變，充其量她衹是個漂亮的、精緻的玩物而已。吳八不僅是拔下了她的簪珥，而且也撕碎了她的紙作的鳳冠霞帔，她終於看透了這批衣冠獸禽的本來面目，也徹底認清了自己，知道自己該走什麼樣的路，終於面對着普普通通的小本經紀人秦重，吐出了「我要嫁你」的心聲。這對於視美娘不啻天仙的秦重來說，可謂喜從天降，但他卻鄭重地勸她三思：「就是小娘子自己贖身，平昔住慣了高堂大廈，享用了錦衣玉食，在小可家，如何過活？」這絕不是他的拿班作勢，而正是他爲人忠厚之至處。莘瑤琴相信自己的眼力，毫不猶豫地將整個身心托付與秦重。就風塵滄桑的經歷看，她顯然不如杜十娘豐富，就揀選、試探的手段看，她更不及杜十娘老辣，但杜終不免爲李甲所賣，葬身波濤，而莘卻苦盡甘來，得其所終，其根本原因就在於杜的擇夫仍未掙脫門第、才子的束縛，莘卻挑中了忠誠樸實的下層市民。這其實也就否定了門當戶對、才子佳人的婚姻制度，歌頌了市民階層以感情爲基礎的美滿姻緣。《賣》是一股清風，撥開了罩在人們心頭的迷霧；它又像一道閃電，爲讀者，尤其是青年讀者指明了一條光明的途徑，它提出并肯定了這一具有現代意義的新的戀愛標準，這正是《賣》所蓄含的最强有力的社會意義，也是它所以能在小説史上佔有一席之地的重要原因。也正是在這個意義上，本篇的大團圓結局才眞實可親，它不僅不是無聊的湊趣，廉價的安慰，反而還升華了小説的主題。

塑造出衆多的有個性的人物，這是《賣》獲得藝術成功的首要標誌。主要人物莘、秦自不必説，就是次要人物也莫不栩栩如生。王九媽精明老成，劉四媽伶牙利齒，見錢眼開，都給人以過目難忘的印象。即使是三等角色如卜喬之流，也充滿生活氣息。更加難能可貴的是一些一閃而過的沒有名姓的人，也能唤起你對生活的回憶并發出會心的微笑。如酒保和化銀匠。正所謂獅子搏兔，亦用全力，這正是偉大作家的嚴謹之處。

作者的敍述語言不枝不蔓，娓娓道來。人物語言畢肖角色，各具特點。秦重的老實巴交，莘瑶琴的不諳世事，王九媽的粗樸老練，劉四媽則是犀利刁鑽，莫不形神兼備，决難易置。

此外，在心理、細節描繪上，這篇小説也有其獨到之處。這一切，使得它成爲我國短篇愛情小説史上的里程碑式的作品。

（王　興）

鬧樊樓多情周勝仙

《醒世恒言》

太平時節日偏長，處處笙歌入醉鄉。聞説鑾輿且臨幸，大家拭目待君王。

這四句詩乃詠御駕臨幸之事。從來天子建都之處，人傑地靈，自然名山勝水，湊着賞心樂事。如唐朝，便有個曲江池；宋朝，便有個金明池，都有四時美景，傾城士女王孫，佳人才子，往來遊玩。天子也不時駕臨，與民同樂。如今且說那大宋徽宗朝年東京金明池邊，有座酒樓，喚作樊樓。這酒樓有個開酒肆的范大郎。兄弟范二郎，未曾有妻室。時值春末夏初，金明池遊人賞玩作樂。那范二郎因去遊賞，見佳人才子如蟻。行到了茶坊裏來，看見一個女孩兒，方年二九，生得花容月貌。這范二郎立地多時，細看那女子，生得：

色色易迷難拆：隱深閨，藏柳陌，足步金蓮，腰肢一捻，嫩臉映桃紅，香肌暈玉白。嬌姿恨惹狂童，情態愁牽豔客。芙蓉帳裏作鸞鳳，雲雨此時何處覓？

原來情色都不由你。那女子在茶坊裏，四目相視，俱各有情。這女孩兒心裏暗暗地喜歡，自思量道：「若是我嫁得一個似這般子弟，可知好哩。今日當面挫過，再來那裏去討？」正思量道：「如何着個道理和他說話？問他曾娶妻也不曾？」那跟來女子和奶子，都不知許多事。你道好巧！祇聽得外面水桶響。女孩兒眉頭一縱，計上心來，便叫：「賣水的，你傾些甜蜜蜜的糖水來。」那人傾一盞糖水在銅盂兒裏，遞與那女子。那女子接得在手，纔上口一呷，便把那個銅盂兒望空打一丟，便叫：「好好！你卻來暗算我！你道我是兀誰？」那范二聽得道：「我且聽那女子說。」那女孩兒道：「我是曹門里周大郎的女兒；我的小名叫作勝仙小娘子，年一十八歲，不曾吃人暗算。你今卻來算我！我是不曾嫁的女孩兒。」這范二自思量道：「這言語蹺蹊，分明是說與我聽。」這賣水的道：「告小娘子！小人怎敢暗算！」女孩兒道：「如何不是暗算我？盞子裏有條草。」賣水的道：「也不爲利害。」女孩兒道：「你待算我喉嚨，卻恨我爹爹不在家裏。我爹若在家，與你打官司。」奶子在傍邊道：「卻也𠴰耐這廝！」茶博士見裏面鬧吵，走入來道：「賣水的，你去把那水好好挑出來。」對面范二郎道：「他既暗遞與我，我如何不回他？」隨即也叫：「賣水的，傾一盞甜蜜蜜糖水來。」賣水的便傾一盞糖水在手，遞與范二郎。二郎接着盞子，吃一口水，也把盞子望空一丢，大叫起來道：「好好！你這個人真個要暗算人！你道我是兀誰？我哥哥是樊樓開酒店的，喚作范大郎，我便喚作范二郎，年登一十九歲，未曾吃人暗算。我射得好弩，打得好彈，兼我不曾娶渾家。」賣水的道：「你不是風！是甚意思，說與我知道？指望我與你作媒？你便告到官司，我是賣水，怎敢暗算人！」范二郎道：「你如何不暗算？我的盂兒裏，也有一根草葉。」女孩兒聽得，心裏好歡喜。茶博士入來，推那賣水的出去。女孩兒起身來道：「俺們回去休。」看着那賣水的道：「你敢隨我去？」這子弟思量道：「這話分明是教我隨他去。」祇因這一去，惹出一場沒頭腦官司。正是：

言可省時休便說，步宜留處莫胡行。

女孩兒約莫去得遠了，范二郎也出茶坊，遠遠地望着女孩兒去。祇見那女子轉步，那范二郎好喜歡，直到女子住處。女孩兒入門去，又推起簾子出來望。范二郎心中越喜歡。女孩兒自入去了。范二郎在門前一似失心風的人，盤旋走來走去，直到晚方纔歸家。且說女孩兒自那日歸家，點心也不吃，飯也不吃，覺得身體不快。做娘的慌問迎兒道：「小娘子不曾吃甚生冷？」迎兒道：「告媽媽，不曾吃甚。」娘見女兒幾日祇在牀上不起，走到牀邊問道：「我兒害甚的病？」女孩兒道：「我覺有些渾身痛，頭疼，有一兩聲咳嗽。」周媽媽欲請醫人來看女兒；爭奈員外出去未歸，又無男子漢在家，不敢去請。迎兒道：「隔一家有個王婆，何不請來看小娘子？他喚作王百會，與人收生，作針線，作媒人，又會與人看脈，知人病輕重。鄰里家有些些事都浼他。」周媽媽便令迎兒去請得王婆來。見了媽媽，媽媽說女兒從金明池走了一遍，回來就病倒的因由。

王婆道：「媽媽不須說得。待老媳婦與小娘子看脈自知。」周媽媽道：「好好！」迎兒引將王婆進女兒房裏。小娘子正睡哩，開眼叫聲「少禮。」王婆道：「穩便！老媳婦與小娘子看脈則個。」小娘子伸出手臂來，教王婆看了脈。道：「娘子害的是頭疼渾身痛，覺得懨懨地惡心。」小娘子道：「是也。」王婆道：「是否？」小娘子道：「又有兩聲咳嗽。」王婆不聽得萬事皆休，聽了道：「這病蹺蹊！如何出去走了一遭，回來卻便害這般病！」王婆看着迎兒奶子道：「你們且出去，我自問小娘子則個。」迎兒和奶子自出去。王婆對着女孩兒道：「老媳婦卻理會得這病。」女孩兒道：「婆婆，你如何理會得？」王婆道：「你的病喚作心病。」女孩兒道：「如何是心病？」王婆道：「小娘子，莫不見了甚麼人，歡喜了，卻害出這病來？是也不是？」女孩兒答道：「這卻沒有。」王婆道：「小娘子，實對我說。我與你作個道理，救了你性命。」那女孩兒聽得說話投機，便說出上件事來，「那子弟喚作范二郎。」王婆聽了道：「莫不是樊樓開酒店的范二郎？」那女孩兒道：「便是。」王婆道：「小娘子休要煩惱，別人時老身便不認得。若說范二郎，老身認得他的哥哥嫂嫂，不可得的好人。范二郎好個伶俐子弟。他哥哥見教我與他說親。小娘子，我教你嫁范二郎，你要也不要？」女孩兒笑道：「可知好哩。衹怕我媽媽不肯。」王婆道：「小娘子放心，老身自有個道理，不須煩惱。」女孩兒道：「若得恁地時，重謝婆婆。」王婆出房來，叫媽媽道：「老媳婦知得小娘子病了。」媽媽道：「我兒害甚麼病？」王婆道：「要老身說，且告三盃酒吃了卻說。」媽媽道：「迎兒，安排酒來請王婆。」媽媽一頭請他吃酒，一頭問婆婆：「我女兒害甚麼病？」王婆把小娘子說的話一一說了一遍。媽媽道：「如今卻是如何？」王婆道：「衹得把小娘子嫁與范二郎。若還不肯嫁與他，這小娘子就難醫。」媽媽道：「我大郎不在家，須使不得。」王婆道：「告媽媽，不若與小娘子下了定，等大郎歸後，卻作親。

且眼下救小娘子性命。」媽媽允了道：「好好，怎地作個道理？」王婆道：「老媳婦就去說，回來便有消息。」王婆離了周媽媽家，取路逕到樊樓，來見范大郎，正在櫃身裏坐。王婆叫聲萬福。大郎還了禮道：「王婆婆，你來得正好。我卻待使人來請你。」王婆道：「不知大郎喚老媳婦作甚麼？」大郎道：「二郎前日出去歸來，晚飯也不吃，道：『身體不快。』我問他那裏去來？他道：『我去看金明池。』直至今日不起，害在牀上，飲食不進。我待來請你看脈。」范大娘子出來與王婆相見了，大娘子道：「請婆婆看叔叔則個。」王婆道：「大郎，大娘子，不要入來，老身自問二郎，這病是甚的樣起？」范大郎道：「好好！婆婆自去看，我不陪了。」王婆走到二郎房裏，見二郎睡在牀上。叫聲：「二郎，老媳婦在這裏。」范二郎閃開眼道：「王婆婆，多時不見，我性命休也。」王婆道：「害甚病便休？」二郎道：「覺頭疼惡心，有一兩聲咳嗽。」王婆笑將起來。二郎道：「我有病，你卻笑我！」王婆道：「我不笑別的，我得知你的病了。不害別病，你害曹門里周大郎女兒；是也不是？」二郎被王婆道着了，跳起來道：「你如何得知？」王婆道：「他家來教我說親事。」范二郎不聽得說萬事皆休，聽得說好喜歡。正是：

人逢喜信精神爽，話合心機意氣投。

當下同王婆廝趕着出來，見哥哥嫂嫂。哥哥見兄弟出來，道：「你害病卻便出來？」二郎道：「告哥哥，無事了也。」哥嫂好快活。王婆對范大郎道：「曹門里周大郎家，特使我來說二郎親事。」大郎歡喜。話休煩絮。兩下說成了，下了定禮，都無別事。范二郎閒時不着家，從下了定，便不出門，與哥哥照管店裏。且說那女孩兒閑時不作針線，從下了定，也肯作活。兩個心安意樂，衹等周大郎歸來作親。三月間下定，直等到十一月間，等得周大郎歸家。鄰里親戚都來置酒洗塵，不在話下。到次日，周媽媽與周大郎說知上件事。周大郎問了。媽媽道：「定了也。」周大郎聽說，雙眼圓睜，看着媽媽罵道：「打脊老賤人！得誰言語，擅便說親！他高殺也只是個開酒店的。我女兒怕沒大戶人家對親，卻許着他。你倒了志氣，幹出這等事，也不怕人笑話。」正恁的罵媽媽，衹見迎兒叫：「媽媽，且進來救小娘子。」媽媽道：「作甚？」迎兒道：「小娘子在屏風後，不知怎地氣倒在地。」慌得媽媽一步一跌，走上前來，看那女孩兒。倒在地下：

未知性命如何，先見四肢不舉。

從來四肢百病，惟氣最重。原來女孩兒在屏風後聽得作爺的罵娘，不肯教他嫁范二郎，一口氣塞上來，氣倒在地。媽媽慌忙來救。被周大郎捽住，不得他救。罵道：「打脊賊娘！辱門敗戶的小賤人，死便教他死，救他則甚？」迎兒見媽媽被大郎捽住，自去向前，卻被大郎一個漏風掌打在一壁廂。即時氣倒媽媽。迎兒向前救得媽媽甦醒，媽媽大哭起來。鄰舍聽得周媽媽哭，都走來看。張嫂，鮑嫂，毛嫂，刁嫂，擠上一屋子。原來周大郎平昔爲人不近道理，這媽媽甚是和氣，鄰舍都喜他，周大郎看見多人，便道：「家間私事，不必相勸。」鄰舍見如此說，都歸去了。媽媽看女兒時，四肢冰冷。媽媽抱着女兒哭。本是不死，因沒人救，卻死了。周媽媽罵周大郎：「你直恁地毒害！想必你不捨得三五千貫房奩，故意把我女兒壞了性命！」周大郎聽得，大怒道：「你道我不捨得三五千貫房奩。這等奚落我！」周大郎走將出去。周媽媽如何不煩惱。一個觀音也似女兒，又伶俐，又好針線，諸般都好，如何教他不煩惱！離不得周大郎買具棺木，八個人擡來。周媽媽見棺材進門，哭得好苦！周大郎看着媽媽道：「你道我割捨不得三五千貫房奩，你那女兒房裏，但有的細軟，都搬在棺材裏。」衹就當時，叫仵作人等入了殮，卽時使人吩咐管墳園張一郎，兄弟二郎：「你兩個便與我砌坑子。」吩咐了畢，話休絮煩，功德水陸也不作，停留也不停留，衹就來日便出喪，周媽媽教留幾日，那裏拗得過來。早出了喪，埋葬已了，各人自歸。

可憐三尺無情土，蓋卻多情年少人。

話分兩頭。且說當日一個後生的，年三十餘歲，姓朱名真，是個暗行人，日常慣與仵作約做幫手，也會與人打坑子。那女孩兒入殮及砌坑，都用着他。這日葬了女兒回來，對着娘道：「一天好事投奔我。我來日就富貴了。」娘道：「我兒有甚好事？」那後生道：「好笑，今日曹門里周大郎女兒死了，夫妻兩個爭競道：『女孩兒是爺氣死了』，鬬彆氣，約莫有三五千貫房奩，都安在棺材裏。有恁的富貴，如何不去取之？」那作娘的道：「這個事卻不是耍的事。又不是八棒十三的罪過，又兼你爺有樣子。二十年前時，你爺去掘一家墳園，揭開棺材蓋，屍首覷着你爺笑起來。你爺吃了那一驚，歸來過得四五日，你爺便死了。孩兒，你不可去。不是耍的事！」朱真道：「娘，你不得勸我。」去牀底下拖出一件物事來把與娘看。娘道：「休把出去罷！原先你爺曾把出去，使得一番便休了。」朱真道：「各人命運不同。我今年算了幾次命，都說我該發財。你不要阻當我。」你道拖出的是甚物事？原來是一個皮袋，裏面盛着些挑刀斧頭，一個皮燈盞，和那盛油的罐兒。又有一領簑衣，娘都看了，道：「這簑衣要他作甚？」朱真道：「半夜使得着。」當日是十一月中旬，卻恨雪下得大。那廝將簑衣穿起，卻又帶一片，是十來條竹皮編成的一行，帶在簑衣後面。原來雪裏有腳跡，走一步，後面竹片扒得平，不見腳跡。當晚約莫也是二更左側，吩咐娘道：「我回來時，敲門響，你便開門。」雖則京城熱鬧，城外空闊去處，依然冷靜。況且二更時分，雪又下得大，兀誰出來。

朱真離了家。回身看後面時，沒有腳跡。迤邐到周大郎墳園邊，到蕭牆矮處，把腳跨過去。你道好巧，原來管墳的養隻狗子。那狗子見個生人跳過牆來，從草窠裏爬出來便叫。朱真日間備下一個油糕，裏面藏了些藥在內。見狗子來叫，使將油糕丢將去。那狗子見丢甚物過來。聞一聞見香便吃了。衹叫得一聲，狗子倒了。朱真卻走近墳邊。那看墳的張二郎叫道：「哥哥，狗子叫得一聲，便不叫了，卻不作怪！莫不有甚作不是的在這裏？起去看一看。」哥哥道：「那作不是的來偷我甚麼？」兄弟道：「卻纔狗子大叫一聲便不叫了，莫不有賊？你不起去，我自起去看一看。」那兄弟爬起來，披了衣服，執着鎗在手裏，出門去看。朱真聽得有人聲，他悄地把蓑衣解下，捉腳步走到一株楊柳樹邊。那樹好大，遮得正好。卻把斗笠掩着身子和腰，蹭在地下，蓑衣也放在一邊。望見裏面開門，張二走出門外，好冷，叫聲道：「畜生，做甚麼叫？」那張二是睡夢裏起來，被雪雹風吹，吃一驚，連忙把門關了。走入房去，叫：「哥哥，真個沒人。」連忙脱了衣服，把被匹頭兜了，道：「哥哥，好冷！」哥哥道：「我說沒人！」約莫也是三更前後，兩個說了半晌，不聽得則聲了。朱真道：「不將辛苦意，難近世間財。」擡起身來，再把斗笠戴了，着了蓑衣，捉腳步到墳邊，把刀撥開雪地。俱是日間安排下腳手，下刀挑開石板下去，到側邊端正了，除下頭上斗笠，脱了蓑衣在一壁廂，去皮袋裏取兩個長針，插在磚縫裏，放上一個皮燈盞，竹筒裏取出火種吹着了，油罐兒取油，點起那燈，把刀挑開命釘，把那蓋天板丢在一壁，叫：「小娘子莫怪，暫借你些個富貴，卻與你作功德。」道罷，去女孩兒頭上便除頭面。有許多金珠首飾，盡皆取下了。衹有女孩兒身上衣服，卻難脱。那廝好會，去腰間解下手巾，去那女孩兒膊項上閣起，一頭繫在自膊項上，將那女孩兒衣服脱得赤條條地，小衣也不着。那廝可霎叵耐處，見那女孩兒白淨身體，那廝淫心頓起，按捺不住，姦了女孩兒。你道好怪！衹見女孩兒睜開眼，雙手把朱真抱住。怎地出豁？正是：

曾觀前定錄，萬事不由人。

原來那女兒一心牽掛着范二郎，見爺的罵娘，鬬彆氣死了。死不多日，今番得了陽和之氣，一靈兒又醒將轉來。朱真吃了一驚。見那女孩兒叫聲：「哥哥，你是兀誰？」朱真那廝好急智，便道：「姐姐，我特來救你。」女孩兒擡起身來，便理會得了。一來見身上衣服脫在一壁，二來見斧頭刀仗在身邊，如何不理會得。朱真欲待要殺了，卻又捨不得。那女孩兒道：「哥哥，你救我去見樊樓酒店范二郎，重重相謝你。」朱真心中自思，別人兀自壞錢取渾家，不能得恁的一個好女兒。救將歸去，卻是兀誰得之。朱真道：「且不要慌，我帶你家去，教你見范二郎則個。」女兒道：「若見得范二郎，我便隨你去。」當下朱真把些衣服與女孩兒着了，收拾了金銀珠翠物事衣服包了，把燈吹滅，傾那油入那油罐兒裏，收了行頭，揭起斗笠，送那女子上來。朱真也爬上來，把石頭來蓋得沒縫。又捧些雪鋪上。卻教女孩兒上脊背來。把蓑衣着了，一手挽着皮袋，一手綰着金珠物事，把斗笠戴了，迤逦取路，到自家門前，把手去門上敲了兩三下。那娘的知是兒子回來，放開了門。朱真進家中，娘的吃一驚道：「我兒，如何屍首都馱回來？」朱真道：「娘不要高聲。」放下物件行頭，將女孩兒入到自己臥房裏面。朱真提起一把明晃晃的刀來，覷着女孩兒道：「我有一件事和你商量。你若依得我時，我便將你去見范二郎。你若依不得我時，你見我這刀麼？砍你作兩段。」女孩兒慌道：「告哥哥，不知教我依甚的事？」朱真道：「第一，教你在房裏不要則聲，第二，不要出房門。依得我時，兩三日內，說與范二郎。若不依我，殺了你。」女孩兒道：「依得，依得。」朱真吩咐罷，出房去與娘說了一遍。話休絮煩。夜間離不得伴那廝睡。一日兩日，不得女孩兒出房門。那女孩兒問道：「你曾見范二郎麼？」朱真道：「見來。范二郎為你害在家裏，等病好了，卻來取你。」自十一月二十日頭，至次年正月十五日。當日晚朱真對着娘道：「我每年衹聽得鰲山好看，不曾去看。今日去看則個。到五更前後，便歸。」朱真吩咐了，自入城去看燈。你道好巧！約莫也是更盡前後，朱真的老娘在家，衹聽得叫「有火！」急開門看時，是隔四五家酒店裏火起，慌殺娘的，急走入來收拾。女孩兒聽得，自思道：「這裏不走，更待何時！」走出門首，叫婆婆來收拾。娘的不知是計，入房收拾。女孩兒從熱鬧裏便走，卻不認得路，見走過的人，問道：「曹門裏在那裏？」人指道：「前面便是。」迤邐入了門，又問人：「樊樓酒店在那裏？」人說道：「衹在前面。」女孩兒好慌。若還前面遇見朱真，也沒許多話。女孩兒迤邐走到樊樓酒店，見酒博士在門前招呼。女孩兒深深地道個萬福。酒博士還了喏道：「小娘子沒甚事？」女孩兒道：「這裏莫是樊樓？」酒博士道：「這裏便是。」女孩兒道：「借問則個，范二郎在那裏麽？」酒博士思量道：「你看二郎！直引得光景上門。」酒博士道：「在酒店裏的便是。」女孩兒移身直到櫃邊，叫道：「二郎萬福！」范二郎不聽得都休，聽得叫，慌忙走下櫃來，近前看時，吃了一驚，連聲叫「滅，滅！」女孩兒道：「二哥，我是人，你道是鬼？」范二郎如何肯信。一頭叫「滅，滅！」一隻手扶着凳子。卻恨凳子上有許多湯桶兒，慌忙用手提起一隻湯桶兒來，覷着女子臉上丢將過去。你道好巧！去那女孩兒太陽上打着。大叫一聲，匹然倒地。慌殺酒保，連忙走來看時，衹見女孩兒倒在地下。性命如何？正是：

小園昨夜東風惡，吹折江梅就地橫。

酒博士見那女孩兒時，血浸着死了。范二郎口裏兀自叫：「滅，滅！」范大郎見外頭鬧吵，急走出來看了，衹聽得兄弟叫「滅，滅！」大郎問兄弟：「如何作此事？」良久定醒。問：「做甚打死他？」二郎道：「哥哥，他是鬼！曹門裏販海周大郎的女兒。」大郎道：「他若是鬼，須沒血出。如何計結？」去酒店門前哄動有二三十人看，卽時地方便入來捉范二郎。范大郎對衆人道：「他是曹門裏周大郎的女兒，十一月已自死了。我兄弟祇道他是鬼，不想是人，打殺了他。我如今也不知他是人是鬼。你們要捉我兄弟去，容我請他爺來看屍則個。」衆人道：「既是恁地，你快去請他來。」范大郎急奔到曹門裏周大郎門前，見個奶子問道：「你是兀誰？」范大郎道：「樊樓酒店范大郎在這裏，有些急事，說聲則個。」奶子卽時入去請。不多時，周大郎出來，相見罷。范大郎說了上件事，道：「敢煩認屍則個，生死不忘。」周大郎也不肯信。范大郎間時不是說謊的人。周大郎同范大郎到酒店前看見也呆了，道：「我女兒已死了，如何得再活？有這等事！」那地方不容范大郎分說，當夜將一行人拘鎖，到次早解入南衙開封府。包大尹看了解狀，也理會不下。權將范二郎送獄司監候。一面相屍，一面下文書行使臣房審實。作公的一面差人去墳上掘起看時，祇有空棺材。問管墳的張一、張二，說道：「十一月間，雪下時，夜間聽得狗子叫。次早開門看，祇見狗子死在雪裏，更不知別項因依。」把文書呈大尹。大尹焦躁，限三日要捉上件賊人。展個兩三限，並無下落。好似：

金瓶落井全無信，鐵鎗磨針尚少功。

且說范二郎在獄司間想：「此事好怪！若說是人，他已死過了。見有入殮的仵作及墳墓在彼可證。若說是鬼，打時有血，死後有屍，棺材又是空的。」展轉尋思，委決不下。又想道：「可惜好個花枝般的女兒！若是鬼，倒也罷了。若不是鬼，可不枉害了他性命！」夜裏翻來覆去，想一會，疑一會，轉睡不着。直想到茶坊裏初會時光景，便道：「我那日好不着迷哩！四目相視，急切不能上手。不論是鬼不是鬼，我且慢慢裏商量，直恁性急，壞了他性命，好不罪過！如今陷於縲絏，這事又不得明白，如何是了！悔之無及！」轉悔轉想，轉想轉悔。捱了兩個更次，不覺睡去。夢見女子勝仙，濃妝而至。范二郎大驚道：「小娘子原來不死。」小娘子道：「打得偏些，雖然悶倒，不曾傷命。奴兩遍死去，都祇爲官人。今日知道官人在此，特特相尋，與官人了其心願。休得見拒，亦是冥數當然。」范二郎忘其所以，就和他雲雨起來。枕席之間，歡情無限。事畢，珍重而別。醒來方知是夢。越添了許多想悔。次夜亦復如此。到第三夜，又來，比前愈加眷戀。臨去告訴道：「奴陽壽未絕。今被五道將軍收用。奴一心祇憶着官人，泣訴其情，蒙五道將軍可憐，給假三日。如今限期滿了。若再遲延，必遭呵斥。奴從此與官人永別。官人之事，奴已拜從五道將軍。但耐心，一月之後，必然無事。」范二郎自覺傷感，啼哭起來。醒了，記起夢中之言，似信不信。剛剛一月三十個日頭，祇見獄卒奉大尹鈞旨，取出范二郎赴獄司勘問。原來開封府有一個常賣董貴，當日綰着一個籃兒，出城門外去。祇見一個婆子在門前叫常賣，把着一件物事遞與董貴。是甚的？是一朵珠子結成的梔子花。那一夜朱真歸家，失下這朵珠花。婆婆私下檢得在手，不理會得直幾錢，要賣一兩貫錢作私房。董貴道：「要幾錢？」婆子道：「胡亂。」董貴道：「還你兩貫。」婆子道：「好。」董貴還了錢，逕將來使臣房裏，見了觀察，說道恁地。即時觀察把這朵梔子花逕來曹門裏，教周大郎、周媽媽看，認得是女兒臨死帶去的。即時差人捉婆子。婆子說：「兒子朱真不在。」當時搜捉朱真不見，卻在桑家瓦裏看耍，被作公的捉了，解上開封府。包大尹送獄司勘問上件事情。朱真抵賴不得，一一招伏。當案薛孔目初擬朱真刼墳當斬；范二郎免死，刺配牢城營。未曾呈案。其夜夢見一神如五道將軍之狀，怒責薛孔目曰：「范二郎有何罪過，擬他刺配！快與他出脫了。」薛孔目醒來，大驚，改擬范二郎打鬼，與人命不同，事屬怪異，宜徑行釋放。包大尹看了，都依擬。范二郎歡天喜地回家。後來娶妻，不忘周勝仙之情，歲時到五道將軍廟中燒紙祭奠。有詩爲證：

情郎情女等情癡，只爲情奇事亦奇。若把無情有情比，無情翻似得便宜。

（節自馮夢龍《醒世恆言》第十四卷）

鬧樊樓多情周勝仙

在我國小說發展史上，宋元話本的出現是值得大書而特書的事情，它與以前的「志怪」、「志人」和傳奇小說迥然不同。從它所描寫的內容來說，它已衝破了以往小說那種局限於描寫社會上層和封建文士生活的狹窄範圍，而以市民生活爲主，廣泛地反映了社會的現實。從藝術形式上講，其中最突出的一點是採用了爲平民百姓所熟悉和喜愛的通俗語言，爲後來的大批長篇短篇白話小說的產生和發展開闢了一條廣闊道路。

在宋代人羅燁編輯的《醉翁談錄》裏有一首詩提到了宋代講唱小說故事的情況：「春濃花豔佳人膽，月黑風寒壯士心。講論祇憑三寸舌，秤評天下淺和深。」詩的前兩句十分形象地透露了話本小說中描寫最多、最集中的兩個內容：一是青年男女爭取愛情和婚姻的故事；另一個是人民由於不堪壓迫和剝削而挺身起來反抗的故事。詩的第一句：「春濃花豔佳人膽」裏的「佳人膽」三字，生動地反映了那些愛情婚姻故事中女主角所表現出來的主動和大膽精神，從而使這些作品和以前的同類小說相比呈現出一種嶄新的風貌。下面談到的《鬧樊樓多情周勝仙》就是在這方面具有代表性的一篇小說。

《鬧樊樓多情周勝仙》是寫一個富商的女兒周勝仙，和一個開酒店的青年范二郎相愛，由於父親的堅決反對，終於悲慘死去的故事。這是個激動人心的悲劇。它與以往小說中所描寫的愛情悲劇相比，有它鮮明的特色和獨特的韻味。這些特色和韻味來自人物非同一般的個性。

小說的女主人公周勝仙，是個富商女。在一個春末夏初的日子裏，她去汴京名勝金明池遊玩，在茶坊遇上了青年范二郎，一見鐘情。心想：「若還我嫁得一似這般子弟，可知好哩！今日當面挫過，再來那裏去討？」「如何着個道理和他說話？問他娶妻也不曾。」於是她眉頭一皺，計上心來，機智地借與賣水人吵架爲由，巧妙地把自己的情況以及對愛情的熱烈嚮往，向自己所心愛的男子范二郎作了傳遞。小說裏有段引人注目的精彩描寫：「周勝仙叫：『賣水的，你傾些甜蜜蜜的糖水來。』那人傾一盞糖水在銅盂兒裏，遞與周勝仙。

周勝仙接得在手，纔上口一呷，便把那個銅盂兒望空打一丟，便叫『好！好！你卻來暗算我！你道我是兀誰？……我是曹門里周大郎的女兒，我的小名叫作勝仙小娘子，年一十八歲，不曾吃人暗算，你今卻來算我！我是不曾嫁的女孩兒』。」接着又說：「卻恨我爹爹不在家裏。我爹若在家，與你打官司。」在這段妙趣橫生的罵話中，周勝仙不僅向范二郎通報了自己的姓名、年齡、出身和家庭住址，而且還特別強調了自己是個不曾出嫁的女兒，目前父親周大郎又不在家裏。周勝仙強調後面兩點的用意不外乎要提醒范二郎：應該抓緊時機，大膽地向她求愛。

作品通過這段精彩的描寫，把周勝仙這個市民女子的機智以及對愛情的大膽而主動的追求作了個惟妙惟肖的表現。

當然，范二郎也并非是傻子，他也是個機靈的年輕人。當他初見周勝仙時，就被她那「花容月貌」的綽約風姿所吸引。周勝仙和賣水人吵架的情景早就引起了他的注意。他在聽了周勝仙的一連串罵話之後的反應是：「這言語蹺蹊，分明是說與我聽。」「她既暗遞與我，我如何不回她？」於是來了個如法炮製，也向賣水人要了盞糖水，假託賣水人想暗害自己爲由，對他進行了斥責，巧妙地向周勝仙通報了自己的情況，以此作爲對周勝仙示愛行爲的積極響應。一對素不相識的青年男女就通過這樣一個充滿戲劇性的場面，各自向對方傳遞了自己的愛慕之情。

很明顯，在這兩個青年男女主人公之間，作者是更突出了女青年周勝仙的機智和她在愛情上的大膽、主動精神。正是這種精神，把她和以往愛情裏的那些「大家閨秀」們明顯地區別開來。

每當人們想起古典小說中愛情悲劇描寫時，就會很自然地想到唐代傳奇的名篇《鶯鶯傳》來。《鶯鶯傳》的鶯鶯是個帶有詩人氣質的美麗的貴族少女。她從小受到封建文化的薰陶，平時舉止端莊，富有大家風範。但作爲少女，鶯鶯有着十分豐富的感情，對於愛情則更有強烈的嚮往與追求，但這些嚮往與要求，平時祇深藏於內心，不輕易外露。當她與張生相遇之後，就產生了好感，但這種感情表現得很隱蔽。她與張生之間，在愛情上首先採取行動的是張生。鶯鶯在張生進攻面前開始表現得很矜持，後來隨着張生接二連三地向她示愛，纔逐漸大起膽來，以至鼓起勇氣，回詩張生，約他花園相會。但當張生興沖沖地跳過牆去赴約時，鶯鶯卻又突然變卦，竟板起面孔當面數落張生的不是，斥責他的「非禮之動」，使張生陷於極度狼狽的境地。

鶯鶯這種出爾反爾的舉動，粗看叫人無法理解，但細一琢磨，令人不能不佩服作者的高明，感到這樣寫是多麼的眞實、深刻！

封建禮教提倡「男女授受不親」，婚姻需有父母作主，而且還須門當戶對。孟子就明確指出過：「不得父母之命，媒妁之言，鑽穴相窺，踰牆相從，則父母國人皆賤之。」

聯繫鶯鶯的出身、環境和自幼所受的教育，就不難理解在鶯鶯的頭腦裏封建禮教的影響是多麼深重！這種影響猶如毒蛇那樣糾纏着她。當鶯鶯傾心於張生，準備向他吐露心曲時，存在於她頭腦中的這些封建禮教觀念突然冒出來加以阻止。這時「情」和「理」在鶯鶯內心展開了激烈的衝突。鬥爭的結果，禮教觀念暫時佔了上風，這就使鶯鶯衹好一反初衷，違心地訓斥起張生來了。

當然，對鶯鶯這樣一個熱烈追求愛情的叛逆女性來說，這些封建禮教觀念也衹是暫時地起到個遏止阻擋的作用，鶯鶯最後還是衝破了禮教的束縛，倒向了張生的懷抱。不過，這種爭取愛情勝利的過程畢竟是十分的曲折，鶯鶯爲掙脫禮教束縛所作的鬥爭也是異常的艱苦。

《鬧樊樓多情周勝仙》裏的女主人公周勝仙則與鶯鶯形成了鮮明的對照。在周勝仙的頭腦裏似乎壓根兒就不存在封建禮教的影響。當她一旦看中了范二郎之後，根本不經過什麼思想鬥爭，就積極主動地向他表達了自己的愛慕之情。在對待愛情的態度上，周勝仙不是矜持、顧慮重重，而是採取了大膽進攻的姿態，這正表現出了市民羣衆的性格特色。

衆所周知，市民階層是隨着城市工商業的發展和繁榮而出現的。他們的思想性格不僅和封建統治者、封建文人大不相同；就是和農民羣衆也有明顯的區別。市民比起農民來文化高、知識多、見聞廣、思想活躍，受傳統封建禮教的影響甚少，因此比較敢作敢爲，在對待愛情上也沒有很多條條框框的束縛，比較解放。

但周勝仙和范二郎之間情投意合的愛情卻遭到了周勝仙的父親周大郎的堅決反對。周大郎是個富有的從事海外貿易的商人，屬於市民羣衆中的上層人物。但他的頭腦中卻充斥着剝削階級的勢利觀念，對女兒婚事他早有盤算，總想讓女兒嫁個有身分人家的子弟，以便通過這種聯姻關係來進一步提高自己的政治、經濟地位。因此，當他外出回來得知自己女兒已與開酒店的范二郎定親時，就暴跳如雷，「雙眼圓睜」，大聲地斥罵妻子：「打脊老賤人！得誰言語，擅便說親！他（指范二郎）高殺也衹是個開酒店的，我女兒怕沒大戶人家對親，卻許着他，你倒了志氣，幹出這等事也不怕人笑話！」在周大郎眼裏，女兒和范二郎攀親是丟醜。如若同意這門親事那他原先的這套如意算盤，將全部落空，這是他萬萬不能接受的。周大郎壓根兒不懂愛情爲何物，他不理解也不想去理解女兒的感情，在他看來，要女兒嫁個有地位人家的子弟，這是對女兒的幸福負責。殊不知他堅持自己的這套東西，恰恰是徹底葬送了女兒的幸福。

當周勝仙得悉父親堅決反對她和范二郎的婚事之後，就一氣倒地不省人事，這充分表現出她對愛情的執着和對封建婚姻制度的堅決反抗精神。在女兒的拚死反抗面前，周大郎毫無悔悟之意，還大罵昏死過去的女兒是「辱門敗戶的小賤人」，表現出極端的專橫和殘忍。他可以「慷慨」地把三五千貫房奩及女兒屋中的細軟首飾拿來當作她的陪葬，但就是不能同意女兒去嫁給身分低賤的范二郎。在周大郎身上，我們看到了封建婚姻制度所固有的頑固性以及它在摧殘青年愛情方面所表現出來的極端殘酷性。

周大郎和他女兒周勝仙各自代表了愛情和婚姻問題上的封建與民主、守舊與進步的兩股勢力。這兩股勢力之間的矛盾衝突是不可調和的。代表封建守舊勢力的周大郎手中掌握着實權，這就決定了周勝仙和范二郎之間的愛情必然是以悲劇告終。周勝仙最後衹能以死作爲她最後的反抗。

小說在寫了周勝仙死去之後，故事并沒有就此結束，而是一波三折地推出了新的情節。

周大郎爲了和妻子鬥氣，將一批金銀首飾、細軟都作了女兒的陪葬，這就引起了盜墓賊朱眞的垂涎。爲及早奪得這份富貴，朱眞乘寒冬雪夜去郊外盜墓。當他鬼鬼祟祟撬開棺材蓋時，屍體卻由於得了陽和之氣而突然復活了。復活後的周勝仙向朱眞說的第一句話是：「哥哥，你教我去見樊樓酒店范二郎，重重相謝你！」這裏進一步突出了周勝仙對愛情的執着和忠貞。周勝仙生生死死、念念不忘的衹有一件事：如何能和范二郎生活在一起。當然，周勝仙不是沒有發覺朱眞的邪惡用心，也不是對朱眞的卑劣行爲不感到憤慨，但此時此刻，對於周勝仙來說，至關重要的是如何設法去找到她心愛的人范二郎，其他一切都成了次要的了。甚至衹要朱眞能帶她找到范二郎，卽便受盡屈辱也在所不惜了。這裏可以充分掂出周勝仙對范二郎的感情分量有多重！這是任何力量所不能動搖的。

但是，朱眞這個盜墓賊對周勝仙卻始終不懷好意，一心想霸佔她。事實教育了周勝仙，想通過朱眞來實現和范二郎的團聚已全然不可能了。於是她毅然採取堅決行動，乘朱眞外出看燈和鄰居起火的機會，勇敢地逃離了朱眞的家，通過沿途打聽，終於找到了范二郎的住處。當她再次見到范二郎時，是多麽的興奮和激動！但令人遺憾的是：范二郎卻把她誤認爲鬼，在驚恐萬狀之餘，竟提起湯桶把她活活打死。等范二郎弄清情況時，悔之晚矣。范二郎不僅失去了心愛的情人，而且自己也因人命案進了監獄。

但周勝仙并未因范二郎的「絶情」而改變初衷，對於范二郎重見她時所呈現的恐懼之態沒有半點責怪、怨恨之意，依然是一往情深。卽便當了鬼，她還要請三天假去和范二郎團聚，并當面對他進行撫慰和傾吐衷曲：「奴兩遍死去，都衹爲官人。今日知道官人在此，特特相尋……」在他們相聚的最後一個晚上，周勝仙對范二郎愈加眷戀。臨去時還告訴范二郎：「奴陽壽未絶，今被五道將軍（道教中掌管人間生死的神）收用。奴一心衹憶着官人，泣訴其情，蒙五道將軍可憐，給假三日。如今限期滿了……奴從此與官人永別。官人之事，奴已拜從五道將軍。」爲了范二郎，周勝仙可以忍受一切痛苦，犧牲一切幸福。雖然她從此再不能與范二郎見面了，但還是要千方百計地爲他日後的幸福操心。後來周勝仙終於通過五道將軍的力量迫使官府把范二郎釋放出獄。通過上述這一系列的描寫，周勝仙這個市民女子的性格更加鮮明突出，整個形象也更顯得血肉飽滿、栩栩如生。

話本小說來源於說話藝術，它十分注意在故事情節的生動曲折上下工夫，藉以吸引讀者。本篇的作者在故事情節的曲折多變、引人入勝上就匠心獨具。整個情節的發展是一波未平，一波又起，騰挪變化，搖曳多姿。例如，小說在寫到周勝仙一氣倒地死去後，本來整個故事可以就此收場了，但作者緊接着卻又寫出了朱眞雪夜盜墓引起周勝仙死而復活這一系列爲人們所意想不到的情節，從而使整個故事跌宕起伏。盜墓情節的突然出現，粗看似乎有點節外生枝，畫蛇添足，但細細一想，這一情節的出現卻十分重要，它的意義和作用是多方面的：一方面深刻地反映出當時由於吏治的腐敗，政治的動亂，社會上各種壞人十分活躍，他們利用一切機會，不擇手段地撈取錢財，甚至不惜圖財害命、幹出傷天害理的事情，從而深刻地表現出故事所產生的時代社會特點；另一方面通過盜墓這一情節，又把整個故事引向縱深發展，使小説主要人物周勝仙的性格表現得更鮮明、突出。在盜墓情節前，作品主要寫的是周勝仙對愛情的主動、大膽；而在盜墓情節後，卻着力強調她對愛情的執着，這種執着已到了不顧一切的地步。把這前後兩個方面的描寫統一起來，就使得周勝仙的性格表現得更完整、更豐滿，因而也更感人。

在這個愛情悲劇裏，作者交替使用了現實主義和浪漫主義兩種創作方法，從而使故事情節更眞實也更激動人心，人物形象也更富於藝術魅力。在爭取愛情婚姻自由的鬥爭中，周勝仙的對立面、封建婚姻制度的代表人物周大郎的十分的頑固而且手中又掌握着權力，這就決定了她的鬥爭祇能以悲劇結束。作者敢於直面這一殘酷的現實，把它眞實地表現出來，這些正體現出作者清醒的現實主義。但同時作者又不甘心讓自己所精心塑造的正面人物無聲無息地悲慘死去，於是在悲劇的末尾，接上個光明的充滿理想的尾巴，讓死去的周勝仙，借助於神、鬼等超現實的力量，繼續爲實現自己的美好願望而奮鬥。這種浪漫主義的手法是有它的積極意義的，它給了那些在封建婚姻制度重壓下奮鬥的青年男女以激勵和鼓舞。

（沈天佑）

牡丹亭・閨塾

湯顯祖

〔末上〕吟餘改抹前春句，飯後尋思午晌茶。蟻上案頭沿硯水，蜂穿窗眼咂瓶花。我陳最良，杜衙設帳，杜小姐家傳《毛詩》，極承老夫人管待。今日早膳已過，我且把毛註潛玩一遍。〔念介〕關關雎鳩，在河之洲。窈窕淑女，君子好逑。好者，好也；逑者，逑也。〔看介〕這早晚了，還不見女學生進館，卻也嬌養的兇，待我敲三聲雲板。〔敲雲板介〕春香，請小姐解書。

【遶池遊】〔旦引貼捧書上〕**素裝纔罷，款步書堂下，對淨几明窗瀟灑。**

〔貼〕**《昔氏賢文》把人禁殺，恁時節則好教鸚哥喚茶。**

〔見介〕〔旦〕先生萬福。〔貼〕先生少怪！〔末〕凡爲女子，雞初鳴，咸盥漱櫛笄，問安於父母。日出之後，各供其事。如今女學生以讀書爲事，須要早起。〔旦〕以後不敢了。〔貼〕知道了，今夜不睡，三更時分，請先生上書。〔末〕昨日上的《毛詩》可溫習？〔旦〕溫習了，則待講解。〔末〕你唸來。〔旦唸書介〕關關雎鳩，在河之洲。窈窕淑女，君子好逑。〔末〕聽講：關關雎鳩，雎鳩，是個鳥：關關，鳥聲也。〔貼〕怎樣聲兒？〔末作鳩聲〕〔貼學鳩聲諢介〕〔末〕此鳥性喜幽靜，在河之洲。〔貼〕是了。不是昨日是前日，不是今年是去年，俺衙內關着個斑鳩兒，被小姐放去，一去去在何知州家。〔末〕胡說！這是興。〔貼〕興個甚的那？〔末〕興者，起也，起那下頭。窈窕淑女，是幽閑女子，有那等君子好好的來求他。〔貼〕爲甚好好的求他？〔末〕多嘴哩。〔旦〕師父，依註解書，學生自會，但把《詩經》大意，敷演一番。

【掉角兒】〔末〕論六經《詩經》最葩，閨門內許多風雅。有指證姜嫄産哇，不嫉妒后妃賢達。更有那詠《鷄鳴》，傷燕羽，泣江皋，思《漢廣》，洗淨鉛華。有風有化，宜室宜家。〔旦〕這經文偌多？〔末〕《詩》三百，一言以蔽之，沒多些，祇「無邪」兩字，付與兒家。

書講了，春香，取文房四寶來模字。〔貼下取上〕紙筆墨硯在此。〔末〕這甚麼墨？〔旦〕丫頭錯拿了。這是螺子黛，畫眉的。〔末〕這甚麼筆？〔旦作笑介〕這便是畫眉的細筆。〔末〕俺從不曾見，拿去，拿去。這是甚麼紙？〔旦〕薛濤箋。〔末〕拿去，拿去，祇拿那蔡倫造的來。這是甚麼硯？是一個？是兩個？〔旦〕鴛鴦硯。〔末〕許多眼。〔旦〕淚眼。〔末〕哭甚麼子？一發換了來。〔貼背介〕好個標老兒，待換去。〔下換上〕這可好？〔末看介〕着！〔旦〕學生自會臨書 春香還勞把筆。〔末〕看你臨。〔旦寫字介〕〔末看驚介〕我從不曾見這樣好字，這甚麼格？〔旦〕是衛夫人傳下，美女簪花之格。〔貼〕待俺寫個奴婢學夫人。〔旦〕還早哩。〔貼〕先生，學生領出恭牌。〔下〕〔旦〕敢問師母尊年？〔末〕目下平頭六十。〔旦〕待學生繡對鞋兒上壽，請個樣兒。〔末〕生受了！依《孟子》上樣兒，做個不知足而爲屨罷了。〔旦〕還不見春香來。〔末〕要喚他麼？〔末叫三度介〕〔貼上〕害淋的！〔旦作惱介〕劣丫頭！那裏來？〔貼笑介〕溺尿去來。原來有座大花園，花明柳綠，好耍子哩！〔末〕哎也！不攻書，花園去，待俺取荆條來。〔貼〕荆條做甚麼？

【前腔】女郎行那裏應文科判衙，止不過識字兒書塗嫩鴉。〔起介〕〔末〕古人讀書，有囊螢的，趁月亮的。〔貼〕待映月耀蟾蜍眼花，待囊螢把蟲蟻兒活支煞。〔末〕懸梁刺股呢？〔貼〕比似你懸了梁，損頭髮；刺了股，添疤納；有甚光華？〔內叫賣花介〕〔貼〕小姐，你聽一聲聲賣花，把讀書聲差。〔末〕又引逗小姐哩，待俺當真打一下！〔末做打介〕〔貼閃介〕你待打打這哇哇，桃李門牆，嶮把負荊人諕煞。

〔貼搶荊條投地介〕〔旦〕死丫頭！唐突了師父，快跪下。〔貼跪介〕〔旦〕師父恕他初犯，容學生責認一遭兒。

【前腔】手不許把鞦韆索拿，腳不許把花園路踏。〔貼〕則瞧罷。〔旦〕還嘴，這招風嘴把香頭來綽疤，招花眼把繡針兒簽瞎。〔貼〕瞎了中甚用！〔旦〕則要你守硯臺，跟書案，伴詩云，陪子曰，沒的爭差。〔貼〕爭差些罷。〔旦搊貼髮介〕則問你幾絲兒頭髮？幾條背花？敢也怕些些，夫人堂上，那些家法？

〔貼〕再不敢了！〔旦〕可知道。〔末〕也罷，鬆這一遭兒，起來。〔貼起介〕

【尾聲】〔末〕女弟子則爭箇不求聞達，和男學生一般兒教法。你們工課完了，方可回衙，咱和公相陪話去。〔合〕怎辜負的這一弄明窗新絳紗。〔下〕

〔貼作從背後指末罵介〕村老牛！癡老狗！一些趣也不知。〔旦作扯介〕死丫頭！一日爲師，終身爲父，他打不的你？我且問你：那花園在那裏？〔貼作不說〕〔旦笑問介〕〔貼指介〕兀那不是？〔旦〕可有什麼景致？〔貼〕景致麼？有亭臺六七座，鞦韆一兩架，遶的流觴曲水，面着太湖山石，名花異草，委實華麗。〔旦〕原來有這等一個所在。且回衙去。

〔旦〕也曾飛絮謝家庭，〔貼〕欲化西園蝶未成。
〔旦〕無限春愁莫相問，〔合〕綠陰終借暫時行。

（《牡丹亭》第七齣）

一

《閨塾》是《牡丹亭》中的一場重頭戲。人們常激賞湯顯祖文詞的清麗細膩，其實，他的藝術成就遠不止此。《閨塾》一齣，在戲劇衝突的處理、人物說白、細節描寫等方面，就足以使人拍案叫絕。《閨塾》後被稱爲《春香鬧學》。這「鬧」字，頗能道出戲的喜劇氣氛。

帷幕開時，作者設置了一個非常獨特的場景。

我國古代戲曲中沒有舞臺布置，環境氣氛依靠人物角色在表演中傳出。《閨塾》開場，塾師陳最良走了出來，念了四句定場詩，然後在那裏搖頭晃腦地備課。這一個啃了不少詩書、卻又落到絕糧境地的腐儒，感恩知遇，是要準備嚴格執行杜寶交給他約束青年身心的使命的。他把毛詩潛玩一番，卻未見學生動靜，認爲「嬌養得兇」，便敲打雲板，催促杜麗娘上課。

陳最良開口「子曰」，閉口「詩云」，迂得可笑。此人又神經麻木，「從來不曉得個傷春」。作者讓他首先上場，咿咿嗚嗚地吟哦，就使書房裏面平添又霉又酸的氣息，把人壓抑得不易喘氣。

不過，在書房外邊，卻是春光明媚，「蟻上案頭沿硯水，蜂穿窗眼咂瓶花」。蟲蟻兒正趁着春光喧喧嚷嚷。窗外，不時傳進「賣花聲」，響起了春天的呼喚。作者還讓觀衆知道，緊靠着書房，就有座大花園，「逶的流觴曲水，面着太湖山石」，「花明柳綠，委實華麗」。一堵牆隔着一重天，書房內外的氣氛，構成了鮮明的對比。

我看過一幅名畫，畫面上一個穿着全黑衣裙的寡婦，呆滯地凝望着一堆五顏六色的鮮花。氣氛的不協調，產生了異常奇妙的藝術效果。《閨塾》對氛圍的處理與此相類。不協調的場景，既推進戲劇衝突，又較好地襯托出人物內心的矛盾。

牡丹亭·閨塾

二

在《閨塾》中，作者從正面酣寫春香鬧學，寫她和陳最良的性格衝突。春香對讀書本來就不感興趣，她詛咒「昔氏賢文，把人禁殺」，嘟囔着上場。陳最良用大道理把她們訓斥一通，春香不以爲然，回嘴道：「知道了，今夜不睡，三更時分，請先生上書。」話中帶刺，木訥的陳最良被弄得無言以對。這一段，是上課前的「鬧」。籠罩在書房使人窒息的氣氛，開始被頑皮尖利的春香打破。

陳最良講述《詩經》的起始，春香還算留心，她不懂就問：那雎鳩是「怎麽聲兒」？在這裏，劇本規定了一個絕妙的細節：

〔末作鳩聲〕。〔貼學鳩聲諢介〕。

請讀者掩卷想想，一個正兒八經的老頭，下意識地像孩子那樣嘰嘰咕咕叫了起來，不是十分滑稽麽？春香一見老師的憨態，也樂不可支，乘機諢鬧。這時候，滿臺「鳥」叫，令人噴飯。

春香覺得聽書頗爲好玩，越發認眞，老師講一句，她要問一句，幷且自作聰明地對「在河之洲」作了極爲有趣的詮釋。當她問到那些「幽閑女子」，君子們「爲甚好好的求他」時，陳最良狼狽不堪，衹好把她喝住。學生天眞，先生尷尬，在觀衆的哄笑聲中，書房裏嚴肅宣講的氣氛，被鬧得煙消雲散。

如果說，春香在拜見老師時是有意給他一點顔色看看的話，那麽，這一次，她的「鬧」卻是無意的，她是實心實意地想弄清詩書的意思，誰知反弄出連篇笑話。李漁曾認爲：「我本無心說笑話，誰知笑話逼人來，斯爲科諢之妙境耳。」由於湯顯祖根據人物性格發展戲劇性衝突，從而達到「水到渠成，天機自露」的妙境。

書講完了，又要模字，春香興味索然，便說「學生領出恭牌」，乘機溜下。溺尿回來，她告訴小姐：外面「原來有座大花園，花明柳綠，好耍子哩」。陳最良一聽，立卽要打；春香毫不客氣，針鋒相對。這一來，舞臺上熱鬧得够瞧了：

〔末做打介〕〔貼閃介〕，〔貼搶荆條投地介〕。

這場戲，雖然不像武戲的「開打」，但老師掄起荆條，丫頭東躲西閃，一連串大幅度的動作，卻是十分火爆。特別是當春香繳了陳最良的械，把它擲之於地時，喜劇性的衝突進入了高潮。這一擲，充分表現出春香對陳最良的輕蔑，什麼封建禮法，師道尊嚴，統統被她擲到東洋大海。

春香的幾次諢鬧，動機、分寸各不相同。作者通過不同的「鬧」。把陳最良的迂腐氣，小丫頭的潑辣勁，清晰地勾勒出來了。

三

《閨塾》衹有三個角色，戲中春香與陳最良鬧得不可開交，杜麗娘插嘴不多，驟然看來，它似乎是以表現春香爲主，其實，作者筆在此而意在彼，他寫這場戲的眞意，主要是刻畫那一位貌似旁觀者的杜麗娘。

杜麗娘對讀書並不熱心，陳最良催她上課，她還慢慢吞吞，「素妝纔罷，緩步書堂下，對淨几明窗瀟灑」。春日遲遲，春意闌珊，她是帶着惜春的心情進入書房的。陳最良講《關雎》，她提出「衹須依註解書，學生自會。」

請勿忽視「學生自會」四個字，它表明杜麗娘平靜的心翻起了波瀾，爲什麼君子要去求那些幽閨的女子，春香弄不清，老師不好說，杜麗娘卻「爲詩章，講動情腸」。後來她感嘆「關了的雎鳩，尙然有洲渚之興，可以人而不如鳥乎！」（《肅苑》）她的母親也敏感地覺察到女兒的改變：「怪她裙衩上，花鳥繡雙雙。」這些，都證實杜麗娘受到古代情詩強烈的感染。我們知道，杜麗娘父母之所以請塾師讓女兒上學，是因爲發現了她白日睡眠，有違家教，認爲有必要用詩書拘束她的身心。誰知道上課的第一天，開講的第一課，反開啓了女兒心靈之鎖。禁錮者成了啓發者。這樣的處理，實在是對封建禮教尖刻的嘲弄。

作爲大家閨秀，杜麗娘對老師的態度是恭謹的。不過，在聽了講解《關雎》以後，她的心情有了微妙的變化。她對老師提出：「這經文偌多！」輕輕一語，意味深長，它透露出杜麗娘不耐煩的情緒。後來春香把眉筆當作寫字的筆拿了出來，陳最良不懂得是什麼東西，她「作笑介」。這抿然一笑，包含了對老師酸腐的竊笑。等到春香在寫字時說：「待俺學個奴婢學夫人」時，她竟然當着老師的面和丫頭打趣：「還早哩！」從作者這些很有分寸的描繪中，我們可以看到人物思想感情發展的軌跡，捉摸到外表平靜的杜麗娘內心的顫動。

杜麗娘在寫字前一直沒有理會春香的譁鬧，甚至近於默許。後來春香鬧得太過分了，她衹好出面干預。春香頂嘴不服，她發起狠來，扯着春香的頭髮說：「也怕些些夫人堂上那些家法！」給陳最良挽回了面子。

杜麗娘果眞是大發雷霆嗎？當然不是。由於春香鬧過了頭，萬一老師向父母告狀，後果則不堪設想。因此，她必須趕快拿出小姐的尊嚴，鎭住春香。老師一走，她就趕緊詢問：「那花園在哪裏？」看到這裏，人們恍然大悟，原來，她最關注的，恰恰是春香爲之受責的那句話，是那個她不曾去過的花園；原來，剛纔她抖出小姐的威風，不過是在「演戲」。她演得是那樣的逼眞，豈止誆了陳最良，連春香也蒙住了，所以春香纔有賭氣不說、讓她一再央求的舉動。就裝模作樣欺騙老師這一點而言，杜麗娘其實也是在「鬧學」。與春香相比，她不過是鬧得含蓄，鬧得機巧而已。

「那花園在哪裏？」一位在邸宅裏居住多時的姑娘，竟不知道家裏有一個花園，這事情本身就相當滑稽。同時也使人體會到封建禮教對青年禁錮到什麽程度。然而，人們從杜麗娘拉着春香陪笑追問花園在哪兒的神態中發現，她那沉睡的靈魂，已經被從遠古傳來的雎鳩之聲喚醒，她開始憧憬「姹紫嫣紅開遍」的花園，憧憬青春的生命。春色滿園關不住，月移花影上樓臺，從此，杜麗娘在人生的道路上，踏上了新的階梯。

如上所述，《牡丹亭》的《閨塾》一場，設置了幾組不同性質的矛盾：例如書房內外景色氣氛的矛盾，淘氣的春香與迂腐的陳最良的性格矛盾，杜麗娘平靜的外表與激動的內心的矛盾等等。幾組矛盾在情節上聚焦，便出現了所謂「鬧學」。確實，作者在「鬧」字上做了功夫，但要注意的是，「鬧」者，並非衹是春香。王思任在《批點玉茗堂牡丹亭敍》中說：湯顯祖這部傑作，「筆筆風來，層層空到」，「無不從筋節竅髓以探其七情生動之微」。《閨塾》一場，環繞着講解詩書這一筋節，丫頭攪鬧，塾師胡鬧，春光喧鬧，這一切，又促使杜麗娘內心騰鬧。劇中人物七情生動之微，就從筋節髓竅中婉曲地傳出。

（黃天驥）

牡丹亭·驚夢

湯顯祖

【遶池遊】〔旦上〕夢回鶯囀，亂煞年光遍，人立小庭深院。〔貼〕注盡沈煙，拋殘繡線，恁今春關情似去年。

〔烏夜啼〕〔旦〕曉來望斷梅關，宿妝殘。〔貼〕你側着宜春髻子，恰憑闌。〔旦〕翦不斷，理還亂，悶無端。〔貼〕已分付催花鶯燕，借春看。〔旦〕春香，可曾叫人掃除花逕？〔貼〕分付了。〔旦〕取鏡臺衣服來。〔貼取鏡臺衣服上〕雲髻罷梳還對鏡，羅衣欲換更添香。鏡臺衣服在此。

【步步嬌】〔旦〕裊晴絲吹來閒庭院，搖漾春如線。停半晌整花鈿，沒揣菱花，偷人半面，迤逗的彩雲偏。〔行介〕步香閨怎便把全身現？

〔貼〕今日穿插的好。

【醉扶歸】〔旦〕你道翠生生出落的裙衫兒茜，豔晶晶花簪八寶填，可知我常一生兒愛好是天然？恰三春好處無人見，不隄防沈魚落雁鳥驚諠，則怕的羞花閉月花愁顫。

〔貼〕早茶時了，請行。〔行介〕你看：畫廊金粉半零星，池館蒼苔一片青。踏草怕泥新繡襪，惜花疼煞小金鈴。〔旦〕不到園林，怎知春色如許？

【皂羅袍】原來姹紫嫣紅開遍，似這般都付與斷井頹垣。良辰美景奈何天，賞心樂事誰家院。恁般景致，我老爺和奶奶再不提起。〔合〕朝飛暮捲，雲霞翠軒。雨絲風片，煙波畫船。錦屏人忒看的這韶光賤。

〔貼〕是花都放了，那牡丹還早。

【好姐姐】〔旦〕遍青山啼紅了杜鵑，荼蘼外煙絲醉軟。春香呵，牡丹雖好，他春歸怎佔的先？〔貼〕知對兒鶯燕呵。〔合〕閒凝眄，生生燕語明如翦，嚦嚦鶯歌溜的圓。

〔旦〕去罷。〔貼〕這園子委是觀之不足也。〔旦〕提他怎的？〔行介〕

【隔尾】觀之不足由他繾，便賞遍了十二亭臺是惘然，到不如興盡回家閒過遣。

〔作到介〕〔貼〕開我西閣門，展我東閣牀。瓶插映山紫，爐添沈水香。小姐，你歇息片時，俺瞧老夫人去也。〔下〕〔旦嘆介〕默地遊春轉，小試宜春面。春呵，得和你兩留連。春去如何遣？咳！恁般天氣，好困人也。春香那裏？〔左右瞧介〕〔又低首沈吟介〕天呵，春色惱人，信有之乎？常觀詩詞樂府，古之女子，因春感情，遇秋知恨，誠不謬矣。吾今年已二八，未逢折桂之夫；忽慕春情，怎得蟾宮之客？昔日韓夫人得遇于郎，張生偶逢崔氏，曾有《題紅記》、《崔徽傳》二書。此佳人才子，前以密約偷期，後皆得成秦晉。〔長嘆介〕吾生於宦族，長在名門。年已及笄，不得早成佳配，誠爲虛度青春。光陰如過隙耳。〔淚介〕可惜妾身顏色如花，豈料命如一葉乎！

【山坡羊】〔旦〕沒亂裏春情難遣，驀地裏懷人幽怨。則爲我生小嬋娟，揀名門一例一例裏神仙眷。甚良緣，把青春拋的遠。俺的睡情誰見？則索因循靦腆。想幽夢誰邊？和春光暗流轉。遷延，這衷懷那處言？淹煎，潑殘生除問天。

身子困乏了，且自隱几而眠。〔睡介〕〔夢生介〕〔生持柳枝上〕鶯逢日暖歌聲滑，人遇風晴笑口開。

一徑落花隨水入，今朝阮肇到天台。小生順路而來，跟着杜小姐回來，怎生不見？〔回看介〕呀！小姐，小姐。〔旦作驚起相見介〕〔生〕小生那一處不尋訪小姐來，卻在這裏。〔旦作斜視不語介〕〔生〕恰好花園內折取垂柳半枝，姐姐，你既淹通書史，可作詩以賞此柳枝乎？〔旦作驚喜欲言又止介〕〔背云〕這生素昧平生，何因到此？〔生笑介〕小姐，咱愛殺你哩。

【山桃紅】則爲你如花美眷，似水流年。是答兒閒尋遍，在幽閨自憐。小姐，和你那答兒講話去。〔旦作含羞不行〕〔生作牽衣介〕〔旦低問介〕那邊去？〔生〕轉過這芍藥欄前，緊靠着湖山石邊。〔旦低問〕秀才，去怎的？〔生低答〕和你把領扣鬆，衣帶寬，袖稍兒揾着牙兒苫也，則待你忍耐溫存一晌眠。〔旦作羞〕〔生前抱〕〔旦推介〕〔合〕是那處曾相見，相看儼然，早難道這好處相逢無一言。〔生強抱旦下〕

〔末扮花神束髮冠紅衣插花上〕催花御史惜花天，檢點春工又一年。蘸客傷心紅雨下，勾人懸夢綵雲邊。吾乃掌管南安府後花園花神是也。因杜知府小姐麗娘，與柳夢梅秀才，後日有姻緣之分。杜小姐遊春感傷，致使柳秀才入夢。咱花神專掌惜玉憐香，竟來保護他，要他雲雨十分歡幸也。

【鮑老催】單則是混陽蒸變，看他似蟲兒般蠢動把風情搧，一般兒嬌凝翠綻魂兒顫。這是景上緣，想內成，因中見。呀！淫邪展污了花臺殿。咱待拈片落花兒驚醒他。〔向鬼門丟花介〕他夢酣春透了怎留連？拈花閃碎的紅如片。

秀才，纔到得半夢兒，夢畢之時，好送杜小姐仍歸香閣。吾神去也。〔下〕

【山桃紅】〔生旦攜手上〕這一霎天留人便，草藉花眠。小姐可好？〔旦低頭介〕〔生〕則把雲鬟點，紅鬆翠偏。小姐，休忘了呵，見了你緊相偎，慢廝連，恨不得肉兒般團成片也，逗的個日下胭脂雨上鮮。〔旦〕你可去呵？〔合

前〕

〔生〕姐姐，你身子乏了，將息，將息。〔送旦依前作睡介〕〔輕拍旦介〕姐姐，俺去了。〔作回顧介〕姐姐，你好十分將息，我再來瞧你那。行來春色三分雨，睡去巫山一片雲。〔下〕〔旦作驚醒低叫介〕秀才，秀才，你去了也。〔又作癡睡介〕〔老旦上〕夫壻坐黃堂，嬌娃立繡窗。怪他裙衩上，花鳥繡雙雙。孩兒，孩兒，你爲甚瞌睡在此？〔旦作醒叫秀才介〕咳也！〔老〕孩兒怎的來？〔旦作驚起介〕奶奶到此。〔老〕我兒何不做些鍼指，或觀玩書史，舒展情懷？因何晝寢於此？〔旦〕兒適花園中閒玩，忽值春暄惱人，故此回房，無可消遣，不覺困倦少息。有失迎接，望母親恕兒之罪！〔老〕孩兒，這後花園中冷靜，少去閒行。〔旦〕領母親嚴命。〔老〕孩兒，書堂看書去。〔旦〕先生不在，且自消停。〔老嘆介〕女孩家長成，自有許多情態，且自由他。正是：宛轉隨兒女，辛勤做老娘。〔下〕〔旦長嘆看老下介〕哎也天那！今日杜麗娘有些僥倖也。偶到後花園中，百花開遍，覩景傷情，沒興而回。晝眠香閣，忽遇一生，年可弱冠，豐姿俊妍。於園中折得柳絲一枝，笑對奴家說：姐姐既淹通書史，何不將柳枝題賞一篇。那時待要應他一聲，心中自忖，素昧平生，不知名姓，何得輕與交言。正如此想間，祇見那生向前，說了幾句傷心話兒、將奴摟抱去牡丹亭畔，芍藥闌邊，共成雲雨之歡。兩情和合，眞個是千般愛惜，萬種溫存。歡畢之時，又送我睡眠，幾聲將息。正待自送那生出門，忽直母親來到，喚醒將來。我一身冷汗，乃是南柯一夢。欠身參禮母親，又被母親絮了許多閒話。奴家口雖無言答應，心內思想夢中之事，何曾放懷？行坐不寧，自覺如有所失。娘呵，你叫我學堂看書，知他看那一種書消悶也？〔作掩淚介〕

【綿搭絮】雨香雲片，纔到夢兒邊。無奈高堂，喚醒紗窗睡不便。潑新鮮，冷汗黏煎。閃的俺心悠步嚲，意軟鬟偏。不爭多費盡神情，坐起誰忺？則待去眠。

〔貼上〕晚妝銷粉印，春潤費香篝。小姐，熏了被窩睡罷。

【尾聲】〔旦〕困春心，遊賞倦，也不索香熏繡被眠。天呵，有心情那夢兒還去不遠。

春望逍遙出畫堂。間梅遮柳不勝芳。

可知劉阮逢人處。回首東風一斷腸。

（《牡丹亭》第十齣）

湯顯祖喜歡寫夢，著有傳奇四種，《南柯夢》、《邯鄲夢》等，都是寫夢，故被稱爲「臨川四夢」。其中《牡丹亭》夢最負盛名。沈德符《顧曲雜言》說：「《牡丹亭》夢一出，家傳戶誦，幾令《西廂》減價。」幾百年來，《驚夢》常以折子戲的形式在舞臺上演出。京戲藝術大師梅蘭芳生前以演《遊園驚夢》聞名於世。

湯顯祖還提出「因情成夢，因夢成戲」（《玉茗堂尺牘之四·復甘義麓》）的理論。他所要表現的情，不是一般的感情，而是「生者可以死，死可以生」的至情。他認爲：「生而不可與死，死而不可復生者，皆非情之至也。」表現至情是出於什麼目的呢？爲了以情抗理。這「理」不是我們平常所說的「道理」，而是封建理學之「理」，卽宋代程朱理學家鼓吹的「存天理、滅人欲」的摧殘人性的封建禮教。

《驚夢》以情抗理的矛盾衝突，發生在太守之家，意義尤其耐人尋味。戲中主角杜麗娘是杜寶的獨生女兒，被父母視爲掌上明珠，還特請教師陳最良來教育她，希望把她培養成遵從三從四德的賢妻良母。但是封建禮教從根本上違背了青年的意願。杜麗娘自幼生活在深閨之中，如同養在金籠裏的小鳥，沒有一絲一毫的自由。長到十六歲，竟然不知道家裏有個後花園。「遊園驚夢」就是在這樣的典型環境裏發生。

遊園，對今天的青年來說，是件極其平常的事情。但對於杜麗娘，卻是掙脫封建禮教束縛的越軌行爲。

《驚夢》寫得好，好在通過遊園驚夢，把封建時代的少女杜麗娘渴望自由愛情的內心世界刻畫得淋漓盡致、深切動人。

杜家的後花園，是丫頭春香首先發現的。杜麗娘聽了春香繪聲繪色的介紹，不免大吃一驚：「原來有這等一個所在。」從此以後，花園成了她向往的自由天地，她期望到花園親眼看一看。但作爲封建少女，走出深閨，難免有幾分嬌羞，幾分膽怯，幾分緊張：

〔步步嬌〕裊晴絲吹來閒庭院，搖漾春如線。停半晌整花鈿。沒揣菱花，偷人半面，迤逗的彩雲偏。（行介）步香閨怎便把全身現！

春天來臨，細長柔軟的游絲，被春風吹進終日閉鎖的閒庭深院。春意繚繞，少女的心也湧起綿綿春情。春光在向她召喚，她忽然間想起《女誡》的條條清規，心裏又撲撲地跳。「半晌」的思慮，表明邁出深閨的門檻，對於杜麗娘來說，並非易事。左思右想，還是下決心打扮自己，整理頭飾，菱花鏡出現了自己的倩影，又害羞地轉過頭去，把髮卷也弄偏了。作者以敏感而細膩的筆觸，活靈活現地寫出懷春少女衝出閨門那種欲行又止、嬌羞不勝的矛盾心理。「步香閨怎便把全身現。」再次猶豫了一陣，可是一想到「我常一生兒愛好是天然，恰三春好處無人見」，終於勇敢地向前走去。

長久被禁錮在深閨之中的杜麗娘，剛踏進花園，撲面而來的是生機勃勃的滿園春色。她此時的感受，恰似黑牢裏的囚徒在獲得自由時那種狂喜的心情。回想往日的陰冷生活，她滿腔激情，傾瀉而出：

〔皂羅袍〕原來姹紫嫣紅開遍，似這般都付與斷井頹垣。良辰美景奈何天，賞心樂事誰家院！憑般景致，我老爺和奶奶再不提起。朝飛暮捲，雲霞翠軒。雨絲風片，煙波畫船。錦屏人忒看的這韶光賤！

一般人遊園，常感心曠神怡，卻不可能有杜麗娘這樣獨特的感受。厭倦了深閨生活的杜麗娘，突然發現深閨之外存在着春意盎然的世界。她深深的慨嘆，如此迷人的景色，封建家長卻不許人觀賞，白白地糟蹋在斷井殘壁之中，多麼可惜！良辰美景，無人欣賞，實在有負蒼天；賞心樂事，本是人生應有的歡樂，究竟哪一家纔有呢！百花爭奇鬥豔，令她陶醉，促使她想象的翅膀騰飛到一個更爲迷人的境界：朝飛暮捲，雲霞翠軒；雨絲風片，煙波畫船。對照昔日高樓深院死氣沉沉的生活，激起她更強烈的不滿和怨恨：「錦屏人忒看的這韶光賤！」

春光明媚，春光浪漫，杜麗娘不禁想到自己的青春年華：

〔好姐姐〕遍青山啼紅了杜鵑，荼蘼外煙絲醉軟。牡丹雖好，他春歸怎佔的先！……閒凝眄，生生燕語明如翦，嚦嚦鶯歌溜的圓。

眼見那杜鵑、荼蘼開得火紅燦爛、馨香醉人，自己雖然美如牡丹，卻眼巴巴望着春將歸去，遲遲不得開花，豈不可嘆！耳聽那鶯歌燕語，唱得那麼珠圓玉潤、宛轉歡快，自己儘管也想引頸高歌，卻困守閨中，不許開懷一笑，豈不可悲！這段曲詞比之「皂羅袍」，情思又深了一層，眞是字字含情，聲聲帶淚。

觸景生情，杜麗娘越想越深，越想越悲，她不願再觀賞下去了。「觀之不足由他繾，便賞遍了十二亭臺是枉然。到不如興盡回家閒過遣。」

杜麗娘的遊園，不衹發現了深閨之外還有個美好的世界，更重要的是發現了自己。遊園之後，她開始思考自己的人生：「吾生於宦族，長在名門。年已及笄，不得早成佳配，誠爲虛度青春，光陰如過隙耳。（淚介）可惜妾身顏色如花，豈料命如一葉乎！」遊園之前隱藏在內心深處的朦朧要求終於明朗化了。她開始意識到往日的寂寞、苦悶、徬徨，原來根子在於得不到自由的愛情。

「甚良緣，把青春拋的遠！」她大膽地發出了悲怨的咒罵聲！

「遷延，這衷懷那處言！淹煎，潑殘生，除問天！」她勇敢地發出了憤怒的抗議聲！

杜麗娘不願將自己的青春埋葬在墳墓般的閨房裏，她要追求自己的愛情和幸福，但杜麗娘所能見到的唯一男子是迂腐透頂的陳最良，現實不可能給她提供愛情的機緣。要得到愛情，除非在夢中。遊園之後的奇夢，就這樣悄悄地走近了杜麗娘。牡丹亭畔，芍藥闌邊。杜麗娘得到柳夢梅的「千般愛惜，萬種溫存」。夢，畢竟是夢，而非現實。作者認爲，這樣的夢，雖說是「理之所必無」，卻是「情之所必有」。而且不僅僅杜麗娘有這樣的夢，天下並不少這樣的「夢中之人」。連深受封建禮教教育的太守女兒也在做這樣的愛情夢，可見，對自由愛情的渴望，已非湯顯祖個人的奇想，而是反映了青年男女擺脫理學鎖鏈的歷史要求。作者深信，杜麗娘的愛情夢總有一天可以變爲現實，天下青年男女的必有之情終將戰勝禁錮人性的封建之理。《驚夢》以動人的藝術，呼喚青春的覺醒，這大概是它長期活在舞臺上、深受羣衆歡迎的原因。

（劉烈茂）

玉簪記・秋江哭別

高濂

【水紅花】〔老旦、生、丑上〕天空雲淡蓼風寒，透衣單。江聲淒慘，晚潮時帶夕陽遠。淚珠彈，離愁千萬。〔生背〕欲待將言遮掩，怎禁他惡狠狠話兒劖，衹得赴江關也羅。〔老〕

落木靜秋色，殘暉浮暮雲。〔生〕不知人別後，多少事關心。〔丑〕已到關口，梢水看船。〔浄梢水上〕船在此。〔丑〕我相公上京赴試，叫你船到臨安。賞你一兩銀子作船錢。〔浄〕就去，就去。〔老〕就此開船，休得轉來。我在閱江樓施主人家看你，明日才回。〔生〕謹依姑娘嚴命。葉落眼中淚，風催江上船。〔老〕明年春得意，早報錦雲箋。〔生、丑下。老立高處望介〕

【前腔】〔旦上〕霎時間雲雨暗巫山，悶無言，不茶不飯。滿口兒何處訴愁煩。隔江關，怕他心淡，顧不得腳兒勤趕。〔作驚介〕呀！前面樓上，好似我觀主模樣。又早是我先看見他。若還撞見好羞慚，且躲在人家竹院也羅。〔下〕〔老〕侄兒已去遠，不免回觀去罷。從今割斷藕絲長，免繫鵾鵬飛不去。〔下。旦上，哭介〕潘郎潘郎！君去也，我來遲。兩下相思衹自知，心呆意似癡。行不動，瘦腰肢。且將心事托舟師，見他強似寄封書。梢水那裏？〔小浄上〕聽得誰人叫，梢水就來到。到那裏去的？〔旦〕我要買你一隻小船，趕着前面會試的相公，寄封家書到臨安去，船錢重謝。〔小浄〕風大去不得。〔旦〕不要推辭，趁早開船趕上，寧可多送你些船錢。〔小浄〕這等，下船下船！〔吴歌〕風打船頭雨欲來，滿天雪浪，那行教我把船開。白雲陣陣催黄葉，惟有江上芙蓉獨自開。

【紅衲襖】〔旦〕奴好似江上芙蓉獨自開，衹落得冷凄凄飄泊輕盈態。恨當初與他曾結鴛鴦帶，到如今怎生分開鸞鳳釵。別時節羞答答，怕人瞧，頭怎擡。到如今、悶昏昏，獨自個耽着害。愛殺我、一對對鴛鴦波上也；羞殺我、哭啼啼今宵獨自捱。〔同下。生、浄、丑上。浄吴歌〕滿天風舞葉聲乾，遠浦林疏日影寒。個些江聲是南來北往流不盡的相思淚，衹爲那別時容易見時難。

【前腔】〔生〕我衹爲別時容易見時難。你看那碧澄澄斷送行人江上晚。昨宵呵、醉醺醺歡會知多少，今日裏、情脈脈離愁有萬千。莫不是錦堂歡，緣分淺，莫不是藍橋倒，時運慳。傷心怕向篷窗見也，堆積相思兩岸山。

【僥僥令】（旦、小淨上）忙追趕，去人船，見風裏正開帆。（小淨）會試的潘相公！會試的潘相公！（生）忽聽得人呼聲聲近，住蘭橈，定眼看。是何人，且上前。（旦）是奴家。（對哭介）

【哭相思】（生、旦）半日裏將伊不見，淚珠兒濕染紅衫。（旦）事無端，恨無端，平白地風波拆錦鴛，羞將淚眼對人前。（生）那其間，到其間，我那姑娘呵，惡話兒將人緊緊攔，狠心直送我到江關。（旦）早晨叫我們送你上京。聽得一聲，好不驚死人也。不知何人走漏消息？敢是你的口兒不謹？以致如此。（生）小生肯對着何人說來？平地風波，痛腸難盡。（旦）別時節，衆人面前，有話難提，有情難盡。因此上趕來送你。祇是我心中千言萬語，一時難盡。（生）多謝厚情，感銘肺腑。早晨衆姑姑在前，不得一言相別，方抱痛傷。今得見你，如獲珍寶。我與你同行一程如何？（旦）甚好。

【小桃紅】秋江一望淚潸潸，怕向那孤篷看也。這別離中生出一種苦難言，自拆散在霎時間。心兒上，眼兒邊，血兒流，把我的香肌減也。恨殺那野水平川，生隔斷銀河水，斷送我春老啼鵑。

【下山虎】（生）黃昏月下，意惹情牽。纔照得雙鸞鏡，又早買別離船。哭得我兩岸楓林都做了相思淚斑，打疊淒涼今夜眠。喜見我的多情面，花謝重開月再圓。又怕你難留戀，好一似夢裏相逢，教我愁怎言。

【醉遲歸】（旦）意兒中無別見，忙來不爲貪歡戀。祇怕你新舊相看心變，追歡別院，怕不想舊有姻緣。那其間拚個死口含冤，到鬼靈廟訴出，燈前和你雙雙發願。（生）想着你初相見，心甜意甜；想着你乍別時，山前水前。我怎敢轉眼負盟言，我怎敢忘卻些兒燈邊枕邊。祇愁你形單影單，祇愁你衾寒枕寒；哭得我哽咽喉乾，一似秋風斷猿。（旦）奴別君家，自當離卻空門，洗心待君，君家休得忘了。奴有碧玉鸞簪一枝，原是奴家簪冠之物。送君爲加冠之兆，伏乞笑納，聊表別情。〔生〕多謝多謝。我有白玉鴛鴦扇墜一枚，原是我家君所賜，今日贈君，期爲雙鴛之兆。

【憶多嬌】兩意堅，月正圓。執手叮嚀苦掛牽。我與你同上臨安如何？〔旦〕我豈不欲，恐人嚷開是非，反害後邊大事。欲共你同行難上難。早寄鸞箋，早寄鸞箋，免得我心腸掛牽。也罷，就此拜別。

【哭相思】夕陽古道催行晚，聽江聲淚染心寒。要知郎眼赤，祇在望中看。〔生拜別介下。旦〕重竚望，更盤桓，千愁萬恨別離間。祇教我青燈夜冷香消鴨，暮雨西風泣斷猿。〔下〕

（《玉簪記》第二十三齣）

高濂的《玉簪記》創作於明代萬曆前期。故事梗概是：潘必正的父親居官時曾與嬌蓮的父親指腹爲婚。金兀朮南侵，嬌蓮與母親在逃難途中失散。嬌蓮在金陵城外的女貞觀作了道士，法號妙常。觀主的侄兒潘必正會試落第，羞歸故里，也來到女貞觀，與陳妙常結下不解之緣。但不久事情爲觀主發覺，潘必正被逼赴試。陳妙常買舟追送，相敍別情，互贈玉簪，鴛鴦扇墜爲表記。最後，潘必正及第爲官，迎娶妙常，全家團圓。「秋江哭別」即寫陳妙常買舟相送一節，它充滿詩情畫意，突出地體現了《玉簪記》以情動人的特色。

這折戲一開始，潘必正與觀主首先登場。觀主送潘必正上船，並站在閱江樓上看着他離去。潘必正不得已乘船而去，陳妙常恰好趕到江邊。她是來送行的，卻又望見觀主，不得不暫時躲起。終於，她祇有買舟追趕潘生了。作者讓男女主人公分別登場，這樣既造成追趕的特定情境，又便於抒情：首先寫出他們各自在事情突變後的心境，他們的驚訝與傷心。然後，當陳妙常趕上潘生後，二人互訴衷腸：相思的痛苦，見面的喜悅，以及不得不再度分手時的叮嚀。作者在這裏通過追趕、同行等情節，以曲詞與動作相結合，在分手——相見——再分手中，揮寫出一對兒戀人間的依戀之情。在曲牌的安排上，作者也注意使之與劇情一致。當陳妙常追趕潘生，二人分別抒情之時，作者總是讓兩人用同樣的曲牌歌唱：兩人各唱一支〔水紅花〕，各唱一支〔紅衲襖〕。以同樣的旋律，唱出共同的心聲。而當兩人見面後，作者便不再用平行的曲牌，而是改用〔哭相思〕、〔小桃紅〕諸曲來抒懷。曲牌與抒情緊密結合。

在「秋江哭別」中，作者以極大的熱誠，細緻的筆觸，淋漓地抒寫着兩位戀人不忍分離的痛苦感情。就結構而論，「秋江哭別」應是「知情逼試」的餘波；但就抒情而言，「秋江哭別」卻是全劇的又一高潮。在此之前，陳妙常始終在與封建禮教、道教清規作鬥爭。她始終在掩飾自己的情感。她與潘生衹能秘密地相愛。「秋江哭別」正是這種被壓抑的感情的總爆發。至此，她不再掩飾自己的情感，不再作「內家腔調」。在萬里秋江之上，一葉扁舟之中，他們盡情地傾吐自己的相思之情，離別之苦：

我衹爲別時容易見時難。你看那碧澄澄、斷送行人江上晚。昨宵呵、醉醺醺歡會知多少，今日裏、情脈脈離愁有萬千。莫不是錦堂歡緣分淺，莫不是藍橋倒時運慳。傷心怕向蓬窗看也，堆積相思是兩岸山。（〔紅衲襖〕）

沒有雕琢，沒有堆砌，唯有對至情的傾訴，素樸而撼人心魄。昨天還是聚首歡會，今天卻是滿懷離愁。倉促的分別，不准人思索，便把人推入了離別相思的深淵。在這沉沉的痛苦之中，主人公茫然自問：「莫不是錦堂歡緣分淺，莫不是藍橋倒時運慳。」兩個「莫不是」入微地體現出主人公衝動的心境，突然的事變使他衹有向命運質疑了。江聲凄愴，爲着這別時容易見時難，江水便是流不盡的相思淚。碧水澄澄，衹管送行人遠去，卻全不顧人已斷腸。青山兩岸，渾如沉重的相思，是相思堆積而成。此時此刻，在主人公的世界裏，惟有相思的痛苦了。江水無情，青山同泣，這是怎樣的一個夜晚啊。

他如〔小桃紅〕曲更是以景起興，以景寫情，唱出一段刻骨的相思：

你看秋江一望淚潸潸。怕向那孤蓬看也，這別離中生出一種苦難言。自拆散在霎時間。心兒上，眼兒邊。血兒流，把我的香肌減也。恨殺那野水平川，生隔斷銀河水，斷送我春老啼鵑。

秋江有如潸潸的淚水，漂泊的孤蓬更使人想到自身的凄涼孤獨。她恨觀主，將她和潘郎生生拆散，使她虛度年華；她苦別離，爲相思流盡了淚水，又繼之以血。在潘生面前，她直吐心聲，以極普通、極平常的語言，訴盡心曲。「秋江哭別」的抒情，滿溢着離別的凄苦。

「秋江哭別」在寫情的同時，也注意寫人。作者不僅寫出同樣被感受着的離愁，而且在離愁之中，又寫出各自的特色，寫出同中不同。作者曾以兩支〔水紅花〕曲分別刻畫潘、陳二人的心情：

〔生〕天空雲淡蓼風寒，透衣單。江聲凄慘，晚潮時帶夕陽還。淚珠彈，離愁千萬。欲待將言遮掩，怎禁他惡狠狠話兒劖，衹得赴江關也羅。（〔水紅花〕）

〔旦〕霎時雲雨暗巫山，悶無言。不茶不飯，滿口兒何處訴愁煩。隔江關，怕他心淡。顧不得脚兒勤趕。……若還撞見好羞慚。且躲在人家竹院也羅。（〔水紅花〕）

他們同樣感受到離別的愁苦，而在陳妙常心中，在離別的痛苦之外，更有一種沉重的感情，「隔江關，怕他心淡」。正是這樣一種擔憂，進一步促使陳妙常買舟追趕潘郎。「意兒中無別見。忙來不爲貪歡戀。衹怕你新舊相看心變，追歡別院，怕不想舊有姻緣。那其間拚個死口含冤，到鬼靈廟訴出、燈前和你雙雙發願。」（〔醉遲歸〕）這是陳妙常在趕上潘必正以後的一段唱詞。離別帶給她痛苦，使她消瘦，同時也使她爲自己以後的命運擔心。應該說，這是封建時代婦女的普遍憂慮。而對這一心理特點的表現，使陳妙常與潘必正的離愁

玉簪記・秋江哭別

具有了不同的特色。這是一種更痛苦的離愁。

《玉簪記》故事並非出於作者的虛構，而是有所依託。在《古今女史》中，這一故事已初具輪廓：

> 宋女貞觀尼陳妙常，姿色出衆，詩文俊雅。工音律。張于湖授臨江令，宿觀中。見妙常，以詞調之，妙常亦以詞拒之。後與于湖故人潘法成通。潘密告于湖，以計斷爲夫婦。

以後又有無名氏的《張于湖誤宿女貞觀》雜劇。高濂的《玉簪記》在雜劇的基礎上改編而成，對雜劇的情節進行了大量的刪改、擴充，增加了不少精彩的場景。與雜劇《女貞觀》相較，《玉簪記》抒情更加細膩，人物性格更加鮮明。不少片斷久唱不衰，至今仍具有舞臺生命力。

《秋江哭別》，是《玉簪記》中晶瑩閃爍的一章。它情節單純，但抒情的深摯，關目的可愛，卻使這折戲成爲頗受歡迎的劇目。由於「秋江哭別」的出色創造，在以後有關陳妙常的故事中，「秋江」成爲不可或缺的一節。川劇、京劇、豫劇等許多劇種都有這一劇目，其中尤以川劇的《秋江》影響最大。以《玉簪記》的「秋江哭別」與川劇《秋江》比較，我們或許可以更淸楚地看到「秋江哭別」的特點。

首先，在「秋江哭別」中，前後上場的有潘必正、觀主、進安、梢公、陳妙常諸人，而在川劇《秋江》中，則衹有陳妙常與艄翁二人，且艄翁的戲大量增加。其次，《玉簪記》確實具有喜劇風格，但具體到「秋江哭別」，喜劇風格並不明顯；而川劇《秋江》則大大發展了《玉簪記》的喜劇特色。由此「秋江哭別」與川劇《秋江》表現出極大的歧異性。在《秋江哭別》中，戲的主角是潘必正與陳妙常，艄公的戲很少，而且沒有融入劇情，參與抒情。儘管有些梢歌也增添了潘必正與陳妙常的愁煩，但它們在其中所起的作用仍是間接的，它們與山、水、孤蓬等所給予陳、潘的感受是一樣的。在劇中，作者着重於對人物內心情感的表達。以大段唱詞，直寫胸襟，處處使我們感到兩顆熾熱的心的跳動。離別的悲苦是「秋江哭別」的主調。川劇《秋江》承

「秋江哭別」而來，又發展了其中的某些因素，使之更適合於民間的趣味。在川劇《秋江》中，歌唱大量減少，而主要是通過陳妙常的買舟、她與艄翁的對話來刻畫陳妙常追趕潘必正時的焦急之情，對離情的抒寫降至次要地位。抒情唱段常與艄翁的打趣相結合，艄翁善意的打趣成爲引動妙常愁思的契機。作爲陳妙常的同情者，艄翁在川劇《秋江》中完全站在了陳妙常的一邊。

「纔照得個雙鸞鏡，又早買別離船」（〔下山虎〕）。《玉簪記·秋江哭別》以自然流暢的語言，寫一片眞情，繼《西廂記·長亭送別》之後，再唱悲婉的離歌。後世多種「秋江」劇本的出現，不但從一個側面肯定了《玉簪記》在戲曲史上的地位，而且使它獲得了新生。

（李　簡）

紅梅記·恣宴

周朝俊

〔末上〕花燭兩邊排，祥光映上臺。壽向南山比，恩從北闕來。自家賈府院子。今日乃丞相爺壽日，吩咐廣齋僧道，老爺親自持齋。一應大小官吏，賀的衹留下帖兒，俱不相見。你看賓客填門，羊酒載道，好不繁華！兀的榜文一掛，紛紛僧道來也。〔雜扮衆僧道上〕要知今世因，前生作者是；要知來世因，今生作者是。阿彌陀佛！我們三日前見了榜文，今日特來赴齋。〔末〕你們都齊了？都到齋堂上去，聽鳴鐘吃齋。〔衆應下〕〔賈上〕

【三臺令】一生富貴尊榮，還期壽算無窮。華堂佳氣鬱蘢蔥，看當戶三峯高拱。

今日是老夫壽日，已曾吩咐院子，廣齋僧道，老夫親自持齋，未知完備否？〔末〕稟爺：僧道俱已齋完了。〔賈〕我連日不曾入朝，吩咐門上，不許放一閑雜人進來打攪！〔末〕領鈞旨。〔郭衣巾上〕世間多有不平事，天下寧無仗義人！自家郭稗恭。俺看賈秋壑這廝罪惡昭彰，朝中再無一個官員敢出一言；小生目擊數事，甚爲不平，待要當面數落他一番，有何難哉！衹怕門上不容進去，衹得將「刼鹽」、「公田」二事做成二詩，題於簡帖之上。雖不得當面數落他，也見得俺不平之氣。

【北醉花陰】俺把這拜帖兒長懷，待要到門奉。〔末〕一個管閑事的秀才又來！〔郭〕將幾句新詩相送，大書在簡兒中。門上！〔末〕好大樣！〔郭〕你與俺拜上了明公，好教他高聲誦。〔末〕這是什麽東西？〔郭〕是一首壽詩，煩你送進去。見了呵，不覺的喜匆匆，也賽得過賢臣頌。

〔末〕知道了。且收在這裏。〔郭背云〕平章，平章！我這首詩呵，正是：特將公道三分話，打動平章一片心！〔下〕〔末〕這人由來強頭強腦，今日因何肯來獻壽詩？其中必有緣故。不免拿這帖兒去稟老爺。〔稟介〕啟老爺：外面有個秀才，手中拿着個帖兒，說來獻壽詩，知老爺不容相見，止留下帖兒在此。〔賈〕拿我看。〔讀介〕昨日江頭湧碧波，滿船都載相公鹺。雖然要作調羹用，未必調羹用許多！〔怒介〕些些小事，何處狂生，輒敢譏誚！再看下首：襄陽幾載困孤城，豢養湖山不出征。不識咽喉形勢去，公田枉自害蒼生。後學郭謹題。「公田」一事，本以便民，反說我害蒼生，是何道理？可惱！可惱！

【南畫眉序】何處一儒窮，敢在相國跟前把筆尖弄？恁出言無禮，全沒謙恭。如簧口任彼哆張，刺骨語將咱打動。〔合〕下流訕上罪深重，怎肯把那人輕縱！

這廝好無禮！明日送提學道處置他！〔雜扮和尚上〕自家大勢至菩薩是也。俺待下界度取賈平章，那知他作惡多端，罪孽深重，一交跌在那惡塹深坑了，可不枉了俺走這遭也！今日聞他廣做道場，以積陰功。俺且扮作個風魔和尚，化他一齋，就中將兩句藏頭詩謎，豫道破他後來報應，有何不可！〔作大笑大哭介〕〔末〕咄，風和尚，老爺在內，不要進去！〔雜〕我要化他一分齋。〔末〕你來遲了。〔雜〕若肯回心，也還未遲。〔末〕站着，待我稟過老爺。〔稟介〕〔賈〕你說僧道俱已齋完，來遲了。〔末〕小人也是這等說，他回言道：「若肯回心，也還未遲。」〔賈〕着他進來，與他一分齋吃。〔末叫雜進介〕〔雜〕賈似道，稽首了。〔賈怒介〕妖僧大膽！〔末〕害風的，老爺不要計較他。〔雜〕害風，害風，我肚裏玲瓏。似道，非道，你荒淫殘暴。〔賈〕說話之間，不像風的，賞他齋吃，就教他出去。〔末與飯〕〔雜作吃完覆鉢介〕吃飽了，好受用也。〔賈笑云〕常言道：饑者易爲食。這和尚吃得一碗飯，就說受用了。〔雜〕賈似道，你衹道自家受用哩！

【北喜遷鶯】你衹道自家受用，假惺惺真個朦朧。你道英也麽雄，下場頭一場春夢！悲犬咸陽總是空。〔賈〕我爲一朝臣宰，禮絕百寮，恩加九錫，封祖蔭孫，富貴已極，那個敢來欺負我！〔雜笑〕衹怕你禍在眼前哩！〔賈〕唗，胡說！〔雜〕**非虛哄，說破了毛開骨悚，你敢也跌腳搥胸。**

〔賈〕院子撚他出去！〔末扯雜出介〕〔雜〕罷了，正是：酒逢知己千鍾少，話不投機半句多。〔下〕〔末〕呀，這和尚去了，遺下托鉢在此。〔賈〕這是他吃飯家伙，怎生忘了？叫他轉來，還他去。〔末叫介〕呀，去遠了，且待拿起來。〔作拿不起介〕老爺，這鉢兒生牢在地上了，真奇怪！〔賈〕胡說！待我拿。〔作拿起介〕內有一行小字：「得好休時便好休，收花結子在綿州。」這兩句卻怎解？

【南畫眉序】和尚顯神通，詩謎中間帶譏諷。〔衆妾〕敢是祝贊老爺的話兒？

〔賈〕**知不是多男多福，祝壽華封。打齋來雲水三年，到惹得風魔一弄。**

〔報子上〕報報報！緊急軍情事。〔末〕老爺在堂。〔報子進叩頭介〕〔賈〕慌慌張張報什麽？〔報子〕

【北出隊子】忙刺煞番兵騷動，把襄陽城一旦空。荊湖四下裏盡腥風，都在胡兒掌握中。〔賈〕荊湖地方有呂文煥在。〔報子〕**驚得那呂元帥三軍沒**

處抗。

〔賈〕邊情事有一分，這廝謊做十分。大驚小怪的，還不走！〔報子〕好個賢宰相，罷了，罷了。〔下〕

〔賈〕衆姬們斟上酒來，衹是吃酒，閑事不要管他。〔送酒介〕

【南滴溜子】閒刮絮，閒刮絮，軍聲喧哄。且歡樂，且歡樂，高歌囉嗊。追美酒金杯笑捧，華堂春色濃，有佳人承奉；天大軍情，莫來驚動。

〔又扮一報子上〕報，報，報！軍情事要見太師爺。〔末〕老爺惱了，不要進去。〔報子〕天大軍情，怎生不報？〔進介〕報子叩頭。〔賈〕吃不得幾杯酒，又一個闖食來了。〔報子〕

【北刮地風】呀，那番兵怒哞哞來的兇，真乃是萬馬奔衝，破襄樊十萬生兵擁。〔賈〕要呂、張二守將何用？〔報〕呂將軍縱有八面威風，那阿里海千軍洶湧，人共馬似虎如龍。殺得俺刀沒了鋒，箭沒了弓，一軍驚恐，那一個敢當先去立功？〔賈〕都是這等不肯當先，那個肯當先？〔報〕非老爺親自出征不可。你可也開督府親自掛先鋒。

〔賈怒介〕阿呸，他們性命值錢，我的性命不值錢麽？叫左右，推出去細打一百回話！〔衆推報子出介〕

〔賈〕左右，把大門封了，門外張掛一告示，如再有言邊事者，斬！〔衆應介〕〔賈〕

【南滴滴金】尋常不說軍情重，今日偏言亂兵動，他們鎮守成何用！大將軍，小把總，自誇能勇。大家都吃朝廷俸，如何要把我大臣來送？

〔又扮一報子上〕報，報，報！開門，開門！〔末〕報事的，看門上告示。〔報子惱介〕襄樊俱破，宋朝大事去矣！此時不報，等待幾時？〔作打進門介〕〔賈怒介〕這廝好惱也！〔報子〕天下大勢已去，尚在此安然飲酒歌舞！

【北四門子】殺氣衝，戰鼓如雷動。請，請，請爺爺你且停着鍾，把華筵暫賜與鐵軍用，留這笙歌奏凱功。〔賈〕哎喲，還不容俺吃杯酒了！〔報〕襄陽已空，荆湖盡攻，密匝匝兵如鐵桶。百姓們一個奔西，一個走東，你爲軍國的全然不懂！

〔賈〕偌大江山，一半已屬胡兒，何況些須地方！一發讓他罷了。這等就大膽來打下相門？有禁在先，敢有言邊事者斬。叫左右，綁出去斬了！

【南鮑老催】胡言虛閧，長他人志氣全無用，滅自家威勢非爲勇。小看俺宰輔臣，輕調弄！怒匆匆打破了琉璃甕，氣狠狠傾潑了葡萄醬，綁出去，將他送！

〔衆綁下〕〔賈〕今日老夫生辰，被這廝們攪得俺好不耐煩也！〔衆妾奏樂進酒介〕

【北水仙子】呀呀呀，氣滿了胸，快快快，大家進酒與老相公。〔賈惱介〕〔衆〕惱惱惱，休惱得怒髮衝冠，笑笑笑，要笑的眼睛沒縫，勸勸勸，勸你個破愁顏一大鍾。〔賈飲介〕〔衆〕要要要，要吃個臉兒紅，早早早，早打起鼉皮鼓兒點點鼕，再再再，再把鳳頭管子輕輕弄，管管管，管取你沉醉一東風。

〔賈起介〕醉了，醉了！

【南雙聲子】笙歌擁，笙歌擁，正沉醉華堂供。兵戈擁，兵戈擁，敢再報軍聲閧？將帥勇，將帥勇，宰相重，宰相重，作股肱耳目，豈堪邊用？

【北尾】靡陀醉的個身軀重，俺打精神，再把一座玉山高聳。摟抱着錦帳佳人，做個夜夜紅。

紅梅記・恣宴

周朝俊

萬事無過一醉休，昇平元老固金甌。
且圖閨閣通宵飲，那管邊城一段愁！

（《紅梅記》第二十四齣）

明代戲曲家周朝俊的《紅梅記》是一部以宋元之際的歷史爲背景，以虛構的裴禹、盧昭容、李慧娘的愛情故事爲主線的傳奇作品。作者以清俊的文辭、引人入勝的情節，一幕幕地展開了現實矛盾和鬥爭的風雲：萬頃碧波、晴光瀲灩的西湖被賈似道霸佔，天眞美麗、白璧無瑕的慧娘被賈似道殘殺，孤母寡女被賈似道迫害，正義士人被他斥逐和囚禁。賈似道專權驕縱，南宋朝廷腐敗黑暗，元兵乘機揮戈南下，緊扼襄、樊，南宋政權已岌岌可危。在矛盾進入高潮、歷史在激烈動蕩的時刻，劇情進入了它的第二十四齣——《恣宴》。

這齣戲由序曲、獻詩、化齋、邊報、恣飲五個部分組成，它們各自承擔着作者具體的創作意圖，又構成一個抨擊權姦誤國害民的統一情境，使劇情富於變化，豐富多彩。

序曲以〔三臺令〕爲核心，輔以院子上場道白，描寫了賈似道慶壽的盛況。在正面、側面、虛虛實實的描寫中，觀衆看到豪華的丞相府第燒着一排排的喜慶花燭，它的光焰甚至衝上了九天上主持壽命的上臺星斗。畫堂中賓客盈門，匍伏拜舞，門外還有許多人擔着羊酒賀禮，紛紛奔競於宰相門庭。作者用粗略簡練的筆勾勒出丞相府第慶壽的豪華場面，很輕捷地把觀衆引入「華堂佳氣郁蘢蔥」的氣氛之中。

爲什麼要渲染慶壽的氣氛？主要意圖有二：一，本齣的前一場已經寫到元兵南下，襄、樊城破，南宋江山危在旦夕，一身擔任軍國大事的宰相，竟然不顧民族的災難、社稷的安危，不僅盡情享受着今日的榮華，還想布齋僧道企求來日無窮的壽算，這無異給權奸以憤怒的鞭撻。它還使人想到，賈似道的這種恩榮，是來自北闕，來自朝廷，這個朝廷竟是如此地醉生夢死，也就反映了南宋腐敗政治的面目。二，在戲劇衝突的構成上，作者把以前已揭露的矛盾集中起來，把他不可一世的權勢和奢侈淫佚的罪惡都推上高潮，然後通過不同人物、不同方式的嘲弄與抨擊，使戲劇矛盾更爲尖銳和集中。

矛盾的第一次展開是郭瑾獻詩。它主要包括〔醉花陰〕、〔畫眉序〕兩支南北套曲和郭瑾獻的兩首諷刺詩。在慶壽開始的時候，賈似道就吩咐家奴不許放人進來打擾，而青年秀才郭瑾偏要闖進相府當面數落，表現了倔強的個性；知道難以當面怒責，但看到賈似道禍國殃民、罪行累累，就想盡方法，以獻壽詩爲掩飾，一洩心中不平之氣，又表現了他的機智。最後騙過家奴，連賈似道都以爲是得到強頭強腦的秀才的一篇諛詞而喜匆匆打開看時，卻是當頭一棒，觀衆也就和秀才一起一吐憤憤不平之氣，爲之拍手稱快。

郭瑾的詩一說鹽政，一說公田。第一首說，在那碧藍的江面上，有無數裝滿賈似道搶奪來的食鹽的船隻。雖說丞相府調做羹湯用得着，可是誰相信他一家要用這麽多呢！這裏說的是當時的鹽政。當時，關係人民切身需要的食鹽是由國家專賣的。它既爲國家壟斷，貪官汚吏就可以乘機漁利。賈似道正是利用這一特權，像強盜一樣把它搶奪在手，盤剝人民。據史載，賈似道走私用的鹽船有時多至百艘，順江而下，浩浩蕩蕩，貪贓之巨，可以想見。短短一首詩，揭露了他的奢華享樂，正建立在盤剝民脂民膏的基礎上。故秀才謂之劫鹽。詩的一二句以碧藍的江水襯托賈賊的贜汚。三四句用了雙關語，字面的意思說，調羹是給湯羹調味；實際上，因爲我國古時形象地把丞相的職責喻爲燮理陰陽，調和鹽梅，現在國家災難如此深重，賈似道不僅不去盡這種調羹之責，反去幹走私食鹽的勾當，這就畫出了一個貪贜奸臣的醜惡肖像。

第二首從外擾入詩，首句點出襄陽長期被元兵圍困的形勢，第二句譴責賈似道等一批人卻如牲畜般的豢養在湖山叢中，縱情享受。後二句說，他們不僅醉生夢死，看不到大勢已去，還趁火打劫，用公田法的虐政殘害人民。這裏說的公田法始行於景定四年（一二六三），它規定每戶的田產數額，超出限額的田畝由國家收買。實際上名爲收買，實爲搶奪，賈似道一批人無形中獲得大批田產，而浙中人民多因此破產失業。故公田法也成爲宋末一大害民暴政。這首詩抨擊了推行這一暴政的罪魁禍首。

據《西湖遊覽志》和《綠衣人傳》等載，這兩首詩分別爲太學生和路人所作，屬無名氏作品，因此可以看作是當時人民共同的心聲。

這一段正劇式的揭露使賈似道的慶壽一開始就落得個沒趣，儘管在唱着〔畫眉序〕的時候，賈似道惱羞成怒的囁嚅：「怎肯把那人輕縱！」不肯罷休，但觀衆對他的醜惡本質卻了解更深了。人們更希望給賈似道以懲處。於是作者緊接着安排了大勢至菩薩調弄賈似道的喜劇性場面——化齋。你看，和尚大笑大哭上場，恰似一個瘋和尚；但他吐出的又是滿口眞言，儼然是個有道僧人。在賈似道對他還捉摸不透時，和尚衝着他唱〔喜遷鶯〕，並說他表面受用，實則愚蠢，一世奸雄，就要化爲一場春夢。一旦大難臨頭，就像被腰斬的李斯，跌腳搥胸，追悔莫及。說完了這些，和尚留下鉢盂，飄飄然不知去向。話雖說得不多，卻使相府上下毛骨悚然。待賈似道命奴僕去拿覆蓋在地的鉢盂時，竟然都拿不動了。這一細節，固然意在顯示和尚的神通，有一點神秘主義的色彩，實質上也表現了和尚的話在相府造成了多麼大的心理影響。經過這一劇情波折，賈似道卻輕易地翻開了鉢盂，心下爲之一喜；但出乎意外，鉢下又發現「得好休時便好休，收花結子在綿州」的讖語，惡貫滿盈終有一報的預感猶如冷水澆頭。他雖然不能知道木棉庵被鄭虎臣杖殺的結局，但是什麼富貴、長壽、多子的華封三祝都成了泡影，相府已籠罩在覆滅前的恐懼之中。

秀才獻詩，瘋僧捉弄，一雅一俗，一莊一諧，都給賈似道以有力的打擊。然而，賈似道的命運是同搖搖欲墜的南宋小朝廷的存亡相聯繫的，南宋軍事上的慘敗又恰是賈似道乞降、欺瞞陰謀的結果。因此，作者在這次壽宴上安排了三次報告軍事的情節，寫出賈似道隱瞞軍情、龜縮不進、縱情享樂、置國家安危於腦後的態度，作爲對他禍國殃民罪行的清算。

三次邊報是熱鬧而扣人心弦的情節。因爲事態本身急於星火，一般的描寫易於绷得太緊。《紅梅記》的作者這時很注意分出「三報」的緊迫層次，分出戲劇行動發展的不同程度，幷穿插緊張情緒與緩慢情緒的對比，使節奏顯出過程，反面人物的本質也暴露得更清楚。例如，三個報子三次上場，軍情的緊迫程度是有區別的。初報言番兵蠢動，宋軍恐難招架。二報是說交戰以後，宋軍「刀沒了鋒，箭沒了弓」，萬分危急，籲請朝廷增兵。三報則說襄陽已破，宋朝大勢已去。這就是襄陽決戰的過程。消息既有層次，它對賈似道的心理衝擊也顯出層次。初報時他衹當邊將大驚小怪，報子闖食衝撞，雖然不高興，還衹把報子轟走了事。二報時，報子要朝廷增兵，直言要他親征，觸動了賈似道歷來謊報軍功、龜縮湖山縱情享樂的痛處，因此他惱羞成怒，加重處置，把報子綑打一百軍棍。三報時報子要賈似道「把華筵暫賜與餞軍用」，說百姓流離失所，軍事一敗塗地，「爲軍國的全然不懂」。賈似道更怒不可遏，竟命令將報子斬首。層層遞進，一步步引上高潮。

值得注意的是，在急遽的戰鼓聲中，舞臺上始終伴隨着美酒笙歌。妻妾羅列，一邊輕歌曼舞，一邊捧杯獻酒，與國家的災難恰成對比。三報以後，國難當前，劇本反以《北水仙子》《南雙聲子》和《尾聲》大肆渲染笙歌鼎沸、荒淫無度的情景，這無疑加強了對賈似道禍國殃民的歷史罪責的譴責，完成了本齣戲的主題。

作爲戲劇，我們還應該注意到這齣戲曲牌音樂的感情對比。我們知道，傳奇時常採用南北合套形式，在合套的情況下，根據傳統習慣，北曲由一人應唱，南曲可由其他人物分唱。《紅梅記》在這齣戲中卻破除慣例，北曲是多人應唱，南曲由賈似道一人應唱，全是反其道而行之。這一變革，無疑是從劇情需要出發的。戲中的北曲，應唱者以秀才、瘋僧、探子爲主，他們都痛恨賈似道的罪行，衹有用激昂高亢的北曲纔能表現出百姓激憤的情緒和戰爭的氣氛。《水仙子》曲雖出自妻妾之口，但其內容實質上是對賈似道作辛辣的嘲笑、粗潑的揄揶，用了帶重字較多的北曲唱來也堪稱得體。

本齣戲的曲辭語言上清新爽朗，通俗易懂，諷刺性強。十四支曲，構成了較統一的風格。但是由於歌唱的角色不同，表達的感情有別，不同唱段又各有特色。例如《醉花陰》有一種文人口吻的諷刺反語，《喜遷鶯》句句是驚悟語，又帶有道僧人的口氣。《出隊子》、《刮地風》、《四門子》表現了來自前線的士兵急切的心情，《水仙子》強勸賈似道「要笑的眼睛沒縫」，「要吃個臉兒紅」、「沉醉一東風」，又全是一種妻妾的聲口。這些曲辭既逼眞，又誇張；既深沉，又詼諧，在掌握戲劇語言的技巧上顯示了作者的特色。

（江巨榮）

图书在版编目（CIP）数据

历代名篇赏析集成．明清卷·上／袁行霈主编．—北京：高等教育出版社，2009.2（2017.2重印）
ISBN 978-7-04-023577-7

Ⅰ．历…　Ⅱ．袁…　Ⅲ．古典文学－文学欣赏－中国－明清时代　Ⅳ．I206.2

中国版本图书馆 CIP 数据核字（2008）第 036811 号

策划编辑　迟宝东　　责任编辑　迟宝东
书籍设计　刘晓翔　　版式设计　刘晓翔
责任校对　朱惠芳　　责任印制　尤　静

出版发行　高等教育出版社
社　　址　北京市西城区德外大街 4 号
邮政编码　100120
印　　刷　北京佳信达欣艺术印刷有限公司
开　　本　787×1092　1/16
印　　张　35.5
字　　数　580 000
购书热线　010-58581118
咨询电话　400-810-0598
网　　址　http://www.hep.edu.cn
　　　　　http://www.hep.com.cn
网上订购　http://www.landraco.com
　　　　　http://www.landraco.com.cn
版　　次　2009 年 2 月第 1 版
印　　次　2017年 2月第 4 次印刷
定　　价　75.00 元

本书如有缺页、倒页、脱页等质量问题，请到所购图书销售部门联系调换。
版权所有　侵权必究
物料号　23577-00

郑重声明

高等教育出版社依法对本书享有专有出版权。任何未经许可的复制、销售行为均违反《中华人民共和国著作权法》，其行为人将承担相应的民事责任和行政责任；构成犯罪的，将被依法追究刑事责任。为了维护市场秩序，保护读者的合法权益，避免读者误用盗版书造成不良后果，我社将配合行政执法部门和司法机关对违法犯罪的单位和个人进行严厉打击。社会各界人士如发现上述侵权行为，希望及时举报，本社将奖励举报有功人员。

反盗版举报电话：（010）58581897/58582371/58581879
传真：（010）82086060
E-mail:dd@hep.com.cn
通信地址：北京市西城区德外大街 4 号
高等教育出版社法务部
邮编：100120